Digital Electronics

디지털공학

Roger L. Tokheim 지음 / 강창수, 고재원, 김동식, 성홍석, 허용민 옮김

 생능출판   Mc Graw Hill

국립중앙도서관 출판시도서목록(CIP)

디지털공학 / Roger L. Tokheim [지음] ; 강창수, 고재원, 김동식, 성홍석, 허용민 옮김.
— 개정판. — 파주 : 생능출판사, 2014
　　p. ;　cm

원표제: Digital electronics
영어 원작을 한국어로 번역
ISBN 978-89-7050-797-2 93000 : ₩29000

디지털 공학[——工學]
디지털 회로[——回路]

569.3—KDC5
621.3815—DDC21　　　　　　　　　　　CIP2014002854

Eighth Edition

Digital Electronics

Principles and Applications

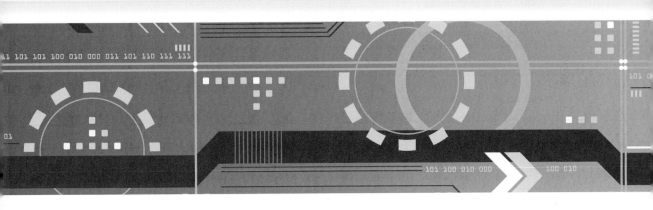

Roger L. Tokheim

Digital Electronics: Principles and Applications, 8th Edition.

5   6   7   8   9   10   LP   20   19

Original: Digital Electronics: Principles and Applications, 8th Edition. © 2014
        By Roger Tokheim
        ISBN 978-0-07-337377-5

This authorized Korean translation edition is jointly published by McGraw-Hill Education Korea, Ltd. and Life & Power Press. This edition is authorized for sale in the Republic of Korea.

This book is exclusively distributed by Life and Power Press.

When ordering this title, please use ISBN 978-89-7050-797-2   (93000)

Printed in Korea

머리말

≪Digital Electronics: Principles and Applications≫ 8판은 디지털 전자 공학 분야의 학생들이 읽기 쉬운 책이다. 이 책의 최종 목적은 넓은 분야의 직업을 위한 지식과 기술의 기초 지식을 제공하는 것이다. 이 책을 이해하기 위한 기초 필수과목은 일반적인 수학과 기초적인 전기/전자 지식으로 이진 수학, 불 대수 개념, 기초 프로그래밍과 다양한 코드는 필요한 부분만으로 설명되었다. 개념은 실제적 응용, 시스템 접근 방법으로 산업현장에서 현재 실행되고 있는 것을 반영하여 설명하였다. 이 책의 초판은 전자기술, 전기무역, 실습생 교육, 컴퓨터 수리, 통신전자, 그리고 컴퓨터 과학 등 넓은 범위에서 성공적으로 사용되었다. 간결하고 실제적인 이 책은 디지털 원리에 대해 쉽고 빠르게 이해할 수 있는 전반적인 프로그램을 사용하였다.

8판에 새롭게 추가된 내용은 다음과 같다.

1장
- 자동화 연료지시계, 자동차 속도감지, 그리고 엔진제어 모듈을 포함하는 디지털 응용회로
- 디지털 응용회로 사용

2장
- 인코더와 디코더의 응용

3장
- 저전압 IC를 포함하는 실제적인 칩의 최근 정보

4장
- 데이터 선택기의 응용

5장
- 저전압 IC의 최근 정보
- 인터페이싱 응용

5

6장

- 샤프트 인코더, 쿼드러쳐 인코더의 최신 정보 그레이 코드
- 최근 디스플레이 기술 정보

7장

- RS 래치의 응용
- 래치 인코더 디코더 시스템의 응용

10장

- 새로운 2진 감산 회로

11장

- 메모리 부분의 최근 개념
- 비휘발성 판독/기록 메모리 부분의 최근 개념
- 메모리 패키징 부분의 최근 개념
- USB 플래시 드라이브 정보를 포함하는 벌크 저장 설명

12장

- 전반적인 센서기술을 갖는 거리센서 정보
- 스태퍼 모터의 시간 동작을 트리거링하는 거리센서의 DIY 응용

13장

- 마이크로컴퓨터의 최신 정보
- 데이터 전송 부분의 최신 정보
- 포토 입력과 서보모터 출력을 갖는 마이크로 컨트롤러의 응용

온라인 학습센터는 www.mhhe.com/tokheim8e로 다양한 자료를 제공한다.

Roger L. Tokheim

차례

CHAPTER 01 디지털 전자공학

1.1 디지털 신호란 무엇인가?   17

1.2 디지털 회로를 왜 사용하는가?   21

1.3 디지털 신호는 어디에서 사용되는가?   25

1.4 디지털 신호는 어떻게 만들어지는가?   27

1.5 디지털 신호를 어떻게 검사하는가?   37

1.6 간단한 장비   43

■ 요약   48

■ 복습문제   48

■ 핵심문제   51

CHAPTER 02 디지털 전자공학의 수 체계

2.1 십진수와 2진수의 계산   54

2.2 자릿값(place value)   56

2.3 2진수의 십진수 변환   58

2.4 십진수의 2진수 변환   60

2.5 전자번역기(electronic translators)   61

2.6 16진수(hexadecimal numbers)   66

2.7 8진수(octal number)   68

2.8 비트, 바이트, 니블, 워드의 크기   71

■ 요약   73

■ 복습문제   73

■ 핵심문제   74

CHAPTER 03 논리게이트

3.1 AND 게이트   79

3.2 OR 게이트   83

3.3 인버터(inverter)와 버퍼(buffer)   85

3.4 NAND 게이트   89

3.5 NOR 게이트   92

3.6 Exclusive OR 게이트   95

3.7 Exclusive NOR 게이트   97

3.8 유니버셜(univesal) 게이트로서의 NAND 게이트   99

3.9 두 개 이상의 입력을 갖는 게이트   102

3.10 인버터를 이용한 게이트 변환   105

3.11 실용 TTL 논리게이트   109

3.12 실용 CMOS 논리게이트   115

3.13 간단한 게이트 회로의 문제해결   122

3.14 IEEE 논리기호   126

3.15 간단한 논리게이트의 응용   129

3.16 소프트웨어(BASIC Stamp Module)를 이용한 논리함수   134

■ 요약   141

■ 복습문제   143

■ 핵심문제   147

CHAPTER 04   조합 논리회로

4.1 불 대수 함수로 회로 구성하기   153

4.2 불 대수 함수의 최대항을 이용하여 회로 그리기   155

4.3 진리표와 불 대수 함수식   157

4.4 예시 문제   162

4.5 불 대수 함수식 단순화하기   165

4.6 카르노 도표   167

4.7 3-변수 카르노 맵   169

4.8 네 개의 변수를 가진 카르노 도표   171

4.9 다른 카르노 맵   173

4.10 5-변수 카르노 맵   175

4.11 NAND 논리 사용하기   177

4.12 컴퓨터 시뮬레이션: 논리 컨버터   179

4.13 논리문제 해결하기: 데이터 선택기   185

4.14 프로그래머블 논리장치(PLD)   189

4.15 드모르간의 정리 사용하기   201

4.16 논리문제 해결하기(BASIC Stamp 모듈)   205

■ 요약   211

■ 복습문제   212

■ 핵심문제   218

CHAPTER 05   IC 설계 설명서와 간단한 인터페이스

5.1 논리레벨과 잡음여유   223

5.2 다른 디지털 IC 설계 설명서   229

5.3 MOS와 CMOS IC   235

5.4 스위치를 이용하여 TTL과 CMOS 인터페이싱하기   239

5.5 LED 이용하여 TTL과 CMOS 인터페이싱하기   245

5.6 TTL과 CMOS IC 인터페이싱   251

5.7 버저, 릴레이, 모터, 그리고 솔레노이드 인터페이싱   257

5.8 광 아이솔레이터(Optoisolators)   262

5.9 서보와 스테퍼 모터의 인터페이싱   266

5.10 홀 효과 센서 사용하기   277

5.11 간단한 논리회로의 수리   286

5.12 서보 인터페이싱하기(BASIC Stamp 모듈)   288

■ 요약   292

■ 복습문제   293

■ 핵심문제   300

CHAPTER 06   인코딩, 디코딩, 7-세그먼트 디스플레이

6.1 8421 BCD 코드   305

6.2 3-초과코드(excess-3 code)   308

6.3 그레이 코드(Gray code)   310

6.4 ASCII 코드   314

6.5 인코더(encoders)   316

6.6 7-세그먼트(seven-segment) LED 디스플레이   319

6.7 디코더(decoders)   324

6.8 BCD − 7-세그먼트 디코더/ 드라이버   327

6.9 액정 디스플레이(LCD: Liquid−Crystal Displays)   332

6.10 CMOS를 사용한 LCD 디스플레이 구동   340

6.11 진공형광 디스플레이   343

6.12 VF 디스플레이 구동   348

6.13 디코딩 회로의 문제 해결   351

■ 요약   354

■ 복습문제   355

■ 핵심문제   359

CHAPTER 07 플립플롭

7.1 R−S 플립플롭   362

7.2 클럭을 가진 R−S 플립플롭   367

7.3 D 플립플롭   370

7.4 J−K 플립플롭   373

7.5 IC 래치   378

7.6 플립플롭 트리거   381

7.7 슈미트 트리거   384

7.8 IEEE 논리기호   386

7.9 응용: 래치 인코더−디코더 시스템   388

■ 요약   393

■ 복습문제   394

■ 핵심문제   397

CHAPTER 08 카운터

8.1 리플 카운터   401

8.2 Mod−10 리플 카운터   404

8.3 동기식 카운터   406

8.4 다운(down) 카운터   409

8.5 자동정지 카운터   411

8.6 주파수 분주기로서의 카운터   412

8.7 여러 가지 TTL IC 카운터   414

8.8   CMOS IC 카운터 420

8.9   3–디지트 BCD 카운터 427

8.10 카운터의 실제 사용 예 431

8.11 전자게임기에서 사용되는 CMOS 카운터 436

8.12 카운터 응용 실험용 회전속도계 441

8.13 카운터 문제 해결 446

■ 요약 450

■ 복습문제 451

■ 핵심문제 456

CHAPTER 09   시프트 레지스터

9.1   직렬 로드 시프트 레지스터 462

9.2   병렬 로드 시프트 레지스터 465

9.3   범용 시프트 레지스터 469

9.4   74194 IC 시프트 레지스터의 사용 471

9.5   8비트 CMOS 시프트 레지스터 475

9.6   시프트 레지스터의 이용 – 디지털 룰렛 478

9.7   간단한 시프트 레지스터의 문제 해결 484

■ 요약 488

■ 복습문제 488

■ 핵심문제 491

CHAPTER 10   산술 논리회로

10.1 2진 덧셈 495

10.2 반가산기 497

10.3 전가산기(Full Adder) 499

10.4 3–비트 가산기 502

10.5 2진 뺄셈 504

10.6 병렬 감산기 507

10.7 IC 가산기 509

10.8 2진수 곱셈(Binary Multiplication) 513

10.9 2진 곱셈기 516

10.10 2의 보수 표기법과 덧셈과 뺄셈   521

10.11 2의 보수 가산기/감산기   529

10.12 전가산기의 문제 해결   531

■ 요약   534

■ 복습문제   534

■ 핵심문제   536

CHAPTER 11   **컴퓨터 메모리**   CD 수록

CHAPTER 12   **간단한 디지털 시스템**

12.1 시스템 요소   541

12.2 디지털 시스템의 IC 분류   544

12.3 디지털 게임   545

12.4 디지털시계   552

12.5 LSI 디지털시계   557

12.6 주파수 카운터   563

12.7 실험용 주파수 카운터   569

12.8 경보 기능을 가진 LCD 타이머   572

12.9 간단한 거리 감지   580

12.10 JTAG/Boundary Scan   588

■ 요약   594

■ 복습문제   594

■ 핵심문제   597

CHAPTER 13   **컴퓨터 시스템**   CD 수록

CHAPTER 14   **아날로그 장치와의 연결**   CD 수록

부록   CD 수록

찾아보기   599

CD 수록

CHAPTER 11 | **컴퓨터 메모리**

11.1 메모리 개요

11.2 랜덤 액세스 메모리

11.3 Static RAM IC

11.4 SRAM의 사용

11.5 Read–Only Memory(ROM)

11.6 ROM의 사용

11.7 Programmable Read–Only Memory(PROM)

11.8 비휘발성 읽기/쓰기 메모리

11.9 메모리 패키징

11.10 컴퓨터 대용량 저장장치

11.11 디지털 전위차계: NV 메모리 이용

■ 요약

■ 복습문제

■ 핵심문제

CHAPTER 13 | **컴퓨터 시스템**

13.1 컴퓨터

13.2 마이크로컴퓨터

13.3 마이크로컴퓨터의 동작

13.4 마이크로컴퓨터의 주소지정 방식

13.5 데이터 전송

13.6 데이터 전송중에 발생하는 오류검출

13.7 컴퓨터 시스템에서의 데이터 전송

13.8 프로그램 가능 논리 제어기(PLC)

13.9 마이크로컨트롤러

13.10 BASIC STAMP 마이크로컨트롤러 모듈

13.11 디지털 신호처리

13.12 디지털 카메라에서의 DSP

13.13 마이크로컨트롤러: 광 입력 및 서보모터 출력

■ 요약

■ 복습문제

■ 핵심문제

CHAPTER **14**　아날로그 장치와의 연결

14.1 디지털-아날로그 변환

14.2 연산증폭기

14.3 기본 D/A 변환기

14.4 래더형 D/A 변환기

14.5 A/D 변환기

14.6 전압비교기

14.7 기본적인 디지털 전압계

14.8 여러 가지 A/D 변환기

14.9 A/D 변환기 사양

14.10 A/D 변환기 IC

14.11 디지털 조도계

14.12 디지털 온도계

■ 요약

■ 복습문제

■ 핵심문제

부록 A 땜납과 납땜 과정

부록 B 2의 보수 숫자 변환표

확인문제 정답

14

Digital Electronics

CHAPTER 01

디지털 전자공학

CONTENTS

1.1 디지털 신호란 무엇인가?

1.2 디지털 회로를 왜 사용하는가?

1.3 디지털 신호는 어디에서 사용되는가?

1.4 디지털 신호는 어떻게 만들어지는가?

1.5 디지털 신호를 어떻게 검사하는가?

1.6 간단한 장비

디지털 전자공학

학 습 목 표

1. 아날로그 회로와 디지털 회로의 여러 가지 특성을 이해하고, 아날로그 신호와 디지털 신호의 차이를 설명할 수 있다. 또한, 디지털 파형의 HIGH와 LOW에 대하여 알아본다.
2. 다양한 응용 회로에 사용되는 신호가 디지털 신호인지 혹은 아날로그 신호인지를 구분한다. 액체량 측정회로의 동작을 분석하고 센서의 아날로그 입력(전류, 전압)을 디지털 신호로 변환하는 것이 왜 유용한 지를 설명한다.
3. 디지털 회로를 사용하는 일반적인 전자장치를 열거하고, 컴퓨터와 전자기술자의 수요와 훈련 기회에 대하여 알아본다.
4. 세 가지 유형의 멀티바이브레이터 동작과 신호 유형, 그리고 스위치 디바운싱(debouncing) 회로에 대하여 알아본다.
5. 논리레벨 지시계 회로의 동작을 분석하고 TTL 및 CMOS 디지털 회로의 논리레벨에 대하여 알아본다.
6. 몇 가지 실험장비를 사용하는 방법에 대하여 알아본다.

일반적으로 전자회로는 아날로그 또는 디지털 회로로 구분한다. 예전에 생산된 대부분의 전자제품은 아날로그 회로로 구성되었지만, 최근에 개발된 대부분의 전자제품에는 디지털 회로를 포함하고 있다. 이 장에서는 디지털 전자회로의 세계를 소개한다.

어떤 전자제품이 디지털 회로를 포함하고 있는지 어떻게 알 수 있을까?

1. 문자, 숫자, 그림 또는 영상을 표시할 수 있는 장치가 있는가?
2. 메모리 장치가 있거나 정보를 저장할 수 있는가?
3. 프로그램을 할 수 있는가?
4. 인터넷에 연결할 수 있는가?

이 네 가지 질문 중에서 하나라도 '예'라고 대답한다면 그 제품은 디지털 회로를 포함하고 있다고 말할 수 있다.

디지털 회로는 아날로그 회로와 비교하여 다음과 같은 장점이 있기 때문에 우리의 일상생활에서 빠른 속도로 퍼지고 있다.

1. 일반적으로 집적회로(ICs)를 사용하기 때문에 설계하기가 쉽다.
2. 정보 저장장치를 쉽게 구현할 수 있다.
3. 프로그램이 가능한 장치로 만들 수 있다.
4. 더욱 정확하고 정밀한 장치를 만들 수 있다.
5. 잡음과 같은 원하지 않는 전기적 간섭의 영향을 덜 받는다.

전자공학 분야에 종사하는 모든 사람들은 디지털 전자회로의 지식을 반드시 갖고 있어야 한다. 여러분은 디지털 전자공학의 원리를 설명하기 위해 간단한 집적회로와 디스플레이 장치를 사용하게 될 것이다.

1.1 디지털 신호란 무엇인가?

아마도 예전에는 전기공학이나 전자공학 실험에 아날로그 회로를 주로 사용해 왔을 것이다. 그림 1-1(a)는 아날로그 신호(혹은 전압)를 보여주고 있다. 전위차계(potentiometer)의 와이퍼(wiper)가 위쪽으로 이동함에 따라 A지점에서 B지점 사이의 전압은 점점 증가하고, 와이퍼가 아래쪽으로 이동하게 되면 전압은 점점 감소하여 5V에서 0V가 된다. 그림 1-1(b)에서 보여주는 파형은 아날로그 출력의 모습이다. A지점에서 B지점까지의 전압이 0V에서 5V까지 증가하는 모습은 그림의 왼쪽 부분에, 다시 0V로 감소하는 모습은 그림의 오른쪽 부분에 표시된다. 와이퍼가 임의의 중간점에 위치하게 되면 0V와 5V 사이의 있는 출력전압을 얻을 수 있을 것이다. 그러므로 아날로그 장비는 입력에 맞추어 연속적으로 변화하는 신호를 출력하는 장치를 말한다.

디지털 장치는 디지털 신호에 의해 동작한다. 그림 1-2(a)는 구형파(square wave) 발생기로 만들어내는 구형파를 오실로스코프로 표시한 모습을 나타낸 것이다. 디지털 신호는 그림 1-2(b)에서 보는 것과 같이 단지 +5V 또는 0V이며, A지점에서의 전압이 0V에서 +5V로 변한 다음, 일정 시간 동안 이 전압을 유지하게 된다. B지점에서 +5V에서 0V로 변화한 다음 또 일정 시간 동안 0V를 유지한다. 디지털 전자회로에서는 오직 두 종류의 전압만이 존재하는데, 그림 1-2(b)에서 보는 바와 같이 이 두 전압을 HIGH와 LOW로 표시한다. HIGH 전압은 +5V

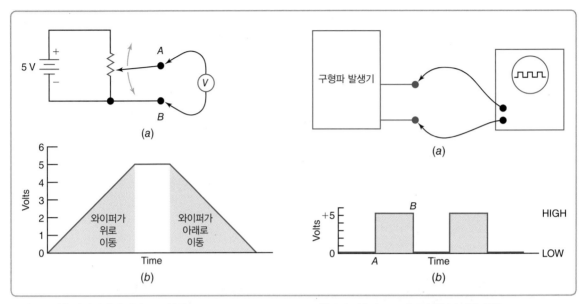

그림 1-1 (a) 전위차계의 아날로그 출력
(b) 아날로그 신호파형

그림 1-2 (a) 스코프에 표시된 디지털 신호
(b) 디지털 신호파형

이고, LOW 전압은 0V이다. 나중에 이 HIGH 전압(5V)을 논리 1, LOW 전압 (0V)을 논리 0이라 부를 것이다. 단지 HIGH와 LOW 신호만을 다루는 회로를 디지털 회로라 한다.

그림 1-2(b)의 디지털 신호는 간단한 ON OFF 스위치로도 만들어질 수 있고, 트랜지스터의 ON, OFF 동작에 의해서도 구현되며, 또한 집적회로를 사용함으로써 디지털 전자신호를 발생시켜 처리한다.

그림 1-1과 1-2에서는 아날로그 신호와 디지털 신호를 각각 표시하고 있다. 신호(signal)란 전자회로 내부 간 또는 전자회로들 간의 오고 가는 유용한 정보라고 정의할 수 있다. 신호는 통상 그림 1-1과 1-2에서 보는 바와 같이 시간에 따라 변화하는 전압으로 표현하지만, 연속적으로 변화하거나(아날로그), 또는 ON OFF 특성(HIGH-LOW)을 갖는 전류로도 나타낼 수 있다. 대부분의 디지털 회로에서는 관습적으로 시간대비 전압(voltage vs. time)으로 신호를 표시하고 램프(lamp)와 모터와 같이 디지털이 아닌 아날로그 부품과 연결되었을 경우에는 신호를 시간대비 전류(current vs. time)로 생각할 수 있다.

그림 1-3(a)는 표준 volt-ohm-millimeter(VOM)로 아날로그 측정계기 중의 하나이며, VOM에 의해 측정된 전압, 저항, 전류값이 증가하게 되면 계기의 바늘

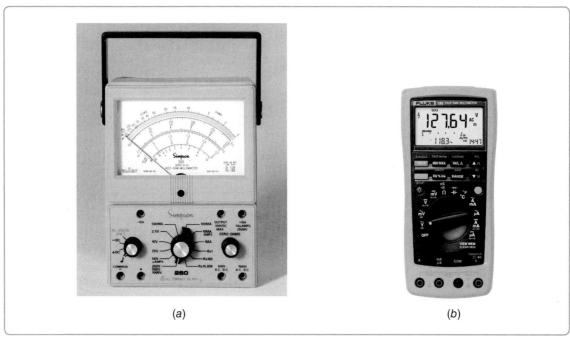

그림 1-3 (a) 아날로그 미터 (b) 디지털 멀티미터(DMM)

이 서서히 연속적으로 큰 눈금자 쪽으로 이동하게 된다. 디지털 멀티미터(DMM)
는 그림 1-3(b)로 디지털 측정계기 중의 한 예이다. DMM에 의해 측정된 전류,
저항, 전압값이 증가함에 따라, 표시 화면이 몇 단계만에 갑자기 큰 숫자로 나타나
게 된다. DMM은 단지 아날로그 장치에 의해서만 수행되었던 일을 디지털 회로
로 대체시킨 예 중의 하나이다. 이러한 디지털 회로로의 대체 경향은 점점 커지고
있으며, 현재는 기술자들의 작업대에서 VOM과 DMM을 동시에 다 볼 수 있다.

🎧 확인문제

1. 그림 1-2의 _____(아날로그, 디지털) 신호의 +5V 레벨은 논리 1 또는
   _____(HIGH, LOW)라고 한다.
2. _____(아날로그, 디지털) 장치는 입력에 따라 연속적으로 변화하는 신호를 나타낸다.
3. 그림 1-4의 전자 블록에 입력되는 신호는 _____(아날로그, 디지털) 신호이다.

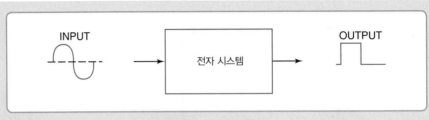

그림 1-4 정현파를 구형파로 변환하는 전자회로의 블럭도

4. 그림 1-4의 전자 블럭으로부터 출력되는 신호는 _____(아날로그, 디지털) 신호 이다.

5. 디지털 회로는 _____ 신호를 사용하는 반면, 아날로그 회로는 아날로그 신호를 사용한다.

전자공학의 역사

사진으로 보는 컴퓨터 역사

최초의 컴퓨터 중에 하나인 Eniac(a)은 1940년대에 만들어졌으며, 1970년대에는 비즈니스에 의해 컴퓨터의 사용영역을 크게 확장시켰다. 메인프레임(main frame) 컴퓨터(b)가 이 시대의 컴퓨터였으며, 1980년대에 들어서는 Apple IIe(c)와 같은 개인 컴퓨터가 집이나 학교에 보급을 불러왔다. 오늘날, 개인 컴퓨터는 어디서든 장소에 상관없이 사용할 수 있게 되었고, 랩탑 컴퓨터(d)가 대중적인 인기를 얻고 있다.

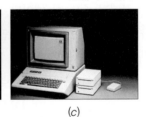

(a)   (b)   (c)   (d)

전자공학에 대하여

도전분야   전자공학은 가장 흥미진진한 기술 분야 중에 하나이며 매주 새로운 제품이 시장에 나오고 있다. 흥미로운 것은 대부분의 이들 제품들이 전기공학, 아날로그 및 디지털 회로, 컴퓨터 기술, 로보틱스, 통신공학의 첫 시간에서 배웠던 기초 원리와 지식에 바탕을 두고 있다는 점이다.

1.2 디지털 회로를 왜 사용하는가?

　전자회로 설계자나 기술자들은 아날로그와 디지털 시스템의 두 분야 모두에서 실용적 지식을 반드시 가지고 있어야 한다. 설계자는 시스템을 아날로그 회로, 디지털 회로, 혹은 아날로그와 디지털이 혼합된 회로 중 어느 것을 선택하여 설계할 것인지를 결정해야 한다. 기술자들은 디지털, 아날로그, 디지털과 아날로그가 혼합된 이들 제품의 시제품(prototype)을 만들거나 고장을 진단하고 수리해야 하기 때문이다. 과거에는 아날로그 전자 시스템이 대중적인 인기를 누려 왔다. 오래된 TV, 전화기, 자동차들은 아날로그 회로를 사용한다. 현대의 디지털 컴퓨터 이전에 아날로그 컴퓨터는 군함에 있는 사격 통제장치와 같은 군사용으로 사용되곤 하였다.

　대부분의 실세계 정보들은 아날로그 성질을 가지고 있다. 시간, 온도, 습도, 풍속, 방사선, 소리의 세기는 자연적으로 아날로그이다. 여러분은 아마도 이미 전압, 전류, 저항, 전력, 커패시턴스, 인덕턴스, 주파수 등 전기 및 전자공학 강의에서 이 값들을 측정했는지 모른다. 또한, 이외에도 압력, 무게, 산소, 초음파, 가속, 기울기, 진동, 방향(나침반), 위성항법, 근접, 자계, 직선, 회전각(각속도) 등 이들 모두가 자연적으로 아날로그이며 엔지니어와 기술자들은 센서를 사용하여 이 값들을 측정한다. 많은 센서들은 아날로그 신호를 출력한다.

　그림 1-5는 물탱크 안에 있는 액체의 양을 측정하기 위한 간단한 아날로그 전자 시스템이다. 시스템의 입력은 저항의 변화량이며 시스템의 출력은 옴의 법칙(Ohm's law) $I = V/R$에 따라 계산되어 전류계로 표시된다.

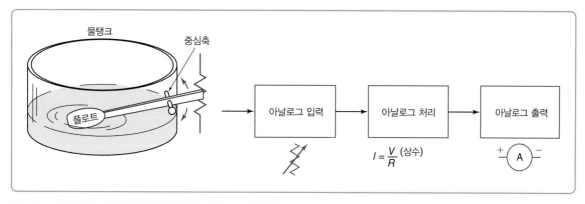

그림 1-5 물탱크의 수위를 측정하기 위한 아날로그 시스템

그림 1-5의 아날로그 시스템에서는 물탱크의 수위가 올라감에 따라 입력저항 값은 감소하게 되고, 이 저항값(R)의 감소는 전류(I)의 양을 증가시켜, 결국 전류계(물탱크 계량기)의 출력값을 높이게 된다.

그림 1-5의 아날로그 시스템은 간단하고 효율적이며 물탱크의 수위를 나타낼 수 있다. 만약 물탱크 수량에 대한 더 많은 정보가 요구된다면, 그림 1-6과 같은 디지털 시스템을 사용할 수도 있다.

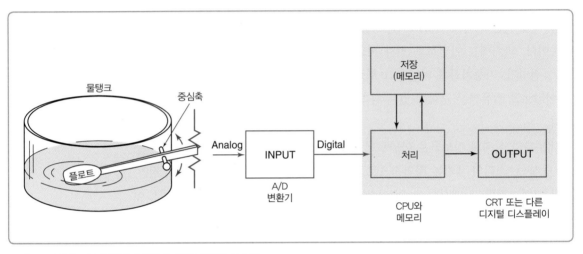

그림 1-6 물탱크의 수위를 측정하기 위한 디지털 시스템

가변(variable) 저항
A/D 변환기
중앙처리장치

디지털 시스템은 데이터를 저장하거나, 그 데이터로 계산해야 할 경우, 또는 문자와 숫자로 표시해야 할 경우에 필요하다. 그림 1-6은 물탱크의 유량을 측정하기 위해 보다 더 복잡하게 배치된 디지털 시스템이다. 입력은 아날로그 시스템에서처럼 **가변(variable) 저항**이며, 이 저항값은 **A/D 변환기**(analog to digital converter)에 의해 숫자로 변환된다. 컴퓨터의 **중앙처리장치**(CPU)는 입력 데이터를 처리하여 정보를 출력하고, 저장하며, 들락거리는 물의 양을 계산하며, 탱크가 완전히 채워질 때까지 또는 완전히 비워질 때까지의 시간을 계산하는 등의 작업을 수행한다. 디지털 시스템은 계산, 데이터의 처리 및 저장, 문자 및 숫자 출력, 그리고 비디오 영상출력 등이 요구될 때 유용하며 인터넷을 통한 데이터의 전송 또한 일반적인 일이 되었다.

응용 예: 자동차 연료지시계

오래된 자동차의 회로는 아날로그 방식으로 그림 1-7(a)와 같은 전형적인 연료

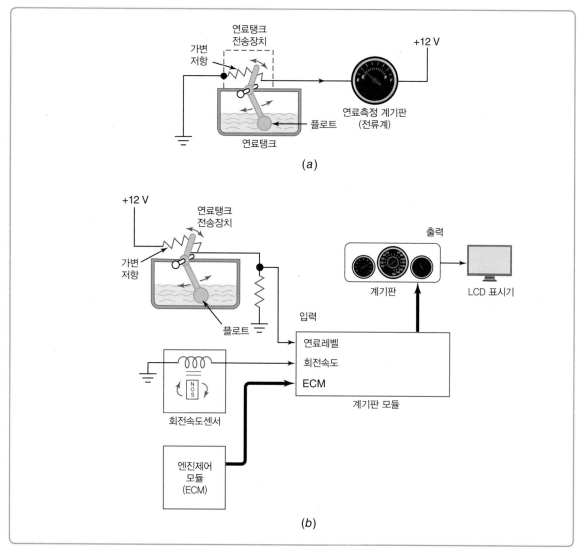

그림 1-7 (a) 자동차 연료탱크 전송장치와 연료계 (b) 컴퓨터 모듈 자동차 연료측정 계기 시스템

측정 시스템을 보여준다. 연료탱크 전송장치는 와이퍼를 움직이는 플로트(float)를 갖고 있어 연료탱크에 연료가 차오르면 와이퍼가 왼쪽으로 움직이게 된다. 이때 저항값이 감소되며 옴의 법칙($I = V/R$)에 의해 전류값(I)이 증가되고 연료측정 계기판(전류계)의 바늘은 시계 방향 쪽으로 움직이게 된다. 그림 1-7(a)는 고전적인 형태의 아날로그 회로 연료측정기를 보여준다.

현대의 자동차는 몇 가지 목적 달성을 위하여 연료탱크 전송장치의 정보를 활용할 수도 있다. 그림 1-7(b)는 연료탱크 전송장치의 아날로그 전압을 계기판 모듈

(instrument panel module) 입력으로 사용되는 것을 알 수 있다. 이 컴퓨터 모듈은 아날로그 입력을 디지털 입력으로 변환(A/D 변환기)시키며 자동차 속도센서(vehicle speed sensor)와 엔진제어장치(ECM)의 신호도 수신한다. 흔히 볼 수 있는 자동차 계기판의 연료측정기, 속도표시기가 이 모듈로 구동된다. 또한, 평균 연료소모량과 주행 가능 거리를 계산하여 운전자가 볼 수 있도록 LCD 화면에 표시할 수 있다. 연료탱크 전송장치는 가변 전압 신호를 컴퓨터 모듈에 보내어 연료탱크 내에 연료량이 많이 차있을 때보다는 높은 전압을 발생시킨다. 속도센서는 가변주파수 신호를 보내 낮은 속도에서는 저주파 신호를, 고속에서는 고주파를 발생시킨다. 엔진제어 모듈(ECM: engine control module)은 계기판에 디지털 신호를 보내고, 실린더 안으로 얼마만큼의 연료를 타이밍에 맞추어 분사시킬 것인지를 결정한다.

엔진제어 모듈

디지털 회로: 장점과 한계

아날로그 대신에 디지털 회로를 사용할 때의 장점은 다음과 같다.

1. 외부 소자를 거의 사용하지 않고, 가격이 저렴한 IC로도 사용이 가능하다.
2. 정보를 단기간 또는 영구적으로 저장할 수 있다.
3. 정확한 계산을 위해 데이터를 사용한다.
4. 호환 가능한 디지털 논리계열(digital logic family)을 사용하여 시스템을 보다 쉽게 설계할 수 있다.
5. 시스템을 프로그램 할 수 있으며, 어느 정도의 "지능"을 갖도록 할 수 있다.
6. 문자, 숫자, 그림, 영상 정보를 다양한 전자 디스플레이장치를 이용하여 표시할 수 있다.
7. 디지털 회로는 노이즈(noise)라고 하는 원치 않는 전기적 간섭에 대해 영향을 덜 받는다.

디지털 논리계열
노이즈

디지털 시스템의 제한 사항은 다음과 같다.

1. 대부분의 실세계의 사건들은 아날로그 성질을 가지고 있다.
2. 아날로그 처리가 대개 더 간단하고 빠르다.

디지털 회로는 주로 저비용과 신뢰성 높은 디지털 IC 사용으로 인해 점점 더 많은 제품에서 사용되고 있는 실정이다. 이외에도 정확성, 안정성, 컴퓨터 간의 호환성, 기억, 사용의 용이성, 설계의 간단함, 다양한 디스플레이 장치와의 호환성 등의 이유로 더욱 인기를 얻고 있다.

확인문제

6. 일반적으로 전자회로는 아날로그와 _____로 분류된다.

7. 시간, 속도, 무게, 압력, 빛의 밝기, 위치 등의 측정값은 _____(아날로그, 디지털) 성질을 갖고 있다.

8. 그림 1-5에서 보는 바와 같이 수위가 내려감에 따라 저항은 증가하게 되고, 이로 인해 전류 I는 _____(증가, 감소)한다. 따라서 물탱크의 수위측정기(전류계)는 이전보다 _____(높은 값, 작은 값)이 나타나게 된다.

9. 그림 1-5와 1-6에서 물탱크가 한 도시의 수도 시스템의 일부이고 물의 변동량이 매우 중요하다면, 그림 _____(1-5, 1-6)의 시스템이 더 적합할 것이다.

10. 디지털 회로가 점점 더 선호되는 있는 가장 큰 이유는 디지털 회로가 보통 아날로그 회로보다 더 간단하고 빠르기 때문이다.(참, 거짓)

1.3 디지털 신호는 어디에서 사용되는가?

디지털 전자공학은 광범위하고 매우 빠르게 그 영역을 넓혀가고 있다. 인터넷(internet)으로 불리는 지구상의 컴퓨터 네트워크 시스템은 수십억 명의 컴퓨터 사용자가 있으며 이 인터넷의 백본(backbone)으로 다양한 형태의 디지털 컴퓨터가 존재한다. 인터넷은 학교, 비즈니스, 개인, 정부 네트워크로 구성되며, 사용자로 하여금 World Wide Web(WWW)을 이용하여 광대한 양의 정보를 접근할 수 있게 해준다. 또한, 인터넷은 두 가지 방식의 통신방법, 즉 e-mail과 소셜 네트워크(페이스북 포함)를 제공하며 인터넷을 통해 은행, 제조사, 군사, 의료기관, 보안회사, 정부, 비즈니스 업체가 광대한 양의 데이터를 주고받고 있다. 전 세계 경제는 디지털 컴퓨터, 광대한 메모리 저장소, 인터넷 없이는 거의 생존이 불가능하다.

수백만 개의 개개인 전자장치가 설계, 제조, 시험 및 수리된다. 그러므로 상당한 수의 전자기술자와 엔지니어가 필요하다. 디지털 전자공학의 응용 예는 그림 1-8에서 볼 수 있다.

그림 1-8 디지털 전자공학의 응용 예

　기술자들은 높은 기술을 요하는 비즈니스 분야에서 직업을 구할 수 있다. 많은 정부기관의 직업이 전자공학을 포함하는 컴퓨터 기술을 요구한다. 고도의 기술을 가진 기술자는 매우 복잡한 군사 관련 전자공학 분야에서 일을 한다. 어떤 군사 항공기 비용의 절반이 전자제품이 차지하고 있다는 보고도 있다. 군사 분야에는 아주 뛰어난 고급의 전자공학 훈련 프로그램을 가지고 있다.

　현대의 자동차 운전방식은 전자공학 기술에 의해 상당히 발전되어 왔다. 정교한 전자엔진 제어기술로 인해 엔진의 힘은 더 강력해지고, 주행은 부드러워지며, 보다 더 적은 연료를 사용하게 되었다. 또한, 엔터테인먼트 시스템을 탑재하였으며 블루투스(bluetooth), GPS, 터치스크린은 일상화되었다. 주차(parking) 도움과 도로 사각지대 탐지 기술은 많은 자동차에 표준이 되었다. 미끄럼방지와 차량자세 제어와 같은 안전성 기술은 디지털 전자공학에 의존한다.

차량 절도를 줄이기 위해, 자동차 키(key)는 응답기(transponder) ECM에 의해 등록된 신호만을 받도록 하는 송신기를 포함하고 있으며, 응답기는 무선으로 수신된 자동차 키 신호로만 엔진을 시동한다. 자동차는 50개가 넘는 전자제어 모듈(컴퓨터)로 만들어지며, 자동차정비 기술자는 전기공학과 전자공학에 관한 교육을 받아야 하고, 자동차 제조사는 뛰어난 교육 훈련과정을 운영해야 한다.

여러분이 이미 실험실에서 사용했을지도 모를 측정 장비의 대부분은 디지털 회로를 사용하고 있다. 논리 프로브(logic probe), 디지털 멀티미터(DMM), 커패시턴스 미터, 주파수 카운터, 함수(신호) 발생기, 프로그램 가능한 전원장치 등이다. 현대의 오실로스코프도 디지털 회로를 사용한다.

확인문제

14. 디지털 회로를 사용하는 기기를 4가지 이상 열거하라.
15. 컴퓨터와 전자공학 기술자의 수요가 상당히 많다.(참, 거짓)
16. 군대(military)에는 뛰어난 전자공학 훈련학교가 있다.(참, 거짓)
17. 전자공학 기술에 전문가인 모든 자동차 정비사는 스스로 학습한다.(참, 거짓)
18. 기술자로서 디지털 회로를 사용하는 측정장비를 2가지 이상 열거하라.

1.4 디지털 신호는 어떻게 만들어지는가?

디지털 신호는 명확하게 정의된 두 개의 전압레벨로 구성된다. 대부분의 전압레벨은 +3V~+5V의 HIGH와 0V(GND) 근처의 LOW로 나누며, 이 두 전압레벨은 집적회로(IC)의 TTL(transistor transistor logic family) 계열에 사용되고 있기 때문에 TTL 전압레벨이라 한다.

디지털 신호의 생성

TTL 디지털 신호는 기계적인 스위치를 사용하여 수동으로 만들어질 수 있다. 그림 1-9(a)의 간단한 회로를 보면, SPDT(single-pole, double-throw) 스위치를 위아래로 움직이면 오른쪽 그림과 같은 디지털 파형을 발생시킬 수 있다. t_1 시간 동안에는 전압이 0V 또는 LOW, t_2 시간 동안에는 전압이 +5V 또는 HIGH 를 유지한다. 또한, t_3 시간 동안에는 0V 또는 LOW, t_4 시간 동안에는 +5V 또는 HIGH를 유지한다.

그림 1-9(a)에서 보는 거와 같이 LOW, HIGH, LOW, HIGH 파형을 만들어 내는 스위치의 동작을 토글(toggle)이라고 말하며, 토글이란 어떠한 상태에서 그와 반대 상태가 되도록 스위치를 이동하는 것이라 정의할 수 있다. 그림 1-7(a)의 예에서 같이, LOW에서 HIGH로 스위치가 옮겼을 때 출력이 토글되었다고 하며, 다시 HIGH에서 LOW로 스위치를 옮기게 되면 출력은 다시 토글되었다고 한다.

기계적인 스위치의 문제점은 접점 바운스(contact bounce)이다. LOW에서

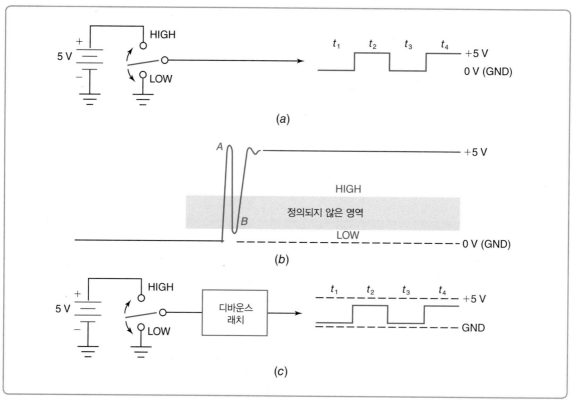

그림 1-9 (a) 스위치를 사용한 디지털 신호의 발생 (b) 기계적인 스위치를 사용했을 때의 접점 바운스에 의한 파형 (c) 정상적인 디지털 신호를 만들기 위한 디바운스 래치회로의 추가

HIGH로 스위치를 토글할 때를 매우 주의깊게 살펴보면 그림 1-9(b)와 같은 파형이 나타난다. 처음에 파형은 LOW에서 HIGH로 곧 바로 올라갔다가(A지점) 접점 바운스로 인해 LOW로 떨어지고(B지점) 다시 HIGH로 올라가게 된다. 이것은 매우 짧은 시간에 일어나지만 디지털 회로는 이 순간을 LOW, HIGH, LOW, HIGH의 파형으로 감지할 만큼 충분히 빠르다. 그림 1-9(b)는 HIGH와 LOW로 동작하는 실제 전압의 범위가 정의되어 있는 것을 보여주며, HIGH와 LOW 사이에 정의되지 않은 영역(undefined region)은 문제를 일으키게 되어 이 구간을 피해야만 한다.

그림 1-7(b)와 같은 문제점을 해결하기 위해 기계적인 스위치를 디바운스(debounce)시킨다. 그림 1-9(c)는 디바운스 논리 스위치의 블럭도로서, 디바운스 회로인 래치(latch)를 사용한다. 여러분이 실험실 장비에서 사용하는 기계적 논리 스위치는 래치회로로 디바운스 되어 있을 것이다.

래치

래치는 종종 **플립플롭**(filp-flop)이라고도 하며, 그림 1-9(c)에서 보는 바와 같이, t_1 시간 주기 동안에 래치의 출력은 정확하게 0V는 아니지만 LOW이고, t_2 시간 동안에는 +5V보다는 약간 작지만 HIGH이다. 마찬가지로, t_3 시간 동안에는 LOW, t_4 시간 동안에는 HIGH가 된다.

플립플롭

푸시버튼(push-button) 스위치를 사용하여 디지털 신호를 만들어야 하는 경우가 있다. 그래서 이 푸시버튼을 누르면 HIGH, 버튼을 놓으면 LOW 신호가 만들어져야 하는데, 그림 1-10(a)의 스위치를 살펴보면 푸시버튼을 눌렀을 때는 +5V의 HIGH를 출력하지만, 푸시버튼을 놓으면 전원공급기와 출력 사이에 개방회로(open circuit)가 형성되어 출력전압이 정의되지 않게 된다(undefined). 따라서 단순한 푸시버튼은 논리 스위치로서 적절하게 동작하지 못한다는 것을 알 수 있다.

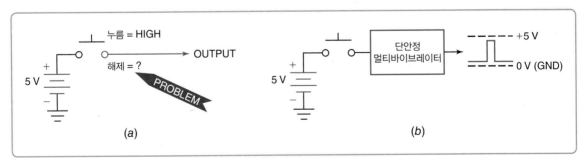

그림 1-10 (a) 단순한 푸시버튼 스위치는 디지털 신호를 발생시키지 못함 (b) 단안정 멀티바이브레이터를 이용한 푸시버튼의 단일펄스 디지털 신호 발생

디지털 펄스를 발생시키기 위해서는 특별한 회로와 함께 오픈(open) 푸시 버튼 스위치가 사용된다. 그림 1-10(b)는 단안정 멀티바이브레이터(one shot multivibrator)가 연결된 푸시버튼 스위치를 보여주며, 푸시버튼 스위치를 매번 누를 때마다 짧은 단일펄스(single short, positive pulse)가 단안정 멀티바이브 레이터 출력에서 발생된다. 펄스의 폭은 푸시버튼을 누르고 있는 시간에 의해 결정되는 것이 아니라 멀티바이브레이터 설계에 의해 결정된다.

멀티바이브레이터 회로

멀티바이브레이터 래치회로

래치회로와 단안정 멀티바이브레이터 회로는 예전부터 사용되었다. 이 두 회로는 멀티바이브레이터(MV: multivibrator) 회로로 분류되고, 래치회로는 플립플롭 (flip-flop) 또는 쌍안정 멀티바이브레이터(bistable multivibrator)라고도 한다. 단안정 멀티바이브레이터(one shot multivibrator)란 모노스테이블 멀티바이브 레이터(monostable multivibrator)라고도 한다. 세 번째 멀티바이브레이터는 비안정 멀티바이브레이터(astable multivibrator)로서 프리러닝 멀티바이브레이터 (free running multivibrator)라고도 한다. 이 멀티바이브레이터를 대다수의 디지털 회로에서는 간단히 클럭(clock)이라 한다.

프리러닝 멀티바이브 레이터

프리러닝 멀티바이브레이터(MV)는 그림 1-11의 블록도와 같이 외부의 스위칭이나 외부의 신호 없이도 자체적으로 펄스를 연속적으로 발생시킨다. 이 프리러닝 멀티바이브레이터는 TTL 레벨의 펄스를 LOW에서 HIGH, HIGH에서 LOW로 출력을 계속해서 만들어낸다.

실험실에서 디지털 신호를 만들어야 될 때, 필요한 장비로는 그림 1-9, 1-10, 1-11과 같은 TTL 레벨의 신호를 발생시키는 슬라이드 스위치나 푸시버튼 스위치, 프리러닝 멀티바이브레이터가 있다. 그림 1-9(c)와 같은 래치회로를 이용해서 디바운스된 논리 스위치(logic switch)나, 그림 1-10(b)와 같이 단안정 멀티바이브

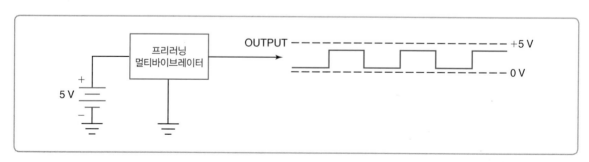

그림 1-11 프리러닝(free-running) 멀티바이브레이터를 이용한 연속적인 디지털 펄스 발생

레이터에 연결된 단일펄스 클럭(single pulse clock) 생성 푸시버튼, 그림 1-11과
같이 연속적인 펄스를 발생하는 프리러닝 멀티바이브레이터를 사용할 수 있다.

멀티바이브레이터의 배선(wiring)

비안정, 단안정, 쌍안정 멀티바이브레이터는 개별적 소자(저항, 커패시터, 트랜
지스터)로 구성하여 만들거나 IC 형태로 구매하여 사용할 수 있지만, IC로 구성된

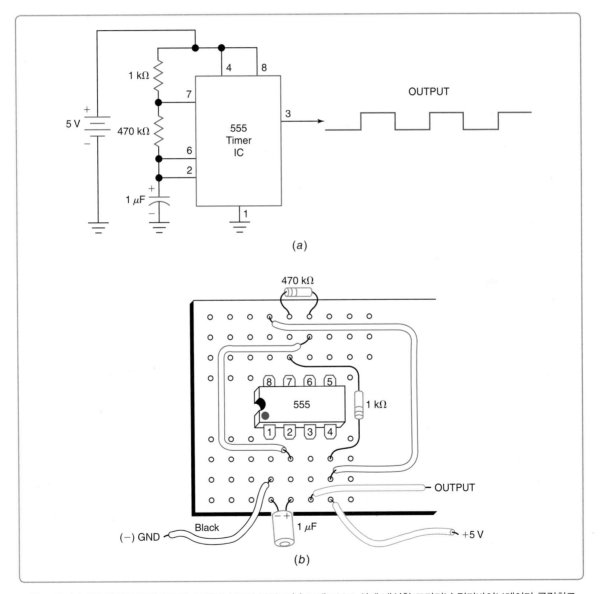

그림 1-12 (a) 555 타이머 IC를 이용한 프리러닝 클럭 블럭도 (b) 브레드보드 상에 배선한 프리러닝 멀티바이브레이터 클럭회로

소자가 성능이 뛰어나고, 사용이 편리하며, 가격이 저렴하기 때문에 이 장에서는 IC로 사용할 것이다. 그림 1-12(a)는 실제 프리러닝 클럭(free runnung clock) 회로의 블럭도로, 1Hz에서 2Hz의 저주파 TTL 레벨의 출력을 발생시킨다. 프리러닝 클럭회로의 중앙에는 555 타이머(timer) IC가 있으며, 그 밖에 몇 개의 저항과 한 개의 커패시터, 전원공급기로 구성된다.

그림 1-12(b)는 브레드보드 상에서 배선한 프리러닝 클럭 회로도이며 납땜이 필요없는 브레드보드를 사용하였다. 또한, IC 핀 번호는 홈(notch)이나 도트(dot) 바로 옆 1번 핀에서 반시계 방향으로 8번 핀까지 번호가 매겨지는 것에 유의해야 한다. 여러분의 편의를 위해 그림 1-12(b)에 배선도를 표시하였으며, 보통은 블럭도로부터 직접 브레드보드 상에 회로를 배선할 수 있어야 한다.

디바운스 스위치의 배선

단순한 기계 스위치는 디지털 회로의 입력으로 사용했을 때 문제를 일으킨다. 그림 1-13(a)의 푸시버튼 스위치(SW₁)는 A지점에서 눌렀거나 또는 닫혀졌다(출

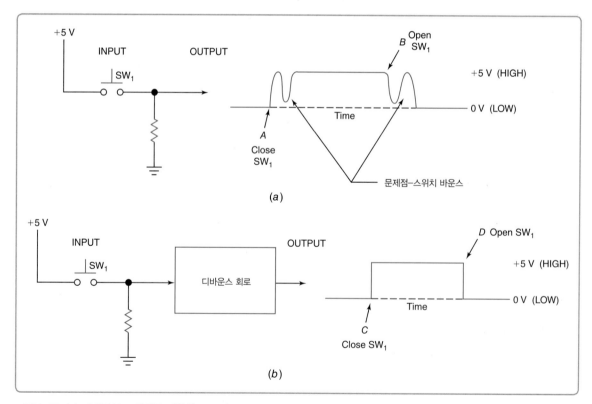

그림 1-13 (a) 기계적인 스위치를 사용함으로 발생되는 스위치 바운스 (b) 스위치 바운스를 제거하는 디바운스 회로

력 파형을 관찰할 것). 스위치 바운스(bounce) 때문에 출력신호는 HIGH, LOW 그리고 다시 HIGH가 된다. B지점에서 스위치가 열렸을 때에도 바운스 현상이 발생한다. 이 입력 스위치의 스위치 바운스는 제거되어야 하며, 이 스위치 바운스 문제를 해결하기 위해서는 그림 1-13(b)의 **디바운스**(debouncing) 회로가 추가되어야 한다.

디바운스

이제 C지점에서 푸시버튼 스위치가 닫혔을 때(출력 파형을 관찰할 것), 바운스 없이 LOW에서 HIGH로 토글된다. 마찬가지로, SW_1이 D지점에서 열렸을 때도 바운스 없이 HIGH에서 LOW 토글되는 것을 알 수 있다.

그림 1-14는 디바운스 회로가 첨가된 입력 스위치이다. 이 디바운스 회로에서 555 타이머 IC가 중심에 있다는 것에 주목하고, 푸시버튼 스위치 SW_1가 E지점에서 닫혔을 때 출력은 LOW에서 HIGH로 변한다. 곧이어 SW_1이 F지점에서 스위치가 열리더라도 555 타이머 IC는 지연시간 동안 HIGH를 유지한다. 지연시간(이 회로에서는 약 1초)이 지나면 출력은 HIGH에서 LOW로 변한다. 지연시간은 커패시터 C_2의 값을 변경하여 조절할 수 있다. 커패시터 C_2의 값을 줄이면 출력에서의 지연시간이 줄어들고, 커패시터 C_2의 값을 늘리면 지연시간이 늘어나게 된다.

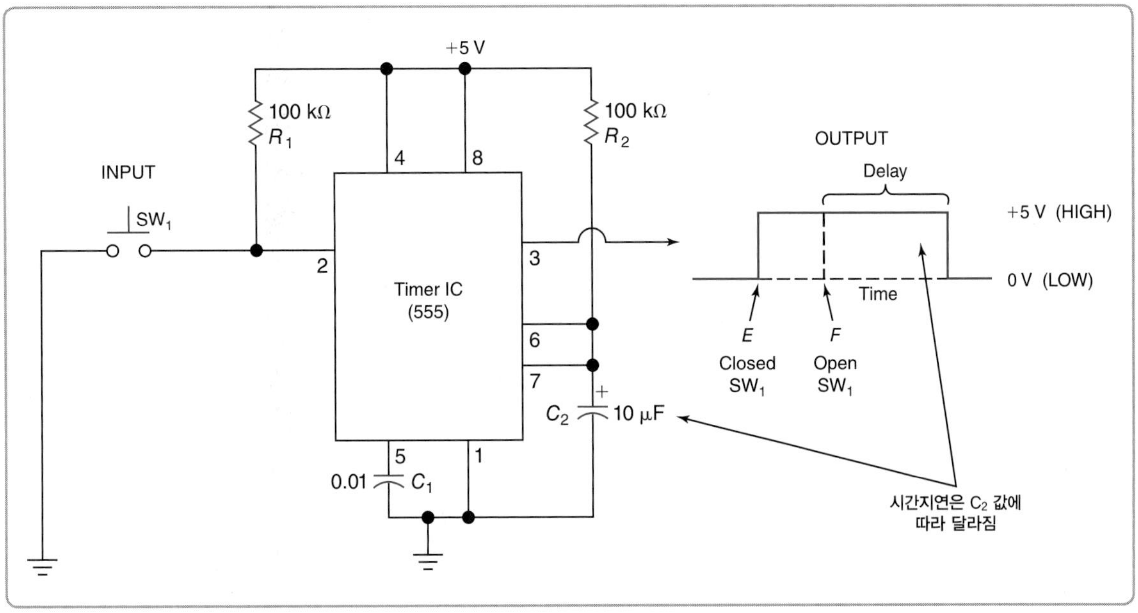

그림 1-14 스위치 디바운스 회로

단안정 멀티바이브레이터의 배선

단안정 멀티바이브레이터

단안정 멀티바이브레이터(MV)는 one shot 멀티바이브레이터 또는 단안정 멀티바이브레이터로도 불린다. one shot 회로는 입력펄스에 반응하여 정해진 폭이나 시간만큼 출력펄스가 발생한다.

트리거 전압

그림 1–15는 one shot 멀티바이브레이터의 배선도를 나타낸다. 74121 one shot 멀티바이브레이터 IC는 간단한 푸시버튼 스위치를 사용하여 B 입력에 약 GND로부터 약 +3V의 입력전압을 인가한다. 이것을 트리거 전압(trigger voltage)이라고 한다. one shot 멀티바이브레이터를 트리거하면 두 개의 출력에 짧은 펄스를 발생시킨다. 정상출력 Q(6번 핀)에 약 2~3ms의 짧은 펄스가 발생하고, 보수출력 $\overline{Q}$에는 반대의 출력, 즉 반전된 펄스를 발생시킨다. 플립플롭(flip-flop)이라고 하는 디지털 소자는 보통 Q와 $\overline{Q}$ (not Q)출력이 있으며, 이들은 항상 서로 반대이거나 보수 관계이다. 보수 출력단에서 만약 Q가 HIGH이면 $\overline{Q}$는 LOW이고, Q가 LOW이면 $\overline{Q}$는 HIGH이다. 74121 one shot 멀티바이브레이터 IC의 출력은 내부의 플립플롭으로부터 직접 연결되어 있으며 Q, $\overline{Q}$로 표시된다.

one shot 멀티바이브레이터로 만들어지는 펄스폭은 입력 스위치가 얼마나 오랫동안 눌려졌는지가 아니라 MV의 설계에 따라 결정된다. 그림 1–15에서 커패

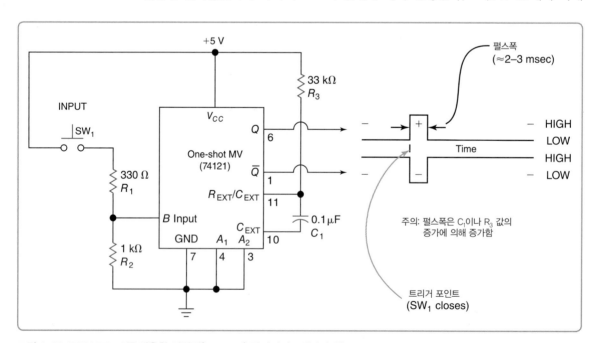

그림 1–15 74121 TTL IC를 이용한 단안정(one shot) 멀티바이브레이터 회로

시터 C_1과(또는) 저항 R_3의 값을 증가시키게 되면 one shot 멀티바이브레이터의 펄스폭이 증가하고, C_1과 R_3의 값을 감소시키면 펄스폭은 감소하게 된다. 실제적인 문제로서, 그림 1-15의 입력 스위치가 디바운스되어야 할 필요가 있거나 여러 개의 출력펄스를 생성해야 한다면 성능 좋은 스냅액션(snap-action) 푸시버튼 스위치를 사용하여 one shot 멀티바이브레이터의 잘못된 트리거 동작을 막을 수 있다.

디지털 실험기

실험시간에 사용되는 대표적인 디지털 실험기가 그림 1-16의 사진이다. 사진에서 보는 두 개의 PC 보드는 본 교재에서 사용되는 실험에 적합하도록 만들어졌다. 왼쪽의 Dynalogic DT-1000 디지털 실험기는 회로를 납땜 없이 연결 가능하게 하는 브레드보드를 갖고 있으며 입력장치로는 12개의 논리 스위치(두 개는 디바운스됨)와 가변주파수 클럭(비안정 MV)장치가 있다. 또한, 출력장치로 16개의 LED 표시기와 피에조(piezo) 부저, 릴레이, 소형 DC 모터가 있다. 전력공급기 연결은 DT-1000 보드의 좌측 상단에 있다.

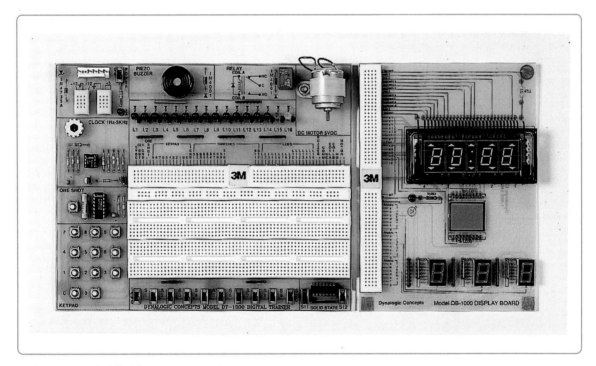

그림 1-16 디지털 실험기와 보드

그림 1-16의 오른쪽에 있는 두 번째 PC 보드는 복잡한 LED, LCD, VFD 디스플레이가 있다. Dynalogic DB-1000 디스플레이 보드는 출력으로 7-세그먼트를 사용할 때 매우 유용하다. 여러분은 실험시간에 IC와 전자부품들이 탑재된 이 보드를 사용하여 디지털 전자공학의 실용적인 체험을 할 수 있다.

확인문제

19. 그림 1-9(c)에서, t_2에서의 디지털 신호는 _____(HIGH, LOW), t_3에서는 _____(HIGH, LOW)이다.

20. 그림 1-10(a)에서, 푸시버튼 스위치를 개방했을 때(open) 출력은 _____이다.

21. 그림 1-9(c)의 디바운스된 래치를 플립플롭 또는 _____멀티바이브레이터라고 한다.

22. 그림 1-10(b)에서, 디지털 신호를 발생시키기 위해 사용된 one shot 멀티바이브레이터를 _____멀티바이브레이터라고도 한다.

23. 그림 1-14에서, 555 _____IC와 몇 개의 개별 소자들은 연속적인 일련의 TTL 레벨의 펄스를 만들기 위해 사용된다. 이러한 프리러닝 클럭은 프리러닝 멀티바이브레이터 또는 _____멀티바이브레이터라고도 한다.

24. 그림 1-14의 555 타이머 IC와 몇 개의 전자부품들은 푸시버튼 스위치 SW_1을 _____(디바운스, 전압 상승)시킨다.

25. 그림 1-15에서, 74121 IC는 _____(프리러닝, one shot) 멀티바이브레이터로 사용된다.

26. 그림 1-15에서, 74121 IC는 서로 _____(보수(complementary), 동상(in-phase))인 출력펄스를 생성하는 두 개의 Q와 $\overline{Q}$ 출력이 있다.

27. 그림 1-15의 one shot MV의 출력의 시간 길이나 펄스폭은 _____에 의해 결정된다.
    a. 스위치 SW_1이 닫혀있는 동안의 시간 길이
    b. C_1과 R_3의 값

28. 그림 1-16의 DT-1000 보드 왼쪽에 있는 one shot 장치는 푸시버튼 스위치를 누를 때마다 단일 펄스를 발생시킨다. 이 one shot 장치를 _____(비안정, 단안정) 멀티바이브레이터라고도 한다.

29. 그림 1-16의 DT-1000 보드 왼쪽에 있는 클럭 장치는 연속된 디지털 펄스를 만들어 낸다. 이러한 클럭 장치를 _____(비안정, 쌍안정) 멀티바이브레이터라고도 한다.

30. 그림 1-16의 왼쪽에 있는 DT-1000 디지털 실험기 보드는 몇 개의 출력장치를 가지고 있다. 이들 장치를 세 가지 이상 열거하라.

31. 그림 1-16의 오른쪽 DT-1000 디스플레이보드에 있는 세 가지 유형의 7-세그먼트 디스플레이에 대해 열거하라.

1.5 디지털 신호를 어떻게 검사하는가?

앞 절에서는 다양한 멀티바이브레이터를 사용하여 디지털 신호를 만들어 보았다. 이것은 실험실에서 디지털 회로의 입력신호(input signals)를 생성하기 위해 사용하게 될 방법이다. 이번 절에서는 디지털 회로의 출력을 검사하는 몇 가지 간단한 방법들에 관해서 살펴본다. 그림 1–17(a)의 회로를 살펴보자. 입력은 간단한 SPDT 스위치와 전원공급기에 의해 공급되며, 출력지시계(output indicator)는 한 개의 LED(발광다이오드: light emitting diode)이다. 150Ω의 저항은 LED에 흐르는 전류를 제한하여 안전한 수준으로 동작하도록 한다. 그림 1–17(a)에서 스위치가 HIGH(up) 위치에 있으면, LED의 에노우드(anode)에 +5V가 인가되어 LED는 순방향 바이어스(forward bias)가 되므로 전류가 흘러 LED가 켜지게 된다. 스위치가 LOW(down) 위치가 되면, 에노우드와 캐소드(cathode)가 모두 접지가 되어 LED는 불이 켜지지 않게 된다. 이러한 지시계를 사용하게 되면, 일반적으로 불이 켜질 때는 HIGH이고, 불이 꺼질 때는 LOW를 의미하게 된다.

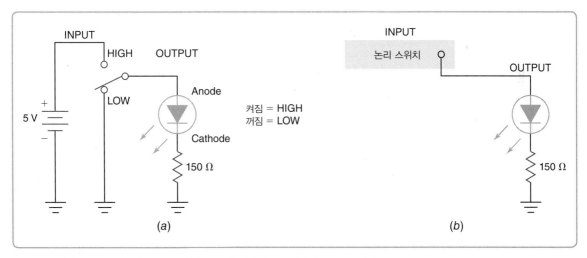

그림 1–17 (a) 간단한 LED 출력지시계 (b) LED 출력지시계에 연결된 논리 스위치

그림 1–17(b)에 다시 간단한 LED 출력지시계가 있다. 이번에는 간단한 논리 스위치의 그림이 입력을 나타낸다. 그림 1–17(b)의 논리 스위치가 디바운스되어 있는 점을 제외하면 그림 1–17(a)의 스위치와 같이 동일한 동작을 한다. 출력지시계는 일련의 제한 저항을 갖는 LED이다. 그림 1–17(b)의 입력 논리 스위치가

LOW 신호를 발생시키면, LED는 불이 켜지지 않지만, HIGH가 되면 LED에 불이 들어오게 된다. 또 다른 LED 출력지시계의 예가 그림 1-18에 있다. LED 는 이전에 보여졌던 것과 같이 입력이 HIGH이면 불이 켜지고, 입력이 LOW이면 불이 켜지지 않는다. 그림 1-18의 LED는 직접적인 입력이 아니라 NPN 트랜지 스터에 의해 구동된다. 그림 1-18의 트랜지스터로 구성한 회로의 장점은 직접적 인 입력으로 구동되는 회로에 비해, 디지털 회로의 출력 또는 스위치로부터 흘러 나오는 전류의 양이 적다는 점이다. 그림 1-18과 같이 구성한 LED 출력지시계 는 실험실 장비에서도 볼 수 있다.

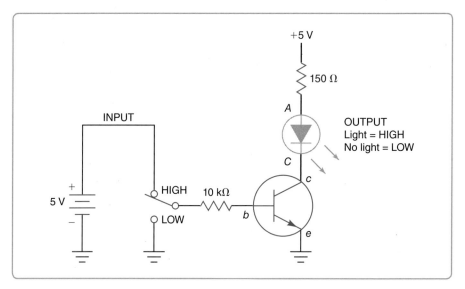

그림 1-18 트랜지스터 구동 LED 출력지시계

그림 1-19의 두 개의 LED를 사용한 출력지시계를 살펴보면, 입력이 HIGH(+5V)이면 아래쪽 LED에 불이 켜지고, 위쪽 LED는 불이 켜지지 않는 다. 입력이 LOW(GND)일 때는 위쪽 LED에만 불이 켜지게 된다. 만약 회로의 Y지점이 HIGH와 LOW 사이의 정의되지 않은 영역에 있거나, 회로의 어떠한 지 점에도 연결되어 있지 않게 된다면 두 개의 LED 모두가 불이 켜지게 된다.

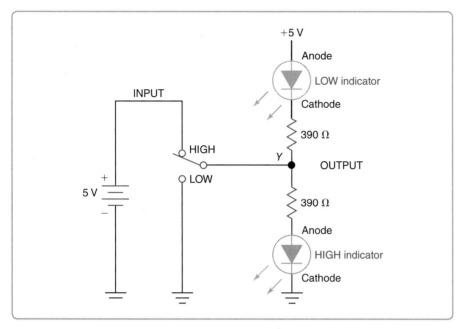

그림 1-19 LOW, HIGH, 정의되지 않은 논리레벨을 나타내는 LED 지시계

디지털 회로의 출력전압은 표준전압계를 사용하여 측정할 수 있다. TTL 계열의 IC에서는 0~0.8V는 LOW로, 2~5V는 HIGH로, 0.8~2V 사이의 전압은 정의되지 않은 영역으로서 TTL 회로에 신호 오동작을 일으킨다.

그림 1-20에 그래픽 형태의 논리레벨을 볼 수 있다. TTL(transistor-

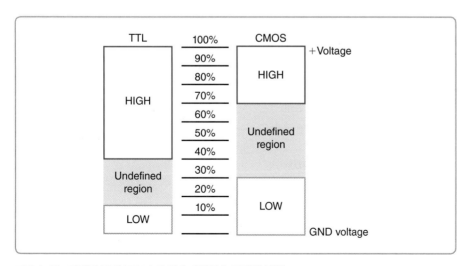

그림 1-20 디지털 IC의 TTL과 CMOS 계열의 논리레벨 정의

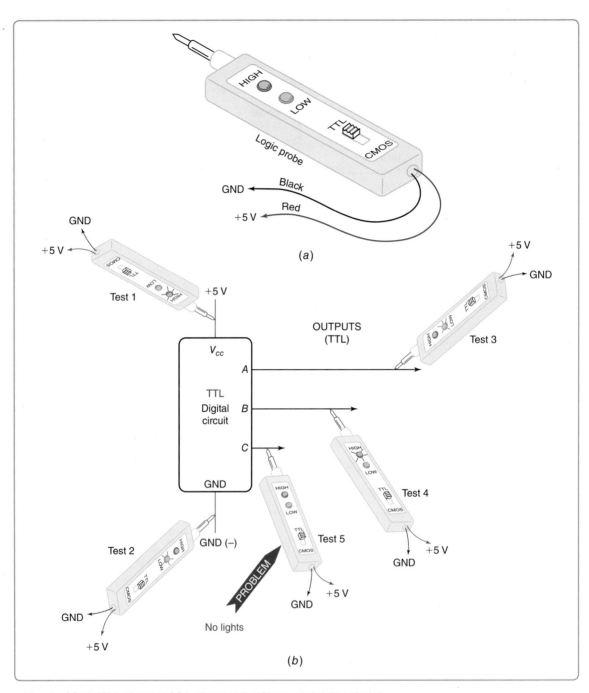

그림 1–21 (a) 간단한 논리 프로브 (b) 논리 프로브에 의한 TTL 디지털 회로의 검사

transistor logic) 회로는 +5V가 전형적인 동작전압이 되며, CMOS(comple
mentary metal oxide semiconductor) 디지털 회로는 +12V, +9V, +5V 및

이하 전압에서의 다양한 동작전압 범위를 갖는다. 따라서 TTL과 CMOS 회로가 갖는 HIGH와 LOW 전압의 정의는 다르며 TTL과 CMOS 모두 HIGH와 LOW 간의 전압 범위는 정의되지 않은 영역(undefined region)이라 말하고, 이 정의되지 않은 영역은 디지털 회로의 오동작을 일으키는 원인이 된다.

논리레벨을 측정하기 위한 휴대용 측정장치로 논리 프로브(logic probe)가 있다. 논리 프로브의 간단한 예가 그림 1-21(a)에 있으며 회로를 검사하기 전에 사용자는 검사할 회로의 유형이 TTL인지 CMOS인지를 선택해야 한다. 그림 1-20은 HIGH, LOW 그리고 정의되지 않은 영역이 서로 다르다는 것을 보여준다.

논리 프로브를 동작시키기 위한 전원은 검사해야할 디지털 회로에서 공급되며, 논리 프로브의 종단에 있는 두 개의 리드(lead)선은 +V(적색 리드선)와 접지 GND(흑색 리드선)에 연결한다. 논리 프로브의 금속 팁(tip)을 회로의 어느 한 점에 접촉시킨다. 그러면 입력 금속 팁의 논리레벨에 따라, 논리 프로브의 HIGH 또는 LOW 출력 LED에 불이 들어오게 된다.

TTL 디지털 회로는 그림 1-21(b)의 간단한 논리 프로브로 검사할 수 있다. 논리 프로브의 스위치를 TTL로 놓고, 적색 리드선과 흑색 리드선을 전원과 접지(GND)에 각각 연결한다. 다음으로 프로브의 전원을 켜고, 다음의 5가지의 논리 프로브 검사를 수행한다.

검사 #1: 금속 팁을 +5V 입력에 접촉시킨다.

결과 #1: HIGH 지시계에 불이 켜진다.

정상

검사 #2: 금속 팁을 접지(GND) 입력에 접촉시킨다.

결과 #2: LOW 지시계에 불이 켜진다.

정상

검사 #3: 금속 팁을 출력 A에 접촉시킨다.

결과 #3: LOW 지시계에 불이 켜진다.

정상

검사 #4: 금속 팁을 출력 B에 접촉시킨다.

결과 #4: HIGH 지시계에 불이 켜진다.

정상

검사 #5: 금속 팁을 출력 C에 접촉시킨다.

결과 #5: HIGH 또는 LOW 지시계에도 불이 들어오지 않는다.

출력이 HIGH 또는 LOW도 아닌 정의되지 않은 영역에 있거나 개방(open)된 상태를 의미하며 반드시 수리를 필요로 하는 문제를 갖고 있다. 그림 1-21(b)의 검사 #5에서 디지털 회로의 플로팅(floating) 출력이 검출되었다. 이러한 플로트 입력 또는 출력은 보통 회로 내에서의 결함(fault)을 의미하며 반드시 수리되어야 한다. 그림 1-21(b)에서처럼 논리 프로브를 가지고 하는 검사는 문제 해결과정 절차 중의 한 예이다. 회로 동작의 지식이 효과적인 문제해결에 중요한 열쇠가 된다.

여러분은 지금 고정된 출력값을 갖는 TTL 디지털 회로를 검사하고 있다는 점을 알게 될 것이다. 그러나 논리 프로브는 이러한 유형의 검사에는 효과적이나 출력이 시시각각으로 변하는 회로의 출력검사에는 적당하지 않다.

실험실에서는 브레드보드 상의 디지털 회로를 검사하고 문제를 해결하는데 논리 프로브를 사용하게 될 것이다. 논리 프로브의 사용법은 각 모델에 따라 서로 다르므로 여러분이 사용하게 될 장비에 대한 사용 매뉴얼을 읽기 바란다.

실험실에서는 그림 1-18과 같은 논리 프로브를 만들어 사용할 수도 있고, 상용 논리 프로브를 구입하여 사용할 수도 있다. 각각의 논리 프로브는 사용법이 다르기 때문에 사용하고자 하는 장비의 사용지침서를 읽고 이해한 후 사용해야 한다.

확인문제

32. 그림 1-17에서, 입력이 HIGH가 되면 다이오드가 _____(순방향, 역방향)으로 바이어스되기 때문에 LED에 불이 _____(켜진다, 켜지지 않는다).
33. 그림 1-18에서, 입력이 LOW가 되면 트랜지스터가 _____(off, on)되어, LED에 불이 _____(켜진다, 켜지지 않는다).
34. 그림 1-19에서, 입력이 HIGH가 되면 LED의 _____(캐소드, 애노드)에 +5V가 인가되어 다이오드는 순방향으로 바이어스 되기 때문에 _____(위쪽, 아래쪽) LED가 켜진다.
35. 그림 1-20에서, 5V의 전원을 사용한다고 가정했을 때, TTL 회로의 2.5V 전압은 _____(HIGH, LOW, 정의되지 않은) 논리레벨로 인식될 것이다.
36. 그림 1-20에서, +12V의 전원을 사용한다고 가정했을 때, CMOS 회로의 2V 전압은 _____(HIGH, LOW, 정의되지 않은) 논리레벨로 인식될 것이다.
37. 그림 1-21(a)의 논리 프로브는 _____(으)로부터 전원을 공급받는다.
    a. 태양 전지(solar cell)
    b. 9V 배터리
    c. 검사할 회로의 전원
38. 그림 1-21(b)의 검사 #5로부터 디지털 회로의 출력 C가 개방(open)되었거나 정의되지 않은 영역의 상태에 있다는 것을 알 수 있다.(참, 거짓)

39. 그림 1–21(b)에서 검사 #5에서 발견된 사실은 회로가 TTL 디지털 회로이기 때문에 문제를 일으키지 않게 될 것이다.(참, 거짓)

1.6 간단한 장비

이 절에서는 디지털 회로에 사용되는 몇 가지 기본적인 상업용 장비들을 소개한다. 일반적인 간단한 장비들을 소개하고, 실제 상용 함수발생기와 논리 프로브 그리고 오실로스코프(oscilloscope)에 대하여 좀 더 자세히 알아본다.

함수발생기(function generator)
대부분의 학교와 산업 실험실에서 사용하는 유용한 출력장치로 함수발생기가 있다. 그림 1–22에 간단한 함수발생기가 있다. 만약 학교 실험실에 디지털 실험기(그림 1–16의 DT–1000 실험기)를 사용한다면, 함수발생기와 같은 출력이 있을

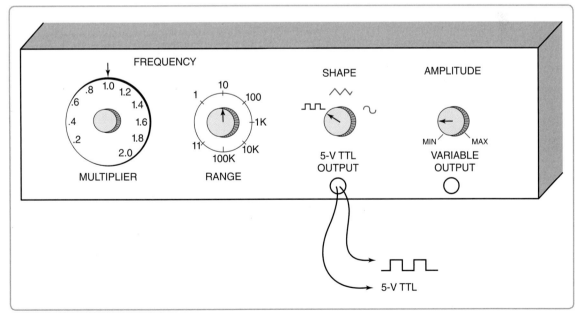

그림 1–22 함수발생기

것이다.

함수발생기를 사용하기 위해 우선 파형의 모양(shape)을 선택한다. 대부분의 디지털 회로를 가지고 작업할 때는 사각 모양의 구형파(square wave)가 선택된다. 두 번째로, 주파수(hertz, Hz)는 대역 스위치(range switch)와 함께 가변 배율 다이얼(variable multiplier dial)을 사용하여 결정한다. 세 번째로, 출력전압을 선택한다. 이 함수발생기는 두 개의 분리된 전압 출력(5V TTL과 가변출력(variable))을 가지고 있다. 5V TTL 출력은 많은 TTL 논리회로에서 편리하게 사용된다. 만약 함수발생기의 가변 출력을 사용한다면, 진폭 노브(amplitude knob)로 출력전압을 조정한다.

그림 1-22의 함수발생기에 의해 생성된 파형의 모양과 주파수는 어떤 것일까? 모양 노브(shape knob)가 구형파(사각모양)의 위치에 있고, 대역주파수 선택 노브(range frequency selector knob)는 10Hz를 가리킨다. 배율주파수 다이얼은 1이어서 출력주파수는 10Hz(대역×배율 = 주파수, 10×1=10Hz)이다. 그림 1-22에서 보는 바와 같이 출력은 장비의 5V TTL 출력단자로부터 취해지며 이 출력은 TTL 논리회로를 구동시킨다.

논리 프로브(logic probe)

디지털 논리레벨을 검사하는데 있어 가장 기본적인 장비는 논리 프로브이다. 그림 1-23에 간단한 논리 프로브가 있다. 이 논리 프로브의 슬라이드 스위치를 검사하고자 하는 TTL 또는 CMOS 논리계열의 유형에 맞게 선택한다. 그림 1-23의 논리 프로브는 TTL 디지털 회로를 검사하기 위해 설정되어 있다. 일반적으로 두 개의 리드선이 논리 프로브에 전원을 공급한다. 적색 리드선은 전원공급기의 양극(+)에, 흑색 리드선은 음극(-)또는 접지(GND)에 연결한다. 논리 프로브에 전원을 공급하고 난 후, 바늘 모양의 프로브를 회로의 검사 지점에 연결한다. HIGH(적색 LED) 또는 LOW(초록 LED) 지시계에 불이 켜진다. 만약 두 곳에 모두 불이 들어오거나 모두 들어오지 않는다면, 보통은 전압이 HIGH와 LOW 사이에 정의되지 않은 영역에 있다는 것을 의미한다. HIGH와 LOW 그리고 정의되지 않은 논리레벨이 그림 1-20에 나타나 있다.

논리 프로브는 학교 실험실에서 디지털 회로를 배선하고 검사할 때 유용하다. 여러분이 사용하는 논리 프로브의 사용설명서를 읽어보기 바란다.

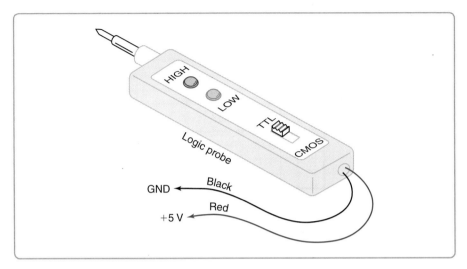

그림 1-23 논리 프로브

오실로스코프(oscilloscope)

오실로스코프는 매우 다용도의 검사장비로 그림 1-24에 일반적이면서 간단한 오실로스코프(또는 스코프)의 모습을 보여준다. 오실로스코프의 기본적인 기능은 시간대비 입력전압을 그래프로 나타낸다. 즉, 화면의 수평축은 시간이고 세로축은 전압을 의미한다. 오실로스코프는 몇 번이고 반복되는 신호를 나타내는데 아주 유용하다.

그림 1-24에서 4V_{P-P}, 100Hz의 디지털 신호가 스코프의 입력전압으로 인가된다. 그림에서 스코프의 수평 스윕 타임 노브(horizontal sweep time knob)는 2ms(2millisecond = 0.002초)에 세팅되어 있고 빛의 점(dot)들이 화면의 왼쪽에서 오른쪽으로 한 구간을 지날 때마다 2ms의 속도로 지나간다(전체 화면을 지나는데 20ms 소요). 빛의 점들은 화면의 왼쪽에서부터 다시 진행을 계속한다. 스코프의 수직 편향 노브(vertical deflection knob)는 1구간당 1V로 맞추어져 있으며, 화면에서 보는 바와 같이 0V에서 +4V까지의 신호전압이 입력으로 인가된다. 화면의 왼쪽 끝에서부터 시작한 스코프의 불빛 점들은 처음 5ms 동안 화면 상단 4구간(1구간당 1V)에 표시되고, 다음으로 입력전압이 0V로 떨어져 5ms 동안 화면 하단에 불빛 선으로 표시된다. 다시 입력전압이 +4V로 점프(jump)되어 화면 상단에 불빛 선으로 표시하고, 또 다시 입력전압이 0V가 되면서 화면 하단에 불빛 선으로 표시된다. 마지막으로 불빛 점은 화면의 왼쪽으로 돌아와 표시되기를 반복한다. 그림 1-24에는 HIGH(+4V)와 LOW(0V)로서 TTL 논리레벨을 표

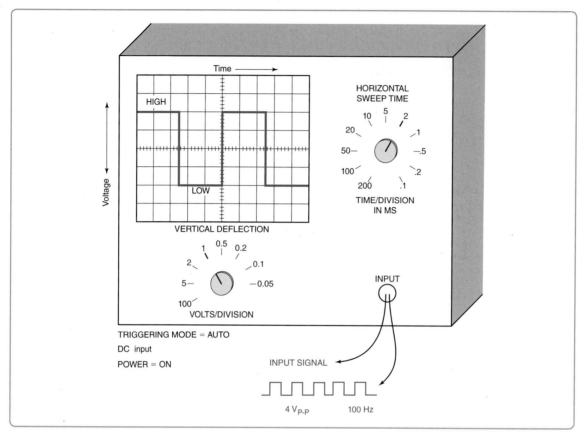

그림 1-24 오실로스코프

시한다.

　그림 1-24에 표시된 오실로스코프 화면의 파형을 살펴보면 파형의 모양은 구형파(square wave)이다. 디지털 전자공학에서 구형파는 유용하게 사용된다. 주의 깊게 살펴보면, 화면에 두 개의 파형이 표시된 것을 알 수 있는데, 즉 두 개의 주기(cycle)가 표시되어 있다.

　그림 1-24의 스코프의 파형을 살펴보자. 파형에서 한 주기에 대한 지속시간(time duration)은 얼마인가? 구간으로 수를 세어 보면 5개가 되므로, 첫 번째 주기의 지속시간은 10ms(5구간×2ms/구간)이며, 10ms(0.01초) 지속시간으로부터 $f=1/t$(f: 주파수, Hz(1초당 주기), t: 시간(초)) 공식을 이용하여 입력전압의 주파수를 계산할 수 있다. 그림 1-24의 입력 신호의 주파수를 계산해 보면 100Hz($f=1/0.01s$)가 되며 오실로스코프는 입력 파형의 모양과 주파수를 결정하는데 도움을 준다는 것을 알 수 있다.

실험실에서 사용하는 오실로스코프가 그림 1-24에 간단하게 나타낸 것보다 더 복잡할 수 도 있겠지만, 스코프의 기본 기능은 그림과 예제로서 설명하였다.

확인문제

40. 디지털 신호를 감지하고, 측정하는데 사용되는 장치 두 가지를 열거하라.

41. _____(함수발생기, 논리분석기)는 전자신호를 생성하는 실험장비이다. 이 장치는 출력신호의 전압, 모양, 주파수를 가변적으로 제어할 수 있다.

42. 그림 1-25에서, 오실로스코프 화면에 몇 개의 주기가 표시되어 있는가?

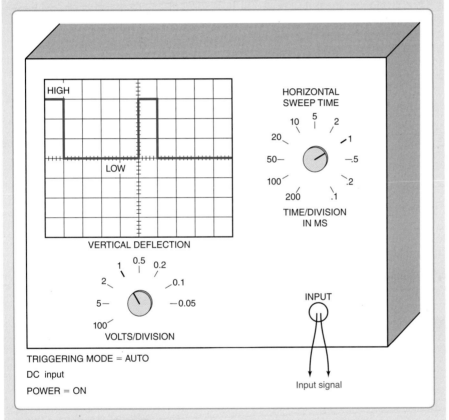

그림 1-25 오실로스코프 문제

43. 그림 1-25에서, 한 주기에 대한 지속시간은 얼마인가?

44. 그림 1-25에서, 입력신호의 주파수는 얼마인가?

45. 그림 1-25에서, 입력신호의 피크-피크(peak-to-peak) 전압은 얼마인가?

46. 그림 1-25에서, 디지털 입력신호는 _____(1ms, 10ms) 동안 HIGH를 유지하고, _____(4ms, 8ms) 동안 LOW를 유지한다.

▣ 요약

1. 디지털 신호는 HIGH와 LOW로 표기되는 이산적인(discrete) 전압레벨을 생성하는 반면에 아날로그 신호는 점진적이고 연속적으로 변한다.

2. 대부분의 최신의 전자장비들은 아날로그 회로와 디지털 회로를 모두 포함하고 있다.

3. TTL과 CMOS 같은 다양한 디지털 논리계열들은 서로 다른 논리레벨을 사용한다. 이러한 논리레벨은 보통 HIGH, LOW 그리고 정의되지 않은 영역으로 표기되며 그림 1-20은 이러한 TTL과 CMOS 논리레벨을 나타낸다.

4. 디지털 회로는 다양하고 값싼 디지털 ICs로 구성이 가능하기 때문에 매우 선호된다. 디지털 회로의 또 다른 장점으로는 컴퓨터 호환성, 저장성, 사용의 용이성, 설계의 간단성, 정확성, 안정성을 들 수 있다.

5. 현대의 최신 자동차들은 수십여 개의 디지털 엔진제어 모듈(ECM)과 이 ECM과 연결된 아날로그 센서 모두를 광범위하게 사용하고 있는 사례이다. 이 ECM은 1초 동안에 수천 번의 판단을 하며 전체적인 주행의 질과 안전도를 제어한다.

6. 디지털 전자공학은 그 범위가 매우 넓고 빠르게 확장하는 분야이다. 디지털 컴퓨터는 인터넷의 백본(backbone)으로도 동작한다.

7. 디지털 신호를 생성하기 위해서 쌍안정, 단안정, 비안정 멀티바이브레이터를 사용한다. 이들은 때때로 래치, one shot, 프리러닝 멀티바이브레이터라고도 각각 부른다.

8. 논리레벨 지시계는 간단한 LED와 저항회로 또는 전압계 또는 논리 프로브 형태로도 사용할 수 있으며, LED 논리레벨 지시계는 실험실 장비에서 자주 목격된다.

9. 함수발생기는 전자 신호를 발생시키기 위해 사용되는 실험장비이다. 사용자는 출력 신호의 전압, 주파수, 모양을 다양하게 변화시킬 수 있다.

10. 오실로스코프는 그래프 신호를 사용하여 검사하고, 고장을 수리하는데 널리 사용되는 장비로 파형의 모양, 지속시간, 신호의 반복되는 주파수를 시각적으로 보여주는데 유용하다.

▣ 복습문제

1-1 다음 용어를 정의하라.

    a. 아날로그 신호   b. 디지털 신호

1-2 구형파(square-wave)의 디지털 신호를 그려라. 아랫단에 "0V", 윗단에 "+5V"라고 표기하라. 파형에서 HIGH와 LOW를 표기하고, 또한 논리 1과 0을 표기하라.

1-3 수학적 계산이 가능한 디지털 회로를 갖고 있는 장치 두 가지를 열거하라.

1-4 그림 1-6의 시스템에서, 데이터의 처리와 저장 및 출력 부분은 대부분 _____(아날로그, 디지털) 회로로 구성된다.

1-5 그림 1-7(a)에서, 연료탱크 전송장치에서 구형 자동차 계기판의 연료잔량계로 전송되며 점진적으로 변화하는 전류는 _____(아날로그, 디지털) 신호이다.

1-6 그림 1-17(b)에서, 최신의 자동차 계기판 모듈은 디지털 컴퓨터와 같은 장치로 연료잔량계를 구동하여 1갤런(gallon)당 평균주행 마일과 연료가 다 소모될 때까지의 주행가능 마일을 계산하여 표시할 수 있다. 데이터를 계기판으로 입력시키는 센서와 모듈들을 써라.

1-7 지금까지의 대부분의 소비자용 전자장치(TV, 라디오, 전화)는 _____(아날로그, 디지털) 회로를 사용해왔다.

1-8 전자회로에서 원하지 않은 전기적인 간섭을 보통 _____(차광(gobo), 노이즈)라고 한다.

1-9 전자제품들은 문자 및 숫자를 나타내는 디스플레이와 프로그램이 가능하고, 정보를 저장할 수 있는 _____(아날로그, 디지털) 회로를 포함하고 있다.

1-10 디지털 회로가 더욱 광범위하게 사용되고 있는 이유는 정보저장이 용이하고, 프로그램을 할 수 있으며, 정확성과 정밀도가 _____(높기, 낮기) 때문이다.

1-11 디지털 회로가 장착되어 개인적으로 사용하고 있는 전자장치 두 개를 열거하라.

1-12 군대에서는 뛰어난 전자공학 훈련학교를 운영하고 있다.(참, 거짓)

1-13 실험실 장비 중에서 디지털 회로가 내장되어 사용하게 될 장비 두 가지를 열거하라.

1-14 그림 1-9에서와 같이 디지털 신호를 발생시키기 위해 SPDT 스위치를 사용할 때는, 출력 파형을 정상적으로 유지시키기 위해 _____래치를 사용한다.

1-15 그림 1-10에서, 단일 디지털 펄스를 생성할 때, 푸시버튼 스위치의 출력 파형을 정상적으로 유지시키기 위해서 흔히 _____멀티바이브레이터를 사용한다.

1-16 비안정 또는 _____멀티바이브레이터는 일련의 디지털 펄스들을 발생한다.

1-17 그림 1-12의 회로는 _____(비안정, 쌍안정) 멀티바이브레이터로 분류된다.

1-18 그림 1-16에서, DT-1000 실험기의 one shot MV는 푸시버튼 스위치가 한 번 눌려지면 _____(펄스열, 단일 펄스)(을)를 생성시킨다.

1-19 그림 1-16에서, DT-1000 실험기의 클럭은 _____(연속적인 펄스열, 단일 펄스)(을)를 만들어내며, 이 회로를 _____(비안정, 단안정) 멀티바이브레이터라 한다.

1-20 그림 1-16의 DT-1000 실험기에 있는 두 개의 반도체형(solid-state) 논리 스위치는 _____(아날로그, 디바운스)형이다.

1-21 그림 1-16의 DT-1000 실험기에는 어떠한 3가지 종류의 7-세그먼트 디스플레이가 있는가?

1-22 그림 1-17(b)의 LED는 입력 논리 스위치가 _____(HIGH, LOW)일 때 불이 켜진다.

1-23 그림 1-19에서, 입력 스위치가 LOW일 때 _____(위쪽, 아래쪽) LED에 불이 켜진다.

1-24 그림 1-20에서, 5V의 전원을 사용한다고 가정할 경우, TTL 회로에서 1.2V의 전압은 _____(HIGH, LOW, 정의되지 않은) 논리레벨로 인식될 것이다.

1-25 그림 1-20에서, 10V의 전원을 사용한다고 가정할 경우, CMOS 회로에서 9V의 전압은 _____(HIGH, LOW, 정의되지 않은) 논리레벨로 인식될 것이다.

1-26 그림 1-20에서 10V의 전원을 사용한다고 가정할 경우, CMOS 회로에서 0.5V의 전압은 _____(HIGH, LOW, 정의되지 않은) 논리레벨로 인식될 것이다.

1-27 디지털 IC를 참조할 때, TTL은 _____의 약어이다.

1-28 디지털 IC를 참조할 때, CMOS는 _____의 약어이다.

1-29 그림 1-14의 555 타이머 IC는 _____(비안정 MV, 스위치 디바운스) 회로의 역할을 한다.

1-30 그림 1-14에서, C_2 커패시턴스 값이 증가하면 출력 파형의 지연시간이 _____(감소, 증가)하게 된다.

1-31 그림 1-15의 74121 IC는 _____(비안정, 쌍안정, 단안정) 멀티바이브레이터이다.

1-32 그림 1-15에 있는 입력스위치 SW_1을 누르면 74121 one shot 멀티바이브레이터 IC의 정상 출력 Q에서는 짧은 _____(반전(negative) 펄스, 정상(positive) 펄스)가 발생된다.

1-33 플립플롭은 _____(비안정, 쌍안정, 단안정) 멀티바이브레이터의 명칭이다.

1-34 스위치 또는 기타 장치 등의 반복되는 동작으로 인해 출력이 LOW HIGH LOW HIGH 되는 것을 _____(반전, 토글)이라고 한다.

1-35 그림 1-22에서, 함수발생기의 출력은 5V TTL 구형파 신호로 주파수는 _____ Hz이다.

1-36 그림 1-23의 논리 프로브는 TTL 또는 _____(CMOS, PPC) 논리회로를 검사할 수 있다.

1-37 고장을 수리하고 검사하는데 사용하는 오실로스코프의 장점은 전압, 지속시간, 주파수, 그리고 파형의 _____(양자준위(quantum level), 모양)를(을) 쉽게 조정할 수 있다는 것이다.

핵심문제

1-1 아날로그 회로와 비교하여 디지털 회로의 장점을 열거하라.

1-2 전자 장비를 살펴볼 때, 적어도 디지털 회로의 일부가 포함되어 있을 것이라는 것을 어떻게 알 수 있는가?

1-3 디지털 신호를 발생시키는 그림 1-9(a) 회로의 주된 단점은 무엇인가?

1-4 그림 1-10(a) 회로를 가지고 디지털 신호를 발생시키데 있어 겪는 어려움은 무엇인가?

1-5 그림 1-26의 오실로스코프 설정과 화면으로부터 다음의 신호 특성을 결정하라.

    a. 전압(피크-피크(peak-to-peak))

    b. 파형의 모양

    c. 지속시간(1주기)

    d. 주파수($f = 1/t$)

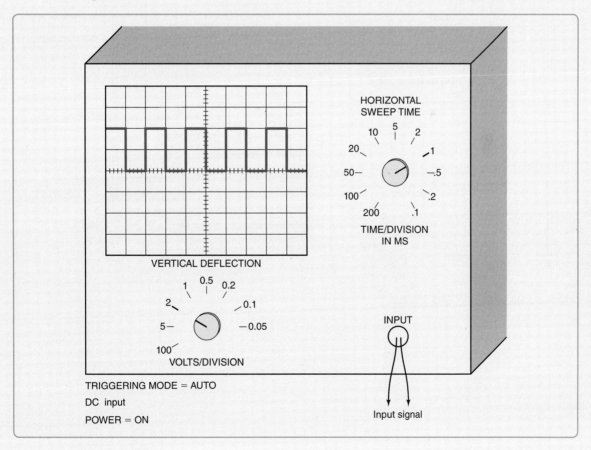

그림 1-26 오실로스코프 문제

1-6 회로시뮬레이션 소프트웨어를 사용하여,

(1) 그림 1-27에 표시된 555 타이머 IC를 이용하여 프리러닝 클럭 회로를 그려라.

(2) 클럭 회로의 동작을 검사하라.

(3) 스코프의 시간 주기 측정치와 공식 $f=1/t$을 이용하여 클럭의 주파수를 계산하라.

1-7 회로 시뮬레이션 소프트웨어를 사용하여,

(1) 문제 1-6처럼 그림 1-27의 클럭회로를 그려라.

(2) R_2의 저항값을 100kΩ으로 변경하라.

(3) 클럭 회로의 동작을 검사하라.

(4) 스코프의 시간 주기 측정치와 공식 $f=1/t$을 이용하여 클럭의 주파수를 계산하라.

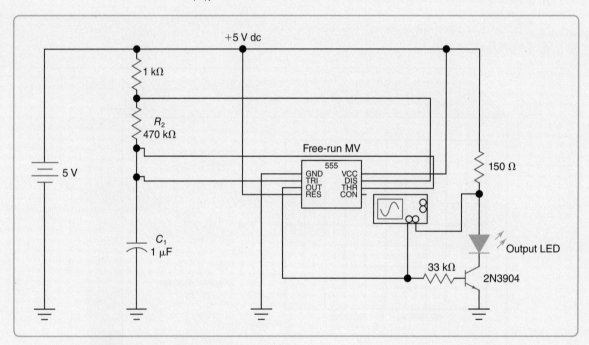

그림 1-27 회로 시뮬레이션 문제 클럭회로

Digital Electronics

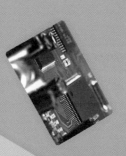

CHAPTER 02

디지털
전자공학의
수 체계

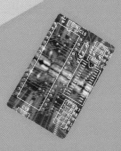

CONTENTS

2.1 십진수와 2진수의 계산

2.2 자릿값(place value)

2.3 2진수의 십진수 변환

2.4 십진수의 2진수 변환

2.5 전자번역기(electronic translators)

2.6 16진수(hexadecimal numbers)

2.7 8진수(octal number)

2.8 비트, 바이트, 니블, 워드의 크기

CHAPTER

02

디지털 전자공학의 수 체계

1. 십진수, 2진수, 8진수, 16진수 체계의 자릿값을 이해한다.
2. 2진수를 십진수로, 십진수를 2진수로 변환할 수 있다.
3. 십진수에서 2진수, 2진수에서 십진수로 전자적으로 변환시키는 블록도를 분석한다. 인코드(encoder), 인코더 (encoder), 디코드(decode), 디코더(decoder)의 용어를 이해한다.
4. 16진수를 2진수로, 2진수를 16진수로, 16진수를 십진수로, 십진수를 16진수로 변환할 수 있다.
5. 8진수를 2진수로, 2진수를 8진수로, 8진수를 십진수로, 십진수를 8진수로 변환할 수 있다.
6. 데이터 그룹을 표현하는 비트, 니블, 바이트, 워드와 같은 용어를 사용할 수 있다.

십진수
2진수

대부분의 사람들은 9페니(pennies)를 가지고 있다고 말할 때, 알아들을 수 있는 것은 이 9라는 숫자가 우리가 일상에서 사용하는 **십진수**(decimal) 가운데 하나이기 때문이다. 그러나 디지털 전자장치에서는 **2진수**(binary)라는 수 체계를 사용하며, 디지털 컴퓨터와 많은 대다수의 디지털 시스템에서는 16진수 (hexadecimal)와 8진수(octal)를 포함하는, 또 다른 수 체계도 사용한다. 전자공학 분야에 종사하는 모든 사람들은 일반적인 십진수에서 2진수, 16진수, 8진수로의 변환방법을 알아야 한다.

BCD
그레이 코드
아스키 코드

십진수, 2진수, 16진수, 8진수 이외에도, 많은 다른 코드들이 디지털 전자공학 분야에 사용된다. 이들 코드 중에는 BCD(binary coded decimal), **그레이 코드** (Gray code), **아스키 코드**(ASCII code) 등을 포함한다. 산술회로에서는 양수와 음수를 표현하기 위해 2의 보수(2s complement number)를 사용하며, 이러한 특수한 코드들은 다음 장에서 다뤄질 것이다.

2.1 십진수와 2진수의 계산

수 체계는 기호(symbol)를 사용하여 여러 수들을 표현하는 코드이다. 십진

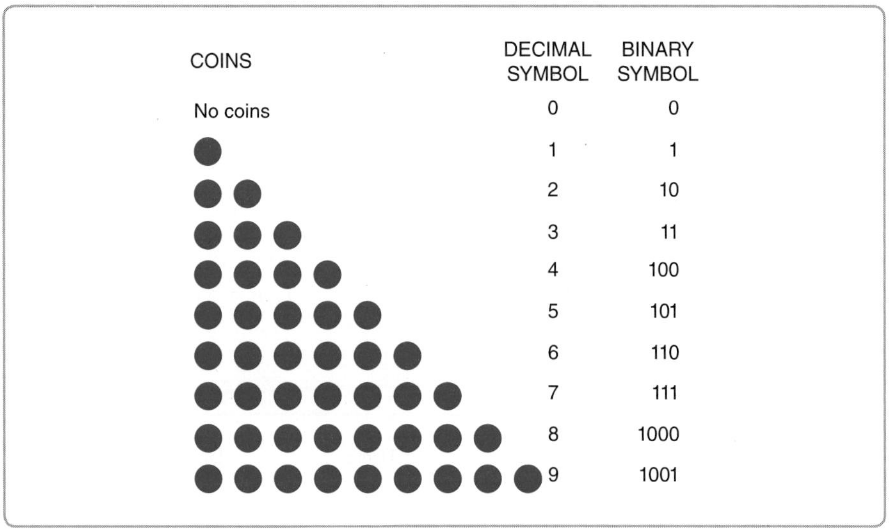

COINS	DECIMAL SYMBOL	BINARY SYMBOL
No coins	0	0
●	1	1
●●	2	10
●●●	3	11
●●●●	4	100
●●●●●	5	101
●●●●●●	6	110
●●●●●●●	7	111
●●●●●●●●	8	1000
●●●●●●●●●	9	1001

그림 2-1 계산을 위한 기호 표현

수 체계는 0, 1, 2, 3, 4, 5, 6, 7, 8, 9의 기호를 사용한다. 십진수 체계는 10개의 기호를 가지고 있으며, 베이스(base)가 10인 수의 체계라고 한다. 2진수 체계(binary number system)는 단지 0과 1 두 개의 기호만 사용하며 베이스가 2인 수의 체계라고 한다.

그림 2-1은 셈을 할 때 사용하는 기호를 동전의 개수와 비교하여 나타내었다. 0부터 9까지 수를 세는데 일반적으로 사용하는 십진수 기호는 왼쪽 열에 표시되어 있고, 2진수로는 오른쪽 열에 표시되어 있다. 2진수에서 0과 1의 셈은 십진수의 셈과 같다. 두 개의 동전은 2진수에서 10("일영(one zero)"으로 읽음)을 사용하고, 세 개의 동전은 2진수 11("일일(one one)")로, 동전 9개는 2진수 1001("일영일영(one zero one zero)"으로 읽음)로 나타낸다.

디지털 전자공학에서는 적어도 십진수 15까지는 2진수로 표현하는 방법을 기억하고 있어야 한다.

▮▶ 확인문제

1. 2진수는 _____시스템이라고도 한다.
2. 십진수 8은 2진수로 _____이다.
3. 2진수 0110은 십진수 _____와 같다.
4. 2진수 1001은 십진수 _____와 같다.

2.2 자릿값(place value)

자릿값

상점 점원이 계산서의 합으로 2.43달러를 지불할 것을 요구하였다. 이 수는 243 센트(cent)와 같은 액수이다. 그런데 243센트를 지불하는 대신 그림 2-2처럼 1달러짜리 지폐 두 장, 10센트 동전 네 개, 1센트 동전 세 개를 점원에게 지불할 수 있다. 이러한 화폐 지불 사례는 **자릿값**(place value)을 설명하는데 아주 중요한 개념을 설명해준다.

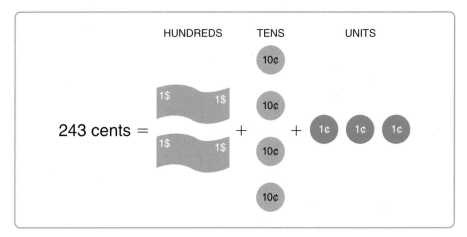

그림 2-2 자릿값의 예

그림 2-3의 십진수 648을 생각해보자. 숫자 6은 소수점에서 왼쪽으로 3번째에 위치하기 때문에 600을 나타내고, 숫자 4는 소수점에서 왼쪽으로 2번째 위치하므로 40을, 숫자 8은 소수점에서 1번째 위치하므로 8을 나타낸다. 그러므로 648은 6개의 100과 48로 표현된다. 이것은 십진수 체계의 자릿값을 나타낸 예이다.

	HUNDREDS		TENS		UNITS
648 =	600	+	40	+	8

그림 2-3 십진수 체계의 자릿값

2진수 체계 또한 자릿값을 사용한다. 2진수 1101("일일영일(one one zero

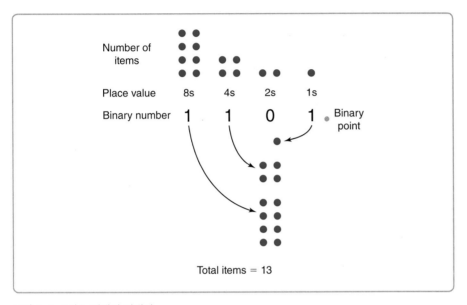

one)")은 어떤 의미일까? 그림 2-4에서 2진 소수점(binary point)에서 가장 가까이 있는 1s 위치의 1은 1개의 물품을 더하며, 2s에 위치한 숫자 0은 더할 물품이 없음을 나타내며, 4s에 있는 숫자 1은 4개 물품을, 8s에 위치한 1은 8개 물품을 더한다. 모든 물품 수를 다 더하면 2진수 1101은 13개의 물품으로 표현된다.

그림 2-4 2진수 체계의 자릿값

2진수 1100("일일영영(one one zero zero)")인 경우에는 어떨까? 그림 2-4의 시스템을 이용하면 다음과 같은 답을 얻게 된다.

8s	4s	2s	1s	자릿값
yes	yes	no	no	
(1)	(1)	(0)	(0)	2진수
				물품(item) 수

2진수 1100은 12개의 물품을 의미한다.

그림 2-5는 2진수 값에 해당하는 각각의 자리를 보여준다. 각 자리의 값은 바로 오른쪽 있는 자릿값에다 2를 곱한 값으로 결정된다. 2진수에서 "베이스(base) 2"라는 용어는 여기에서 나왔다.

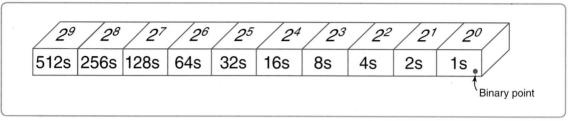

그림 2-5 2진 소수점의 왼쪽에 있는 자릿값

2진수 체계에서 각 자리의 값, 또는 가중치(weight)는 2의 거듭제곱(power of 2)이다. 예를 들어 그림 2-5에서 2진수에 해당하는 각 자릿값은 2의 거듭제곱과 함께 십진수로 나타내었다. 예를 들면 8s 자리는 2^3과 같은 위치에 있고, 32s 자리는 2^5와 같은 위치에 있다.

2^4은 $2 \times 2 \times 2 \times 2$를 의미하여 16이 된다. 그림 2-5로부터 소수점 왼쪽 다섯 번째의 자릿값 2^4 또는 16s 자리가 된다.

확인문제

5. 2진수 1000에서 1의 자릿값은 십진수로 _____이다.
6. 2진수 1010은 십진수 _____이다.
7. 2진수 100000은 십진수로 _____이다.
8. 숫자 2^7은 십진수로 _____이다.
9. 2진수 11111111은 십진수로 _____이다.
10. 2진 소수점의 처음 왼쪽에 있는 자릿값은 1 또는 _____(2^0, 2^1)이다.
11. 2^6의 표현은 $2 \times 2 \times 2 \times 2 \times 2 \times 2$를 뜻하며, 십진수로 _____이다.

2.3 2진수의 십진수 변환

디지털 기기와 함께 작업하는 동안에는 2진 코드(bianry code)를 십진수로 변환해야 한다. 2진수 110011은 십진수로는 얼마일까? 먼저 다음과 같이 2진수를 작성한다.

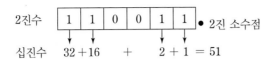

2진 소수점부터 시작해서 왼쪽 방향으로 계산한다. 각 2진수 1은 2진수 아래에 있는 십진수로 대치한다(그림 2-5 참조). 네 개의 십진수를 더해 2진수에 해당하는 십진수를 구하게 된다. 따라서 2진수 110011은 십진수 51과 같게 됨을 알 수 있다.

2진수 101010을 십진수로 변환하는 또 다른 예가 있다. 2진수를 다음과 같이 나타낸다.

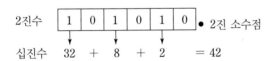

역시 2진 소수점으로부터 시작해서, 각 2진수 1에 해당하는 자릿값을 십진수로 사각박스 아래에 나타낸다(그림 2-5참조). 십진수 합을 구하기 위해 세 개의 십진수를 더한다. 결국 2진수 101010은 십진수 42와 같다는 사실을 알 수 있다.

이제 좀 더 길고 복잡한 2진수 1111101000을 십진수로 변환해보자. 2진수를 다음과 같이 나타낸다.

2진수	1	1	1	1	1	0	1	0	0	0		● 2진 소수점

십진수   512+256+128+64+32 + 8   = 1000

그림 2-5로부터 각각의 2진수 1이 이에 해당되는 십진수 값으로 변환되어 다 더하고 나면 2진수 1111101000과 같은 십진수는 1000이 된다.

확인문제

12. 2진수 1111은 십진수 _____와 같다.
13. 2진수 100010은 십진수 _____와 같다.
14. 2진수 1000001010은 십진수 _____와 같다.

2.4 십진수의 2진수 변환

디지털 기기를 가지고 작업하는 동안에는 십진수를 2진수로 변환해야 하는데 여기서 이러한 변환방법에 대하여 설명한다.

십진수 13을 2진수로 변환해야 한다고 가정하자. 하나의 방법은 다음과 같이 계속해서 2로 나누는 것이다.

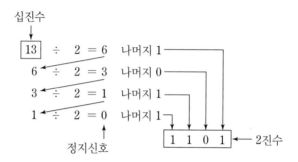

먼저 13을 2로 나누면 몫이 6이고 나머지가 1이 된다. 이 나머지는 2진수의 1s 위치에 해당된다. 6은 다시 2로 나누면 몫이 3이고 나머지가 0이 된다. 이 나머지는 2진수 2s 위치에 해당되며, 3을 2로 나누면 몫이 1이고 나머지가 1이 된다. 이 나머지는 2진수 4s 위치에 해당되며, 다시 1을 2로 나누면 몫이 0이고 나머지가 1이 된다. 이 나머지는 2진수의 8s 위치에 해당된다. 이때 몫이 0이면 계속해서 몫을 2로 나누는 것을 중지한다. 그래서 십진수 13은 2진수 1101로 변환된다.

이 방법을 이용하여 십진수 37을 2진수로 변환하는 연습을 해보자.

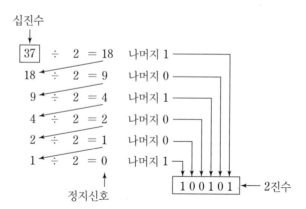

몫이 0이 되면 계속해서 2로 나누기를 멈춘다. 이 방법에 따라 십진수 37은 2진수로 100101로 변환된다.

┌──── ▌ **확인문제** ────┐

15. 십진수 39는 2진수 _____와 같다.
16. 십진수 100은 2진수 _____와 같다.
17. 십진수 133은 2진수 _____와 같다.

2.5 전자번역기(electronic translators)

영어를 모르는 프랑스인과 대화하려 한다면 영어를 프랑스어로, 프랑스어를 영어로 번역할 수 있는 통역사가 필요할 것이다. 이와 유사한 경우가 디지털 전자공학에도 존재한다. 거의 모든 디지털 회로(계산기, 컴퓨터)는 오직 2진수만을 이해하고, 대부분의 사람들은 십진수만을 이해한다. 그래서 십진수를 2진수로, 2진수를 십진수로 변환할 수 있는 전자장치가 필요하다.

그림 2-6은 십진수를 2진수로, 다시 2진수를 십진수로 변환하는데 사용되는 대표적인 시스템의 그림이다. 키보드로부터 들어오는 십진수를 2진수로 변환하는 장치를 인코더(encoder)라 하며, 2진수를 십진수로 변환하는 장치를 디코더(decoder)라 한다.

인코더
디코더

그림 2-6 하단에 전형적인 변화 과정을 보여주고 있으며, 키보드에서 십진수 9를 누르면 인코더는 9를 2진수 1001로 변환시키고, 디코더는 2진수 1001을 출력화면의 십진수 9로 변환할 것이다. 인코더와 디코더는 모든 디지털 장치에서 매우 자주 사용되는 전자회로이다. 예를 들어 포켓용 전자계산기는 십진수를 2진수로, 다시 2진수를 십진수로 전자적으로 변환시키는 인코더와 디코더를 포함하고 있어야 한다. 키보드에서 9를 누르면 그 숫자가 화면에 표시된다.

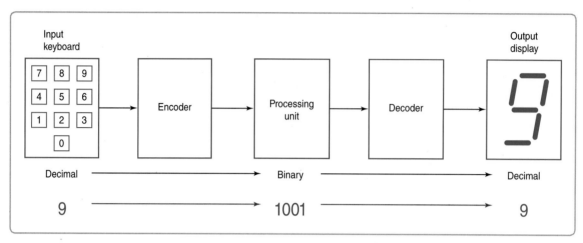

그림 2-6 인코더와 디코더를 이용한 시스템

　　현대의 전자 시스템에서 인코딩과 디코딩은 그림 2-6과 같은 하드웨어나 컴퓨터 프로그램 또는 소프트웨어에 의해 수행된다. 컴퓨터 전문용어로 암호화(encrypt)는 인코드(encode)를 의미한다. 마찬가지로, 컴퓨터 소프트웨어로 디코드(decode)한다는 것은 읽을 수 없거나 암호화된 코드를 읽을 수 있는 숫자나 문자로 변환하는 것을 의미한다. 전자 하드웨어에서 디코드라는 의미는 어떤 하나의 코드를 또 다른 코드로 변환하는 것을 의미한다. 대개 전자 디코더는 암호화된 코드를 좀 더 일기 쉬운 형태로 변환한다는 것을 의미한다.

　　디지털 전자공학에서 공통적으로 사용하는 코드 형태로 변환시킬 수 있는 인코더와 디코더를 구매할 수 있으며, 대부분의 인코더와 디코더는 단일 ICs로 패키지되어 사용된다.

일반적인 정의

- 디코드(동사(verb) 의미): 암호화된 코드를 보다 더 읽기 쉬운 형태로 변환하는 것. 예를 들어, 2진수를 십진수로 변환
- 디코더(명사(noun) 의미): 2진 코드를 십진수로 변환하는 논리장치. 일반적으로 디지털 시스템에서 처리된 데이터를 보다 더 읽기 쉬운 문자나 숫자의 형태로 변환
- 인코드(동사(verb) 의미): 다른 형태로 변환 또는 암호화시킴. 예를 들어 십진수 입력을 2진수로 변환

• 인코더(명사(noun) 의미): 십진수를 2진수와 같은 다른 코드로 변환하는 논리장치. 일반적으로 입력 정보를 디지털 회로에 유용한 코드로 변환

인코더와 디코더의 응용

IC 제조업체는 다양한 인코더와 디코더를 생산한다. 이 IC들은 십진수를 2진수로, 또는 2진수를 십진수로 변환하는 일을 한다.

그림 2-7(a)의 블럭도에서는 뒷장에서 만들어 볼 인코더-디코더 시스템의 개요를 보여주며 인코더를 설명하는 절에서는 십진수를 2진수로 변환하는 74147 인코더 IC를 특별히 포함하고 있다. 그림 2-7(a)의 가운데 블럭이 작업을 처리하는 부분이다. 이 예제에서는 간단한 작업처리가 7404 인버터(inverter) IC를 사용하여 4비트 2진수를 반전시키거나 보수화(complement)한다. 그림 2-7(a)의 마지막 블럭은 2진수를 십진수로 변환하는 디코더를 나타낸다. 십진수는 7-세그먼트(7-segment) LED로 표시되며, 2진수를 7-세그먼트 LED로 변환/구동하는 7447 IC가 이 작업을 수행하게 된다. 다양한 제조사들이 이들 IC 제품을 생산한다.

그림 2-7(b)에서는 키보드에서 십진수 7을 눌렀을 때 인코더-디코더 시스템의 동작을 자세하게 보여준다.

단계 1) 7을 누름. 74147 IC의 입력 7이 LOW 신호로 활성화됨
단계 2) 인코더(74147 IC)가 반전된 2진수 1000을 출력함
단계 3) 인버터(7404 IC)가 반전된 2진수 1000을 실제 2진수 0111로 변환시킴
　　　　 2진수를 반전시키거나 보수화시킬 때는 각 비트의 값을 반대값으로 변경함
단계 4) 디코더(7447 IC)는 2진수 0111을 7-세그먼트 LED 코드로 변환시켜 세그먼트 a, b, c를 LOW로 구동시킴. 세그먼트 a, b, c에만 불이 들어오게 함으로써 십진수 7이 표시됨

그림 2-7(c)에서는 키보드에서 십진수 2를 눌렀을 때 인코더-디코더 시스템의 동작을 자세하게 보여준다.

단계 1) 2를 누름. 74147 IC의 입력 2가 LOW 신호로 활성화됨
단계 2) 인코더(74147 IC)가 반전된 2진수 1101을 출력함
단계 3) 인버터(7404 IC)가 반전된 2진수 1101을 실제 2진수 0010으로 변환시킴

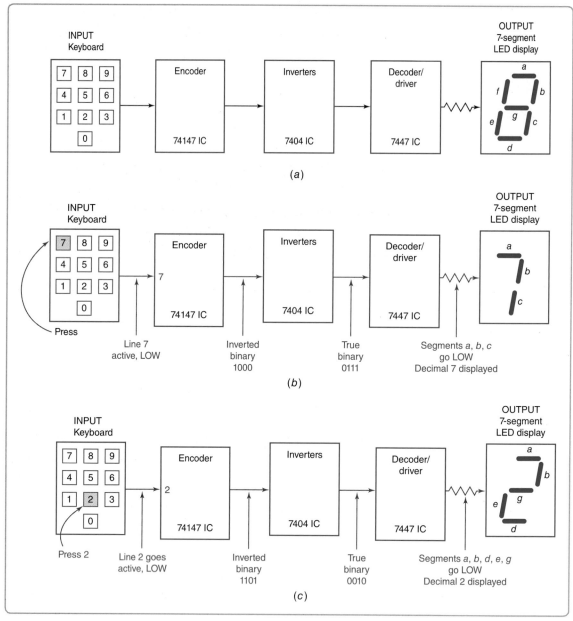

그림 2-7 (a) 인코더-디코더 시스템(블럭도 형태) (b) 키보드에서 7을 누름. 결과로 LED 화면에 7이 표시됨 (c) 키보드에서 2를 누름. 결과로 LED 화면에 2가 표시됨

2진수를 반전시키거나 보수화시킬 때는 각 비트의 값을 반대값으로 변경함

단계 4) 디코더(7447 IC)는 2진수 0010을 7-세그먼트 LED 코드로 변환시켜 세

그먼트 a, b, d, e, g를 LOW로 구동시킴. 세그먼트 a, b, d. f. g에만 불
이 들어오게 함으로써 십진수 2가 표시됨

인터넷을 검색해 보면 2진수와 연관된 많은 다른 코드들을 찾아 볼 수 있다. 이
들 코드 중에 몇 가지 코드들이 본 교재에서 다뤄질 것이다.
이 절에서 하드웨어(IC)를 사용하여 코드 변환을 하였지만, 대부분의 코드 변환
은 소프트웨어(마이크로프로세서 프로그래밍 또는 마이크로컨트롤러)에 의해 이
뤄진다.

확인문제

18. _____는 십진수 입력 숫자를 2진수로 변환하는 전자장치이다.

19. 전자계산기의 처리장치는 2진수를 출력시킨다. 이 2진수는 _____라고 불리는 전자장치에 의해 십진수로 변
    환되어 출력화면에 보내진다.

20. 읽을 수 있는 형태의 데이터를 2진수 코드 형태로 암호화 또는 변환하는 것을 _____(디코딩, 인코딩)이라고
    한다.

21. 암호화된 코드(2진수)를 좀 더 읽기 쉬운 형태(십진수 코드)로 변환하는 것을 _____(디코딩, 인코딩)이라고
    한다.

22. 그림 2-8에서, 74147의 입력 신호선 3은 LOW로 활성화되고, A지점에서 4비트 출력은 _____가 된다.

23. 그림 2-8에서, B지점의 7404 인버터 IC 출력은 _____가 된다(4비트).

24. 그림 2-8에서, 7447 디코더 IC는 어떤 세그먼트 신호를 LOW로 구동하는가?

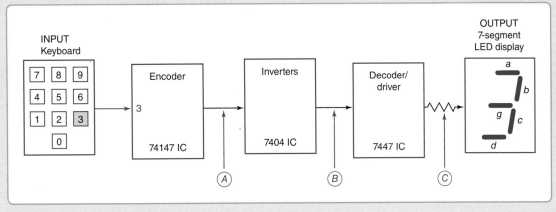

그림 2-8 인코더-디코더 시스템

2.6 16진수(hexadecimal numbers)

16진수 체계

16진수 체계(hexadecimal number system)는 16개의 기호인 0, 1, 2, 3, 4, 5, 6, 7, 8, 9, A, B, C, D, E, F를 사용하며, 베이스(base)가 16인 수 체계라고도 말한다. 그림 2-9는 십진수 0부터 17까지를 2진수와 16진수로 나타내었다. 16진수에서 십진수 10은 문자 A로, 십진수 11은 문자 B 등으로 나타낸다. 16진 체계의 장점은 4비트 2진수를 바로 16진수로 변환할 수 있다는 유용성이다. 예를 들어 16진수 F는 2진수로 1111이다. 16진수 표기법은 2진수를 표현하기 위해서 사용된다. 예를 들어 16진수 A6은 8비트의 2진수로 10100110으로 표현된다. 16진수는 마이크로프로세서 기반 시스템(microprocessor based system)에서 4, 8, 16, 32, 64비트 2진수를 표현하기 위해 널리 사용된다.

숫자 10은 얼마나 많은 수의 물건을 나타낼 수 있을까? 그림 2-9에서 보는 바와 같이 숫자 10은 수의 베이스(base)에 따라 10개, 2개, 16개의 물건의 수를 각각 의미하게 된다. 때때로 숫자에 아래첨자(subscript)가 더해져서 수의 베이스

Decimal	Binary	Hexadecimal
0	0000	0
1	0001	1
2	0010	2
3	0011	3
4	0100	4
5	0101	5
6	0110	6
7	0111	7
8	1000	8
9	1001	9
10	1010	A
11	1011	B
12	1100	C
13	1101	D
14	1110	E
15	1111	F
16	10000	10
17	10001	11

그림 2-9 십진수에 대한 2진수, 16진수 표현

를 표시한다. 숫자 10_{10}은 10개의 물건을 표현한다. 아래첨자(10)는 베이스가 10 또는 십진수임을 가리킨다. 10_2는 2진수(베이스 2)이므로 2개의 물건을 표현하며, 10_{16}은 16진수(베이스 16)이므로 16개를 나타낸다.

마이크로프로세서와 마이크로컨트롤러를 가지고 작업할 때 16진수를 2진수로, 2진수를 16진수로 변환하는 일은 흔한 일이다. $C3_{16}$을 2진수로 변환해 보자. 그림 2-10(a)에서 각 16진수 숫자가 4비트 2진수로 변환된다(그림 2-9 참조). 16진수 C는 4비트 2진수로 1100이며, 3_{16}은 0011과 같다. 이 2진수 그룹을 합치면 $C3_{16} = 11000011_2$이 된다.

이제 이 과정을 역으로 해서 2진수 11101010을 16진수로 변환해보자. 이 과정은 그림 2-10(b)에 자세하게 나타나 있다. 2진수는 2진 소수점을 기준으로 4비트씩 그룹으로 나눈다. 다음으로, 4비트 그룹은 그림 2-9의 표를 참조하여 16진수로 변환한다. 그림 2-10(b)의 예는 $11101010_2 = EA_{16}$임을 보여준다.

16진수 $2DB_{16}$을 십진수로 변환해보자. 16진수에서 처음 세 곳의 자릿값은 그림 2-11의 맨 위에 256s, 16s, 1s로 나타낸다. 그림 2-11에는 11개의 1s가 있고, 13개의 16s, 즉 208이 있고, 512와 같은 2개의 256s 있어서, 다 더하면 $11 + 208 + 512 = 731_{10}$이 된다. 그림 2-11의 예제는 $2DB_{16} = 731_{10}$이 됨을 보여준다.

이제 이 과정을 역으로 해서 십진수 47을 16진수로 변환해보자. 그림 2-12는 16으로 반복해서 나누는 과정을 보여준다. 십진수 47이 처음 16으로 나누면 몫이

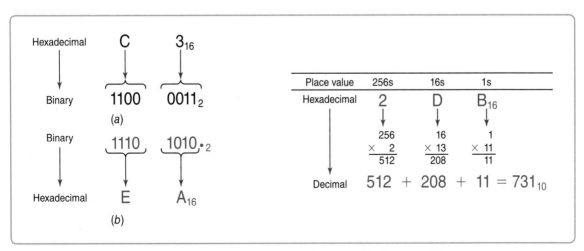

그림 2-10 (a) 16진수의 2진수 변환
         (b) 2진수의 16진수 변환

그림 2-11 16진수의 10진수 변환

2가 되고, 나머지는 15가 된다. 나머지 15(16진수 F)는 16진수의 최소 유효 자릿수(LSD: Least Significant Digit)가 된다. 몫(예제에서는 2)은 피젯수 위치로 옮겨서 16으로 나눈다. 그 결과 몫은 0이 되고, 나머지는 2가 된다. 여기서 2는 16진수의 다음 자릿수가 된다. 이 과정은 몫의 정수부가 0이 되면 종료하게 된다. 그림 2–12에서 보는 바와 같이 16으로 나누는 과정으로 47_{10}이 16진수 $2F_{16}$로 변환된다.

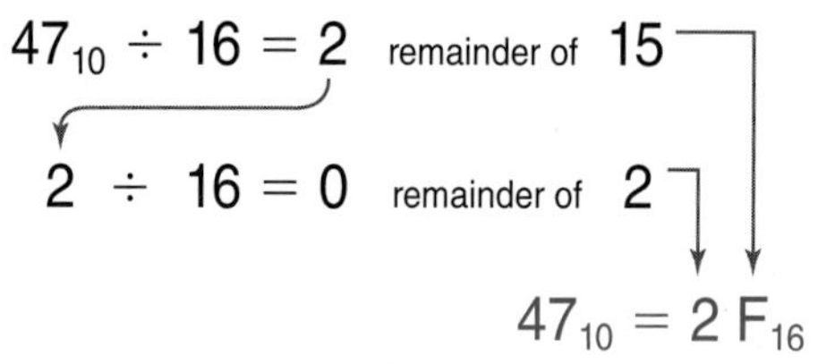

$$47_{10} \div 16 = 2 \quad \text{remainder of} \quad 15$$

$$2 \div 16 = 0 \quad \text{remainder of} \quad 2$$

$$47_{10} = 2F_{16}$$

그림 2–12 16으로 반복해서 나누는 과정을 이용한 십진수의 16진수 변환

◁ ▮ ▮▷ 확인문제

25. 십진수 15는 16진수 _____ 와 같다.
26. 16진수 A6은 2진수로 _____ 와 같다.
27. 2진수 11110은 16진수 _____ 와 같다.
28. 16진수 1F6은 십진수로 _____ 와 같다.
29. 십진수 63은 16진수 _____ 와 같다.

2.7 8진수(octal number)

어떤 오래된 컴퓨터 시스템은 8진수를 사용하여 2진 정보를 표현한다. 8진수 체계(octal number system)는 8개의 기호 0, 1, 2, 3, 4, 5, 6, 7을 사용하며, 베이스가 8인 수라고도 말한다. 그림 2–13의 표는 십진수 0부터 17까지를 2진수와 8진수로 나타내었다. 8진 체계의 장점은 3비트 2진수를 바로 8진수로 변환할 수 있다는 유용성이다. 8진수 표기법은 2진수를 표현하기 위해서 사용된다.

Decimal	Binary	Octal
0	000	0
1	001	1
2	010	2
3	011	3
4	100	4
5	101	5
6	110	6
7	111	7
8	001 000	10
9	001 001	11
10	001 010	12
11	001 011	13
12	001 100	14
13	001 101	15
14	001 110	16
15	001 111	17
16	010 000	20
17	010 001	21

그림 2-13 십진수에 대한 2진수와 8진수 표현

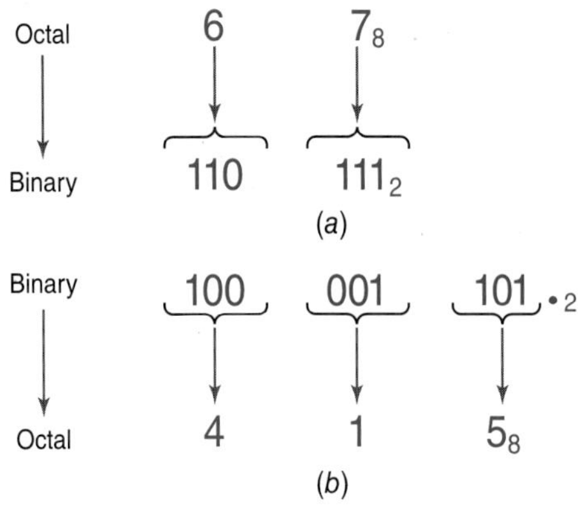

그림 2-14 (a) 8진수의 2진수 변환
(b) 2진수의 8진수 변환

8진수를 2진수로 변환하는 일은 컴퓨터 시스템을 사용했을 때 흔히 있는 일이다. 8진수 67_8("8진수 육칠이라고 읽음")을 2진수로 변환해보자. 그림 2-14(a)에서 각각의 8진수는 3비트의 2진수로 변환된다. 8진수 6은 110으로, 7은 111로 변환되고, 이 2진수 그룹을 합치면 $67_8 = 110111_2$이 된다.

이제 이 과정을 역으로 해서 2진수 100001101을 8진수로 변환해보자. 이 간단한 과정이 그림 2-14(b)에서 자세하게 나타난다. 2진수는 2진 소수점에서 시작해서 3비트 그룹(100 001 101)들로 분리하고, 다음으로 각각의 3비트 그룹을 8진수로 변환한다. 그림 2-14(b)의 예에서 $100\ 011\ 101_2 = 415_8$임을 보여준다.

8진수 415_8("8진수 사일오"로 읽음)를 십진수로 변환해보자. 8진수에서 처음세 곳에 대한 자릿값은 그림 2-13의 맨 위에 64s, 8s, 1s로 나타낸다. 그림 2-15에는 5개의 1s가 있고, 1개의 8s와 256과 같은 4개의 64s가 있어서, 다 더하면 $5+8+256 = 269_{10}$이 된다. 그림 2-13의 예제는 $415_8 = 269_{10}$가 됨을 보여준다.

이제 이 과정을 역으로 해서 십진수와 498을 8진수로 변환해보자. 그림 2-16은 8로 반복해서 나누는 과정을 보여준다. 십진수 498을 처음 8로 나누면 몫이 62가

되고 나머지는 2가 된다. 나머지 2는 8진수의 LSD(least significant digit)가 된다. 몫(이 예제에서는 62)은 피젯수의 위치로 옮겨서 8로 나눈다. 그 결과 몫은 7이 되고 나머지는 6이 된다. 여기서 6은 8진수의 다음 자릿수가 된다. 마지막 몫 7이 피젯수의 위치로 옮겨져서 8로 나누면, 몫이 0이고, 나머지는 7이 되며, 이 나머지 7은 8진수의 **최대 유효 자릿수(MSD: most significant digit)**가 된다. 그림 2-16에서 보는 것과 같이 8로 나누는 과정으로 498_{10}이 8진수 762_8로 변환된다. 반복해서 8로 나누는 과정을 종료하는 신호는 몫이 0이 될 때이다.

기술자, 엔지니어, 프로그래머들은 여러 수 체계들 간의 변환을 할 수 있어야 한다. 많은 상업용 전자계산기들은 2진수, 8진수, 16진수, 십진수 변환에 도움을 주며 2진수, 8진수, 16진수, 십진수의 산술연산을 실행한다.

최대 유효 자릿수

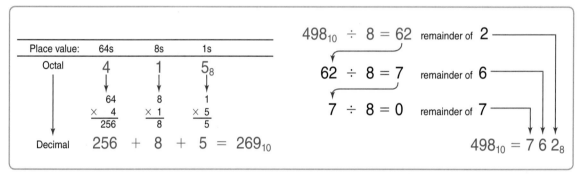

그림 2-15 8진수의 십진수 변환

그림 2-16 8로 반복해서 나누는 과정을 이용한 십진수의 8진수 변환

집과 학교에 있는 대부분의 컴퓨터는 다양한 계산기를 포함하고 있다. 여러 가지 수 체계와 관련된 작업을 할 때는 공학용계산기(scientific calculator)를 선택하자. 이 공학용계산기는 2진법, 8진법, 16진법, 십진법 사이의 진법 변환을 수행할 수 있고, 다양한 진법의 산술계산(더하기, 빼기 등)을 할 수 있다.

 전자공학에 대하여

마이크로프로세서의 어제와 오늘   1971년 인텔의 4004 4비트 마이크로프로세서가 모습을 드러내었다. 이 4004 마이크로프로세서는 약 2,300개의 트랜지스터로 구성되었다. 웹 검색을 통해 현재의 마이크로프로세서의 복잡도를 조사해 보자.

확인문제

30. 8진수 73은 2진수 _____이다.
31. 2진수 100000은 8진수 _____이다.
32. 8진수 753은 십진수 _____이다.
33. 십진수 63은 8진수 _____이다.

2.8 비트, 바이트, 니블, 워드의 크기

한 개의 2진수(0 또는 1)를 비트(bit)라고 한다. 비트(bit)는 2진숫자(binary digit)에서 약어로 만들어졌으며, 디지털 시스템에서 가장 작은 데이터 단위가 된다. 물리적으로 디지털 시스템에서 단일 비트는 일반적으로 HIGH 또는 LOW 전압으로 나타낸다. 자기저장매체(하드디스크)에서 비트는 1 또는 0이 되는 작은 부분을 의미한다. 광디스크(CD–ROM)에서 비트란 1 또는 0에 해당하는 홈(pit)이 있거나 또는 없는 작은 면적이 된다.

비트

아주 단순한 디지털장치를 제외한 모두가 전문용어로 워드(words)라고 하는 데이터그룹을 다룬다. 대부분의 컴퓨터 시스템에서는 메인 데이터 버스의 폭(width)이 워드 크기와 같다. 예를 들어 마이크로프로세서 혹은 마이크로컨트롤러는 단일 데이터장치로 8비트 그룹 단위로 동작하고 저장된다. 많은 컴퓨터 마이크로프로세서의 워드 길이는 8, 16, 32 또는 64비트이다. 보통 16비트 길이의 데이터를 1워드라고 불린다. 더블워드(double word)는 32bit이며, 쿼드워드(quad word)는 64비트가 된다.

워드
1워드

디지털 장치에서 숫자, 문자, 제어문자, 구두점, 동작코드(op code)를 나타내는 8비트 데이터 그룹을 바이트(byte)라 말한다. 예를 들어 16진수 4F는 바이트 0100 1111의 속기 표현(shorthand)이다. 바이트(byte)는 2진 용어(binary term)의 약어이다. 바이트는 작은 양의 정보를 표현하며, 기억장치에서는 킬로바이트(kilobyte: 2^{10} 또는 1024bytes), 메가바이트(megabyte: 2^{20} 또는 1,048,576bytes), 기가바이트(gigabyte: 2^{30} 또는 1,073,741,824bytes)로 저장 용량을 나타낸다.

바이트

니블

　　단순한 디지털 장치가 4비트 그룹의 데이터를 다루기 위해 설계될 수 있다. 하프바이트(half-byte) 또는 4비트 그룹의 데이터를 니블(nibble)이라 말하며, 예를 들어 16진수 C는 니블 1100의 나타낸다.

　　요약하면, 2진수 그룹에 대한 일반적인 이름은 다음과 같다.

비트(Bit)	1비트(0 또는 1)
니블(Nibble)	4비트(예를 들어 1010)
바이트(Byte)	8비트(예를 들어 1110 1111)
워드(Word)	16비트(예를 들어 1100 0011 1111 0001)
더블워드(Double word)	32비트(예를 들어 1001 1100 1111 0001 0000 1111 1010 0001)
쿼드워드(Quad word)	64비트(예를 들어 1110 1100 1000 0000 0111 0011 1001 1000 0011 0000 1111 1110 1001 0111 0101 0001)

┤ 확인문제 ├

34. 일반적으로 하나의 2진수(0 또는 1)는 _____(비트, 워드)라고 한다.
35. 일반적으로 숫자, 문자, 구두점, 제어문자, 동작코드를 나타내는 8비트 데이터 그룹을 _____(바이트, 니블)(이)라고 한다.
36. 어떤 숫자나 코드를 나타내는 4비트 데이터 그룹을 _____(니블, 옥텟)이라고 한다.
37. 컴퓨터 시스템에서 데이터 그룹의 길이는 보통 _____(메모리, 워드) 크기라고 한다.
38. 컴퓨터 시스템에서 32비트 데이터 그룹은 일반적으로 _____(더블워드, 니블)(이)라 부른다.
39. 컴퓨터 시스템에서 흔히 워드는 _____(16비트, 256비트) 데이터 그룹을 말한다.

요약

1. 십진수는 10개의 기호, 즉 0, 1, 2, 3, 4, 5, 6, 7, 8, 9를 가지고 있다.

2. 2진수는 0과 1의 두 개의 기호를 가지고 있다.

3. 2진수는 2진 소수점 왼쪽에서부터 1, 2, 4, 8, 16, 32, 64, 256의 자릿값을 가지고 있다.

4. 디지털 전자공학 분야에 종사하는 모든 사람들은 2진수를 십진수로, 십진수를 2진수로 변환할 수 있어야 한다.

5. 인코더는 십진수를 2진수로 변환하는 전자회로이다.

6. 디코더는 2진수를 십진수로 변환하는 전자회로이다.

7. 일반적인 정의에 따라, 인코드한다는 것은 (십진수와 같은) 읽을 수 있는 코드를 (2진수와 같은) 암호화된 코드로 변환하는 것을 의미한다.

8. 일반적인 정의에 따라, 디코드한다는 것은 (2진수와 같은) 기계어(machine code)를 (영문자 및 숫자와 같은) 좀 더 읽기 쉬운 코드로 변환하는 것을 의미한다.

9. 16진수는 16개의 기호, 즉 0, 1, 2, 3, 4, 5, 6, 7, 8, 9, A, B, C, D, E, F를 가지고 있다.

10. 컴퓨터 분야에서 16진수는 2진수를 표현하는 데 널리 사용된다.

11. 8진수는 8개의 심벌(숫자) 0, 1, 2, 3, 4, 5, 6, 7을 사용하며, 다소의 컴퓨터 시스템에서는 2진수를 표현하는 데 사용된다.

12. 데이터 그룹의 일반적인 이름으로 비트, 니블(4비트), 워드(16비트), 워드(16비트), 더블워드(32비트), 쿼드워드(64비트)가 있다.

복습문제

2-1 십진수 1001은 어떻게 읽는가?

2-2 2진수 1001은 어떻게 읽는가?

2-3 a부터 j까지의 2진수를 십진수로 변환하라.

   a. 1   b. 100   c. 101   d. 1011

   e. 1000   f. 10000   g. 10101   h. 11111

   i. 11001100   j. 11111111

2-4 a부터 j까지의 십진수를 2진수로 변환하라.

   a. 0   b. 1   c. 18   d. 25

　　　　　e. 32　　　　　f. 64　　　　　g. 69　　　　　h. 128

　　　　　i. 145　　　　j. 1001

2–5　　a부터 f까지의 십진수를 2진수로 인코딩하라.

　　　　　a. 9　　　b. 3　　　c. 15　　　d. 13　　　e. 10　　　f. 2

2–6　　a부터 f까지의 2진수를 십진수로 디코딩하라.

　　　　　a. 0010　　　b. 1011　　　c. 1110　　　d. 0111　　　e. 0110　　　f. 0000

2–7　　인코더가 하는 일을 설명하라.

2–8　　디코더가 하는 일을 설명하라.

2–9　　십진수 0부터 15까지를 2진수로 나타내라.

2–10　a부터 d까지의 16진수를 2진수로 변환하라.

　　　　　a. 8A　　　b. B7　　　c. 6C　　　d. FF

2–11　a부터 d까지의 2진수를 16진수로 변환하라.

　　　　　a. 01011110　　　b. 00011111　　　c. 11011011　　　d. 00110000

2–12　16진수 3E6 = ＿＿＿＿＿＿＿$_{10}$

2–13　십진수 4095 = ＿＿＿＿＿＿＿$_{16}$

2–14　8진수 156 = ＿＿＿＿＿＿＿$_{10}$

2–15　십진수 391 = ＿＿＿＿＿＿＿$_8$

2–16　하나의 0 또는 1을 ＿＿＿＿＿＿(비트, 워드)라고 한다.

2–17　1과 0으로 구성된 8비트 그룹은 숫자, 문자, 동작 코드(op code)를 표현하며 흔히 ＿＿＿＿＿＿(바이트, 니블)(이)라고 불린다.

2–18　니블은 ＿＿＿＿＿＿(4비트, 12비트)의 데이터 그룹을 나타내는 용어이다.

2–19　보통 (컴퓨터와 같은) 마이크로프로세서 기반 시스템은 데이터 그룹의 크기를 ＿＿＿＿＿＿(파일, 워드) 길이로서 나타낸다.

2–20　(문자와 숫자 같은) 읽을 수 있는 형태의 데이터를 디지털 회로에서 사용 가능한 기계어로 암호화하는 것을 ＿＿＿＿＿＿(인코딩, 인터페이싱)이라고 한다.

핵심문제

2–1　　컴퓨터의 디지털 회로가 단지 2진수에만 동작을 한다면, 컴퓨터 전문가들은 왜 8진수와 16진수를 많이 사용하는가?

2–2　　마이크로컴퓨터 같은 디지털 시스템에서 8비트 그룹(1바이트)을 의미 있게 여긴다. 마이크로컴퓨터에서 (11011011_2와 같은) 바이트가 갖는 또 다른 의미를 생각해 보라.

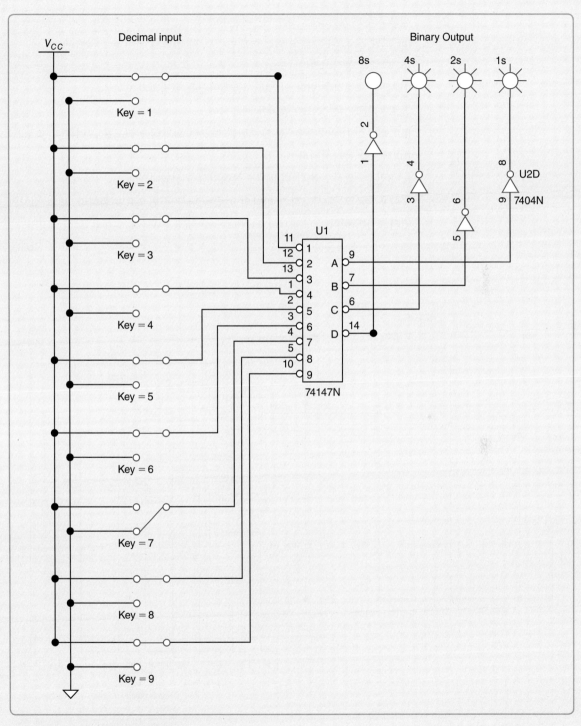

그림 2-17 십진수–2진수 인코더 회로

2-3   회로 시뮬레이션 소프트웨어를 이용하여,

(a) 그림 2-17의 십진수-2진수 변환 인코더 회로의 논리도를 그려라.

(b) 회로를 동작시켜라.

(c) 십진수-2진수 변환 인코더 시뮬레이션을 설명하라.

2-4   회로 시뮬레이션 소프트웨어를 이용하여,

(a) 그림 2-18의 2진수-십진수 변환 디코더 회로의 논리도를 그려라.

(b) 회로를 동작시켜라.

(c) 2진수-십진수 변환 디코더 시뮬레이션을 설명하라.

2-5   공학용 계산기를 사용하여 하나의 진법을 다른 진법으로 변환하라. 변환 절차와 결과를 설명하라.

2-6   웹 사이트를 이용하여 하나의 진법을 다른 진법으로 변환하라. 그리고 그 결과를 설명하라.

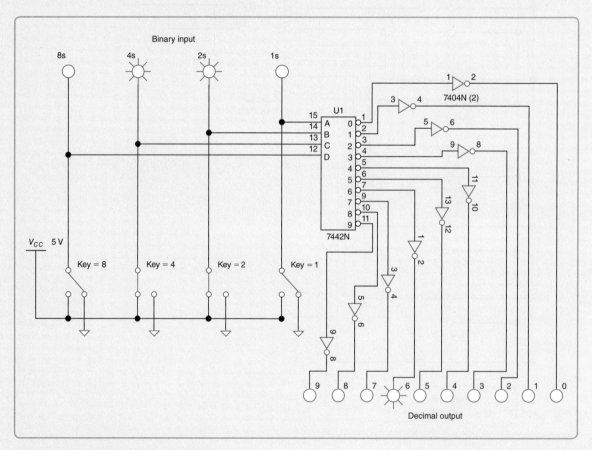

그림 2-18 2진수(BCD)-십진수 디코더 회로

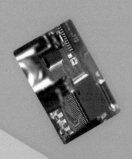

Digital Electronics

CHAPTER **03**

논리게이트

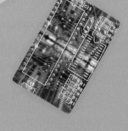

CONTENTS

3.1 AND 게이트

3.2 OR 게이트

3.3 인버터(inverter)와 버퍼(buffer)

3.4 NAND 게이트

3.5 NOR 게이트

3.6 Exclusive OR 게이트

3.7 Exclusive NOR 게이트

3.8 유니버셜(univesal) 게이트로서의 NAND 게이트

3.9 두 개 이상의 입력을 갖는 게이트

3.10 인버터를 이용한 게이트 변환

3.11 실용 TTL 논리게이트

3.12 실용 CMOS 논리게이트

3.13 간단한 게이트 회로의 문제해결

3.14 IEEE 논리기호

3.15 간단한 논리게이트의 응용

3.16 소프트웨어(BASIC Stamp Module)를 이용한 논리함수

CHAPTER

03 논리게이트

학습목표

1. 7개의 기본 논리게이트에 대한 이름, 기호, 진리표, 함수, 부울식을 암기한다(AND, OR, NOT, NAND, NOR, XOR, XNOR).
2. NAND 게이트만을 사용하여 7개의 기본 논리함수의 논리도를 그릴 수 있다.
3. 2개의 입력을 가진 게이트만을 사용하여 여러 개의 입력을 가진 게이트의 논리도를 그릴 수 있다.
4. 인버터(inverter)를 이용하여 기본 게이트를 다른 형태의 논리함수로 변환할 수 있다.
5. TTL과 CMOS DIP 패키지 IC에 인쇄된 제조사의 표시문구(markings)와 핀 번호의 의미를 이해한다.
6. 간단한 논리게이트 회로의 문제를 해결한다.
7. 새로운 논리게이트 기호의 표기 방법(IEEE 표준 91-1984)을 익힌다.
8. 몇 가지 간단한 논리게이트의 응용 동작을 분석한다.

대다수의 사람들에게 있어 컴퓨터, 전자계산기, 그리고 다른 디지털 기기들은 마치 마술 상자처럼 보인다. 실제로 디지털 기기들의 동작은 극도로 논리적이다. 이러한 디지털 회로의 기본적인 구성요소는 논리게이트이며, 디지털 전자 분야에 종사하는 사람들은 매일매일 논리게이트를 이해하고 사용하고 있다. 가장 복잡한 컴퓨터라 할지라도 그 구성요소는 논리게이트라는 것을 명심해야 한다. 논리게이트는 간단한 스위치, 릴레이, 진공관, 트랜지스터, 다이오드, 또는 IC 등을 사용하여 만들어낼 수 있다. IC는 손쉽게 구할 수 있고, 광범위하게 사용 가능하며, 저렴한 가격으로 인해 디지털 회로를 구성하는 사용할 수 있다. TTL, CMOS를 포함하는 모든 논리계열에서 논리게이트의 다양성이 보장된다.

논리함수

논리게이트에 의해 수행되는 작업을 **논리함수**(logic function)라 한다. 논리함수들은 하드웨어(논리게이트)나 마이크로컨트롤러나 컴퓨터와 같은 프로그래밍 기기들을 이용하여 구성한다.

3.1 AND 게이트

AND 게이트는 때때로 "all or nothing gate"라고 한다. 그림 3-1은 간단한 스위치를 사용한 AND 게이트의 기본적인 개념을 보여준다.

그림 3-1의 출력램프(L_1)에 불이 들어오게 하기 위해서는 무엇을 해야 할까? 램프에 불이 들어오게 하기 위해서는 스위치 A와 B를 모두 닫아야 한다. 자주 사용하게 될 AND 게이트는 다이오드, 트랜지스터로 구성되고 IC 내부로 패키지화되며, AND 게이트를 표시하기 위해서는 그림 3-2의 논리기호(logic symbol)를 사용한다.

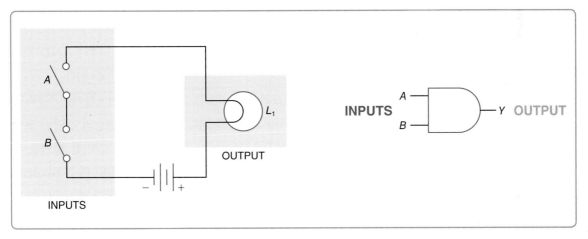

그림 3-1 스위치를 이용한 AND 회로   그림 3-2 AND 게이트 논리기호

"논리(logic)"라는 용어는 의사결정 과정을 언급하는데 주로 사용된다. 그렇다면, 논리게이트는 입력에 대한 출력에서, "예(yes)" 또는 "아니오(no)"를 결정하는 회로인 것이다. 이미 그림 3-1의 AND 게이트 회로가 두 개의 입력 모두가 "예" (스위치를 닫음)를 만족했을 때만 출력에서 "예"(전구 켜짐)라고 말할 수 있다고 정하였다.

실험실에서 만들게 될 것과 유사한 실제 회로를 고려해보자. 그림 3-3의 AND 게이트는 입력 스위치 A와 B에 연결되어 있다. 출력지시계는 LED이다. 만약 LOW 전압(GND)이 입력 A와 B에서 가해지면, 출력 LED는 불이 켜지지 않을 것이다. 이러한 상황은 그림 3-4의 진리표 첫 번째 줄에서 설명된다. 또한, 첫째 줄에서 입력과 출력은 모두 2진수로 주어진 것에 주목한다. 만약 입력이 모두 2진

논리(logic)

수 0이라면 출력은 2진수 0이 될 것이다. 그림 3-4의 스위치 A와 B의 4가지 조합을 주의 깊게 살펴보면, A와 B가 모두 1일 때만 출력이 1이 된다는 것을 알 수 있다(표의 마지막 줄 참조).

A, B 또는 Y에서 관측되는 +5V는 2진수 1 또는 HIGH 전압이라고 부르며, 2진수 0 또는 LOW 전압은 GND 전압(GND와 비교해서 거의 0V)으로 정의된다. 2진수 1을 나타내기 위해서는 +5V(positive 5V)를 사용하기 때문에 정의 논리(positive logic)를 사용한다. 대부분의 디지털 전자공학 작업에서 정의 논리가 사용된다.

그림 3-4의 표는 진리표라고 한다. AND 게이트의 진리표는 A와 B의 모든 가능한 입력조합과 그 출력결과를 보여준다. 따라서 진리표는 AND 게이트에 대한 정확한 연산을 정의한다. 그림 3-4의 진리표는 AND 함수(AND function)를 설명한다. 이 AND 함수에 대한 진리표를 기억해야 하며, AND 게이트 유일한 HIGH 출력은 모든 입력이 HIGH일 때만 이뤄진다. 그림 3-4의 AND 진리표 출력의 마지막 줄만이 1이고 나머지 출력은 모두 0인 것을 알 수 있다.

부울식

지금까지 AND 게이트 진리표와 논리기호를 학습하였다. 이제부터는 "출력 Y를 얻기 위해 입력 A는 입력 B와 AND가 된다."라고 쓰는 문장의 간단한 표현 방법을 배우게 될 것이다. 이 문장을 표현하기 위해 사용하는 간단한 방법을 부울식(Boolean expression: 부울(Boolean)은 논리대수인 부울 대수(Boolean algebra)에서 인용)이라고 한다. 부울식은 디지털 전자공학 분야의 엔지니어와 기술자들이 사용하는 보편적인 언어이다. 그림 3-5는 입력 A가 입력 B와 AND되

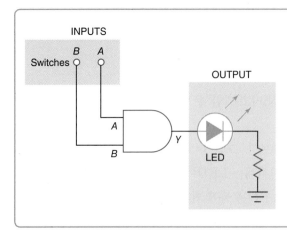

INPUTS				OUTPUT	
B		A		Y	
Switch voltage	Binary	Switch voltage	Binary	Light	Binary
LOW	0	LOW	0	No	0
LOW	0	HIGH	1	No	0
HIGH	1	LOW	0	No	0
HIGH	1	HIGH	1	Yes	1

그림 3-3 실용적인 AND 게이트 회로   그림 3-4 AND 진리표

설명	입력 A는 출력 Y를 얻기 위한 입력 B와의 논리곱
부울식 표현	$A \cdot B = Y$ ↖ AND symbol
논리기호	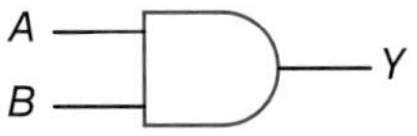 A ─┐ B ─┘ ⊃─ Y
진리표	<table><tr><td>A</td><td>B</td><td>Y</td></tr><tr><td>0</td><td>0</td><td>0</td></tr><tr><td>0</td><td>1</td><td>0</td></tr><tr><td>1</td><td>0</td><td>0</td></tr><tr><td>1</td><td>1</td><td>1</td></tr></table>

그림 3-5 A와 B의 논리적 AND에 대한 4가지 표현 방법

어 출력 Y를 만들어내는 표현 방식들을 보여준다. 그림 3-5의 가장 맨 윗줄은 출력 Y를 얻기 위해 입력 A와 B가 논리적으로 AND된다는 것을 영어로 누군가에게 어떻게 말로 표현되는지를 보여준다. 다음으로 그림 3-5에서 입력 A와 B를 AND하는 부울식을 볼 수 있다. 곱셈 도트($\cdot$)가 부울식으로 AND 함수를 기호화하기 위해 사용된다. 일반적 습관으로 부울식 $A \cdot B = Y$는 더 간단히 줄여서 $AB = Y$로 할 수 있고, $A \cdot B = Y$ 또는 $AB = Y$는 2-입력 AND 함수를 의미한다.

그림 3-5에 있는 AND 진리표의 출력을 검토해보자. 진리표의 마지막 줄은 출력 Y가 HIGH인 유일한 출력인 것을 주목한다. 모든 입력이 HIGH일 때만 AND 함수의 유일한 출력 HIGH가 된다.

요약 Summary

4가지의 일반적인 입력 A와 B의 AND 표현식이 그림 3-5에 자세하게 나타나 있다. 이러한 모든 표현방법들은 전자공학 분야에서 널리 사용되고 있으며 종사자들은 반드시 익혀야만 한다.

논리함수(logic function)라는 용어는 입력과 출력 간의 논리적 관계를 나타내

는 반면, 논리게이트(logic gate)는 물리적 구현을 의미한다. 여기서 AND 논리게이트(IC)는 AND 함수를 수행한다고 이야기할 수 있다.

모든 입력이 HIGH일 때만 AND 함수의 출력이 유일하게 HIGH가 된다.

확인문제

1. 2-입력 AND 게이트의 부울식을 써라.
2. 그림 3-3에서, 모든 입력이 HIGH이면, 출력 Y는 _____(HIGH, LOW)이고, LED는 _____(불이 켜진다. 불이 켜지지 않는다).
3. 그림 3-6에서, 시간주기 t_1에서의 AND 게이트의 출력은 논리 _____(0, 1)이다.
4. 그림 3-6에서, 시간주기 t_2에서의 AND 게이트의 출력은 논리 _____(0, 1)이다.
5. 그림 3-6에서, 시간주기 t_3에서의 AND 게이트의 출력은 논리 _____(0, 1)이다.
6. 그림 3-6에서, 시간주기 t_4에서의 AND 게이트의 출력은 논리 _____(0, 1)이다.
7. 모든 입력이 HIGH일 때만 AND 게이트의 출력은 유일하게 _____(HIGH, LOW)가 된다.
8. 그림 3-7에서 만약 3개의 입력(A, B, C) 모두가 HIGH이면, 출력 Y는 ___(HIGH, LOW)가 될 것이다.

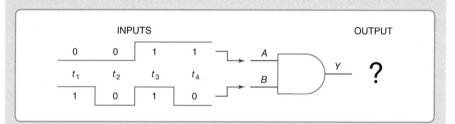

그림 3-6 연속되는 펄스 문제

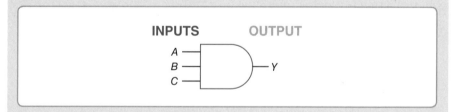

그림 3-7 3-입력 AND 게이트의 논리기호

3.2 OR 게이트

OR 게이트는 때때로 "any or all gate"라고 한다. 그림 3-8은 간단한 스위치를 사용한 OR 게이트의 기본적인 개념을 보여준다.

그림 3-8의 회로를 살펴보면, 출력램프는 입력 스위치 모두 또는 둘 중의 어느 하나가 닫혀졌을 때는 불이 켜지며, 두 스위치 모두가 열려졌을 때는 불이 켜지지 않는다는 것을 알 수 있다. 그림 3-9에 OR 회로의 진리표가 있다. 진리표는 그림 3-8의 OR 게이트 회로의 스위치와 출력램프 상태를 나타낸다. 그림 3-9의 진리표는 포함적(inclusive) OR 함수를 설명한다. OR 게이트는 모든 입력이 LOW일 때만 출력이 유일하게 LOW가 된다. 그림 3-9의 출력은 OR 진리표의 첫 번째 줄만이 0이고, 반면에 나머지는 0인 것을 보여준다.

그림 3-10에 OR 게이트의 논리기호가 표현되어 있다. 논리도에서 입력 A와 B가 OR되어 출력 Y가 만들어진다는 점을 주목한다. OR 함수에 대한 엔지니어의 부울식이 그림 3-10에 나타나있다. (+) 표시가 OR의 부울기호이다. OR 게이트에 대한 논리기호, 부울식, 진리표를 암기해야 한다.

OR 함수의 간단한 요약 설명이 그림 3-11에 있으며, 2-입력(A, B)의 논리적 OR을 설명하는 4가지 방법이 열거되어 있다.

OR 함수의 출력이 유일하게 LOW가 될 때는 모든 입력이 LOW인 경우이다.

그림 3-11에서 OR 진리표의 출력 Y의 첫 번째 줄이 이 게이트의 유일한 출력

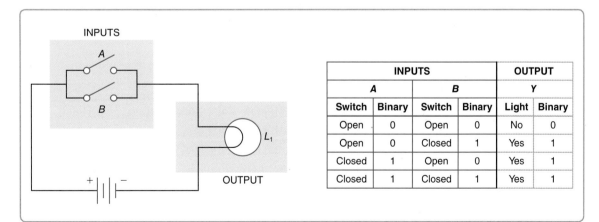

그림 3-8 스위치를 이용한 OR 회로   그림 3-9 OR 게이트 진리표

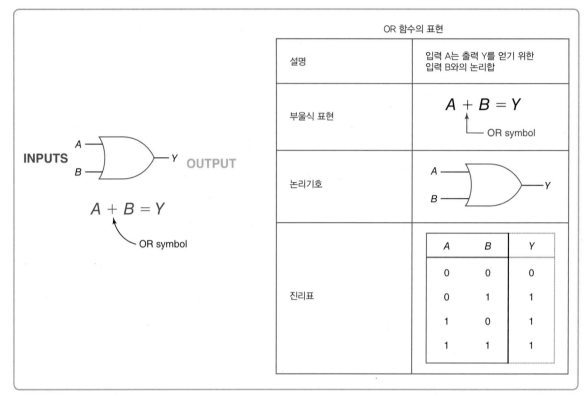

그림 3-10 OR 논리게이트 기호와 부울식   **그림 3-11** 입력 A와 B의 논리적 OR에 대한 4가지 표현방법

조건을 나타낸다는 점을 검토하라.

OR 함수는 모든 입력이 LOW일 때만 유일하게 출력이 LOW가 된다. 그림 3-11의 OR 진리표에서 Y 출력열을 살펴보면 첫 번째 줄만 이 논리게이트에 대한 유일한 출력(LOW)임을 알 수 있다.

확인문제

9. 2-입력 OR 게이트의 부울식을 써라.

10. 그림 3-12에서, 시간주기 t_1에서의 OR 게이트 출력은 논리 _____(0,1)이다.

11. 그림 3-12에서, 시간주기 t_2에서의 OR 게이트 출력은 논리 _____(0,1)이다.

12. 그림 3-12에서, 시간주기 t_3에서의 OR 게이트 출력은 논리 _____(0,1)이다.

13. OR 게이트의 출력은 모든 입력이 LOW일 때만 유일하게 _____(HIGH, LOW)이다.

14. 기술적으로 그림 3-11의 진리표는 _____(배타적인(exclusive), 포함적인(inclusive)) OR 논리함수를 설명한다.

15. 그림 3-13에서 만약 OR 게이트의 모든 입력(A, B, C)이 LOW이면, 출력 Y는 _____(HIGH, LOW)가 될 것이다.

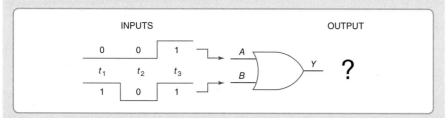

그림 3-12 연속되는 펄스 문제

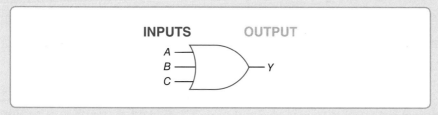

그림 3-13 3-입력 OR 게이트의 논리기호

3.3 인버터(inverter)와 버퍼(buffer)

지금까지 학습한 게이트들은 적어도 두 개의 입력과 하나의 출력을 가진다. 그렇지만 NOT 회로는 단 하나의 입력과 하나의 출력만을 가진다. NOT 회로는 종종 인버터라고 불린다. NOT 회로(inverter)는 입력과 같지 않게 출력을 만드는 일이다. 인버터(NOT 회로)의 논리기호는 그림 3-14에 있다.

그림 3-14에서, 입력 A에 논리 1을 인가하면, 출력 Y에서는 입력과 반대되는, 즉 논리 0을 얻게 된다. 이때 인버터가 입력을 **보수화**(complement) 또는 **반전**(invert)시켰다고 한다. 또한, 그림 3-14는 NOT 또는 inverter 함수에 대한 부울식을 어떻게 쓰는지를 보여주고 있다. 출력 위에 있는 바($^-$) 기호의 사용이 A가 반전 또는 보수화되었다는 의미를 나타낸다. 이때 부울항 $\overline{A}$ 는 "not A"라는 의미이다.

그림 3-14에, 또한 부울식에 사용되는 NOT 기호의 대안이 나타나 있다. 아포

보수화
반전

아포스트로피

85

스트로피(apostrophe) 기호 또한 A가 반전 또는 보수화되었다는 의미를 나타낸다. 부울항 A′는 "not A" 또는 "A not"이라 할 수 있다. 바($^-$) 사용이 NOT 기호에 더 선호되지만, 회로 시뮬레이션 프로그램에서 부울식을 컴퓨터 화면에 표시할 때는 아포스트로피가 일반적이다.

그림 3-15에 인버터의 진리표를 나타내었다. 인버터의 입력전압이 LOW이면 출력전압은 HIGH이고 입력전압이 HIGH이면, 출력은 LOW가 된다.

인버터

지금까지 학습했듯이, 출력은 항상 입력의 반대이다. 진리표는 2진수 0과 1로서 인버터의 특성을 보여준다.

부정
보수화
반전

신호가 인버터를 통과할 때 입력이 반전 또는 보수화되었다고 말할 수 있으며, 또한 부정된다(negated)라고 얘기할 수도 있다. 그래서 **부정되었다**("negated"), **보수화되었다**("complemented"), **반전되었다**("inverted")라는 용어는 모두 같은 의미를 나타낸다.

그림 3-16의 논리도는 입력 A가 두 개의 인버터를 지나가는 경우의 배치상황을 보여준다. 입력 A는 처음 반전되어 "not A"($\overline{A}$)가 되고, 그리고 다시 두 번째 "double not A"($\overline{\overline{A}}$)로 된다. 2진수로 표현하면 입력 1이 두 번 반전되었을 때 원래의 수로 된다는 것이다. 그러므로 "double not A"는 $\overline{\overline{A}}$와 같다는 사실을 알게 된다. 그래서 위에 2개의 바($^-$)를 갖는 부울항은 2개의 바($^-$) 아래에 있는 항과 같다는 것을 그림 3-16에서 확인할 수 있다.

그림 3-17에 인버터기호와 비슷하게 생긴 두 개의 기호를 논리도에서 볼 수 있

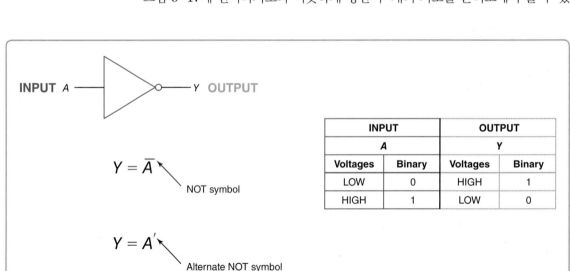

	INPUT		OUTPUT	
	A		*Y*	
	Voltages	Binary	Voltages	Binary
	LOW	0	HIGH	1
	HIGH	1	LOW	0

$Y = \overline{A}$ NOT symbol

$Y = A'$ Alternate NOT symbol

그림 3-14 인버터의 논리기호와 부울 표현식   그림 3-15 인버터의 진리표

다. 그림 3-17(a)의 논리기호는 인버터의 또 다른 기호이며 NOT 함수기능을 수
행한다. 그림 3-17(a)의 인버터기호의 왼쪽에 있는 인버트 버블(invert bubble)
의 배치로 인해 이것이 액티브(active) LOW 입력이라는 것을 알 수 있다.

그림 3-17(b)에 있는 기호는 비반전 버퍼/드라이버(non-inverting buffer/
driver)이다. 비반전 버퍼는 논리적 목적수행 없이(반전하지 않음), 일반 게이트보
다 출력에 더 큰 구동전류(drive current)를 공급하기 위해 사용된다.

일반적인 디지털 IC는 제한된 구동전류 능력을 지니고 있지만, 비반전 인버터
버퍼/드라이버는 LED 또는 램프와 같은 다른 기기를 가진 IC와의 접속시 중요하
게 된다. 버퍼/드라이버는 비반전과 반전 형태 모두 사용 가능하다.

디지털 전자공학 분야에서 마주치게 될 또 다른 기기는 그림 3-18(a)에 있는
기호이다. 이것은 버스시스템(bus system, bus는 컴퓨터에서 사용)으로 사용되
는 보통의 버퍼/드라이버를 나타낸다. 그림 3-18에 자세하게 소개된 장치는 3-상
태 버퍼(three-state buffer)로 제어 입력(control input)을 가지고 있다는 점만
제외하면 보통의 버퍼/드라이버와 같다. 그림 3-18(b)의 3-상태 버퍼의 진리표
를 보면, 제어입력(C)이 HIGH일 때 출력이 하이임피던스 상태(high-impedance
state: high-Z state)가 된다. 하이임피던스 상태일 때에는 출력이 버퍼의 출력과
버스사이에 개방스위치(open switch)와 같이 동작하게 되어, 버퍼의 출력은 연결
된 버스의 논리레벨에 아무런 영향을 줄 수 없게 된다. 이러한 동작은 3-상태 출

버스시스템
3-상태 버퍼
하이임피던스 상태

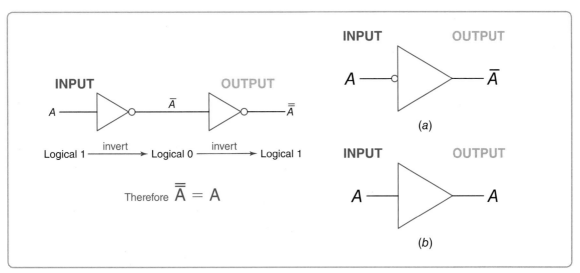

그림 3-16 더블 인버터의 효과

그림 3-17 (a) 또 다른 인버터 논리기호(입력버블에 주목)
(b) 비반전 인버터 버퍼/드라이버 논리기호

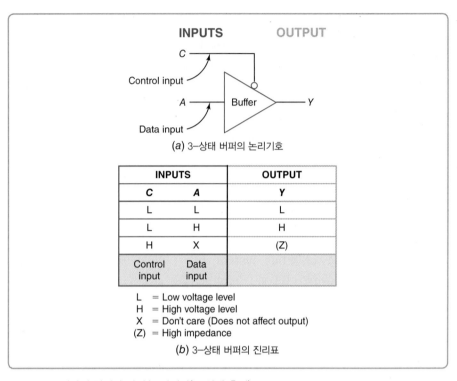

INPUTS   OUTPUT

C — Control input

A — Data input

Buffer — Y

(a) 3-상태 버퍼의 논리기호

INPUTS		OUTPUT
C	**A**	**Y**
L	L	L
L	H	H
H	X	(Z)
Control input	Data input	

L = Low voltage level
H = High voltage level
X = Don't care (Does not affect output)
(Z) = High impedance

(b) 3-상태 버퍼의 진리표

그림 3-18 비반전 인버터 버퍼/드라이버(3-상태 출력)

력을 가진 몇몇 논리기기들로 하여금 하나의 버스에 동시에 연결되도록 하지만, 단지 한 개의 3-상태 기기만이 한 번에 활성화될 수 있다.

3-상태 버퍼의 제어입력이 LOW가 되면(그림 3-18 참조), 원래의 데이터(비반전)를 입력에서 출력으로 전송한다.

요약하면, 인버터 또는 NOT 게이트의 논리기호, 부울식, 진리표를 이해하고, 두 번째로 비반전 인버터 버퍼/드라이버의 기호를 알아보았으며, LED, 램프 및 기타장치 등을 구동시키는 목적을 학습했다. 세 번째로, 3-상태 버퍼/드라이버를 이해하고, 버스 시스템을 연결할 때 사용된다는 것을 알아보았다.

◀ 확인문제

16. 그림 3-14에서, 만약 입력 A가 HIGH라면, 인버터의 출력 Y는 _____가 될 것이다.

17. 그림 3-16에서, 만약 왼쪽 인버터의 입력 A가 LOW라면, 오른쪽 인버터의 출력은 _____가 될 것이다.

18. 인버터의 동작을 설명하는데 사용되는 부울식을 써라.

19. "반전(inverted)"을 의미하는 두 개의 단어를 열거하라.

20. 그림 3-17(b)에서, 만약 입력 A가 LOW라면, 이 버퍼의 출력은 _____가 될 것이다.

21. 그림 3-19에서, 시간주기 t_1 동안 3-상태 버퍼의 출력은 _____(HIGH, LOW, high-impedance)이다.

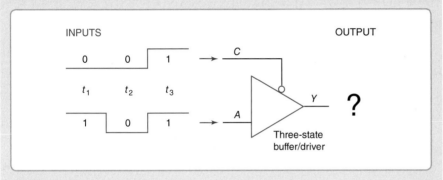

그림 3-19 연속되는 펄스 문제

22. 그림 3-19에서, 시간주기 t_2 동안 3-상태 버퍼의 출력은 _____(HIGH, LOW, high-impedance)이다.

23. 그림 3-19에서, 시간주기 t_3 동안 3-상태 버퍼의 출력은 _____(HIGH, LOW, high-impedance)이다.

3.4 NAND 게이트

AND, OR, NOT 게이트들은 모든 디지털 회로로 만들 수 있는 기본적인 회로들이다. NAND 게이트는 NOT AND 게이트 또는 반전된 AND 함수이다. NAND 게이트에 대한 표준 논리기호가 그림 3-20(a)에 도식화되어 있다. 기호

반전버블

의 오른쪽 끝의 **반전버블**(invert bubble)(작은 원)은 AND의 출력이 반전된 것을 의미한다.

그림 3-20(b)에 분리된 AND 게이트와 인버터가 NAND 논리함수를 만들기 위해 사용된 것을 보여주고 있다. AND 게이트 $(A \cdot B)$와 NAND$(\overline{A \cdot B})$에 대한 부울식이 그림 3-20(b)에 논리도로 표현되어 있다.

NAND 게이트에 대한 진리표는 그림 3-21의 오른쪽에 있으며, NAND 게이트의 진리표는 AND 게이트의 출력을 반전시킴으로서 얻을 수 있다는 점을 주목한다. AND 게이트 출력, 또한 참고로 표에 나타나있다.

NAND 게이트의 논리기호, 부울식, 진리표를 이해하고 있는가? 반드시 머릿속에 기억해야만 한다. NAND게이트는 모든 입력이 HIGH일 때에만 출력이 유일하게 LOW가 된다. 그림 3-21의 마지막 NAND 출력열을 보면, 진리표의 마지막 줄이 0이고 나머지는 모두 1인 것을 알 수 있다.

NAND 함수에 대한 간략한 요약이 그림 3-22에 나타나있다. 두 변수(A와 B)에 대한 논리적 NAND를 표현하기 위한 4가지 방법이 열거되어 있다. 그림 3-22에 NAND 부울식을 쓰는 몇 가지 방법이 나타나 있다. 제일 처음에 있는 두 개의 전형적 부울식은 긴 오버바(overbar)를 사용하는 것이며 반면에, 마지막에 있는 $[(AB)' = Y]$은 NAND 함수를 표현하기 위한 컴퓨터용 버전이다.

NAND 함수의 출력은 모든 입력이 HIGH일 때만 출력이 유일하게 LOW가 된다. 그림 3-22 진리표의 Y 출력열을 살펴보면 이 논리게이트의 유일한 출력조건이 마지막 줄에 나타나 있는 것을 알 수 있다.

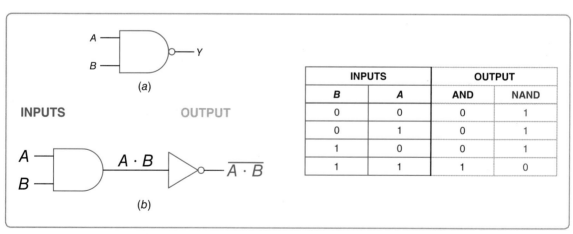

INPUTS		OUTPUT	
B	**A**	**AND**	**NAND**
0	0	0	1
0	1	0	1
1	0	0	1
1	1	1	0

그림 3-20 (a) NAND 게이트 논리기호
　　　　　 (b) NAND 게이트 출력의 부울식

그림 3-21 AND와 NAND 게이트의 진리표

NAND 함수의 표현

설명	입력 A는 출력 Y를 얻기 위한 입력 B와 논리 NAND
부울식 표현	NOT symbol AND symbol $\overline{A \cdot B} = Y$　or $\overline{AB} = Y$　or　$(AB)' = Y$
논리기호	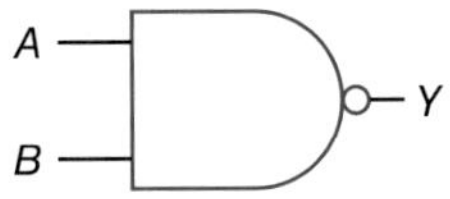
진리표	<table><tr><td>A</td><td>B</td><td>Y</td></tr><tr><td>0</td><td>0</td><td>1</td></tr><tr><td>0</td><td>1</td><td>1</td></tr><tr><td>1</td><td>0</td><td>1</td></tr><tr><td>1</td><td>1</td><td>0</td></tr></table>

그림 3-22 입력 A와 B의 논리적 NAND에 대한 4가지 표현 방법

확인문제

24. 2-입력 NAND 게이트의 부울식을 써라.

25. 그림 3-23에서, 시간주기 t_1 동안 NAND 게이트 출력은 논리 _____(0, 1)이다.

26. 그림 3-23에서, 시간주기 t_2 동안 NAND 게이트 출력은 논리 _____(0, 1)이다.

27. 그림 3-23에서, 시간주기 t_3 동안 NAND 게이트 출력은 논리 _____(0, 1)이다.

28. 모든 입력이 HIGH일 때만 NAND 게이트의 출력은 유일하게 _____(HIGH, LOW)가 된다.

29. 그림 3-24의 3-입력 NAND 게이트를 표현하는 부울식을 써라.

30. 그림 3-24에서 NAND 게이트의 3개의 입력(A, B, C) 모두가 HIGH라면, 출력 Y는 _____(HIGH, LOW)가 될 것이다.

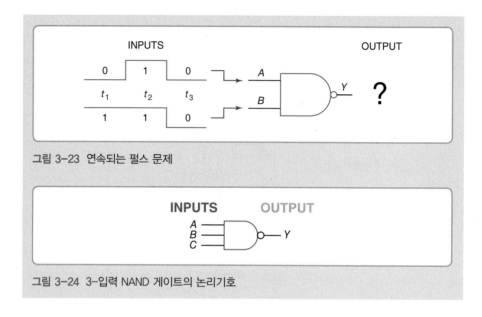

그림 3-23 연속되는 펄스 문제

그림 3-24 3-입력 NAND 게이트의 논리기호

3.5 NOR 게이트

NOR 게이트는 실제로 NOT OR 게이트이다. 다른 말로하면, OR 게이트의 출력이 반전되어 NOR 게이트를 구성한 것이다. NOR 게이트의 논리기호는 그림 3-25(a)에 나타나 있다. NOR 기호는 오른쪽에 반전 버블(invert bubble)(작은 원)을 가진 OR 기호이다. NOR 함수는 그림 3-25(b)에 하나의 OR 게이트와 하나의 인버터로 구성된다. OR 함수에 대한 부울식은 $A+B$이고, 최종 NOR 함수에 대한 부울식은 $\overline{A+B}$가 된다.

그림 3-26에 NOR 게이트의 진리표를 볼 수 있다. NOR 게이트의 진리표는 단지 OR 게이트 출력의 보수와 같다는 점에 주목하고, 참고로 OR 게이트의 출력 또한 그림 3-26의 진리표에 포함되어 있다.

NOR 게이트의 기호, 부울식 그리고 진리표는 반드시 기억해야 하며, 이들 항목들은 디지털 전자공학 분야에서 자주 마주치게 될 것이다. NOR 게이트 출력은 모든 입력이 LOW일 때만 유일하게 HIGH가 된다. 그림 3-26을 보면, NOR 진리표의 첫 번째 줄에서만 1이 출력되고 나머지 모두 0인 것을 알 수 있다.

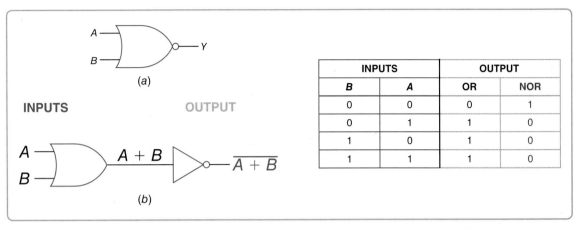

그림 3-25 (a) NOR 게이트 논리기호
(b) NOR 게이트 출력의 부울식

그림 3-26 OR 게이트와 NOR 게이트의 진리표

INPUTS		OUTPUT	
B	**A**	OR	NOR
0	0	0	1
0	1	1	0
1	0	1	0
1	1	1	0

NOR 함수의 표현

설명	입력 A는 출력 Y를 얻기 위한 입력 B와 논리 NOR
부울식 표현	NOT symbol $\overline{A + B} = Y$ or OR symbol $(A + B)' = Y$
논리기호	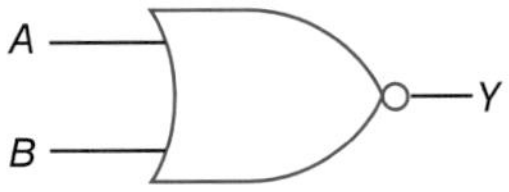 A ─ B ─ ◯ ─ Y
진리표	<table><tr><td>A</td><td>B</td><td>Y</td></tr><tr><td>0</td><td>0</td><td>1</td></tr><tr><td>0</td><td>1</td><td>0</td></tr><tr><td>1</td><td>0</td><td>0</td></tr><tr><td>1</td><td>1</td><td>0</td></tr></table>

그림 3-27 입력 A와 B의 논리적 NOR에 대한 4가지 표현 방법

NOR 함수에 대한 간략한 요약이 그림 3-27에 나타나있다. 두 변수(A와 B)에 대한 논리적 NOR를 표현하기 위한 4가지 방법이 열거되어 있다. 그림 3-27에 NOR 부울식을 쓰는 몇 가지 방법이 나타나있다. 제일 처음에 있는 두 개의 전형적 부울식은 긴 오버바(overbar)를 사용하는 것이며 반면에, 마지막에 있는 $[(A+B)'=Y]$은 NOR 함수를 표현하기 위한 컴퓨터용 버전이다.

NOR 함수의 출력은 모든 입력이 LOW일 때만 출력이 유일하게 HIGH가 된다.

┃ 🎧 **확인문제**

31. 2-입력 NOR 게이트의 부울식을 써라.
32. 그림 3-28에서, 시간주기 t_1 동안의 NOR 게이트 출력은 논리 _____(0, 1)이다.
33. 그림 3-28에서, 시간주기 t_2 동안의 NOR 게이트 출력은 논리 _____(0, 1)이다.
34. 그림 3-28에서, 시간주기 t_3 동안의 NOR 게이트 출력은 논리 _____(0, 1)이다.
35. NOR 게이트의 출력은 모든 입력이 LOW일 때만 출력이 유일하게 _____(HIGH, LOW)가 된다.
36. 그림 3-29에서, 3-입력 NOR 게이트를 나타내는 부울식을 써라.
37. 그림 3-29에서, NOR 게이트의 3개의 입력(A, B, C) 모두가 LOW라면, 출력 Y 는 _____(HIGH, LOW)가 될 것이다.

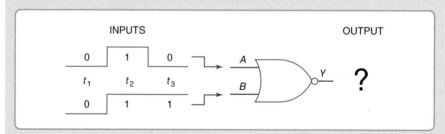

그림 3-28 연속되는 펄스 문제

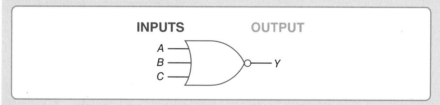

그림 3-29 3-입력 NOR 게이트의 논리기호

3.6 Exclusive OR 게이트

Exclusive OR 게이트는 때때로 "odd but not even gate"라고도 불린다. "exclusive OR 게이트" 라는 용어는 단축해서 흔히 "XOR 게이트"라고도 하며, XOR 게이트의 논리기호는 그림 3-30(a)에 그려져 있다. XOR 함수의 부울식은 그림 3-30(b)에 표현되어 있으며, 기호 ⊕는 입력항이 서로 XOR된 것을 의미한다.

XOR 게이트의 출력은 그림 3-31의 오른쪽에 표시되어 있다. 만약 입력 모두가 아닌 어느 하나의 입력만이 1이면, 출력은 2진수로 1 또는 논리 1이 된다. 그림 3-31에는 OR 게이트의 진리표가 있어서 OR 게이트의 진리표와 XOR 게이트의 진리표를 비교해 볼 수 있다.

XOR

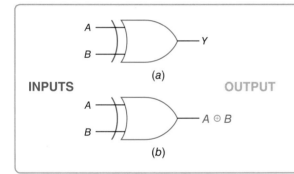

INPUTS		OUTPUT	
B	**A**	OR	XOR
0	0	0	0
0	1	1	1
1	0	1	1
1	1	1	0

그림 3-30 (a) XOR 게이트 논리기호
　　　　　(b) XOR 게이트 출력의 부울식

그림 3-31 OR 게이트와 XOR 게이트의 진리표

XOR 게이트의 독특한 특징은 HIGH를 가진 입력의 개수가 홀수일 때만 출력에 HIGH가 나타난다는 것이다. 이 개념을 설명하기 위해, 그림 3-32에 3-입력 XOR 게이트의 논리기호, 부울식, 진리표를 나타내었다. 그림 3-32(b)에는, 3-입력 XOR 함수가 출력 열(Y)로 설명되어 있다. HIGH 출력은 홀수 개의 HIGH 입력이 나타날 때만 발생된다(진리표 2, 3, 5, 8번째 줄). 만약 XOR 게이트에 짝수 개의 HIGH 입력이 나타나면, 출력은 LOW가 될 것이다(진리표 1, 4, 6, 7번째 줄). XOR 게이트는 다양한 산술회로에 사용된다.

XOR(exclusive OR) 함수에 대한 간략한 요약이 그림 3-33에 나타나있다. 3-입력 변수(A, B, C)에 대한 논리적 XOR를 표현하기 위한 4가지 방법이 열

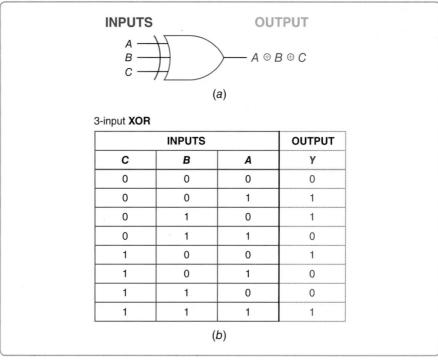

그림 3-32 (a) 3-입력 XOR 게이트 기호와 부울식
(b) 3-입력 XOR 게이트의 진리표

거되어 있다. XOR 게이트는 HIGH를 가진 입력의 개수가 홀수일 때만 출력이
HIGH가 된다.

	XOR 함수의 표현		
설명	입력 A, B와 C는 출력 Y를 얻기 위한 논리 XOR		
부울식 표현	$A \oplus B \oplus C = Y$ XOR symbol	진리표	
논리기호			

A	B	C	Y
0	0	0	0
0	0	1	1
0	1	0	1
0	1	1	0
1	0	0	1
1	0	1	0
1	1	0	0
1	1	1	1

그림 3-33 입력 A, B, C의 XOR에 대한 4가지 표현 방법

확인문제

38. 3-입력 XOR 게이트의 부울식을 써라.

39. 그림 3-34에서, 시간주기 t_1 동안의 XOR 게이트 출력은 논리 _____(0, 1)이다.

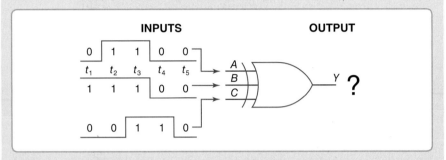

그림 3-34 연속되는 펄스 문제

40. 그림 3-34에서, 시간주기 t_2 동안의 XOR 게이트 출력은 논리 _____(0, 1)이다.
41. 그림 3-34에서, 시간주기 t_3 동안의 XOR 게이트 출력은 논리 _____(0, 1)이다.
42. 그림 3-34에서, 시간주기 t_4 동안의 XOR 게이트 출력은 논리 _____(0, 1)이다.
43. 그림 3-34에서, 시간주기 t_5 동안의 XOR 게이트 출력은 논리 _____(0, 1)이다.
44. XOR 게이트의 출력은 HIGH를 가진 입력의 개수가 _____(짝수, 홀수)일 때 HIGH가 된다.

3.7 Exclusive NOR 게이트

"Exclusive NOR 게이트"라는 용어는 단축해서 흔히 "XNOR 게이트"라고도 하며, XNOR 게이트의 논리기호는 그림 3-35(a)에 그려져 있으며, XOR 기호 출력 쪽에 반전 버블이 덧붙여져 있다는 점에 유의한다. 그림 3-35(b)는 XNOR 함수에 사용되는 부울식 중 하나를 나타내고 있다. XNOR 게이트의 부울식은 $\overline{A \oplus B}$이며, 이 표현식은 반전된 XOR 게이트 출력을 의미한다는 것을 알 수 있다. 그림 3-35(c)의 진리표를 살펴보고, XNOR 게이트의 출력은 XOR 진리표의 보수가 된다는 점을 주목한다. XOR 게이트 출력, 또한 그림 3-35(c)의 표에서 볼 수 있다.

이제 XNOR 게이트의 논리기호, 진리표, 부울식을 알았을 것이다.

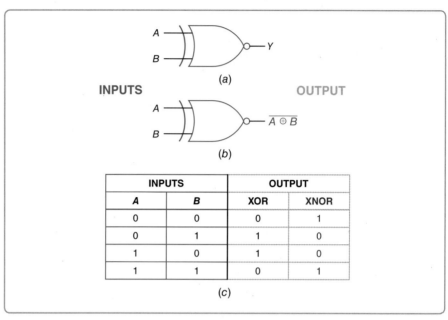

그림 3-35 (a) XNOR 게이트 논리기호 (b) XNOR 게이트 출력의 부울식 (c) XOR 게이트와 XNOR 게이트의 진리표

XNOR 함수의 표현	
설명	입력 A, B와 C는 출력 Y를 얻기 위한 논리 XNOR
부울식 표현	$\overline{A \oplus B \oplus C} = Y$
논리기호	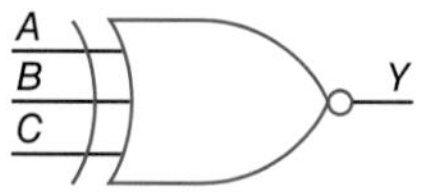
진리표	

A	B	C	Y
0	0	0	1
0	0	1	0
0	1	0	0
0	1	1	1
1	0	0	0
1	0	1	1
1	1	0	1
1	1	1	0

그림 3-36 입력 A, B, C의 논리적 XNOR에 대한 4가지 표현 방법

XNOR(exclusive NOR) 함수에 대한 간략한 요약이 그림 3-36에 나타나있다. 3-입력 변수(A, B, C)에 대한 논리적 XNOR를 표현하기 위한 4가지 방법이 열거되어 있다. XNOR 게이트는 XOR 게이트와는 반대로, HIGH를 가진 입력의 개수가 홀수일 때만 출력이 LOW가 된다.

확인문제

45. 3-입력 XNOR 게이트의 부울식을 써라.

46. 그림 3-37에서, 시간주기 t_1 동안의 XNOR 게이트 출력은 논리 _____(0, 1)이다.

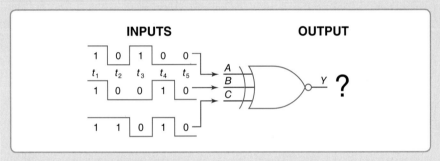

그림 3-37 연속되는 펄스 문제

47. 그림 3-37에서, 시간주기 t_2 동안의 XNOR 게이트 출력은 논리 _____(0, 1)이다.

48. 그림 3-37에서, 시간주기 t_3 동안의 XNOR 게이트 출력은 논리 _____(0, 1)이다.

49. 그림 3-37에서, 시간주기 t_4 동안의 XNOR 게이트 출력은 논리 _____(0, 1)이다.

50. 그림 3-37에서, 시간주기 t_5 동안의 XNOR 게이트 출력은 논리 _____(0, 1)이다.

51. XNOR 게이트의 출력은 HIGH를 가진 입력의 개수가 홀수일 때 _____(HIGH, LOW)가 된다.

3.8 유니버셜(univesal) 게이트로서의 NAND 게이트

지금까지 이 장에서 모든 디지털 회로에서 사용되는 기본 구성요소를 살펴보았다. 또한 7가지 유형의 게이트 회로를 학습해서 AND, OR, NAND, NOR, XOR, XNOR, 인버터 등의 특성에 대해서 알고 있다. 여러분은 이 7가지 기본 기능 중에 어떤 것도 수행할 수 있는 IC를 구매할 수 있다.

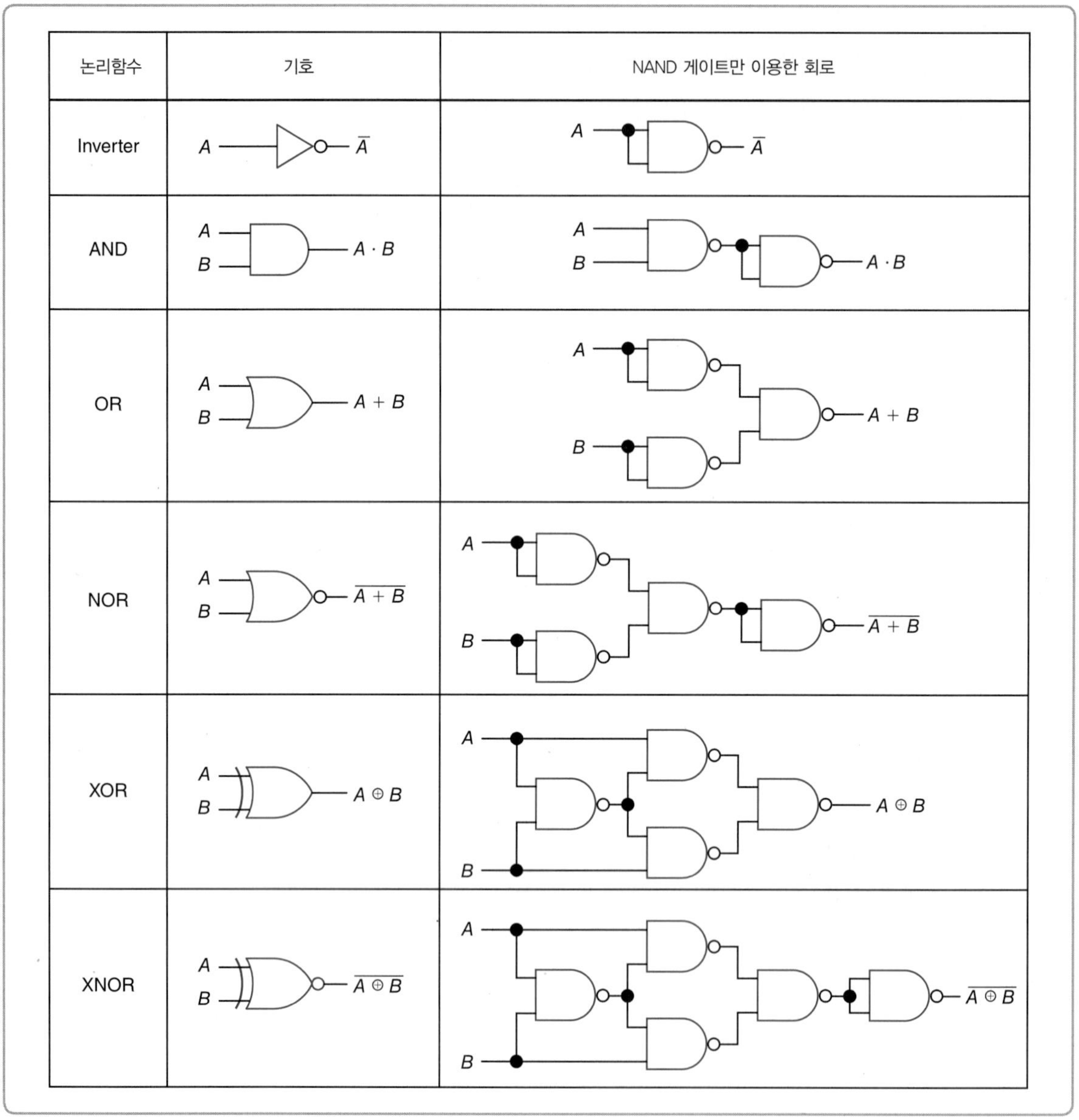

그림 3-38 NAND 게이트로의 대체

　　제조사의 인쇄물을 살펴보면, NAND 게이트가 어느 다른 게이트보다 보다 더 광범위하게 이용 가능하다는 사실을 발견하게 될 것이다. NAND 게이트의 광범위한 이용성으로 인해, NAND 게이트를 사용하여 다른 유형의 게이트를 어떻게 만들 수 있는지를 알아볼 것이다.

유니버셜 게이트　　여기서 "유니버셜 게이트"로 NAND 게이트를 이용할 것이다.

그림 3-38에서는 다른 기본 논리함수를 만들기 위해 NAND 게이트를 어떻게 구성해야 하는지를 보여주고 있다. 수행해야 할 논리함수가 표의 왼쪽 열에 열거되어 있고, 해당 함수의 통상적인 기호는 중앙 열에 있으며 오른쪽에 있는 열에는 논리함수를 수행하기 위해 어떻게 NAND 게이트를 구성해야 하는지를 그림으로 나타나있다. 그림 3-38은 기억할 필요는 없지만 디지털 전자공학분야에서 작업할 때 필요에 따라 참조할 수 있을 것이다.

확인문제

52. NAND 게이트 입력을 _____(함께 묶으면, 개방(open) 상태로 놓아두면) 반전 함수를 수행할 수 있다.

53. 그림 3-39에서, 2-입력 논리회로를 나타내는 부울식을 써라(입력 A, B, 출력 Y 사용).

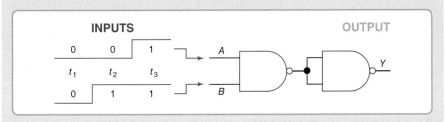

그림 3-39 연속되는 펄스 문제

54. 그림 3-39에서, 시간주기 t_1 동안에서 출력 Y는 논리 _____(0, 1)이다.
55. 그림 3-39에서, 시간주기 t_2 동안에서 출력 Y는 논리 _____(0, 1)이다.
56. 그림 3-39에서, 시간주기 t_3 동안에서 출력 Y는 논리 _____(0, 1)이다.
57. 그림 3-40에서, 시간주기 t_1 동안에서 출력 Y는 논리 _____(0, 1)이다.

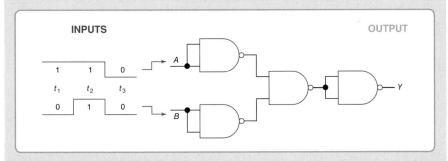

그림 3-40 연속되는 펄스 문제

58. 그림 3-40에서, 시간주기 t_2 동안에서 출력 Y는 논리 _____(0, 1)이다.
59. 그림 3-40에서, 시간주기 t_3 동안에서 출력 Y는 논리 _____(0, 1)이다.

3.9 두 개 이상의 입력을 갖는 게이트

그림 3-41(a)는 3-입력 AND 게이트를 나타낸다. 3-입력 AND 게이트의 부울식은 그림 3-41(b)에서와 같이 $A \cdot B \cdot C = Y$ 이다. 입력 A, B, C의 모든 가능한 조합이 그림 3-35(c)에 나타나있다. 3-입력 AND 게이트의 출력은 진리표의 오른쪽 열에 작성되어 있다. 진리표에서 3개 입력의 가능한 조합은 $8(2^3)$개까지 증가되어 있다.

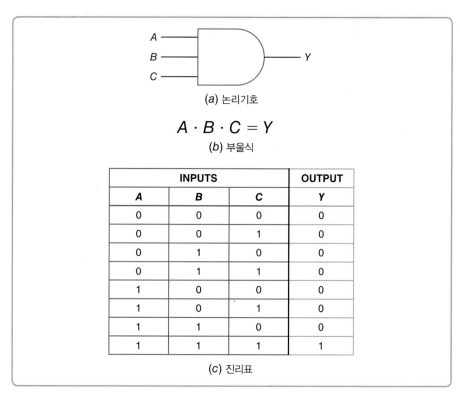

(a) 논리기호

$$A \cdot B \cdot C = Y$$

(b) 부울식

INPUTS			OUTPUT
A	**B**	**C**	**Y**
0	0	0	0
0	0	1	0
0	1	0	0
0	1	1	0
1	0	0	0
1	0	1	0
1	1	0	0
1	1	1	1

(c) 진리표

그림 3-41 3-입력 AND 게이트

만약 2-입력 AND 게이트만 이용할 수 있다면, 그림 3-41에 표현된 동일한 3-입력 AND 게이트는 어떻게 만들 수가 있을까? 해결책은 그림 3-42(a)에 있다. 그림의 오른쪽에 있는 2-입력 AND 게이트들의 구성으로 3-입력 AND 게이트를 만들어낸다. 그림 3-42(b)는 2-입력 AND 게이트를 사용하여 4-입력 AND 게이트가 어떻게 만들어지는지를 보여주고 있다.

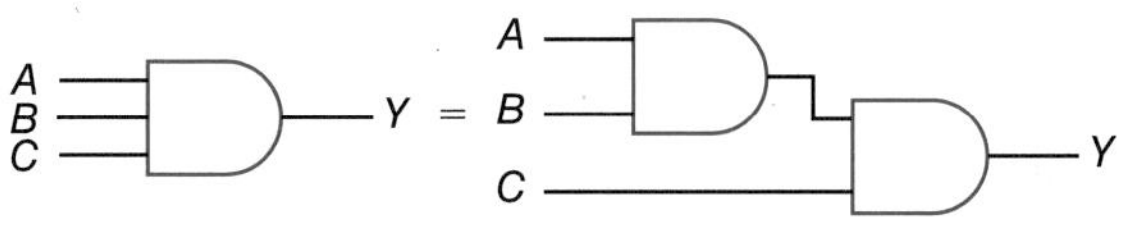

(a) 2개의 AND 게이트를 이용한 3-입력 AND 게이트 구성

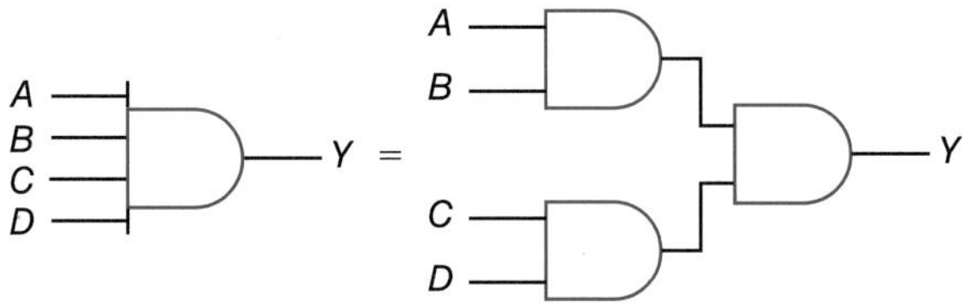

(b) 3개의 AND 게이트를 이용한 4-입력 AND 게이트 구성

그림 3-42 입력수의 확장

4-입력 OR 게이트의 논리기호가 그림 3-43(a)에 표현되어 있다. 4-입력 OR 게이트의 부울식은 $A+B+C+D=Y$이며, 이 식은 그림 3-43(b)에 있다. 부울 식 $A+B+C+D=Y$는 "입력 A 또는 입력 B 또는 입력 C 또는 입력 D는 출력 Y와 같다"라고 읽으며 +기호는 부울식에서 논리함수 OR를 의미한다. 4-입력 OR 게이트의 진리표는 그림 3-43(c)에 나타나 있으며, A, B, C, D의 4개의 입력으로 인해, 16개의 가능한 조합(2^4)이 만들어진다. 4-입력 OR 게이트를 구성하기 위해서는, 디지털 논리회로의 제조사로부터 그 해당 게이트를 구매하거나, 또는 2-입력 OR 게이트를 이용해서 4-입력 OR 게이트를 구성할 수가 있다. 그림 3-44(a)는 2-입력 OR 게이트를 이용하여 4-입력 OR 게이트를 어떻게 구성하는지를 보여주고 있다. 그림 3-44(b)도 2-입력 OR 게이트가 어떻게 3-입력 OR 게이트로 전환되는지를 보여주고 있다. 입력 수를 증가시키기 위한 OR 게이트와 AND 게이트의 연결 방식은 동일하다(그림 3-42와 그림 3-44를 비교).

NAND 게이트의 입력 수를 증가시키는 것은 AND 게이트와 OR 게이트의 증가보다 더 어렵다. 그림 3-45는 4-입력 NAND 게이트가 2개의 2-입력 NAND 게이트와 한 개의 2-입력 OR 게이트를 이용하여 어떻게 만들어졌는지 보여주고 있다.

여러분은 종종 2개에서부터 8개 그리고 그 이상되는 입력을 가진 게이트들을 접하게 될 것이다. 이 절에서 다뤄진 기본 내용은 여러분이 게이트의 입력 수를 증가시킬 필요가 있을 때 유용한 참고가 된다.

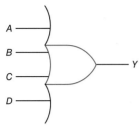

(a) 논리기호의 폭을 넘어 추가된 입력을 가진 논리기호의 표시 방법

$$A + B + C + D = Y$$

(b) 부울식

INPUTS				OUTPUT
A	**B**	**C**	**D**	**Y**
0	0	0	0	0
0	0	0	1	1
0	0	1	0	1
0	0	1	1	1
0	1	0	0	1
0	1	0	1	1
0	1	1	0	1
0	1	1	1	1
1	0	0	0	1
1	0	0	1	1
1	0	1	0	1
1	0	1	1	1
1	1	0	0	1
1	1	0	1	1
1	1	1	0	1
1	1	1	1	1

(c) 진리표

그림 3-43 4-입력 OR 게이트

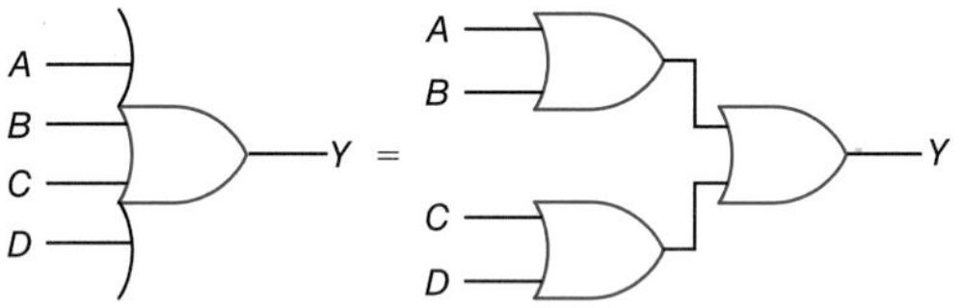

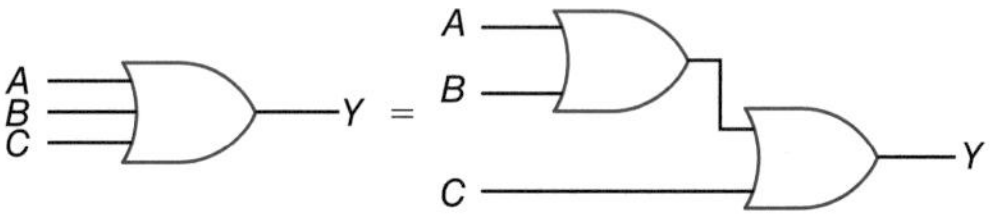

그림 3-44 OR 게이트 입력개수의 확장

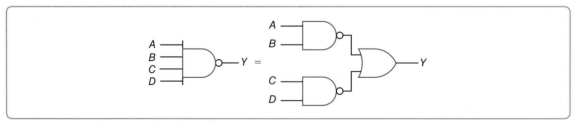

그림 3-45 NAND 게이트 입력개수의 확장

┌─────────────┐
│ ◖ 확인문제 │
└─────────────┘

60. 3-입력 NAND 게이트의 부울식을 써라.

61. 3-입력 NAND 게이트의 진리표는 가능한 모든 입력조합을 포함하기 위해서는 _____ 줄이 있어야 한다.

62. 4-입력 OR 게이트의 부울식을 써라.

63. 5-입력 NOR 게이트의 진리표는 가능한 모든 입력조합을 포함하기 위해서는 _____ 줄이 있어야 한다.

64. 그림 3-46의 회로는 6-입력 _____(AND, NAND, OR) 논리함수를 출력 Y에서 발생시킨다.

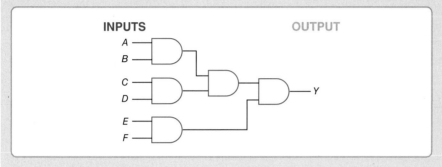

그림 3-46 6-입력 논리회로

65. 그림 3-46에서 6-입력 논리함수를 나타내는 진리표는 2^6 또는 _____(32, 64, 128) 줄이 있어야 한다.

3.10 인버터를 이용한 게이트 변환

기본 게이트

   종종 AND, OR, NAND, NOR와 같은 기본 게이트를 다른 논리게이트로 변환하는 것이 편리할 때가 있다. 이것은 인버터를 사용하여 쉽게 해결될 수 있다. 그림 3-47은 어느 한 게이트를 다른 논리함수로 변환시키는 간편한 안내표이다. 표를 살펴보면 상단 부분은 출력만이 반전되어 있으며, 출력을 반전시킴으로써 표의 오른쪽에 나타난 것과 같이 예측할 수 있는 결과를 나타낸다.

   표의 중앙 부분은 게이트의 입력만을 반전시킨 것을 나타낸다. 예를 들어, 만

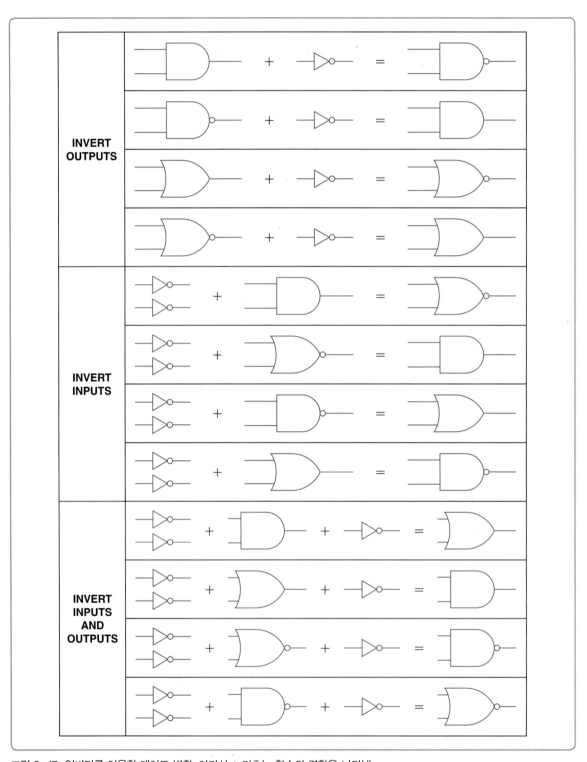

그림 3–47 인버터를 이용한 게이트 변환. 여기서 + 기호는 함수의 결합을 나타냄

약 OR 게이트의 입력 모두를 반전시키면, NAND 함수가 된다. 이 내용은 그림 3-48(a)에 강조되어 있으며, 그림 3-48(a)의 OR 게이트의 입력에 반전 버블이 덧붙여져서 OR 게이트를 NAND 함수로 변환시킨다는 점에 주목해야 한다. 또한, 중앙 부분의 AND 게이트 입력이 반전되어 있으며 이는 그림 3-48(b)에 다시 그려져 있고 AND 게이트 입력의 반전버블로 인해 NOR 함수로 변환된다. 그림 3-48의 왼쪽에 있는(입력 반전버블을 가진) 새로운 기호는 오른쪽의 좀 더 표준인 NAND와 NOR 논리기호를 대신해서 사용될 수 있다. 이 새로운 기호는 디지털 전자공학 분야에서 접하게 될 것이므로 알고 있어야 한다.

그림 3-49는 논리기호에 인버터의(반전버블) 추가가 부울식 형태로 어떻게 표현되는지를 나타내고 있다. 그림 3-49(a)의 왼쪽에 있는 NAND 기호는 AND 게이트 출력에 인버터를 가진 회로로 생각할 수 있다. AND 게이트만의 부울식은 $A \cdot B = Y$이다. 그림 3-49(a)에서 AND 게이트의 출력에 인버터를 더함으로써 부울식은 긴 오버바(long overbar)를 붙혀 $\overline{A \cdot B} = Y$가 된다. 그림 3-49(a)의 오른쪽에는 NAND 함수를 나타내는 간단한 진리표가 있다.

그림 3-49(b)에 있는 또 다른 NAND 기호를 고려해 보자. 인버터(반전버블)가 OR 기호의 입력에 붙여 있으며, 입력의 인버터들은 그림 3-49(b)에서 보는바와 같이 짧은 오버바(short overbar)로 기호화된다. $\overline{A} + \overline{B} = Y$ 표현식으로 인해 오른쪽의 NAND 진리표와 동일한 또 다른 NAND 논리기호를 나타내게 된다. 두 개의 부울식 $\overline{A \cdot B} = Y$와 $\overline{A} + \overline{B} = Y$은 모두 NAND 논리함수를 표현

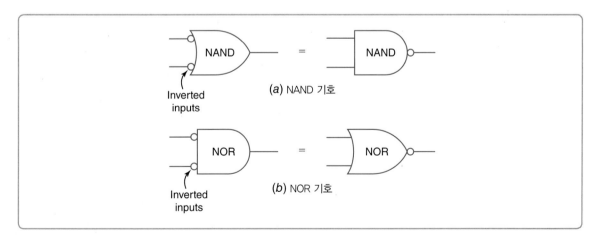

그림 3-48 일반적인 논리기호
주: 입력의 반전버블은 일반적으로 액티브(active)-LOW 입력을 의미함

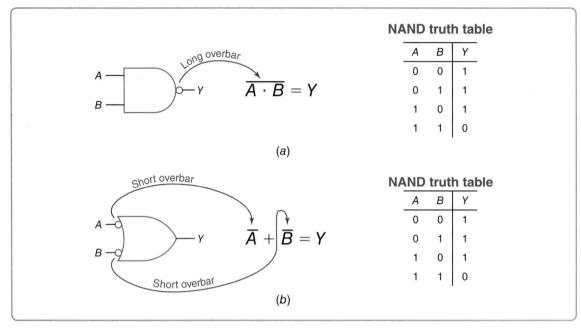

그림 3-49 (a) NAND 논리기호 (b) 부울식과 진리표

하며, 그림 3-49의 왼쪽에 있는 두 논리기호는 모두 NAND 진리표를 만들어 낸다.

드모르간 정리　(부울대수 부분의) 드모르간 정리(DeMorgan's theorem)는 간단한 논리함수를 기본적인 AND 또는 OR 회로로 변화하는 체계적인 방법이다. 이 드모르간 정리는 4장에서 자세하게 다룬다.

그림 3-47의 하단 부분은 입력과 출력 모두가 반전된 것을 나타낸다. 입력과 출력에서 인버터를 이용함으로써 AND에서 OR, NAND에서 NOR로 상호 변환시킬 수 있는 것을 알 수 있으며, 그림 3-47에 있는 12가지 변환 예제에서와 같이, 단지 인버터만을 사용하여 기본게이트(AND, OR, NAND, NOR)를 다른 게이트로 변환할 수 있다. 그림 3-47의 표는 반드시 암기해야 할 필요는 없지만, 참고로 기억해두어야 한다.

확인문제

66. OR 게이트는 입력에 _____를 추가함으로써 NAND 함수로 변환될 수 있다.
67. AND 게이트의 입력에 인버터를 추가하면, _____ 논리함수가 만들어진다.

68. AND 게이트의 출력에 인버터를 추가하면, _____ 논리함수가 만들어진다.

69. AND 게이트의 입력과 출력에 인버터를 추가하면, _____ 논리함수가 만들어진다.

70. 그림 3–50(a)의 표준 NOR 논리기호의 부울식을 써라.

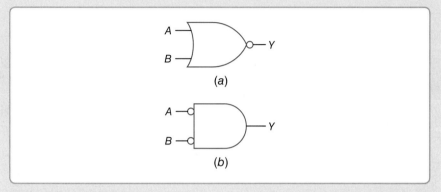

그림 3–50 NOR 논리기호

71. 그림 3–50(b)의 또 다른 NOR 논리기호의 부울식을 써라(짧은 오버바를 사용할 것).

3.11 실용 TTL 논리게이트

디지털 회로가 대중적인 이유 중의 하나로 가격이 싼 IC를 들 수 있다. 제조사는 많은 디지털 IC 계열(families of digital ICs)을 개발하여왔다. 이 계열들은 서로 같이 사용될 수 있는 기기들의 집합을 말하며, 어느 하나의 동일 계열 속에 속한 IC는 서로 호환되며 쉽게 연결하여 사용할 수 있다.

어떤 계열의 그룹은 바이폴라 기술(bipolar technology)을 이용하여 만들어진다. 이들 IC는 개별적인 바이폴라 트랜지스터들과 유사한 부품들을 포함하고 있다. TTL(transistor transistor logic) 디지털 IC는 BJT(bipolar junction transistor), 다이오드(diode), 저항으로 구성된다.

디지털 IC의 또한 그룹은 금속산화물 반도체(MOS: metal oxide semiconductor) 기술을 사용한다. CMOS 상보형(Complementary) 금속산화물 반도체 IC는 절연게이트 전계효과 트랜지스터들(IGFETs: insulated-gate field-effect transistors)과 유사한 부품들을 포함하고 있다. CMOS 계열은 MOS 기술을 사용하여 매우 낮은 전력을 소모하며 광범위하게 사용하고 있다. 실험실에서 TTL과 CMOS IC 모두를 사용할 기회가 있을 것이다.

IC 패킹(Packing)

그림 3-51(a)에 일반적인 형태의 IC를 볼 수 있다. 이 경우의 방식은 IC 제조사에 의해 DIP(dual in-line package)이라고 불리며 14핀 DIP IC라고 한다.

그림 3-51(a)의 IC 위에 홈(notch)으로부터 반시계 방향으로 있는 핀이 1번이다. 핀 번호는 IC를 위에서 보았을 때 1에서 14까지 반시계 방향으로 매겨진다. 그림 3-51(b)에서 DIP IC 위에 있는 점(dot)은 핀 1번의 위치를 정하는 또 다른 방법이 된다.

인쇄회로기판

그림 3-51(a)와 (b)의 IC는 긴 핀을 가지고 있어 보통 **인쇄회로기판(PCB: printed circuit board)**에 난 구멍에 삽입되어 기판바닥의 구리선 경로에 납땜된다. 그림 3-51(c)와 (d)의 2개의 IC는 아주 짧은 구부러진 핀을 갖고 있어서 PCB의 앞면의 있는 경로에 납땜한다.

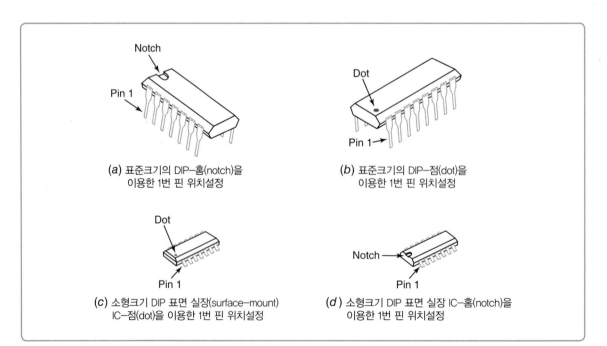

(a) 표준크기의 DIP-홈(notch)을
이용한 1번 핀 위치설정

(b) 표준크기의 DIP-점(dot)을
이용한 1번 핀 위치설정

(c) 소형크기 DIP 표면 실장(surface-mount)
IC-점(dot)을 이용한 1번 핀 위치설정

(d) 소형크기 DIP 표면 실장 IC-홈(notch)을
이용한 1번 핀 위치설정

그림 3-51 DIP(Dual-line package) IC. 표준 및 마이크로 크기

그림 3-51(c)와 (d)의 보다 작은 크기의 마이크로패키지는 보통 SMT(surface mount technology) 패키지라고 한다. SMT 패키지는 일반적으로 인쇄회로기판 공간을 절약하기 위해 상당히 작게 만들어졌으며, 자동 제조장비를 이용하여 위치를 잡고 납땜을 할 때 정렬하기가 용이하다. 소형 SMT 패키지 위의 1번 핀을 정하는 2가지 방법이 그림 3-51(c)와 (d)에 나타나있다. 학교 실험실에서 아마도 사용하게 될 그림 3-51(a)의 DIP IC는 긴 핀을 가지고 있어서 납땜하지 않는 브레드보드(breadboard) 속으로 끼워 넣을 수 있다.

브레드보드

IC 제조사는 그림 3-52와 유사한 핀 배치도(pin diagram)를 제공한다. 이 IC는 4개의 2-입력 AND 게이트를 담고 있으며 7408은 TTL IC의 7400 시리즈 중의 하나이다. IC의 전원연결은 GND(7번 핀)과 V_{CC}(14번 핀)이다. 다른 모든 핀은 4개의 TTL AND의 입력과 출력에 해당한다.

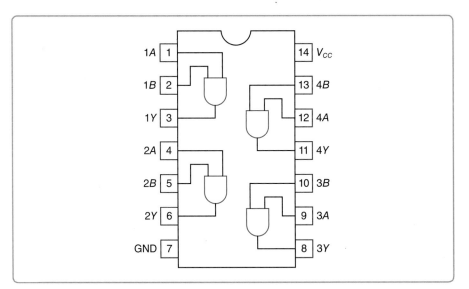

그림 3-52 7408 디지털 IC의 핀 배치도

IC 구성

그림 3-53(a)의 논리도가 주어진다면, 7408 TTL IC를 이용하여 이 회로를 구성해보자. 회로의 구성도는 그림 3-53(b)에 표현되어있다. 보통 dc 5V로 정격 조절된 전원공급기가 TTL 기기에 사용된다. 양의 V_{CC}와 음의 GND 전원 연결은 IC의 14번 핀과 7번 핀으로 한다.

입력 스위치 A와 B는 7408 IC의 1번과 2번 핀으로 배선된다. 만약 스위치가

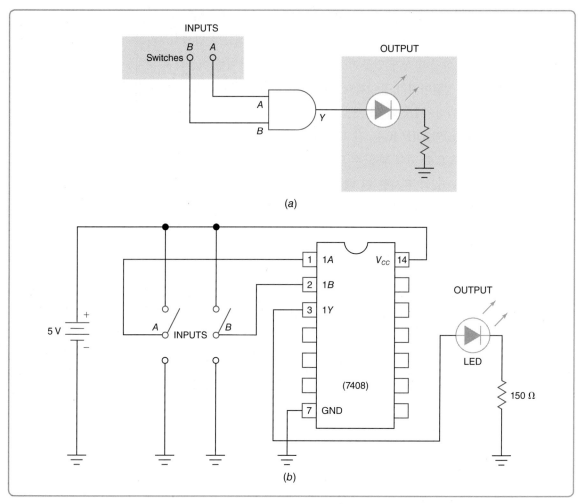

그림 3–53 (a) 2–입력 AND 게이트 회로의 논리도 (b) 2–입력 AND 함수를 구현하기 위한 구성도

위쪽(up)으로 연결되어 있으면 논리 1(+5V)이 AND 게이트의 입력에 인가되고, 스위치가 아래쪽(down)으로 연결되어 있으면 논리 0이 입력에 인가된다. 그림 3–53(b)의 오른쪽에 LED와 150Ω 제한 저항이 GND에 연결된다. 만약 3번 핀이 HIGH(+5V 근처)이면, 전류가 LED로 흐를 것이다. LED에 불이 켜지면 AND 게이트의 출력이 HIGH인 것을 알 수 있다.

IC 부품번호

일반적인 TTL 디지털 IC 전면이 그림 3–54(a)에 나타나있다. IC 전면에 있는

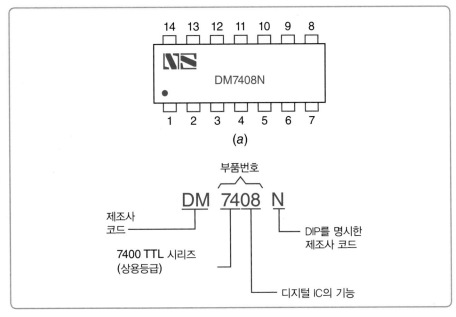

그림 3-54 (a) 일반적인 디지털 IC의 마킹(marking) (b) IC 부품번호의 해석

블럭 모양의 "NS"의 문자는 내셔날 세미컨덕터(National Semiconductor) 제조사를 나타낸다. DM7408N 부품번호는 그림 3-54(b)에서 보는 바와 같이 두 부분으로 나누어진다. 접두어 "DM"은 제조사의 코드(내셔날 세미컨덕터는 접두어로 "DM"을 사용)이며, 핵심이 되는 부품번호는 7408로 4개의 2-입력 AND 게이트 TTL IC이다. 이 부품번호는 제조사마다 동일하며 마지막 문자인 접미어 "N"은 몇몇 제조사에서 DIP을 명시하는 코드이다.

그림 3-55(a)에 또 다른 디지털 IC의 전면이 나타나있다. 이 IC의 "SN"문자는 텍사스 인스트루먼트(Texas Instrument)제조사를 나타낸다. 접미사 "J"는 세라믹 DIP 패키지를 의미하며, 전형적인 **상용등급**(commercial grade)을 나타낸다. 그림 3-55에 있는 IC의 부품번호는 74LS08이다. 이전에 설명된 4개의 2-입력 AND 게이트인 7408과 비슷하다. 부품번호 가운데 있는 문자 "LS"는 IC 내부에 있는 TTL 회로의 유형을 가리킨다. 이 경우 "LS"는 저전력쇼트키(low power schottky)를 나타낸다.

7400 시리즈 IC의 핵심 부품번호 내부문자는 **논리계열**(logic family) 또는 부속계열(subfamily)에 관한 내용을 나타낸다. 사용되는 일반적인 내부문자는 다음과 같다.

상용등급

논리계열

113

AC = FACT Fairchild Advanced CMOS Technology logic(최신의 고급 CMOS 계열)

ACT = FACT Fairchild Advanced CMOS Technology logic(최신의 TTL 논리레벨의 CMOS 계열)

ALS = advanced low-power Schottky TTL logic(TTL의 부속계열)

AS = advanced Schottky TTL logic(TTL의 부속계열)

C = CMOS logic(CMOS의 초창기 버전)

F = FAST Fairchild Advanced Schottky TTL logic(TTL의 최신 계열)

FCT = FACT Fairchild Advanced CMOS Technology logic(TTL 논리레벨의 CMOS 계열)

H = high-speed TTL logic(TTL의 부속계열)

HC = high-speed CMOS logic(CMOS 계열)

HCT = high-speed CMOS logic(TTL 입력을 가진 CMOS 계열)

L = low-power TTL logic(TTL의 부속계열)

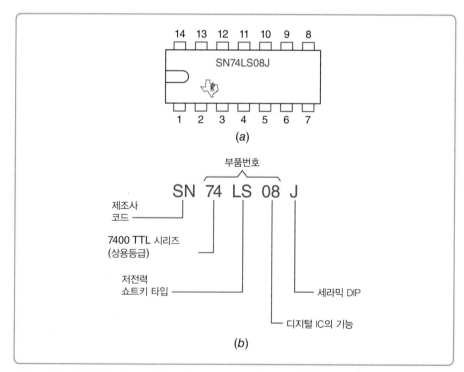

그림 3-55 (a) 텍사스 인스트루먼트 디지털 IC의 마킹(marking) (b) 저전력 쇼트키 IC의 부품번호 해석

LS　= low-power Schottky TTL logic(TTL의 부속계열)

S　= Schottky TTL logic(TTL의 부속계열)

내부문자는 디지털 IC의 속도, 전력소비, 공정기술에 관한 정보를 표시한다. 이러한 속도와 전력소비의 차이점으로 인해, 제조사는 대개 디지털 IC를 교체할 때 정확한 부품번호가 사용되도록 권고하고 있다. 문자 "C"가 7400 시리즈 부품번호에 사용될 때는 TTL IC가 아닌 CMOS라는 것을 가리킨다. 내부문자 "HC", "HCT", "AC", "ACT", "FCT", 또한 CMOS IC임을 나타낸다.

제조사로부터 제공되는 데이터 매뉴얼은 디지털 IC에 관한 가치 있는 정보와 핀 배치도 및 패키지정보를 담고 있다. 또한, 부품번호와 관련된 자세한 내용과 기술자, 학생, 또는 엔지니어를 위한 중요한 데이터를 포함하고 있다. 보통 제조사의 웹사이트에서 무료로 데이터시트(data sheet)를 다운로드할 수 있다.

▌▐ 확인문제

72. 인기 좋은 2개의 디지털 IC 계열을 열거하라.

73. 그림 3-51(a)에서, 이 IC는 _____ 패키지 형식을 사용한다.

74. dc _____V 전원공급기가 TTL IC에 사용되며, V_{CC} 핀은 전원공급기의 _____ (-, +)에 연결된다.

75. 그림 3-53(b)에서 제조사는 어떻게 7408 IC를 표시하는가?

76. 전면에 "74LS08"로 마킹된 디지털 IC에 관해 설명할 수 있는가?

77. 74F08 디지털 IC는 어떠한 TTL 부속계열에 속한 4개의 2-입력 AND 게이트인가?

78. 74ACT08 디지털 IC는 _____(CMOS, TTL) 기술을 이용하고 TTL 논리레벨을 지원하는 4개의 2-입력 AND 게이트이다.

3.12 실용 CMOS 논리게이트

오래된 7400 TTL 논리기기 시리즈는 지난 수십여 년 간 아주 많은 인기를 끌며 사용되어 왔다. 그러나 이 제품의 단점중의 하나는 전력소비가 높다는 점이다. 지난 1960년대 말 제조사들은 전력을 아주 적게 소모하고 배터리로 동작하는 전자

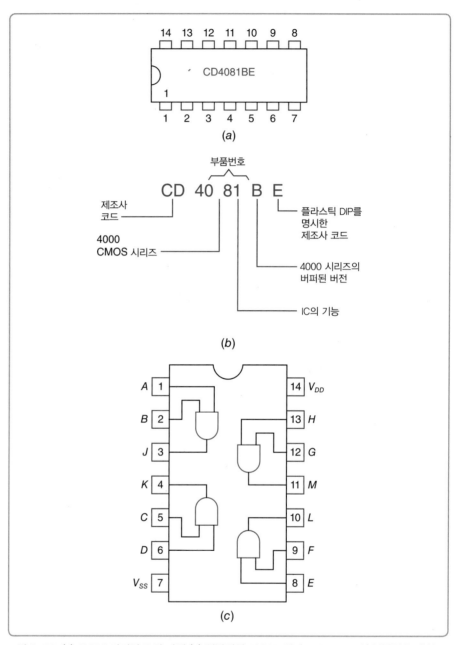

그림 3-56 (a) CMOS 디지털 IC의 마킹 (b) 일반적인 4000B 시리즈 CMOS IC의 부품번호 해석
(c) 4081B CMOS IC의 핀 배치도

상보형 금속 산화물 반
도체

기기에 최적인 CMOS 디지털 IC를 개발하였다. CMOS는 상보형 금속 산화물 반
도체(complementary metal oxide semiconductor)의 약자이다.

　　CMOS IC와 호환되는 몇몇 계열들이 개발되어 왔다. 그 첫 번째는 4000

116

시리즈이며, 그 다음에는 74C00로 최근에는 74HC00 시리즈가 있다. 1985
년 FACT(Fairchild Advanced CMOS Technology) 74AC00 시리즈
와 74ACT00 시리즈, 그리고 극도로 빠르며 저전력의 CMOS 디지털 IC인
74FCT00 시리즈가 페어차일드사에 의해 소개되었다. 디지털 손목시계와 계산
기 칩(chip)과 같은 대규모 집적회로(LSI: large scale integrated circuits)가
CMOS 기술을 이용하여 만들어진다.

대규모 집적회로

IC 패키징(packaging)

일반적인 CMOS IC 4000 시리즈가 그림 3-56(a)에 나타나 있다. 1번 핀은 홈
(notch)으로부터 반시계 방향으로 IC의 전면에 마크(mark)된다. CD4081BE의
부품번호는 그림 3-56(b)과 같이 구분될 수 있다. 접두어 "CD"는 CMOS 디지
털 IC의 제조사 코드이다. 핵심 부품번호 "4081B"는 4개의 2-입력 AND 게이
트 CMOS IC를 나타낸다. 이 부품번호는 제조사마다 동일하다. 마지막 문자 "E"
는 플라스틱 DIP IC의 제조사 패키지 코드이다. 문자 "B"는 오리지널(original)
4000A 시리즈의 "buffered version"이다. 버퍼링(buffering)은 4000B 시리즈
기기에 보다 큰 출력 드라이브를 제공하고 정전기로부터 보호하게 한다.

그림 3-56(c)는 CD4081BE 4개의 2-입력 AND 게이트 CMOS IC의 핀
설명이다. 전원 연결은 VDD(+전압과 VSS(GND 또는 -전압))이다. TTL과
4000 시리즈 CMOS IC의 전원 연결을 위한 표시가 서로 다르다. 그림 3-52와
3-56(c)를 비교해 보면 그 차이를 알 수 있다.

IC 배선(wiring)

그림 3-57(a)의 구성도(schematic diagram)를 보고, 4081B CMOS IC를
이용하여 이 회로를 배선해보자. 이 회로의 배선도는 그림 3-57(b)에 있으며, dc
5V 전원공급기가 보이지만 4000 시리즈 CMOS IC는 3V~18V 전원을 사용할
수가 있다. CMOS IC는 정전기에 의해 손상 받을 수 있기 때문에 4081을 전도성
폼(conductive foam) 저장소에서 분리할 때 주의가 필요하다. 4081 CMOS IC
를 소켓이나 실장기판(mounting board)에 삽입할 때는 핀을 건드리지 말아야 한
다. V_{DD}나 V_{SS}는 전원을 공급하지 않은 상태(power-off)로 연결한다. CMOS
를 사용할 때, 사용되지 않는 모든 입력들은 GND나 V_{DD}에 연결한다. 이 예제에
서 입력(C, D, E, F, H, G)은 접지되어 있다. AND 게이트의 출력(3번 핀)을 구

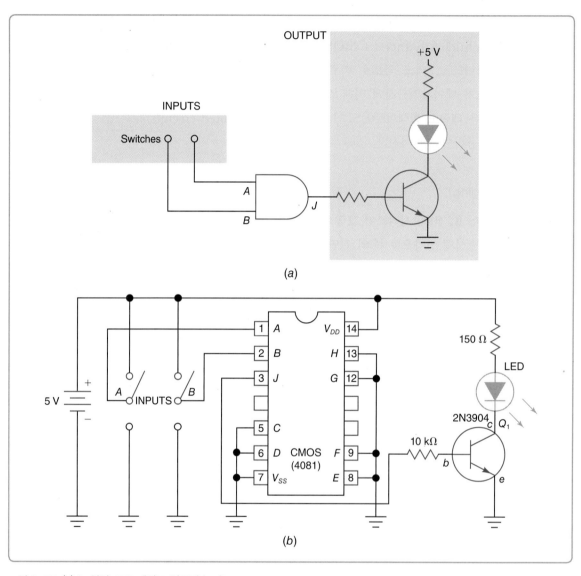

그림 3-57 (a) 2-입력 AND 게이트 회로의 논리도
(b) 4081 CMOS IC를 사용하여 2-입력 AND 함수를 구현하기 위한 배선도

동 트랜지스터에 연결한다. 트랜지스터는 3번 핀이 HIGH일 때 LED에 불을 키고, 출력이 LOW일 때는 불을 꺼지게 한다. 마지막으로 입력 A, B는 입력 스위치에 연결한다.

그림 3-57(b)의 입력 스위치가 위쪽 방향으로 있을 때는 HIGH 입력을 만들어내고, 아래쪽으로 있을 때는 LOW를 만들어낸다. AND 게이트의 2개의 LOW 입력은 IC의 3번 핀에서 LOW 출력을 만들어낸다. 이 LOW 출력은 트랜지스터

를 멈추게 하여 LED의 불이 켜지지 않는다. 2개의 AND 게이트 HIGH 입력은 3번 핀에서 출력을 HIGH로 만들어내어, Q_1의 베이스(base)에서의 HIGH 출력(약 +5V)은 트랜지스터를 동작시켜 LED에 불이 켜지게 한다. 4081 CMOS IC는 2-입력 AND 게이트의 진리표를 만들어낼 것이다.

CMOS 부속계열(subfamilies)

CMOS 디지털 IC의 몇 가지 계열이 사용 가능하며 4000 시리즈 IC가 이 절의 예제로서 사용되었다. 최신의 74HC00 시리즈 CMOS 디지털 IC는 인기 있는 TTL 논리와 호환성이 좋기 때문에 선호된다. 또한, CMOS IC의 74HC00 시리즈는 오래된 4000 시리즈, 74C00시리즈보다 더 많은 구동능력을 가지고 있으며 높은 주파수에서 동작한다. 74HC00 시리즈 부품번호의 "HC"는 고속(high-speed)의 CMOS를 의미한다.

FACT(Fairchild Advanced CMOS Technology) 논리 시리즈는 최근의 CMOS IC 계열로서, 74AC00-, 74ACT00-, 74ACTQ00-, 74FCT00-, 74FCTA00-시리즈 부속계열이다. FACT 논리계열은 많은 CMOS와 TTL 부속계열보다 월등한 동작특성을 지닌다. 74LS00과 74ALS00 TTL 시리즈 IC를 직접 대체하기 위해, TTL 유형(type)의 입력전압특성을 가진 74ACT00-, 74ACTQ00-, 74FCT00-, 74FCTA00- 시리즈 회로가 FACT CMOS 계열에 포함된다. FACT 논리기기는 극도로 낮은 전력소모와 뛰어난 고속 특성으로 인해 휴대용 시스템에 이상적이다.

정전기로 인해 CMOS IC에 손상이 가지 않도록 주의해야 한다. CMOS 게이트의 입력에 사용되지 않은 모든 입력은 반드시 접지시키거나 V_{DD}에 연결해야 한다. 가장 중요한 것은 입력전압이 GND(V_{SS})와 V_{DD} 전압 사이를 초과하면 안된다.

저전압 IC

제조사들은 지속적으로 하나의 칩 안에 보다 더 많은 수의 반도체 소자(트랜지스터, 다이오드, 저항 등)들로 메우고 있으며, 칩은 작은 IC로 패키지화된다. 밀도가 높아진다는 것은 소자들이 점점 극도로 가까워진다는 것을 의미한다. 이것은 동작 속도면에서는 바람직하지만, 밀도가 점점 높아짐에 따라 구성요소들 간의 충분하지 못한 절연물질의 문제와 열로 인해 바람직하지 않다. 이러한 고밀도

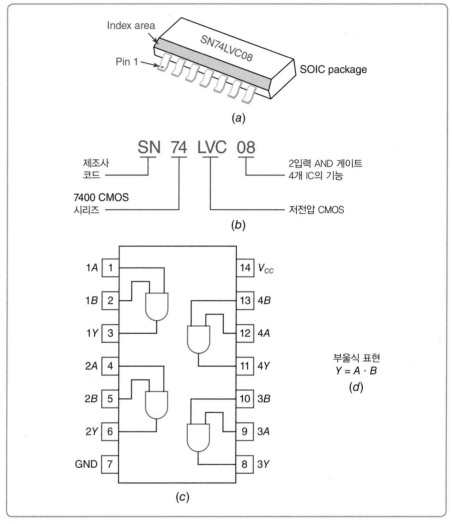

그림 3-58 (a) 저전압 CMOS 디지털 IC의 마킹   (b) 74LVC08 IC의 부품번호 해석
(c) 74LVC08 IC의 핀 배치도   (d) 2-입력 AND 게이트의 부울식

집적회로의 문제를 해결하기 위해 제조사들은 일반적인 5V 전원공급전압을 3V 이하로 낮추었다. 저전압의 3V 칩(IC)은 약 2.7V에서 3.6V에 이르는 전원 범위에서 동작할 수 있다. 어떤 초전력 IC는 1.8V 전원공급에서도 동작한다. 오늘날 컴팩트한 저전압 IC는 소형 가전제품을 포함하여 대부분의 응용제품에 사용된다.

저전압 CMOS IC의 예제가 그림 3-58(a)에 있다. 부품번호는 SN74LVC08이며, 아주 작은 14핀 패키지는 인쇄회로기판의 표면 실장용으로 small-outline

IC(SOIC)이라고 부른다. IC의 경사진 모서리는 이 IC의 1번 핀을 확인하는데 도움을 준다.

이 IC의 SN74LVC08 부품번호의 해석이 그림 3-58(b)에 자세하게 나타나있다. SN은 제조사의 코드(Texas Instrument는 SN을 사용함)이며, 74는 디지털 IC의 대중적인 7400시리즈의 부품임을 나타낸다. 부품번호의 LVC 부분은 "저전압(lowVoltage) CMOS"의 약자이며 디지털 CMOS IC의 부속계열을 표시한다.

그림 3-58(c)의 핀 배치도에서 전원핀(V_{CC}= +3V 및 GND= 전원공급기의 -)을 나타내며, 다른 12개의 핀은 74LVC08 IC의 4개의 2-입력 AND 게이트의 입력 또는 출력이 된다. 마지막으로 단일 2-입력 AND 게이트의 부울식은 $Y = A \cdot B$가 된다.

디지털 IC의 많은 저전압 부속계열들이 개발되어 왔다. 만약 5V보다 작은 전원공급에서 동작한다면 저전압 디지털 IC라고 간주된다. 어떤 IC는 약 3V에서도 동작한다. 또 다른 IC는 약 1.8V만큼 낮은 전압에서도 동작한다. 저전압 디지털 IC의 몇몇 부속계열은 다음과 같다.

- 74LVC(low voltage CMOS)
  3V에서 동작, 5V까지 입력허용, 이 시리즈는 매우 다양한 논리게이트와 기타 논리 장치를 포함하고 있다.
- 74ALVC(advanced low voltage CMOS)
  3V에서만 동작, 고성능 부속계열
- 74AVC(advanced very low voltage CMOS)
  LOW 1.2V와 HIGH 3.3V에서 동작, 초고성능

▌ ▌ 확인문제

79. CMOS 디지털 IC의 최고의 장점은 전력소모가 _____(높다, 낮다)라는 점이다.

80. TTL이 5V 전원을 사용하는 반면에, CMOS IC의 4000 시리즈는 _____V에서부터 _____V까지의 DC 전압에서 동작한다.

81. 그림 3-56에서 제조사는 4081B IC를 어떻게 설명하고 있는가?

82. CMOS IC를 구성할 때 (사용되지 않은 입력에 대해) 적용해야 하는 규칙은 무엇인가?

83. 그림 3-57에서 두 입력 A와 B가 +5V일 때, 출력 J는 _____(HIGH, LOW)가 되고 트랜지스터 Q_1을 _____(on, off)시켜, LED에 불이 켜지게 된다.

84. 새로운 소형 전자장비는 설계할 때 오래된 4000 시리즈 CMOS IC보다는 저전압 CMOS 칩을 채택한다.(참, 거짓)
85. 그림 3-58(a)의 74LVC08 IC는 표면실장(surface mounting)으로 설계된 14핀 SOIC(small outline package) 안에 수용된다.(참, 거짓)
86. 그림 3-58(a)의 74LVC08 IC는 3V에서 동작하는 저전압 CMOS IC의 한 예이다.(참, 거짓)

3.13 간단한 게이트 회로의 문제해결

논리 프로브

디지털 회로 문제해결에 사용되는 가장 기본적인 검사 장비는 **논리 프로브**(logic probe)이다. 그림 3-59에 간단한 논리 프로브가 그려져 있다. 이 장비의 슬라이드 스위치를 사용하여 검사할 논리계열의 형태인 TTL 또는 CMOS를 선택할 수 있다. 그림 3-59의 논리 프로브는 본 예제의 TTL 형태의 회로를 검사하기 위해 설정되어 있다. 일반적으로 2개의 도선이 논리 프로브에 전력을 공급한다. 적색 도선은 전력공급기의 (+)단자에 연결하고, 논리 프로브의 흑색 도선은 전력공급기의 (−) 또는 GND에 연결된다. 논리 프로브에 전력을 공급한 후에, 바늘과 같이 생긴 탐침을 검사할 지점이나 회로의 단자에 접촉시킨다.

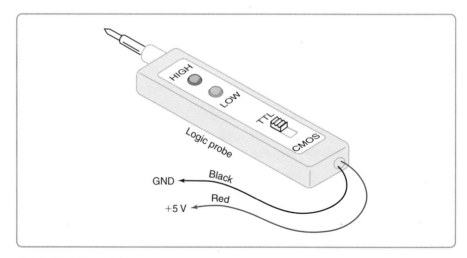

그림 3-59 논리 프로브

논리 프로브는 HIGH 또는 LOW 지시계에 불을 켠다. 만약 어떤 지시계도 불이 들어오지 않으면, 대개는 전압이 HIGH와 LOW 사이에 있다는 것을 의미한다.

실제로 전자 장비에서 대부분의 디지털 IC는 인쇄회로기판(PCB: printed circuit board)에 장착된다. 그림 3-60(a)에 예가 제시되었다.

전자공학에 대하여

지구정지궤도에서의 통신   지구정지궤도 (GEO: geostationary earth orbit)에 있는 위성은 전 세계 개발지역(developing areas)에서의 팩스, 영상회의, 인터넷, 시외유선전화, TV, 광대역 멀티미디어 등의 서비스를 제공한다. 중궤도 (MEO: medium-earth orbit) 위성은 이동전화, 유선전화, 기타 개인통신 등을 가능하게 하며, 저궤도(LEO: low earth orbit) 위성은 휴대용전화, 페이징(paging), 팩스, 선박 및 화물차추적, 일반 유선전화, 광대역 멀티미디어, 원거리 산업현장의 감시 등을 위해 사용된다. 지진의 여파로 인한 상황에서, 수색 구조팀은 위성 기술을 이용하여 서로 간에 연락과 국제 간의 통신도 가능하다.

또한, 그림 3-60(b)에 있는 것과 유사한 회로 배선도 또는 구성도는 학생 또는 기술자가 사용할 수 있다. IC에 +5V(V_{CC})와 GND 연결이 보이지는 않지만, 항상 실제로 연결되어 있는 것으로 간주한다. 핀 번호는 보통 배선도에 주어진다. IC 유형은 구성도에 표시가 되어 있지 않을 수 있지만 대개는 장비 매뉴얼의 부품리스트에 실려있다.

문제해결을 위한 첫 번째 단계는 여러분의 감각을 이용하는 것이다. IC의 평평한 전면부가 뜨거운지를 느낀다. 어떤 IC는 서늘한 상태로 동작하며, 어떤 또 다른 IC는 약간 따뜻한 상태로 동작한다. CMOS IC는 항상 서늘한 상태로 있어야 한다.

연결 단절, 땜납 연결(solder bridge), PCB 선로의 단절, 구부러진 IC 핀 등을 살핀다(Look). 과열됐는지 냄새를 맡아본다(Smell). 변색됐는지 또는 까맣게 탔는지 과열의 징후를 살핀다(Look).

다음 단계는 각각의 IC에 전력이 공급되는지를 알아본다. 전원에 연결된 논리 프로브를 가지고 그림 3-60(a)의 A, B(V_{CC} 핀), C, D지점을 점검한다. A와 B

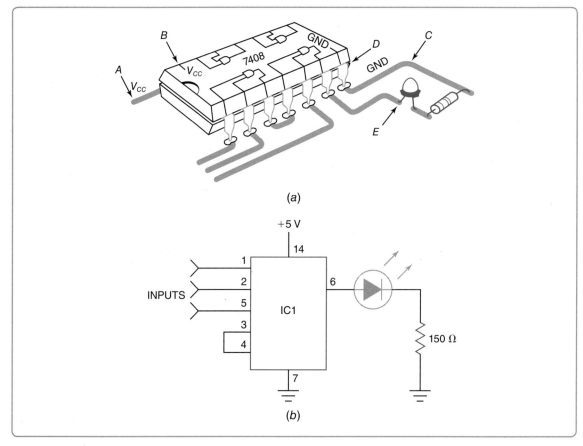

그림 3-60 (a) 인쇄회로기판(PCB)에 장착된 디지털 IC (b) 디지털 게이트 회로의 배선 또는 구성도

는 논리 프로브의 HIGH 전등에 불을 켜야 하고, C와 D(GND)는 논리 프로브의 LOW 전등에 불을 켜야 한다.

다음 단계로는 회로를 통하여 논리경로를 추적하는 것이 될 수 있다. 회로는 본 예제(그림 3-60)에 있는 3-입력 AND 게이트와 동일하며, 모든 입력이 HIGH 일 때 출력이 유일하게 HIGH가 된다. 그림 3-60(a) IC의 1, 2, 5번 핀을 논리 프로브로 점검한다. 모든 입력이 HIGH가 되도록 장비를 조절하고 모든 입력이 HIGH가 되면 출력(IC의 6번 핀)은 HIGH가 되고 회로의 LED가 불이 켜져야 한다. 만약 출력이 HIGH가 되는 유일한 상태로 동작한다면, 몇 개의 다른 입력 조합을 시도해 보고 이때의 적절한 동작을 검증한다.

그림 3-60(a)의 A접점이 HIGH이고 B접점(IC의 14번 핀)이 LOW라고 논리 프로브에서 읽었다고 가정하면, 이것은 아마도 PCB 선로가 개방된 회로이거나

또는 A지점과 B지점 사이의 땜납이 불량인 것을 의미한다. 만약에 DIP IC 소켓을 한다면, IC 핀의 가느다란 부분이 접혀져 있을 수 있다. 이러한 흔한 결함들은 IC 핀과 소켓, 그리고 PCB 선로 간의 개방상태를 일으키는 원인이 된다.

그림 3-60(a)에서 1, 2, 3번 핀에서 LOW를 읽었고, 4번 핀에서는(어느 LED에도 불이 켜지지 않음) 아무것도 읽지 못하였다면, 대부분의 논리 프로브는 전압이 LOW와 HIGH 사이(TTL에서는 아마도 1V에서 2V 사이)에 있어서이다. 이 입력(4번 핀)은 플로팅 상태(floating: 연결되지 않은 상태)가 되며 7408 IC 내부의 TTL 회로에 의해 HIGH로 간주된다. 첫 번째 AND 게이트(3번 핀) 출력이 두 번째 AND 게이트(4번 핀)의 입력을 LOW가 되게 한다. 만약, 그렇지 않다면 PCB 선로나 땜납이 연결되지 않았거나, 또는 IC 핀이 구부러져 있는 결함이 있을 수 있다. 내부적 개방(open) 또는 단락(short) 또한 디지털 IC에서 발생할 수 있다.

CMOS 회로의 문제해결도 몇 가지 예외를 제외하면 같은 방식으로 처리된다. 논리 프로브는 TTL 대신에 CMOS로 설정해야 하며, CMOS IC의 플로팅 입력(floating input)은 IC에 피해를 줄 수 있다. CMOS의 LOW는 대략 공급전압의 0에서 20%까지로 정의되고 HIGH는 대략 공급전압의 80에서 100%까지 정의된다.

요약 Summary

문제해결은 첫 번째, 여러분의 감각을 이용하는 것이다. 두 번째로는, 각 IC에 전원이 들어오는지를 논리 프로브로 점검한다. 세 번째, 정확하게 게이트 회로를 구성하고 유일한 출력상태를 검사한다. 마지막으로, 다른 입력과 출력 상태를 점검한다. 단락회로(short-circuit)상태가 배선작업뿐만 아니라 IC 내부에서도 발생할 수 있다. 디지털 IC는 가능하면 정확한 부속계열(subfamily) 대체품으로 교체되어야만 한다.

│ │ 확인문제

87. 그림 3-59의 논리 프로브에 사용된 두 개의 논리계열은 무엇인가?
88. TTL IC를 사용하는 게이트 회로의 문제를 해결하는 첫 번째 단계는 무엇인가?
89. 문제해결의 두 번째 단계는 무엇인가?
90. CMOS IC의 플로팅 입력(floating input)은 _____(허용된다. 허용되지 않는다).

3.14 IEEE 논리기호

여러분이 기억해야 할 논리게이트 기호들은 전자사업 분야에서 일하는 모든 사람들이 알고있는 일반적인 것으로 이 기호들은 특징적인 형태를 띠고 있다는 점에서 매우 유용하다. 제조사의 데이터 매뉴얼은 전통적인 논리기호와 최근에는 새로운 IEEE functional logic symbols을 포함하고 있다. 이 새로운 기호는 ANSI/IEEE standard 91-1984와 IEC Publication 617-12를 준수하고 있으며, 흔히 종속성 표기(dependency notation)라고 한다. 간단한 게이트 회로의 경우에는 일반적인 논리기호가 더 선호되지만, IC가 복잡해지면 IEEE 표준기호가 장점이 있다.

그림 3-61은 일반적인 논리기호와 IEEE 기호를 나타낸다. 모든 IEEE 논리기호는 직사각형 모양이다. 직사각형 내부에는 기호 또는 확인문자가 있다. 예를 들어 그림 3-61에는 & 문자가 IEEE 표준 AND 게이트 기호 안에 쓰여 있는 것을 알 수 있다.

직사각형 밖에 있는 문자는 표준기호의 일부분이 아니며 제조사마다 서로 다르다. 일반 논리기호(NOT, NAND, NOR, XOR)의 반전버블(invert bubble)이 IEEE 표준기호에 따라 오른쪽 삼각형으로 대체된다. IEEE의 오른쪽 삼각형은 액티브(active) LOW(active LOW) 입력을 나타내기 위하여 입력 쪽에 사용될 수도 있다. 여러분은 일반적인 논리게이트 기호를 기억해야 하지만 IEEE 논리게이트 기호는 반드시 기억할 필요는 없다. 하지만 이러한 기호가 존재한다는 것은 알고 있어야 한다.

최근의 제조사들의 데이터 매뉴얼을 보면 어떤 특정한 IC에 대해 일반적인 기호와 IEEE 함수 논리기호 모두를 제공하기도 한다. 예를 들어, 4개의 2-입력 AND 게이트 7408 논리기호가 그림 3-62에 나타나있다. 7408 IC의 일반적인 논리도는 그림 3-62(a)이며, IEEE 논리도는 그림 3-62(b)이다. 7408 IC의 IEEE 기호에서는 제일 위의 AND 게이트만 & 기호를 갖고 있지만, 아래 3개의 직사각형 역시 2-입력 AND 게이트를 나타낸다.

논리함수	기존 논리기호	논리기호
AND	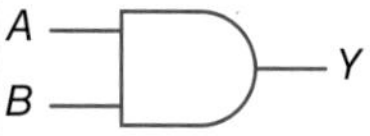	
OR	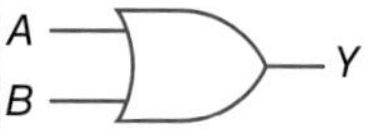	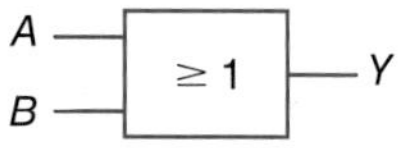
NOT	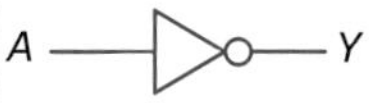	
NAND	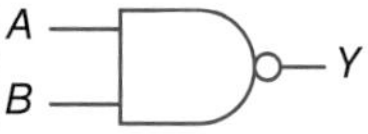	
NOR	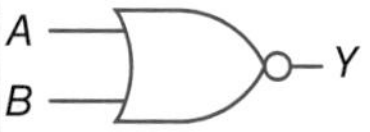	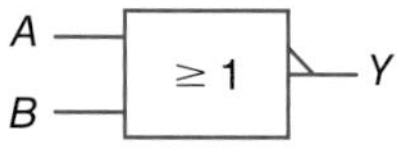
XOR	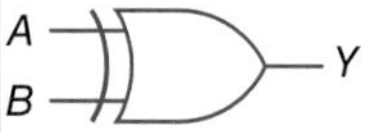	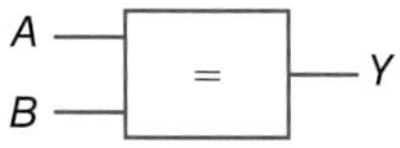
XNOR	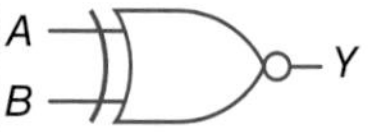	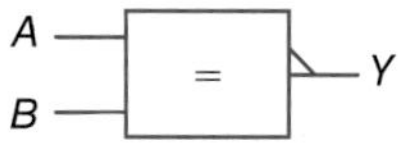

*ANSI/IEEE Standard 91-1984 and IEC Publication 617-12.

그림 3-61 일반적인 논리게이트 기호와 IEEE 논리게이트 기호 비교

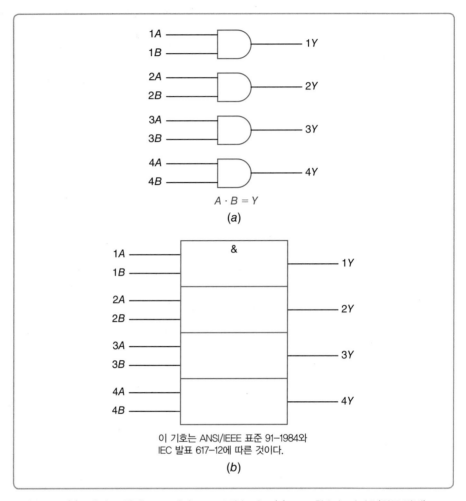

그림 3-62 (a) 4개의 2-입력 AND 게이트 7408의 논리도 (b) IEEE 함수 논리기호(최근 방법)

확인문제

91. 3-입력 AND 게이트에 대한 IEEE 표준 논리기호를 그려라.
92. 3-입력 OR 게이트에 대한 IEEE 표준 논리기호를 그려라.
93. 3-입력 NAND 게이트에 대한 IEEE 표준 논리기호를 그려라.
94. IEEE 기호의 오른쪽 삼각형은 일반적인 논리기호의 반전 _____(을)를 대체한다.
95. 간단한 게이트 회로에 대해서는 _____(IEEE 표준, 일반적인) 논리기호가 자신들의 특징적인 모양 때문에 더 선호되기도 한다.

3.15 간단한 논리게이트의 응용

그림 3-63(a)의 AND 게이트 활용에 대해 고려해 보면, 입력 A는 클럭신호 를 AND 게이트를 통과시켜 출력 Y로 통과시키거나 또는 차단하는 제어 입력이 된다. 클럭파형은 연속적인 것으로 가정한다. 만약, AND 게이트의 제어입력이 HIGH이면 그 게이트는 인에이블(enable)되었다고 한다. 이것은 클럭신호가 게 이트를 통과해서 출력에 어떠한 변화없이 도착했음을 의미한다. 그림 3-63(b)는 인에이블 모드에 있는 AND 게이트를 나타낸다. 만약에 AND 게이트의 제어입 력이 LOW가 되면, 게이트는 디스에이블(disabled)되었다고 이야기한다. 디스에

인에이블
디스에이블

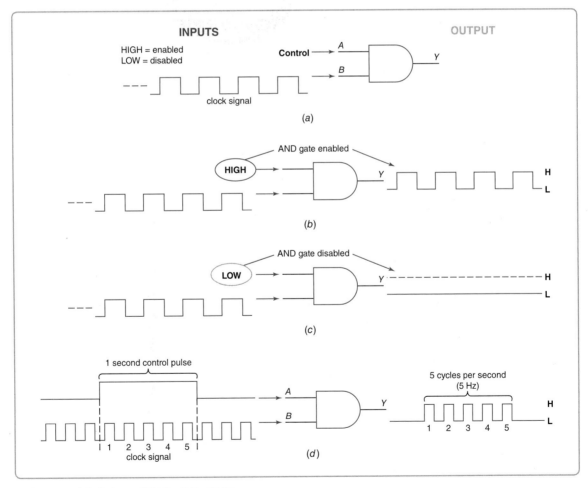

그림 3-63 제어 게이트로 사용되는 AND 게이트

이블된 것은 AND 게이트의 출력이 LOW가 되어서 클럭신호가 출력에 도달되지 못했음을 의미한다. 그림 3-63(C)에 디스에이블 모드에 있는 AND 게이트를 나타낸다.

액티브(active) HIGH

그림 3-63에 있는 AND 게이트의 제어입력은 **액티브(active) HIGH**(active HIGH) 입력이라고 한다. 정의에 의해, 액티브(active) HIGH 입력은 HIGH가 되었을 때 기능이 실행되는 디지털 입력이다. 그림 3-63에 있는 게이트의 기능은 클럭신호를 통과(차단하지 않음)시키는 기능을 하였다.

주파수 카운터

그림 3-63(d)의 AND 게이트는 특별한 제어 게이트로서 역할을 한다. 이 회로는 매우 기본적인 **주파수 카운터**(frequency counter) 회로이다. AND 게이트 입력 A의 제어펄스는 클럭신호가 1초 동안만 게이트를 통과하도록 정확하게 1초가 된다. 이 예제에서는 1초 동안에 5개의 펄스가 입력 B로부터 출력 Y까지 AND 게이트를 통과한다. 그림 3-63(d)에서, 게이트의 출력에서 펄스의 수를 세어보면, 클럭신호는 1초에 5사이클(5Hz)이 됨을 알 수 있다.

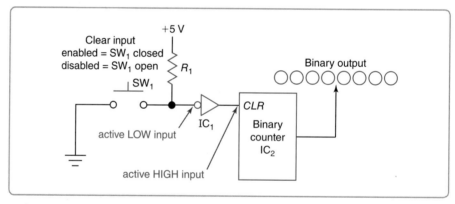

그림 3-64 액티브(active) LOW 입력과 액티브(active) HIGH 입력

그림 3-64와 같이 8비트 2진 카운터의 클리어(CLR) 입력을 구동시키는 푸시버튼(push-button) 스위치의 활용 예를 살펴보면, 스위치 SW_1이 개방되면, 풀업 저항(pull-up resistor) R_1은 인버터의 입력을 HIGH로 만들어 인버터의 출력은 바로 LOW가 되고, 카운터 IC의 CLR 입력은 활성화가 안 된다(디스에이블 : disable). 입력 스위치 SW_1을 누르게 되면, 인버터의 입력이 LOW가 되고 출력은 HIGH가 되어, 카운터의 CLR 입력을 인에이블시킨다(enable). 이것은 카운터 출력을 00000000로 클리어시킨다. 그림 3-64에 있는 인버터 IC_1의 입력에 있

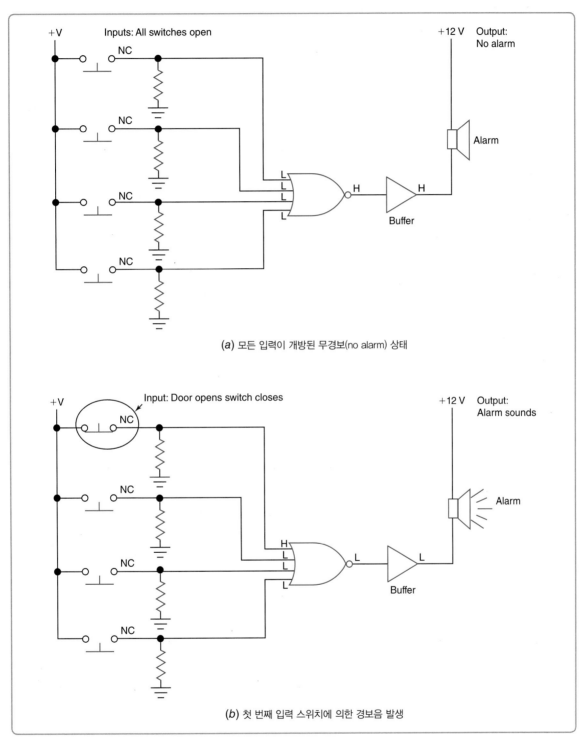

(a) 모든 입력이 개방된 무경보(no alarm) 상태

(b) 첫 번째 입력 스위치에 의한 경보음 발생

그림 3-65 간단한 경보(alarm) 회로

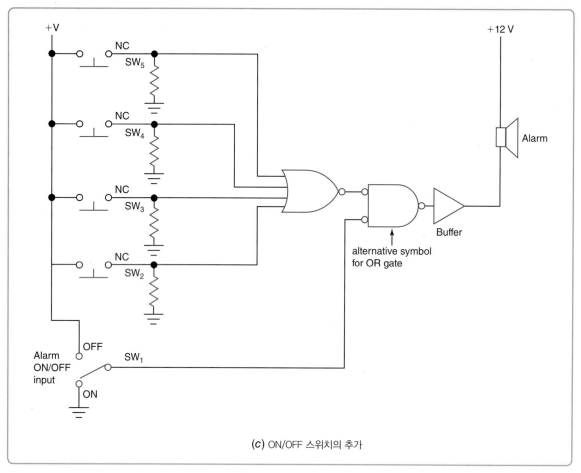

(c) ON/OFF 스위치의 추가

그림 3-65(계속) 간단한 경보(alarm) 회로

는 버블(작은 원: bubble)은 액티브(active) LOW 입력을 나타내고, 반면에 2진 카운터 IC_2의 CLR 입력에 버블이 없는 것은 액티브(active) HIGH 입력을 의미 한다.

　그림 3-65(a)에 있는 간단한 자동차 경보시스템을 살펴보면, 하나 또는 모든 자동차 문에 장착된 상시 폐로(NC: normally closed) 푸시버튼 스위치는 자동 차 문이 열리게 되면 스위치가 풀어지게 되어 경보음이 울리게 된다. NOR 게 이트의 각각의 입력은 풀다운 저항(pull- down resistor)에 연결되어 있어 스 위치가 열렸을 때 게이트의 입력을 LOW로 만든다. NOR 게이트의 출력에 있 는 버블(bubble)은 액티브(active) LOW(active-LOW) 출력을 나타낸다. 그림 3-65(a)의 NOR 게이트는 액티브(active) HIGH(active-HIGH) 입력을 가지

고 있다. 그림 3-65(a)에서 보는 바와 같이 모든 자동차 문이 닫혀져 있으면 모든 입력 스위치가 개방되어, NOR 게이트의 입력은 LLLL이 되므로, HIGH 출력을 만들어내어 경보장치가 구동되지 않는다(disabled).

만약 어느 한 자동차 문이 열리게 되면, 그림 3-65(b)처럼 자동차 문에 장착된 스위치 스프링이 닫히게 되어, NOR 게이트의 입력은 HLLL이 되고 LOW 출력을 발생시킨다. 또한, 비반전 버퍼(noninverting buffer) 출력은 LOW가 되고 경보장치를 동작시켜 경보음이 울리게 된다. 버퍼는 경보장치를 구동시키는 여분의 전류를 공급한다.

경보시스템을 해제(disable)하기 위해서는 그림 3-65(a)와 같이 스위치 SW$_1$이 달린 OR 게이트가 첨가된다. 첨가된 OR 게이트는 반전된 입력과 출력을 가진 AND 기호로 표현되었다. 이러한 표현은 OR 함수(그림 3-47의 변환표 참조)의 기능을 수행한다.

이렇게 다른 표현의 기호를 사용하는 이유는 2개의 LOW 입력이 LOW 출력을 만들어 경보음을 발생시키기 때문이다. 다르게 표현된 OR 기호(alternative OR)의 입력에 붙어 있는 2개의 버블(bubble)은 NOR 게이트 출력이 LOW이면서 동시에 ON/OFF 스위치가 LOW이면 액티브(active) LOW 출력이 되어 경보음을 발생시키게 한다. 스위치 SW$_1$이 OFF가 되면 OR 게이트의 출력이 HIGH가 되므로 경보장치가 꺼지거나 경보음이 해제된다. 즉, OR 게이트의 어느 한쪽 입력이 HIGH가 되면 항상 출력이 HIGH가 되어 경보음은 발생되지 않는다. 이 예제는 학생들이 일반적인 논리기호뿐만 아니라 제조사의 인쇄물에 나오는 대체 기호(alternative symbol)에 대해서도 대처하기 위한 것이다.

확인문제

96. 그림 3-63(c)에서, AND 게이트의 제어입력이 LOW일 때, 게이트는 _____(디스에이블(disabled), 인에이블(enabled))되어 출력으로 가는 클럭신호가 차단된다.

97. 그림 3-63(b)에서, AND 게이트의 제어입력이 HIGH일 때, 게이트는 인에이블(enabled)되어 클럭신호가 출력까지 _____(도달하지 못한다, 도달한다).

98. 그림 3-63(d)의 1초간 양의(positive) 제어신호를 가진 AND 게이트는 _____(디지털 멀티미터, 주파수 카운터)의 전자 실험장비의 개념을 설명하고 있다.

99. 그림 3-64에서, 2진 카운터를 2진수 00000000으로 클리어(clear)하기 위해서는, 푸시버튼을 _____(눌러서, 놓아서) 인버터 IC의 입력을 _____(HIGH, LOW)가 되게 하여 IC$_2$의 CLR 입력을 _____(HIGH, LOW)로 만든다.

100. 그림 3–64에서, 2진 카운터 IC의 클리어(clear) 또는 CLR은 _____(액티브 (active) HIGH, 액티브(active) LOW) 입력이다.

101. 액티브(active) LOW 입력이나 액티브(active) HIGH 출력을 표현하기 위해 작은 _____이 논리기호에 붙여진다.

102. 그림 3–65(c)에서 만약 SW_1이 LOW이고, 자동차 문이 열려 SW_2가 닫혀졌다면 경보기는 _____(울리지 않는다, 울린다).

103. 그림 3–65(c)에서 만약 SW_1이 HIGH이고, 자동차 문이 열려 SW_2가 닫혀졌다면 경보기는 _____(울리지 않는다, 울린다).

3.16 소프트웨어(BASIC Stamp Module)를 이용한 논리함수

소프트웨어를 이용하여 AND, OR, XOR 등의 논리함수를 프로그램하는 것이 일반적이다. 이 절에서는 PBASIC(Parallex사에 개발된 BASIC 버전)이라 불리는 고급 레벨 언어를 이용하여 논리함수를 프로그램할 것이다. 예제에서 사용된 프로그래머블 하드웨어 기기는 Parallax사의 BASIC Stamp2(BS2) 마이크로컨트롤러 모듈이다. BASIC Stamp 마이크로컨트롤러 모듈을 프로그램하는 데 필요한 하드웨어가 그림 3–66(a)에 그려져 있다. 하드웨어는 BASIC Stamp2 모듈, PC 시스템, 다운로드를 위한 시리얼 케이블(또는 특정 모델을 위한 USB 케이블)과 여러 가지 전자부품(스위치, 저항, LED)을 포함한다. 실제 BS2 IC가 그림 3–66(b)에 나타나있다. BS2 모듈은 24핀 DIP IC의 형태를 취하며, 펌웨어(firmware)로 PBASIC 인터프리터를 갖는 PIC16C57 마이크로 컨트롤러와 EEPROM 프로그램 메모리 및 기타 부품을 포함하는 몇 개의 구성품으로 만들어진다.

그림 3–66에서는 2-입력 AND 단계를 동작시키기 위해 BASIC Stamp 모듈을 프로그램하는 절차가 나타나있다. BASIC Stamp 2 모듈을 배선하고 프로그램하는 과정은 다음과 같다.

1. 그림 3–66에서, 2개의 액티브(active) HIGH 푸시버튼 스위치를 배선하여 P11과 P12 포트에 연결한다. 적색 LED 출력지시계를 배선하여 P1 포트에 연결한다. 포트들은 PBASIC 프로그램으로 입력 또는 출력으로 정의된다.

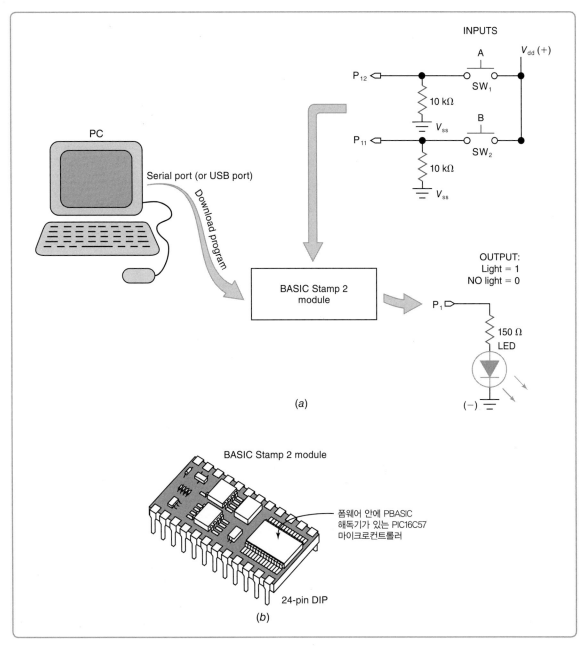

그림 3-65 (a) 2-입력 AND 게이트로 배선된 BASIC Stamp2 모듈 (b) Parallax사의 BS2 실물

2. PC에 PBASIC 텍스트 편집 프로그램(BS2 IC 버전)을 불러와서 2-입력 AND 함수를 나타내는 PBASIC 프로그램을 입력한다. 'Two-input AND function' 제목의 PBASIC 프로그램이 그림 3-67에 나타나있다.

3. PC와 BASIC Stamp2 개발보드(Parallax사의 교육용 보드) 사이에 직렬 케이블(또는 특정 모델을 위한 USB 케이블)을 연결한다.

4. BASIC Stamp2 모듈의 전원을 켜고, RUN 명령을 사용하여 PC에서 BS2 모듈로 PBASIC 프로그램을 다운로드한다.

5. BS2 모듈에서 직렬 케이블 또는 USB 케이블을 분리한다.

6. 입력 스위치를 눌러 2-입력 AND 프로그램을 시험한다. 두 개의 입력 스위치가 모두 눌려졌을 때만 출력지시계(적색 LED)에 불이 들어오게 된다. BASIC Stamp2 모듈의 EEPROM 프로그램 메모리에 저장된 PBASIC 프로그램은 BS2 IC가 구동될 때마다 실행된다.

PBASIC 프로그램: 2-input AND function

주석문

'Two-input AND function 제목의 PBASIC 프로그램을 살펴보면, 1번째 줄은 홑따옴표(')로 시작하며 주석문(remark statement)을 의미한다. 주석문은 프로그램을 설명하기 위해 사용되며, 마이크로컨트롤러에 의해 실행되지 않는다. 2~4번째 줄은 프로그램에서 사용될 변수들을 선언하기 위한 코드이다. 예를 들어, 2번째 줄은 A VAR Bit를 읽어 마이크로 컨트롤러에게 A는 1비트(0 또는 1)만을 저장하는 변수이름이라는 것을 알려준다. 5~7번째 줄은 어떤 포트는 입력이고 또 어떤 포트는 출력인지를 표시하는 코드이다. 예를 들어, 5번째 줄은 INPUT 11을 읽어 프로그램에서 포트 11(P11)이 입력으로 사용될 것이라는 것을 마이크로컨트롤러에 알려준다. 또 다른 예로서 7번째 줄은 OUTPUT 1을 읽어 포트 1이 출력으로 사용될 것이라는 것을 선언한다. 이 7번째 줄 다음에 있는 주석문의 내용은 '포트 1을 출력으로 선언'이다. PBASIC 프로그램의 오른쪽에 있는 주석문은 반드시 필요하진 않지만 코드에 대한 목적을 이해하는데 도움을 준다.

다음의 Ckswitch: 줄로 시작하는 메인루틴(main routine)에 대해 알아보면, PBASIC에서 콜론(:)이 붙어 있는 단어는 라벨(label)이라고 하며 프로그램의 참조점으로 대개 메인 또는 서브루틴(sub routine)의 시작점을 가리킨다.

'Two-put AND function의 예제 프로그램에서, Ckswitch: 라벨은 입력 스위치 A와 B 그리고 논리적으로 AND 입력들의 상태를 점검하는 데 사용되는 메인루틴의 시작점이다. Ckswitch: 루틴은 14번째 줄의 (GOTO Ckswitch) 또는 18번째 줄의 (GOTO Ckswitch)가 항상 Ckswitch: 메인루틴의 시작점으로

프로그램을 되돌리기 때문에 계속해서 반복된다.

PBASIC 프로그램의 9번째 줄은 초기화하거나 출력 LED를 OFF시킨다. OUT1＝0 문장은 BS2 IC의 포트1(P1)을 LOW로 만든다. 10번째와 11번째 줄은 입력 포트 11(P11)과 12(P12)의 2진수를 변수 B와 A에 대입한다. 예를 들어, 입력 스위치 모두를 누르면, 변수 B와 A는 논리 1을 유지하게 된다.

PBASIC 프로그램의 12번째 줄은 변수 A와 B에 있는 값을 논리적으로 AND시키는 코드이다. 예로써, 두 입력이 모두 HIGH이면 변수 Y＝1이다. 13번째 줄은 조건을 결정하는 IF－THEN 문장이다. 만약 Y＝1이면, PBASIC 문장 IF Y＝1 THEN Red는 프로그램을 Red: 라벨의 서브루틴으로 점프시켜 적색 LED에 불이 켜진다. 만약 Y＝0이라면, PBASIC의 문장 IF Y＝1 THEN Red이 거짓(false)이 되어 프로그램은 다음 코드 줄(14번째 줄 – GOTO Ckswitch)을 수행한다. 14번째 줄(GOTO Ckswitch)은 Ckwitch: 의 라벨이 있는 메인루틴의 시작점으로 프로그램을 되돌린다.

'Two-input AND function	'프로그램 제목(그림 3-67)	L1
A VAR Bit	'변수 A 선언, 1비트	L2
B VAR Bit	'변수 B 선언, 1비트	L3
Y VAR Bit	'변수 Y 선언, 1비트	L4
INPUT 11	'입력 포트 11 선언	L5
INPUT 12	'입력 포트 12 선언	L6
OUTPUT 1	'출력 포트 1 선언	L7
Ckswitch:	'체크 스위치 루틴을 위한 라벨	L8
OUT1 = 0	'초기화: 포트 1은 0, red LED off	L9
A = IN12	'할당값: 포트 12의 입력을 변수 A로	L10
B = IN11	'할당값: 포트 11의 입력을 변수 B로	L11
Y = A & B	'할당값: A와 B를 논리 AND한 값을 Y로 보냄	L12
If Y = 1 THEN Red	'만약 Y=1이면 그때 red 서브루틴으로 가고 그렇지 않으면 다음 줄로	L13
GOTO Ckswitch	'Ckswitch로 가라: 체크 스위치 루틴 다시 시작	L14
Red:	'red LED를 켜기 위한 라벨, HIGH 출력을 의미	L15
OUT1 = 1	'출력 P1은 HIGH, 적색 LED를 켬	L16
PAUSE 100	'100ms 동안 일시 정지	L17
GOTO Ckswitch	'Ckswitch로 가라: 체크 스위치 루틴 다시 시작	L18

그림 3-67 2-입력 AND 함수 프로그램

PBASIC 프로그램 'Two-input AND function의 Red: 서브루틴은 OUT1=1 문장을 이용하여 BS2 IC의 포트 1(P1 핀)을 HIGH로 만들고 적색 LED에 불을 켠다. 17번째 줄(PAUSE 100)은 LED를 100ms(milisecond) 동안 잠시 멈추도록 한다. 18번째 줄(GOTO Ckswitch)은 프로그램을 Ckswitch: 라벨이 있는 메인루틴으로 되돌린다.

PBASIC 프로그램 'Two-INPUT AND function은 BASIC Stamp2 모듈이 작동하는 동안은 계속해서 실행된다. PBASIC 프로그램은 나중에 사용을 위해 EEPROM 프로그램 메모리에 저장된다. BS2를 껐다가 다시 켜면 프로그램이 다시 시작되며, 현재의 PBASIC 프로그램 코드는 다른 프로그램을 다운로드받아 변경시킬 수 있다.

```
'Two-input OR function          '프로그램 제목(그림 3-68)                           L1
A       VAR Bit                 '변수 A 선언, 1비트                                L2
B       VAR Bit                 '변수 B 선언, 1비트                                L3
Y       VAR Bit                 '변수 Y 선언, 1비트                                L4

INPUT 11                        '입력 포트 11 선언                                 L5
INPUT 12                        '입력 포트 12 선언                                 L6
OUTPUT 1                        '출력 포트 1 선언                                  L7

Ckswitch:                       '체크 스위치 루틴을 위한 라벨                        L8
        OUT1 = 0                '초기화: 포트 1은 0, red LED off                   L9
        A = IN12                '할당값: 포트 12의 입력값을 변수 A로                 L10
        B = IN11                '할당값: 포트 11의 입력값을 변수 B로                 L11
        Y = A | B               '할당값: A와 B를 OR한 값은 변수 Y로                 L12
        If Y = 1 THEN Red       '만약 Y=1이면 그때 red 서브루틴으로 가고 그렇지 않으면 다음 줄로  L13
GOTO Ckswitch                   'Ckswitch로 가라 - 체크 스위치 루틴 다시 시작        L14

Red:                            'red LED를 켜기 위한 라벨, HIGH 출력을 의미          L15
        OUT1 = 1                '출력 P1은 HIGH로, red LED를 켬                     L16
        PAUSE 100               '100ms 동안 일시 정지                             L17
GOTO Ckswitch                   'Ckswitch로 가라: 체크 스위치 루틴 다시 시작         L18
```

그림 3-68 2-입력 OR 함수 프로그램

다른 논리함수의 프로그램

다른 논리함수들도 역시 PBASIC과 BASIC Stamp 모듈을 이용하여 프로그

램할 수 있으며, OR, NOT, NAND, NOR, XOR, XNOR 등을 포함한다. 다음으로 그림 3-68에 있는 'Two-input OR function 제목의 PBASIC 프로그램은 그림 3-66의 하드웨어를 사용하며, 2-입력 OR 게이트처럼 동작한다. 이 프로그램의 코드는 제목 줄 'Two-input OR function과 12번째 줄(Y= A│B)를 제외하고는 이전의 PBASIC 프로그램 코드와 거의 동일하다.

'Two-input OR function 프로그램의 12번째 줄은 입력 A와 B를 OR하여 그 결과를 변수 Y에 대입하는 것을 보여준다. PBASIC의 OR 함수 기호는 수직선(│)이며, 일반적인 부울식에 사용된 플러스(+) 기호가 아니다.

그림 3-69의 표는 BASIC Stamp2 모듈을 사용하여 논리함수를 만드는데 사용된 PBASIC 코드를 자세하게 나타내고 있다.

LOGIC FUNCTION	BOOLEAN EXPRESSION	PBASIC CODE (BS2 IC)
AND	$A \cdot B = Y$	Y = A & B
OR	$A + B = Y$	Y = A │ B
NOT	$A = \overline{A}$	Y = ~ (A)
NAND	$\overline{A \cdot B} = Y$	Y = ~ (A & B)
NOR	$\overline{A + B} = Y$	Y = ~ (A │ B)
XOR	$A \oplus B = Y$	Y = A $^\wedge$ B
XNOR	$\overline{A \oplus B} = Y$	Y = ~ (A $^\wedge$ B)

그림 3-69 Parallax사의 BASIC Stamp2 모듈과 PBASIC 코드를 이용한 논리함수의 구현

PBASIC에서 AND, OR, NOT, XOR 논리함수를 정의하기 위해 사용된 고유의 논리기호를 살펴보면, (&) 기호는 AND, 수직선(│)은 OR 논리함수를 나타내며, (~)는 NOT을, (^) 기호는 XOR 논리함수를 나타낸다.

그림 3-69로부터 NAND 함수에는 (~)와 (&)의 두 기호가 사용되며, 2-입력 NAND 함수의 예는 Y=~(A&B)가 된다. PBASIC 코드와 같이, 두 개의 (~)와 수직선(│) 기호가 NOR 함수에 사용된다. 2-입력 NOR 함수의 예는 Y=~(A│B)가 된다.

그림 3-69로부터 exclusive OR(XOR) 논리함수를 정의하기 위해 (^) 기호가 사용되며, 2-입력 XOR 논리함수의 PBASIC 코드는 Y=A^B가 된다.

PBASIC에서 XNOR 논리함수를 정의하기 위해 (~)와 (^) 기호가 사용된다. Y=~(A^B) 의미는 A XNOR B를 하고 그 출력을 Y에 대입하는 것으로 정의된다.

확인문제

104. Parallax사의 BS2 IC는 BASIC Stamp _____(마이크로컨트롤러, 멀티플렉서) 모듈이다.

105. BASIC Stamp2 모듈은 제조사에 의해 FORTRAN이라 불리는 고급 레벨언어로 프로그램할 수 있다.(참, 거짓)

106. PBASIC의 대입문 Y=A|B|C은 3-입력 _____(OR, XOR) 논리함수이다.

107. 2-입력 NAND 논리함수를 나타내는 PBASIC 대입문을 써라.

108. 부울식 $A \cdot B = Y$를 나타내는 PBASIC 대입문을 써라.

109. 부울식 $\overline{A \oplus B} = Y$를 나타내는 PBASIC 대입문을 써라.

110. 부울식 $\overline{A + B} = Y$를 나타내는 PBASIC 대입문을 써라.

111. 그림 3-66(a)에서 만약 P12가 HIGH이고, P11은 LOW이며 제목이 'Two-input OR function'인 PBASIC 프로그램이 BS2 IC로 적재되었다면, 출력 P1은 _____(HIGH, LOW)가 되고, LED는 _____(불이 켜질 것이다, 불이 켜지지 않을 것이다).

112. 그림 3-66(a)에서 만약 P12가 HIGH이고, P11은 LOW이며 제목이 'Two-input AND function'인 PBASIC 프로그램이 BS2 IC로 적재되었다면, 출력 P1은 _____(HIGH, LOW)가 되고, 적색 LED는 _____(불이 켜질 것이다, 불이 켜지지 않을 것이다).

요약

1. 2진 논리게이트는 모든 디지털 회로의 기본 구성요소이다.
2. 그림 3-70은 7개의 기본 논리게이트의 요약이다.

LOGIC FUNCTION	LOGIC SYMBOL	BOOLEAN EXPRESSION	TRUTH TABLE		
			INPUTS		OUTPUT
			B	A	Y
AND		$A \cdot B = Y$	0	0	0
			0	1	0
			1	0	0
			1	1	1
OR		$A + B = Y$	0	0	0
			0	1	1
			1	0	1
			1	1	1
Inverter		$A = \overline{A}$		0	1
				1	0
NAND		$\overline{A \cdot B} = Y$	0	0	1
			0	1	1
			1	0	1
			1	1	0
NOR		$\overline{A + B} = Y$	0	0	1
			0	1	0
			1	0	0
			1	1	0
XOR		$A \oplus B = Y$	0	0	0
			0	1	1
			1	0	1
			1	1	0
XNOR		$\overline{A \oplus B} = Y$	0	0	1
			0	1	0
			1	0	0
			1	1	1

그림 3-70 기본 논리게이트의 요약

3. NAND 게이트는 광범위하게 쓰이고 있으며, 다른 논리게이트를 만드는데 사용될 수 있다.

4. 논리게이트는 종종 2~10개의 입력을 필요로 한다. 더 많은 입력을 얻기 위해서는 몇 개의 게이트들이 적절히 연결된다.

5. AND, OR, NAND, NOR 게이트는 인버터를 사용하여 서로 간 다른 게이트로 변경시킬 수 있다(그림 3-47 참조).

6. 논리게이트는 때때로 DIP IC로 패키지화되며, 대형의 일반적인 DIP IC가 도통홀 (through the hole) 인쇄회로기판에 사용된다. 최신의 소형 DIP IC는 표면 장착 (surface mounting)용으로 사용된다.

7. TTL과 CMOS 디지털 IC 모두는 초소형 시스템에 사용되며, 현대의 고속의 저전력 CMOS IC는 많은 새로운 설계에 사용된다.

8. 매우 낮은 전력 소비는 CMOS 디지털 IC의 장점이다.

9. 문제해결에 있어서 기술자의 회로 동작에 관한 지식, 관찰력, 사용기술, 시험 데이터의 해석능력 모두가 중요하다.

10. 논리기호는 때때로 작은 버블(bubble)이 붙어있으며 보통 해당 핀이 액티브 (active) LOW 입력 또는 출력임을 나타낸다.

11. CMOS IC를 사용할 때, 사용하지 않은 모든 입력은 V_{DD} 또는 GND에 접속해야 한다. CMOS IC를 다루는데 있어 정전기를 피하기 위한 주의가 필요하다. CMOS IC의 입력전압은 절대로 전력공급 전압을 초과해서는 안 된다.

12. 논리 프로브, 회로 지식, 시각, 후각, 촉각 모두가 게이트 회로의 문제를 해결하는데 사용되는 기본 도구가 된다.

13. 그림 3-61에는 일반적인 논리게이트 기호와 최신의 IEEE 표준 논리기호를 비교하고 있다.

14. 논리함수는 논리게이트를 고정적으로 배선(hard-wiring)하거나 다양한 프로그램 가능한 기기를 프로그램함으로써 구현될 수 있다.

15. 그림 3-69의 표는 AND, OR, NOT, NAND, NOR, XOR, XNOR 논리함수를 프로그램 하는데 사용되는 PBASIC(Parallax사의 BS2 IC의 BASIC 버전)코드를 나타낸다. 이 코드는 마이크로컨트롤러(BASIC Stamp2 모듈)라고 하는 기기를 이용하여 실행된다.

📖 복습문제

3–1 일반적인 논리게이트 기호를 그려라(입력은 A, B, C, D, 출력은 Y 사용).

   a. 2–입력 AND 게이트

   b. 3–입력 OR 게이트

   c. 인버터(2개의 기호)

   d. 2–입력 XOR 게이트

   e. 4–입력 NAND 게이트

   f. 2–입력 NOR 게이트

   g. 2–입력 XNOR 게이트

   h. 2–입력 NAND 게이트(특별 기호)

   i. 2–입력 NOR 게이트(특별 기호)

   j. 버퍼(비반전: noninverting)

   k. 3–입력 버퍼(비반전: noninverting)

3–2 다음의 부울식을 써라(입력은 A, B, C, D, 출력은 Y 사용).

   a. 3–입력 AND 함수

   b. 2–입력 NOR 함수

   c. 3–입력 XOR 함수

   d. 4–입력 XNOR 함수

   e. 2–입력 NAND 함수

3–3 다음의 진리표를 그려라(입력은 A, B, C, D, 출력은 Y 사용).

   a. 3–입력 OR

   b. 3–입력 NAND

   c. 3–입력 XOR

   d. 2–입력 NOR

   e. 2–입력 XNOR

3–4 그림 3–70을 보고, 어떤 논리게이트가 입력이 모두 HIGH일 경우에만 논리 0을 출력하는가?

3–5 "all or nothing gate"라고 하는 논리게이트는?

3–6 "any or all gate"라고 하는 논리게이트는?

3–7 입력을 반전시키는 논리게이트 어떤 것인가?

3–8 "any but not all gate"라고 하는 논리게이트는 어떤 것인가?

3-9 모든 입력이 HIGH일 경우에만 _____(AND, NAND) 게이트의 출력은 HIGH가 된다.

3-10 모든 입력이 LOW일 경우에만 _____(NAND, OR) 게이트의 출력은 LOW가 된다.

3-11 홀수개의 입력이 HIGH일 경우에만 _____(NOR, XOR) 게이트의 출력은 HIGH가 된다.

3-12 모든 입력이 HIGH일 경우에만 _____(NAND, OR) 게이트의 출력은 LOW가 된다.

3-13 모든 입력이 LOW일 경우에만 _____(NAND, NOR) 게이트의 출력은 HIGH가 된다.

3-14 한 개의 AND 게이트와 인버터들을 사용하여, NOR 함수를 어떻게 만드는지 그려라.

3-15 한 개의 NAND 게이트와 인버터들을 사용하여, OR 함수를 어떻게 만드는지 그려라.

3-16 한 개의 NAND 게이트와 인버터들을 사용하여, AND 함수를 어떻게 만드는지 그려라.

3-17 4개의 2-입력 AND 게이트를 가지고, 5-입력 AND 게이트 어떻게 만드는지 그려라.

3-18 몇 개의 2-입력 NAND와 OR 게이트를 가지고, 4-입력 NAND 게이트 어떻게 만드는지 그려라.

3-19 직렬로 연결된 스위치는(그림 3-1 참조) 어떤 논리게이트처럼 동작하는가?

3-20 병렬로 연결된 스위치는(그림 3-8 참조) 어떤 논리게이트처럼 동작하는가?

3-21 그림 3-51(b)는 _____(8, 16)핀 _____(3문자) IC이다.

3-22 그림 3-53(b)처럼 3-입력 AND 함수를 실행하는 배선도를 그려라(7408 IC, dc 5V 전원, 3-입력 스위치, 출력지시계를 사용할 것).

3-23 그림 3-71에서 인쇄회로기판의 _____(A, C) 라벨은 IC의 1번 핀이다.

3-24 그림 3-71에서 인쇄회로기판의 _____라벨(영문자)은 7408 IC의 GND 핀이다.

3-25 그림 3-71에서 인쇄회로기판의 _____라벨(영문자)은 7408 IC의 VCC 핀이다.

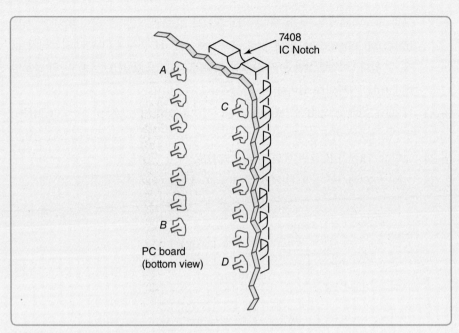

그림 3-71 PCB에 납땜된 IC

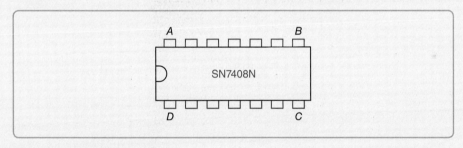

그림 3-72 디지털 IC의 전면

3-26 그림 3-72의 기기는 _____(저전력, 표준) TTL 14핀 DIP IC이다.

3-27 그림 3-72에서 IC 1번 핀의 영문자 라벨은 _____이다.

3-28 그림 3-72에서 IC 위의 라벨 "C"의 핀 번호는 _____이다.

3-29 그림 3-60(b)는 서비스 요원이 사용할 수 있는 _____(논리, 배선)도의 한 예이다.

3-30 그림 3-60(a)에서 모든 입력핀(1, 2, 5)이 HIGH이고, 6번 출력핀은 HIGH이나, E지점이 LOW라면, LED는 불이 _____(켜질 것이며, 켜지지 않을 것이며) 회로는 정상적으로 _____(동작된다, 동작되지 않는다).

3-31 그림 3-60(a)에서 6번 핀이 HIGH이지만 E지점이 LOW인 경우의 가능한 몇 가지 문제점들을 열거하라.

3-32 그림 3-60(a)에서 첫 번째 AND 게이트 출력과 3번 핀 사이의 내부 개방 (internal open)으로 인해 논리 프로브에 HIGH 또는 LOW도 인식되지 않을 수 있다. 이것은 3번 핀과 4번 핀 모두가 _____(HIGH, LOW)의 플로팅 (floating) 상태임을 의미한다.

3-33 그림 3-73에서 이 IC의 핵심번호는 _____이며, 이것은 _____(CMOS, TTL) 논리기기임을 의미한다.

3-34 그림 3-73에서 IC 1번 핀의 영문자 라벨은 _____이다.

3-35 그림 3-73에서와 같은 DIP IC를 저장할 때 사전에 어떤 주의가 필요한가?

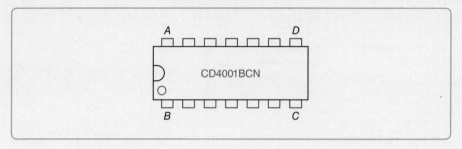

그림 3-73 디지털 IC의 전면

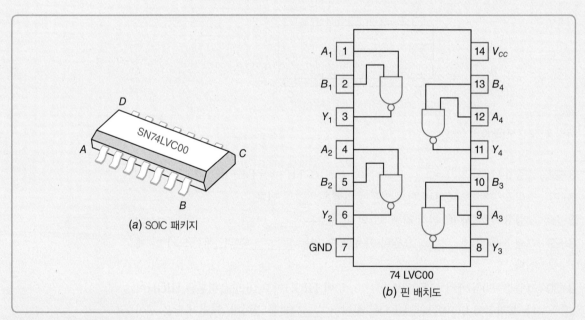

(a) SOIC 패키지

74 LVC00

(b) 핀 배치도

그림 3-74 74LVC00 IC

3-36 그림 3-74(a)에서 CMOS 디지털 IC 기기는 아주 작은 SOIC 패키지에 밀폐되어 있고 _____(점대점 배선(point-to-point wiring), 표면 장착(surface mounting))을 이용하여 PCB에 고정된다.

3-37 그림 3-74(a)에서 74LVC00 IC의 1번 핀은 _____(A, B, C, D) 라벨에 위치해 있다.

3-38 그림 3-74(b)에서 74LVC00 IC는 4개의 2-입력 _____(AND, NAND) 논리게이트를 포함한다.

3-39 그림 3-74에서 74LVC00은 _____(3, 12)V 전원으로 동작하는 저전력 CMOS IC이다.

3-40 그림 3-74에서 74LVC00 IC 안의 있는 한 개의 게이트 논리를 표현하는 부울식을 써라.

3-41 3-입력 NOR 게이트의 IEEE 표준 논리기호를 그려라.

3-42 3-입력 XNOR 게이트의 IEEE 표준 논리기호를 그려라.

3-43 IEEE 표준 NAND 논리기호의 출력에 있는 오른쪽의 _____(원, 삼각형)은 AND 함수의 반전출력을 의미한다.

3-44 IEEE 표준 AND 논리기호는 _____표시를 사용하여 AND 함수를 나타낸다.

3-45 (BASIC Stamp2 모듈과 같은) 마이크로컨트롤러는 논리함수(AND, OR 등 기타)를 실행하기 위해 프로그램할 수 있다.(참, 거짓)

3-46 Parallax사의 _____(BS2, BX10) 모듈은 PBASIC(BASIC 버전)이라고 하는 고급레벨의 컴퓨터언어를 사용하여 프로그램할 수 있다.

3-47 BASIC stamp2 모듈을 프로그램할 때, 부울식 $A+B=Y$(2-입력 OR)를 표현하기 위한 PBASIC 코드는 _____(Y=A OR B, Y=A | B)이다.

3-48 BS2 마이크로컨트롤러 모듈을 프로그램할 때 PBASIC 코드로 2-입력 NAND 함수를 표현하면 _____(Y=A+B, Y=~(A&B)이다.

3-49 PBASIC 코드 Y=A^B^C 는 3-입력 _____(AND, XOR) 논리함수의 대입문이다.

🔌 핵심문제

3-1 회로 설계시 3개의 입력 모두가 HIGH일 때만 출력이 HIGH가 되도록 할 경우에 사용되는 3-입력 논리게이트는 어떤 게이트인가?

3-2 회로 설계시 홀수 개의 입력스위치가 HIGH일 때만 출력이 HIGH가 되도록 할 경우에 사용되는 4-입력 논리게이트는 어떤 게이트인가?

3-3 그림 3-48(a)에서 반전 입력을 가진 OR 게이트가 NAND 함수가 되는 이유를 설명하라.

3-4 2-입력 NAND 게이트의 입력 모두를 반전시키면 _____ 논리함수 회로가 된다.

3-5 2-입력 NAND 게이트의 입력과 출력 모두를 반전시키면 _____ 논리함수 회로가 된다.

3-6 그림 3-57에서 만약 입력 A가 HIGH, 입력 B는 LOW라면, 출력 J(3번 핀)는 _____(HIGH, LOW)가 되어, 트랜지스터 Q_1이 _____(off, on)되고, LED는 _____(불이 켜진다, 불이 켜지지 않는다).

3-7 그림 3-57의 회로에서 5, 6, 8, 9, 12, 13번 핀은 왜 접지해야 하는가?

3-8 그림 3-60에서 7408 IC가 내부적으로 "단락회로(short circuit)"가 생겼을 경우 IC의 전면부는 아마도 손을 대보면 _____(뜨거움, 차가움)을 느낄 것이다.

3-9 부울식 $\overline{A} \cdot \overline{B} = Y$의 논리도를 그려라(AND와 인버터기호 사용).

3-10 부울식 $\overline{A} \cdot \overline{B} = Y$는 _____(NAND, NOR) 논리함수의 표현이다.

3-11 그림 3-75의 AND 게이트의 출력 Y에서의 논리레벨(H와 L)을 나타내는 파형을 그려라.

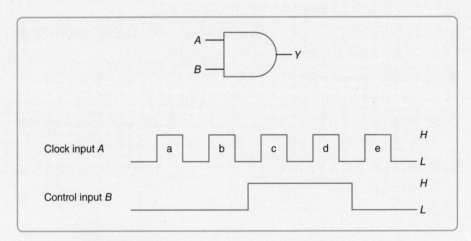

그림 3-75 연속되는 펄스 문제

3-12 그림 3-76의 OR 게이트의 출력 Y에서 논리레벨(H와 L)을 나타내는 파형을 그려라.

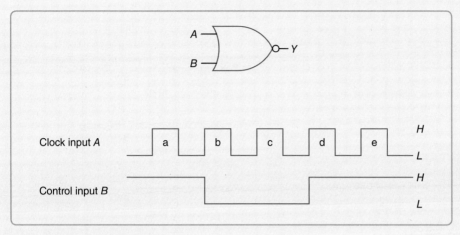

그림 3-76 연속되는 펄스 문제

3-13 그림 3-48(a)에 있는 2개의 논리도가 2-입력 NAND 진리표를 만들어낸다는 사실을 다음 방법 중의 하나로 증명하라(힌트: 버블을 인버터로 생각).

a. 하드웨어로 논리회로를 배선하고 시험한다.

b. 컴퓨터 회로 시뮬레이션 소프트웨어로 논리회로를 배선하고 시험한다.

c. 진리표들을 사용하여 증명한다.

3-14 그림 3-48(b)에 있는 2개의 논리도가 2-입력 NOR 진리표를 만들어낸다는 사실을 다음 방법 중의 하나로 증명하라(힌트: 버블을 인버터로 생각).

a. 하드웨어로 논리회로를 배선하고 시험한다.

b. 컴퓨터 회로 시뮬레이션 소프트웨어로 논리회로를 배선하고 시험한다.

c. 진리표들을 사용하여 증명한다.

3-15 그림 3-77(a)에서 보통 개방 스위치는 _____(액티브(active) HIGH, 액티브 (active) LOW) 입력으로 배선된다.

3-16 그림 3-77(a)에서 P1에서의 LED는 포트 1이 _____(HIGH, LOW)가 되면 불이 켜질 것이다.

3-17 그림 3-77에서 BS2 IC 포트를 입력이라고 선언한 3개의 PBASIC 컴퓨터 코드는?

3-18 그림 3-77에서 PBASIC 코드의 11번째 라인의 목적은 무엇인가?

3-19 그림 3-77에서 BASIC Stamp2 모듈의 모든 입력이 HIGH라면, 출력은 _____(HIGH, LOW)가 되어 적색 LED가 _____(켜질 것이다, 켜지지 않을 것이다).

3-20 PBASIC 프로그램과 그림 3-77의 BASIC Stamp2 모듈의 프로그램과 동작 에 관한 질문에 답하라.

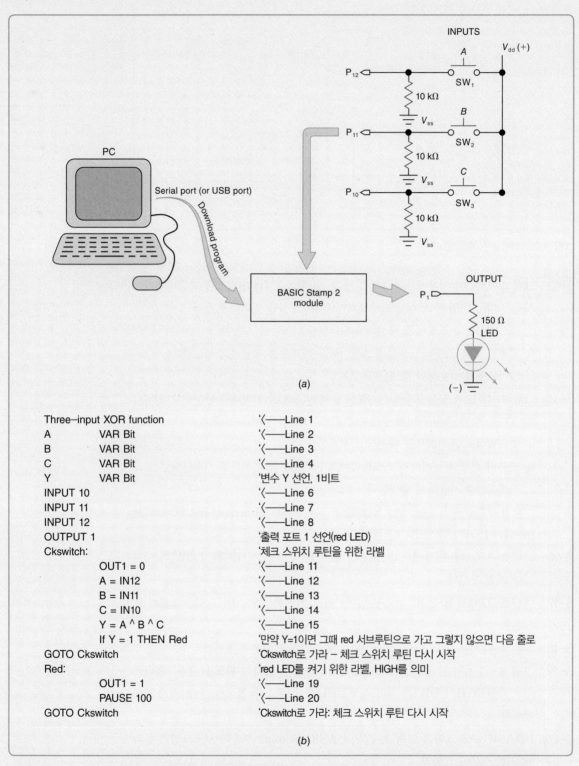

```
Three-input XOR function        '<——Line 1
A         VAR Bit               '<——Line 2
B         VAR Bit               '<——Line 3
C         VAR Bit               '<——Line 4
Y         VAR Bit               '변수 Y 선언, 1비트
INPUT 10                        '<——Line 6
INPUT 11                        '<——Line 7
INPUT 12                        '<——Line 8
OUTPUT 1                        '출력 포트 1 선언(red LED)
Ckswitch:                       '체크 스위치 루틴을 위한 라벨
          OUT1 = 0              '<——Line 11
          A = IN12              '<——Line 12
          B = IN11             '<——Line 13
          C = IN10              '<——Line 14
          Y = A ^ B ^ C        '<——Line 15
          If Y = 1 THEN Red     '만약 Y=1이면 그때 red 서브루틴으로 가고 그렇지 않으면 다음 줄로
GOTO Ckswitch                   'Ckswitch로 가라 – 체크 스위치 루틴 다시 시작
Red:                            'red LED를 켜기 위한 라벨, HIGH를 의미
          OUT1 = 1             '<——Line 19
          PAUSE 100            '<——Line 20
GOTO Ckswitch                   'Ckswitch로 가라: 체크 스위치 루틴 다시 시작
```

(b)

그림 3-77 (a) 3-입력 XOR 함수 프로그램에 사용되는 BASIC stamp2 모듈의 구성 (b) BS2 모듈의 PBASIC 프로그램

Digital Electronics

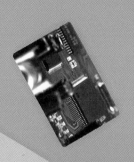

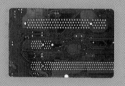

CHAPTER 04

조합 논리회로

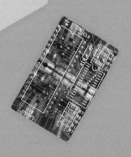

CONTENTS

4.1 불 대수 함수로 회로 구성하기

4.2 불 대수 함수의 최대항을 이용하여
　　회로 그리기

4.3 진리표와 불 대수 함수식

4.4 예시 문제

4.5 불 대수 함수식 단순화하기

4.6 카르노 도표

4.7 3-변수 카르노 맵

4.8 네 개의 변수를 가진 카르노 도표

4.9 다른 카르노 맵

4.10 5-변수 카르노 맵

4.11 NAND 논리 사용하기

4.12 컴퓨터 시뮬레이션: 논리 컨버터

4.13 논리문제 해결하기: 데이터 선택기

4.14 프로그래머블 논리장치(PLD)

4.15 드모르간의 정리 사용하기

4.16 논리문제 해결하기(BASIC Stamp 모듈)

CHAPTER

04 조합 논리회로

학습목표

1. 불 대수 함수식의 최소항부터 최대항까지의 논리도표를 그린다.
2. 일차적으로 불 대수 함수의 최소항을 도출하고 AND-OR 논리도표를 그린 진리표를 통해 논리도표를 디자인한다.
3. 2변수, 3변수, 4변수 그리고 5변수 카르노 맵을 통해 불 대수 함수식을 간략화한다.
4. AND-OR 논리회로를 NAND 게이트를 통해 간략화한다.
5. (Multisim의 Logic Converter나 Electronic Workbench와 같은) 컴퓨터 시뮬레이션 소프트웨어를 사용해 불 대수 함수를 진리표로, 다시 논리심벌로 변환한다.
6. 데이터 선택기를 사용하여 논리문제를 해결한다.
7. 선택된 PLD의 기본적인 내용을 이해한다.
8. 드모르간의 정리를 사용해 최소항을 최대항으로, 최대항을 최소항으로 변환한다.
9. 불 대수 함수의 "키보드 버전"을 사용한다.
10. BASIC Stamp 2 마이크로컨트롤러 모듈을 사용해 다양한 논리함수를 프로그래밍한다.

앞서서 각각의 논리회로에 맞는 심벌, 진리표(truth table), 그리고 불 대수 함수식에 대해서 언급했다. 이러한 게이트들은 많은 복잡한 전자기기들의 구성요소가 된다. 이 장에서 현실의 전자공학적 문제들을 풀기 위해 게이트 심벌, 진리표 그리고 불 대수 함수식에 대한 지식을 사용할 것이다.

조합 논리회로

조합 논리회로를 형성하기 위해 게이트들을 연결할 것이다. **조합 논리회로**는 논리회로에서 그 출력이 생각하고 있는 시점에서 회로 입력값만으로 결정되는 회로를 말하며, 그 상태를 유지하고 있는 기억기능이나 장치는 없다. 메모리나 저장능력이 있는 전자회로는 순차 논리회로라고 불리며 나중에 배울 것이다.

메모리가 필요하지 않은 논리문제들을 해결하기 위해 게이트들(AND, OR)과 인버터들을 조합할 것이다. 조합 논리문제들을 풀기 위한 "도구"에는 진리표, 불 대수 함수식 그리고 논리심벌이 있다. 진리표, 불 대수 함수식 그리고 논리심벌을 알고 있는가? 논리를 조합하는 것에 대한 이해는 기술자, 분쟁 중재자, 디자이너 그리고 전자 공학도로 일하는 모든 이에게 요구되는 지식이다.

연구실의 장비에 있는 조합 논리회로를 직접 실험해봄으로써 최대한의 경험을

이끌어낼 수 있다. 논리회로들은 비싸지 않고 사용하기 쉬운 집적회로(IC)로 사용할 수 있다. 또한, 조합 논리회로들은 컴퓨터의 회로 시뮬레이션 소프트웨어를 사용해 시험해 볼 수 있다.

조합논리문제들은 전통적인 IC들의 "하드 로직"을 통해 풀 수 있다. 더 복잡한 조합논리문제들은 PLD로 풀 수 있다. 또 조합논리문제들을 해결하기 위해 PC와 BASIC Stamp 2 모듈을 이용해 마이크로컨트롤러 프로그램을 작성할 수 있다.

4.1 불 대수 함수로 회로 구성하기

논리회로 작성을 위해 불 대수 함수를 이용한다. 불 대수 함수식 $A + B + C = Y$ ("Y＝A or B or C"라고 읽음)가 주어지고 이 논리함수를 수행하는 회로를 구성하게 될 것이다. 식을 보면, 출력값 Y를 갖기 위해서 각각의 입력이 OR로 이뤄져야 함을 알 수 있다. 그림 4-1은 게이트가 그 일을 해야 함을 나타낸다.

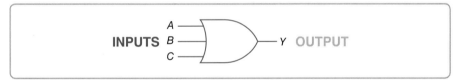

그림 4-1 불 대수 함수식 $A + B + C = Y$에 대한 논리도표

이제 $\overline{A} \cdot B + A \cdot \overline{B} + \overline{B} \cdot C = Y$ ("Y＝not A and B or A and not B or not B and C"라고 읽음)라는 불 대수 함수식을 받았다고 가정하자. 이 식에 맞는 일을 하는 회로를 어떻게 구성해야 할까?

첫 단계는 불 대수 함수를 살피고 $\overline{A} \cdot B$와 $A \cdot \overline{B}$와 $\overline{B} \cdot C$를 OR 처리해야 함을 알아야 한다. 그림 4-2(a)는 Y를 출력하는 OR 게이트의 세 가지 입력을 나타낸다. 이는 그림 4-2 (b)처럼 나타낼 수 있다.

두 번째 단계는 그림 4-3에서 나타나듯이 주어진 불 대수 함수식 $\overline{A} \cdot B + A \cdot \overline{B} + \overline{B} \cdot C = Y$를 이용하여 논리회로를 구성하는 데에 사용한다. 그림 4-3(a)에서 알 수 있듯이 AND 게이트는 $\overline{B} \cdot C$를 OR 게이트에 주기 위해 더해졌고 인버

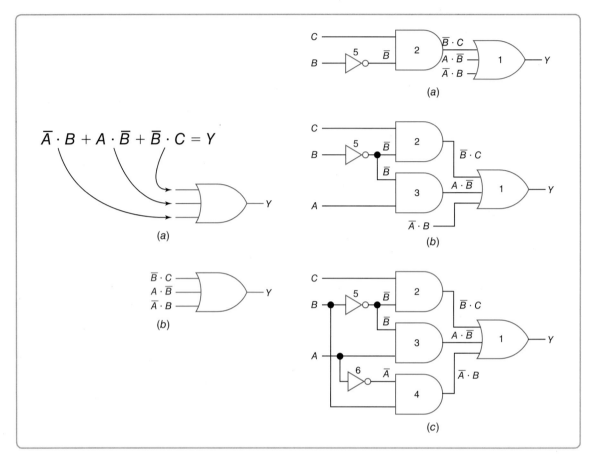

$$\overline{A} \cdot B + A \cdot \overline{B} + \overline{B} \cdot C = Y$$

그림 4-2 논리회로 제작 1단계   그림 4-3 논리회로 제작 2단계

터는 AND 게이트 2로의 출력을 위한 B를 만들기 위해 더해졌다. 그림 4-3(c)는 불 대수 함수식 $\overline{A} \cdot B + A \cdot \overline{B} + \overline{B} \cdot C = Y$에서 요구되는 논리를 수행하기 위해 생성된 회로이다.

논리회로의 출력에서 시작했던 점을 알고 입력을 지향하여 노력해야 한다. 불 대수 함수식으로부터 어떻게 논리회로가 구성되는지 알아보았다.

불 대수 함수식은 두 가지 형태로 나타난다. 곱의 합(SOP) 형태는 그림 4-2에서 볼 수 있다. 이 형태의 다른 예시는 $A \cdot B + B \cdot C = Y$이다. 다른 불 대수 함수식 형태는 합의 곱(POS)이며 $(D + E) \cdot (E + F) = Y$가 그 예이다. 곱의 합 형태는 최소항으로 나타낼 수 있다. 합의 곱 형태는 공학자, 기술자 그리고 과학자들에 의해 최대항으로 나타냈다.

Electronics Workbench나 Multisim과 같은 회로 시뮬레이션 소프트웨어는 불 대수 함수를 통해 논리도표를 그려줄 것이다. 이 소프트웨어는 불 대수 함수식의 최소항이나 최대항 모두를 그릴 수 있다. 디지털 디자인의 전문가들은 컴퓨터 회로 시뮬레이션을 사용한다.

❚ ❚ 확인문제

1. AND, OR 그리고 NOT을 이용해서 아래의 불 대수 함수식의 최소항을 논리회로로 구성하라.
   a. $\overline{A} \cdot \overline{B} + A \cdot B = Y$
   b. $\overline{A} \cdot \overline{C} + A \cdot B \cdot C = Y$
   c. $A \cdot D + \overline{B} \cdot \overline{D} + C \cdot \overline{D} = Y$
2. 불 대수 함수의 최소항은 _____ 형태라고도 불린다.
3. 불 대수 함수의 최대항은 _____ 형태라고도 불린다.
4. 불 대수 함수식 $A \cdot D + \overline{B} \cdot \overline{D} + C \cdot \overline{D} = Y$은 _____(POS, SOP) 형태를 갖는다.
5. 불 대수 함수식 $(A + D) \cdot (B + \overline{C}) \cdot (A + C) = Y$은 _____(POS, SOP) 형태를 갖는다.

4.2 불 대수 함수의 최대항을 이용하여 회로 그리기

불 대수 함수식 $(A + B + C) \cdot (\overline{A} + \overline{B}) = Y$의 최대항이 주어졌다고 가정하자. 불 대수 함수의 논리회로를 구성하는 첫 번째 단계는 그림 4-4(a)에 나타나있다. Y를 구성하기 위해 $(A + B + C)$와 $(\overline{A} + \overline{B})$는 AND되어 있다. 그림 4-4(b)는 변경된 논리회로를 나타낸다.

논리회로를 그리는 두 번째 단계는 그림 4-5에 나타나있다. 식의 $(\overline{A} + \overline{B})$ 부분은 OR 게이트 2 그리고 인버터 3과 4를 합해 나타낸 것으로, 그림 4-5(a)에 나타나있다. 다음, 식 $(A+B+C)$는 그림 4-5(b)에서 볼 수 있듯이, OR 게이트 5를 통해 AND 게이트로 전달된다. 그림 4-5(b)에 나타난 논리회로는 최대항식 $(A + B + C) \cdot (\overline{A} + \overline{B}) = Y$에 해당되는 완성된 논리회로이다.

요약하면, 불 대수 함수식을 논리회로로 바꾸는 작업을 우에서 좌로(출력에서 입력으로) 배운 것이다. 조합 논리회로를 구성하면서 AND, OR 그리고 NOT

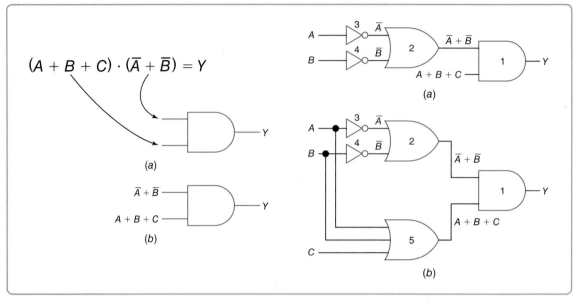

그림 4-4 합의 곱 논리회로 구성의 1단계   그림 4-5 합의 곱 논리회로 구성의 2단계

최소항식
최대항식

게이트들만을 사용했음에 유의하라. 최대항식과 최소항식은 모두 논리회로로 전환할 수 있다. **최소항식**은 그림 4-3(c)에 나타난 AND-OR 논리회로와 비슷하게, **최대항식**은 그림 4-5(b)에 나타난 OR-AND 논리회로와 비슷하게 만들 수 있다.

이제는 최소항식과 최대항식을 구분할 수 있어야 하며, 불 대수 함수식을 AND, OR 그리고 NOT 게이트를 사용한 조합 논리회로로 전환할 수 있어야 한다.

┃ ┃ 확인문제

6. AND, OR, 그리고 NOT 게이트를 사용하여 아래의 불 대수 함수식을 논리회로로 구성하라.
   a. $(A+B) \cdot (\overline{A} + \overline{B}) = Y$
   b. $(\overline{A} + B) \cdot \overline{C} = Y$
   c. $(A+B) \cdot (\overline{C} + \overline{D}) \cdot (\overline{A} + C) = Y$
7. 문제 6으로부터 이러한 불 대수 함수식들은 _____(최대항, 최소항) 형태이다.
8. 문제 6으로부터 이러한 불 대수 함수식들은 _____(POS, SOP) 형태이다.
9. 최대항식은 _____(AND-OR, OR-AND) 논리회로를 구성하는 데 쓰인다.

4.3 진리표와 불 대수 함수식

불 대수 함수식은 어떻게 논리회로가 작동하는지 설명할 수 있는 편리한 방법이다. 진리표는 어떻게 논리회로가 작동하는지 설명할 수 있는 정확한 방법이다. 디지털 전자 분야에서 일을 하면서, 진리표 형태의 정보를 불 대수 함수식으로 변환할 수 있어야 한다.

불 대수 함수식

진리표를 불 대수 함수식으로

그림 4-6(a)에 있는 진리표를 보자. 여덟 개의 조합 중 A, B 그리고 C의 입력으로 논리 1을 출력 가능한 것은 두 개 밖에 없는 것을 알 수 있다. 1을 출력하는 두 개의 조합은 $\overline{C} \cdot B \cdot A$("not C and B and A"라고 읽음)와 $C \cdot \overline{B} \cdot \overline{A}$("C and not B and not A"라고 읽음)이다. 그림 4-6(b)는 진리표에 대해 불 함수식을 만들기 위해 어떻게 조합들이 OR이 되는지 보여준다. 그림 4-6(a)에 있는 진리표와 그림 4-6(b)에 있는 불 대수 함수식 모두 논리회로가 어떻게 작동하는지 설명한다.

대부분의 논리회로의 기원은 진리표이다. 그래서 이 부분에서 반드시 진리표를

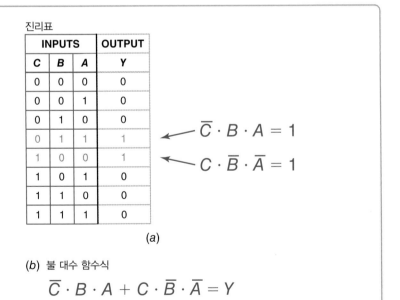

진리표

INPUTS			OUTPUT
C	B	A	Y
0	0	0	0
0	0	1	0
0	1	0	0
0	1	1	1
1	0	0	1
1	0	1	0
1	1	0	0
1	1	1	0

$\longleftarrow \overline{C} \cdot B \cdot A = 1$

$\longleftarrow C \cdot \overline{B} \cdot \overline{A} = 1$

(a)

(b) 불 대수 함수식

$$\overline{C} \cdot B \cdot A + C \cdot \overline{B} \cdot \overline{A} = Y$$

그림 4-6 진리표를 통해 불 대수 함수식의 최소항 만들기

불 대수 함수식으로 변환할 수 있어야 한다. 진리표에서 논리 1 결과를 만들어내는 다양한 조합들을 기억해야한다.

불 대수 함수식을 진리표로

가끔은 배운 절차들을 반대로 해야 한다. 그것은 불 대수 함수식을 받아 진리표를 만드는 것이다. 그림 4-7(a)의 불 대수 함수식을 고려한다. 이는 A, B 그리고 C 입력의 두 개의 조합이 결과 1을 출력하는 것을 나타낸다. 그림 4-7(b)에서 A, B 그리고 C의 올바른 조합이 불 대수 함수식으로 주어져 있고 출력열의 1을 표시하고 있다는 것을 알 수 있다. 진리표의 다른 출력은 0이다. 그림 4-7(a)의 불 대수 함수식과 그림 4-7(b)의 진리표 모두 같은 논리회로의 작동을 정확하게 설명한다.

그림 4-8(a)의 불 대수 함수식이 주어졌다고 가정하자. 한 눈에 논리 1을 가진 두 개의 출력을 산출한다고 알 수 있다. 하지만, 그림 4-8(b)를 자세히 보면 불 대수 함수식 $\overline{C} \cdot \overline{A} + C \cdot B \cdot A = Y$가 출력열에서 세 개의 논리 1을 만들어낸다는 것을 확인할 수 있다. 그림 4-8(a)의 불 대수 함수식과 그림 4-8(b)의 진리표 모두 같은 논리회로나 논리함수를 설명한다.

지금까지 진리표를 불 대수 함수식으로, 그리고 불 대수 함수식을 진리표로 바꿔보았다. 사용한 불 대수 함수식들은 최소항임을 유념해야한다. 불 대수 함수식

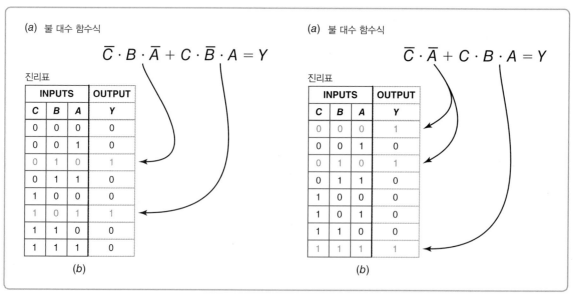

(a) 불 대수 함수식

$$\overline{C} \cdot B \cdot \overline{A} + C \cdot \overline{B} \cdot A = Y$$

진리표

INPUTS			OUTPUT
C	B	A	Y
0	0	0	0
0	0	1	0
0	1	0	1
0	1	1	0
1	0	0	0
1	0	1	1
1	1	0	0
1	1	1	0

(b)

(a) 불 대수 함수식

$$\overline{C} \cdot \overline{A} + C \cdot B \cdot A = Y$$

진리표

INPUTS			OUTPUT
C	B	A	Y
0	0	0	1
0	0	1	0
0	1	0	1
0	1	1	0
1	0	0	0
1	0	1	0
1	1	0	0
1	1	1	1

(b)

그림 4-7 불 대수 함수식의 최소항을 이용해 진리표 만들기

그림 4-8 불 대수 함수식의 최소항을 이용해 진리표 만들기

의 최대항을 진리표로 바꾸는 것은 조금 다르다.

> **전자공학에 대하여**
>
> **전자 체온계** 오늘날, 전대(前代)에 비하면 온도를 재는 것이 그리 어렵지 않다. Braun ThermaScan의 귀 체온계는 고막과 이를 감싼 조직들이 내는 적외선 열을 읽는 것이 가능하기 때문이다. 발전된 전자공학은 이 신호를 "번역"하여 디지털로 해독해 나타낸다.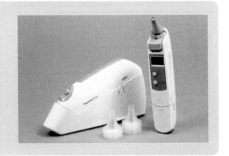

회로 시뮬레이션 변환

요즘 컴퓨터에서 작동되는 회로 시뮬레이션 소프트웨어들은 불 대수 함수식을 진리표로 혹은 진리표를 불 대수 함수식으로 정확하게 변환할 수 있다. 유명한 전자회로 시뮬레이터 중의 하나를 실험할 것이다.

Electronics Workbench(EWB)나 Multisim의 회로 시뮬레이터가 사용하기 쉽다. EWB의 소프트웨어는 그림 4-9(a)에 보이는 논리 변환기라고 불리는 기구를 포함하고 있다. EWB 기구를 통해 불 대수 함수식을 진리표로 바꾸기 위해서, 아래의 단계를 따라야 한다.

1단계 하단에 식을 쓴다(그림 4-9(b) 참고)
2단계 '불 대수 함수식을 진리표로' 변환하는 옵션을 작동한다(그림 4-9(b) 참고).
3단계 컴퓨터 모니터에 출력된 진리표 결과를 본다(그림 4-9(b) 참고).

1단계에 입력된 불 대수 함수식 $A'B'C + ABC'$은 그림 4-6(b)의 $C \cdot \overline{B} \cdot \overline{A} + \overline{C} \cdot B \cdot A = Y$ 키보드 버전이라고 할 수 있다. $A'B'C + ABC'$와 $C \cdot \overline{B} \cdot \overline{A} + \overline{C} \cdot B \cdot A = Y$가 같음을 아는 것은 중요하다. 불 대수 함수식의 키보드 버전에 있는 아포스트로피(')는 글자 위의 오버바와 같은 역할을 한다. 그래서 A'("A not"으로 읽음)는 $\overline{A}$("A not"으로 읽음)와 같다.

불 대수 함수식의 순서 역시 반대 방향임을 알아야한다. 그리하여, ABC는 CBA와 같은 뜻이다. 또한 각 글자 사이의 AND를 의미하는 점($\cdot$)은 생략될 수

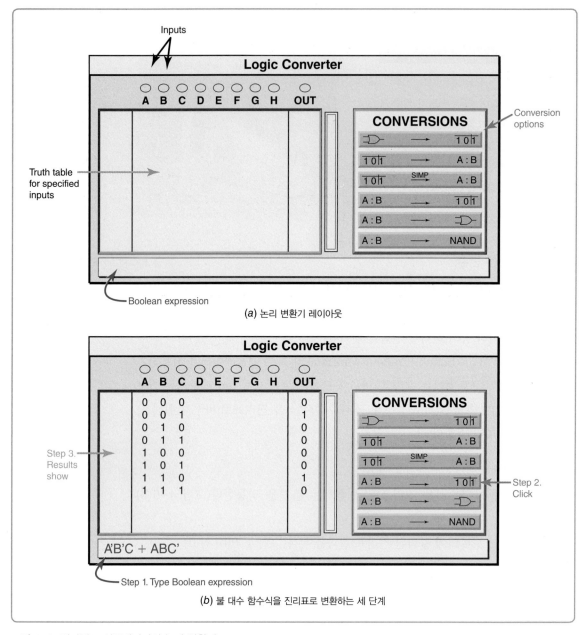

(a) 논리 변환기 레이아웃

(b) 불 대수 함수식을 진리표로 변환하는 세 단계

그림 4-9 전자회로 시뮬레이터의 논리 변환기

있으며 $A \cdot B \cdot C$는 ABC로 줄일 수 있다.

그림 4-6(a)와 그림 4-9(b)의 출력열을 비교해본다. 두 개의 진리표는 출력열의 내용은 달라도 같은 논리함수를 설명하고 있다. 이는 그림 4-6(a)에서는 변수

가 CBA로 정렬된 반면, 그림 4-9(b)에서는 ABC로 나타내고 있기 때문이다. 그림 4-6(a)의 진리표 5행(100)은 그림 4-9(b)의 2행(001)과 같다. 이를 통해 진리표와 불 대수 함수식의 제목은 서로 다르게 나타남을 알 수 있다. 전자공학 분야 종사자들은 다양한 방법의 진리표 표시와 불 대수 함수식의 차이들에 대해 친숙해진다.

EWB와 같은 전자회로 시뮬레이터들은 보통 최소항이나 최대항의 불 대수 함수식 모두를 다룰 수 있다. 그림 4-9(a)를 보면 다섯 개의 다른 논리 변환이 EWB에서 사용되는 것을 알 수 있다. 전자회로 시뮬레이션 소프트웨어의 다양한 기능들을 사용해보도록 한 것이다.

▌▌ 확인문제

10. 그림 4-10을 참고하여 진리표의 논리함수를 나타내는 SOP 불 대수 함수식을 써라.
11. 그림 4-11을 참고하여 불 대수 함수식 $\overline{C} \cdot \overline{B} \cdot \overline{A} + \overline{C} \cdot \overline{B} \cdot A = Y$가 HIGH (1)이 나오는 진리표는 어느 두 줄인가?

Truth table

INPUTS			OUTPUT
C	B	A	Y
0	0	0	0
0	0	1	0
0	1	0	0
0	1	1	0
1	0	0	0
1	0	1	0
1	1	0	1
1	1	1	1

Truth table

	INPUTS			OUTPUT
	C	B	A	Y
line 0	0	0	0	
line 1	0	0	1	
line 2	0	1	0	
line 3	0	1	1	
line 4	1	0	0	
line 5	1	0	1	
line 6	1	1	0	
line 7	1	1	1	

그림 4-10 세 개 변수의 진리표   그림 4-11 세 개 변수의 진리표

12. 불 대수 함수식 $C \cdot B \cdot \overline{A} + C \cdot \overline{B} \cdot A = Y$에 맞는 진리표를 구성하라.
13. 그림 4-6에 나타난 과정은 진리표를 _____(최소항, 최소항)의 불 대수 함수식으로 바꾸는 것이다.
14. 그림 4-7와 4-8에 나타난 과정은 _____(최대항, 최소항)의 불 대수 함수식을 진리표로 바꾸는 것이다.

15. 불 대수 함수식 $\overline{C} \cdot \overline{B} \cdot A + B \cdot \overline{A} = Y$의 키보드 버전을 써라.
16. 불 대수 함수식 $A \cdot B \cdot C = Y$은 $ABC = Y$와 같다.(참, 거짓)
17. 불 대수 함수식 $A \cdot B \cdot C = Y$은 $C \cdot B \cdot A = Y$와 같은 진리표를 갖는다.(참, 거짓)
18. $A'C' + AB = Y$는 불 대수 함수식 $(\overline{A} + \overline{C}) \cdot (A + B) = Y$의 키보드 버전이다.
    (참, 거짓)

4.4 예시 문제

　4.1부터 4.3절에 나타난 과정들은 디지털 전자공학에서 사용할 수 있는 유용한 기술들이다. 그림 4-12에 나타나 있듯이, 기술 증진을 돕기 위해, 매일 접할 수 있는 논리문제들과 진리표를 불 대수 함수식으로 다시 논리회로로 변환하는 과정을 배울 것이다.

　간단한 전자자물쇠를 구상한다고 가정한다. 자물쇠는 특정 스위치가 작동할 때에만 열린다. 그림 4-12(a)는 전자자물쇠에 대한 진리표이다. 1을 출력하는 입력 스위치 A, B 그리고 C의 두 개의 조합이 있다. HIGH(혹은 1) 출력은 자물쇠를 개방한다. 그림 4-12(b)는 전자자물쇠 회로를 위한 불 대수 함수식 최소항을 어떻게 구성해야하는지 나타낸다. 그림 4-12(c)의 논리회로는 불 대수 함수식을 표현한다. 그림 4-12의 예시 문제를 보면, 어떻게 진리표를 불 대수 함수식으로 그리고 다시 논리회로로 변환했는지 알 수 있을 것이다.

　다양한 전자회로 시뮬레이션 프로그램들은 이러한 변환 과정을 다룰 수 있다. 예를 들어, EWB나 Multisim의 논리 컨버터는 이러한 변환이 가능하다. EWB나 Multisim의 논리 컨버터는 앞서 언급한 자물쇠 문제를 해결해줄 것이다. 아래의 단계들은 그림 4-13에 나타난 소프트웨어를 사용해 자물쇠 문제를 해결하는 과정이다.

1단계　진리표에 자물쇠 문제를 작성한다(그림 4-13(a) 참고).
2단계　'진리표를 불 대수 함수식으로 바꾸기'를 실행한다(그림 4-13(a) 참고).
　　　그 결과 불 대수 함수식 $A'B'C + ABC$이 도출된다.
3단계　'불 대수 함수식을 논리회로로 바꾸기'를 실행한다(그림 4-13(b) 참고).
　　　그 결과 AND-OR 논리가 EWB 화면에 나타난다.

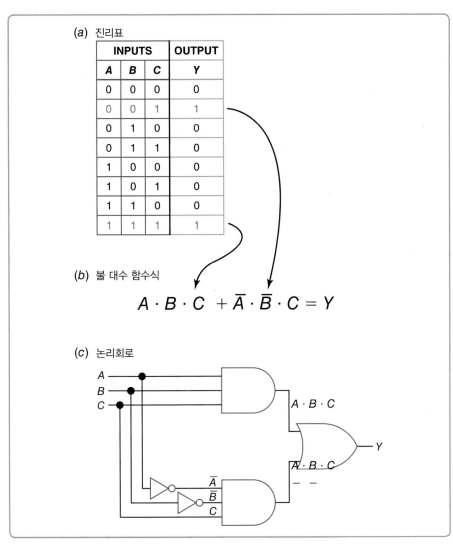

그림 4-12 전자자물쇠 문제

이제 이 부분에서 언급한 것과 같은 논리문제를 해결할 수 있게 되었다. 이러한 문제들을 손으로(그림 4-12) 혹은 시뮬레이션 소프트웨어(그림 4-13)을 통해 풀수 있다. 다음은 진리표, 불 대수 함수식 그리고 조합 논리회로를 사용한 문제들을 다룰 수 있는 연습을 위한 테스트이다.

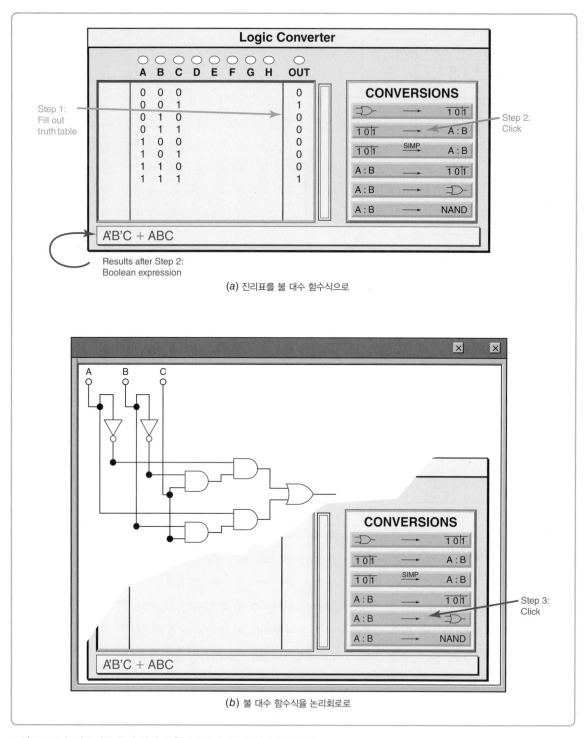

(a) 진리표를 불 대수 함수식으로

(b) 불 대수 함수식을 논리회로로

그림 4-13 논리문제를 풀기 위해 사용된 EWB 논리 변환 소프트웨어

19. 그림 4-14의 전자자물쇠를 위한 진리표를 사용하여, 이 진리표에 맞는 불 대수 함수식의 최소항을 써라.

Truth table

INPUT SWITCHES			OUTPUT
C	B	A	Y
0	0	0	0
0	0	1	0
0	1	0	1
0	1	1	0
1	0	0	0
1	0	1	1
1	1	0	0
1	1	1	0

그림 4-14 자물쇠 문제를 위한 진리표

20. 문제 19에서 도출된 불 대수 함수식을 이용하여, 전자자물쇠 문제를 위한 논리 심벌 도표를 그려라.

4.5 불 대수 함수식 단순화하기

그림 4-15(a)에 나타난 불 대수 함수식 $\overline{A} \cdot B + A \cdot \overline{B} + A \cdot B = Y$을 고려해 본다. 이 불 대수 함수식으로 논리회로를 구성할 때, 세 개의 AND 게이트, 두 개의 인버터, 그리고 하나의 3-입력 OR 게이트가 필요한 것을 알 수 있다. 그림 4-15(b)는 불 대수 함수식 $\overline{A} \cdot B + A \cdot \overline{B} + A \cdot B = Y$의 논리를 수행하는 논리회로이다. 그림 4-15(c)는 불 대수 함수식의 진리표와 그림 4-15(a)와 (b)의 논리회로를 상세히 알려준다. 그림 4-15(c)가 2-입력 OR 게이트의 진리표라는 것을 즉시 알 수 있다. 2-입력 OR 게이트에 대한 간단한 불 대수 함수식은 그림 4-15(b)에 나타난 $A + B = Y$이다. 2-입력 OR 게이트에 대한 논리회로의 단순화

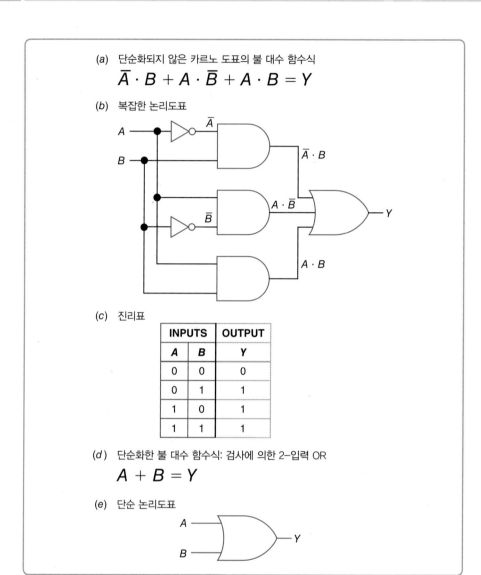

(a) 단순화되지 않은 카르노 도표의 불 대수 함수식

$$\bar{A} \cdot B + A \cdot \bar{B} + A \cdot B = Y$$

(b) 복잡한 논리도표

(c) 진리표

INPUTS		OUTPUT
A	**B**	**Y**
0	0	0
0	1	1
1	0	1
1	1	1

(d) 단순화한 불 대수 함수식: 검사에 의한 2-입력 OR

$$A + B = Y$$

(e) 단순 논리도표

그림 4-15 불 대수 함수식 단순화하기

는 그림 4-15(e)에 도표로 나타나 있다.

그림 4-15에 정리된 예시는 어떻게 반드시 원형 불 대수 함수식을 단순하게 하여 식을 간단하게, 논리회로를 저렴하게 하는지 나타낸다. 이 경우, 운 좋게 진리표가 OR 게이트에 속하는 것을 알 수 있었다. 하지만, 불 대수 함수식을 단순화하기 위해 조금 더 체계적인 방법이 필요하다. 이러한 방법들에는 불 대수학, 카르노 도표, 그리고 컴퓨터 시뮬레이션 등이 있다.

불 대수학은 조지 불(1815~1864)에 의해 유래되었다. 불의 대수학은 1930년 대에 전자 논리회로에 쓰이게 되었다. 간단한 기술들이지만 불 대수 함수식을 단순화하기 위해 이용해야 한다. 일부 불 대수학 주제들만 본문에 나와 있다. 디지털 전자와 공학을 계속해서 공부할 많은 이들은 불 대수학을 자세히 공부해야 한다.

불 대수 함수식을 단순화하기 쉬운 방법 중의 하나인 카르노 도표는 4.6절에서 4.10절에 나와 있다. 비치도, 벤 다이어그램 그리고 작표 방법을 포함한 다양한 다른 단순화 방법들 역시 나와 있다. 작표 방법은 Multisim의 콰인-맥클러스키 방법이라고 불리는 소프트웨어를 이용한 방법이다.

> **확인문제**

21. 그림 4-15(b)와 (e)의 논리회로들은 _____(다른, 동일한) 진리표를 산출한다.
22. 불 대수 함수식들은 검사를 통하거나 _____ 대수학이나 _____ 도표 등의 방법을 통해 여러 번 단순화할 수 있다.
23. 카르노 도표는 논리회로 단순화의 체계적인 도표 방법이지만, _____ 방법이 컴퓨터 단순화에 더 적합하다.

4.6 카르노 도표

1953년 모리스 카르노(Maurice Karnaugh)에 의해 고안되었으며 불 대수 함수식을 간략화 하는데 사용된다. 그림 4-16은 카르노 도표를 나타낸다. 네 개의 사각형(1, 2, 3, 4)은 2-변수 진리표에서 A와 B의 네 개의 가능한 조합을 나타낸다. 카르노 도표의 사각형 1은 $\overline{A} \cdot \overline{B}$을 나타내고, 사각형 2는 $\overline{A} \cdot B$를 나타내고, 이런 식으로 계속된다.

그림 4-15의 친숙한 문제를 도표로 나타내 보자. 편의를 위해 그림 4-17(a)에 원래의 불 대수식 $\overline{A} \cdot B + A \cdot \overline{B} + A \cdot B = Y$을 써두었다. 다음, 그림 4-17 (b)에 나타난 것처럼 1은 카르노 도표의 각 사각형에 적는다. 채워진 **카르노 도표**(K 도표)는 반복 실행될 준비가 되어있다. 반복 기술은 그림 4-18에 나와 있다. 인접한 1들은 2, 4 혹은 8로 묶는다. 반복은 모든 1들이 묶일 때까지 반복한다. 각 묶

카르노 도표

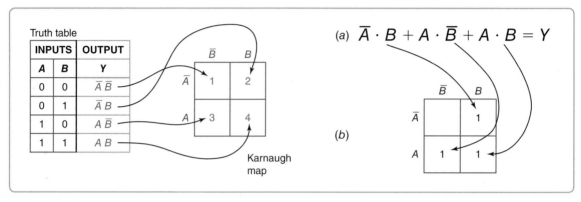

그림 4-16 카르노 도표의 사각형의 의미

그림 4-17 카르노 도표에 표시된 1

음은 간략화한 불 대수 함수식을 나타낸다. 그림 4-18에 두 개의 루프가 있다. 이 두 루프들은 새로운 불 대수 함수식을 간략하게 하기 위해 두 번의 OR를 거쳐야 함을 나타낸다.

그림 4-19의 두 개의 묶음을 기반으로 불 대수 함수식을 간략화 해본다. 우선 아래의 묶음을 통해 A는 B와 $\overline{B}$를 포함하고 있음을 알 수 있다. B와 $\overline{B}$는 불 대수학의 규칙에 따라 제거할 수 있다. 이는 아래 묶음의 A만을 남긴다. 이와 같이, A와 $\overline{A}$를 포함한 세로 묶음을 보게 되면, 제거되고 B만을 남긴다. 남겨진 A와 B를 OR 식으로 풀면, 간략한 불 대수 함수식 $A+B=Y$가 남게 된다.

불 대수 함수식을 간략화 하는 과정이 어렵게 다가올 수 있다. 사실, 이 과정들은 몇 번의 연습을 거치면 꽤 쉽다. 아래는 간략화의 여섯 단계를 정리한 것이다.

1. 불 대수 함수식의 최소항부터 시작한다.

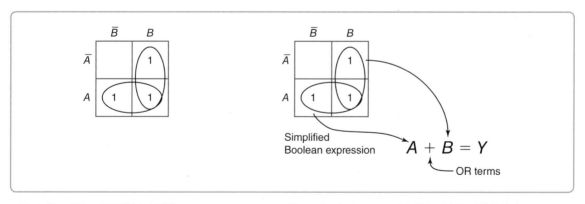

그림 4-18 카르노 도표에서 1의 묶음

그림 4-19 카르노 도표로 불 대수 함수식 간략화하기

2. 카르노 도표에 1을 기록한다.

3. 인접한 1들을 묶는다(2, 4 혹은 8로).

4. 묶음에서 항과 그것의 보수를 포함하면 항을 지워 간략하게 한다.

5. 남은 항들은 OR 식으로 푼다(한 번에 한 항).

6. 간략화된 불 대수 함수식을 쓴다.

❘❘ 확인문제

24. 그림 4-17에 나타난 도표는 _____로부터 발전한 것이다.

25. 카르노 도표를 이용하여 불 대수 함수식을 간략화하는 여섯 단계를 써라.

4.7 3-변수 카르노 맵

그림 4-20(a)에 주어진 간략화되지 않은 불 대수 함수식 $A \cdot \overline{B} \cdot \overline{C} + \overline{A} \cdot \overline{B} \cdot \overline{C}$ $+ \overline{A} \cdot \overline{B} \cdot C + A \cdot B \cdot \overline{C} = Y$을 생각해보자. 그림 4-20(b)에 3-변수 카르노 맵이 있다. 도표의 여덟 개의 사각형에 나타나 있는 A, B 그리고 C의 8개의 가능한 조합이 있음을 알아야 한다. 표에 나타나 있는 것은 네 개의 1들이며, 각각 원래의 불 대수 함수식을 나타내고 있다. 그림 4-20(c)에 다시 그려진 카르노 맵이 있다. 두 개의 인접한 1들은 묶여 있다. 아래쪽의 묶음은 B와 $\overline{B}$를 모두 갖고 있다. B와 $\overline{B}$항은 제거된다. 아래 묶음은 아직 A와 $\overline{C}$를 갖고 있어, A와 $\overline{C}$항을 부여한다. 위쪽의 묶음은 C와 $\overline{C}$를 모두 갖고 있다. $\overline{A} \cdot \overline{B}$항을 남기고 C와 $\overline{C}$항은 제거된다. OR 기호를 더해 불 대수 함수식의 최소항이 형성되었다. 그림 4-20(d)에 간략한 불 대수 함수식 $A \cdot \overline{C} + \overline{A} \cdot \overline{B} = Y$가 쓰여 있다.

그림 4-20에서 간략한 불 대수 함수식이 기존의 식보다 더 적은 전자부품을 사용하는 것을 알 수 있다. 다르게 보이는 불 대수 함수식이지만 원래의 함수식과 같은 진리표를 만들 수 있다는 것을 염두해 두어야 한다.

그림 4-20처럼 카르노 맵을 나타내는 것이 좋다. 도표의 왼편으로 과정을 써내려가고, 각 단계에서 하나의 변수만을 변화시킨다. 위쪽 왼편에 $\overline{A}$ $\overline{B}$가 들어가고, 바로 아래는 $\overline{A}B$($\overline{B}$에서 B로)가 된다. 그리고 아래의 $\overline{A}$를 A로 바꿔 $\overline{A}B$를

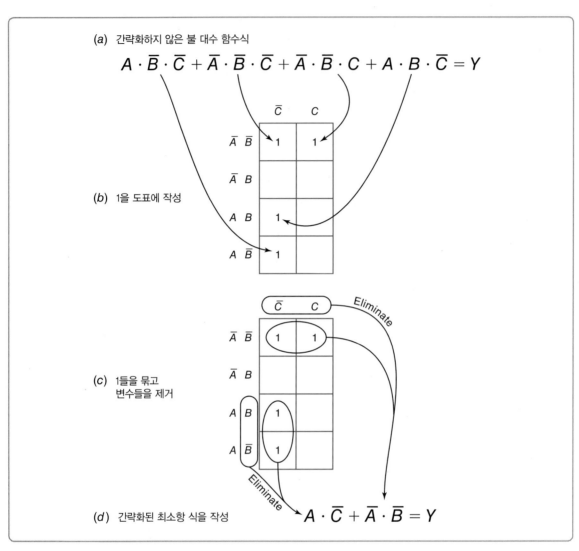

그림 4-20 카르노 맵을 이용해 간략화한 불 대수 함수식

AB로 바꾼다. 마지막으로, 아래로 내려와 B를 $\overline{B}$로 바꿔 AB를 $A\overline{B}$로 바꾼다.
카르노 맵은 정확하게 작성하지 않으면 올바르게 산출할 수 없다.

┌──────────────────┐
│ ┃ ┃ **확인문제** │
└──────────────────┘

26. 아래의 과정을 통해 불 대수 함수식 $\overline{A}\cdot\overline{B}\cdot C+\overline{A}\cdot B\cdot C+A\cdot\overline{B}\cdot\overline{C}+A\cdot\overline{B}\cdot C$
   $=Y$를 간략화하라.
   a. 3-변수 카르노 맵에 1들을 작성

b. 2나 4로 1들을 묶음

c. 묶음 내에 보수들이 나타나는 변수들을 제거

d. 간략화한 불 대수 함수식의 최소항 작성

27. 아래의 과정을 통해 불 대수 함수식 $\overline{A} \cdot B \cdot \overline{C} + \overline{A} \cdot B \cdot C + A \cdot B \cdot \overline{C} + A \cdot B \cdot C$ $= Y$를 간략화하라.

a. 3-변수 카르노 맵에 1들을 작성

b. 2나 4로 1들을 묶음

c. 묶음 내에 보수들이 나타나는 변수들을 제거

d. 간략화한 불 대수 함수식의 최소항 작성

4.8 네 개의 변수를 가진 카르노 도표

네 개의 변수를 가진 진리표는 16(2^4)개의 가능한 조합이 있다. 네 개의 변수를 가진 불 대수 함수를 간략하게 하는 것은 어렵게 느껴질 수 있지만, 카르노 도표는 이를 간단하게 해준다.

그림 4-21(a)의 불 대수 함수식 $A \cdot \overline{B} \cdot \overline{C} \cdot \overline{D} + \overline{A} \cdot B \cdot \overline{C} \cdot D + \overline{A} \cdot \overline{B} \cdot \overline{C} \cdot D$ $+ \overline{A} \cdot \overline{B} \cdot C \cdot D + \overline{A} \cdot B \cdot C \cdot D + A \cdot \overline{B} \cdot \overline{C} \cdot D = Y$을 생각해보자. 그림 4-21 (b) 에 나타난 4-변수 카르노 도표는 A, B, C 그리고 D로 16개의 가능한 조합을 나타낸다. 이들은 도표의 16개의 사각형을 대표한다. 도표의 여섯 개의 1들은 원래의 식의 6개의 항을 나타낸다. 4-21(c)에 카르도 도표를 다시 그렸다. 두 개의 1들의 인접한 그룹과 네 개의 1들이 묶음이다. 두 개의 1들의 아래 묶음은 D와 $\overline{D}$항이다. 아래 묶음은 $A \cdot \overline{B} \cdot \overline{C}$항을 만든다. 네 개의 1들의 위 묶음은 C와 $\overline{C}$ 그리고 B와 $\overline{B}$항이다. 위 묶음은 $\overline{A} \cdot D$ 항을 만든다. $A \cdot \overline{B} \cdot \overline{C}$와 $\overline{A} \cdot D$ 항들은 OR 연산이 된다. 그림 4-21(d)에 간략하게 된 불 대수 함수식 $A \cdot \overline{B} \cdot \overline{C} + \overline{A} \cdot D = Y$ 이 나와 있다.

2, 3, 4개의 변수를 가진 불 대수 함수식과 많은 변수를 제거하는 카르노 도표에서 그와 같은 묶음을 간략화할 때 같은 과정과 규칙을 사용한다는 것을 알았다. 이제 그림 4-20과 4-21과 같은 도표를 볼 수 있어야 한다.

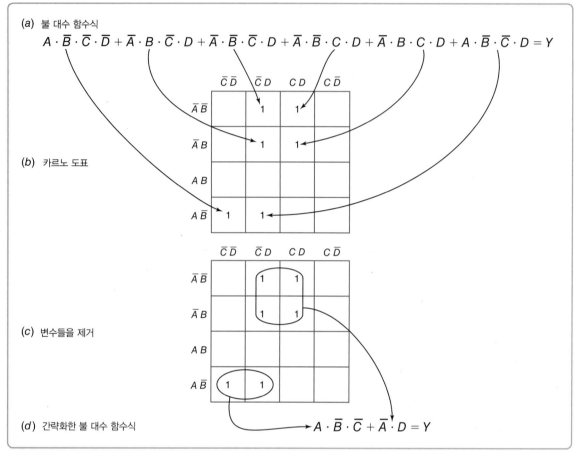

(a) 불 대수 함수식
$$A \cdot \overline{B} \cdot \overline{C} \cdot \overline{D} + \overline{A} \cdot B \cdot \overline{C} \cdot D + \overline{A} \cdot \overline{B} \cdot \overline{C} \cdot D + \overline{A} \cdot \overline{B} \cdot C \cdot D + \overline{A} \cdot B \cdot C \cdot D + A \cdot \overline{B} \cdot \overline{C} \cdot D = Y$$

(b) 카르노 도표

(c) 변수들을 제거

(d) 간략화한 불 대수 함수식
$$A \cdot \overline{B} \cdot \overline{C} + \overline{A} \cdot D = Y$$

그림 4-21 카르노 도표를 이용하여 4-변수 불 대수 함수식 간략화하기

확인문제

28. 아래의 과정을 통해 불 대수 함수식 $\overline{A} \cdot B \cdot \overline{C} \cdot \overline{D} + A \cdot B \cdot \overline{C} \cdot \overline{D} + \overline{A} \cdot B \cdot \overline{C} \cdot D +$ $A \cdot B \cdot \overline{C} \cdot D + A \cdot \overline{B} \cdot C \cdot D + A \cdot \overline{B} \cdot C \cdot \overline{D} = Y$를 간략화하라.
   a. 3-변수 카르노 도표에 1들을 작성
   b. 2나 4로 1들을 묶음
   c. 묶음 내에 보수들이 나타나는 변수들을 제거
   d. 간략화한 불 대수 함수식의 최소항 작성
29. 아래의 과정을 통해 불 대수 함수식 $\overline{A} \cdot \overline{B} \cdot \overline{C} \cdot \overline{D} + \overline{A} \cdot \overline{B} \cdot \overline{C} \cdot D + \overline{A} \cdot B \cdot \overline{C} \cdot \overline{D} +$ $\overline{A} \cdot B \cdot \overline{C} \cdot D + A \cdot B \cdot C \cdot D + A \cdot B \cdot C \cdot \overline{D} = Y$를 간략화하라.
   a. 3-변수 카르노 도표에 1들을 작성
   b. 2나 4로 1들을 묶음

c. 묶음 내에 보수들이 나타나는 변수들을 제거
d. 간략화한 불 대수 함수식의 최소항 작성

4.9 다른 카르노 맵

이 부분에서는 몇 개의 카르노 맵의 예시를 살펴본다. 특이한 묶음 과정을 살펴보도록 한다.

그림 4-22(a)의 불 대수 함수식을 본다. 그림 4-22(b)의 카르노 맵의 네 개의 1이 네 개의 항을 나타내고 있다. 올바른 묶음 과정이 나타나있다. 이를 통해 카르노 맵은 왼편이 오른쪽과 인접한 원통을 감싸는 것으로 생각할 수 있다. 또한 A와 $\overline{A}$ 그리고 C와 $\overline{C}$항을 제거하는 것을 본다. 간략한 불 대수 함수식 $B \cdot \overline{D} = Y$은 그림 4-22(c)에 나타나 있다.

다른 묶음 방식은 그림 4-23(a)에 나타나 있다. 이를 통해, 묶으면서 도표의 위와 아래는 원기둥에 말리듯이 다른 한 편에 인접해 있음을 알 수 있다. 이 도표의 간략한 불 대수 함수식이 그림 4-23(b)에 $\overline{B} \cdot \overline{C} = Y$로 나타나 있다. 그림 4-23에서 D와 $\overline{D}$항처럼 A와 $\overline{A}$ 역시 소거된다.

그림 4-24(a)는 또 다른 특이한 묶음 방식을 보여준다. 카르노 맵의 네 개의 모서리들이 공처럼 연결되어있다고 가정한다. 네 개의 모서리들은 인접해 있고 하나의 묶음으로 나타낼 수 있다. 간략한 불 대수 함수식 $\overline{B} \cdot \overline{D} = Y$은 그림 4-24(b)에 주어진다. 이 예시에서, C와 $\overline{C}$항처럼 A와 $\overline{A}$항들이 소거되었다.

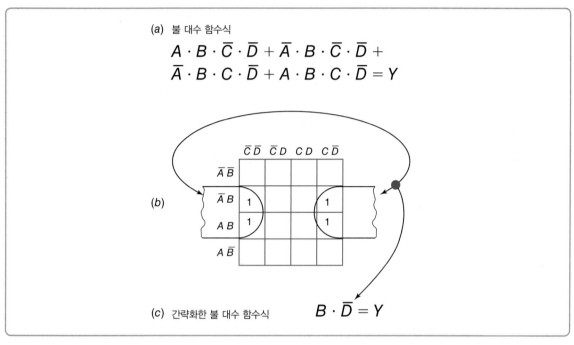

그림 4-22 도표를 세로 원기둥으로 생각하고 간략화한 불 대수 함수식. 이 방법에서, 네 개의 1들이 묶인다.

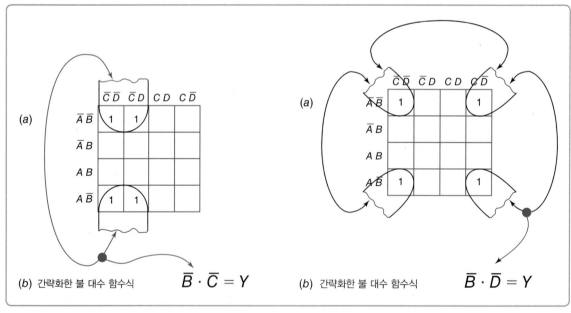

그림 4-23 도표를 가로 원기둥으로 생각하고 간략화한 불 대수 함수식. 이 방법에서, 네 개의 1들이 묶인다.

그림 4-24 카르노 맵을 공으로 가정할 때 간략한 불 대수 함수식. 이 방법에서, 네 모서리의 1들은 하나의 묶음으로 묶인다.

┃ ┃ **확인문제**

30. 아래의 과정을 통해 불 대수 함수식 $\overline{A}\cdot B\cdot\overline{C}\cdot D+\overline{A}\cdot\overline{B}\cdot\overline{C}\cdot D+\overline{A}\cdot\overline{B}\cdot C\cdot D+$ $\overline{A}\cdot B\cdot C\cdot\overline{D}+A\cdot\overline{B}\cdot\overline{C}\cdot D+A\cdot\overline{B}\cdot C\cdot D = Y$를 간략화하라.

  a. 3-변수 카르노 맵에 1들을 작성

  b. 2나 4로 1들을 묶음

  c. 묶음 내에 보수들이 나타나는 변수들을 제거

  d. 간략화 한 불 대수 함수식의 최소항 작성

31. 아래의 과정을 통해 불 대수 함수식 $\overline{A}\cdot\overline{B}\cdot\overline{C}+\overline{A}\cdot B\cdot C+A\cdot\overline{B}\cdot\overline{C}+A\cdot B\cdot C$ $+A\cdot B\cdot C = Y$를 간략화하라.

  a. 3-변수 카르노 맵에 1들을 작성

  b. 2나 4로 1들을 묶음

  c. 묶음 내에 보수들이 나타나는 변수들을 제거

  d. 간략화 한 불 대수 함수식의 최소항 작성

4.10 5-변수 카르노 맵

 네 개 이상의 변수를 이용한 논리문제를 풀 때 카르노 맵은 삼차원이 될 수 있다. 이번에는 삼차원 카르노 맵을 다룬다.

 5-변수의 간략하지 않은 불 대수 함수식이 그림 4-25(a)에 제시되어 있다. 5-변수 카르노 맵이 그림 4-25(b)에 그려져 있다. 이는 2개의 4-변수 카르노 맵이 쌓여 3차원을 만든 것임을 알 수 있다. 위의 맵은 평면 E이고 아래는 평면 $\overline{E}$(E not)이다.

 간략하지 않은 불 대수 함수식의 각각의 9개의 항은 그림 4-25(b)에 1로 표시되어 있다. 2, 4 혹은 8의 근접한 그룹들은 묶여 있다. E와 $\overline{E}$면의 네 개의 1들 역시 근접해 있어 모든 그룹이 원통에 근접해 있으며 여덟 개의 1이 속한 하나의 묶음으로 볼 수 있다.

 다음 단계는 카르노 맵의 1들의 묶임을 간략한 최소항 불 대수 함수식으로 변환하는 것이다. 그림 4-25(b)의 $\overline{E}$면의 혼자인 1은 간략화될 수 없으며 그림 4-25(c)의 $A\cdot\overline{B}\cdot\overline{C}\cdot\overline{D}\cdot\overline{E}$로 나타낼 수 있다. 원기둥에 묶인 여덟 개의 1들은 간략화될 수 있다. E와 $\overline{E}$, C와 $\overline{C}$, 그리고 B와 $\overline{B}$ 변수들은 소거되고 $\overline{E}$항을 남

$$A \cdot \bar{B} \cdot \bar{C} \cdot \bar{D} \cdot \bar{E} + \bar{A} \cdot \bar{B} \cdot \bar{C} \cdot D \cdot \bar{E} + \bar{A} \cdot B \cdot \bar{C} \cdot D \cdot \bar{E} +$$
$$\bar{A} \cdot \bar{B} \cdot C \cdot D \cdot \bar{E} + \bar{A} \cdot B \cdot C \cdot D \cdot \bar{E} + \bar{A} \cdot \bar{B} \cdot \bar{C} \cdot D \cdot E +$$
$$\bar{A} \cdot B \cdot \bar{C} \cdot D \cdot E + \bar{A} \cdot \bar{B} \cdot C \cdot D \cdot E + \bar{A} \cdot B \cdot C \cdot D \cdot E = Y$$

(a) 간략화 하지 않은 불 대수 표현

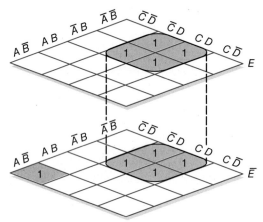

(b) 카르노 맵. 1의 플로팅과 루핑

$$A \cdot \bar{B} \cdot \bar{C} \cdot \bar{D} \cdot \bar{E} + \bar{A} \cdot D = Y$$

(c) 간략화된 불 대수식

그림 4–25 불 대수 함수식을 간략화하기 위해 5–변수 카르노 맵을 사용

긴다. $A \cdot \bar{B} \cdot \bar{C} \cdot \bar{D} \cdot \bar{E}$항과 $\bar{A} \cdot D$항이 OR 연산되어 그림 4–25(c)에 간략한 불 대수 함수식 최소항 $A \cdot \bar{B} \cdot \bar{C} \cdot \bar{D} \cdot \bar{E} + \bar{A} \cdot D$으로 나타나게 된다.

확인문제

32. 아래의 과정을 통해 불 대수 함수식 $A \cdot \bar{B} \cdot \bar{C} \cdot \bar{D} \cdot \bar{E} + A \cdot \bar{B} \cdot \bar{C} \cdot D \cdot \bar{E} + A \cdot \bar{B} \cdot \bar{C} \cdot \bar{D} \cdot E + A \cdot \bar{B} \cdot \bar{C} \cdot D \cdot E + \bar{A} \cdot B \cdot C \cdot D \cdot E + \bar{A} \cdot \bar{B} \cdot C \cdot D \cdot E = Y$를 간략화하라.

    a. 3–변수 카르노 맵에 1들을 작성

    b. 2나 4로 1들을 묶음

    c. 묶음 내에 보수들이 나타나는 변수들을 제거

    d. 간략화 한 불 대수 함수식의 최소항 작성

4.11 NAND 논리 사용하기

앞서 NAND 게이트가 일반적인 게이트로 사용될 수 있음을 배웠다. 이 부분에서는 NAND 게이트가 조합 논리회로의 배선에서 어떻게 사용되는지를 배울 것이다. NAND 게이트는 사용하기 쉽고, 손쉽게 구할 수 있기 때문에 사용된다.

만약, 그림 4-26(a)와 같은 불 대수 함수식 $A \cdot B + A \cdot \overline{C} = Y$가 주어진다고 가정한다. 이 문제를 최소 비용으로 풀라고 할 것이다.

먼저, AND 게이트, OR 게이트 그리고 인버터를 사용하여 그림 4-26(b)에 있는 불 대수 함수식에 대한 논리회로를 그린다. 제조사의 작업설명서를 확인해서, 이 일을 하기 위해 반드시 세 개의 다른 IC가 필요함을 알아내야 한다.

NAND 논리를 사용한다. 그림 4-26(c)에 있는 NAND-NAND 논리회로와 같이 논리회로를 수정한다. 카탈로그를 확인하면서, 일을 수행하는 네 NAND 게이트들이 단지 하나의 IC만을 필요로 하는 것을 알게 된다. 입력의 OR 기호에 반전기 기호가 있는 것이 NAND 게이트의 기호라는 것을 상기시킨다. 최종적으로 그림 4-26(c)의 회로를 실험해보았고 $A \cdot B + A \cdot \overline{C} = Y$ 논리에 의해 작동된다는 것을 알았다. 그림 4-26(b)처럼 세 개가 아닌, 단 하나의 IC를 필요로 하는 회로에 만족할 것이다.

이 기술을 기억하는 것으로 왜 NAND 게이트들이 많은 논리회로에 사용되는지 인정하게 된다. 만약 미래의 직업이 디지털 회로 설계라면, 이는 최소 비용으로 최고의 최종 회로를 설계하는 유용한 도구가 될 것이다.

왜 그림 4-26(c)의 NAND 게이트가 그림 4-26(b)의 AND와 OR 게이트를 대신하는지 궁금해질 것이다. 만약 그림 4-26(c)를 유심히 보았다면, 두 개의 AND 기호가 OR 기호에 들어가는 것을 볼 수 있다. 이전의 실험으로, 두 번 반전하면, 기존의 논리 상태가 된다는 것을 알 수 있었다. 이에 그림 4-26(c)의 AND와 OR 기호 사이의 두 개의 인버트 기호가 다른 하나를 취소하는 것이다. 두 인버터 버블은 다른 하나를 취소하기 때문에, 두 AND 게이트가 OR 게이트에 들어가게 함으로 회로를 마무리할 수 있다.

정리하면, 아래의 단계에 따라 NAND 게이트를 사용한다.

1. 불 대수 함수의 최소항(SOP)으로 시작한다.
2. AND, OR 그리고 NOT 기호를 이용해 AND-OR 논리도표를 그린다.

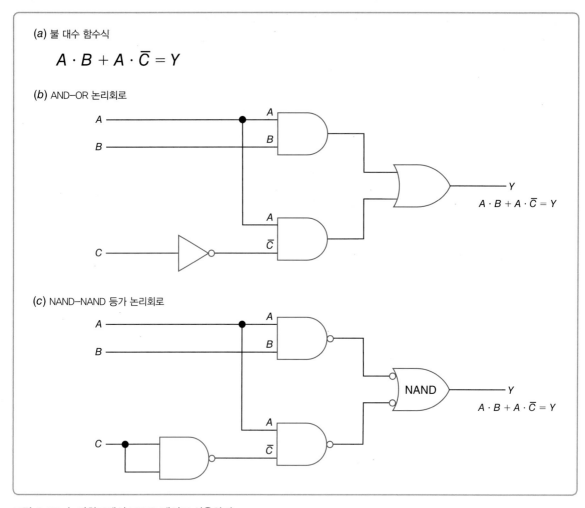

(a) 불 대수 함수식

$$A \cdot B + A \cdot \overline{C} = Y$$

(b) AND–OR 논리회로

$A \cdot B + A \cdot \overline{C} = Y$

(c) NAND–NAND 등가 논리회로

NAND

$A \cdot B + A \cdot \overline{C} = Y$

그림 4-26 논리회로에서 NAND 게이트 사용하기

3. 모든 연결을 유지하며 각각의 AND와 OR 기호를 NAND 기호로 대신한다.

4. 각각의 인버터에 모든 NAND 기호를 연결한다.

5. 모든 NAND 게이트를 가지고 있는 논리회로가 올바른 진리표를 만드는지 시험해본다.

■ ┃ 확인문제

33. 그림 4-26(b)에 있는 논리회로는 _____(AND-OR, NAND-NAND) 회로라
고 불린다.

34. 그림 4-26(b)와 (c)에 있는 논리회로는 _____(다른, 같은) 진리표를 만든다.

35. SOP 불 대수 함수식을 NAND-NAND 논리회로로 변환하는 5단계를 써라.

36. 최소항 식 $\overline{A} \cdot \overline{B} + A \cdot B = Y$를 NAND 논리로 변환하라.
　a. 이 식의 AND-OR 논리도표 그리기
　b. AND-OR 도표를 NAND-NAND 논리도표로 다시 그리기

37. 최소항 식 $A'B' + ABC = Y$를 NAND 논리로 변환하라.
　a. 이 식의 AND-OR 논리도표 그리기
　b. AND-OR 도표를 NAND-NAND 논리도표로 다시 그리기

4.12 컴퓨터 시뮬레이션: 논리 컨버터

　설계자와 기술자들은 몇 십년간 전문적인 컴퓨터 시뮬레이션 소프트웨어를 강
력한 단말기에서 작동시켜왔다. 최근 사용하기 쉬운 전기 회로 시뮬레이터들이
PC(개인용 컴퓨터)에서도 사용할 수 있게 되었다. 회로 시뮬레이션 소프트웨어의
저렴한 교육용 버전들은 무척이나 사용하기 쉽다.

　조합 논리회로를 설명하기 위해 사용된 세 가지 방법들로는 진리표, 불 대수 함
수식, 혹은 논리 심벌 다이어그램이 있다. 논리 컨버터라고 불리는 유용한 시뮬레
이션 기구는 진리표, 불 대수 함수식, 그리고 조합 논리 다이어그램을 자유롭게 변
환할 수 있다. 논리 컨버터는 이 장의 앞부분에서 많은 일들을 빠르게, 쉽게, 그리
고 정확하게 수행했다. EWB와 Multisim의 회로 시뮬레이션의 일부인 논리 컨
버터 기구는 그림 4-27에 나와 있다. '전환'의 우측 아래에는 기계가 수행할 수 있
는 일들이 버튼으로 나와 있다.

1. 논리 다이어그램을 진리표로
2. 진리표를 간략하지 않은 불 대수 함수로
3. 진리표를 간략한 불 대수 함수로
4. 불 대수 함수를 진리표로

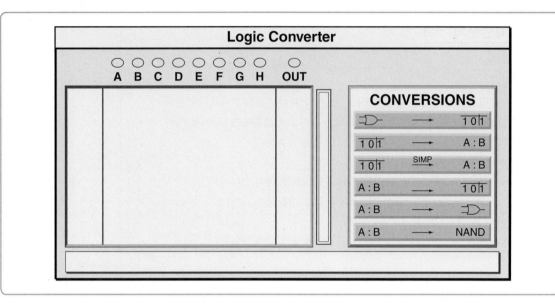

그림 4-27 논리 컨버터 화면(EWB or Multisim)

5. 불 대수 함수식을 AND, OR 그리고 NOT 게이트를 사용한 논리 다이어그 램으로

6. 불 대수 함수식을 NAND 게이트만 사용한 논리 다이어그램으로

이들은 앞에서 본 주제들과 같다는 것을 알 수 있다.

논리 컨버터의 대부분의 기능 사용이 그림 4-28에 나타나 있다.

1단계 실험에서 논리 심벌 다이어그램을 그리고 그림 4-28(a)에 있는 논리 컨 버터에 연결한다. 이것이 최소항이나 SOP 불 대수 함수식과 동등한 AND-OR 방식의 논리게이트임을 알 수 있다.

2단계 화면에 커진 논리 컨버터가 나타나고 위의 버튼(논리회로를 진리표 로)이 활성화된다. 이 변환의 결과가 동등한 4-입력 진리표라고 나타 난다.

3단계 논리 컨버터의 위에서 두 번째 버튼(진리표를 간략하지 않은 불 대수 함 수식으로)이 활성화된다. 그림 4-28(b)에서 이 변환의 결과가 화면 아래 에 나타난다. 나타난 간략하지 않은 불 대수 함수식의 키보드 버전은 $A'B'C'D + A'B'CD' + A'BCD + ABCD = Y$이다.

4단계 논리 컨버터의 위에서 세 번째 버튼(진리표를 간략한 불 대수 함수식으

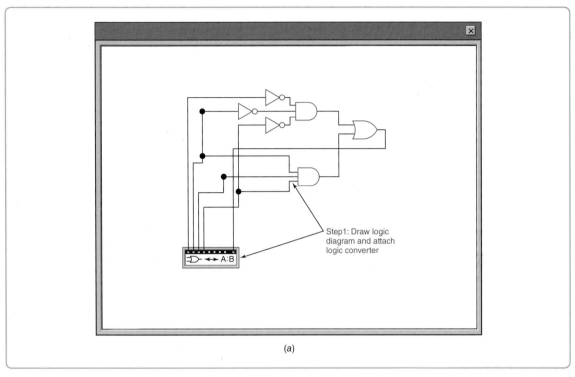

(a)

그림 4-28(a) 1단계 논리도표 그리기

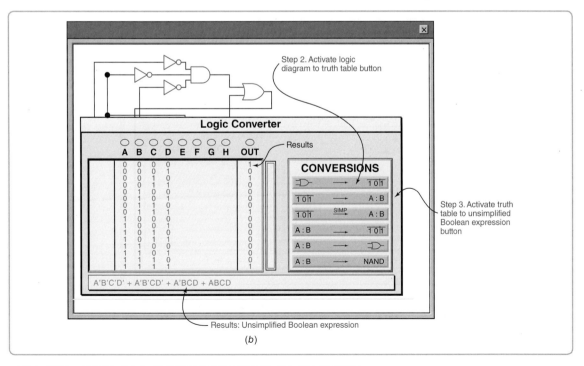

(b)

그림 4-23(b)   2단계와 3단계 진리표와 간략하지 않은 불 대수 함수식 만들기

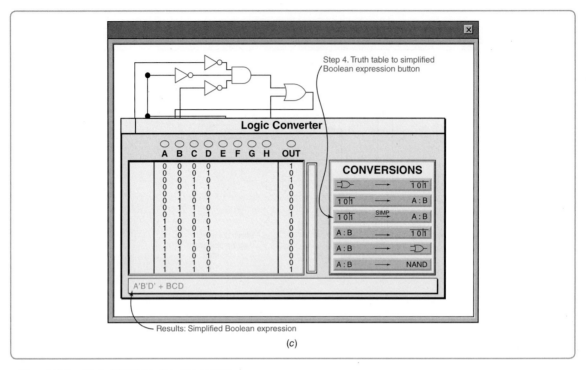

그림 4-28(c) 4단계 간략한 불 대수 함수식 만들기

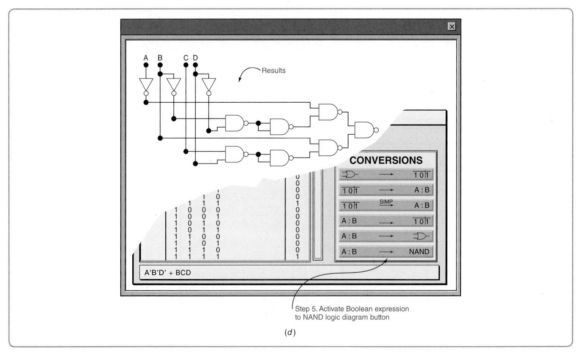

그림 4-23(d)   5단계 NAND 논리도표를 만들기

로)이 활성화 된다. 그림 4-28(c)에 이 변환의 결과가 화면 아래에 나타난다. 나타난 간략한 불 대수 함수식의 키보드 버전은 $A'B'D + BCD = Y$이다.

5단계 논리 컨버터의 아래의 버튼(불 대수 함수식을 NAND 논리게이트 도표로)이 활성화 된다. 그림 4-28(d)에 이 변환의 결과가 화면 아래에 NAND-NAND 논리회로로 나타난다.

알아본 논리 컨버터 기구와 같은 근래의 컴퓨터 시뮬레이션은 앞서 알아본 논리 기능들의 대표적인 것들을 쉽게, 더 정확하게, 그리고 더 적은 시간으로 변환할 수 있다. 컴퓨터 소프트웨어와 시뮬레이션들은 디지털 회로의 개발 단계에서 흔히 쓰인다.

📋 확인문제

EWB 또는 Multisim의 논리 컨버터를 이용하여 아래의 질문에 답하라.

38. 논리 컨버터를 이용하여, (a) 그림 4-29의 AND-OR 논리도표를 그리고, (b) 4-변수 진리표를 만들고 복사하여 (c) 간략한 최소항식을 만들어라.

39. 논리 컨버터를 이용하여, (a) 최소항식 $AC'D + BD'$을 입력하고, (b) 이 식의 4-변수 진리표를 작성하고 다시 그려서 (c) 이 논리 기능을 나타내는 AND-OR 논리도표를 만들고 복사하라.

40. 논리 컨버터를 이용하여, (a) 그림 4-30의 진리표를 논리 컨버터에 복사해 넣고, (b) 이 진리표에 해당하는 간략하지 않은 불 대수 함수식을 만든 뒤 쓰고, (c) 간략한 불 대수 함수식을 만든 뒤 쓰고 (d) 간략한 식의 AND-OR 논리도표를 만들고 그려라.

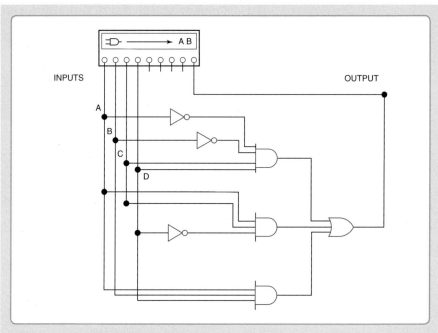

그림 4-29 논리 컨버터 문제

INPUTS				OUTPUT
A	B	C	D	Y
0	0	0	0	1
0	0	0	1	0
0	0	1	0	1
0	0	1	1	0
0	1	0	0	0
0	1	0	1	0
0	1	1	0	0
0	1	1	1	0
1	0	0	0	0
1	0	0	1	0
1	0	1	0	0
1	0	1	1	0
1	1	0	0	0
1	1	0	1	0
1	1	1	0	1
1	1	1	1	1

그림 4-30 진리표

4.13 논리문제 해결하기: 데이터 선택기

IC의 생산회사들은 간단한 조합 논리문제들을 데이터 선택기를 만들어서 해결한다. 데이터 선택기는 복잡한 논리문제들을 한 번에 해결해주기도 한다. 사실 데이터 선택기는 하나의 IC에 많은 수의 게이트들 포함하고 있다.

데이터 선택기

그림 4-31에 8×1 데이터 선택기가 나타나있다. 왼쪽에 있는 0부터 7까지의 여덟 개 데이터 입력이 있음을 알아야 한다. 또한 데이터 선택기의 아래쪽에 A, B, 그리고 C로 명명된 세 개의 데이터 선택기 입력이 있다. 데이터 선택기의 출력은 W라고 한다.

데이터 선택기가 하는 기본적인 일들은 주어진 입력(0부터 7까지)으로부터 출력(W)으로 데이터를 전송하는 것이다. 어떤 데이터 입력인지는 아래 데이터 선택기 입력의 2진수에 의해 정해진다.

그림 4-31의 데이터 선택기는 회전 개폐기와 마찬가지의 기능을 가진다. 그림 4-31는 입력3의 데이터가 회전개폐기의 접촉에 의해 전송되어 출력되는 것을 보여준다.

마찬가지로 그림 4-31의 데이터 입력3에서의 데이터는 데이터 선택기의 출력 W로 전송된다. 회전 개폐기에서는 반드시 스위치의 포지션을 다른 입력을 데이터

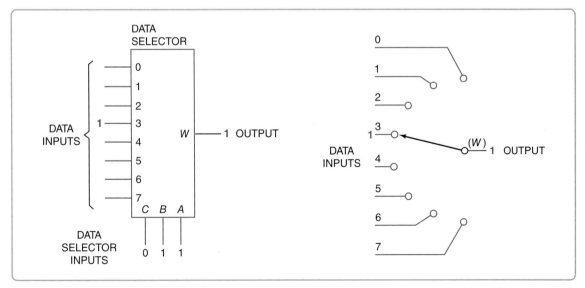

그림 4-31 8×1 데이터 선택기의 논리기호

그림 4-32 단주, 여덟 자리의 회전개폐기는 데이터 선택기와 같은 역할을 한다.

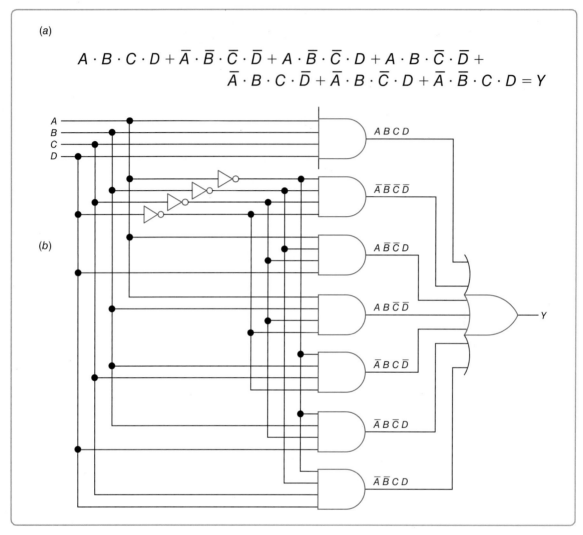

$$A \cdot B \cdot C \cdot D + \bar{A} \cdot \bar{B} \cdot \bar{C} \cdot \bar{D} + A \cdot \bar{B} \cdot \bar{C} \cdot D + A \cdot B \cdot \bar{C} \cdot \bar{D} +$$
$$\bar{A} \cdot B \cdot C \cdot \bar{D} + \bar{A} \cdot B \cdot \bar{C} \cdot D + \bar{A} \cdot \bar{B} \cdot C \cdot D = Y$$

그림 4-33 (a) 간략한 불 대수 함수식 (b) 불 대수 함수식의 논리회로

전송으로 기계적 변환해줘야 한다. 그림 4-31과 같은 8×1 데이터 선택기에서는 데이터 선택기 입력의 2진 입력을 다른 데이터 입력으로부터 데이터 전송으로 바꿔 출력해야한다. 데이터 선택기는 회전 개폐기가 주어진 입력의 논리 0이나 1들을 단일 출력으로 전송해주는 기능을 하는 것을 기억해야 한다.

논리문제 해결하기

이제 어떻게 데이터 선택기가 논리문제를 해결하는지 배울 것이다. 그림

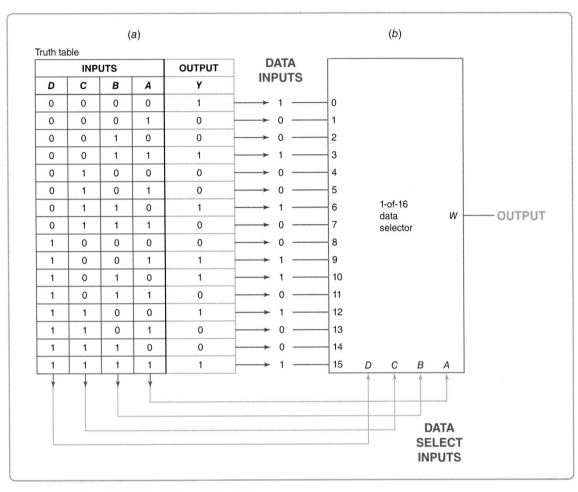

| | | | (a) | | | | (b) |
Truth table

그림 4-34 IC 데이터 선택기를 이용한 논리문제 해결

4-33(a)에 나타난 간략한 불 대수 함수식을 살펴보자. 편의를 위해 이 복잡한 불 대수 함수식의 논리회로가 그림 4-33(b)에 그려져 있다. 표준 IC 사용에서, 이 문제를 해결하기 위해 여섯 개에서 아홉 개의 IC 패키지를 사용하였다. 이는 IC와 인쇄회로기판 때문에 무척 비싸다.

논리문제에서 비용 절감을 위해서는 데이터 선택기를 사용하는 것이 효율적이다. 그림 4-33(a)의 불 대수 함수식은 그림 4-34(a)의 진리표를 나타낸 것이다. 16×1 데이터 선택기가 그림 4-34(b)에 더해진 형태이다. 논리 0과 1은 데이터 선택기의 16데이터 입력에 위치하고 진리표의 출력행 Y에 대응한다. 이들은 영구적으로 이 진리표에 연결된다. 데이터 선택기 입력들(D, C, B 그리고 A)은 진리표의 입구 측의 2진수로 바뀐다. 만약 데이터 선택기 입력 D, C, B 그리고 A들이 2진 0000이라면, 논리1은 진리표에서 요구하는 바와 같이 데이터 선택기의 출력 W로 옮겨진다. D, C, B 그리고 A의 어떤 조합이든 진리표에 따라 알맞은 출력을 만들어낸다.

요약   Summary

복잡한 논리문제를 해결하기 위해 데이터 선택기를 이용했다. 그림 4-33에서 이러한 논리문제를 해결하기 위해 최소한 여섯 개의 IC가 필요한 것을 알았다. 그림 4-34와 같은 데이터 선택기를 사용하면, 단 하나의 IC만을 이용해 문제를 해결할 수 있다.

조합 논리회로를 풀기 위해서 데이터 선택기는 사용하기 쉽고 효율적인 방법이다. 흔히 사용되는 데이터 선택기들은 3, 4, 5 변수의 논리문제들을 풀 수 있다. 제조사별 데이터 매뉴얼을 보게 된다면, 데이터 선택기들을 멀티플렉서라고 부르는 것을 알 수 있다.

확인문제

41. 그림 4-31은 8×1 _____의 논리심벌을 나타내고 있다.

42. 그림 4-31로 보아, 만약 모든 데이터 선택의 입력이 HIGH라면, 입력 _____(숫자)의 데이터는 선택되고 데이터 선택기의 출력 _____(글자)(으)로 보내진다.

43. 데이터 선택기의 동작은 기계적 _____ 개폐기와 비교된다.

44. 그림 4-34로 보아, 만약 모든 데이터 선택의 입력이 HIGH라면, 입력 _____(숫자)의 데이터는 출력 W로 보내진다. 이러한 조건에서, 출력 W는 _____(HIGH, LOW)이다.

45. 데이터 선택기 IC는 기기들의 다른 사용용도 제안에 _____(카운터, 멀티플렉서)로 카탈로그에 정리되어 있다.

46. 그림 4-35(a)를 보고, 이 진리표에 맞는 불 대수 함수식의 최소항을 써라(참고: 이 불 대수 함수식은 간략화할 수 없다).

47. 그림 4-35(b)를 보고, 진리표에 나와 있는 논리문제를 풀 수 있는 올바른 데이터 입력을 가진 16×1 데이터 선택기를 그려라.

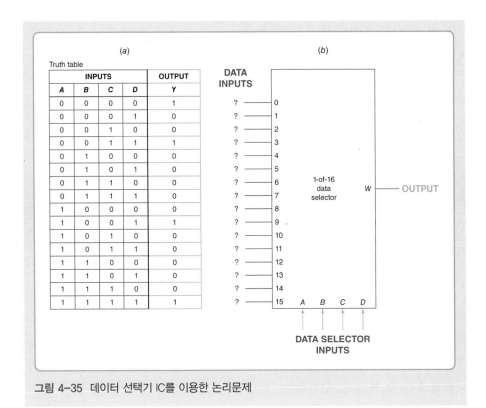

(a) Truth table				
INPUTS				OUTPUT
A	B	C	D	Y
0	0	0	0	1
0	0	0	1	0
0	0	1	0	0
0	0	1	1	1
0	1	0	0	0
0	1	0	1	0
0	1	1	0	0
0	1	1	1	0
1	0	0	0	0
1	0	0	1	1
1	0	1	0	0
1	0	1	1	0
1	1	0	0	0
1	1	0	1	0
1	1	1	0	0
1	1	1	1	1

그림 4-35 데이터 선택기 IC를 이용한 논리문제

4.14 프로그래머블 논리장치(PLD)

프로그래머블 논리장치(PLD)는 사용자에 의해 복잡한 논리기능 실행이 프로그 래밍 가능한 IC를 말한다. 간단한 PLD는 조합 논리에 심기 위해 사용된다. 다른 복 잡한 PLD는 메모리 특성(레지스터)을 갖고 있고 (카운터와 같은) 순차 논리회로 의 설계에 사용된다. PLD는 많은 논리문제들을 한 번에 해결할 수 있게 해준다. PLD는 많은 입력과 다수의 출력이 있다. PLD는 AND-OR 논리를 사용한 불 대수 함수식의 최소항(SOP)에도 사용이 가능하다.

PLD는 상표명과 두음문자를 가진 기기들의 평범한 이름을 나타내는 말이다. 예를 들면, PLD는 다음과 같은 기기들을 대표할 수 있다.

프로그래머블 논리장치

PAL for programmable array logic

GAL for generic array logic

ELPD for electrically programmable devices

IFL for integrated fuse logic

FPL for fuse-programmable logic

PLA for programmable logic arrays

PEEL for programmable electrically erasable logic

FPGA for field-programmable gate arrays

CPLD for complex programmable logic device

SRAM FPGA or static RAM field-programmable gate array

PLD는 디지털 논리에서 사용되는 프로그램 가능 논리기기들을 포괄하는 말이다. 하지만, PLD는 PAL이나 GAL과 같은 간단한 기기들과도 연관지을 수 있다. 더 복잡한 설계는 FPLA를 사용해 실행할 수 있다. FPLA는 크게 세 가지 종류로, CPLD, SRAM FPGA, 그리고 안티퓨즈 FPGA이다. PLD는 논리게이트의 수가 몇 백 개로 제한되어 있지만, FPGA는 몇 천 개까지 수용할 수 있다. 만약, 강사가 수업시간에 PLD를 프로그램 한다면, 아마 PAL이나 GAL이 될 것이다.

PLD의 장점들

논리회로의 시행에 더 적은 IC가 사용되기 때문에 PLD를 사용하는 것은 가격을 낮출 수가 있다. 소프트웨어 개발기구들은 PLD의 설계를 위한 제조사의 IC에서부터 사용이 가능하다. 개발 소프트웨어들은 논리설계에서 변경을 쉽게 해준다. PLD의 다른 이점으로는 공간 절약이 있는데, 이는 PLD가 포괄적인 논리기기이기 때문이다. 프로토타입과 PLD 이용 상품에서 업그레이드와 수정이 쉽다. PLD는 믿을 수 있는 부품이다. 특허를 낸 논리설계들은 경쟁자들로부터 더 쉽게 숨길 수 있다. PLD들은 다양한 곳에서 사용 가능하고 많은 양이 생산되므로 비싸지 않다. 예를 들면, 간단한 PAL의 가격은 작은 양으로만 주문해도 개당 1달러보다 적다.

PLD 프로그래밍하기

PLD는 보편적으로 현지의 개발 연구소, 학교 연구소 혹은 회사에서 프로그램

되며, 제조사에서는 하지 않는다. 개발 소프트웨어는 PLD의 다양한 개발사로부터 얻을 수 있다. 학교에서 사용되고 있는 보편적인 개발 소프트웨어는 다음과 같다.

- ABEL software from Lattice Semiconductor Corp.
- CUPL software from Logical Devices, Inc.

많은 제조사들은 학생, 기술자 그리고 설계자들이 임시로 그들의 개발 소프트웨어를 다운로드할 수 있도록 허락하고 있다.

학교와 작은 연구실에서 PLD를 프로그래밍하는 데에 사용하는 시스템은 그림 4-36에 나타나 있다. 시스템은 PC(개인용 컴퓨터), 개발용 소프트웨어, IC 프로그래머, 그리고 IC 프로그래머를 PC에 연결할 수 있는 케이블로 구성되어 있다.

그림 4-36에는 프로그래밍의 기본 단계가 나타나 있다. 1단계는 개발 소프트웨어를 주기억 장치에 로딩하는 것이다. 2단계는 개발 소프트웨어를 통해 논리설계에 들어가고 설계를 시행할 기기(예를 들면 PAL10H8)에 소프트웨어를 연결하는

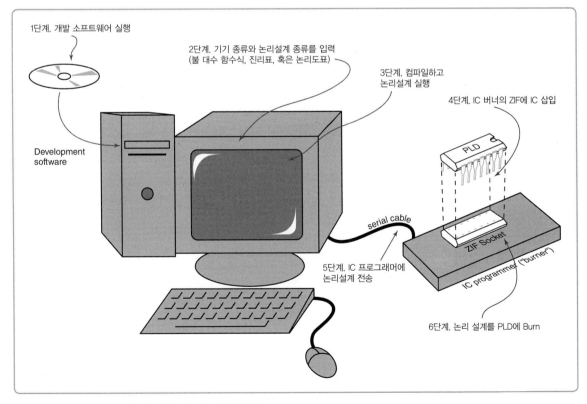

그림 4-36 PLD 프로그래밍에 사용되는 대표적인 장비

것이다. 개발 소프트웨어는 최소 세 가지의 방법으로 논리회로를 설명할 수 있도록 해 줄 것이다. 이는 (1) 불 대수 함수식(SOP 형태), (2) 진리표 혹은 (3) 논리도 표이다. 그 밖에도 다른 형태로 논리회로를 나타낼 수 있다. 3단계는 컴파일하고 설계가 제대로 되었는지 가동시키는 것이다. 4단계는 PLD를 IC소켓의 ZIF에 놓는 것이다. 5단계에서 디자인을 출력 시리얼 케이블을 통해 IC 프로그래머에게 보내는 것을 보여준다. 6단계에서는 "burn"하거나 PLD IC를 프로그래밍한다. 요약하면, 그림 4-36은 하드웨어와 PLD의 프로그래밍 과정을 나타내고 있다.

PLD의 안에는 무엇이 있을까?

그림 4-37(a)에는 PLD의 간략한 버전이 나타나 있다. 앞서 불 대수 함수식의 SOP(최소항)을 시행하기 위해 한 AND-OR 게이트와 같은 것을 볼 수 있다. 이 간단한 논리회로는 두 개의 입력과 하나의 출력을 갖고 있는데 반해, PAL12H10 IC와 같은 대표적인 상업적 PLD는 12개의 입력과 10개의 출력을 갖고 있다. 그림 4-37(a)에 나타난 간단한 PLD는 AND 게이트 프로그래밍에 사용된 온전한 퓨즈가 있다. OR 게이트는 기기에서 프로그래밍할 수 없다. 그림 4-37(a)의 PLD는 제조사로부터 모든 퓨즈가 온전하게 온 것임을 알 수 있다. 그림 4-37(a)의 PLD는 선택한 퓨즈를 버닝 오픈으로 프로그램할 필요가 있다.

그림 4-37(b)의 PLD는 SOP(최소항) 불 대수 함수식 $A \cdot \overline{B} + \overline{A} \cdot B = Y$을 시행하기 위해 프로그래밍한 것이다. 위의 4-입력 AND 게이트(게이트 1)에는 두 개의 가변 연결이 번 오픈 되어 있고, A와 B의 연결을 유지한다. 게이트 1은 A와 B를 AND로 묶는다. AND 게이트 2는 두 개의 번 오픈 퓨즈가 있고, A와 B 입력이 연결되어 있다. 게이트 2는 A와 B를 AND로 묶는다. AND 게이트 3은 이 불 대수 함수식이 사용될 필요가 없다. 모든 퓨즈들은 그림 4-37(b)에서 보이듯 온전하게 유지되며, 이는 AND 게이트 3의 출력이 항상 논리 0이 된다는 것을 의미한다. 논리 0은 최종 OR 게이트의 작동에 아무런 영향이 없다는 것을 의미한다. 그림 4-37(b)의 OR 게이트는 $A \cdot \overline{B}$와 $\overline{A} \cdot B$를 OR로 묶고 불 대수 함수식에서 사용하게 된다.

그림 4-37(b)의 간단한 예시로 불 대수 함수식 최소항 $A \cdot \overline{B} + \overline{A} \cdot B = Y$은 PLD로 사용된다. 그림 4-37(b)에서 볼 수 있듯이 AND 게이트 3은 이 회로에서 사용되지 않으며 쓸모 없어 보인다. PLD는 보편적인 논리기기로 많은 문제를 풀기 위해 이용됨을 잊지 말아야 한다. 가끔은 논리의 일부분이 사용되지 않기도

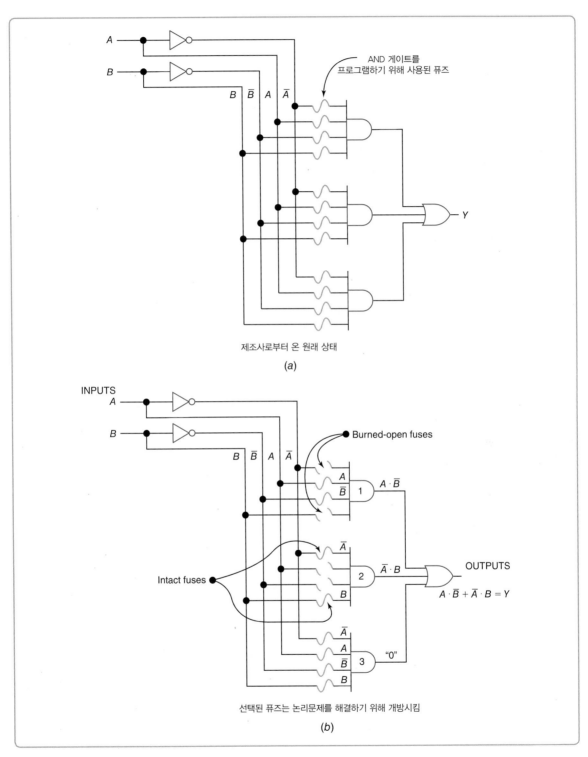

AND 게이트를
프로그램하기 위해 사용된 퓨즈

제조사로부터 온 원래 상태

(a)

INPUTS

Burned-open fuses

Intact fuses

OUTPUTS

$A \cdot \bar{B} + \bar{A} \cdot B = Y$

선택된 퓨즈는 논리문제를 해결하기 위해 개방시킴

(b)

그림 4-37 간략한 PLD

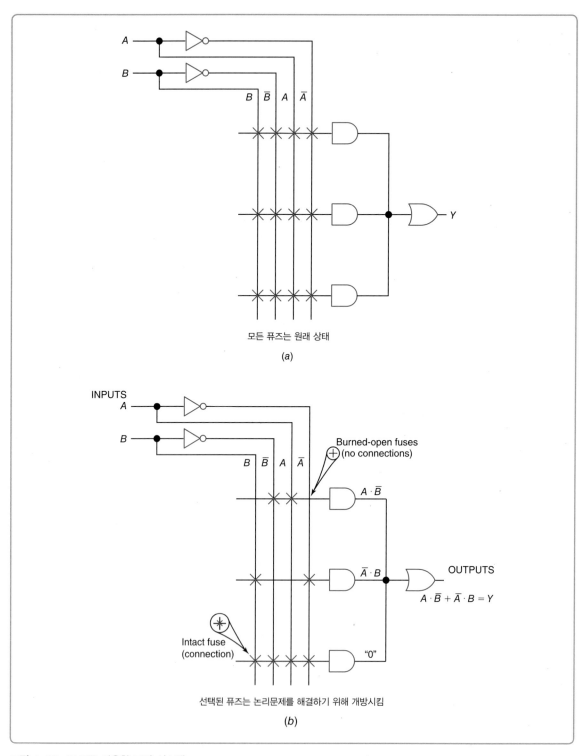

그림 4-38 PLD를 이용한 표기 시스템

한다. 그림 4-36에 그려진 IC 프로그래머가 선택된 퓨즈들을 "번 오픈"한다는 사실을 상기하라. 따라서 IC 프로그래머 기구들은 PLD 버너라고 불린다.

그림 4-37(b)의 예시 문제들은 PLD로 풀리지 않는다. 설계자들과 기술자들은 전자기기를 사용할 때 가장 비용 효율이 높은 방법을 찾는다. 불 대수 함수식 $A \cdot \overline{B} + \overline{A} \cdot B = Y$는 2-입력 XOR 기능을 설명하며 이는 전용 2-입력 XOR 게이트 IC보다 더 싸게 사용할 수 있다.

PLD에서 사용되는 단축된 표기법 시스템은 그림 4-38에 나타나 있다. 모든 AND와 OR 게이트들은 단 하나의 입력을 위해 나타나며, 각 AND 게이트는 4-입력 그리고 OR 게이트는 3-입력이다. 그림 4-38(a)에서 나타나듯 PLD는 프로

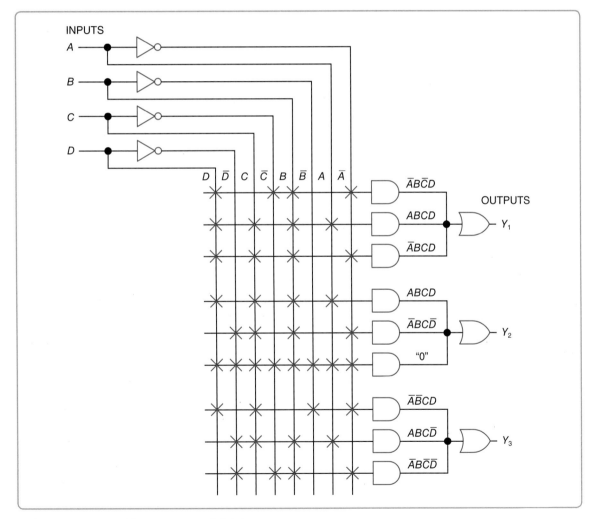

그림 4-39 퓨즈 맵을 이용해 PLD 프로그래밍하기

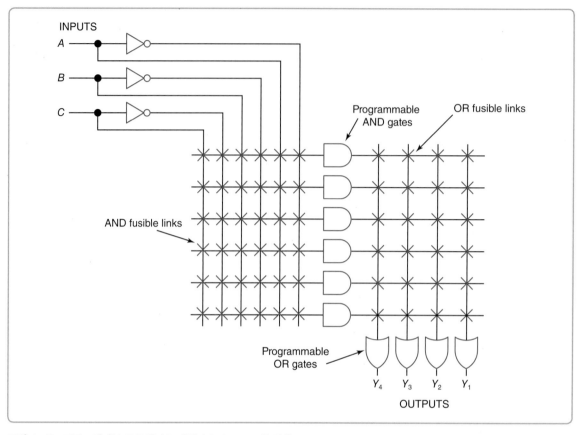

그림 4-40 프로그래머블 AND와 OR 배열과 PLD, FPLA와 같음

그래밍 전에 모든 퓨즈가 온전해야 한다. 선의 교차점의 × 표시는 단축 표기 시스템에서 온전한 퓨즈를 나타낸다.

불 대수 함수식 $A \cdot \overline{B} + \overline{A} \cdot B = Y$ 은 그림 4-37(b)에서 사용되었다. 그림 4-38(b)에서 같은 불 대수 함수식이 사용되었지만 PLD의 프로그래밍을 설명하기 위해 단축 표기 시스템을 사용했다. 교차점의 ×가 온전한 퓨즈를 뜻하며, ×가 없는 곳은 번-오픈 된 퓨즈를 의미한다는 것에 유의해야 한다.

그림 4-38에서 사용된 단축 표기 시스템은 퓨즈 맵이라고도 불린다. 퓨즈 맵은 PLD 프로그래밍을 그래픽이나 "지필"로 나타내는 방법이다. 실습에서 그림 4-36의 PLD 프로그래밍과 같은 컴퓨터 시스템을 이용해 볼 것이지만, 퓨즈 맵은 PLD의 내부 구조나 시스템 구성을 보는 것이 더 유용하다. 또한 퓨즈 맵은 PLD의 내부에 무엇이 프로그래밍 되어있는지 이해하는 것을 돕는다.

그림 4-39에는 더 복잡한 PLD가 나타나 있다. PLD는 4-입력과 3-출력이

나타나 있다. 이는 암호와 암호를 번역하기 위해 많은 입력과 출력을 가진 평범한 해독기이다. 그림 4-39에 그려진 PLD는 무척이나 간단하기 때문에 상업용으로 볼 수 없다.

그림 4-39에는 PLD를 이용하여 세 개의 조합 논리문제를 해결했다. 첫 번째 불 대수 함수식 $\overline{A}\cdot B\cdot\overline{C}\cdot D + A\cdot B\cdot C\cdot D + \overline{A}\cdot B\cdot C\cdot D = Y_1$은 AND-OR 게이트의 상위 그룹을 사용했다. 퓨즈 맵의 ×가 온전한 퓨즈이며 ×가 없으면 번-오픈 된 퓨즈임을 기억해야 한다. 두 번째 불 대수 함수식 $A\cdot B\cdot C\cdot D + \overline{A}\cdot B\cdot C\cdot\overline{D} = Y_2$은 AND-OR 게이트의 중간 그룹을 사용했다. 중간 그룹에서 아래의 AND 게이트는 사용되지 않음을 알아야 한다. 그리고 모두 여덟 개의 퓨즈가 온전하며, 이는 OR 게이트의 출력이 논리 0을 갖고 아무런 결과도 없다는 것을 의미한다. 세 번째 불 대수 함수식 $\overline{A}\cdot\overline{B}\cdot C\cdot D + A\cdot B\cdot C\cdot\overline{D} + \overline{A}\cdot B\cdot\overline{C}\cdot\overline{D} = Y_3$은 AND-OR 게이트의 하위 그룹을 사용했다.

더 복잡한 PLD 구성은 그림 4-40에 나타나 있다. PLD는 AND와 OR 배열 모두를 프로그래밍 가능하게 한다. 앞서 배운 프로그래머블 논리장치는 AND 게이트만을 프로그래밍할 수 있었다. 이 종류의 장치는 가끔 FPLA라고도 불린다. 간단한 예시와 같이 모든 연결이 온전하다는 점에 유의한다.

유용한 PLD

IC 그룹의 목록의 하나인 PLD는 장치(CMOS나 TTL)의 제조 과정 기술에서 제일 먼저 사용되었다. 두 번째, 한 번만 프로그래밍하고 지우는 어느 한 쪽의 기능만의 그룹을 지을 수 있다. 지울 수 있는 제품은 UV(울트라 바이올렛) 라이트 타입이나 전기적으로 지울 수 있다. 세 번째, PLD가 조합 논리 혹은 레지스터형/래치형 출력형으로 그룹을 지을 수 있다. 전통적으로 PLD는 복잡한 조합 논리설계(디코더와 같은)에 사용되어졌다. 레지스터형 PLD는 게이트와 래칭 출력 데이터 혹은 순차적 논리회로(카운터와 같은) 설계를 모두 갖고 있다.

PAL10H8은 작은 상업용 PLD의 예시이다(이 경우는 PAL). 그림 4-41의 핀 다이어그램은 PAL10H8의 프로그래머블 논리장치가 DIP IC의 20-pin에 수용되어 있는 모습을 보여준다. PAL10H8은 프로그래밍 가능한 AND 배열과 함께 10-입력 8-출력을 갖고 있다. OR 배열은 이 개체에서 프로그래밍을 할 수 없고 단지 활발한 HIGH 출력만을 갖고 있다. PAL10H8은 다른 IC 패키지에서도 사용 가능하다.

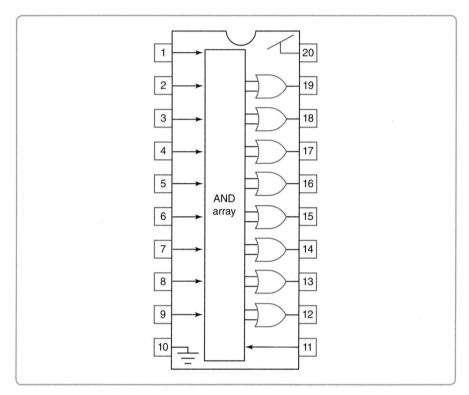

그림 4-41 프로그래밍 가능한 AND 배열을 가진 PAL10H8 프로그래머블 논리 IC

학교에 프로그래밍 장비가 있다면, 아마 저렴한 가격의 가용성 링크를 가진 PAL을 사용해 볼 수 있을 것이다. PAL은 단 한 번만 프로그래밍 될 수 있다. "퓨즈"를 사용하지 않고 전자 셀을 사용해 내부가 PAL처럼 보이는 조금 더 비싼 GAL을 이용했을 것이다. 이는 프로그래밍 도중에 끄고 켤 수 있다. GAL은 지우고 다시 프로그램을 할 수 있다는 점에서 무척 유용하다.

PAL/GAL IC 부품을 구분할 수 있는 가이드라인이 그림 4-42에 나와 있다. 왼쪽의 첫 번째 글자는 PLD 생산자가 사용하는 식별자이다. 구 PAL은 TTL 기술을 사용했다. 신 GAL은 CMOS 기술을 사용한다. 오른쪽으로 이동하면 다음 숫자(예시에서는 10)는 AND 배열로의 입력 번호이다. 오른쪽으로 이동하면, 다음 글자(예시에서는 L)은 출력의 타입을 식별한다(예시에서는 출력이 액티브 (active) LOW). 오른쪽으로 이동하면, 다음 숫자는(예시에서는 8) 출력의 수를 의미한다. PLD의 속도/힘, 패키징, 그리고 온도 범위에 연관되는 단어들이다. 어떤 생산자들은 이 목록에 넣기도 한다. 많은 PLD들은 입력과 출력 모두 IC에 출

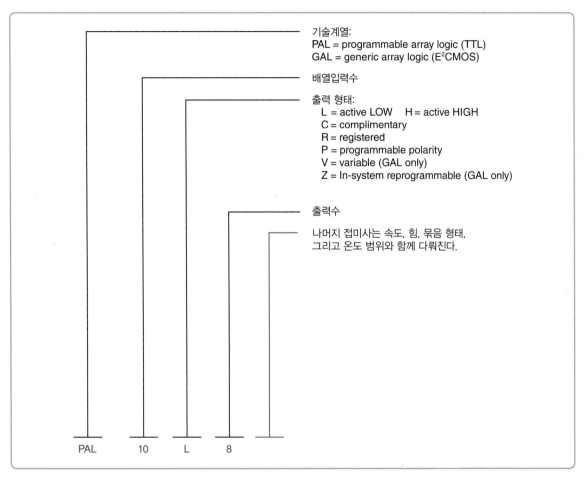

기술계열:
PAL = programmable array logic (TTL)
GAL = generic array logic (E²CMOS)

배열입력수

출력 형태:
　L = active LOW　　H = active HIGH
　C = complimentary
　R = registered
　P = programmable polarity
　V = variable (GAL only)
　Z = In-system reprogrammable (GAL only)

출력수

나머지 접미사는 속도, 힘, 묶음 형태,
그리고 온도 범위와 함께 다뤄진다.

PAL　　10　　L　　8

그림 4-42 PAL 부품번호를 해독하기

력이 가능하도록 설정을 한다.

　예를 들어, 20-pin DIP IC가 PAL14H4 라고 위에 쓰여 있다고 하자. 그림 4-42의 가이드라인에 의하면, 이는 TTL 기술을 사용하고 14-입력과 4-출력이 있는 PAL이 된다. 또 활발한 HIGH 출력을 갖게 된다. PAL은 한 번만 프로그래밍 될 수 있음에 유의한다. 데이터 시트는 IC에 대한 더 많은 정보를 찾아낼 것이다.

　두 번째 예시는, 20-pin DIP IC가 GAL16V8이라고 위에 쓰여 있다고 가정한다. 그림 4-42의 가이드라인에 의하면, 이는 E²CMOS 기술을 사용하고 16-입력과 8-출력이 있는 GAL이 된다. 출력은 입력과 출력으로 모두 설정 가능하고, GAL 기술의 E²CMOS 셀은 다시 프로그래밍될 수 있음에 유의한다.

확인문제

48. 전기 공학에서, 약자 PLD는 _____을 나타낸다.
49. 전기 공학에서, 약자 PAL은 _____을 나타낸다.
50. 전기 공학에서, 약자 GAL을 _____을 나타낸다.
51. 전기 공학에서, 약자 FPGA는 _____을 나타낸다.
52. PAL 가족 중의 프로그래머블 논리장치는 _____(조합, 애매한) 논리에 사용된다.
53. FPGA, PAL, 그리고 GAL은 보통 _____(제조사, 사용자)에 의해 프로그래밍 된다.
54. 간단한 PAL을 프로그래밍하는 것은 _____(선택된 가용성 링크를 버닝-오픈하는 것, 배열의 E²CMOS를 on이나 off로 전환하는 것)이다.
55. PLD를 프로그래밍하기 위한 장비로는 PC, 개발 소프트웨어, 올바른 PLD IC, 시리얼 케이블 그리고 _____(PLD 버너 혹은 프로그래머, 논리 분석기)라고 불리는 기구가 필요하다.
56. PLD의 프로그래밍을 위한 개발 소프트웨어는 최소 세 개의 입력 형태가 있는 논리 설계를 필요로 한다. 이는 진리표, 논리 심벌 도표, 혹은 _____(불 대수 함수식, 원체스터 테이블)이다.
57. PAL과 같은 PLD는 _____(최대항, SOP) 불 대수 함수식을 사용하고 AND-OR 논리게이트 패턴을 사용하기 위해 배웠다.
58. 위에 PAL12H6이 적힌 프로그래머블 논리장치 IC는 TTL 기술 기반으로, _____(6, 12) 입력을 갖고, _____(6, 12) 출력을 갖고 출력이 _____(액티브(active) HIGH, 액티브(active) LOW)이다.
59. 위에 GAL16V8이 적힌 프로그래머블 논리장치 IC는 _____(CMOS, TTL) 기술 기반이다.
60. 위에 GAL16V8이 적힌 프로그래머블 논리장치 IC는 최대 _____(8, 16) 출력을 가진다.
61. 그림 4-41로 보아, PAL10H8 IC는 프로그래머블 _____(AND, OR) 게이트 배열을 갖고 SOP 불 대수 함수식을 사용 가능하다.
62. 그림 4-43의 퓨즈 맵에 나타난 PLD는 어떤 불 대수 함수식을 사용한 것인가?

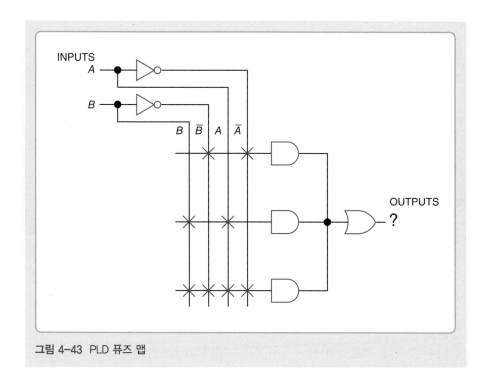

그림 4-43 PLD 퓨즈 맵

4.15 드모르간의 정리 사용하기

논리회로의 대수학인 불 대수학은 많은 법칙과 정리가 있다. 드모르간의 정리는 무척이나 유용하다. 이들은 불 대수 함수식의 최소항과 최대항을 자유롭게 변환할 수 있도록 해준다. 또한 몇 개의 변수들에 사용되는 긴 오버바들을 지울 수 있게 해준다. 드모르간의 정리는 그림 4-44에 나타나 있다. 첫 번째 정리 $(\overline{A+B} = \overline{A} \cdot \overline{B})$는 긴 오버바가 덮고 있는 $\overline{A+B}$가 제거될 수 있음을 보여준다. 첫 번째 정리의 간단한 예시는 그림 4-44(b)에 NOR 논리심벌 $(\overline{A+B} = Y)$가 NOR 심벌 $(\overline{A} + \overline{B} = Y)$로 대체될 수 있음으로 나타난다. 드모르간의 두 번째 정리는 그림 4-44(c)에 나타난 $\overline{A \cdot B} = \overline{A} + \overline{B}$로, 두 번째 정의의 간단한 예시는 관례적인 NAND 논리 심벌 $\overline{A+B}$가 NAND 심벌 $(\overline{A} \cdot \overline{B} = Y)$로 대체될 수 있음으로 나타난다.

드모르간의 정리

201

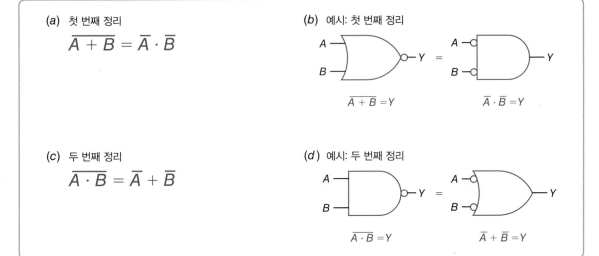

그림 4-44 드모르간의 정리와 실습 예시

불 대수 함수식: 키보드 버전

불 대수 함수식의 긴 오버바(예로 $\overline{A \cdot B}$)는 키보드 버전의 식에서 보기가 어렵다. 그 예로, 키보드 버전의 $\overline{A \cdot B}$는 $(AB)'$가 된다. 괄호 밖의 아포스트로피(')는 긴 오버바를 의미한다. 다음으로 불 대수 함수식 $\overline{A \cdot B \cdot \overline{C} + \overline{A} \cdot \overline{B} \cdot \overline{C}} = Y$ 이다. 이 식의 키보드 버전은 $((ABC') + (A'B'C'))'$이다. NOR 함수의 관례적인 불 대수 함수식은 $\overline{A + B}$으로 키보드 버전은 $(A + B)'$이다. 회로 시뮬레이션 프로그램으로 일을 하면서 소프트웨어가 최소항을 최대항으로 혹은 최대항을 최소항으로 바꾼다고 해도 놀라지 말라. 예를 들면, 평범한 NAND 표기법 $(\overline{A \cdot B})$을 NAND 표기법 $(A' + B')$으로 바꿀 수 있다. 컴퓨터 회로 시뮬레이션 프로그램은 변환을 하기 위해 드모르간의 정리를 사용한다.

최소항을 최대항으로 혹은 최대항을 최소항으로

불 대수 함수식의 최대항을 최소항으로 혹은 최소항을 최대항으로 바꾸는데 4단계가 필요하다. 네 단계는 드모르간의 정리에 따른다.

1단계 모든 OR을 AND로, AND를 OR로 바꾼다.
2단계 각각의 변수를 보완한다(짧은 오버바를 붙인다).
3단계 전체 함수를 보완한다(전체 함수에 긴 오버바를 붙인다).

시작. 평범한 NAND 식

$$\overline{A \cdot B} = Y$$

1단계. 모든 OR을 AND로, AND를 OR로 바꾼다.

$$\overline{A + B} = Y$$

2단계. 각각의 변수를 보완한다(짧은 오버바를 붙인다).

$$\overline{\overline{A} + \overline{B}} = Y$$

3단계. 전체 함수를 보완한다(전체 함수에 긴 오버바를 붙인다).

$$\overline{\overline{\overline{A} + \overline{B}}} = Y$$

4단계. 두 개의 오버바가 있는 모든 항목을 지운다.

$$\overline{A} + \overline{B} = Y$$

끝. NAND 식으로 대체한다.

$$\overline{A} + \overline{B} = Y$$

그림 4-45 드모르간의 두 번째 정리를 이용해 기존의 NAND를 대체한 NAND로 바꾸는 네 단계. 긴 오버바가 없어지는 것에 유의한다.

4단계 두 개의 오버바가 있는 모든 항목을 지운다.

예를 들면, AND 식 $(\overline{A \cdot B} = Y)$을 NAND 형태 $(\overline{A} + \overline{B} = Y)$로 바꿀 수 있다. 그림 4-45의 네 단계 과정을 보면서 과정에 익숙해지도록 하자. 과정의 끝에, 대안적 NAND 함수식은 $\overline{A} + \overline{B} = Y$로 나오지만, 컴퓨터는 $A' + B' = Y$로 나타낼 수 있다.

이제 네 단계 과정을 이용해 더 복잡한 최대항식을 최소항 형태로 바꿀 것이다. 최대항을 최소항으로 혹은 최소항을 최대항 형태로 바꾸는 것은 보통 불 대수 함수식에서 긴 오버바를 없애는 작업이다. 새로운 예시는 그림 4-46에 나와 있으며 최대항식 $\overline{(\overline{A} + \overline{B} + \overline{C}) \cdot (A + B + \overline{C})} = Y$을 최소항으로 바꾸고 긴 오버바를 제거한다. 유의해서 그림 4-46의 변환 과정을 따라하면 된다. 변화의 결과는 최소항 형태인 $A \cdot B \cdot C + \overline{A} \cdot \overline{B} \cdot C = Y$가 되며, 최대항식 $\overline{(\overline{A} + \overline{B} + \overline{C}) \cdot (A + B + \overline{C})}$ $= Y$와 똑같은 논리함수 역할을 한다. 최소항식의 결과는 오버바를 사용하면 $A \cdot B \cdot C + \overline{A} \cdot \overline{B} \cdot C = Y$가 되고, 키보드 버전으로 간소화하면 $ABC + A'B'C = Y$가 된다.

최대항식 $\overline{(\overline{A} + \overline{B} + \overline{C}) \cdot (A + B + \overline{C})} = Y$이나 그림 4-46의 최소항 형태 $A \cdot B \cdot C + \overline{A} \cdot \overline{B} \cdot C = Y$가 다르게 보이기는 하지만, 같은 진리표를 만들어낸다는 것을 알아야 하고 이를 쓰기 위해서는 반드시 논리도표가 보강되어야 한다는

시작. 평범한 NAND 식

$$(\overline{\overline{A} + \overline{B} + \overline{C}}) \cdot (\overline{A + B + \overline{C}}) = Y$$

1단계. 모든 OR을 AND로, AND를 OR로 바꾼다.

$$\overline{\overline{A} \cdot \overline{B} \cdot \overline{C}} + \overline{A \cdot B \cdot \overline{C}} = Y$$

2단계. 각각의 변수를 보완한다(짧은 오버바를 붙인다).

$$\overline{\overline{\overline{A}} \cdot \overline{\overline{B}} \cdot \overline{\overline{C}}} + \overline{\overline{A} \cdot \overline{B} \cdot \overline{\overline{C}}} = Y$$

3단계. 전체 함수를 보완한다(전체 함수에 긴 오버바를 붙인다).

$$\overline{\overline{\overline{A} \cdot \overline{B} \cdot \overline{C}} + \overline{\overline{A} \cdot \overline{B} \cdot \overline{C}}} = Y$$

4단계. 두 개의 오버바가 있는 모든 항목을 지운다.

$$A \cdot B \cdot C + \overline{A} \cdot \overline{B} \cdot C = Y$$

끝. 최소항식이 남는다.

$$A \cdot B \cdot C + \overline{A} \cdot \overline{B} \cdot C = Y$$

그림 4-46 드모르간의 정리를 이용해 최대항을 최소항으로 바꾸는 네 단계 과정. 긴 오버바가 사라진 것에 유의한다.

것을 알아야한다. 이들은 같은 논리함수를 만들어낸다.

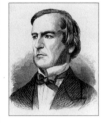

조지 불은 1815년 11월 2일 영국 링컨에서 태어났다. 그는 근대 기호논리학을 발견한 독학 수학자이며, 연산자 미적분학의 개척자이다. 1850년대, 조지 불은 논리의 이론에 기저하는 불 대수학을 만들었다.

오거스터스 드모르간(1806~1871)은 인디아의 마드라스 지방에서 태어났다. 그는 런던 대학에서 30년간 수학을 가르치고 산수, 대수학, 삼각법과 미적분에 관한 많은 책을 출판했다. 그리고 확률이론과 형식논리학에 대한 중요한 논문을 썼다.

요약 Summary

드모르간의 정리는 불 대수 함수식의 최대항을 최소항으로 혹은 최소항을 최대항으로 바꾸는 데에 유용하게 사용된다. 이를 불 대수 함수식의 긴 오버바들을 제거할 때에 자주 사용한다. 드모르간의 정리를 사용해야하는 두 번째 이유는 같은 논리 기능을 하는 두 개의 다른 논리도표를 비교해보기 위해서이다. 하나의 논리도표는 다른 하나 보다 간단할 수 있다.

┃ㅣ┃ 확인문제

63. 드모르간의 정리 두 개를 써라.

64. 불 대수 함수식 최대항 $(A + \overline{B} + \overline{C}) \cdot (\overline{A} + B + \overline{C}) = Y$을 최소항 형태로 변환하라. 그림 4-46과 같이 각각의 단계가 나타나도록 하라.

65. 불 대수 함수식 최소항 $\overline{A} \cdot B \cdot C + \overline{A} \cdot \overline{B} \cdot \overline{C} = Y$을 최대항 형태로 변환하라. 그림 4-46과 같이 각각의 단계가 나타나도록 하라.

66. 불 대수 함수식 $\overline{A} \cdot B \cdot C + \overline{A} \cdot \overline{B} \cdot \overline{C} = Y$를 오버바 대신 아포스트로피(')를 이용하여 키보드 버전으로 나타내라.

67. 불 대수 함수식 $(A'BC + A'B'C')' = Y$를 이용해 논리 심벌 도표를 그려라(힌트: 가장 가까운 출력에 2-입력 NOR 게이트를 사용하라).

68. 불 대수 함수식 $((A + B + C + D)(A' + D)(A' + B' + C'))' = Y$를 이용해 논리 심벌 도표를 그려라(힌트: 가장 가까운 출력에 3-입력 NAND 게이트를 사용하라).

4.16 논리문제 해결하기(BASIC Stamp 모듈)

소프트웨어를 이용해 논리함수가 프로그램되는 것은 흔한 일이다. 이 절에서는 PBASIC(Parallax, Inc에서 사용되는 BASIC 버전)이라는 고급 언어를 이용해 조합논리문제를 해결할 것이다. 예시에 쓰일 프로그램 가능 하드웨어 장비들은 Parallax, Inc의 BASIC Stamp 2(BS2) 마이크로 컨트롤러 모듈이다. 장비는 BASIC Stamp 2 모듈, PC 시스템, 다운로드를 위한 시리얼 케이블(혹은 USB 케이블), 그리고 전자 부품(스위치, 레지스터, 그리고 LED)이 들어있다.

그림 4-47(a)의 진리표는 풀어야할 논리문제가 나와 있다. 진리표에서는 Y1, Y2, 그리고 Y3라고 명명된 출력이 있는 세 개의 다른 조합 논리문제들이 나타나 있다. 그림 4-47(b)의 계통도는 세 개의 HIGH 입력 스위치(A, B, 그리고 C)와 세 개의 출력 지시등(LED)이 있다.

이 논리문제를 풀기 위한 프로그램 가능 장비는 BASIC Stamp 2 마이크로컨트롤러 모듈이다. BASIC Stamp 2 모듈을 이용해 논리문제를 풀기 위한 과정은 아래에 나타나있다. BASIC Stamp 2 모듈의 배선과 프로그래밍 순서는 다음과 같다.

Truth table

INPUTS			OUTPUTS		
A	**B**	**C**	**Red Y1**	**Green Y2**	**Yellow Y3**
0	0	0	1	1	1
0	0	1	0	1	1
0	1	0	0	0	1
0	1	1	0	0	1
1	0	0	0	0	0
1	0	1	0	1	1
1	1	0	0	0	0
1	1	1	1	1	0

(a) 진리표

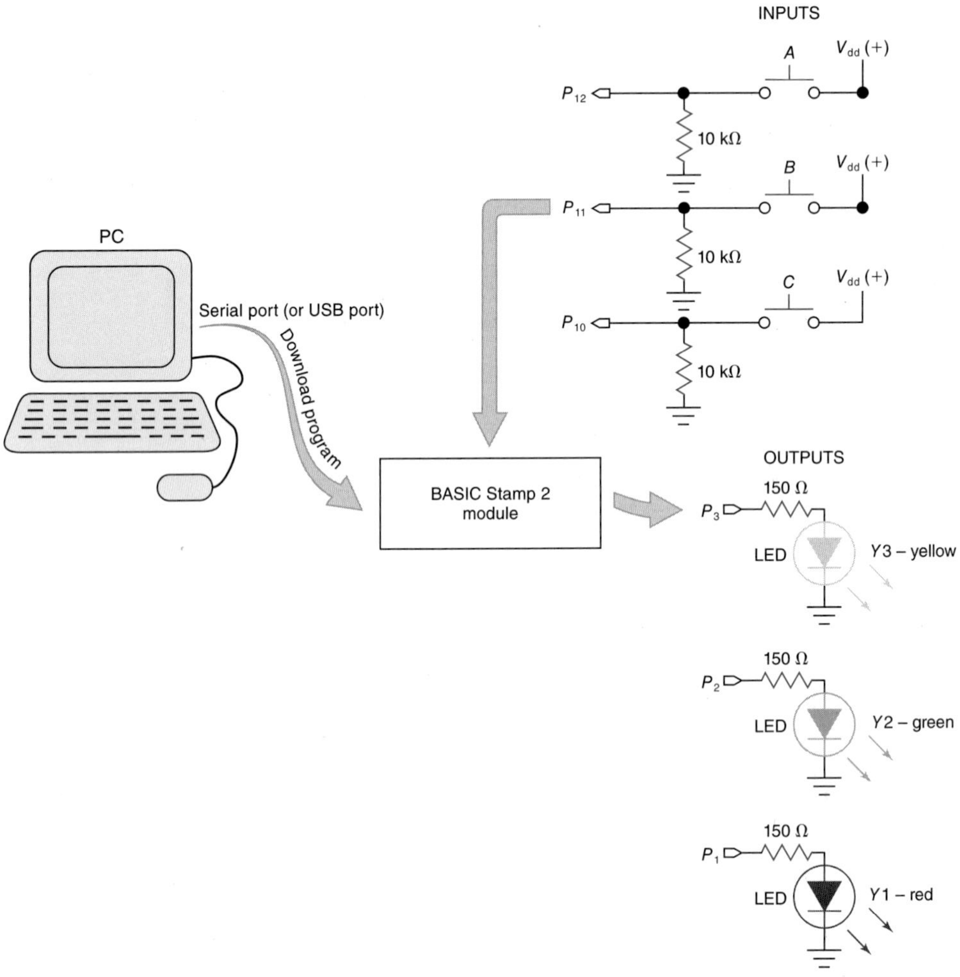

(b) BASIC Stamp 2 모듈 배선도

그림 4-47 3-입력 3-출력 논리문제

1. 그림 4-47(b)로 미뤄, 세 개의 HIGH 푸시버튼 스위치를 전선에 연결하고 포트 P10, P11 그리고 P12에 연결한다. 빨강, 녹색, 그리고 노란색 LED 출력 지시등과 한류 저항기를 전선에 연결하고 BASIC Stamp 2 모듈의 포트 P1, P2, 그리고 P3에 연결한다. 포트는 PBASIC 프로그램에 출력인지 입력인지 정의되어 있다.

2. PBASIC 텍스트 에디터 프로그램을 PC에 로드한다. 3-입력, 3-출력 논리 프로그램을 PBASIC 프로그램에 입력한다. 그림 4-48에 '3in-3out 논리 문제라고 명명된 PBASIC 프로그램이 나타나있다.

3. 시리얼 케이블(혹은 USB 케이블)을 PC와 BASIC Stamp 2 개발판에 연결한다.

4. BASIC Stamp 2 모듈을 켜고, PBASIC 프로그램을 PC에서 BS2로 RUN 명령을 이용해 다운로드한다.

5. 시리얼 케이블(혹은 USB 케이블)을 BS2 모듈에서 연결 해제한다.

6. 출력(빨강, 녹색, 그리고 노랑 LED)을 확인하며 입력 스위치(A, B, 그리고 C)를 눌러 프로그램을 테스트 해본다. PBASIC 프로그램은 BASIC Stamp 2 모듈의 EEPROM 프로그램 메모리에 저장되며 BS2 IC가 켜질 때마다 실행된다.

PBASIC 프로그램: 3in-3out 논리문제

그림 4-48의 '3in-3out 논리문제라고 명명된 PBASIC 프로그램을 생각해보자. 첫 번째 줄은 아포스트로피(')로 시작하는데, 이는 선언문이라고 한다. 선언문은 프로그램을 명확히 하기 위해 사용되며 마이크로컨트롤러에 의해 꺼지지 않는다. 2~7번째 프로그램에서 사용될 변수를 선언하는 줄이다. 그 예로, 2번째 줄은 A VAR Bit를 읽는다. 이는 마이크로컨트롤러에게 A는 1 비트(0이나 1)만을 받는 변수라고 말해준다.

8~13번째 줄은 어떤 포트가 입력이고 출력인지 정의하는 부분이다. 예로, 9번째 줄은 입력 11을 읽는다. 이는 마이크로컨트롤러에게 포트11(P11)이 이 프로그램에서 입력으로 쓰인다는 것을 알려준다. 다른 예로, 11번째 줄의 출력 1을 읽고, 이는 포트 1이 출력으로 쓰인다는 것을 의미한다. 11번째 줄의 코드는 선언문으로 '포트 1을 출력 Y1(빨간색 LED)로 선언한다는 것을 의미한다. 이 PBASIC 프로그램에서 오른쪽의 선언문은 필요하지 않지만, 각 코드를 이해하는 목적으로

쓰였다.

다음은 CkAllSwit으로 시작하는 14번째 줄의 메인 루틴을 확인해보자. PBASIC에서 콜론(:)이 붙은 단어는 라벨(label)이라고 한다. 라벨은 프로그램에서 루틴의 시작점을 나타내는 기준이 된다.

'3in-3out 논리문제의 샘플 프로그램에서 라벨 CkAllSwit은 입력 스위치 A, B, 그리고 C의 상태를 확인하는 메인 루틴의 시작점이다. 변수 A, B, 그리고 C를 쓰는 불 대수 함수식이 평가된다. CkAllSwit 루틴은 29번째와 38번째 (GOTO CkAllSwit)줄이 CkAllSwi: 루틴으로 시작되기 때문에 계속해서 반복된다.

PBASIC 프로그램의 15~17번째 줄은 세 개의 아웃풋 LED들을 설정하거나 끈다. 예를 들어, 출력 1=0은 BS2 IC의 포트1(P1)이 LOW로 향하게 한다. 18~20번째 줄은 입력 포트 10, 11, 12(P10, P11, P12)의 현재 2진값을 변수 C, B, 그리고 A로 부여한다. 예를 들어, 만약 모든 인풋 스위치가 눌려있다면, 모든 변수 A, B, 그리고 C는 논리 1과 같다.

PBASIC 프로그램의 21번째 줄은 불 대수 함수식 $Y1 = (A\&B\&C) | (\sim A\&\sim B\&C)$을 평가한다. 예로, 만약 모든 입력이 HIGH라면, 변수 Y1=1(그림 4-47의 진료표의 마지막 줄)이 됩니다. 22번째 줄은 IF-THEN 구문으로 결정을 내리기 위해 쓰였다. 만약 Y1=1이라면, PBASIC 구분 IF Y1=1 THEN Red로 프로그램이 Red: 라벨로 이동하고 서브루틴이 LED를 빨갛게 빛을 낸다. 만약 Y1=0이라면, PBASIC 구문 IF Y1=1 THEN Red의 첫 번째 부분이 거짓이 된다. 거짓은 프로그램의 그 다음 줄(23번째 줄)이 실행되게 한다.

PBASIC 프로그램의 '3in-3out 논리문제에서 빨강: 서브루틴(30~32번째 줄)은 BS2 IC의 포트 1(pin P1)을 OUT1=1구문을 이용해서 L1을 HIGH로 만든다. 이로 LED가 빨갛게 됩니다. 32번째 줄(GOTO CkGreen)은 프로그램을 CkGreen:으로 레이블된 부분으로 돌려보낸다(23~25번째 줄).

BASIC Stamp 2 유닛으로 PBASIC 프로그램이 다운로드 된 후에, 그림 4-47(b)와 같이 배선된 모듈이 그림 4-47(a)의 진료표에 나타난 논리함수와 같이 작동할 것이다. 마이크로컨트롤러 모듈에 들어갈 진리표에 해당하는 논리함수를 프로그래밍했다.

PBASIC 프로그램 '3in-3out 논리문제는 BASIC Stamp 2 모듈에 전원이

'3입력-3출력 논리 프로그램		'프로그램 제목	L1
A	VAR Bit	'변수 A 선언, 1 bit	L2
B	VAR Bit	'변수 A 선언, 1 bit	L3
C	VAR Bit	'변수 C 선언, 1 bit	L4
Y1	VAR Bit	'변수 Y1 선언, 1 bit	L5
Y2	VAR Bit	'변수 Y2 선언, 1 bit	L6
Y3	VAR Bit	'변수 Y3 선언, 1 bit	L7
INPUT 10		'입력 L8인 포트 10	
INPUT 11		'입력 L9인 포트 11	
INPUT 12		'입력 L10인 포트 12 선언	
OUTPUT 1		'출력 Y1 빨강 LED L11인 포트 1 선언	
OUTPUT 2		'출력 Y2 녹색 LED L12인 포트 2 선언	
OUTPUT 3		'출력 Y4 노랑 LED L13인 포트 3 선언	
CkAllSwit:		'메인 루틴 L14의 레이블	
OUT1 = 0		'0으로 port 1의 초기화, 빨강 LED 점멸	L15
OUT2 = 0		'0으로 port 2의 초기화, 초록 LED 점멸	L16
OUT3 = 0		'0으로 port 3의 초기화, 노랑 LED 점멸	L17
A= IN12		'값지정 : port 12에 다양한 A L18 입력	
B = IN11		'값지정 : port 11에 다양한 B L19 입력	
C = IN10		'값지정 : port 10에 다양한 C L20 입력	
Y1 = (A&B&C) | (~A&~B&~C)		'다양한 Y1 L21 표현의 값 지정	
If Y1 = 1 THEN Red		'만약 Y1 = 1이면 빨강으로 이동, 그렇지 않으면 다음 라인	L22
CkGreen :			L23
Y2 = (~A&~B) | (A&C)		'다양한 Y2 L24 표현의 값 지정	
If Y2 = 1 THEN Green		'만약 Y2 = 1이면 초록으로 이동, 그렇지 않으면 다음 라인	L25
CkYellow :			L26
Y3 = (~A) | (~B&C)		'다양한 Y3 L27 표현의 값 지정	
If Y3 = 1 THEN Yellow		'만약 Y3 = 1이면 노랑으로 이동, 그렇지 않으면 다음 라인	L28
GOTO CkAllSwit		'CkAllSwit로 이동 – 시작 메인 루틴	L29
Red :		'빨강 LED 켜기 서브루틴 L30 레이블	
OUT1 = 1		'출력 P1이 HIGH로 하고, 빨강 LED 켜기	L31
GOTO CkGreen		'CkGreen 이동	L32
Green :		'초록 LED 켜기 서브루틴	L33
OUT2 = 1		'출력 P2이 HIGH로 하고, 초록 LED 켜기	L34
GOTO CkYellow		'CkYellow 이동	L35
Yellow :		'노랑 LED 켜기 서브루틴	L36
OUT3 = 1			L37
GOTO CkAllSwit		'CkAllSwit에서 다시 시작 메인 루틴	L38

그림 4-48 3in-3out 논리문제의 프로그램

들어와 있는 동안은 계속해서 작동된다. PBASIC 프로그램은 앞으로의 사용을 위해 EEPROM 프로그램 메모리에 저장된다. BS2를 껐다 켜도 프로그램이 다시 실행된다. 다른 PBASIC 프로그램을 BASIC Stamp 모듈에 다운로드 받으면 이전의 프로그램이 지워지고 새로운 것이 실행된다.

> ### 확인문제

69. 그림 4-47(b)에서, 입력 A, B, 그리고 C는 _____(액티브(active) HIGH, 액티브(active) LOW) 스위치로 배선되고, 이는 푸시-버튼이 눌렸을 때 HIGH를 생성한다.

70. 그림 4-47(b)에서, 만약 BASIC Stamp 2 모듈의 출력이 P3=HIGH, P2=LOW, 그리고 P1=HIGH 라면 LED가 불이 들어올 것인가?

71. 그림 4-47(a)에서, 출력행의 Y1 논리 기능은 불 대수 함수식 _____(으)로 설명할 수 있다.

72. BASIC Stamp 2 모듈을 사용할 때, 프로그램은 PBASIC 텍스트 에디터를 이용해 PC에서 작성하고 시리얼 케이블을 통해 마이크로컨트롤러 유닛으로 _____(downloaded, poured) 받는다.

73. 그림 4-47과 4-48에서, 만약 푸시-버튼 A와 C만 눌려 있다면, LED가 들어올 것인가?

74. Y2=(~A&~B)|(A&C)는 어떤 불 대수 함수식의 PBASIC 버전인가?

75. 그림 4-48의 25번째 줄에서, 만약 변수 Y2=0이라면, 다음 PBASIC 프로그램 코드는 _____(26번째 줄, 33번째 줄)에서 끝날 것이다.

76. 그림 4-48의 22번째 줄에서, 만약 Y1=1이라면, 다음 PBASIC 프로그램 코드는 _____(23번째 줄, 30번째 줄)에서 끝날 것이다.

77. 그림 4-47과 4-48에서, BASIC Stamp 2 모듈은 포트 P10, P11, 그리고 P12가 _____(입력, 출력)이라는 것을 아는데, 이는 PBASIC 프로그램에서 정의했기 때문이다.

78. 그림 4-48의 목록에서, PBASIC 프로그램의 CkAllSwit:이라고 명명된 메인 루틴은 14번째 줄에서 시작되어 BASIC Stamp 2 모듈이 종료될 때까지 반복한 후에 _____(29번째 줄, 38번째 줄)에서 종료된다.

요약

1. 불 대수 함수식에서 조합 논리회로의 조합 게이트는 대부분의 능숙한 기술자와 엔지니어들에게 필요한 기술이다.

2. 디지털 전자 분야에서 일하는 사람들은 게이트 심벌, 진리표, 그리고 불 대수 함수식에 관한 지식이 많아야 하며, 하나를 다른 하나로 변환하는 방법을 알아야 한다.

3. 불 대수 함수식의 최소항(SOP 형태)은 그림 4-49(a)의 식과 같다. 불 대수 함수식 $A \cdot B + \overline{A} \cdot \overline{C} = Y$은 그림 4-49(b)와 같은 형태로 나타난다.

4. 그림 4-49(b)에 나타난 게이트의 패턴은 AND-OR 논리회로라고 불린다.

5. 불 대수 함수식의 최대항(POS 형태)은 그림 4-49(c)의 식과 같다. 불 대수 함수식 $(A + \overline{C}) \cdot (\overline{A} + B) = Y$은 그림 4-49(d)와 같은 형태로 나타난다. 이는 OR-AND 논리회로다.

6. 카르노 맵은 불 대수 함수식을 간단히 하는 편리한 방법이다.

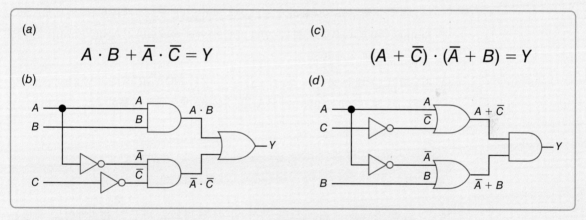

그림 4-49 (a) 최소항식 (b) AND-OR 논리회로 (c) 최대항식 (d) OR-AND 논리회로

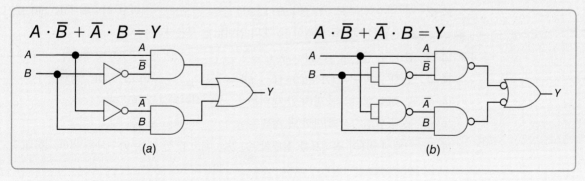

그림 4-50 (a) AND-OR 논리회로 (b) 동등한 NAND-NAND 논리회로

7. 그림 4-50에 나타나 있듯이 AND-OR 논리회로는 NAND 게이트를 이용해서 쉽게 할 수 있다.

8. 데이터 선택기는 다양한 게이팅 문제를 해결할 수 있는 간단하고 일괄적인 방법이다.

9. 컴퓨터 시뮬레이션은 쉽고 정확하게 불 대수 함수식, 진리표 그리고 논리도표를 변환할 수 있다. 또한 시뮬레이션 불 대수 함수식을 간단하게 할 수 있다.

10. PLD는 많은 복잡한 논리문제를 해결할 수 있는 비싸지 않은 일체형 방법이다. 이 장에서, 간단한 PLD를 조합논리문제를 해결하기 위해 썼지만 이는 순차논리설계에도 적용될 수 있다.

11. 드모르간의 정리는 최대항을 최소항으로 그리고 최소항을 최대항 불 대수 함수식으로 변환하는데에 유용하게 쓰인다.

12. 불 대수 함수식의 키보드 버전은 컴퓨터 시스템에서 사용된다. $\overline{A \cdot B} = Y$은 $(A'B)' = Y$와 같이 쓰인다.

13. BASIC Stamp 모듈은 마이크로컨트롤러-베이스 기기로 논리함수를 만들 수 있다. 불 대수 함수식을 이용하여 프로그램 되어 있다. 프로그램들은 PC에서 BASIC Stamp 모듈로 다운로드 할 수 있다. PC가 연결 해제되면 BASIC Stamp 모듈은 정확한 논리를 실행한다.

14. 전통적인 불 대수 함수식 $\overline{A} \cdot \overline{B} + B \cdot C = Y$를 PBASIC에서는 Y＝(~A& ~B)(B&C)로 보고, 이 논리함수는 BASIC Stamp 모듈에서 사용한다.

🖥 복습문제

14-1 출력 응답을 즉시(메모리 특성 없이) 출력으로 바꾸는 논리게이트 회로는 _____(조합, 순차) 논리회로라고 한다.

14-2 불 대수 함수식 $\overline{A} \cdot \overline{B} + B \cdot C = Y$을 논리도표로 그리고 하나의 OR 게이트, 두 AND 게이트 그리고 두 개의 인버터를 사용하라.

14-3 불 대수 함수식 $\overline{A} \cdot \overline{B} + B \cdot C = Y$은 _____(POS, SOP) 형태이다.

14-4 불 대수 함수식 $(A + B) \cdot (C + D) = Y$은 _____(POS, SOP) 형태이다.

14-5 불 대수 함수식의 합의 곱 형태는 _____식이라고도 불린다.

14-6 불 대수 함수식의 합의 곱 형태는 _____식이라고도 불린다.

14-7 그림 4-51의 진리표를 설명할 수 있는 최소항 불 대수 함수식을 써라. 불 대수 함수식을 간략화하지 말라.

INPUTS			OUTPUT
C	B	A	Y
0	0	0	1
0	0	1	0
0	1	0	1
0	1	1	0
1	0	0	0
1	0	1	1
1	1	0	0
1	1	1	1

그림 4-51 진리표

INPUTS			OUTPUT
C	B	A	Y
0	0	0	0
0	0	1	0
0	1	0	0
0	1	1	1
1	0	0	1
1	0	1	0
1	1	0	0
1	1	1	0

그림 4-52 진리표

14-8 불 대수 함수식 $\overline{C} \cdot \overline{B} + C \cdot \overline{B} \cdot A = Y$을 나타내는 진리표(3 변수)를 그려라.

14-9 그림 4-52의 진리표는 전자자물쇠를 위한 것이다. 자물쇠는 논리 1이 출력될 때에만 열린다. 첫 번째, 자물쇠의 불 대수 함수식의 최소항을 써라. 두 번째, 자물쇠에 대한 논리회로를 그려라(AND, OR 그리고 NOT 게이트를 사용).

14-10 4.6절에서 배운 카르노 도표를 이용하여 불 대수 함수식을 간략화하는 최소 여섯 단계를 써라.

14-11 카르노 도표를 사용하여 불 대수 함수식 $\overline{A} \cdot \overline{B} \cdot \overline{C} + \overline{A} \cdot \overline{B} \cdot C + A \cdot B \cdot \overline{C} + A \cdot \overline{B} \cdot \overline{C} = Y$을 간략화하라. 최소항 형태에서 간단한 불 대수 함수식을 써라.

14-12 카르노 도표를 사용하여 불 대수 함수식 $A \cdot \overline{B} \cdot \overline{C} \cdot \overline{D} + A \cdot \overline{B} \cdot \overline{C} \cdot D + A \cdot \overline{B} \cdot C \cdot D + A \cdot \overline{B} \cdot C \cdot \overline{D} = Y$을 간략화하라.

14-13 그림 4-51의 진리표를 보고, 아래의 문제를 풀어라.

　　a. 간략하지 않은 불 대수 함수식을 써라.

　　b. 카르노 도표를 사용하여 a의 불 대수 함수식을 간략화하라.

　　c. 진리표에 맞는 간단한 불 대수 함수식을 써라.

　　d. 간단한 불 대수 함수식으로 논리회로를 그려라(AND, OR 그리고 NOT 게이트를 사용).

　　e. NAND 게이트만을 이용하여 d의 회로를 다시 그려라.

14-14 카르노 도표를 이용하여 불 대수 함수식 $\overline{A} \cdot \overline{B} \cdot C \cdot D + A \cdot B \cdot \overline{C} \cdot \overline{D} + A \cdot B \cdot C \cdot \overline{D} + A \cdot \overline{B} \cdot C \cdot D = Y$을 간략화하라. 최소항 불 대수 함수식의 답을 써라.

14-15 불 대수 함수식 $\overline{A}\cdot\overline{B}\cdot\overline{C}\cdot\overline{D}+\overline{A}\cdot\overline{B}\cdot C\cdot D+\overline{A}\cdot B\cdot\overline{C}\cdot D+A\cdot B\cdot C\cdot D$ $+A\cdot B\cdot C\cdot\overline{D}+A\cdot\overline{B}\cdot\overline{C}\cdot\overline{D}=Y$을 보고, 아래의 문제를 풀어라.

    a. 이 식의 진리표를 그려라.

    b. 카르노 도표를 이용하여 간략화하라.

    c. 간단한 불 대수 함수식의 논리회로를 그려라(AND, OR 그리고 NOT 게이트 사용).

    d. 1-of-16 데이터 선택기를 사용하여 이 문제를 해결하는 회로를 그려라.

14-16 불 대수 함수식 $\overline{A}\cdot\overline{B}\cdot\overline{C}\cdot D\cdot E+\overline{A}\cdot B\cdot\overline{C}\cdot D\cdot E+A\cdot B\cdot\overline{C}\cdot D\cdot E+A\cdot$ $\overline{B}\cdot\overline{C}\cdot D\cdot E+A\cdot B\cdot\overline{C}\cdot D\cdot\overline{E}+\overline{A}\cdot\overline{B}\cdot C\cdot D\cdot\overline{E}+\overline{A}\cdot\overline{B}\cdot C\cdot\overline{D}\cdot\overline{E}=Y$ 을 보고 아래의 문제를 풀어라.

    a. 카르노 도표를 사용하여 간략화하라.

    b. 간단한 불 대수 함수식의 최소항을 써라.

    c. 간단한 불 대수 함수식의 논리회로를 그려라(AND, OR 그리고 NOT 게이트 사용).

14-17 불 대수 법칙으로 최소항을 최대항으로 혹은 최대항을 최소항 형태로 바꿀 수 있게 하는 것은 _____라고 한다.

14-18 드모르간의 첫 번째 정리에 따라, $\overline{A+B}=$ _____이다.

14-19 드모르간의 두 번째 정리에 따라 $\overline{A\cdot B}=$ _____이다.

14-20 드모르간의 정리를 사용하여, 최대항 불 함수식 $(A+\overline{B}+C)\cdot(\overline{A}+\overline{B}+\overline{C})$ $=Y$을 최소항 형태로 변환하라. 이는 긴 오버바를 없앨 것이다.

14-21 드모르간의 정리를 사용하여, 최소항 불 대수 함수식 $\overline{A\cdot\overline{B}\cdot C+A\cdot B\cdot C}$ $=Y$을 최대항 형태로 변환하라. 이는 긴 오버바를 없앨 것이다.

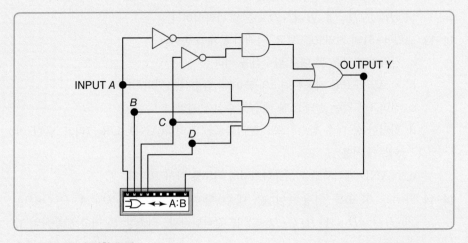

그림 4-53 논리 변환 문제

INPUTS				OUTPUT
A	B	C	D	Y
0	0	0	0	0
0	0	0	1	0
0	0	1	0	0
0	0	1	1	0
0	1	0	0	0
0	1	0	1	0
0	1	1	0	1
0	1	1	1	1
1	0	0	0	1
1	0	0	1	1
1	0	1	0	1
1	0	1	1	0
1	1	0	0	0
1	1	0	1	1
1	1	1	0	1
1	1	1	1	1

그림 4-54 진리표

INPUTS					OUTPUT
A	B	C	D	E	Y
0	0	0	0	0	0
0	0	0	0	1	0
0	0	0	1	0	0
0	0	0	1	1	0
0	0	1	0	0	1
0	0	1	0	1	0
0	0	1	1	0	0
0	0	1	1	1	0
0	1	0	0	0	0
0	1	0	0	1	0
0	1	0	1	0	0
0	1	0	1	1	0
0	1	1	0	0	1
0	1	1	0	1	0
0	1	1	1	0	0
0	1	1	1	1	0
1	0	0	0	0	0
1	0	0	0	1	0
1	0	0	1	0	0
1	0	0	1	1	0
1	0	1	0	0	1
1	0	1	0	1	0
1	0	1	1	0	0
1	1	1	1	1	0
1	1	0	0	0	1
1	1	0	0	1	1
1	1	0	1	0	1
1	1	0	1	1	1
1	1	1	0	0	1
1	1	1	0	1	0
1	1	1	1	0	0
1	1	1	1	1	0

그림 4-55 진리표

14–22 불 대수 함수식 $A \cdot \overline{B} + \overline{A} \cdot B = Y$ 의 키보드 버전을 써라.

14–23 불 대수 함수식 $\overline{A \cdot \overline{B} \cdot C} = Y$ 의 키보드 버전을 써라.

14–24 불 대수 함수식 $(A + B)(\overline{C} + D) = Y$ 의 키보드 버전을 써라.

14–25 Electronics Workbench이나 Multisim의 로직 컨버터를 사용하여 (a) 그림 4–53의 로직 컨버터 화면의 논리도표를 그리고 (b) 진리표를 만들고 쓰고 (c) 간략화하지 않은 불 대수 함수식을 만들고 쓰고 (d) 간단한 불 대수 함수식을 만들어라.

14–26 Electronics Workbench이나 Multisim의 로직 컨버터를 사용하여 (a) 그림 4–54의 로직 컨버터 화면의 논리도표를 그리고 (b) 간단한 불 대수 함수식을 만들고 쓰고 (c) 진리표에 대한 AND–OR 논리 심벌 도표를 만들고 써라.

14–27 Electronics Workbench이나 Multisim의 로직 컨버터를 사용하여 (a) 로직 컨버터 화면에 불 대수 함수식 $A'C' + BC + ACD'$ 을 쓰고 (b) 4–변수 진리표를 만들어 쓰고 (c) 불 대수 함수식과 동일한 AND–OR 논리기호 도표를 그려라.

INPUTS				OUTPUT
A	**B**	**C**	**D**	**Y**
0	0	0	0	0
0	0	0	1	1
0	0	1	0	0
0	0	1	1	0
0	1	0	0	0
0	1	0	1	0
0	1	1	0	0
0	1	1	1	1
1	0	0	0	0
1	0	0	1	0
1	0	1	0	0
1	0	1	1	1
1	1	0	0	0
1	1	0	1	1
1	1	1	0	0
1	1	1	1	0

그림 4–56 진리표

14-28 Electronics Workbench이나 Multisim의 로직 컨버터를 사용하여 (a) 그림 4-55의 로직 컨버터 화면에 나타난 5-변수 진리표를 써 넣고 (b) 간단한 불 대수 함수식을 복사하여 (c) 진리표와 간단한 불 대수 함수식에 동일한 AND-OR 논리 심벌 도표를 그려라.

14-29 전자 기술에서, PAL은 _____의 약자이다.

14-30 전자 기술에서, PLD는 _____의 약자이다.

14-31 전자 기술에서, GAL은 _____의 약자이다.

14-32 전자 기술에서, FPGA는 _____의 약자이다.

14-33 전자 기술에서, CPLD는 _____의 약자이다.

14-34 _____(PAL, CPLD)는 간단한 프로그램 가능 논리기기이고 조합 논리설계에서 쓰인다.

14-35 논리설계를 할 때 PLD를 사용하면 좋은 점을 써라.

14-36 PAL의 경우, IC를 "burn" 한다는 것은 프로그램 가능 기기에서 특정 가변 연결을 _____(닫는다, 연다)는 것을 의미한다.

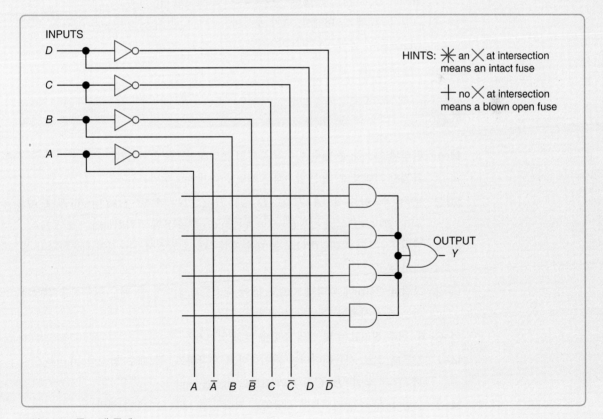

그림 4-57 퓨즈 맵 문제

14-37 그림 5-46의 진리표에 나타난 논리문제를 해결하기 위해서, 그림 4-57과 같이 PLD 퓨즈맵을 그려라. 퓨즈맵의 교차점에서 X는 온전한 가변 연결을 의미한다.

14-38 불 대수 함수식 $\overline{A} \cdot \overline{B} \cdot \overline{C} \cdot \overline{D} + \overline{A} \cdot B \cdot \overline{C} \cdot D + A \cdot B \cdot C \cdot D + A \cdot \overline{B} \cdot C \cdot \overline{D}$ $= Y$으로 나타난 논리문제를 해결하기 위해 그림 4-57에 나타난 그림과 같이 PLD 퓨즈 맵을 그려라. 퓨즈맵의 교차점에서 ×는 온전한 가변 연결을 의미한다.

14-39 BASIC Stamp 모듈은 논리함수를 프로그래밍하기 위해 생성된 _____(마이크로컨트롤러 기반, 진공관 기반) 기기이다.

14-40 그림 4-47(a)에서, PBASIC code(~A&~B)|(A&C)는 진리표의 출력열 _____(Y1, Y2, Y3)의 논리에 해당하는 대입문을 만들기 위해 사용되었다.

14-41 그림 4-47(b)에서, 어떤 BASIC Stamp 2 모듈 포트 중 세 개가 이 회로에서 입력으로 쓰였는가?

14-42 그림 4-47(b)와 그림 4-48에 나타난 PBASIC 프로그램에서, 코드의 몇 번째 줄이 어떤 포트가 입력이고 어떤 포트가 출력인지 나타내고 있는가?

14-43 그림 4-47과 4-48에서, 만약 푸시버튼 B와 C만 작동(눌려 있으면)되면, 어떤 LED(들)에 불이 들어오는가?

핵심문제

14-1 완성된 최소항 불 대수 함수식은 어떤 논리게이트를 만드는가?

14-2 완성된 최대항 불 대수 함수식은 어떤 논리게이트를 만드는가?

14-3 불 대수 함수식 $\overline{A} \cdot \overline{B} \cdot \overline{C} \cdot \overline{D} + \overline{A} \cdot B \cdot \overline{C} \cdot D + \overline{A} \cdot B \cdot \overline{C} \cdot \overline{D} + \overline{A} \cdot B \cdot \overline{C} \cdot D$ $+ A \cdot \overline{B} \cdot \overline{C} \cdot \overline{D} + A \cdot \overline{B} \cdot \overline{C} \cdot D + A \cdot \overline{B} \cdot C \cdot D = Y$을 간략화하라.

14-4 진리표로부터 최대항(POS) 불 대수 함수식으로 발전시키는 것이 가능하다고 생각하는가?

14-5 그림 4-21(b)에 나타난 카르노 맵이 최소항과 최대항 불 대수 함수식을 간략화하는 데에 사용될 수 있다고 생각하는가?

14-6 6-변수 진리표는 몇 개의 조합을 갖고 있는가?

14-7 컴퓨터 회로 시뮬레이터에 기입한다고 생각하고, 불 대수 함수식 $\overline{A} \cdot \overline{B} \cdot C + A \cdot B \cdot \overline{C} + A \cdot \overline{B} \cdot C = Y$의 키보드 버전을 써라.

14-8 그림 4-58의 논리도표에 해당하는 최대항 불 대수 함수식을 써라.

14-9 드모르간의 정리(혹은 회로 시뮬레이터 소프트웨어)를 사용하여 그림 4-58의
회로의 논리함수를 설명하는 최소항 불 대수 함수식을 써라(힌트: 문제 4-8에서
발전된 최대항 식을 이용하라).

14-10 그림 4-58의 회로의 논리함수를 설명하는 3-변수 진리표를 그려라(힌트: 문제
4-9의 최소항식을 이용하라).

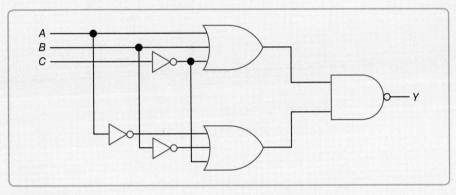

그림 4-58 논리회로

Digital Electronics

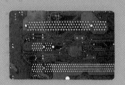

CHAPTER 05

IC 설계 설명서와 간단한 인터페이스

CONTENTS

5.1 논리레벨과 잡음여유

5.2 다른 디지털 IC 설계 설명서

5.3 MOS와 CMOS IC

5.4 스위치를 이용하여 TTL과 CMOS 인터페이싱하기

5.5 LED 이용하여 TTL과 CMOS 인터페이싱하기

5.6 TTL과 CMOS IC 인터페이싱

5.7 버저, 릴레이, 모터, 그리고 솔레노이드 인터페이싱

5.8 광 아이솔레이터(Optoisolators)

5.9 서보와 스테퍼 모터의 인터페이싱

5.10 홀 효과 센서 사용하기

5.11 간단한 논리회로의 수리

5.12 서보 인터페이싱하기(BASIC Stamp 모듈)

05 IC 설계 설명서와 간단한 인터페이스

학습목표

1. TTL과 CMOS 전압규격을 보고 논리레벨에 대해 알아본다.

2. 입력과 출력전압과 잡음여유 등 선택된 TTL과 CMOS IC 설계 설명서를 사용한다.

3. 드라이브 용량, 팬 인, 팬 아웃, 전달지연, 그리고 동력소비량 등을 포함한 IC 설명을 이해한다.

4. CMOS IC를 다루고 설계할 때의 몇 가지 주의사항을 정리한다.

5. TTL과 CMOS IC를 이용하여 여러 간단한 스위치 인터페이스와 디바운싱 회로를 알아본다.

6. TTL과 CMOS IC를 이용하여 LED와 백열등을 위한 회로 인터페이스를 분석한다.

7. TTL IC를 사용하여 전류원과 전류소모의 기초를 설명한다.

8. TTL을 CMOS로, CMOS를 TTL로 회로 인터페이스를 그릴 수 있다.

9. TTL과 CMOS IC를 사용하여 버저, 릴레이, 모터 그리고 솔레노이드의 인터페이스 회로의 작동을 설명한다.

10. 광 아이솔레이터 인터페이스 회로를 분석한다.

11. 서보 모터를 설명하고, 어떻게 펄스폭 변조를 통해 조정되는지 알아본다.

12. 스테퍼 모터의 주요한 특징과 특성을 정리하고, 스테퍼 모터 장비회로의 작동을 설명한다.

13. 홀 효과 스위치와 같은 기기 안의 홀효과 센서의 작동과 응용분야에 대해 알아본다.

14. TTL, CMOS IC 그리고 LED를 사용하여 개방 컬렉터 홀 효과 스위치의 인터페이스를 실행한다.

15. 간단한 논리회로의 문제해결 방법을 알아본다.

16. 서보 모터를 BASIC Stamp 2 마이크로컨트롤러 모듈에 인터페이스를 실행하고, 마이크로컨트롤러 모듈을 작동시키며 서보 모터의 동작을 설명한다.

디지털 회로의 사용이 점점 증가하는 것은 다양한 논리 가족의 유효성 때문이다. 논리계열 안의 집적회로는 다른 것들을 인터페이스 하기 쉽게 설계되었다. 예를 들면, TTL 논리계열에서 출력을 바로 다른 여러 TTL의 입력부에 다른 연결 부분 없이 연결했다. 설계자는 같은 논리계열의 IC의 인터페이스가 제대로 되었다고 자신했다. 논리계열과 디지털 IC 사이의 인터페이스와 외부 세계는 조금 더 복잡하다.

인터페이싱

인터페이싱은 전압과 전류의 레벨을 바꿔 호환이 되도록 회로 사이의 연결을 설계하는 것이라고 정의할 수 있다. 간단한 인터페이싱 기술에 대한 근본적인 기술이 디지털 회로 분야의 기술자들과 엔지니어들에게 필요하다. 대부분의 논리회로

는 "현실 세계"의 기기와 접속하지 못하면 의미가 없다.

5.1 논리레벨과 잡음여유

대부분의 전자공학 분야의 기술자들과 엔지니어들은 전압, 전류, 그리고 저항
이나 임피던스에 관해 새로운 기기를 조사하기 시작했다. 이 절에서는 TTL과
CMOS IC의 전압 특성에 대해 공부할 것이다.

논리레벨: TTL

논리 0(LOW)이나 논리 1(HIGH)를 어떻게 정의할 수 있을까? 그림 5-1은 양
극의 TTL 논리계열의 인버터(7404 IC와 같은)를 보여주고 있다. 제조사들은 올
바른 동작을, LOW 입력은 GND에서 0.8V 사이로 명시하고 있다. 또한, HIGH
입력은 2.0에서 5.5V 사이여야 한다.

입력 부분 0.8에서 2.0V에서 아무것도 가리지 않은 부분은 한정되지 않은 부
분, 혹은 가늠할 수 없는 부분이라고 한다. 따라서 3.2의 입력은 HIGH 입력이 된
다. 0.5V 입력은 LOW 입력으로 간주한다. 1.6V 입력은 한정되지 않은 부분으
로 피해야 한다. 한정되지 않은 부분의 입력은 출력을 예측할 수 없게 한다.

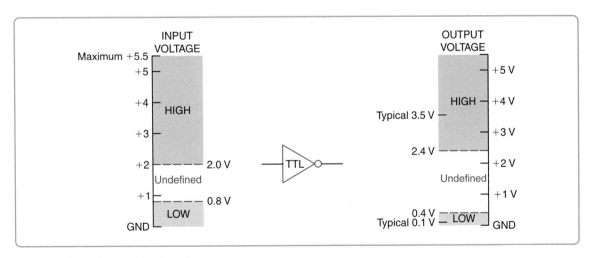

그림 5-1 입력과 출력전압레벨의 정의

TTL 인버터의 예상된 출력값은 그림 5-1의 오른쪽에 나타나있다. 전형적인 LOW 출력은 0.1V 정도이다. 전형적인 HIGH 출력은 약 3.5V 정도이다. 하지만, HIGH 출력은 그림 5-1의 전압 프로필에 나와 있듯 2.4V처럼 낮을 수 있다. HIGH 출력은 출력에 걸리는 저항에 의해 좌우된다. 걸리는 양이 커질수록, 낮은 HIGH 출력전압이 나온다. 그림 5-1에서 가리지 않은 출력전압 부분은 가늠할 수 없는 부분이다. 만약 출력전압이 가늠할 수 없는 범위(0.4에서 2.4V)라면 문제 발생을 의심해봐야 한다.

TTL 장비에 맞는 LOW와 HIGH 논리레벨에 맞는 전압이 그림 5-1에 나와 있다. 이러한 전압들은 다른 논리계열과는 다르다.

논리레벨: CMOS

IC의 CMOS 논리계열의 4000과 74C00 시리즈는 넓은 범위의 전원공급 전압(13에서 115V) 내에서 작동한다. 전형적인 CMOS 인버터의 HIGH와 LOW 논리레벨 정의는 그림 5-2(a)에 나타나있다. 10V 전원 공급은 전압 프로필에서 사용되었다.

그림 5-2(a)에 나타난 CMOS 인버터는 VDD의 70~100%(예시에서는 110V) 내의 입력전압에 반응한다. 이처럼, VDD의 0과 30% 내의 어떠한 전압은 4000과 74C00 시리즈 내의 IC의 LOW 입력으로 간주된다.

CMOS IC의 전형적인 출력전압은 그림 5-2(a)에 나와 있다. 출력전압은 보통 전원공급의 레일 전압에 있다. 예시에서는, HIGH 출력이 약 100V이고, LOW 출력은 0V이거나 GND인 것을 알 수 있다.

CMOS IC의 이전 시리즈인 4000과 74C00 시리즈와 달리 74HC00 시리즈와 새로운 74AC00과 74ACQ00 시리즈는 낮은 전원공급(12에서 16V)에서도 작동이 가능하다. 입력과 출력전압 특성은 그림 5-2(b)의 전압 프로필에 적혀 있다. 74HC00, 74AC00와 74ACQ00 시리즈의 HIGH와 LOW 입력과 출력은 4000과 74C00 시리즈와 비슷하다. 이는 그림 5-2(a)와 (b)의 두 전압 프로필을 보면서 비교할 수 있다.

CMOS IC의 74HCT00 시리즈와 새로운 74ACT00, 74ACTQ00, 74FCT00, 그리고 74FCTA00 시리즈는 TTL IC와 같은 5V 전원공급에도 작동할 수 있도록 설계되었다. IC의 74HCT00, 74ACT00, 74ACTQ00, 74FCT00, 그리고 74FCTA00의 기능은 TTL과 CMOS 기기의 중간에 위치하

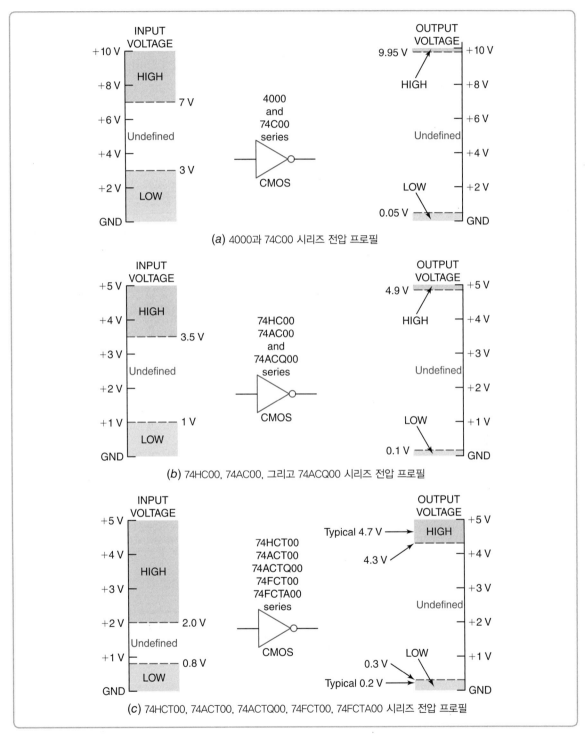

(a) 4000과 74C00 시리즈 전압 프로필

(b) 74HC00, 74AC00, 그리고 74ACQ00 시리즈 전압 프로필

(c) 74HCT00, 74ACT00, 74ACTQ00, 74FCT00, 74FCTA00 시리즈 전압 프로필

그림 5-2 CMOS 입력과 출력전압레벨의 정의

고 있다. 이러한 "T" 지정자가 있는 CMOS IC는 다양한 TTL IC의 대체품으로 즉시 제공될 수 있다.

CMOS IC의 74HCT00, 74ACT00, 74ACTQ00, 74FCT00, 그리고 74FCTA00에 대한 전압 프로필 도표는 그림 5-2(c)에 나타나있다. 입력에 있는 LOW와 HIGH의 정의가 "T" CMOS IC와 보통의 양극성 TTL IC와 같다는 것을 인지해야 한다. 이는 TTL의 전압 프로필의 입력 부분과 "T" CMOS IC의 비교가 될 수 있다(그림 5-1과 5-2(c) 참고). 모든 CMOS IC의 출력전압 프로필은 비슷하다. 정리하면, "T" 시리즈 CMOS IC는 전형적인 TTL 입력전압 성질을 가진 CMOS 출력이다.

논리레벨: 저전압 CMOS

디지털 회로가 간략해질수록 전원 공급전압이 보통 +5V 이하로 쓰이게 되어 유용해졌다. 전형적인 저전압 CMOS IC의 HIGH와 LOW 논리레벨의 정의는 그림 5-3에 나와 있다.

두 개의 근대의 저전압 CMOS 계열은 저전압 CMOS인 74ALVC00 시리즈(발전된 저전압 CMOS)와 74LVX00 시리즈(5V 방지 입력이 있는 저전압 CMOS)이다. 74LVX00 IC는 그림 5-3에 나와 있는 것보다 높은 입력전압을 아무런 문제없이 방지할 수 있다.

그림 5-3에 나타난 전압 프로필 도표와 같이, +2V 위의 입력전압은 HIGH로

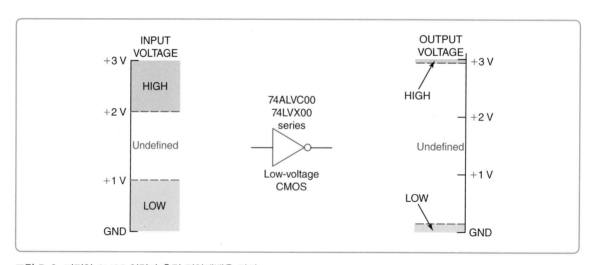

그림 5-3 저전압 CMOS 입력과 출력 전압레벨을 정의

간주하고, 반면에 +0.8V 이하는 LOW 범위로 간주한다. 이러한 저전압 CMOS IC에서의 출력전압은 +3V나 GND 가까이의 레일 전압이다.

다양한 저전압 CMOS IC는 약 +1.7V 정도의 낮은 공급전압에서도 작동 가능하다. 전압 프로필은 그림 5-3과 같지만, 프로필의 왼쪽 모서리의 계수가 다를 수 있다.

잡음여유

대부분 CMOS의 장점은 낮은 전원을 요구하고 **잡음여유도**가 좋다는 것이다. 잡음여유도는 회로의 둔감이나 저항에 대한 원치 않는 전압이나 잡음을 말한다. 다른 말로는 디지털 회로에서 **잡음여유**라고도 한다.

잡음여유도
잡음여유

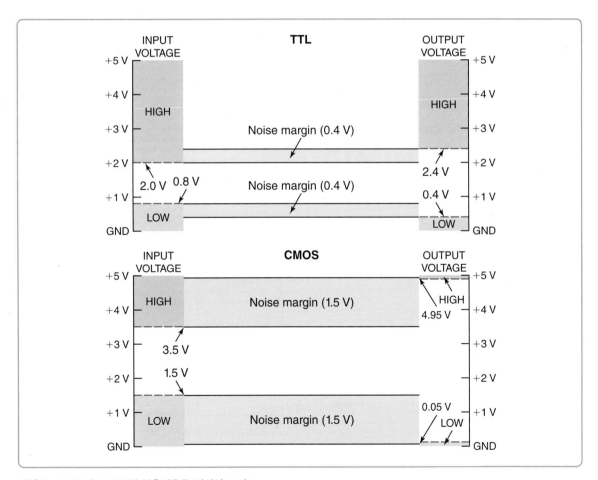

그림 5-4 TTL과 CMOS의 잡음여유를 정의하고 비교

전형적인 TTL과 CMOS 계열의 잡음여유는 그림 5-4에 비교되어 있다. TTL 계열보다 CMOS 계열의 잡음여유가 훨씬 더 괜찮다. 예상치 못한 결과를 얻기 전에 CMOS 입력 안의 약 1.5V 정도의 원치 않는 잡음을 도입할 것이다.

디지털 시스템에서 잡음은 입력 논리레벨에 영향을 줄 수 있는 배선 연결과 인쇄회로기판 흔적에서 유도된 원치 않은 전압으로, 잘못된 출력값을 가져올 수 있다.

그림 5-5의 도표를 보자. LOW, HIGH 그리고 정의되지 않은 지역이 TTL 입력에 정의되어 있다. 만약 실제 입력전압이 0.2V라면, 그와 정의되지 않은 범위 사이의 여유는 0.6V가 될 것이다(0.8-0.2=0.6V). 이것이 잡음여유이다. 다른 말로는, 정의되지 않은 범위로 입력을 이동시키기 위해 +0.6V 이상을 LOW 전압 (예시에서는 0.2V)에 더하는 것이다.

실습에서, 잡음여유는 더 대단하게 작용할 수 있는데, 이는 전압이 스위치 임계값까지 상승할 수 있기 때문이고, 이는 그림 5-5에 나타난 1.2V를 통해 알 수 있다. 실제로 +0.2V의 LOW 입력과 스위치 임계값은 +1.2V 정도이며, 실제 잡음여유는 1V이다(1.2-0.2=1V).

스위치 임계값은 절대적인 전압이 아니다. 정의되지 않은 범위 내에서 발생하지만 제조사, 온도, 그리고 컴포넌트의 질에 따라 다양하게 존재한다. 하지만, 논리레벨은 제조사에 의해 확실히 정해져 있다.

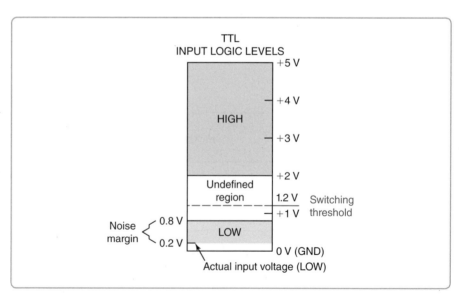

그림 5-5 잡음여유를 보여주는 TTL 입력 논리레벨

확인문제

1. 두 개의 회로 사이가 호환이 되도록 연관 설계하는 것을 _____이라고 한다.
2. TTL IC에 +3.1V의 입력을 준다면 이는 _____(HIGH, LOW, undefined)이다.
3. TTL IC에 +0.5V의 입력을 준다면 이는 _____(HIGH, LOW, undefined)이다.
4. TTL IC에 +2.0V의 출력을 준다면 이는 _____(HIGH, LOW, undefined)이다.
5. CMOS IC 4000시리즈에 +3.1V의 입력을 준다면 이는 _____(HIGH, LOW, undefined)이다.
6. CMOS IC의 전형적인 HIGH 출력(10V 전원공급)은 _____V이다.
7. CMOS IC의 74HCT00 시리즈에 +4V(5V 전원공급) 입력은 _____(HIGH, LOW, undefined)이다.
8. _____(CMOS, TTL)의 IC가 잡음여유도가 더 좋다.
9. 디지털 IC의 스위치 임계값은 HIGH에서 LOW로 혹은 LOW에서 HIGH로의 출력 논리레벨 스위치의 입력전압을 말한다.(참, 거짓)
10. _____(CMOS, TTL) IC의 74FCT00 시리즈는 TTL IC와 같은 입력전압 프로필을 갖고 있다.
11. 그림 5-3에서, 74ALVC00 시리즈 IC는 13V 전원공급에서 작동이 가능하므로 _____(고임피던스, 저전압) CMOS이다.
12. 그림 5-3에서, 74ALVC00 시리즈 IC에 +2.5V의 입력은 _____(HIGH, LOW, undefined) 논리레벨로 간주한다.

5.2 다른 디지털 IC 설계 설명서

앞 절에서 디지털 논리 전압레벨과 잡음여유에 대해 배웠다. 이번 절에서는, 디지털 IC의 다른 중요한 설계 설명서에 대해 소개한다. 드라이브 능력, 팬 출력과 팬 입력, 전달지연 그리고 전력손실에 대해 다룬다.

드라이브 능력

양극 트랜지스터는 최대 전력량과 전력량 컬렉터가 있다. 이러한 측정은 드라이브 성능을 결정한다. 디지털 IC에서 출력 드라이브 능력을 부르는 말로는 **팬 출력**이 있다. 디지털 IC에서 팬 출력은 게이트의 출력에 의해 작동되는 "표준" 입력

팬 출력

의 수를 말한다. 만약 표준 TTL 게이트에 대한 팬 출력이 10이라면, 이는 하나의 게이트의 출력이 같은 부분집합 내 게이트가 10개의 입력까지 가능하다는 것이다. 표준 TTL IC의 전형적인 팬 출력값은 10이다. 저출력 Schottky TTL(LS-TTL)의 팬 출력은 20이고 CMOS의 4000 시리즈는 약 50 정도이다.

게이트의 전류 특성을 보는 다른 방법은 출력 드라이브와 입력하중 매개변수를 확인하는 것이다. 그림 5-6(a)의 도표는 표준 TTL 게이트의 출력 드라이브 능력과 입력하중 매개변수를 간단하게 나타내고 있다.

표준 TTL 게이트는 출력이 LOW(I_{OL})일 때 16mA를, 출력이 HIGH(I_{OH})일 때 400μA까지 감당할 수 있다. 이는 표준 TTL 게이트의 입력적재 프로필과 비교해 봤을 때 맞지 않는 것처럼 보일 수 있다. 입력적재가 (최악의 경우) 입력 HIGH(I_{IH})일 때, 단 40μA이고 LOW(I_{IL})일 때는 1.6mA이다. 이는 표준 TTL 게이트의 출력은 10 입력(16mA/1.6mA＝10)이 가능하다는 것을 말한다. 이는 최악의 경우라는 것을 알고, 실제로 정적조건 이하의 대상 시험에는 이러한 입력 적재가 앞서 말한 것보다 낮을 수 있다.

디지털 IC의 다양한 계열의 출력 드라이브와 입력적재 특성은 그림 5-6(b)에 요약되어 나타나있다. 매우 유용한 정보인 표를 잘 보도록 하자. 차후 TTL과 CMOS IC를 인터페이싱할 때 유용하게 사용될 것이다.

CMOS IC의 FACT 시리즈는 뛰어난 출력 드라이브 능력을 갖고 있다는 것을 알아야 한다(그림 5-6(b) 참고). 최상의 드라이브 능력, 낮은 전원소비, 최고의 속도, 그리고 최고의 잡음 면연이 새로운 설계를 위해 선호되는 논리계열의 CMOS IC의 FACT 시리즈를 만들었다. 최신 FAST TTL 논리 시리즈 역시 많은 가치 있는 특성을 갖고 있다.

하나의 게이트에 걸리는 로드는 IC의 계열에서 팬 인이라고 한다. 그림 5-6(b)에서 입력 로딩 행은 IC 계열에서 팬 인을 알려주고 있다. 팬 인이나 입력적재 특성은 각각의 IC마다 다르다는 것에 유의해야 한다.

그림 5-7(a)와 같이 인터페이싱이 주어졌다고 가정한다. 74LS04 인버터가 우측의 표준 TTL NAND 게이트 네 개를 드라이브하기에 충분한 팬 출력을 가졌다고 한다.

LSTTL과 표준 TTL 게이트에 대한 전압과 전류 프로필은 그림 5-7(b)에 나타나 있다. 모든 TTL 계열의 전압 특성은 호환이 된다. LS-TTL 게이트는 출력이 HIGH(400μA/40μA＝10)일 때, 10개의 표준 TTL 게이트를 드라이브 할

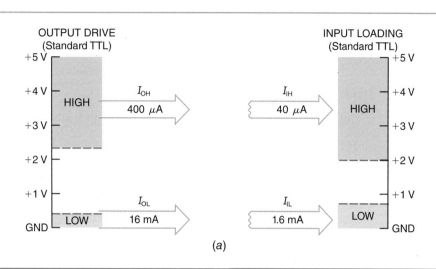

Device Family		Output Drive*	Input Loading
TTL	Standard TTL	$I_{OH} = 400\ \mu A$ $I_{OL} = 16\ mA$	$I_{IH} = 40\ \mu A$ $I_{IL} = 1.6\ mA$
	Low-Power Schottky	$I_{OH} = 400\ \mu A$ $I_{OL} = 8\ mA$	$I_{IH} = 20\ \mu A$ $I_{IL} = 400\ \mu A$
	Advanced Low-Power Schottky	$I_{OH} = 400\ \mu A$ $I_{OL} = 8\ mA$	$I_{IH} = 20\ \mu A$ $I_{IL} = 100\ \mu A$
	FAST Fairchild Advanced Schottky TTL	$I_{OH} = 1\ mA$ $I_{OL} = 20\ mA$	$I_{IH} = 20\ \mu A$ $I_{IL} = 0.6\ mA$
CMOS	4000 Series	$I_{OH} = 400\ \mu A$ $I_{OL} = 400\ \mu A$	$I_{in} = 1\ \mu A$
	74HC00 Series	$I_{OH} = 4\ mA$ $I_{OL} = 4\ mA$	$I_{in} = 1\ \mu A$
	FACT Fairchild Advanced CMOS Technology Series (AC/ACT/ACQ/ACTQ)	$I_{OH} = 24\ mA$ $I_{OL} = 24\ mA$	$I_{in} = 1\ \mu A$
	FACT Fairchild Advanced CMOS Technology Series (FCT/FCTA)	$I_{OH} = 15\ mA$ $I_{OL} = 64\ mA$	$I_{in} = 1\ \mu A$

*Buffers and drivers may have more output drive.

(b)

그림 5–6 (a) 표준 TTL 전압과 전류 프로필 (b) 특정 TTL과 CMOS 논리계열의 출력 드라이브와 입력하중 매개변수

수 있다. 하지만, LS–TTL 게이트는 출력이 LOW(8mA/1.6mA＝5)일 때, 표준 TTL 게이트를 5개 밖에 드라이브할 수 없다. LS–TTL 게이트의 표준 TTL

게이트에 대한 팬 아웃이 5라고 할 수 있다. 그림 5-7(a)의 LS-TTL 인버터가
표준 TTL 입력을 4개 가능하다고 나와 있으므로, 정확하게 설명할 수 있다.

전달지연

입력에서의 변화의 응답의 속도, 혹은 빠르기는 디지털 IC의 고속 어플리케이
션에서 중요하게 고려된다. 그림 5-8(a)의 파장의 모양을 생각한다. 위의 파형은
인버터의 입력이 LOW에서 HIGH로, 다시 HIGH에서 LOW로 가는 것을 보여

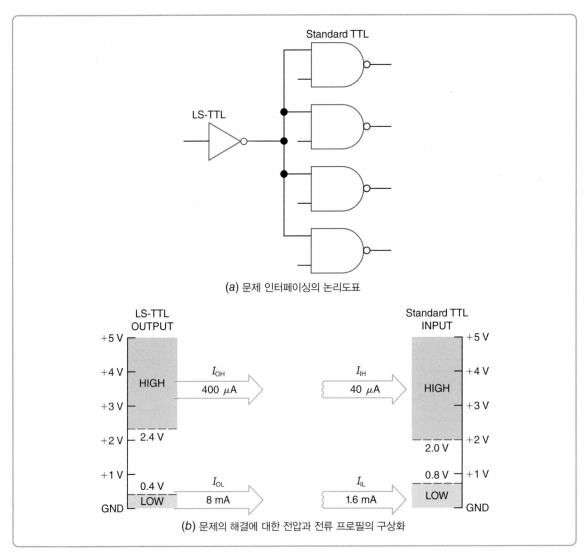

(a) 문제 인터페이싱의 논리도표

(b) 문제의 해결에 대한 전압과 전류 프로필의 구상화

그림 5-7 LS-TTL을 표준 TTL 문제로 인터페이싱

주고 있다. 아래의 파형은 입력에서 변화의 출력응답을 보여주고 있다. 입력 변화
시간과 출력 변화시간 사이의 작은 지연을 인버터의 **전달지연**이라고 합니다. 전달
지연은 초 단위로 계산된다. 입력에서 인버터로의 LOW-TO-HIGH 전달지연
은 HIGH-TO-LOW 전달지연과 다르다. 표준 TTL 7404 인버터 IC에 대한
전달지연은 그림 5-8(a)에 나와 있다.

　표준 TTL 인버터(7404 IC와 같은)의 전형적인 전달지연은 LOW-to-HIGH
변화가 12ns 정도인 반면 HIGH-to-LOW 입력 변화는 7ns이다.

　대표적인 최소 전달지연은 그림 5-8(b)의 그래프에 나와 있다. IC의 전달지연
이 적을수록, 속도가 더 빨라진다. ASTTL(advanced Schottky TTL)과 AC-
CMOS는 간단한 인버터에 대해 약 1ns 정도의 최소 전달지연을 가져 가장 빠른
것을 알 수 있다.

　이전 4000과 74C00 시리즈 CMOS 계열은 가장 느린 계열(전달지연이 가장 높

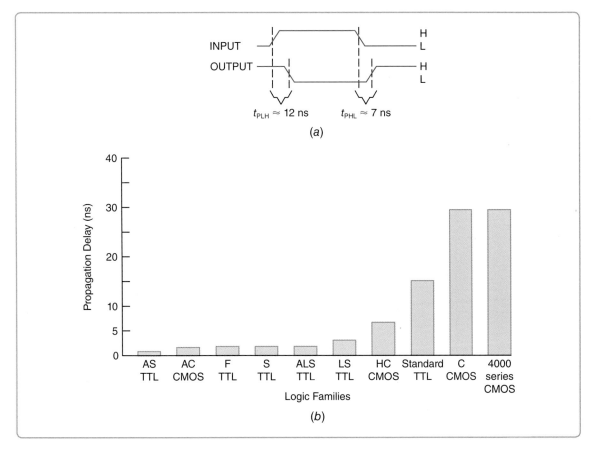

그림 5-8 (a) 표준 TTL 인버터에 대한 전달지연 파형들 (b) 특정 TTL과 CMOS 계열의 전달지연 그래프

음)이다. 몇 개의 4000 시리즈 IC는 100ns를 넘는 전달지연을 갖고 있다. 과거, TTL IC는 CMOS 기술로 제조된 것들보다 빠르다고 고려되었다. 하지만, 현재 FACT CMOS 시리즈는 최고의 TTL IC와 낮은 전달지연(높은 속도)으로 경쟁하고 있다. 최고의 고속 작동에서는 ECL(이미터 결합 로직)과 개발 갈륨비소가 필요하다.

전력손실

보통, 전달지연이 줄수록(속도가 늘수록), 전력손실과 열 발생이 증가한다. 역사적으로, CMOS IC 4000 시리즈의 약 30에서 50ns 정도에 비해 표준 TTL IC는 약 10ns 정도의 전달지연 속도를 갖고 있었다. 하지만 4000 CMOS IC는 단지 0.001mW만을 소비하는데 반해, 표준 TTL 게이트는 10mW의 전력을 소비했다. CMOS의 전력손실은 주파수와 함께 증가한다. 그래서 100kHz에서 4000 시리즈 게이트는 0.1mW의 전력을 소비한다.

그림 5-9의 속도 대비 전력 그래프는 TTL과 CMOS의 몇 종류를 비교하고 있다. 그래프의 수직측은 전달지연(속도)을 나노초로, 수평측은 각 게이트의 전력소비를(밀리와트 단위로) 나타내고 있다.

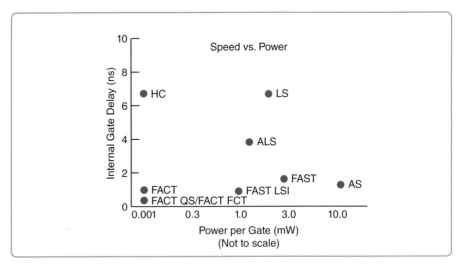

그림 5-9 일부 TTL과 CMOS 종류의 속도 대비 전력

속도와 전력 모두 가장 선호하는 조합을 가진 것은 그래프의 왼쪽 아래에 있다. 몇 년 전, 많은 설계자들이 ALS(발전된 저전력 Schottky TTL) 계열을 속도

와 전력소모에서 최적이라고 제안했다. 새로운 계열의 소개로, FACT(Fairchild advanced CMOS technology) 시리즈는 최적의 논리계열이 되었다. ALS와 FAST 계열 모두 최고의 선택이다.

확인문제

13. "표준" 입력 적재 수는 IC에 의해 드라이브될 수 있으며 이를 _____(팬 인, 팬 출력)이라 한다.

14. _____(4000 시리즈 CMOS, FAST TTL 시리즈) 게이트는 많은 출력 드라이브 능력을 갖고 있다.

15. 그림 5-6(b)에서, LS-TTL을 인터페이싱 LS-TTL로의 팬 출력을 계산하면 _____이다.

16. 4000 시리즈 CMOS 게이트는 낮은 전력 소모, 좋은 잡음 면역, 그리고 _____(긴, 짧은) 전달지연을 갖고 있다.

17. 그림 5-8(b)에서, 가장 빠른 CMOS 계열은 _____이다.

18. 모든 TTL 계열은 _____(다른, 같은) 전압과 다른 출력 드라이브와 입력 적재 특성을 갖고 있다.

5.3 MOS와 CMOS IC

MOS ICs

금속 산화물 반도체 전계효과 트랜지스터(MOSFET)의 증가형은 MOS IC에서 주요 부품이다. 간단하기 때문에 MOS 기기의 실리콘 칩에서 자리를 덜 차지하게 된다. 따라서 칩 당 많은 기능을 양극성 IC에 비해 MOS 기기가 갖고 있다. 금속산화물 반도체 기술은 칩의 기억밀도 때문에 고밀도 집적회로(LSI)와 초고밀도 집적회로(VLSI)에서 널리 쓰이고 있다. 마이크로프로세서, 메모리, 그리고 클럭 칩들은 MOS 기술을 이용해 조립된 대표적인 것들이다. 금속산화물 반도체 회로는 PMOS(p channel MOS)나 새로운, 더 빠른 NMOS(n channel MOS)형이 대표적이다. 금속산화물 반도체 칩들은 더 작고, 적은 전력을 소비하며 더 좋은 잡음여유를 갖고 있고 양극성 IC에 비해 더 높은 팬 출력을 갖고 있다. MOS 기기의 대표적인 단점은 비교적 느린 속도이다.

CMOS ICs

상보 대칭 회로 금속산화물 반도체(CMOS) 기기들은 P-channel과 N-channel MOS 기기의 끝과 끝이 연결된 것을 사용한다. 상보 대칭 회로 금속산화물 반도체 IC는 유난히 낮은 전력소비로 알려져 있다. CMOS 계열의 IC는 저렴한 비용과 간단한 설계, 낮은 열 방출, 좋은 팬 출력, 넓은 논리 스윙 그리고 좋은 잡음여유 활동을 한다. 디지털 IC의 대부분의 CMOS는 넓은 범위의 전압에서 작동한다. 몇 저전압 CMOS IC는 +1.7V와 같은 낮은 전력공급에서도 작동이 가능하다.

역사적으로, 많은 CMOS IC의 단점은 TTL 기기와 같은 양극성 디지털 IC에 비해 느리다는 것이었다. 최근에, 74AC00이나 74ALVC00 시리즈와 같은 CMOS 제품은 고속 디지털 회로에 사용되기에는 매우 낮은 전달지연(아마 2에서 5ns 정도) 속도를 갖고 있다. 이에 비해, 이전 7400 시리즈 논리회로는 6ns 정도의 전달지연 속도를 갖고 있다. 정전방전에 의해 보호되고 있기 때문에 CMOS IC를 다룰 때에는 각별히 주의가 필요하다. 회로에서 정전 방전이나 과도전압은 CMOS 칩 내의 매우 얇은 실리콘 이산화물을 손상시킬 수 있다. 실리콘 이산화물은 커패시터의 유전체와 같은 역할을 하며 정전방전이과 과도전압에 의해 구멍이 날 수 있다.

만약 CMOS IC로 작업할 일이 있다면, 제조사들은 정전방전과 과도전압에 의한 손상을 막기 위해 다음과 같은 방법을 제시할 것이다.

1. CMOS IC를 특별한 전도성 고무나 정전방지 가방 혹은 컨테이너에 보관할 것
2. CMOS 칩이나 교류 작동기판에 작업할 때에는 전자식 납땜인두를 사용할 것
3. 연결을 변동하거나 CMOS IC를 제거할 때에는 전원이 꺼진 상태에서만 할 것
4. 반드시 입력 신호가 전력 공급전압을 넘지 않도록 할 것
5. 항상 회로 전원을 끄기 전에 입력 신호를 끌 것
6. 모든 사용하지 않는 입력 납을 적합한 가능 공급전압이나 GND에 연결할 것 (사용되지 않은 CMOS 출력은 연결되지 않은 상태로 둘 것)

FACT CMOS IC는 정전방전에 잘 견딜 수 있다.

CMOS IC는 전지 작동 호환기기들이 매우 적은 전원소비를 하게 해준다. 상보 대칭 회로 금속산화물 반도체 IC는 다양한 호환 기기들에 사용된다.

일부 CMOS 기기들이 그림 5-10에 나와 있다. 위의 절반은 p channel MOSFET이고 아래는 n channel MOSFET이다. 둘 다 증가형 방식 MOSFET 이다. 입력전압(V_{in})이 LOW라면, 위의 MOSFET은 도통되고 아래는 차단된다. 이때, 출력전압(V_{out})이 HIGH가 된다. 하지만, V_{in}이 HIGH가 되면 아래 기기들이 도통되고 top MOSFET가 도통된다. 따라서 V_{out}이 LOW가 된다. 그림 5-10의 기기들은 인터버 역할을 한다.

CMOS의 V_{DD}가 공급 가능 전압으로 향하는 것을 볼 수 있다. V_{DD} 납은 V_{CC} (TTL에서와 마찬가지로)라고 제조사들에게 명명되었다.

V_{DD}의 "D"는 MOSFET의 하수 공급을 말한다. CMOS의 VSS 납은 전력 공급의 음극에 연결되어 있다. 이 연결은 GND(TTL에서와 마찬가지로)이라고 불린다. V_{SS}의 "S"는 MOSFET의 원천 공급(source supply)을 의미한다. CMOS IC는 대체적으로 3-, 5-, 6-, 9-, 12V 전력 공급에서 작동된다.

CMOS 기술은 디지털 IC의 다양한 계열을 만드는 데에 사용된다. 가장 많이 쓰이는 것은 4000, 74C00, 74HC00, 74ALVC00, 그리고 FACT 시리즈 IC이다. 4000 시리즈가 가장 오래 되었다. 이 계열은 TTL 계열과 맞지 않는 몇 개의 기기의 모든 관례적 논리기능을 갖고 있다. 예를 들어, CMOS에서 전달 게이트나 쌍방 스위치를 만들 수 있다. 이러한 게이트는 접점 계전기와 같이 양방향으로 신호가 활동 혹은 지나갈 수 있도록 해준다.

74C00 시리즈는 TTL IC 7400의 pin-for-pin이나 function-for-function과

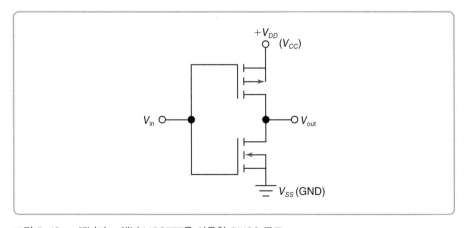

그림 5-10 p 채널과 n 채널 MOSFET을 사용한 CMOS 구조

같은 오래된 CMOS 논리계열이다. 예를 들어, 7400 TTL IC는 74C00 CMOS IC와 같은 네 개의("쿼드") 2-입력 NAND 게이트로 설계되었다.

CMOS 논리계열의 74HC00 시리즈는 74C00 시리즈와 많은 4000 시리즈 IC를 대체하기 위해 설계되었다. 7400과 4000 시리즈 IC의 pin-for-pin, function-for-function 기능을 갖고 있다. 좋은 드라이브 성능을 가진 고속 CMOS 계열이다. 2에서 6V 전력 공급에서 작동된다.

FACT 논리 IC 시리즈는 74AC00, 74ACQ00, 74ACT00, 74ACTQ00, 74FCT00, 74FCTA00를 부속으로 갖는다. FACT 계열은 7400 TTL과 같은 pin-for-pin, function-for-function 기능을 제공한다. 보통의 주파수 (0.1mW/gate at 1MHz)에서도 적은 전력소모를 한다. 하지만 높은 주파수 (0.1mW/gate at 1MHz)에서는 전력소모가 증가한다. 훌륭한 잡음면역을 갖고 있으며, "Q" 기기는 개인잡음 억제 회로망을 갖고 있다. "T" 기기는 TTL 전압레벨 입력을 갖고 있다. FACT 시리즈의 전달지연은 뛰어나다(그림 5-8(b) 참고). FACT IC는 정전기에 훌륭한 저항을 갖고 있다. 또한 이 시리즈는 방사선 방지가 돼, 우주, 의료 그리고 군사기기로 사용된다. 출력 드라이브 성능 역시 뛰어나다(그림 5-6(b) 참고).

매우 간편한 디지털 기기들은 아마 $V_{CC}=3.3V$, $V_{CC}=2.5V$, 또는 $V_{CC}=1.8V$과 같은 저전압 전력공급을 사용하기도 한다. CMOS IC의 74ALVC00 시리즈는 낮은 전력소모, 3.6V 내성 입/출력, TTL 다이렉트 인터페이스, 정전기 보호, 그리고 매우 빠른 속도(낮은 전달지연, 약 2에서 3ns) 때문에 사용된다.

┌─┤　Ⅰ　확인문제 ├─┐

19. 고밀도 집적회로(LSI)와 초고밀도 집적회로(VLSI) 기기들은 _____(양극의, MOS) 기술을 대규모로 사용한다.
20. CMOS는 _____를(을) 상징한다.
21. CMOS를 사용하는 대부분의 중요한 장점은 _____이다.
22. CMOS IC의 V_{SS} 핀은 전력 공급의 _____(양극, GND)에 연결된다.
23. CMOS IC의 V_{DD} 핀은 전력 공급의 _____(양극, GND)에 연결된다.
24. CMOS IC의 _____(FACT, 4000) 시리즈는 새로운 설계에 좋다. 왜냐하면 낮은 전력소비, 좋은 잡음면역, 훌륭한 드라이브 성능 그리고 뛰어난 속도 때문이다.
25. 74FCT00은 7400 쿼드 2-입력 NAND 게이트 IC와 같은 논리기능과 핀 배치도를 갖고 있다.(참, 거짓)

26. IC의 74ALVC00 시리즈는 _____(CMOS, TTL) 기술을 사용한다.
27. CMOS IC의 이전 시리즈(4000 시리즈와 같은)는 정전기에 민감 _____(하지 않다, 하다).
28. CMOS IC의 이전 시리즈(4000 시리즈와 같은)는 낮은 전력소비를 갖고 있지만 높은 전달지연을 갖고 있다.(참, 거짓)

5.4 스위치를 이용하여 TTL과 CMOS 인터페이싱하기

디지털 시스템에서 정보 입력에 가장 흔한 의미는 스위치나 키보드를 말한다. 디지털시계의 스위치, 계산기의 키, 혹은 마이크로컴퓨터의 키보드가 그 예가 된다. 이 절에서는 TTL이나 CMOS 디지털 회로에 스위치를 이용해 정보를 입력하는 다양한 방법을 설명한다.

세 개의 간단한 스위치 인터페이스 회로가 그림 5-11에 있다. 그림 5-11(a)의 누름단추를 누르면 TTL 인버터의 입력을 가장 낮게 혹은 LOW로 낮춘다. 그림 5-11(a)의 누름단추에서 손을 떼면 스위치를 연다. TTL 인버터의 입력은 "float"이 된다. TTL에서, 입력은 보통 HIGH 논리레벨의 플로트가 된다.

TTL의 부동 입력은 믿을 수가 없다. 그림 5-11(b)는 그림 5-11(a)의 스위치 입력 회로를 약간 개선한 것이다. 10kΩ 저항기는 TTL 인버터의 입력이 스위치가 열렸을 때 HIGH로 갈 수 있도록 더해졌다. 10kΩ 저항기는 **풀업 저항기**라고 불린다. 이는 입력 스위치가 열렸을 때 입력전압을 +5V까지 끌어올리는 목적이다. 그림 5-11(a)와 (b)의 두 회로는 액티브(active) LOW 스위치로 그려졌다. 스위치가 작동될 때 입력이 LOW가 되기 때문에 액티브(active) LOW 스위치라고 불린다.

풀업 저항기

액티브(active) HIGH 입력 스위치는 그림 5-11(c)에 나와 있다. 입력 스위치가 작동될 때, +5V는 TTL 인버터의 입력에 바로 연결되어 있다. 스위치가 열리면, 입력은 풀 다운 저항에 의해 LOW로 내려온다. **풀다운 저항기**의 값은 비교적 낮은데, 이는 표준 TTL 게이트에 1.6mA(그림 5-6(b) 참고) 정도의 입력전류가 필요하기 때문이다.

풀다운 저항기

두 스위치에서 CMOS 인터페이스 회로는 그림 5-12에 나와 있다. 액티브

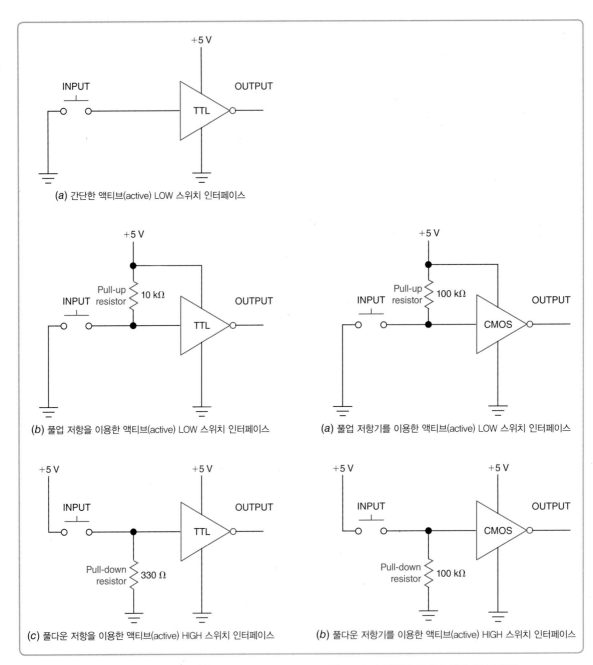

(a) 간단한 액티브(active) LOW 스위치 인터페이스

(b) 풀업 저항을 이용한 액티브(active) LOW 스위치 인터페이스

(a) 풀업 저항기를 이용한 액티브(active) LOW 스위치 인터페이스

(c) 풀다운 저항을 이용한 액티브(active) HIGH 스위치 인터페이스

(b) 풀다운 저항기를 이용한 액티브(active) HIGH 스위치 인터페이스

그림 5–11 스위치를 TTL로 인터페이스하기   **그림 5–12 스위치를 CMOS 인터페이스하기**

(active) LOW 입력 스위치는 그림 5–12(a)에 나와 있다. 100kΩ 풀업 저항은 스위치가 열리면 전압을 +5V까지 끌어올린다. 그림 5–12(b)는 액티브(active)

HIGH 스위치가 CMOS 인버터에게 걸리는 것을 나타내고 있다. 100kΩ 풀다운 저항은 CMOS 저항으로의 입력이 입력 스위치가 열렸을 때 바닥까지 가게 한다. 풀업과 풀다운 저항의 저항값은 TTL 인터페이스 회로에 비해 엄청 크다. 이는 입력에 걸리는 전류가 CMOS보다 TTL에서 더 크기 때문이다. 그림 5-12에 나온 CMOS 인버터는 CMOS IC의 4000, 74C00, 74HC00 혹은 FACT 시리즈이다.

스위치 디바운싱

그림 5-11과 5-12의 스위치 인터페이스 회로는 몇 어플리케이션에서 잘 돌아간다. 하지만, 그림 5-11과 5-12의 스위치 중 디바운스되어 있는 것은 없다. 디바운싱 회로가 없다는 것은 그림 5-13(a)의 카운터를 작동해봄으로써 알 수 있다. 각각의 입력 스위치를 눌러봄으로써 10개(0-9)의 카운터가 1로 증가한다. 하지만, 실습에서 각 스위치 버튼을 누르면 카운트가 1, 2, 3 혹은 그 이상으로 증가한다. 이는 스위치가 눌릴 때마다 몇 개의 펄스가 카운터의 입력 클락(CLK)으로 들어가고 있다는 것을 말한다. 이는 스위치 바운스에 의해 일어난다.

스위치 디바운싱 회로는 그림 5-13(b)의 카운팅 회로에 추가되었다. 십진 계산기는 이제 각 입력 스위치의 HIGH-LOW 사이클을 셀 것이다. 디바운싱 회로의 교차 결합 NAND 게이트는 RS 플립플롭이나 걸쇠라고 불린다. 플립플롭은 차후에 자세히 배운다.

몇몇의 다른 스위치 디바운싱 회로는 그림 5-14에 나와 있다. 그림 5-14(a)에 나와 있는 간단한 디바운싱 회로는 느린 4000 시리즈 CMOS IC에서만 작동한다. 40106 CMOS IC는 특별한 인버터이다. 40106은 슈미트 트리거 인버터로, HIGH나 LOW로 변환될 때 "스냅 액션"이 있다. 슈미트 트리거는 느리게 증가하는 신호(사인파와 같은)를 구형파로 바꿀 수 있다.

그림 5-14(b)의 스위치 디바운싱 회로는 4000 74HC00이나 FACT 시리즈 CMOS 혹은 TTL IC를 드라이브할 수 있다. 다른 다목적 스위치 디바운싱 회로는 그림 5-14(c)에 나와 있다. 이 디바운싱 회로는 CMOS나 TTL 입력 모두를 드라이브할 수 있다. 7403은 개방 컬렉터 NAND TTL IC이며 그림 5-14(c)에 나타난 것처럼 풀업 저항이 필요하다. 외부 풀업 저항은 HIGH의 출력전압이 약 +5V 정도가 되게 해준다. 외부 풀업 저항이 있는 개방 컬렉터 TTL 게이트는 TTL이 있는 CMOS를 드라이브할 때 유용하다.

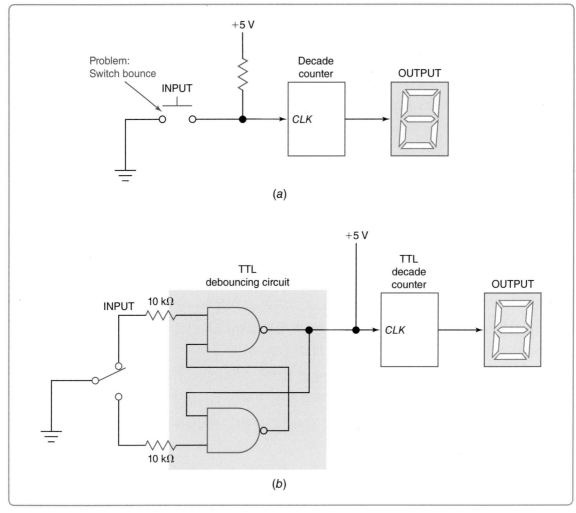

그림 5-13 (a) 십진 카운터 시스템에 스위치 인터페이스 된 블록도표
(b) 십진 카운터 시스템이 정상 작동하기 위해 디바운싱 회로를 추가

　다른 스위치 디바운싱 회로는 그림 5-15처럼 다용도 555 타이머 IC를 사용한다. 누름버튼 스위치 SW_1이 닫혀 있으면(출력 파형의 A점), 출력이 LOW에서 HIGH로 바뀐다. 나중에 입력 스위치 SW_1이 열리면(파형의 B점), 555 IC의 출력은 지연시간동안 HIGH로 유지된다. 지연시간(이 회로에서는 약 1초 정도)이 지나면 출력은 HIGH에서 LOW로 바뀐다.

　지연시간은 그림 5-15에 나타난 스위치 디바운싱 회로에 따라 조정된다. 지연시간을 조정하는 한 가지 방법은 C_2의 정전용량을 변경하는 것이다. C_2의 값을 낮

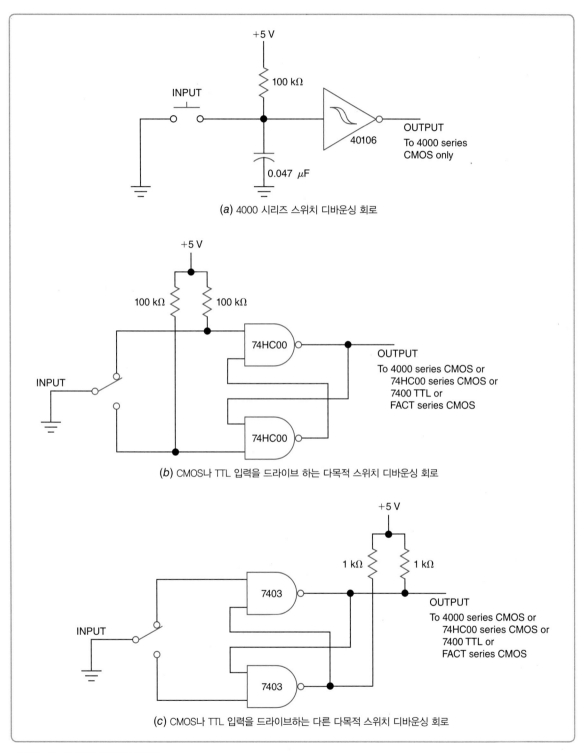

(a) 4000 시리즈 스위치 디바운싱 회로

(b) CMOS나 TTL 입력을 드라이브 하는 다목적 스위치 디바운싱 회로

(c) CMOS나 TTL 입력을 드라이브하는 다른 다목적 스위치 디바운싱 회로

그림 5-14 스위치 디바운싱 회로

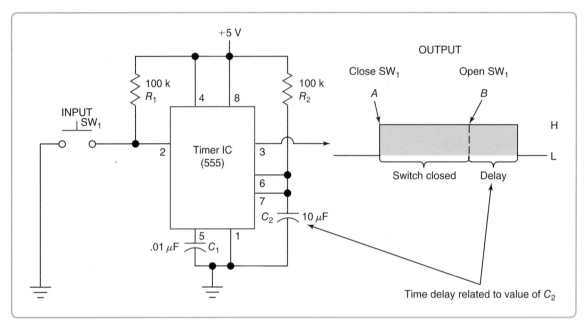

그림 5-15 555 타이머 IC를 사용하는 스위치 디바운싱 회로

춤으로써 555 IC의 출력의 지연시간을 줄일 수 있다. C_2의 정전용량을 늘리면 지연시간이 늘어난다.

🎧 확인문제

29. 그림 5-11(a)에서, TTL 인버터의 입력은 스위치가 눌렸을 때(닫혔을 때), _____(HIGH, LOW)가 되고 열렸을 때 _____(float HIGH, LOW로) 된다.

30. 그림 5-11(b)에서, TTL 인버터의 입력을 보장하는 10kΩ 저항기는 스위치가 열려서 HIGH로 향하는 것을 _____(필터, 풀업) 저항기라고 한다.

31. 그림 5-13(b)에서, 교차 결합형 NAND 게이트는 _____나 래치라고 불리며 디바운싱 회로의 기능을 한다.

32. 그림 5-11(c)에서, 스위치를 누르면 인버터의 입력이 _____(HIGH, LOW)로 가고, 출력은 _____(HIGH, LOW)로 가게 된다.

33. 그림 5-12에서, 인버터와 연관된 저항기는 스위치 디바운싱 회로를 형성한다.(참, 거짓)

34. 그림 5-13(a)에서, 십진 카운터 회로는 어떤 회로가 빠진 것인가?

35. 그림 5-14(c)에서, 7403은 _____ 출력이 있는 TTL 인버터이다.
    a. 개방 컬렉터

b. 토템폴

c. 3상태 버퍼

36. 그림 5-15에서, 입력 스위치 SW_1을 누르면 555IC의 출력이 _____(HIGH에서 LOW, LOW에서 HIGH)가 된다.

37. 그림 5-15에서, 입력 스위치 SW_1을 열면(출력 파형의 B점) 555IC의 출력이 _____.

a. 즉시 HIGH에서 LOW가 된다.

b. 약 1밀리초 정도의 지연시간 뒤에 LOW에서 HIGH가 된다.

c. 약 1초 정도의 지연시간 뒤에 HIGH에서 LOW가 된다.

38. 그림 5-15에서, 555IC 출력의 지연시간은 C_2의 정전용량을 _____(감소, 증가)시킴으로써 줄일 수 있다.

5.5 LED 이용하여 TTL과 CMOS 인터페이싱하기

디지털 IC를 이용해서 할 많은 실험들은 출력지시기를 필요로 한다. LED(발광 다이오드)는 이 일에 적합한데, 이는 낮은 전류와 전압에서도 작동하기 때문이다. 많은 LED가 요구하는 최고 전류는 2V가 가해진 약 20에서 30mA 정도이다. LED는 1.7에서 1.8V와 2mA에서 흐릿하게 빛을 낸다.

CMOS를 LED로 인터페이싱

4000 시리즈 CMOS 기기를 간단한 LED 지시등으로 인터페이싱하는 것은 쉽다. 그림 5-16(a~f)는 CMOS IC를 LED 지시기로 바꾸는 것을 보여주고 있다. 그림 5-16(a)와 (b)는 +5V에서의 CMOS 공급전압을 보여준다. 이렇게 낮은 전압에서, LED는 제한 저항기가 필요하지 않다. 그림 5-16(a)에서, CMOS 인버터의 출력이 HIGH가 되면 LED 출력 지시등에 불이 들어온다. 반대로 그림 5-16(b)에서 CMOS 출력이 LOW가 되면 LED 지시등에 불이 들어온다.

그림 5-16(c)와 (d)는 4000 시리즈 CMOS IC가 높은 공급전압(+10에서 +15V)에서 작동한다는 것을 알 수 있다. 왜냐하면, 더 높은 전압에서는 1kΩ 제한 저항기가 있는 LED 출력 지시등이 작동하기 때문이다. 그림 5-16(c)의 CMOS 인버터의 출력이 HIGH가 되면, LED 출력 지시등에 불이 들어온다. 하지만 그

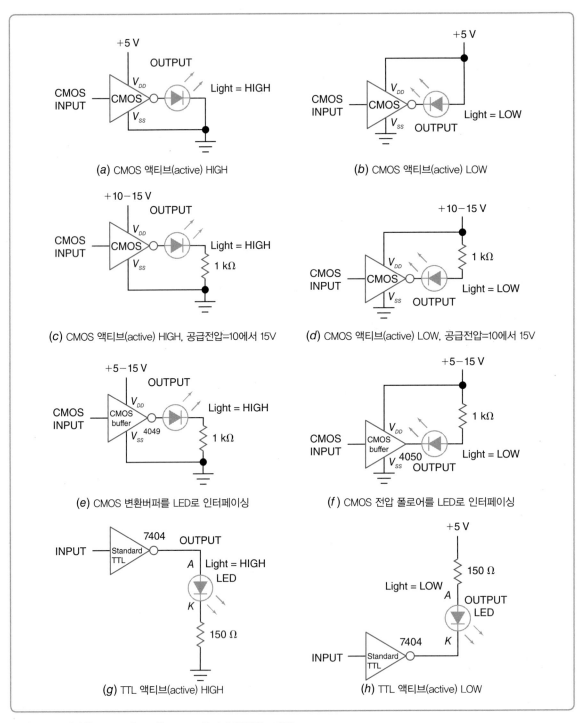

(a) CMOS 액티브(active) HIGH

(b) CMOS 액티브(active) LOW

(c) CMOS 액티브(active) HIGH, 공급전압=10에서 15V

(d) CMOS 액티브(active) LOW, 공급전압=10에서 15V

(e) CMOS 변환버퍼를 LED로 인터페이싱

(f) CMOS 전압 폴로어를 LED로 인터페이싱

(g) TTL 액티브(active) HIGH

(h) TTL 액티브(active) LOW

그림 5-16 간단한 CMOS와 TTL을 LED로 인터페이싱하는 과정

림 5-16(d)에서, LED 지시등은 CMOS 출력 LOW에서도 작동한다.

그림 5-16(e)와 (f)는 CMOS 버퍼가 LED 지시등 작동에 사용되는 것을 알 수 있다. 회로는 +5에서 +15V의 전압에서도 작동할 수 있다. 그림 5-16(e)는 CMOS 버퍼(4049 IC와 같은)를 이용한 변환을 보여주고, 그림 5-16(f)은 전압 폴로어(4050 IC와 같은)를 사용한다. 두 경우에서, 1kΩ 제한 저항기가 LED 출력 지시등과 함께 사용되었다.

TTL을 LED로 인터페이싱하기

표준 TTL 게이트는 LED에 직접 쓰이기도 한다. 두 예시가 그림 5-16(g)와 (h)에 나와 있다. 그림 5-16(g)의 인버터의 출력이 HIGH가 되면, LED로 흐르는 전류가 빛을 내게 한다. 그림 5-16(h)의 지시등은 7404 인버터의 출력이 LOW가 되면 등이 들어온다. 그림 5-16의 회로들은 중요한 상황에서는 추천하지 않는데, 이는 IC의 출력 전류 등급을 초과할 수 있기 때문이다. 하지만, 그림 5-16의 회로들은 간단한 출력 지시등으로써 시험되었고 제대로 작동된다.

전류원과 전류소모

기술문헌을 읽거나 기술 토론을 들으면, 전류원이나 전류소모와 같은 문구와 맞닥뜨리게 된다. 이 문구의 숨은 뜻은 그림 5-15에 TTL IC를 이용하여 LED를 작동시켜 표현해 놓았다.

그림 5-17(a)에서 TTL AND 게이트의 출력이 HIGH를 나타낸다. AND 게이트의 출력이 HIGH가 되면 LED에 불이 들어온다. 예를 들면, IC가 전류의 근원이 될 수 있다(1에서 2로의 규약 전류 흐름).

전류원은 그림 5-17(a)에 계통도로 나타나있다. 전류원은 외부 회로(LED와 제한 저항기)를 통해 "IC로부터 흐름"으로 나타나있다.

그림 5-17(b)에서 TTL NAND 게이트 출력이 LOW로 나와 있다. NAND 게이트의 출력이 LOW일 때, LED에 불이 들어온다. 이 예시에서, IC를 전류소모로 미뤄볼 수 있다. 전류소모는 그림 5-17(b)에 계통도로 나와 있다. 전류소모는 외부 회로(제한 저항기와 LED) 15V로 시작해서 외부 회로(제한 저항기와 LED)와 NAND IC의 출력핀을 거치면서 바닥으로 소모된다.

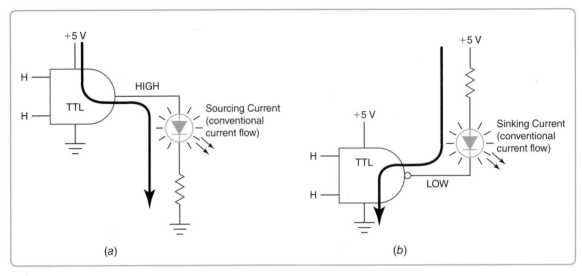

그림 5-17 (a) 전류원 (b) 전류소모

발전된 LED 출력 지시등

세 개의 발전된 LED 출력 지시등은 그림 5-18에 나와 있다. 각각의 회로는 트랜지스터 드라이버를 사용했고 다른 CMOS나 TTL과도 함께 사용할 수 있다. 그림 5-18(a)에 있는 LED는 인버터의 출력이 HIGH가 되면 빛을 낸다. 그림 5-18(b)의 LED는 인버터의 출력이 LOW가 되면 빛을 낸다. 그림 5-18(b)의 지시등이 NPN 트랜지스터 대신에 PNP를 사용했음을 유의해야 한다.

그림 5-18(a)와 (b)의 LED 지시회로는 그림 5-18(c)와 결합한다. 붉은등 (LED_1)은 인버터의 출력이 HIGH가 되면 들어온다. 이번에는 LED_2가 꺼진다. 인버터의 출력이 LOW가 되면 트랜지스터 Q_1은 꺼지고 Q_2가 들어온다. 녹색등 (LED_2)은 인버터의 출력이 LOW가 되면 들어온다.

그림 5-18(c)의 회로는 매우 간단한 논리지표이다. 하지만, 정확도는 대부분의 논리지표에 비해 떨어진다.

그림 5-19의 지시등은 백열등을 사용했다. 인버터의 출력이 HIGH가 되면, 트랜지스터는 켜지고 빛을 낸다. 인버터의 출력이 LOW가 되면, 등은 빛을 내지 않는다.

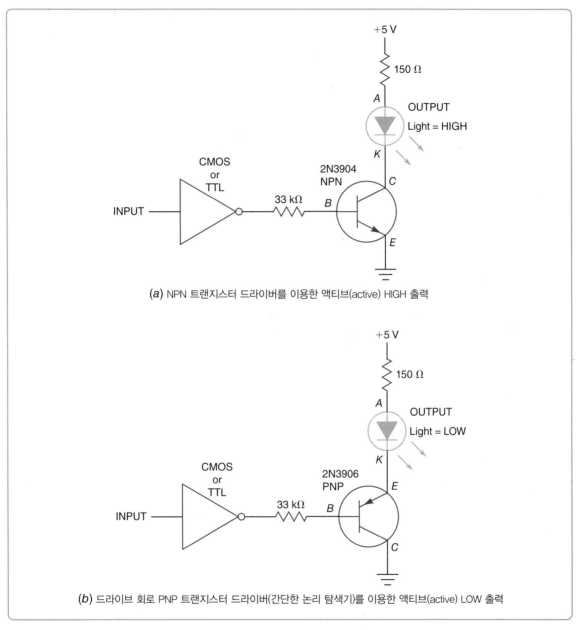

(a) NPN 트랜지스터 드라이버를 이용한 액티브(active) HIGH 출력

(b) 드라이브 회로 PNP 트랜지스터 드라이버(간단한 논리 탐색기)를 이용한 액티브(active) LOW 출력

그림 5-18 트랜지스터 드라이버 회로를 이용한 LED의 인터페이싱

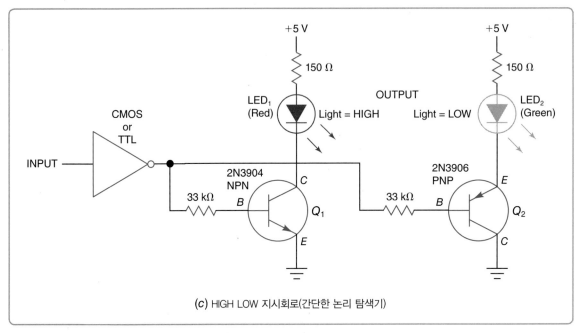

(c) HIGH LOW 지시회로(간단한 논리 탐색기)

그림 5-18(계속) 트랜지스터 드라이버 회로를 이용한 LED의 인터페이싱

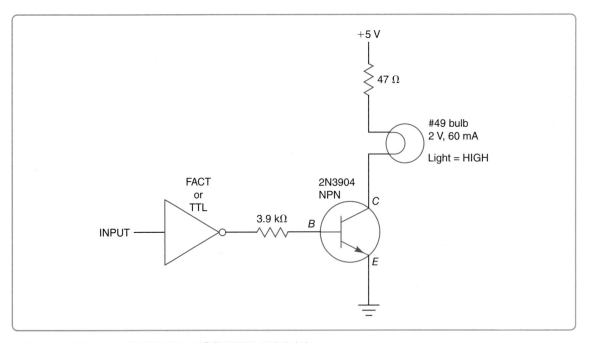

그림 5-19 트랜지스터 드라이버 회로를 이용한 백열등 인터페이싱

확인문제

39. 그림 5-1(a~f)에서, _____(4000, FAST) 시리즈 CMOS IC는 회로에서 LED 를 드라이브하기 위해 사용된다.

40. 그림 5-16(h)에서, 인버터의 출력이 HIGH가 되면 LED는 _____(꺼진다, 불이 들어온다).

41. 그림 5-18(a)에서, 인버터의 출력이 LOW가 되면 트랜지스터는 _____(꺼지고, 켜지고) LED는 _____(불이 안 들어온다, 들어온다).

42. 그림 5-18(c)에서, 인버터의 출력이 HIGH가 되면 트랜지스터 _____(Q_1, Q_2)는 켜지고 _____(녹색, 빨강색) LED가 켜진다.

43. 그림 5-20에서, TTL 디코더 IC는 _____(액티브(active) HIGH, 액티브(active) LOW) 출력을 가진다.

44. 그림 5-20에서, TTL 디코더 IC는 LED 디스플레이의 a 부분을 비추는 것으로 보아 _____(전류 소모, 전류원)이다.

45. 그림 5-20에서, 디스플레이의 d 부분은 빛나지 않는데, 이는 IC의 출력 d 가 _____(HIGH, LOW) 논리레벨일 때 LED에 빛이 들어오기 때문이다.

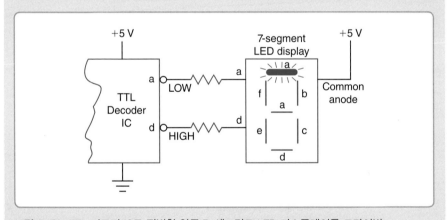

그림 5-20 TTL 디코더 IC로 평범한 양극 7-세그먼트 LED 디스플레이를 드라이빙

5.6 TTL과 CMOS IC 인터페이싱

CMOS와 TTL 논리레벨(전압)은 다르게 정의된다. 이러한 차이들은 그림 5-21(a)에 그려진 TTL과 CMOS의 전압 프로필에 나와 있다. 전압레벨의 차이

로 인하여, CMOS와 TTL IC는 보통 서로 연결될 수 없다. 중요하게도, CMOS 와 TTL IC가 요구하는 전류는 다르다.

그림 5-21(a)에 있는 전압과 전류 프로필을 보자. 표준 TTL의 출력 드라이브 전류는 CMOS 입력을 드라이브하기에 충분하다. 하지만 전압 프로필은 맞지 않 는다. TTL의 LOW출력은 호환이 되는데, 이는 CMOS IC의 넓은 LOW 입력 범위에 맞다. TTL IC(2.4에서 3.5V)의 가능한 HIGH 출력 범위가 있는데, 이 는 CMOS IC의 HIGH 범위와 맞지 않는다. 이런 상반된 결과는 문제를 일으킬 수 있다. 이로 인한 문제들은 게이트들 사이에 풀업 저항기를 설치해 표준 TTL

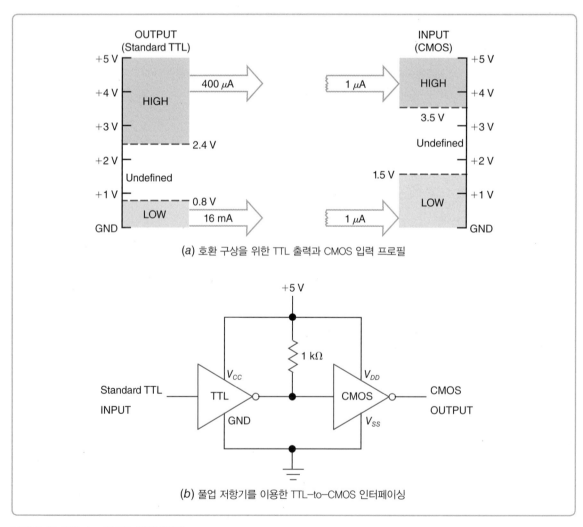

(a) 호환 구상을 위한 TTL 출력과 CMOS 입력 프로필

(b) 풀업 저항기를 이용한 TTL-to-CMOS 인터페이싱

그림 5-21 TTL-to-CMOS 인터페이싱

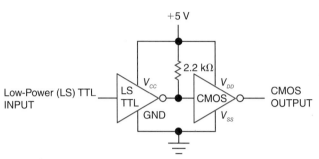

(a) 풀업 저항기를 이용해 저출력 쇼트키 TTL을 CMOS로 인터페이싱

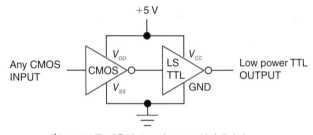

(b) CMOS를 저출력 쇼트키 TTL로 인터페이싱

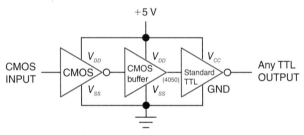

(c) CMOS 버퍼 IC를 이용해 CMOS를 표준 TTL로 인터페이싱

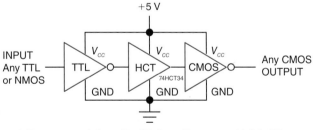

(d) 74HCT00 시리즈 IC를 이용해 TTL을 CMOS로 인터페이싱

그림 5-22 보통 +5V 전원공급을 이용해 TTL과 CMOS 인터페이싱

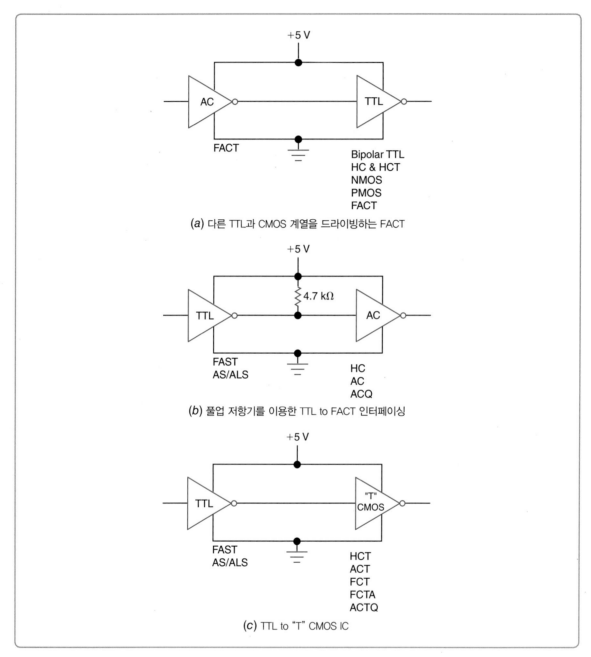

(a) 다른 TTL과 CMOS 계열을 드라이빙하는 FACT

(b) 풀업 저항기를 이용한 TTL to FACT 인터페이싱

(c) TTL to "T" CMOS IC

그림 5-23 다른 계열을 이용해 FACT 인터페이싱하기

을 +5V 가까이 올려 HIGH 출력을 내게 함으로 해결할 수 있다. 표준 TTL을 CMOS로 인터페이싱하기 위한 완전한 회로는 그림 5-21(b)에 나와 있다. 1kΩ

풀업 저항기를 사용했다는 것에 유의한다. 이 회로는 4000 시리즈, 74HC00, 혹은 FACT 시리즈 CMOS IC를 드라이빙하는 데에 사용할 수 있다.

TTL-to-CMOS 그리고 CMOS-to-TTL 인터페이싱의 다른 예시들은 그림 5-22에 나와 있는 것과 같이 5V 전원공급을 한다. 그림 5-22(a)는 대중적인 LS-TTL이 어떠한 CMOS 게이트라도 드라이빙하는 것을 볼 수 있다. 2.2kΩ 풀업 저항기를 쓴 점에 유의한다. 풀업 저항기는 TTL HIGH를 +5V까지 끌어올려 CMOS IC의 입력전압 특성과 호환되도록 사용했다.

그림 5-22(b)에서, CMOS 인버터(모든 시리즈)가 LS-TTL 인버터를 직접적으로 드라이빙하는 것을 알 수 있다. 상보대칭 금속산화물 반도체 IC는 LS-TTL과 ALS-TTL(advanced low-power Schottky) 입력을 드라이브할 수 있다. 대부분의 CMOS IC는 별다른 인터페이싱 없이 표준 TTL 입력을 드라이브할 수 없다.

제조사들은 특별한 버퍼와 설계자들을 위한 다른 인터페이스 칩들을 설계해 인터페이싱을 쉽게 하고 있다. 일례로는 그림 5-22(c)의 4050 전압 폴로를 사용하는 것이 있다. 4050 버퍼는 CMOS 인버터가 두 표준 TTL 입력을 작동하기 위한 충분한 드라이브 전류를 공급해 준다.

TTL(혹은 NMOS)에서 CMOS로의 상반된 전압 문제는 그림 5-21에서 풀업 저항기를 사용해 해결했다. 이 문제를 해결하는 다른 방법은 그림 5-22(d)에 나와 있다. CMOS IC의 74HCT00 시리즈는 TTL(혹은 NMOS)와 CMOS의 편리한 인터페이스로 특별히 설계되었다. 그림 5-22(d)에서 시행된 인터페이스는 74HCT34 비변환 IC를 사용했다.

CMOS IC의 74HCT00는 NMOS 기기와 CMOS의 인터페이싱을 할 때에 사용된다. NMOS 출력 특성은 LS-TTL과 거의 같다.

근대 CMOS IC의 FACT 시리즈는 훌륭한 출력 드라이브 성능을 갖추고 있다. 이유는 그림 5-23(a)에 나와 있듯 FACT 시리즈 칩들이 TTL, CMOS, NMOS 혹은 PMOS IC를 직접적으로 드라이브할 수 있기 때문이다. TTL의 출력전압 특성은 CMOS IC의 74HC00, 74AC00, 그리고 74ACQ00 시리즈의 입력전압 프로필과 맞지 않는다. 그로 인해, 풀업 저항기가 그림 5-23(b)에 나와 있듯, TTL 게이트의 출력전압을 전압 공급의 +5V선까지 끌어올리기 위해 사용되었다. 제조사는 TTL IC의 입력전압 프로필을 가진 "T" 타입 CMOS 게이트를 생산했다. TTL 게이트는 CMOS IC의 74HCT00, 74ACT00, 74FCT00,

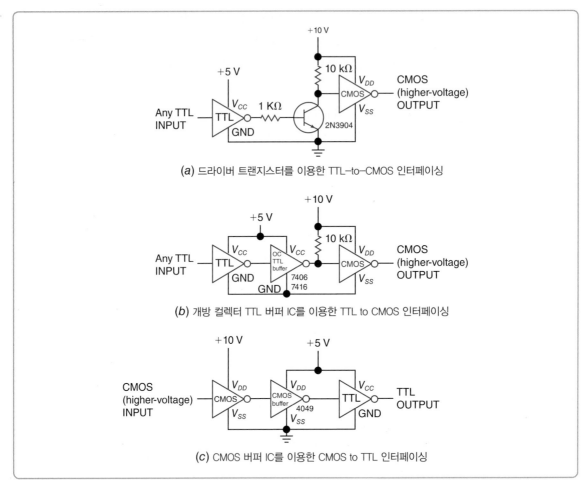

(a) 드라이버 트랜지스터를 이용한 TTL-to-CMOS 인터페이싱

(b) 개방 컬렉터 TTL 버퍼 IC를 이용한 TTL to CMOS 인터페이싱

(c) CMOS 버퍼 IC를 이용한 CMOS to TTL 인터페이싱

그림 5-24 각각이 다른 전압 전원공급일 때 TTL과 CMOS 인터페이싱

74FCTA00, 혹은 74ACTQ00 시리즈 모두에 직접적으로 드라이브할 수 있으며, 이는 그림 5-23(c)에 나와 있다.

TTL 기기를 이용하여 CMOS 기기를 인터페이싱 하는데 각각이 다른 전압의 전원공급을 필요로 할 경우에는 몇 개의 컴포넌트를 더해야 한다. 그림 5-24는 TTL-to-CMOS 그리고 CMOS-to-TTL 인터페이싱의 세 가지 예시를 보여주고 있다. 그림 5-24(a)는 TTL 인버터가 다목적 NPN 트랜지스터를 드라이빙하는 것을 나타내고 있다. 트랜지스터와 관련된 레지스터들은 CMOS 인버터를 작동하기 위해 저전압 TTL 기기들을 고전압 입력으로 변환한다.

CMOS 출력은 0에서 거의 +10V까지의 스윙 전압이 있다. 그림 5-24(b)는 개방 컬렉터 TTL 버퍼와 10kΩ 풀업 저항기가 낮은 TTL을 높은 CMOS 전압으로 변환하기 위해 사용되는 것을 나타내고 있다. 7406과 7416 TTL IC는 두 개의 변환, 개방 컬렉터(OC) 버퍼이다.

고전압 CMOS 인버터와 저전압 TTL 인버터를 인터페이싱 하는 것은 그림 5-24(c)에 나와 있다. 4049 CMOS 버퍼가 고전압 CMOS 인버터와 저전압 TTL IC 사이에 쓰인다. CMOS 버퍼는 그림 5-24(c)와 같이 저전압(+5V) 전원 공급을 받는다는 점에 유의한다.

전압과 전류 프로필(그림 5-21(a) 참고)을 보는 것은 인터페이스에 대해 배우거나 설계를 시작할 때에 매우 유용하다. 제조사들의 매뉴얼은 매우 도움이 된다. 다양한 기술들이 다른 논리계열 사이의 인터페이스에 사용된다. 이들은 풀업 저항기와 특별한 인터페이스 IC들을 포함한다. 가끔은 별 다른 부품이 필요하지 않을 때도 있다.

◖◗ 확인문제

46. 그림 5-21(a)에서, TTL 출력과 CMOS 입력 특성 트로필을 통해, 논리기기들은 전압 호환이 _____(된다, 되지 않는다).

47. 그림 5-22(a)에서, 이 회로의 2.2kΩ 저항기는 _____저항기로 부른다.

48. 그림 5-22(c)에서, 4050 버퍼는 논리계열 간의 _____(전류 드라이브, 전압) 불화합성을 해결하는 특별한 인터페이스 IC이다.

49. 그림 5-24(a)에서, _____(NMOS IC, 트랜지스터)는 TTL 논리레벨을 고전압 CMOS 논리레벨로 변환해준다.

5.7 버저, 릴레이, 모터, 그리고 솔레노이드 인터페이싱

많은 전기기계 시스템의 목적은 간단한 출력기기를 조정하기 위해서이다. 기기는 등, 버저, 릴레이, 전기 모터, 스테퍼 모터 혹은 솔레노이드와 같이 간단하다. LED와 등으로 인터페이싱 하는 법을 알아보았다. 이 절에서는 논리요소와 버저, 릴레이, 모터 그리고 솔레노이드를 통한 간단한 **인터페이싱**에 대하여 알아보자.

인터페이싱

버저로 인터페이싱하기

피에조 버저는 과거의 버저나 종에 비해 훨씬 적은 전류를 그리는 근대 신호기이다. 그림 5-25의 회로는 피에조 버저를 디지털 논리요소에 적용시키는데 필요한 인터페이싱을 나타내고 있다. 표준 TTL 혹은 FACT CMOS 인버터는 피에조 버저에 직접적으로 연결된 것을 볼 수 있다. 표준 TTL 출력은 16mA까지 떨어질 수 있는 반면에 FACT 출력은 드라이브 전류가 24mA 정도이다. 피에조 버저는 소리를 낼 때에 3에서 5mA 정도를 사용한다. 피에조 버저가 극성을 갖고 있다는 점에 유의한다. 버저에 있는 다이오드가 버저에 의해 시스템으로 유도되는 일시적인 전압을 막는다.

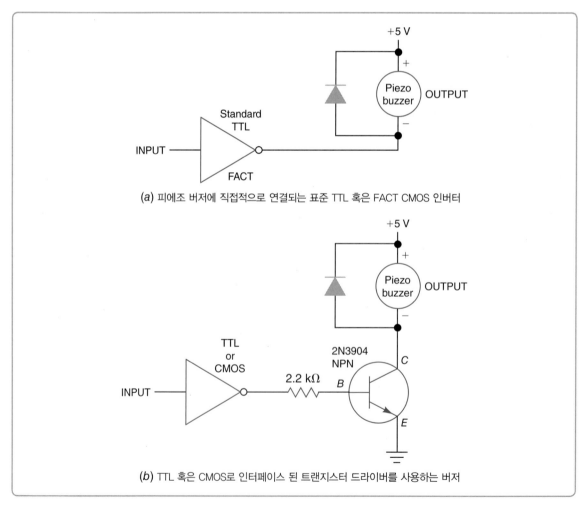

(a) 피에조 버저에 직접적으로 연결되는 표준 TTL 혹은 FACT CMOS 인버터

(b) TTL 혹은 CMOS로 인터페이스 된 트랜지스터 드라이버를 사용하는 버저

그림 5-25 버저 인터페이싱을 위한 논리기기

많은 논리계열은 버저를 직접적으로 연결하는 전류용량을 갖고 있지 않다. 그림 5-25(b)와 같이 트랜지스터는 피에조 버저를 연결하기 위해 인버터의 출력부에 연결된다. 인버터의 출력이 HIGH가 되면, NPN 트랜지스터가 켜지고 버저가 소리를 낸다. 인버터의 출력이 LOW가 되면 트랜지스터는 꺼지고 버저를 끈다. 다이오드는 일시적인 전압을 막아낸다. 그림 5-25(b)에 나와 있는 인터페이스 회로는 TTL과 CMOS를 위해 작동한다.

릴레이 이용하여 인터페이싱하기

릴레이는 논리기기를 고전압 회로로부터 분리하는 훌륭한 방법이다. 그림 5-26은 어떻게 TTL 혹은 CMOS 인버터가 릴레이와 인터페이스 되는지 나타내고 있다. 인버터의 출력이 HIGH가 되면, 트랜지스터가 켜지고 릴레이가 작동된다. 작동되었을 때, 릴레이의 정상 열림(NO) 연결이 방호처럼 이어지는 클릭을 닫는다. 그림 5-26처럼 인버터의 출력이 LOW가 되면 트랜지스터가 작동을 멈추고 릴레이는 활성화되지 않는다. 방호가 위로 오르고 정상 폐쇄(NC) 상태가 된다. 릴레이 코일 위의 클램프 다이오드는 시스템으로 유입되는 전압 스파이크를 막는다.

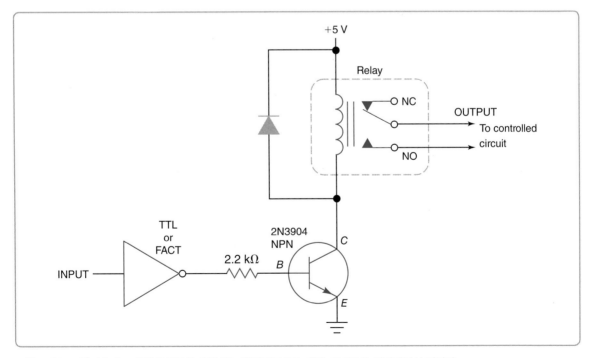

그림 5-26 트랜지스터 드라이버 회로를 사용하는 릴레이로 TTL 혹은 CMOS로 인터페이싱 되었다.

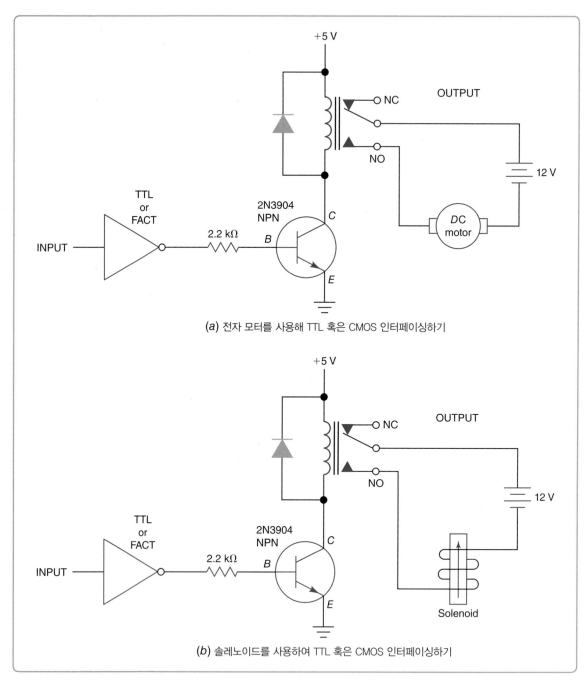

(a) 전자 모터를 사용해 TTL 혹은 CMOS 인터페이싱하기

(b) 솔레노이드를 사용하여 TTL 혹은 CMOS 인터페이싱하기

그림 5-27 릴레이를 사용해 고전압/전류 회로를 디지털 회로로부터 분리하기

　　　그림 5-27(a)의 회로는 전자 모터를 논리기기로부터 분리하기 위해 릴레이를
사용했다. 논리회로와 직류 전동기가 다른 전원공급원을 갖고 있다는 것에 유의해

야 한다. 인버터의 출력이 HIGH가 되면, 트랜지스터는 켜지고 릴레이의 NO 접촉이 딱 닫힌다. 직류 모터가 작동한다. 인버터의 출력이 LOW가 되면, 트랜지스터는 작동을 멈추고 릴레이의 접촉이 NC 위치로 돌아간다. 이는 모터를 작동 정지시킨다.

그림 5-27(a)의 전자 모터는 회전 운동을 한다. **솔레노이드**는 선 운동을 하는 전자기기이다. 솔레노이드는 그림 5-27(b)의 논리게이트에 의해 연결된다. 다른 전원공급을 유의한다. 이 회로는 그림 5-27(a)의 모터 인터페이스 회로와 같은 동작을 한다.

솔레노이드

요약하면, 대부분의 버저, 릴레이, 전자 모터 그리고 솔레노이드의 전압과 전류 특성은 논리회로들과 근본적으로 다르다고 할 수 있다. 대부분의 전자기기들은 연결과 논리회로로부터의 분리를 위한 특별한 인터페이싱 회로를 필요로 한다.

확인문제

50. 그림 5-25(a)에서, 만약 피에조 버저가 6mA만을 사용한다면, 4000 시리즈 CMOS IC에 버저를 직접적(4000 시리즈의 정보는 그림 5-6(b) 참고)으로 연결하는 것이 가능 _____(하다, 하지 않다).

51. 그림 5-25(b)에서, 인버터의 입력이 LOW가 되면, 트랜지스터는 _____(꺼지고, 켜지고) 버저는 _____(소리가 나지 않는다, 소리가 난다).

52. 그림 5-26에서, 릴레이의 코일 위의 다이오드는 회로로 유입되는 _____(소리, 유입 전압)을 막기 위한 것이다.

53. 그림 5-27(a)에서, 직류 모터는 인버터의 출력이 _____(HIGH, LOW)일 때만 작동한다.

54. 만약 전자 모터가 회전운동을 한다면 솔레노이드는 _____(선, 원형) 운동을 한다.

55. 그림 5-27의 릴레이의 주목적은 고전압/전류 모터 혹은 솔레노이드에 INPUT 논리회로를 _____(연결, 분리)하기 위해 사용된 것이다.

56. 그림 5-27(a)에서, 만약 인버터의 입력이 LOW라면, 출력은 HIGH가 되고 NPN 트랜지스터가 _____(켜진다, 꺼진다).

57. 그림 5-27(a)에서, 트랜지스터가 켜지면, 릴레이의 코일을 통해 전류가 흐르고 방호가 _____(NC에서 NO, NO에서 NC)로 끊어 모터 회로의 작동을 막는다.

5.8 광 아이솔레이터(Optoisolators)

고체 회로 계전기

　　그림 5-27에 나온 릴레이는 저전압 디지털 회로를 솔레노이드와 전자 모터와 같은 고전압/전류기로부터 분리시킨다. 전기기계 릴레이는 비교적 넓고 비싸지만 조정과 분리에 많이 쓰이는 방법이다. 전기기계 릴레이는 원치 않는 써지전압과 노이즈 때문에 코일이 구불구불해지거나 연결이 열리거나 닫히게 된다. 디지털 회로를 인터페이싱하면서 전기기계 릴레이의 유용한 대안으로는 광 아이솔레이터나 광 커플러가 있다. 광 아이솔레이터와 비슷한 종류에는 **고체 회로 계전기**(솔리드 스테이트 릴레이)가 있다.

　　경제적인 광 아이솔레이터는 그림 5-28에 나와 있다. 4N25 광 아이솔레이터는 갈륨 비소 적외선 발광 다이오드가 실리콘 광 트랜지스터 탐지기에 묶여 이중 정렬 패키지에 들어있다(DIP). 그림 5-28(a)는 4N25 광 아이솔레이터의 핀의 이름과 함께 핀 도표를 나타내고 있다. 입력 쪽에는, LED는 대체적으로 10에서 30mA 정도의 전류로 작동되고 있다. 입력 LED가 작동되면, 빛이 광 트랜지스터를 작동시킨다(켠다). LED를 통과하는 전류가 없다면 광 아이솔레이터의 출력 광 트랜지스터가 꺼진다.

　　그림 5-38(b)에는 4N25 광 아이솔레이터를 이용한 간단한 시험 회로가 있다. TTL과 FACT 인버터의 출력에서 나오는 디지털 신호가 직접적으로 발광 다이오드에 연결된다. 회로는 LED가 인버터의 출력이 LOW가 되면 작동되게 된다. 이는 인버터를 10에서 20mA까지 떨어뜨리게 된다. LED가 작동되면, 발광 다이오드의 빛이 광 트랜지스터를 작동시킨다. 트랜지스터는 켜지고 컬렉터에서 전압을 0V 가까이로 떨어뜨린다. 만약 인버터의 출력이 HIGH가 되면, LED는 빛

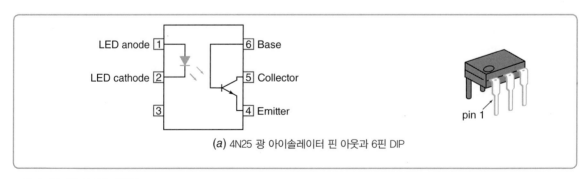

(a) 4N25 광 아이솔레이터 핀 아웃과 6핀 DIP

그림 5-28 광 아이솔레이터

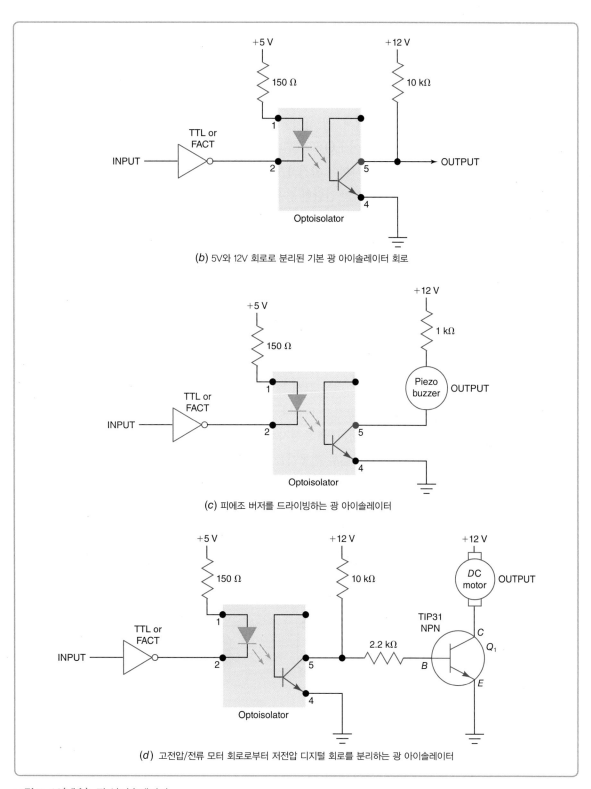

(b) 5V와 12V 회로로 분리된 기본 광 아이솔레이터 회로

(c) 피에조 버저를 드라이빙하는 광 아이솔레이터

(d) 고전압/전류 모터 회로로부터 저전압 디지털 회로를 분리하는 광 아이솔레이터

그림 5-28(계속) 광 아이솔레이터

이 나지 않고 NPN 광 트랜지스터는 꺼진다. 10kΩ 풀업 레지스터 출력이 +12V 까지 올라가게 된다. 이 예시에서 회로의 입력 쪽은 +5V에서 작동되나 출력 쪽은 +12V 공급전원을 사용하게 된다. 요약하면, 회로의 입력과 출력 쪽은 다른 부분과 분리되어 있다.

그림 5-28(b)에서, 광 아이솔레이터의 핀 2가 LOW가 되면, 트랜지스터의 컬렉터에 있는 출력이 LOW가 된다. 각기 다른 전력 공급이 광 아이솔레이터의 저전압과 고전압의 사이에 완전하게 분리된 사이에 연결되지 않아야 한다.

광 아이솔레이터의 간단한 응용은 그림 5-28(c)처럼 TTL 회로와 피에조 버저의 인터페이스를 하는데에 쓰인다. 이 예시에서 풀업 저항기는 없어졌는데, 이는 광 아이솔레이터의 NPN 광 트랜지스터를 트랜지스터가 작동할 때 전류를 2에서 4mA로 떨어뜨리기 위해서이다. 인버터의 출력이 LOW일 때 LED가 작동되고, 이는 광 트랜지스터를 작동시킨다.

광 아이솔레이터를 이용해 과부하를 조절하기 위해서는, 그림 5-28(d)에 나와 있듯이 출력부분에 파워 트랜지스터를 달아야 한다. 이 예시에서, 만약 LED가 작동되면 광 트랜지스터가 작동된다. 광 아이솔레이터(핀 5)의 출력이 LOW로 떨어지면, 파워 트랜지스터를 끄게 된다. 파워 트랜지스터의 컬렉터-이미터간 저항이 높아지면, 직류 전동기가 꺼진다. TTL 인버터의 출력이 HIGH가 되면, LED와 광 아이솔레이터 내의 광 트랜지스터를 끈다. 출력 핀 5의 전압이 양성이면 파워 트랜지스터를 끄고 직류 전동기를 작동시킨다.

솔리드 스테이트 계전기   만약 그림 5-28(d)와 같이 파워 트랜지스터(혹은 트라이액과 같은 다른 전력 처리기기)가 아이솔레이션 유닛에 따로 있다면, 기기 전체가 솔리드 스테이트 계전기가 된다. **솔리드 스테이트 계전기**(고체 회로 계전기)는 교류 혹은 직류 부하를 포함한 다양한 출력을 다룰 수 있다. 솔리드 스테이트 계전기에서 출력 회로는 그림

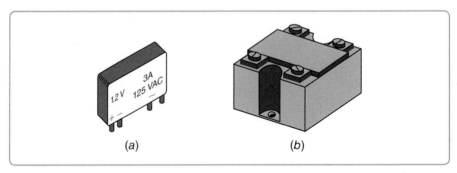

그림 5-29 (a) 솔리드 스테이트 릴레이-작은 PC-마운티드 패키지 (b) 솔리드 스테이트 릴레이-중세 패키지

5-28(d)에 나와 있는 것보다 더 복잡할 수 있다.

솔리드 스테이트 릴레이 패키지의 다양한 예시가 그림 5-29에 나와 있다. 그림 5-29(a)의 유닛은 작은 PC-마운티드 유닛이다. 넓고 손쉬운 솔리드 스테이트 릴레이는 단자 나사가 있고 더 높은 교류 전류와 전압을 다룰 수 있다.

요약하면, 몇몇 기계에서 디지털 회로를 분리하는 것은 흔한 일인데 이는 고전압과 전류 때문이거나 전압 스파이크나 잡음이 만드는 위험한 귀환 때문이기도 하다. 전통적으로, 전자 계전기는 분리를 위해 쓰였지만, 광 아이솔레이터와 솔리드 스테이트 릴레이는 비싸지 않고 디지털 회로로 인터페이스할 때의 호환성 역시 좋다. 그림 5-28(a)에 나타난 전형적인 광 아이솔레이터는 광 트랜지스터를 작동시키는 적외선 발광 다이오드를 갖고 있다. 만약 IBM-컴패터블 PC의 병렬 접속구를 이용해 인터페이스 프로젝트를 만든다면, 회로와 컴퓨터의 사이에 광 아이솔레이터를 사용하고 싶을 것이다. PC 병렬 포트 출력과 입력은 TTL 레벨신호에서 작동한다. 좋은 아이솔레이션은 전압 스파이크와 잡음으로부터 컴퓨터를 보호해준다.

◖ ◗ 확인문제

58. 그림 5-27(a)에서, _____(릴레이, 트랜지스터)는 고전압과 잡음 직류 모터 회로로부터 디지털 회로를 분리해준다.

59. 4N25 광 아이솔레이터 기기는 식스핀 DIP 안에 _____(광 트랜지스터, 트리액) 탐지기와 적외선 발광 다이오드가 짝을 지어 들어있다.

60. 그림 5-28(b)에서, TTL 인버터의 출력이 LOW가 되면, 적외선 LED가 _____(빛을 내지 않고, 빛을 내고), 광 트랜지스터를 _____(작동시키고, 작동시키지 않고) 핀 5(출력)의 전압이 _____(HIGH, LOW)가 된다.

61. 그림 5-28(b)에서, 112V와 광 트랜지스터의 묶음을 연결하는 10kΩ 저항기는 _____ 저항기로 불린다.

62. 그림 5-28(c)에서, 만약 TTL 인버터의 출력이 HIGH가 되면, LED는 _____(불이 들어오지 않고, 불이 들어오고) 광 트랜지스터를 _____(작동시키고, 작동시키지 않고) 핀 5(출력)의 전압이 _____(HIGHT, LOW)가 되고 버저가 _____(소리내지 않는다, 소리를 낸다).

63. 그림 5-28(d)에서, TTL 인버터의 출력이 HIGH가 되면, LED는 빛을 내지 않고 광 트랜지스터를 작동 중지시킨다(끈다). 그리고 핀 5(출력)의 전압이 더 양성이 된다. 파워 트랜지스터에서 양성으로 가는 전압은 Q_1을 _____(켜고, 끄고) 직류 모터는 _____(작동되지 않는다, 작동된다).

64. _____(전자, 솔리드 스테이트) 릴레이는 광 아이솔레이터와 밀접한 연관이 있다.
65. 그림 5-28(c)에서, 만약 인버터의 입력이 HIGH가 되면 피에조 버저가 _____(울리지 않을 것이다, 울릴 것이다).

5.9 서보와 스테퍼 모터의 인터페이싱

이 장에서 이전에 언급되었던 직류 모터는 전원이 공급되는 한 계속해서 회전하는 기기이다. 직류 모터의 조정은 ON OFF에 제한되어 있다. 혹은 전류의 방향을 반대로 해서 회전을 반대로 하는 것이다. 간단한 직류 모터는 좋은 속도 조절이 잘 되지 않는다. 그리고 이는 각 위치를 위해 특정 각도에 회전을 멈추게 할 수 없다. 초정밀 변위나 특정 속도가 필요로 하면, 보통 직류 모터는 제 할 일을 할 수 없다.

서보 모터

서보

서보와 스테퍼 모터는 모두 특정 위치까지 돌고 멈출 수 있으며 그 반대로도 돌 수 있다. "서보"라는 말은 서보 모터의 축약어이다. "서보"는 출력에서 받은 귀환을 입력에 조절을 위해 돌려주는 서보 루프를 통해 각 위치나 속도를 조절할 수 있는 모터를 말한다. 대부분의 서보는 비싸지 않아 모형 비행기, 모형 자동차 그리고 몇몇 교육용 로봇 키트에 사용된다. 이러한 서보들은 다른 펄스폭에 응답하는 감속 전류 모터이다. 서보는 기기 회전을 보장하고 특정 각 위치에 있도록 해준다. 서보는 리모트 컨트롤 모형이나 장난감에 쓰인다. 보통 세 개의 와이어를 갖고 있고 지속적인 회전을 위해 쓰이지 않는다.

허비 서보의 출력 통로의 위치는 제어 펄스의 폭과 지속시간에 따라 결정된다. 제어 펄스의 폭은 보통 1에서 2ms 정도이다. 허비 서보 모터의 제어 개념은 그림 5-30에 나타난 제어 펄스를 쓰는 것이다. 펄스 발생기가 약 50Hz 정도의 주파수를 지속적으로 낸다. 펄스 너비(혹은 펄스폭)는 전위차계나 조이스틱과 같은 입력 기기가 있는 오퍼레이터를 통해 바뀔 수 있다.

서보 모터 안의 내부 기어 모터와 귀환 그리고 제어회로는 새로운 각위치를 돌려 펄스의 스트림을 계속적으로 응답해주는 역할을 한다. 예를 들어, 펄스폭이 1.5ms라면, 샤프트는 그림 5-30(a)와 같이 범위의 중앙까지 이동하게 된다. 만약

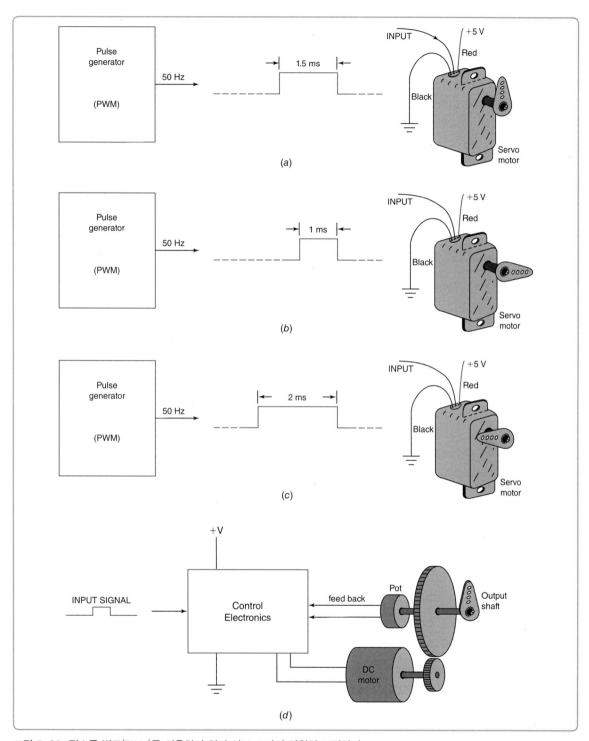

그림 5-30 펄스폭 변조(PWM)를 이용하여 허비 서보 모터의 각위치 조정하기
(주의: 몇몇의 허비 서보 모터는 펄스폭 증가에 따라 반대 방향으로 돌 수 있다.)

펄스폭이 1ms로 감소한다면, 출력 샤프트는 그림 5-30(b)와 같이 시계 방향으로 90° 회전해 새로운 위치로 간다. 마지막으로 펄스폭이 그림 5-30(c)처럼 2ms로 증가한다면, 출력 샤프트는 반시계 방향으로 움직여 새로운 위치로 간다.

펄스폭의 변화는 **펄스폭 변조(PWM)**라고 한다. 그림 5-30의 예시와 같이, 펄스 발생기는 지속적으로 50Hz 정도의 주파수를 출력하지만 펄스폭은 조절된다.

서보 모터의 내부 기능이 그림 5-30(d)에 나와 있다. 서보는 직류 전동기와 감속 기어를 포함하고 있다. 마지막 기어는 출력 샤프트를 움직이고 전위차계에도 연결되어 있다. 전위차계는 출력의 각위치를 감지한다. 전위차계의 시변저항은 제어 회로로 돌아가게 되고 제어 회로 내에서 발생한 펄스와 외부(입력) 펄스의 펄스폭을 계속적으로 비교한다. 내부 펄스폭은 전위차계에서 돌아오는 값에 기초한다.

그림 5-30의 서보 모터는 외부 펄스폭이 1.5ms이고 내부 펄스폭이 1.0ms여야 한다. 펄스를 비교한 후에, 제어 전자회로는 출력 샤프트를 반시계 방향으로 돌리기 시작할 것이다. 각각의 외부 펄스(초당 50회) 이후에 제어 전자회로는 외부와 내부 펄스폭이 1.5ms가 될 때까지 반시계 방향으로 작게 샤프트를 수정할 것이다. 이 때, 샤프트는 그림 5-30(a)에 나온 것과 같은 위치에 서게 된다.

그림 5-30의 서보 모터와 같이, 다음으로 외부 펄스폭은 1ms로 내부 펄스폭은 전위차계로부터의 귀환(feedback)에 따라 1.5ms로 달라진다. 펄스를 비교한 후에, 제어 전자회로는 출력 샤프트를 시계 방향으로 돌리기 시작할 것이다. 각각의 외부 펄스(초당 50회) 이후에 제어 전자회로는 내부 펄스폭이 1.0ms가 될 때까지 시계 방향으로 작게 샤프트를 수정할 것이다. 이 때, 샤프트는 그림 5-30(b)에 나온 것과 같은 위치에 서게 된다.

그림 5-30의 서보 모터의 두 외부와 내부 펄스폭이 같아지게 되면, 제어 전자회로는 직류 전동기를 멈춘다. 예를 들면, 만약 외부와 내부 펄스폭이 모두 2.0ms라면, 출력 샤프트는 그림 5-30(c)와 같이 멈출 것이다.

몇몇의 허비 서보 모터는 그림 5-30에 나온 것과 같이 다른 회전 속성을 갖기도 한다. 어떤 서보는 내부 회선이 좁은 폭(1ms)으로 시계 방향이 아니라 그림 5-30(b)와 같이 반시계 방향 회전을 내기도 한다. 이와 같이, 넓은 펄스(2ms)는 시계 방향으로 회전하기도 한다. 이는 그림 5-30(c)와 같다.

스테퍼 모터

스테퍼 모터는 각각의 입력펄스에 따라 각을 조정하며 회전한다. 보통의 4선식

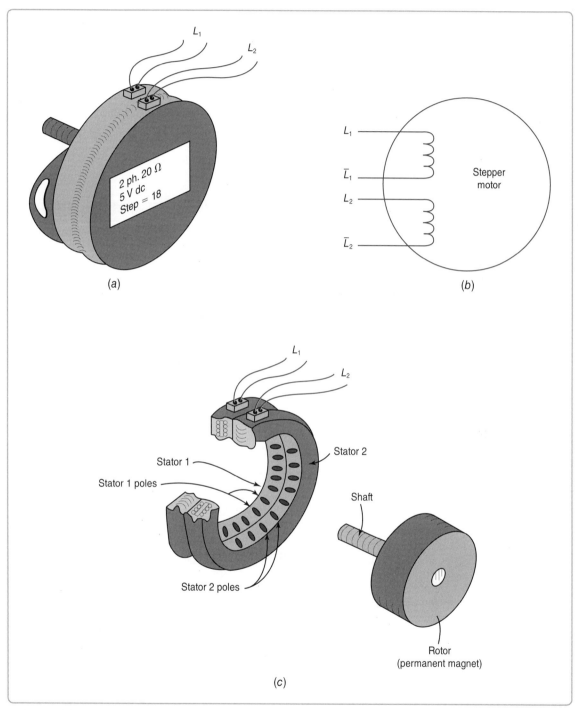

그림 5-31 (a) 전형적인 4-회선 스테퍼 모터 (b) 4-회선 양극 스테퍼 모터의 배선도
(c) 전형적인 영구 자석형 스테퍼 모터의 간단한 그림

2극성 스테퍼 모터

스테퍼 모터는 그림 5-31(a)에 나와 있다. 스테퍼 모터의 중요한 특성 몇 개를 확인할 수 있다. 이 스테퍼 모터는 5V 직류에서 작동시키기 위해 설계되었다. 각각의 두 코일(L_1과 L_2)은 20Ω의 저항을 갖고 있다. 옴의 법칙을 이용해 각각의 코일에 걸리는 직류 전류가 0.25A 혹은 250mA임을 계산할 수 있다. 2ph는 2상의 혹은 2극성 스테퍼 모터를 나타낸다. 2극성 스테퍼 모터는 그림 5-31(a)에 나타난 것과 같이 4선을 갖고 있다. 단극성 스테퍼 모터는 한 유닛으로부터 다섯 개에서 여덟 개의 회선을 갖는다. 그림 5-31(a)의 스테퍼 모터에 붙은 라벨은 모터의 각단계가 18°임을 나타낸다.

제조사의 데이터 시트나 카탈로그에 주어지는 중요한 정보들로는 물리적 크기, 코일의 인덕턴스, 자기유지 토크(holding toque) 그리고 모터의 유지 토크(detent torque)에 대해 설명할 것이다. 스테퍼 모터의 코일의 도식 역시 포함되어 있을 것이다. 스테퍼 모터의 계통도에서 두 코일에 유의해야 한다. 제어 염기 순서 또한 주어진다.

스테퍼 모터의 간단한 모양새는 그림 5-31(c)와 같다. 영구 자석 로터가 출력 샤프트에 붙어 있다. 어떤 스테퍼 모터는 고정자 안의 극의 수와 같지 않은 몇 개의 극이 있는 기어 같은 연철 로터를 갖고 있다. 두 고정자가 그림 5-31(c)에 나와 있다. 두 고정자 1과 2에 폴들이 보인다. 하나의 고정자에는 여러 개의 극이 있고 스테퍼 모터의 한 번의 회전을 위해서는 여러 단계를 거쳐야 한다. 예를 들면, 스테퍼 모터가 18°로 한 번 돌면, 회전에 필요한 단계를 아래와 같이 구할 수 있다.

원의 각 / 한 번 돈 각 = 회전에 필요한 수
360°/18° = 한 회전당 20회

이 예시에서, 각 고정자는 20개의 가시적 극을 갖고 있다. 고정자 1과 2의 극은 일직선이 아니고 스텝부 선단각의 1과 1/2 혹은 9° 다르다. 흔한 스테퍼 모터들은 0.9°, 1.8°, 3.6°, 7.5°, 15°, 그리고 18°의 선단각이 가능하다.

스테퍼 모터와 제어 순서

스테퍼 모터는 표준 제어 순서를 따른다. 간단한 양극 스테퍼 모터의 제어 순서는 그림 5-32(a)에 나와 있다. 차트의 1단계는 코일이 L_1에서 +5V 정도를 나타내고 있고, 코일의 다른 끝($\overline{L_1}$)은 접지되어 있다. 이와 같이, 1단계는 코일이 L_2를 +5V 정도로 이끌어내고 다른 끝($\overline{L_2}$)은 접지되어 있는 것을 볼 수 있다. 2단계에

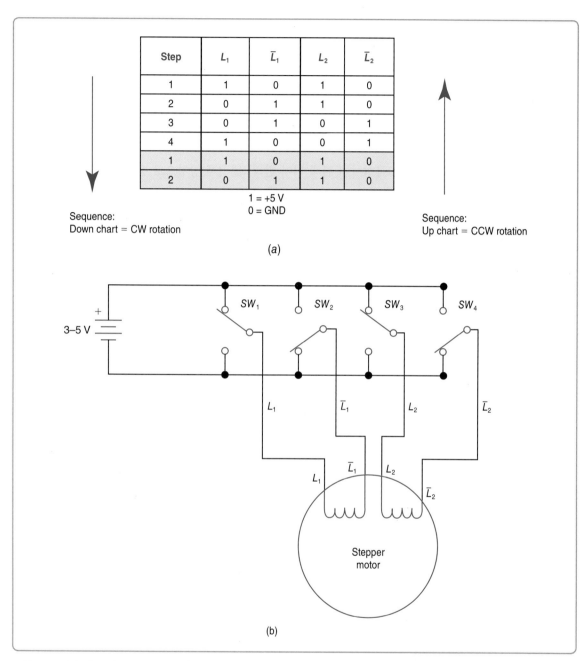

Step	L_1	$\overline{L}_1$	L_2	$\overline{L}_2$
1	1	0	1	0
2	0	1	1	0
3	0	1	0	1
4	1	0	0	1
1	1	0	1	0
2	0	1	1	0

1 = +5 V
0 = GND

Sequence:
Down chart = CW rotation

Sequence:
Up chart = CCW rotation

(a)

(b)

그림 5-32 (a) 양극 컨트롤러 절차표 (b) 4선 양극 스테퍼 모터의 수동 확인을 위한 시험 회로

서 코일 $L_1/\overline{L_1}$의 극은 반대로 되고 $L_2/\overline{L_2}$는 그대로 있는 것을 알 수 있다. 이를 통해 한 각 시계 방향으로 움직이게 된다. 3단계에서, $L_2/\overline{L_2}$의 극성이 반대로 되

고, 한 각 시계 방향으로 또 다시 움직이게 된다. 4단계에서, $L_1/\overline{L_1}$의 극이 반대로 되고, 이는 또 세 번째 한 각 시계 방향으로 움직이게 한다. 1단계에서, $L_2/\overline{L_2}$의 극이 바뀌고 네 번째 시계 방향 운동을 한다. 2, 3, 4, 1, 2, 3의 순서로 계속 되며 스테퍼 모터는 각 단계마다 18°씩 움직이게 된다.

스테퍼 모터의 회전 방향을 반대로 바꾸려면, 그림 5-32(a)의 차트를 제어순서를 아래에서 위로 보면 된다. 만약 차트의 아래쪽 2단계에 있다면, 1단계로 올라가고 $L_1/\overline{L_1}$의 극성이 바뀌게 되어 한 각 반시계 방향으로 움직이게 된다. 다시 4단계로 가고, $L_2/\overline{L_2}$의 극이 바뀌고 다시 반시계 방향으로 움직인다. 3단계에서 $L_1/\overline{L_1}$의 극이 바뀌고 반시계 방향으로 움직인다. 반시계 방향 회전은 순서 2, 1, 4, 3, 2, 1, 4, 3의 순서대로 계속된다.

스테퍼 모터

요약하면, 시계 방향 회전은 그림 5-32(a)의 조작 절차 표를 순차적으로 실행하면 발생한다. 반시계 방향 회전은 그림 5-32(a)의 표의 어느 곳에서든 정지하고 역순으로 진행하면 발생한다. 스테퍼 모터는 정확한 각 위치를 잡을 때에 유용하며, 이는 컴퓨터 디스크 드라이브나 프린터, 로봇공학과 모든 자동기기 그리고 NC 기기장치 등에 중요하게 작용한다.

스테퍼 모터 일정한 회전 속도가 중요한 지속 회전 장치에서도 사용된다. 스테퍼 모터의 지속적인 회전은 컨트롤 시퀀스를 빠르게 배열하는 것으로 완성된다. 예를 들면, 그림 5-31(a)의 모터가 600rpm으로 돌게 하고 싶다고 가정한다. 이는 모터가 초당 10번을 회전해야 한다는 말이다. 그림 5-32(a)의 컨트롤 시퀀스에서 스테퍼 모터에게 200Hz의 주파수로 코드를 보내야 한다.

스테퍼 모터 인터페이싱

양극성 스테퍼 모터

양극성 스테퍼 모터를 확인하기 위한 그림 5-32(b)의 간단한 시험 회로를 떠올려 보자. 단극 쌍투 스위치는 현재 그림 5-32(a)의 컨트롤 시퀀스 차트의 1단계에 전압을 전달하기 위해 조정되어 있다.

2단계, 3단계 그리고 4단계 등으로 코일에 걸리는 전압 입력을 변화시키면, 모터는 시계 방향으로 회전하게 된다. 만약, 순서를 바꾸고 절차가 그림 5-32(a)의 컨트롤 시퀀스 차트의 역순이라면, 모터는 반대가 되고 반시계 방향으로 돌게 된다. 그림 5-32(b)의 회로는 비현실적인 인터페이스 회로지만 수동 시험 스테퍼 모터에서는 사용된다.

상용된 양극 스테퍼 모터 인터페이스는 모토로라의 MC3479 스테퍼 모터 드라이버 IC를 기초로 하고 있다. 그림 5-33(a)의 계통도는 MC3479 드라이버 IC를 양극 스테퍼 모터로 배선하는지 나타내고 있다. MC 3479는 양극 스테퍼 모터에 정확한 컨트롤 시퀀스를 생성하는 로직 섹션을 갖고 있다. 모터 드라이버 섹션은 코일당 350mA의 용량을 갖고 있다. 모터의 각 단계는 IC의 클럭 입력에 진입하

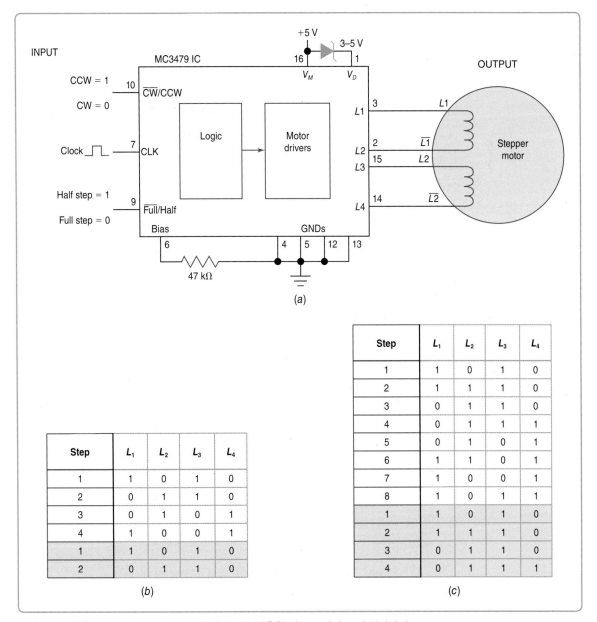

Step	L_1	L_2	L_3	L_4
1	1	0	1	0
2	0	1	1	0
3	0	1	0	1
4	1	0	0	1
1	1	0	1	0
2	0	1	1	0

(b)

Step	L_1	L_2	L_3	L_4
1	1	0	1	0
2	1	1	1	0
3	0	1	1	0
4	0	1	1	1
5	0	1	0	1
6	1	1	0	1
7	1	0	0	1
8	1	0	1	1
1	1	0	1	0
2	1	1	1	0
3	0	1	1	0
4	0	1	1	1

(c)

그림 5-33   (a) MC3479 스테퍼 모터 드라이버 IC를 사용한 양극 스테퍼 모터 인터페이스
                  (b) MC3479의 풀 스텝 모드에서의 컨트롤 시퀀스 (c) MC3479의 하프 스텝 모드에서의 컨트롤 시퀀스

는 양성 클럭펄스로 구성되어 있다. 하나의 입력 컨트롤은 스테퍼 모터의 회전 방향을 정한다. MC3479의 시계 방향/반시계 방향에서 논리 0은 시계 방향이고, 핀 10의 논리 1은 스테퍼 모터의 반시계 방향 회전을 말한다.

컨트롤 시퀀스

MC3479 IC는 풀/하트 입력(핀 9)을 갖고 있으며, 이는 IC의 작동이 완전한지 절반인지 나타낸다. 풀 스텝 모드에서, 그림 5-31의 스테퍼 모터는 각각의 클럭펄스마다 18°를 움직인다. 하프 스텝 모드에서, 스테퍼 모터는 각각의 클럭펄스마다 보통의 절반인 9°를 움직인다. MC3479 IC의 컨트롤 시퀀스는 그림 5-33(b)의 차트에 나타난 것과 같이 풀 스텝 모드이다. 이는 그림 5-32(a)에 나타난 컨트롤 시퀀스와 같다는 점에 유의한다. MC3479 IC의 컨트롤 시퀀스의 하프 스텝 모드가 그림 5-33(c)에 나와 있다. 이 컨트롤 시퀀스는 양극 혹은 2상의 스테퍼 모터에 표준이며 MC3479 스테퍼 모터 드라이버 IC의 논리 블럭 안에 설계되어 있다.

MC3479 스테퍼 모터 드라이버와 같이 특별한 IC는 시계 방향과 반시계 방향 그리고 풀 스텝과 하프 스텝 모드가 지원되는 정확한 컨트롤 시퀀스를 사용하여 문제를 해결할 수 있는 가장 간단하고 저렴한 방법이다. MC3479의 모터 드라이버 회로는 IC의 안에 포함되어 있어 저전압 스테퍼 모터도 그림 5-33(a)와 같이 직접적으로 IC에 드라이브될 수 있다.

단일 혹은 4선 스테퍼 모터는 다섯 개 혹은 그 이상의 선을 갖고 있다. 특정 IC는 이러한 4선 모터에 올바른 컨트롤 시퀀스를 만들어내기도 한다. 이 예로는 E-LAB Engineering의 EDE1200 단극 스테퍼 모터 IC가 있다. EDE1200은 Motorola Mc3479의 내장 IC를 제외한 모든 것이 같다. 외부 드라이버 트랜지스터 혹은 드라이버 IC는 EDE1200 단극 스테퍼 모터의 결합이 있어야 한다. 4선과 3선 스테퍼 모터의 컨트롤 시퀀스를 다르다.

두 전원공급의 그림이 그림 5-34에 나와 있는데, 모두 같은 5804 IC에 연결되어 있다. 5804 IC의 15V 전원공급 입력과 로직 섹션이다. 12V 전원공급은 높은 전류, 높은 전압 active low 출력이다.

5804 IC의 로직 섹션이 만드는 특정 풀 스텝 컨트롤 시퀀스는 그림 5-34의 우측 하단에 나와 있다. 5804의 출력이 LOW가 되면, 스테퍼 모터의 코일의 높은 전류가 떨어지게 된다.

네 개의 쇼트키 다이오드는 5804 IC가 전압 스파이크에 의해 손상되지 않도록 보호하면서 전류가 흐르도록 한다. 풀업 저항은 그림 5-34의 왼쪽 상단에 나와 있다.

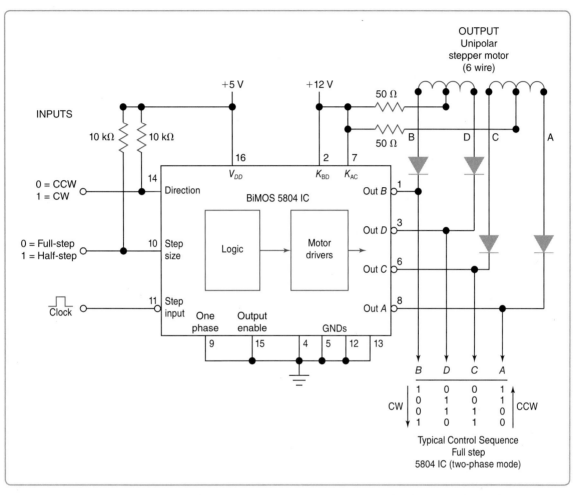

그림 5-34 계통도에서 6선 단극 스테퍼 모터는 BiMOS 5804 스테퍼 모터 트랜지스터/드라이버 IC에 의해 드라이브된다.

이는 실험실에서 한 번 제작해 봐야 하는 회로이다.

요약 Summary

정리하면, 간단한 영구 자석 dc 모터는 지속적인 회전 장치에 유용하다. 서보 모터(하비 서보 모터와 같은)들은 샤프트의 각 위치에 유용하다. 펄스 나비 모듈(PWM)은 서보를 정확한 각위치로 놓기 위해 사용되는 기술이다. 스테퍼 모터는 샤프트의 각 위치나 지속적인 회전장치의 조정에 사용된다.

┌─────────────────┐
│ 🎧 확인문제 │
└─────────────────┘

66. _____(직류 모터, 서보 모터)는 속도 제어가 필요하지 않는 지속적인 회전 장치에 좋은 선택이다.

67. _____(직류 모터, 스테퍼 모터)는 샤프트에 정확한 각 위치가 요구되는 장치에 좋은 선택이다.

68. 서보와 스테퍼 모터는 정확한 각 위치를 필요로 하는 장치에 쓰인다.(참, 거짓)

69. 그림 5-35에서, 이 기기는 무선 제어 비행기나 자동차에서 사용되는 것으로 _____(서보 모터, 스테퍼 모터)라고 부른다.

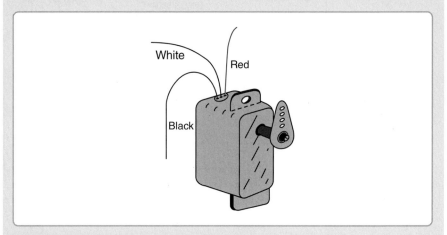

그림 5-35 문제 69, 70 그리고 71에 대한 그림

70. 그림 5-35에서, 빨간 심은 전원공급의 1에, 검은 심은 접지, 그리고 흰색 심은 서보에 연결되어 있는 것은 _____(입력, 출력)이다.

71. 그림 5-35에서, 하비 서보 모터는 _____(펄스 진폭, 펄스 나비) 모듈을 사용한 펄스 발생기에서의 입력에 의해 제어된다.

72. 그림 5-31에 나타난 기기는 _____(양극, 단극) 스테퍼 모터이다.

73. 그림 5-32(a)의 차트는 _____(양극, 단극) 스테퍼 모터에 대한 _____ 시퀀스를 나타낸다.

74. 그림 5-32(a)에서, 만약 4단계에 있고 컨트롤 시퀀스 차트를 3단계로 거슬러 오른다면, 스테퍼 모터의 회전은 _____(반시계 방향, 시계 방향)이 될 것이다.

75. 그림 5-33(a)에서, MC3479 IC 안의 _____(로직, 모터 드라이브) 블럭은 양극 스테퍼 모터의 구동에 대한 컨트롤 시퀀스를 보장한다.

76. 그림 5-33(a)에서, MC3479를 사용하는 각 코일에 걸리는 최대 전류는 _____(10, 350)mA이며, 이는 작은 스테퍼 모터를 직접적으로 작동시킬 수 있다.

77. 그림 5-33(a)에서 입력 핀 9와 10이 HIGH라고 가정한다. 클럭펄스가 핀 7이 되었을 때, 붙어 있는 스테퍼 모터는 _____(풀 스텝, 하프 스텝)으로 _____(반시계 방향, 시계 방향)으로 회전한다.

5.10 홀 효과 센서 사용하기

홀 효과 센서는 어려운 스위칭 응용을 해결하기 위해 사용된다. 홀 효과 센서는 자석으로 센서나 스위치를 작동시킨다. 홀 효과 센서는 환경오염을 방지하고 혹독한 환경에서도 사용할 수 있다. 홀 효과 센서는 기름지고 더럽고, 뜨겁거나 차갑고, 밝거나 어둡고 그리고 젖거나 마른 환경에서도 안정적으로 사용할 수 있다.

홀 효과 센서

홀 효과 센서와 스위치가 사용되는 몇 가지의 예시는 그림 5-36에 나타난 그림으로 나와 있다. 홀 효과 센서와 스위치는 점화 장치, 보안 시스템, 기계로 작동되는 리밋 스위치, 컴퓨터, 프린터, 디스크 드라이브, 키보드, 전동 도구, 위치 탐지기 그리고 무 브러시 직류 전동 전환기 등에 사용된다.

자동차 기술과 관련된 많은 발전은 정확한 정보를 믿을 만한 정보를 중앙 컴퓨터로 보내는 것과 연관되어 있다. 중앙 컴퓨터는 센서 데이터를 수집하고 엔진과 자동차의 다른 시스템의 많은 기능을 제어한다. 또한 컴퓨터는 OBD에서 사용되는 센서들의 정보를 수집하고 저장한다. 자동차의 몇 개들만이 홀 효과 기기들이다.

기본적인 홀 효과 센서

기본적인 홀 효과 센서는 그림 5-37(a)에 나와 있는 것과 같은 반도체 물질이다. 근원 전압은 지속적으로 홀 효과 센서에 바이어스 전류를 흘려보낸다. 그림 5-37(a)에 나와 있는 것과 같이, 자기장이 나타나게 되면, 홀 효과 센서에 의해 전압이 생성된다.

홀 전압은 자기장의 힘에 비례한다. 예를 들어, 만약 자기장이 없다면 센서는 홀 효과 전압을 내보낼 수 없다. 자기장이 커질수록, 홀 효과 전압은 비례해서 커진다. 요약하면, 바이아스 홀 센서가 자기장에 위치하면, 전압 출력은 자기장의 크기

홀 전압

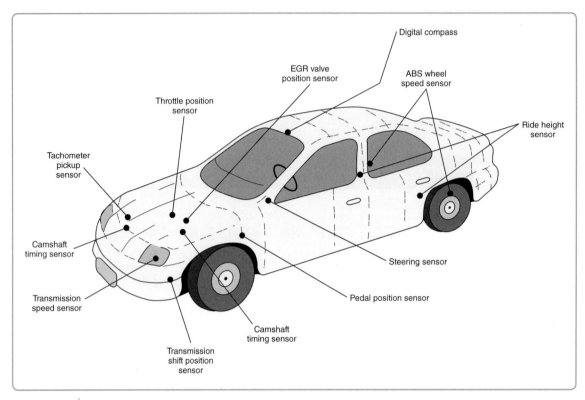

그림 5-36 근대 자동차에 사용되는 홀 효과 센서들

에 비례해서 커진다. 홀 이벤트는 1879년에 E. F. 홀에 의해 발견되었다.

홀 효과 센서의 출력전압은 작고, 사용하기 위해서는 증폭할 필요가 있다. 직류 증폭기와 전압 조정기가 있는 홀 효과 센서는 그림 5-37(b)에 나와 있다. 출력전압은 선형이고 자기장의 크기에 비례한다.

홀 효과 스위치

홀 효과 기기들은 기복이 심한 IC 패키지에 생산된다. 일부는 그림 5-37(b)에 나타난 것과 같은 선형 출력전압을 생성하기도 한다. 다른 것들은 스위치로 제작되었다. 상업용 홀 스위치는 그림 5-38에 나와 있다. 그림 5-38에 나타난 홀 효과 스위치는 3132 이극 홀 효과 스위치로 Allegro Microsystems, Inc.에 의해 개발되었다.

그림 5-38(a)에 나타난 쓰리 리드 패키지는 핀 1과 2가 외부 전원공급과 연결되

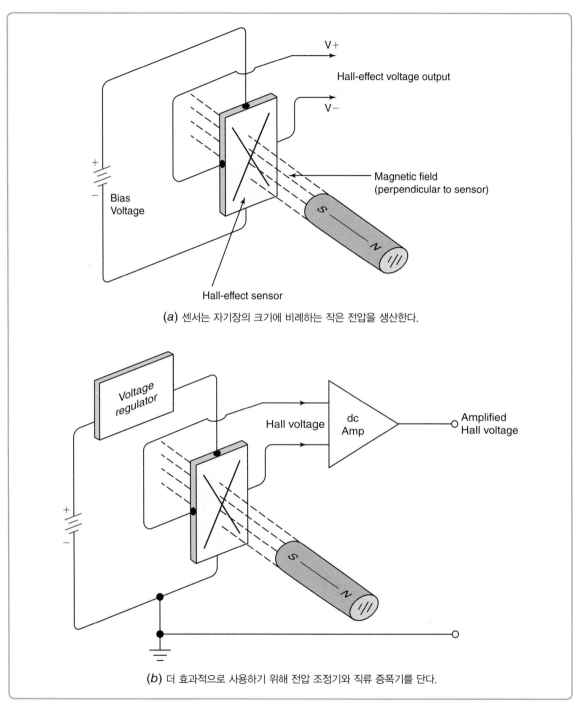

(a) 센서는 자기장의 크기에 비례하는 작은 전압을 생산한다.

(b) 더 효과적으로 사용하기 위해 전압 조정기와 직류 증폭기를 단다.

그림 5-37 홀 효과 센서

어 있는 것을 볼 수 있다. 핀 3은 무반동 스위치의 출력이다. 그림 5-38(a)의 핀아
웃은 3132 홀 효과 스위치가 IC 패키지의 인쇄면에 나타나야 올바르다. Allegro
Microsystem의 3132 홀 효과 스위치의 기능 블럭 도표는 그림 5-38(b)에 나와
있다.

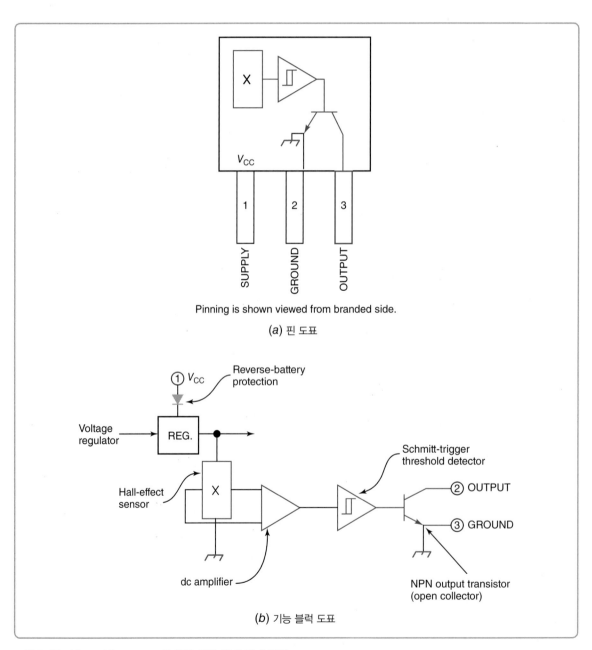

Pinning is shown viewed from branded side.

(a) 핀 도표

(b) 기능 블럭 도표

그림 5-38 Allegro Microsystem의 3132 이극 홀 효과 스위치

홀 효과 센서의 기호는 X가 안에 있는 사각형 모양임에 유의한다. 센서에 연결된 것은 아날로그 홀 효과 기기를 디지털 스위치로 변환해주는 기능을 하는 다양한 섹션이다. 슈미트 트리거 임계값 검출기는 디지털 스위칭에 필요한 스냅 작동 무반동 출력을 생산한다. 출력은 HIGH 혹은 LOW일 때 모두 가능하다. 개방 컬렉터 출력 트랜지스터 역시 이를 포함하는데 IC가 최고 25mA까지 지속적으로 드라이브할 수 있다.

자기장에서 가장 중요한 두 특성은 힘과 극성이다. 이 두 특성은 양극 3132 홀 효과 스위치의 작동에 사용된다. 양극성 홀 효과 스위치의 작동을 보여주기 위해서, 그림 5-39(a)의 회로를 공부할 필요가 있다. 150-Ω 제한 저항기가 있는 출력 지표 LED는 IC의 출력에 더해진다.

그림 5-39(a)에서, 자석의 S극은 내부 NPN 트랜지스터를 켜는 IC의 표기된 면에 다가가는 것을 확인할 수 있다. 이는 IC의 핀 3이 LED를 들어오게 하기 위해 LOW로 떨어진 것이다. 그림 5-39(b)에서, 자석의 N극은 내부 NPN 트랜지스터를 끄는 IC의 표기된 면에 다가가는 것을 확인할 수 있다. 이는 IC의 핀 3이 HIGH가 되고, LED에 불이 들어오지 않게 한다.

3132 홀-효과 스위치는 양극성인데, 이는 S극과 N극이 ON과 OFF를 나타내기 때문이다. 단극성 홀 효과 스위치 역시 켜고 끄는 것이 자기장의 힘을 키우고 줄이면서 가능하지만 극성을 바꿀 수는 없다. 그 예로는 Allegro Microsystems, Inc.의 3144가 있다.

3144 단극 홀 효과 스위치는 앞서 배운 3132 양극 홀 효과 스위치와 비슷하다고 할 수 있다. 단극 3144 IC는 양극 3132 홀 효과 스위치와 같은 핀 아웃 도표 그림 5-38(a)와 기능 블럭 도표 그림 5-38(b)를 사용한다. 3144 홀 효과 스위치는 스냅 액션 디지털 출력을 포함한다. 3144 IC는 25mA의 NPN 출력 트랜지스터 역시 포함하고 있다.

그림 5-40에 나타난 홀 효과 스위치 IC는 개방 컬렉터를 가진 NPN 드라이버 트랜지스터이다. 홀 효과 스위치 IC를 디지털 IC를 이용하여 인터페이싱할 때에는 그림 5-40에 나타난 것과 같이 풀업 저항이 필요하다. 풀업의 특정값으로는 CMOS에 33kΩ 그리고 TTL에 10kΩ이다. 그림 5-40의 홀 효과 스위치는 3132 또는 3144 IC 모두 될 수 있다.

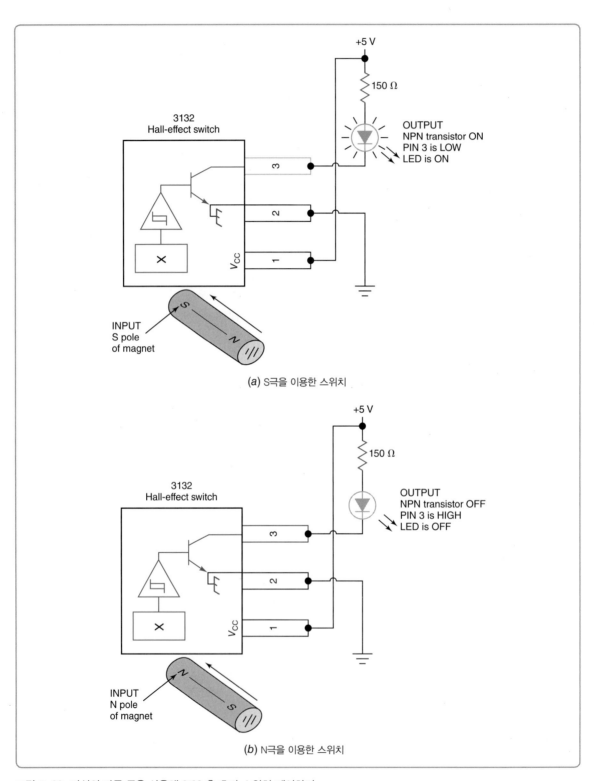

(a) S극을 이용한 스위치

(b) N극을 이용한 스위치

그림 5-39 자석의 다른 극을 사용해 3132 홀 효과 스위치 제어하기

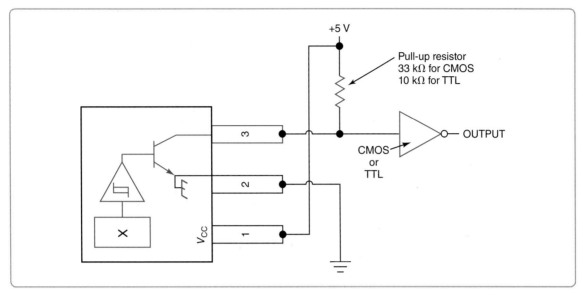

그림 5-40 TTL 또는 CMOS 를 이용한 홀 효과 스위치 IC 인터페이싱

톱니 감지

다른 홀 효과 스위치 기기는 톱니 감지 IC가 있다. 톱니 감지 IC는 하나 혹은 그 이상의 홀 효과 센서를 포함하고 있으며 영구 자석 안에 있다. 특정 톱니 감지 IC 와 기어는 그림 5-41에 나와 있다. 영구 자석의 S극은 기어의 위치를 변화시키는 자기장을 생성한다.

톱니가 에어 갭을 줄이기 위해 움직이게 되면, 자기장은 더 강해져 홀 효과 센서가 켜진다. 톱니 센서는 흔히 기어의 위치, 회전 그리고 속도를 측정하기 위해 자동차와 같은 기계 공학에 사용된다.

무반동 스위치로서의 홀 효과 스위치 IC의 특징이다. 이는 가끔 기계 공학 스위치와 같이 어렵게 느껴질 수 있다. 자석이 홀 효과 스위치를 켜고 끄기 위해 표면에 닿을 필요가 없다는 점에 유의해야 한다. 이는 touch-free 스위치로 심한 환경에서도 작동된다. 간단한 홀 효과 스위치 IC는 작고, 기복이 심하며 매우 저렴하다.

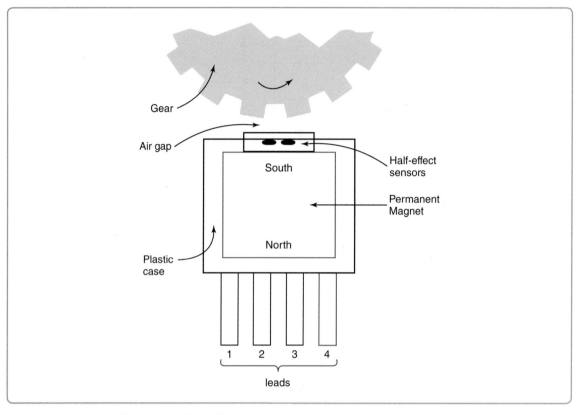

그림 5-41 트리거링에 대한 회전 기어가 있는 홀 효과 톱니 센서

🎧 **확인문제**

78. 홀 효과 센서는 _____(공학적으로, 시각적으로) 활성화된 장치다.

79. _____(톱니 센서, 열전대)와 같은 홀 효과 기기와 스위치들은 흔히 자동차에 사용되는데, 이는 믿을 수 있고, 저렴하고 가혹한 사용 조건에서도 작동되기 때문이다.

80. 그림 5-42에서, × 표시가 되어 있는 반도체 물질을 _____(전자석, 홀 효과 센서)라고 부른다.

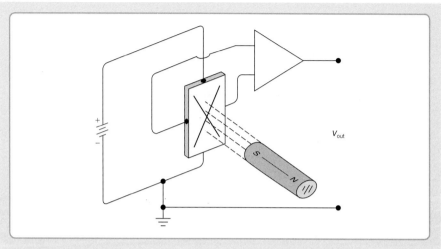

그림 5-42 홀 효과 센서

81. 그림 5-42에서, 영구자석을 홀 효과 센서에 가까이 가져가면 자기장이 커지고 출력 전압이 _____(감소한다, 증가한다).

82. 그림 5-43에서, 3132 홀 효과 IC는 _____(양극성, 단극성) 스위치다.

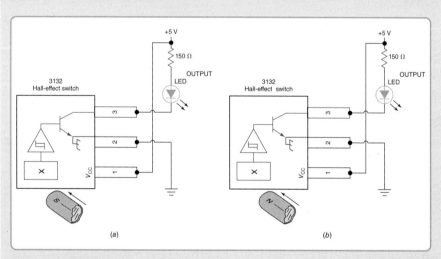

그림 5-43 홀 효과 스위치

83. 그림 5-43(a)에서, IC의 출력 트랜지스터가 켜지고 핀 3의 출력이 _____(HIGH, LOW)가 되면 자석의 S극은 3132의 홀 효과 센서에 다가가고 LED가 _____(켜 진다, 켜지지 않는다).

84. 그림 5-43(b)에서, IC의 출력 트랜지스터가 _____(켜지고, 거지고) 핀 3의 출력이 _____(HIGH, LOW)가 되면 자석의 N극은 3132의 홀 효과 센서에 다가가고 LED가 켜지지 않는다.

85. 그림 5-38에서, IC에서 디지털 출력을 유발하는 스냅 액션은 IC의 _____(dc 앰프, 슈미트 트리거) 때문이다.

86. 홀 효과 스위치는 작고, 무반동에, 기복이 심하고 _____(저렴하다, 매우 비싸다).

87. 3132와 3144 홀 효과 스위치의 NPN 드라이버 트랜지스터의 개방 컬렉터는 디지털 신호를 CMOS나 TTL 논리기기로 전달할 때에 _____(풀업, 전이) 저항을 사용한다.

5.11 간단한 논리회로의 수리

한 실험기구 제조사는 모든 디지털 회로의 75%는 입력 혹은 출력 회로의 개방에서 비롯된다고 했다. 많은 잘못은 논리 탐사기를 사용해 논리회로에서 분리할 수 있다.

그림 5-44(a)의 회로기판에 나타난 조합 논리회로를 고려해본다. 장비 교범은 그림 5-44(b)에 나타난 것과 도식적으로 비슷하게 생겼다. 회로와 도식을 보고, 논리 도표를 정해보자. 불 대수 함수식과 진리표를 생각할 것이다. 이는 두 개의 NAND 게이트가 OR 게이트로 들어가는 예시를 기억한다. 이는 4-입력 NAND 함수와 동일하다.

그림 5-44(a)의 회로의 문제는 OR 게이트로의 입력 안의 개방 회로로 보인다. 이제 어떻게 문제를 찾는지 알기 위해 회로를 수리해본다.

1. 논리 탐사기를 TTL로 조정하고, 전원을 연결한다.
2. 노드 1과 2(그림 5-44 (a) 참고)를 시험한다. 결과: 둘 다 HIGH
3. 노트 3과 4를 시험한다. 결과: 둘 다 LOW, 결론: 두 IC가 전력을 갖고 있음
4. 4-입력 NAND 회로의 특이 상태를 시험한다. 7400 IC의 핀 1, 2, 4, 5를 시험한다. 결과: 모든 입력이 HIGH, 하지만 LED는 빛이 나고 HIGH 출력을 나타냄, 결론: 4-입력 NAND 회로의 특이 상태가 문제
5. 7400 IC의 핀 3과 6에서 NAND 게이트의 출력을 시험한다. 결과: 두 출력 모두 LOW. 결론: NAND 게이트가 작동 중
6. 7432 IC의 핀 1과 2에서 OR 게이트로의 입력을 시험한다. 결과: 두 입력 모

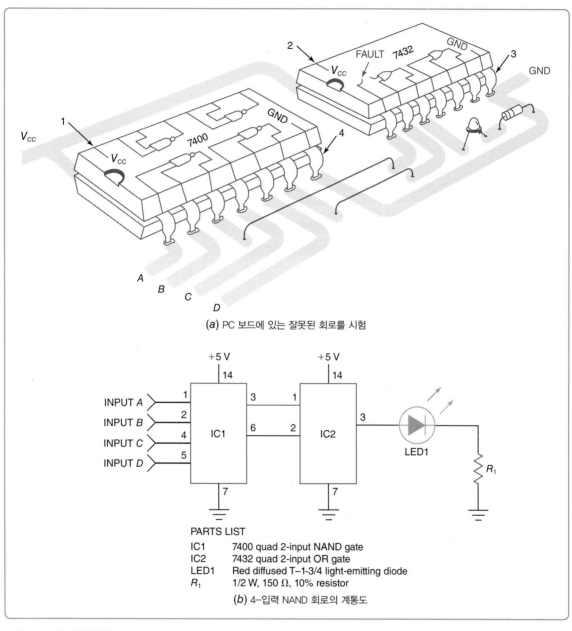

(a) PC 보드에 있는 잘못된 회로를 시험

PARTS LIST

IC1　　　7400 quad 2-input NAND gate
IC2　　　7432 quad 2-input OR gate
LED1　　Red diffused T–1-3/4 light-emitting diode
R_1　　　1/2 W, 150 Ω, 10% resistor

(b) 4–입력 NAND 회로의 계통도

그림 5–44 문제의 해결

두 LOW, 결론: 핀 1과 2의 OR 게이트 입력은 정확하지만, 출력은 아직 부정확하다. 따라서 OR 게이트가 잘못되었고, 7432 IC는 교체가 필요

│ │ 확인문제

---

88. 디지털 회로의 대부분의 문제는 입력과 출력의 _____(열린, 짧은) 회로 때문이다.

89. _____와 같이 시험 기구의 간단한 부품은, 입력과 출력의 열린 디지털 논리회로를 확인하는 데에 쓰인다.

90. 그림 5-44에서, 입력 A, B, C 그리고 D가 모두 HIGH이면 출력 (IC2의 핀 3)은 _____(HIGH, LOW)가 된다.

5.12 서보 인터페이싱하기(BASIC Stamp 모듈)

근대 디지털 응용에서 프로그래밍 가능 기기들은 매우 흔하다. 이 절에서는 BASIC Stamp 2 마이크로컨트롤러 모듈과 서보의 인터페이싱에 대해 알아본다.

5.9절의 서보 모터에 대해 복습한다. 하비 서보 모터 기능은 그림 5-30에 요약되어 있다. 서보 모터의 각위치를 조정하기 위해서는 펄스폭 변조(PWM)을 사용해야 함을 유의한다. 이 부분에서, BASIC Stamp 2(BS2) 마이크로컨트롤러 모듈이 그림 5-30(a), (b) 그리고 (c)의 PWM 펄스 발생기처럼 작동하도록 프로그래밍할 것이다. 그림 5-30의 양성 파장 폭은 최대 CCW 주기당 2ms 정도이다. 서보의 출력 통로가 중앙으로 되돌아가는 데에는 충분한 CW 주기 당 1ms나 1.5ms 정도이다.

허비 서보 모터가 그림 5-45의 BASIC Stamp 2 모듈에 연결되어 있다는 것을 고려한다. 이는 서보를 (1) 완전한 CCW, (2) 완전한 CW 그리고 (3) 출력 통로가 중앙으로 가는 시험 회로이다.

BASIC Stamp 2 모듈을 사용하여 이 논리문제를 푸는 과정은 아래에 나와 있다. BASIC Stamp 2 모듈 배선과 프로그래밍 과정은 다음과 같다.

1. 그림 5-45에서, 허비 서보 모터를 BASIC Stamp 2 모듈의 포트 P14에 연결한다. 동력 와이어에서 색 부호화(빨강 $=V_{dd}$ 그리고 검정 $=V_{ss}$ 혹은 GND)에 유의한다.

2. PBASIC 텍스트 편집 프로그램을 PC로 불러온다. '서보 테스트 1에 대한 PBASIC 프로그램을 입력한다. 그림 5-46에 '서보 테스트 1이라 명명된

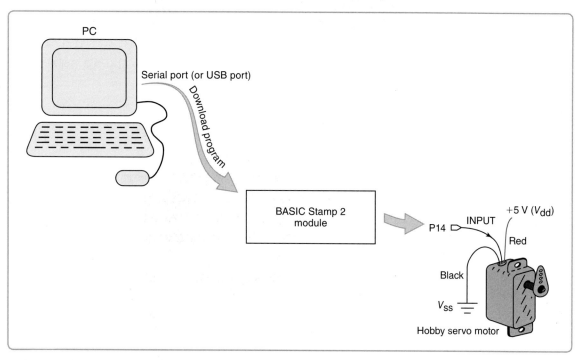

그림 5-45 시험을 위해 BASIC Stamp 2 모듈에 연결된 허비 서보 모터

PBASIC 프로그램이 있다.

3. PC와 BASIC Stamp 2 개발보드 간에 시리얼 케이블(혹은 USB 케이블)
을 연결한다.

4. BASIC Stamp 2 모듈을 켠 채로, PC로부터 RUN 명령어로 PBASIC 프
로그램을 다운 받는다.

5. BS2 모듈에서 시리얼 케이블(혹은 USB 케이블)을 연결 해제한다.

6. 서보 출력의 회전을 살핀다. BASIC Stamp 2 모듈 안의 EEPROM 프로
그램 메모리에 저장된 PBASIC 프로그램이 BS2 IC가 켜질 때마다 실행
된다.

PBASIC 프로그램 – 서보 테스트 1

그림 5-46의 '서보테스트 1'이라고 명명된 PBASIC 프로그램을 떠올린다. 첫
번째 줄과 두 번째 줄 모두 아포스트로피(')로 시작하는데 이는 표시 구문이다. 표
시 구문은 프로그램을 분명하게 하고 마이크로컨트롤러에 의해 꺼지지 않도록 한

다. 코드의 세 번째 줄은 프로그램에서 사용될 변수들을 선언한다. 그 예로, 세 번째 줄에 C VAR Word가 있다. 이는 마이크로컨트롤러에게 C가 단어 길이값을 갖는 변수명이란 것을 알려준다.(16비트) 16비트 변수 C는 십진수로 0에서 65535까지의 값을 가질 수 있다.

```
'ServoTest 1                        'Title of program (See Fig. 5-45.)         L1
'Test servo in 3 different positions, CCW, CW and centered                    L2

C       VAR Word                    'Declare C as variable, 16-bit length      L3

FOR C=1 TO 75                       'Begin counting loop, C=1 thru 75          L4
PULSOUT 14, 1000                    'Pulse output (HIGH) at pin 14 for 2 ms    L5
PAUSE 20                            'Pause for 20 ms, output LOW               L6
NEXT                                'Back to FOR if C < 75                     L7

FOR C=1 TO 75                       'Begin counting loop, C=1 thru 75          L8
PULSOUT 14, 500                     'Pulse output (HIGH) at pin 14 for 1 ms    L9
PAUSE 20                            'Pause for 20 ms, output LOW               L10
NEXT                                'Back to FOR if C < 75                     L11

FOR C=1 TO 75                       'Begin counting loop, C=1 thru 75          L12
PULSOUT 14, 750                     'Pulse output (HIGH) at pin 14 for 1.5 ms  L13
PAUSE 20                            'Pause for 20 ms, output LOW               L14
NEXT                                'Back to FOR if C < 75                     L15

END                                                                           L16
```

그림 5-46 서보 테스트 1에 올려진 PBASIC 프로그램

4~7번째 줄은 서보 모터의 완전한 반시계 방향 회전을 나타낸다. FOR-NEXT 루프는 75회를 실행된다(C=1에서 75). PULSOUT 14, 1000 코드(5번째 줄)는 핀 14에서 2밀리초 동안 HIGH 펄스를 만들어낸다. 그러면 핀 14는 2ms의 양성 펄스 이후 LOW로 떨어진다. PAUSE 20 코드(6번째 줄)은 핀 14가 20ms 동안 LOW를 유지하게 한다. 첫 FOR-NEXT 루프(4-7번째 줄)는 허비 서보 모터가 완전하게 반시계 방향으로 돌게 해준다.

8~11번째 줄은 서보 모터의 완전한 시계 방향 회전을 나타낸다. FOR-NEXT 루프는 75회 실행된다. PULSOUT 14, 500 코드(9번째 줄)은 핀 14에서 1밀리초 동안 HIGH 펄스를 만들어낸다. 그리고 핀 14는 1ms 양성 펄스 이후 LOW로 떨어진다. PAUSE 20 코드(10번째 줄)는 핀 14가 20ms 동안 LOW를 유지하게 한다. 두 번째 FOR-NEXT 루프(8~11번째 줄)은 허비 서보 모터가

완전하게 시계 방향으로 돌게 해준다.

　12~15번째 줄은 서보 모터가 중앙으로 오게 한다. FOR-NEXT 루프는 75회 실행된다. PULSOUT 14, 750 코드(13번째 줄)는 핀 14에서 1.5밀리초 동안 HIGH 펄스를 만들어낸다. 그리고 1.5ms의 양성 펄스 이후 핀 14는 LOW로 떨어진다. PAUSE 20 코드(14번째 줄)는 핀14가 20ms 동안 LOW를 유지하게 한다. 마지막 FOR-NEXT 루프(12~15번째 줄)는 허비 서보 모터가 범위의 중앙으로 오게 한다. END 구문(16번째 줄)은 프로그램의 실행을 중지한다.

　PBASIC 프로그램 '서보 테스트 1은 BS2 모듈에 전원이 들어와 있는 한 계속해서 작동된다. PBASIC 프로그램은 EEPROM 프로그램 메모리에 앞으로의 사용에 대비해 저장되어 있다. BS2를 끄고 켜면 프로그램이 다시 시작된다. BASIC Stamp 모듈에 다른 PBASIC 프로그램을 다운로드 받으면 이전의 프로그램이 삭제되고 새로운 목록이 실행된다.

확인문제

91. 허비 서보 모터의 각위치는 ＿＿＿＿＿(진폭, 펄스폭) 조절을 통해 조절할 수 있다.

92. 그림 5-46에서, 변수 C는 1비트의 데이터를 저장할 수 있다.(참, 거짓)

93. 그림 5-46에서, 세 개의 FOR-NEXT 루프는 각각 ＿＿＿＿＿(20, 75)회 반복된다.

94. 그림 5-46에서, PAUSE 20 구문의 목적은 마이크로컨트롤러가 20분 동안 멈추는 것을 허용하는 것이다.(참, 거짓)

95. 그림 5-46에서, PULSOUT 14, 750은 ＿＿＿＿＿밀리초의 시간 동안 핀 14에 양성 펄스를 출력한다.

96. 그림 5-45와 5-46에서, 12~15번째 줄의 FOR-NEXT 루프가 완전히 실행될 때 서보의 출력에서 어떤 효과가 나타나는가?

🔲 요약

1. 인터페이싱은 회로와 기기 사이의 전압과 전류 흐름을 호환이 되도록 디자인하는 것을 말한다.

2. 같은 논리 가족 간의 인터페이싱은 하나의 게이트의 출력을 다음 논리게이트의 입력에 연결하는 것과 같이 쉽다.

3. 논리 가족 혹은 논리기기의 인터페이싱에서 "외부 세계", 즉 전압과 전류 특성은 매우 중요한 특성이다.

4. 잡음여유는 원치 않는 전압이 논리계열에 의해 견디는 것을 말한다. 상호 보완적 금속 산화막 반도체(CMOS) IC는 TTL 계열에 비해 더 좋은 잡음여유를 갖고 있다.

5. 디지털 IC에서 팬 아웃과 팬 인 특성은 출력 드라이브와 인풋 로딩 사양에 의해 결정된다.

6. 전달지연(혹은 속도)과 전원소실은 IC 계열 특성에서 중요하게 여겨진다.

7. ALS-TTL, FAST(Fairchild advanced Schottky TTL) 그리고 FACT(Fairchild advanced CMOS technology) 논리계열은 저전압 소비, 빠른 속도 그리고 좋은 드라이브 성능을 위해서 많이 사용된다. 초기 TTL과 CMOS 계열은 아직도 사용되고 있다.

8. 발전된 저전압 CMOS IC(74ALVC00 시리즈와 같이)들은 다양한 근대 설계에서 사용되고 있다. 이러한 저전압 CMOS IC는 저전압 소모, TTL 다이렉트 인터페이스, 정전기 방지 그리고 매우 빠른 속도를 가진다는 특성이 있다.

9. 많은 CMOS IC는 정전기에 예민한데, 반드시 내장되어 있어야 하며 제대로 다뤄줘야 한다. 다른 예방책으로는 회로 전압 입력과 다른 모든 사용하지 않는 입력이 꺼진 상태로 보관하는 것이 있다.

10. 다양한 스위치는 논리회로를 풀업과 풀다운 저항으로 사용할 수 있다. 스위치 디바운싱은 래치회로를 사용해 만들 수 있다.

11. LED와 백열전구와 논리기기는 드라이버 트랜지스터를 필요로 한다.

12. 대부분의 TTL-to-CMOS와 CMOS-to-TTL 인터페이싱에서는 몇 개의 회로를 더 필요로 한다. 이는 간단한 풀업 저항, 특별한 인터페이스 IC 혹은 트랜지스터 드라이버의 형태를 취할 수 있다.

13. 디지털 논리기기를 버저와 릴레이를 통해 인터페이싱할 때에는 트랜지스터 드라이버 회로를 필요로 한다. 전자 모터와 솔레노이드는 릴레이를 논리회로에서 분리해 주는 논리요소를 통해 조종할 수 있다.

14. 광 아이솔레이터는 옵토 커플러라고도 한다. 솔리드 상태의 릴레이는 광 아이솔레이

터의 변화를 말한다. 광 아이솔레이터는 전격적으로 디지털 회로를 모터와 다른 전압 스파이크와 잡음을 낼 수 있는 고전압/전류 기기로부터 분리하기 위해 사용된다.

15. 하비 서보 모터는 출력축의 각위치 조정을 위해 사용된다. PWM(펄스폭 전압제어)를 사용하는 펄스 제네레이터는 비싸지 않은 서보 모터에 사용된다.

16. 하비 서보 모터들은 BASIC Stamp 2 마이크로컨트롤러 모듈과 같은 프로그래밍 가능한 기기에서 작동 가능하다.

17. 스테퍼 모터들은 직류에서 작동하며 정확한 각위치나 출력각의 속도가 중요한 경우에 사용된다.

18. 스테퍼 모터들은 양극과 단극 모두로 사용할 수 있다. 다른 중요한 특성으로는 스텝부 선단각, 전압, 전류, 코일 저항 그리고 토크가 있다.

19. 특수한 IC들은 스테퍼 모터의 인터페이싱과 작동을 위해 사용된다. IC 제네레이터의 논리는 모터의 정확한 제어 순서를 위해 사용된다.

20. 홀 효과 센서는 홀 효과 스위치에서 사용되는 자기 작동식 장치를 말한다. 홀 효과 스위치는 양극과 단극 모두 사용 가능하다.

21. 외부 자기장은 홀 효과 센서나 스위치를 작동하는 데에 사용된다. 톱니 센서는 홀 효과 센서와 IC 내에 내장된 영구 자석을 갖고 있다. 홀 효과 톱니 센서는 철 금속이 IC 근처를 지날 때에 작동된다.

22. 각각의 논리계열은 각각의 논리 HIGH와 LOW의 정의를 갖는다. 논리 탐사는 이러한 레벨을 시험한다.

복습문제

5–1 TTL 입력에 3.1 V를 입력하면 논리레벨이 _____(높음, 낮음, 알 수 없음)으로 출력된다.

5–2 2.0V의 TTL 출력은 _____(높은, 낮은, 알 수 없는) 출력이라고 할 수 있다.

5–3 CMOS 입력에 2.4V를 가하면 IC는 _____(높은, 낮은, 알 수 없는) 논리레벨이 된다.

5–4 74HC00 시리즈 CMOS 입력에 3.0V를 가하면 IC의 논리레벨은 _____(높음, 낮음, 알 수 없음)이 된다.

5–5 TTL 게이트의 "전형적인" 높은 출력전압은 약 _____(0.1, 0.8, 3.5)V 정도이다.

5-6 TTL 게이트의 "전형적인" 낮은 출력전압은 약 _____(0.1, 0.8, 3.5)V 이다.

5-7 CMOS 게이트의 "전형적인" 높은 출력전압은 _____V이다.

5-8 CMOS 게이트의 "전형적인" 낮은 출력전압은 _____V이다.

5-9 74HCT00 CMOS 입력에 3.0V를 가하면 논리레벨이 _____(높다, 낮다, 알수 없다)고 할 수 있다.

5-10 74HCT00 시리즈 CMOS 입력에 1.0V를 가하면 IC에 걸리는 논리레벨은 _____(높다, 낮다, 알 수 없다)고 할 수 있다.

5-11 논리 IC의 74ALVC 시리즈는 근대의 _____(CMOS, TTL) 칩이다.

5-12 74ALVC00 시리즈에 2.4V를 가하면 IC에 걸리는 입력은 _____(높다, 낮다, 알 수 없다)고 할 수 있다.

5-13 74ALVC00 시리즈와 같은 근대 논리계열은 _____(낮은, 높은) 전압에서 작동하고, 낮은 전력을 소비하며, 정전기를 예방하고 매우 _____(높은, 낮은) 전달지연율을 갖고 있다.

5-14 _____(CMOS, TTL) 논리계열이 잡음여유가 더 좋다.

5-15 그림 5-4에서, TTL 계열의 잡음여유는 약 _____V 정도임을 알 수 있다.

5-16 그림 5-4에서, CMOS 계열의 잡음여유는 약 _____V 정도임을 알 수 있다.

5-17 그림 5-5에서, TTL의 스위칭 한계점은 항상 1.4V이다.(참, 거짓)

5-18 표준 TTL의 팬 아웃은 _____(10, 100)이라고 할 수 있다.

5-19 그림 5-6(b)에서, 단일 ALS-TTL 출력은 _____(5, 50)이라고 할 수 있다.

5-20 그림 5-6(b)에서, 단일 74HC00 시리즈 CMOS 출력은 최소 _____(10, 50) LS-TTL 입력 용량을 갖고 있다는 것을 알 수 있다.

5-21 그림 5-47에서, 만약 A와 B가 모두 TTL이라면, 인버터는 AND 게이트를 _____(작동할 수 있다, 작동할 수 없다)는 것을 알 수 있다.

5-22 그림 5-47에서, 만약 A가 ALS-TTL이고 B가 표준 TTL이라면 인버터는 AND 게이트를 _____(작동할 수 있다, 작동할 수 없다)는 것을 알 수 있다.

5-23 그림 5-47에서, 만약 A와 B 모두가 ALS-TTL 계열이라면, 인버터는 AND 게이트를 _____(작동할 수 있다, 작동할 수 없다)는 것을 알 수 있다.

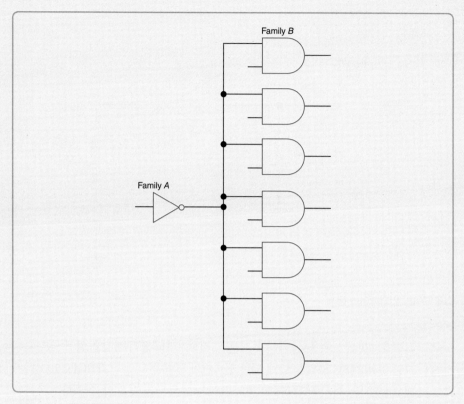

그림 5-47 인터페이스 문제

5-24 _____(4000, 74AC00) 시리즈 CMOS IC는 더 좋은 출력 드라이브 용량을 갖고 있다.

5-25 그림 5-8(b)를 통해, _____ 논리계열이 가장 낮은 전달지연을 갖고 있으며 _____ 계열이 가장 _____(느리다, 빠르다)고 고려해 볼 수 있다.

5-26 74FCT08 IC는 파트 넘버 _____인 TTL IC와 같은 논리 기능과 핀 아웃을 갖고 있다.

5-27 보통, _____(CMOS, TTL) IC가 가장 적은 전력을 사용한다.

5-28 CMOS IC를 사용할 때에 주의해야할 점을 나열하라.

5-29 CMOS IC 4000 시리즈의 V_{DD} 핀은 직류 전원공급 장치의 _____(접지, 양극)에 연결되어야 한다.

5-30 그림 5-11(b)에서, 스위치가 열려 있으면, 인버터의 입력이 _____(HIGH, LOW)가 되고 출력이 _____(HIGH, LOW)가 된다는 것을 알 수 있다.

5-31 그림 5-12(a)에서, 스위치가 열려 있으면, 저항기는 CMOS 인버터 _____ 입력이 HIGH가 되는 것을 알 수 있다.

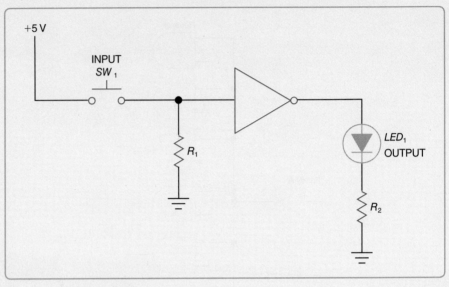

그림 5-48 인터페이스 문제

5-32 그림 5-48에서, 컴포넌트 R_1이 _____ 저항기라고 불리는 것을 알 수 있다.

5-33 그림 5-48에서, SW_1을 닫게 되면 인버터의 입력이 _____(HIGH, LOW)가 되고 LED는 _____(꺼지게 된다, 불이 들어온다)는 것을 알 수 있다.

5-34 그림 5-48에서, SW_1이 열리면 인버터의 입력이 _____(HIGH, LOW)가 되고, LED의 출력이 _____(꺼지게 된다, 불이 들어온다)는 것을 알 수 있다.

5-35 보통 그림 5-14(b)와 (c)와 같은 스위치 디바운싱 회로는 RS 플립플롭이나 _____라고 불린다.

5-36 그림 5-15에서, 입력 스위치 SW_1을 닫으면 555 IC의 출력이 _____(HIGH에서 LOW로, LOW에서 HIGH로) 변하는 것을 볼 수 있다.

5-37 그림 5-15에서, 입력 스위치 SW_1을 열면 555 IC의 출력이 HIGH에서 LOW로 _____ 변하는 것을 볼 수 있다.

a. 즉시

b. 약 1초 정도의 지연시간 뒤에

c. 약 1밀리초 정도의 지연시간 뒤에

5-38 TTL 출력은 보통의 CMOS 입력을 _____ 저항기를 더함으로써 드라이브할 수 있다.

5-39 모든 CMOS 게이트는 최소 하나의 LS-TTL 입력을 드라이브 할 수 있다.(참, 거짓)

5-40 4000 시리즈 CMOS 출력은 _____을 더함으로써 표준 TTL 입력을 드라이브할 수 있다.

5-41 오픈 컬렉터 TTL 게이트는 출력에 _____ 저항기의 사용을 요구한다.

5-42 그림 5-25(b)에서, 트랜지스터 기능은 이 회로에서 _____ 게이트, 드라이버)와 같은 역할을 한다는 것을 알 수 있다.

5-43 그림 5-25(b)에서, 인버터의 입력이 LOW가 되면, 출력이 _____(HIGH, LOW)가 되고 트랜지스터를 _____(켜서, 꺼서) 트랜지스터를 통해 전류가 흐르게 되어, 피에조 버저가 울리기 시작한다는 것을 알 수 있다.

5-44 그림 5-27(a)에서, 인버터의 입력이 LOW가 되면, 출력은 HIGH가 되고 NPC 트랜지스터를 _____(끄게 된다, 켜게 된다)는 것을 알 수 있다. 릴레이의 코일은 _____(작동되고, 작동되지 않고) 릴레이 전기자는 아래로 향하며 직류 모터는 _____(회전한다, 회전하지 않게 된다).

5-45 그림 5-27(b)에서, 인버터의 입력이 HIGH가 되면, 출력은 LOW가 되고, 이는 NPC 트랜지스터가 _____(꺼지게 된다, 켜지게 된다)는 것을 알 수 있다. 릴레이의 코일은 _____(작동되고, 작동되지 않고), 전기자는 아래로 _____ (향하고, 향하지 않고), 솔레노이드는 작동 _____(된다, 되지 않는다).

5-46 그림 5-23에서, 4N25 광 아이솔레이터는 갈륨 비화물 _____(적외선 다이오드, 백열등)을 갖고 있으며 시각적으로 광 트랜지스터 출력과 묶여 있다는 것을 알 수 있다.

5-47 그림 5-28(b)에서, 만약 인버터의 입력이 HIGH가 되면, 출력은 LOW가 되고 이는 LED가 _____(작동되게, 작동되지 않게)하며, 광 트랜지스터는 _____(꺼지고, 켜지고) 출력전압이 _____(HIGH, LOW)가 되게 한다는 것을 알 수 있다.

5-48 그림 5-28(c)에서, 피에조 버저는 인버터의 입력이 _____(HIGH, LOW)가 되면 울리게 된다.

5-49 그림 5-28(d)에서, 광 아이솔레이터를 고전압 잡음 모터회로로부터 저전압 디지털 회로로 분리하는 좋은 설계의 예시를 보여주고 있다.(참, 거짓)

5-50 그림 5-28(d)에서, 직류 모터는 인버터의 입력 논리레벨이 _____(HIGH, LOW)일 때 켜진다는 것을 알 수 있다.

5-51 솔리드 스테이트 릴레이는 광 아이솔레이터와 가까운 친척이다.(참, 거짓)

5-52 전자석 기기는 _____(직류 모터, 하비 서보 모터)에서의 모든 방향으로의 지속적인 회전에 잘 맞는다.

5-53 그림 5-49에서, 펄스 제네레이터는 서보 모터가 출력축에서 각위치를 잡을 수 있도록 한다.

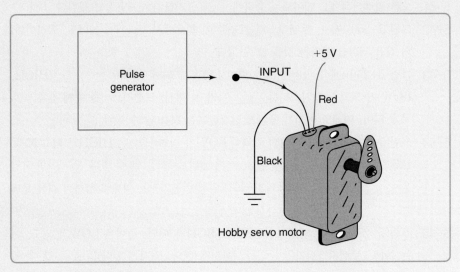

그림 5-49 서보 모터 드라이빙

5-54 _____(직류 모터, 스테퍼 모터)는 축의 정확한 각위치를 요구할 때에 사용된다.

5-55 그림 5-31(a)에 나타난 스테퍼 모터는 단극이나 4상식으로 사용된다.(참, 거짓)

5-56 그림 5-31에 나타난 기기는 _____(영구 자석, 다양한 저항) 형태의 스테퍼 모터이다.

5-57 그림 5-31에서, 스테퍼 모터를 위한 스템각은 _____degree이다.

5-58 그림 5-32(a)에 나타난 컨트롤 시퀸스는 _____(양극, 단극) 스테퍼 모터에 대한 것이다.

5-59 그림 5-33(a)에서, MC3479 IC는 제조사에 의해 어떻게 나타내어지는가?

5-60 그림 5-33(a)에서 MC3479 IC의 핀 9와 10이 LOW라고 가정한다. 만약 단일 클럭펄스가 CLK 입력(핀 7)에 입력되면, 스테퍼 모터는 _____(풀 스텝, 반 스텝)을 _____(반시계 방향, 시계 방향)으로 돌게 된다.

5-61 그림 5-33(a)에서, MC3479 IC의 핀 9와 10이 HIGH이고 스테퍼 모터가 18°라고 가정한다. 이 상태에서 얼마나 많은 클럭펄스가 CLK 입력으로 입력되어 스테퍼 모터를 일회전 할 수 있게 하는가?

5-62 홀 효과 센서는 _____(자기적으로, 압력에 의해) 작동되는 장치이다.

5-63 톱니 센서와 같은 홀 효과 기기는 차량에서 흔히 쓰이는데, 이는 다양하게 쓰이고, 믿을 수 있으며, 대부분의 환경에서도 작동 가능하고 비싸지 않기 때문이다.(참, 거짓)

5-64 그림 5-50에서, 홀 효과 기기들은 홀 효과 센서, 바이어스 전지 그리고 _____(직류 증폭기, 멀티 플렉서)로 구분할 수 있다.

5-65 그림 5-50에서, 홀 효과 센서에게로 자석을 가까이하면 자기장의 힘이 커지게 되어 전압이 _____(증가, 감소)하게 된다는 것을 알 수 있다.

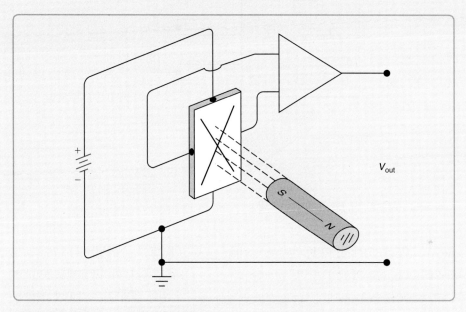

그림 5-50 문제 64, 65, 69를 위한 그림

5-66 그림 5-51에서, 만약 홀 효과 IC가 단극 스위칭을 사용한다면, 자석의 S극을 센서에 가까이 옮겨 자기장을 증폭시켜 스위치를 _____(꺼지게, 켜지게)할 수 있으며, 영구 자석을 없애버린다면 스위치는 _____(꺼지게, 켜지게) 될 것이다.

5-67 그림 5-51에서, 만약 IC가 단극 3132 홀 효과 스위처라면, 자석의 _____(N, S)극이 기기를 켤 것이고, _____(N, S)극이 출력 트랜지스터를 끌 것이다.

5-68 그림 5-51에서, 만약 IC가 단극 3132 홀 효과 스위처라면, 자석의 N극을 센서에 가까이하면 스위치가 _____(꺼지게, 켜지게)되고, 핀 3에 걸리는 전압이 _____(LOW로 떨어지게, HIGH로 올라가게) 되며 LED에 불이 _____(들어올 것이다, 들어오지 않을 것이다).

5-69 그림 5-50에서, 이 기기의 출력은 원래 _____(아날로그, 디지털)이다.

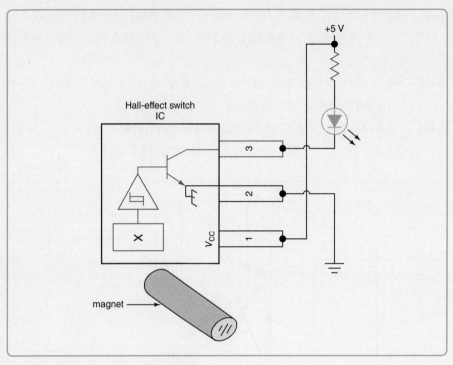

그림 5-51 문제 66, 67, 68, 70을 위한 그림

5-70 그림 5-51에서, 이 IC의 출력은 원래 _____(아날로그, 디지털)이다

5-71 그림 5-45에서, BASIC Stamp 2 _____(음성 증폭기, 마이크로컨트롤러) 모듈은 PWM 제네레이터가 서보 모터를 돌리기 위한 것과 같은 대체제 역할을 한다.

5-72 Parallax의 PBASIC 언어는, PULSOUT 14를 나타내고, 750은 각 750μs마다 14개의 네거티브 펄스를 만들어낸다.(참, 거짓)

핵심문제

5-1 인터페이싱을 어떻게 정의할 것인가?

5-2 디지털 시스템에서 노이즈(noise)를 어떻게 정의할 것인가?

5-3 논리게이트에서 전달지연은 무엇인가?

5-4 CMOS 논리 요소의 장점을 몇 가지 나열하라.

5-5 왜 디자인 엔지니어가 소형기기에 논리 IC로 74ALCV00 시리즈를 사용하는가?

5-6 그림 5-45로 보아, 만약 A 계열이 표준 TTL이고 B 계열이 ACT-CMOS라면, 인버터는 AND 게이트를 드라이브 _____(할 수 있다, 할 수 없다).

5-7 그림 5-18(c)를 참고하여, HIGH-LOW 지시 회로가 어떻게 작동하는지 설명하라.

5-8 "T"-타입 CMOS IC의 용도가 무엇인가?

5-9 어떤 전기기계 장치가 논리회로에서 더 높은 전압 장치를 분리하기 위해 사용되는가?

5-10 전기 모터는 전기 에너지를 _____ 운동으로 바꾼다.

5-11 _____ 는 전기기계 장치로 전기 에너지를 선형 운동으로 바꾼다.

5-12 왜 FACT-CMOS 시리즈는 새로운 설계에 가장 적합한 논리계열로 여겨지는 것인가?

5-13 그림 5-26에서, 인버터의 입력이 LOW일 때 회로에서는 무슨 일이 일어나는지 설명하라.

5-14 그림 5-27(a)에서, 인버터의 입력이 HIGH일 때 회로에서 무슨 일이 일어나는지 설명하라.

5-15 광 아이솔레이터는 전자 시스템에서 _____(신호, 원치 않는 잡음)이 다른 전압에서 작동하는 것에 전달되는 것을 막는다.

5-16 그림 5-28(d)에서, 인버터의 입력이 LOW일 때, 회로에서 무슨 일이 일어나는지 설명하라.

5-17 만약 12V 스테퍼 모터의 코일 저항이 40Ω이라면, 코일에 흐르는 전류의 값은 얼마인가?

5-18 만약 스테퍼 모터의 한 각이 3.6°로 설계되었다면, 모터의 한 바퀴를 위해서는 몇 스텝이 필요한가?

5-19 스위치나 톱니 센서와 같은 홀 효과 기기들은 왜 근래의 차량에서 널리 사용되는가?

5-20 전류 소모가 무슨 뜻인지 설명하라.

5-21 PWM이 무엇인지 그리고 하비 서보 모터에서 어떻게 작동되는지 설명하라.

5-22 그림 5-33(c)의 스테퍼 모터의 제어 순서를 통해 어떤 것을 알게 되었는가? (힌트: 와인딩을 통해 흐르는 전류의 방향)

5-23 그림 5-38(b)에서 홀 효과 스위치의 시미트 트리거의 목적은 무엇인가?

5-24 그림 5-38(b)를 통해, 이 IC 안의 드라이버 트랜지스터의 출력은 _____(오픈 컬렉터, 토템 폴) 타입임을 알 수 있다.

5-25 양극과 단극 홀 효과 스위치의 차이점에 대하여 서술하라.

5-26 아래의 인터페이스를 포함하고 있는 회로를 설계하라.

TTL IC가 있는 스위치, TTL과 CMOS IC를 사용한 LED, TTL과 CMOS IC 그리고 버저, 릴레이 그리고 모터가 있는 CMOS IC

5-27 TTL IC와 고전압 기기 사이에 광 아이솔레이터를 인터페이스하려면 어떻게 해야 하는가?

5-28 스테퍼 모터의 인터페이싱을 서술하라.

5-29 CMOS 카운터 IC에 어떻게 홀 효과 스위치를 적용시킬 것인가?

5-30 서보 모터를 PWM으로 컨트롤하는 법을 서술하라.

5-31 스테퍼 모터 드라이버 IC와 스테퍼 모터를 TTL 논리 블럭을 통해 컨트롤 하는 것을 설계하고 시험하라.

5-32 마이크로 컨트롤러를 통해 서보 모터를 구동하는 것을 설명하라.

Digital Electronics

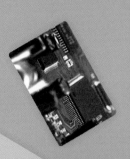

CHAPTER **06**

인코딩, 디코딩, 7-세그먼트 디스플레이

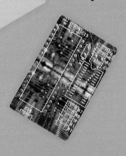

CONTENTS

6.1 8421 BCD 코드

6.2 3-초과코드(excess-3 code)

6.3 그레이 코드(Gray code)

6.4 ASCII 코드

6.5 인코더(encoders)

6.6 7-세그먼트(seven-segment)
      LED 디스플레이

6.7 디코더(decoders)

6.8 BCD - 7-세그먼트 디코더/ 드라이버

6.9 액정 디스플레이(LCD: Liquid-Crystal Displays)

6.10 CMOS를 사용한 LCD 디스플레이 구동

6.11 진공형광 디스플레이

6.12 VF 디스플레이 구동

6.13 디코딩 회로의 문제 해결

CHAPTER

06 인코딩, 디코딩, 7-세그먼트 디스플레이

학습목표

1. 십진수를 BCD 코드로, BCD 코드를 십진수로 변환한다.
2. 몇 가지 일반적으로 사용되는 코드들의 특성과 응용 예를 알아본다.
3. 십진수와 3-초과(excess-3) 코드, 그레이(Gray) 코드, 8421 BCD 코드를 비교한다.
4. 광학 인코더를 이용하여 4비트 그레이 코드 샤프트(shaft) 인코더 동작을 분석하고, 샤프트가 자전(rotation)하는 방향을 결정하는 2비트 쿼드러춰 인코더(quadrature encoder) 활용을 이해한다.
5. ASCII 코드를 문자와 숫자로 변환하고, 문자를 ASCII 코드로 변환한다.
6. 인코더(74147 십진수-BCD 인코더 IC)를 설명하고, 진리표, 핀-배치도, 논리도(74147 인코더 IC) 동작의 세부사항들을 해석할 수 있다.
7. LED(Light Emitting Diode) 디스플레이의 구조를 기술하고, 7-세그먼트 LED의 동작을 검사한다.
8. BCD-7-세그먼트 디코더/드라이버를 포함하는 일반적인 디코더를 설명할 수 있다.
9. 7447 BCD-7세그먼트 디코더/드라이버 IC의 진리표, 핀-배치도, 논리도를 설명하고, 7447 디코더/드라이버를 공통 애노드 7-세그먼트 LED 디스플레이로 배선할 수 있다.
10. LCD(Liquid-Crystal Display)의 구성과 동작을 기술하고, LCD를 구동하기 위해 사용되는 CMOS 디코더/드라이버 시스템 동작의 세부사항들을 확인하여 선택된 질문에 답함으로서 컬러 LCD를 설명할 수 있다.
11. 74HC4543 BCD-7-세그먼트 래치/디코더/드라이버 IC의 진리표, 디코더, 핀-배치도, 논리도의 세부적 동작을 알아보고, LCD와 접속된 CMOS 디코더/래치/드라이버 IC의 기능을 설명할 수 있다.
12. 진공형광(VF: vacuum fluorescent) 디스플레이의 구조와 동작을 설명한다.
13. CMOS 4511 BCD-7세그먼트 래치/디코더/드라이버 IC의 진리표, 핀-배치도, 논리도의 세부적인 동작을 해석하고, VF 디스플레이와 접속된 CMOS 래치/디코더/드라이버 IC의 기능을 설명할 수 있다.
14. 고장난 2개의 디코더/드라이버 7-세그먼트 디스플레이 회로의 문제를 해결한다.

우리는 숫자를 표현하기 위해서 십진코드를 사용하는 반면, 디지털 전자회로에서는 다양한 형태의 2진수를 사용한다. 디지털 전자공학 분야에서는 숫자, 문자, 구두점, 제어문자를 나타내기 위해 다양하고 특수한 코드들이 사용된다. 이 장에서는 디지털 전자제품에 사용되는 몇 가지 일반적인 코드와 어떤 한 코드에서 다른 코드로 변환하는데 널리 사용되는 전자변환기, 그리고 한 코드에서 다른 코드로 변환하는데 사용되는 일반적인 인코더와 디코더를 소개한다.

현대의 전자공학 시스템에서는 인코딩과 디코딩은 하드웨어나 컴퓨터 프로그램

인코딩
디코딩

혹은 소프트웨어에 의해 수행된다. 컴퓨터 용어에서 암호화(encrypt)는 인코드를 뜻한다. 그래서 인코더(encoder)는 십진수를 해석이 어려운 암호화 된 코드(2진수와 같은)로 변환하는 전자장치를 말한다. 일반적으로 인코드(encode)란 입력 정보를 디지털 회로에 유용한 코드로 변환한다는 것을 의미한다.

인코더(encoder)

디코드(decode)란 하나의 코드를 다른 코드로 변환하는 것을 의미하며, 보통 디코더(decoder)는 암호화된 코드를 이해하기 쉬운 코드로 변환하는 논리장치이다. 디코딩의 한 예는 2진수를 십진수로 변환하는 것이다.

디코드(decode)

6.1 8421 BCD 코드

십진수 926은 2진수 형태로 어떻게 나타낼까? 즉, 다른 말로 926을 2진수 1110011110로 어떻게 변환할 수 있는가? 십진수-2진수 변환은 그림 6-1과 같이 계속해서 2로 나눔으로서 구할 수 있다.

그림 6-1에는 2로 계속해서 나누는 과정이 설명되어 있는데, 십진수 926을

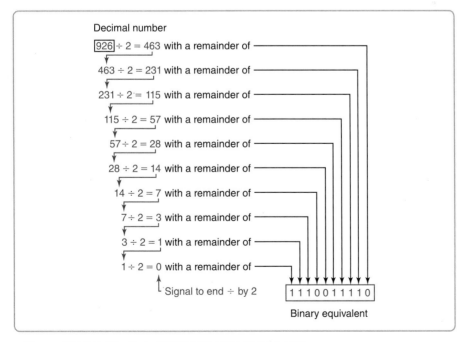

그림 6-1 반복하여 2로 나누는 방법에 의한 십진수의 2진수 변환

LSB

2로 나누면 463의 몫과 나머지 0이 나온다. 이 나머지 0은 2진수의 LSB(least significant bit: LSB는 첫 번째 위치)가 되고, 다음으로, 첫 번째 몫 463은 2로 나누어 몫 231(463/2＝231)과 나머지 1을 얻게 된다. 이 때 나머지 1은 2진수의 2번째 위치를 차지하게 된다. 이러한 과정이 몫이 1이 나올 때까지 반복된다. 만약 몫이 0이 되면 이 과정은 종료가 된다. 그림 6-1을 학습하게 되면 십진수를 2진수로 변환하는 2로 나누는 과정을 상기시켜 줄 것이다.

BCD 코드

2진수 1110011110은 우리들 대부분이 이해할 수 없다. 앞의 예제와는 달리 2진수를 사용하는 코드로 8421 BCD(8421 binary-coded decimal) 코드가 있다. 이 코드는 단순히 BCD 코드로도 흔히 불린다.

그림 6-2(a)에 십진수 926이 BCD(8421)코드로 변환되어 있다. 결과로서 십진수 926은 8421 BCD 코드로 1001 0010 0110가 된다.

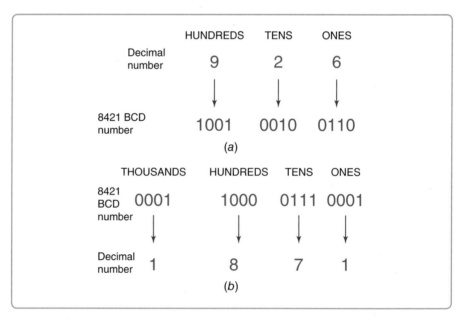

그림 6-2 (a) 십진수의 8421 BCD 코드 변환 (b) BCD의 십진수 변환

그림 6-2(a)로부터 4개의 2진 숫자로 이루어진 각 그룹이 한 개의 십진 숫자를 나타낸다. 오른쪽의 그룹(0110)은 십진수의 1의 자릿값을, 중간 그룹(0010)은 10의 자릿값을, 왼쪽 그룹(1001)은 100의 자릿값을 나타낸다.

8421 BCD 코드 0001 1000 0111 0001이 주어진다면 십진수로 얼마일까? 그림 6-2(b)가 BCD 코드를 십진수로 변환하는 방법을 보여준다. BCD 코드 0001

1000 0111 0001은 십진수 1871과 같다. BCD 코드는 1010 1011 1100 1101 1110 1111을 사용하지 않으며 이 숫자들은 허용되지 않는 코드이다.

8421 BCD 코드는 디지털 시스템에 매우 광범위하게 사용된다. 앞에서 설명했듯이 "BCD 코드" 용어가 8421 BCD 코드를 대신해서 부르는 것이 일반적인 관행이다. 하지만 4221 코드와 3-초과 코드와 같은 BCD 코드는 서로 다른 자리의 **가중값**(weightings of the place values)을 가지고 있어 주의가 필요하다. 만약 7-세그먼트 디스플레이에 0에서 9까지의 십진수를 표시할 필요가 있다면, BCD 코드는 좋은 선택이 된다.

가중값

확인문제

1. 십진수 29는 2진수 _____(와)과 같다.
2. 십진수 29는 8421 BCD 코드 _____(와)과 같다.
3. 8421 BCD 1000 0111 0110 0101은 십진수 _____이다.
4. 그림 6-3에서, _____(ASCII, 8421 BCD) 코드가 카운터의 출력으로 선호된다.
5. 그림 6-3에서, 디코더의 입력이 되는 카운터 출력이 0111 1001BCD이면, 7-세그먼트 디스플레이에 나타나는 값은?
6. 그림 6-3에서, 7-세그먼트 디스플레이가 십진수 85라면 카운터와 디코더간의 BCD 값은 _____이다.
7. 그림 6-3에서, 7-세그먼트 디스플레이가 십진수 81이라면 카운터와 디코더간의 BCD 값은 0101 0001이다.(참, 거짓)

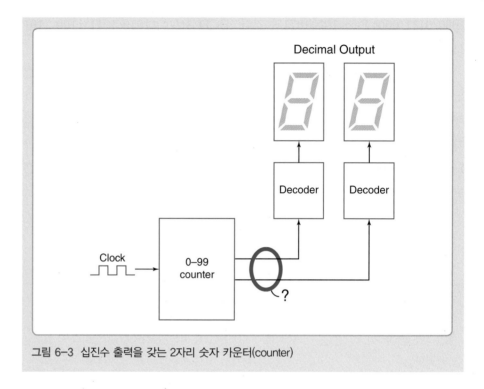

그림 6-3 십진수 출력을 갖는 2자리 숫자 카운터(counter)

6.2 3-초과코드(excess-3 code)

자릿수
자기보수화

8421 코드를 대개 "BCD"라고 부른다. BCD 코드의 또 다른 코드로 3-초과 코드(excess-3 code)가 있다. 십진수를 3-초과 형태로 변환하기 위해서는 십진수의 각 자릿수(digit)에 3을 더하고 2진 형태로 바꾼다. 그림 6-4는 십진수 4를 3-초과 코드 0111로 어떻게 변환하는지를 보여준다. 표 6-1에 십진수가 3-초과 코드로 변환되어 있다. 십진수에 대한 3-초과 코드는 이해하기가 다소 어렵다는 점을 알았을 것이다. 이는 일반적인 2진수들이나 8421 BCD 코드처럼 2진수 자리가 가중되어(weighted) 있지 않기 때문이다. 3-초과 코드는 자기보수화(self complement)의 기능 때문에 일부 산술회로에서 사용된다.

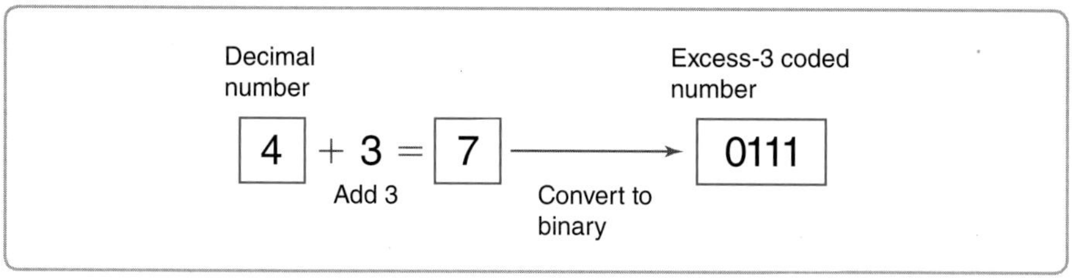

그림 6-4 십진수의 3-초과 코드 변환

표 6-1 3-초과 코드

Decimal Number	Excess-3 Number		
0			0011
1			0100
2			0101
3			0110
4			0111
5			1000
6			1001
7			1010
8			1011
9			1100
14		0100	0111
27		0101	1010
38		0110	1011
459	0111	1000	1100
606	1001	0011	1001
	Hundreds	Tens	Ones

8421 코드와 3-초과 코드는 디지털 공학에서 사용 되는 코드들로 8421 코드는 가장 많이 광범위하게 사용된다.

8421 코드
3-초과 코드

확인문제

8. 십진수 18은 3-초과 코드 _____과 같다.

9. 3-초과 코드 1001 0011은 십진수 _____과 같다.

6.3 그레이 코드(Gray code)

그레이 코드

표 6-2는 이미 여러분이 알고 있는 코드와 그레이 코드간의 비교이다. 그레이 코드의 중요한 특성은 표 6-2에서와 같이 위에서 아래로 카운트할 때 단지 한 개의 비트만이 변한다는 것이다. 그레이 코드는 산술회로에서 사용될 수 없으며, 디지털 시스템에서 입출력장치에 사용된다. 표 6-2에서 볼 수 있듯이 그레이 코드는 많은 BCD 코드 중의 하나로 분류되지 않는다. 또한 십진수를 그레이 코드로의 변환하고 다시 그레이 코드를 십진수로의 변환하는 것이 꽤 어렵다는 것을 알 수 있다. 이러한 변환 방법으로 대개 전자 디코더를 이용한다.

표 6-2 그레이 코드

Decimal Number	Binary Number		8421 BCD Number	Gray Code Number
0	0000		0000	0000
1	0001		0001	0001
2	0010		0010	0011
3	0011		0011	0010
4	0100		0100	0110
5	0101		0101	0111
6	0110		0110	0101
7	0111		0111	0100
8	1000		1000	1100
9	1001		1001	1101
10	1010	0001	0000	1111
11	1011	0001	0001	1110
12	1100	0001	0010	1010
13	1101	0001	0011	1011
14	1110	0001	0100	1001
15	1111	0001	0101	1000
16	10000	0001	0110	11000
17	10001	0001	0111	11001

샤프트 인코더(Shaft Encoder)

벨연구소(Bell Labs)의 프랭크 그레이(Frank Gray)에 의해 발명된 그레이 코드는 일반적으로 샤프트(shaft)의 각 위치(angular position)에 대한 광학 인코딩(optical encoding)과 관계가 있다. 이 아이디어의 간단한 예가 그림 6-5에 그려져 있으며 인코더 디스크가 샤프트에 붙어 있다.

디스크의 밝은 부분은 투명한 영역을 나타내고 어두운 부분은 불투명한 영역을 나타낸다. 광원(대개는 적외선)은 디스크의 위에서 비추고 광검출기는 아래쪽에 있다. 광원과 검출기가 위치에 있는 동안, 디스크는 자유롭게 회전한다.

그림 6-5의 예제에서 빛은 모든 4개의 투명한 영역을 통과하여 4개의 광검출기를 활성화시킨다. 예제에서 광 검출기는 그레이 코드 1111을 그레이 코드-2진수 디코더로 보내고, 광학 디코더는 이 그레이 코드를 2진수로 변환한다. 4비트 샤프

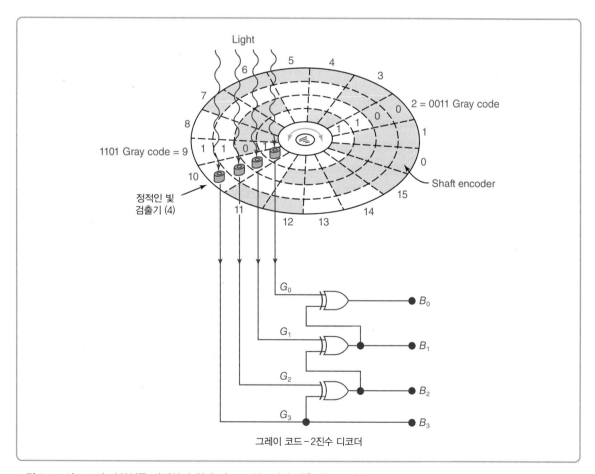

그림 6-5 샤프트의 각위치를 결정하기 위해 샤프트 인코더에 사용되는 그레이 코드

트 위치 인코더(4bit shaft position encoder) 디스크이기 때문에 해상도는 1/16이 된다. 이것은 22.5°(360°/16=22.5°)의 각(angular) 샤프트 위치 변화만을 검출하게 된다. 그림 6-5는 인코더 디스크가 그레이 코드를 사용하여 어떻게 샤프트 위치조정이 수행되는지를 보여주고 있다.

그림 6-5는 샤프트 인코더 아래에 있는 각각의 4개의 정지된 광검출기는 빛이 감광 검출기에 부딪쳤을 때 HIGH(논리 1)을 만들어 내는 것을 보여준다. 이 예제에서 샤프트 인코더 디스크는 모든 검출기가 빛을 받을 수 있도록 제자리에서 회전하고 활성화된다(논리 1을 출력함). 그레이 코드 1111은 세그먼트(segment) 1010과 같아, 그림 6-5의 그레이 코드-2진수 디코더가 그레이 코드 1111을 2진수 1010으로 변환한다.

샤프트 인코더의 목적은 로봇, 공작기계(machine tool) 또는 서보기구(servo mechanism)에 요구되는 샤프트 또는 휠(wheel)의 회전각 위치(angular position)를 알아내기 위해서이다. 그림 6-5에서 만약 샤프트 인코더가 반시계 방향으로 90° 회전해서, 세그먼트 6이 광 검출기 위에 있게 되는 경우를 생각해 보면, 4개의 세그먼트 6 윈도우(불투명, 투명, 불투명, 투명)로 인해 광검출기가 그레이 코드 0101을 만들어낸다. 그레이 코드-2진수 디코더는 그레이 코드 0101을 2진수 0110으로 변환시키게 된다. 회전각 위치(angular position)는 로봇 또는 공작기계의 동작에 도움을 주기 위해 프로세서장치(마이크로컨트롤러와 같은)에서 사용된다. 샤프트 인코더는 모터, 기어(gear) 또는 휠 내부에 장착될 수 있으며, 보다 많은 세그먼트로 나누어질 수도 있다. 세그먼트 수가 많아진다는 것은 그레이 코드 숫자가 더 많은 자릿수로 구성될 수 있다는 것을 의미한다. 앱솔루트 인코더 (absolute encoder)로 불리는 장비들은 그레이 코드를 사용하여 각 위치를 결정할 수 있다.

쿼드러춰 인코더(Quadrature Encoder)

그림 6-5에서 설명한 샤프트 인코더는 그레이 코드를 사용하여 샤프트의 각위치(angular position)을 결정하였다. 로봇공학과 기타 전기기계장치에서는 샤프트의 회전 방향이 프로세서장치(마이크로컨트롤러와 같은)에 신호로 전송되어야만 한다. 간단한 16-위치 로터리 인코더(rotary encoder)가 그림 6-6에 그려져 있다. 출력은 2-비트 쿼드러춰(2-bit quadrature)로 불리는 그레이 코드 형태이다.

그림 6-6의 아래 부분에는 2-비트 쿼드러춰 코드를 발생시키기 위해 어떻게

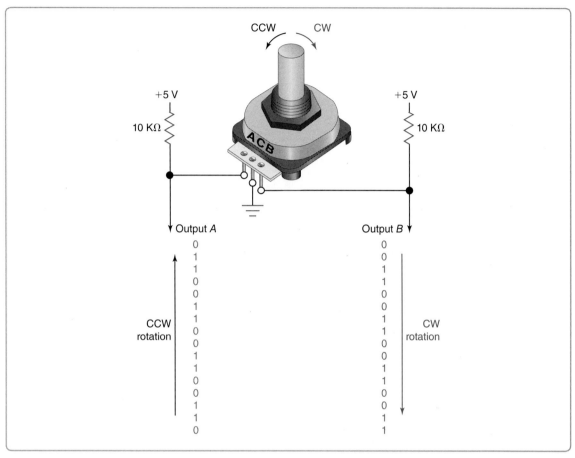

그림 6-6 2-비트 쿼드러춰 코드를 발생시키는 로터리 인코더. 도표의 코드는 인코더를 1회전 한 경우이다.

인코더를 연결해야 하는지를 나타내고 있다. 출력이 도표 아래(또는 위)로 이동함에 따라 한 개의 비트만이 변하는 그레이 코드 특성을 나타내고 있다는 점에 주목하자.

로터리 인코더의 회전방향은 생성되는 2-비트 코드로부터 결정된다. 만약 여러분이 그림 6-6의 도표 위에서 9번째 줄(00)에 있었고 출력이 10(A=1, B=0)이라면, 샤프트가 시계 방향(CW)으로 한 번 회전했다는 것을 알 수 있다. 또한, 도표에서 5번째 줄(00)에 있었고 출력이 01(A=0, B=1)이 나왔다면, 샤프트는 반시계 방향(CCW)으로 한 번 회전했었다는 것을 알게 된다. 마이크로컨트롤러와 같은 프로세서에 프로그램하여 인코더의 샤프트 회전 방향을 결정할 수 있다.

요약하면, 샤프트의 회전각 위치를 결정하기 위해 4-비트 그레이 코드가 샤프트 인코더와 함께 사용된다는 것을 알았으며, 두 번째로 로터리 인코더의 회전 방향을 결정하기 위해 로터리 인코더의 2-비트 쿼드러춰 코드 출력을 분석하였다.

┌─────────────────────┐
│ **확인문제**   │
└─────────────────────┘

10. 그레이 코드는 BCD 유형의 코드(가) _____(이다, 아니다).

11. 그레이 코드에서 가장 중요한 특성은 무엇인가?

12. 그레이 코드의 발명자는 벨연구소의 _____이다.

13. 그레이 코드는 샤프트 인코더를 이용한 샤프트의 회전각 위치의 _____과 가장 일반적으로 연관이 있다.

14. 그림 6-5에서, 인코더 디스크의 투명한 영역은 빛이 광검출기를 활성화시켜 _____(HIGH, LOW)의 논리계열을 생성한다.

15. 그림 6-5에서 세그먼트 7이 회전하여 광 검출기 아래에 위치해 있다면, 샤프트 인코더는 2진수 0111로 디코드될(decoded) 4비트의 _____그레이 코드를 생성한다.

16. 그림 6-6에서, 16-위치 로터리 인코더는 _____(4-비트 그레이 코드, 2-비트 쿼드러춰 코드)를 발생시킨다.

17. 그림 6-6에서 도표의 3번 째줄(11)에 위치해 있고 출력이 A=0, B=1이 나왔다면, 도표로부터 샤프트가 _____(반시계 방향(CCW), 시계 방향(CW))으로 회전하였다는 것을 알 수 있다.

6.4 ASCII 코드

ASCII 코드

ASCII 코드는 마이크로컴퓨터와 정보를 주고받는데 널리 사용된다. 표준 ASCII 코드는 7비트 코드로 키보드에서 컴퓨터 디스플레이와 프린터로 코드화된 정보를 전송하는데 사용된다. ASCII("ask-ee"로 읽음)라는 약어는 "American Standard Code for Information Interchange"를 의미한다.

표 6-3은 ASCII 코드를 요약한 것이다. ASCII 코드는 숫자, 문자, 구두점, 제어문자를 표현하는데 사용 된다. 예를 들어 7비트 ASCII 코드 111 1111은 상단 도표에서 DEL을 나타내고, 하단에 있는 도표로부터 DEL은 삭제를 의미

표 6-3 ASCII 코드

Bit 7	Bit 6	Bit 5	Bit 4	Bit 3	Bit 2	Bit 1	0 0 0	0 0 1	0 1 0	0 1 1	1 0 0	1 0 1	1 1 0	1 1 1
			0	0	0	0	NUL	DLE	SP	0	@	p	\	p
			0	0	0	1	SOH	DC1	!	1	A	Q	a	q
			0	0	1	0	STX	DC2	"	2	B	R	b	r
			0	0	1	1	ETX	DC3	#	3	C	S	c	s
			0	1	0	0	EOT	DC4	$	4	D	T	d	t
			0	1	0	1	ENQ	NAK	%	5	E	U	e	u
			0	1	1	0	ACK	SYN	&	6	F	V	f	v
			0	1	1	1	BEL	ETB	'	7	G	W	g	w
			1	0	0	0	BS	CAN	(	8	H	X	h	x
			1	0	0	1	HT	EM	)	9	I	Y	i	y
			1	0	1	0	LF	SUB	*	:	J	Z	j	z
			1	0	1	1	VT	ESC	+	;	K	[	k	l
			1	1	0	0	FF	FS	,	<	L	\	l	l
			1	1	0	1	CR	GS	−	=	M	]	m	}
			1	1	1	0	SO	RS	.	>	N	^	n	~
			1	1	1	1	S1	US	/	?	O	−	o	DEL

제어함수

NUL	Null	DEL	Data link escape
SOH	Start of heading	DC1	Device control 1
STX	Start of text	DC2	Device control 2
ETX	End of text	DC3	Device control 3
EOT	End of transmission	DC4	Device control 4
ENQ	Enquiry	NAK	Negative acknowledge
ACK	Acknowledge	SYN	Synchronous idle
BEL	Bell	ETB	End of transmission block
BS	Backspace	CAN	Cancel
HT	Horizontal tabulation (skip)	EM	End of medium
LF	Line feed	SUB	Substitute
VT	Vertical tabulation (skip)	ESC	Escape
FF	Form feed	FS	File separator
CR	Carriage return	GS	Group separator
SO	Shift out	RS	Record separator
SI	Shift in	US	Unit separator
DEL	Delete	SP	Space

한다.

ASCII 코드로 "A"는 무엇일까? 표 6-3의 상단도표에 A가 위치해 있고, 7비트 코드로 100 0001 = A를 조합하여 만들 수 있다. 키보드에서 A 키를 누르면 마이크로컴퓨터의 CPU로 이 코드가 보내진다.

특별한 장비에 표 6-3을 적용하는 데는 약간의 주의가 필요하다. 음영으로 표시된 제어문자들은 어느 특별한 컴퓨터나 다른 장비에서는 다른 의미가 될 수 있기 때문이다. 그렇지만, 보통의 문자, 즉 BEL(bell), BS(backspace), LF(line feed), CR(carriage return), DEL(delete), SP(space) 등은 대부분의 컴퓨터에서 사용된다. ASCII 제어 코드의 정확한 의미는 장비 설명서에서 찾아보아야 한다.

ASCII 코드는 영문숫자 코드(alphanumeric code)로, 문자와 숫자를 나타낼 수 있다. 다른 몇 가지의 영문숫자 코드로 EBCDIC(extended binary-coded decimal interchange code), Baudot, Hollerith가 있다.

❘❘ 확인문제

18. ASCII는 숫자와 문자 모두를 표현할 수 있기 때문에 _____코드로 분류된다.
19. 문자 ASCII는 _____를 의미한다.
20. 문자 R은 7비트 ASCII 코드 _____로 표현된다.
21. ASCII 코드 010 0100은 어떤 문자를 나타내는가?

6.5 인코더(encoders)

우선순위 인코더

그림 6-7에 인코더를 사용하는 디지털 시스템이 있다. 이 시스템에 있는 인코더는 키보드로부터 입력되는 십진수를 8421 BCD 코드로 변환한다. 이 인코더는 제조사에 의해 10라인-4라인 우선순위 인코더(10-line to 4-line priority encoder)라 부른다. 그림 6-8(a)는 이 인코더의 블럭도로, 만약 인코더에 십진수 입력 3을 작동시키면, 장치내부의 논리회로는 BCD 숫자 0011을 그림처럼 출력시킨다.

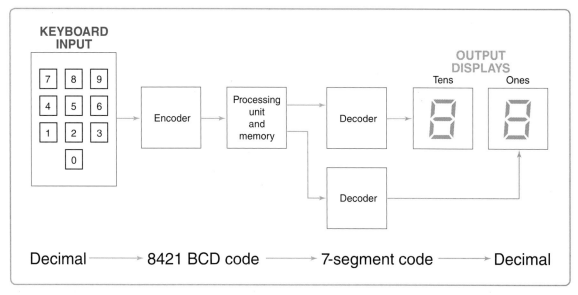

KEYBOARD INPUT

7	8	9
4	5	6
1	2	3
	0	

Encoder → Processing unit and memory → Decoder → OUTPUT DISPLAYS

Tens   Ones

Decoder

Decimal ⟶ 8421 BCD code ⟶ 7-segment code ⟶ Decimal

그림 6-7 디지털 시스템

　보다 정확한 10라인-4라인 우선순위 인코더의 설명이 그림 6-8(b)에 있으며, 이 그림은 10라인-4라인 우선순위 인코더인 74147 IC의 연결도이다. 입력(1에서 9)과 출력(A에서 D)모두에 버블(bubble: 작은 원)이 있음에 주의하자. 버블은 74147 우선순위 인코더가 액티브(active) LOW 입력과 액티브(active) LOW 출력을 가지고 있다는 것을 의미한다. 그림 6-8(c)에 74147 우선순위 인코더의 진리표가 있다. 단지 LOW 논리계열(진리표의 L)만이 적합한 입력으로 동작시킨다. 그림 6-8(c)의 진리표 맨 마지막 줄에 있는 입력 1에서의 L(논리 0)만이 출력 A(4비트 그룹의 LSB: least significant bit)를 동작시킨다.

　그림 6-8(c)의 74147 TTL IC는 16핀 DIP 형태로 패키지되어 있으며, 내부적으로 IC는 약 30여개의 논리게이트에 해당하는 회로로 구성되어 있다.

　그림 6-8의 74147 인코더는 우선순위 성질을 가지고 있어서, 만약 두 개의 입력이 동시에 작동 된다면 큰 숫자만이 인코딩된다는 것을 의미한다. 예를 들어 만약 9와 4가 작동되었다면(LOW), 그때 출력은 LHHL로 십진수 9를 나타낼 것이다. 출력은 2진수 1001의 형태로 반전(inverted)될 필요가 있다는 것에 주의한다.

버블

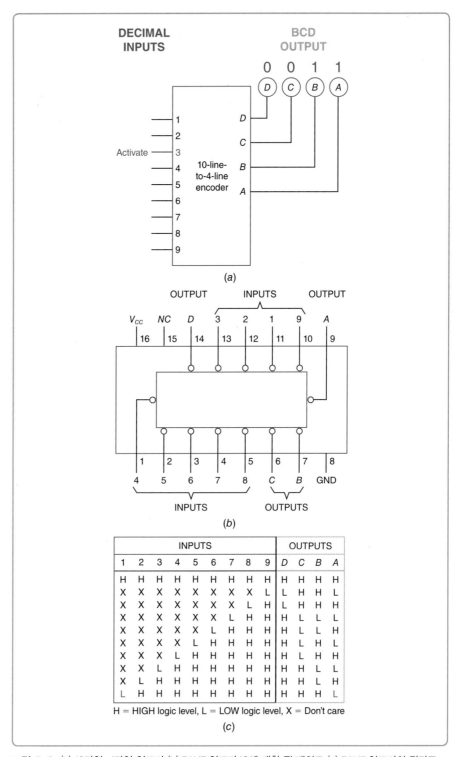

그림 6–8 (a) 10라인–4라인 인코더 (b) 74147 인코더 IC에 대한 핀 배치도 (c) 74147 인코더의 진리표

22. 그림 6-8에서, 74147 인코더 IC는 액티브(active) _____(HIGH, LOW) 입
    력과 액티브(active) _____(HIGH, LOW) 출력을 가지고 있다.
23. 그림 6-8에서, 만약 74147 인코더에서 단지 입력 7만이 LOW라면 4개 출력의
    각 논리 상태는 무엇인가?
24. 그림 6-8(b)에서, 입력4(74147 IC의 1번 핀)의 논리기호에 있는 버블(bubble:
    작은 원)은 어떤 의미를 갖고 있는가?
25. 그림 6-8에서, 74147 인코더 입력 2와 8이 LOW라면, 4개 출력의 각 논리 상태
    는 무엇인가?

6.6 7-세그먼트(seven-segment) LED 디스플레이

기계어(machine language)를 십진수로 디코딩하는 일반적인 작업이 그림
6-7의 시스템에 제시되어 있다. 십진수를 표시하는데 사용되는 매우 일반적인 출
력장치로는 7-세그먼트 디스플레이(seven-segment display)가 있다. 디스플레
이에 있는 7개의 세그먼트는 그림 6-9(a)에서처럼 a부터 g까지 이름이 붙여져 있
다. 그림 6-9(b)에는 0에서 9까지의 십진 숫자를 나타내는 디스플레이가 있다. 예
를 들어 세그먼트 a, b, c에 불이 들어오면, 십진수 7이 표시된다. a부터 g까지 모
든 세그먼트에 불이 들어오면, 십진수 8이 표시된다.

몇 가지 일반적인 7-세그먼트 디스플레이 패키지가 그림 6-10에서 볼 수 있
다. 그림 6-10(a)에 있는 7-세그먼트 LED 디스플레이는 보통 14핀 DIP IC 소
켓(socket)과 맞다. 또 다른 단일 자릿수 7-세그먼트 LED 디스플레이가 그림
6-10(b)에 있으며, 이 디스플레이는 가로형의 폭이 넓은 DIP IC 소켓과 맞다. 마
지막으로, 그림 6-10(c)에 있는 장치는 다중자릿수(multidigit) LED 디스플레이
로 디지털시계에 널리 사용된다.

디스플레이 기술(Display Technologies)

7-세그먼트 디스플레이는 빛이 나는 얇은 필라멘트로 각 세그먼트를 구성한다.

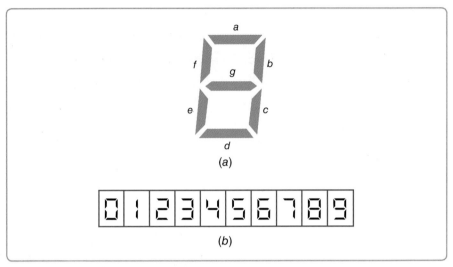

그림 6-9 (a) 세그먼트 식별 (b) 일반적인 7-세그먼트의 십진숫자

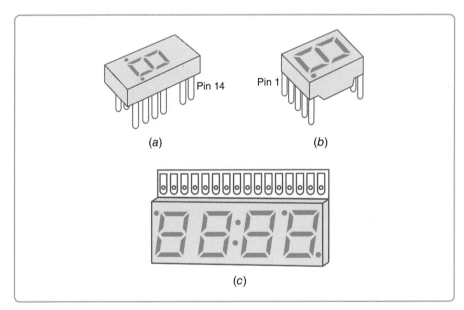

그림 6-10 (a) DIP 7-세그먼트 LED 디스플레이 (b) 일반적인 10핀 단일자릿수(single-digit) 패키지. 1번 핀 위치에 주의하고 핀 번호는 디스플레이를 위에서 보았을 때, 1번 핀에서부터 반시계 방향으로 붙여진다. (c) 다중자릿수(multidigit) 패키지

이러한 형태의 장치를 백열(incandescent) 디스플레이라 하며 보통의 램프와 유사하다. 또 다른 형태의 디스플레이로는 고전압에서 동작하는 가스방전관(gas-discharge tube)이 있으며, 오렌지 불빛을 낸다. 현대의 진공 형광(VF: vacuum

fluorescent) 디스플레이는 청록색의 빛을 내며, 낮은 전압에서 동작한다. 액정 디스플레이(LCD: liquid-crystal display)는 검정색 또는 은색으로 숫자를 만들 며, 보통의 LED 디스플레이는 특유의 불그스름한 빛을 낸다.

LED(Light-Emitting Diode)

기본적인 단일 LED(Light-Emitting Diod)가 그림 6-11에 그려져 있다. 그림 6-11(a)에 있는 LED의 절단된 내부모습에서 플라스틱 렌즈 쪽으로 위로 빛을 투 사하기 위한 반사기(reflector)를 가진 노출된 작은 다이오드 칩을 보여준다.

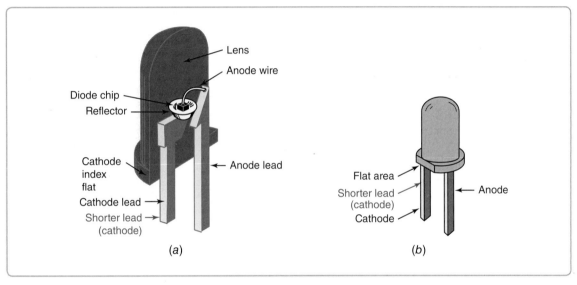

그림 6-11 (a) 표준 LED의 절단 내부 (b) LED의 캐소드(cathode) 단자

사용하면서 중요한 것은 LED의 캐소드(cathode)단자를 확인하는 것이다. 둥근 LED의 테두리 위의 색인(index)면적이 캐소드가 된다. 그림 6-11에서는 테두리 의 편평한 부분과 두 단자선에서 길이가 짧은 선이 LED 의 캐소드가 된다.

LED는 기본적으로 PN-접합 다이오드로 순방향(forward-biased)으로 바 이어스 되었을 때 PN-접합을 통해 전류가 흘러 LED가 켜지며 플라스틱 렌즈에 초점이 맞춰진다. 많은 LED들이 갈륨비소(GaAs)와 몇 가지 관련된 물질로 만들 어진다. LED는 적색, 녹색, 오렌지색, 청색, 호박색, 노란색, 적외선, 멀티컬러를 포함하는 몇 가지 색으로 공급된다.

그림 6-12(a)에서는 단일 LED를 시험하고 있다. 스위치(SW₁)가 닫혔을 때,

LED

캐소드(cathode)

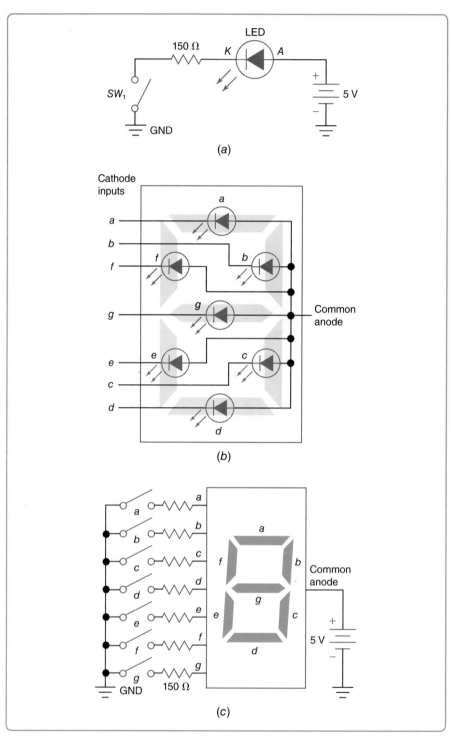

그림 6-12 (a) 단일 LED의 동작 (b) 공통애노드(common-anode) 7-세그먼트 LED 디스플레이의 배선 (c) 스위치로 구동되는 7-세그먼트 LED 디스플레이

전류는 5V 전원공급기로부터 LED를 거쳐 흐르게 되어 빛을 내게 된다. 직렬저항은 전류를 약 20mA로 제한하는데, 이 제한 저항(limiting resistor)이 없으면 LED 아마도 타버리게 될 것이다. 일반적으로 LED는 빛을 낼 때 양단 전압으로 약 1.7V에서 2.1V 정도를 허용한다. LED는 다이오드이기 때문에 극성(polarity)에 민감하여 캐소드(K: cathode)는 음극(GND) 단자에, 반면 애노드(A: anode)는 전원공급기의 양극 단자에 접속해야 한다.

캐소드

7-세그먼트 LED 디스플레이

그림 6-12(b)에 7-세그먼트 LED 디스플레이가 나타나있다. 각 세그먼트(a에서 g까지)는 LED를 포함하며 있으며, 7개의 기호로 그려져 있다. 모든 애노드(adode)는 같이 묶여져 있으며 오른쪽에 한 개의 연결선(공통 애노드: common-anode)으로 나와 있다. 왼쪽의 입력은 디스플레이의 각각의 세그먼트와 연결된다. 그림 6-12(b)의 장치는 공통 애노드 7-세그먼트 LED 디스플레이라고 한다(common-anode 7-segment LED display). 이 장치는 공통 캐소드(common-cathode) 형태로도 구입할 수 있다.

이 장치에 있는 세그먼트가 어떻게 작동하여 불이 켜지는지를 이해하기 위해서 그림 6-12(c)의 회로를 살펴보면, 만약에 스위치 b가 닫혀졌다면, GND로부터 시작한 전류는 제한 저항을 지나고 b 세그먼트 LED를 거쳐서 전원공급기의 연결된 공통 애노드로 나오게 된다. 그래서 단지 b 세그먼트만이 불이 켜지게 된다.

그림 6-12(c)의 디스플레이에 십진수 7을 표시한다고 가정하면, 스위치 a, b, c는 닫혀져서 각각의 세그먼트 a, b, c에 불이 켜지게 되어 십진수 7이 디스플레이에 표현된다. 마찬가지로 십진수 5를 표시하고 싶다면, 스위치 a, c, d, f, g를 닫으면 된다. 이 다섯 개의 스위치가 정확하게 세그먼트를 접지하게 되면, 십진수 5가 디스플레이에 표현될 것이다. 이 디스플레이의 LED 세그먼트를 작동시키기 위해 GND 전압(LOW 논리레벨)을 사용하는 것에 유의한다.

7-세그먼트 디스플레이를 구동시키기 위해 기계적인 스위치를 그림 6-12(c)에 사용하였다. 대개는 LED 세그먼트의 전원이 IC에 의해 공급되며 이러한 IC를 디스플레이 드라이버(display driver)라고 한다. 실제로, 디스플레이 드라이버는 디코더와 같이 보통 동일 IC로 패키지화 되어 있어 7-세그먼트 디코더/드라이버(7-segment decoder/driver)라고 부른다.

7-세그먼트 디코더/드라이버

┌─────────────────┐
│ ◖ │ **확인문제** │
└─────────────────┘

26. 그림 6-9(a)에서, 세그먼트 a, c, d, f, g에 불이 켜졌다면, 십진수 _____가(이) 7-세그먼트 디스플레이 표시될 것이다.

27. 청록색 빛을 내는 7-세그먼트 장치는 _____(진공형광, 백열, LCD) 디스플레이이다.

28. 문자 "LED"는 _____의 약어이다.

29. 그림 6-12(c)에서, 만약 스위치 b, c가 닫히면, 세그먼트 _____와 _____에 불이 들어온다. _____이 (LCD, LED) 7-세그먼트 장치는 십진수 _____을 (를) 나타낸다.

30. 그림 6-11에서처럼 한 개의 LED에서 플라스틱의 테두리의 편평한 부분은 _____단자를 나타낸다.

31. 그림 6-12(c)의 LED 디스플레이의 캐소드 입력에 있는 7개의 저항은 _____(전류제한(current limiting), 전압증배(voltage multiplying))을 위한 것이다.

32. 그림 6-12(b)의 7-세그먼트 LED 디스플레이 입력은 _____(액티브(active) HIGH, 액티브(active) LOW)이다.

33. 그림 6-12(c)에서, 입력스위치 b, c, f, g를 닫으면, 십진수 _____가(이) 표시 된다.

6.7 디코더(decoders)

인코더와 같이 디코더(decoder)는 코드변환기이다. 그림 6-7은 두 개의 디코더가 사용된 시스템을 보여주고 있다. 디코더는 8421 BCD 코드를 디스플레이 장치의 세그먼트에 불이 켜지도록 7-세그먼트 디스플레이 코드로 변환시킨다. 표시는 십진수가 될 것이다. 그림 6-13은 BCD-7-세그먼트 디코더/드라이버(BCD to seven-segment decoder/driver)의 입력에 BCD 숫자 0101이 있는 것을 나타내며; 이 디코더는 출력 a, b, c, d, f, g를 작동시켜 그림 6-13에서 보는 것과 같이 세그먼트에 불이 켜지게 한다. 십진수 5가 디스플레이 상에 표시된다.

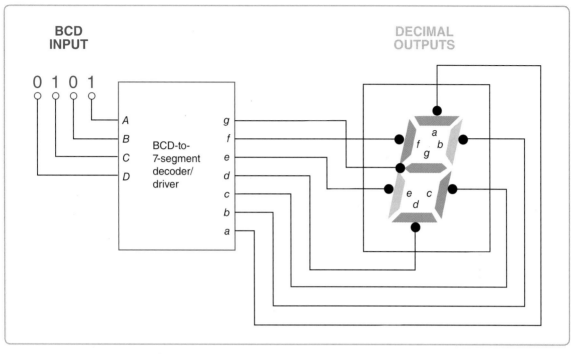

그림 6-13 7-세그먼트 디스플레이를 구동하는 디코더

디코더는 그림 6-14에서 보는 것과 같은 다양한 종류가 있다. 그림 6-14에는 동일한 블럭도가 8421 BCD, 3-초과, 그레이 디코더를 위해 사용된다는 점에 주목한다.

다른 디코더로는 BCD 변환기, BCD-2진 변환기, 4-16라인 디코더, 2-4라인 디코더와 같은 것이 이용 가능하며, 또 다른 인코더로는 10진-8진 인코더와 8-3 라인 우선순위 인코더가 있다.

인코더와 같이, 디코더는 몇 개의 입력과 출력을 갖는 **조합 논리회로** (combinational logic circuit)이다. 대부분의 디코더는 20에서 50여개의 게이트로 구성되며, 대부분의 인코더와 디코더는 단일 IC로 패키지화되어 있다. 특수한 인코더와 디코더는 PLD(programmable logic device)를 이용하여 제조될 수 있다.

BASIC Stamp 모듈과 같은 유연성 있는 프로그래밍 장치를 사용하여 디코딩할 수 있으며, Parallax사의 이 모듈은 마이크로컨트롤러와 EEPROM 메모리를 탑재하고 있다.

조합 논리회로
PLD

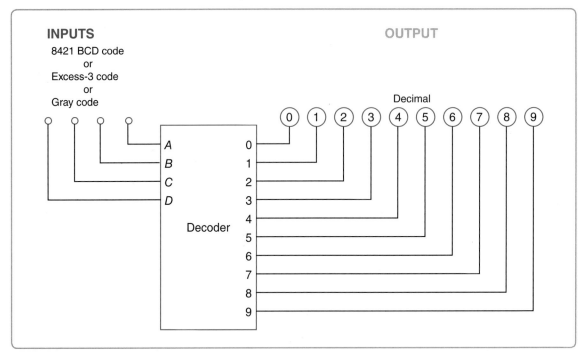

그림 6-14 일반적인 디코더 블럭도. 입력은 8421 BCD, 초과-3코드, 그레이 코드가 사용될 수 있음

교통 신호등의 LED　백열 할로겐 전구 대신에 LED가 탑재된 교통신호등을 점점 더 많이 사용하고 있다.

- LED는 보다 밝게 전 영역을 비춘다.
- LED는 수명이 오래가고 교체비용을 절감한다.
- LED는 에너지비용을 절감시키며, 태양관 패널(solar panel)에 의해서도 작동될 수 있다.

확인문제

34. 그림 6-13에서, 디코더/드라이버의 BCD 입력이 1000이라면 디스플레이의 어떤 세그먼트에 불이 켜지는가? 7-세그먼트 LED 디스플레이는 어떤 십진수로 읽혀지는가?

35. 디코더의 세 가지 종류를 열거하라.

36. 그림 6-13에서, 7-세그먼트 디스플레이가 LED 형태라면, 7개의 _____(제한저항, 스위치)이(가) 디코더와 디스플레이 사이에 필요하다.

37. 그림 6-13에서, 십진수 3이 읽혀졌다면, BCD 입력은 _____이다.
38. 그림 6-13에서, BCD 입력이 0111이면 어떤 세그먼트에 불이 켜지는가? 어떤 십진수로 표시되는가?

6.8 BCD - 7-세그먼트 디코더 / 드라이버

TTL 7447A BCD 7-세그먼트 디코더/드라이버의 논리기호가 그림 6-15(a)에 있으며 디코드 할 BCD 숫자가 D, C, B, A로 입력된다. 램프-시험(LT: lamp-test) 입력이 액티브(active) LOW 신호일 때, 모든 출력(a에서 g까지)을 동작시킨다. 블랭크 입력(BI: blanking input)은 액티브(active) LOW 신호일 때, 모든 출력을 HIGH로 만들어 접속된 디스플레이를 꺼지게(off)한다. **리플-블랭크 입력**(RBI: ripple-blanking input)이 액티브(active) LOW 신호일 때는 숫자 0이 있는 경우에만 공백으로 표시한다. RBI가 동작할 때 BI/RBO 핀은 일시적으로 **리플-블랭크 출력**(RBO: ripple blanking output)이 되어 LOW 신호가 된다. 여기서 블랭크("blanking") 라는 것은 디스플레이상의 어떤 LED도 불이 켜지지 않게 만든다는 것이다.

7447A IC의 7개 출력은 모두가 액티브(active) LOW 출력이다. 즉, 다른 말로 출력은 평상시는 HIGH로 있다가 동작할 때는 LOW가 된다는 의미이다.

7447A 디코더/드라이버 IC의 정확한 동작이 Texas Instrument사가 제공한 그림 6-15(b)의 진리표에 자세하게 나와 있다. 7447A 디코더에 의해 생성되는 십진수 표현은 그림 6-15(c)에 나타나있다.

부적절한 BCD 입력(십진수 10, 11, 12, 13, 14, 15)은 7447A 디코더에 특별한 고유의 출력을 만들어내는 것에 주목한다.

일반적으로 7447A 디코더/드라이버 IC는 공통-애노드(common-anode) 7-세그먼트 LED 디스플레이에 연결된다. 그림 6-16이 이러한 회로이다. 7개의 150Ω 제한저항이 7447A IC와 7-세그먼트 디스플레이간에 연결되어 있는 것이 특히 중요하다.

그림 6-16의 7447A 디코더/드라이버의 BCD 입력이 0001(LLLH)라고 가

리플-블랭크 입력
리플-블랭크출력

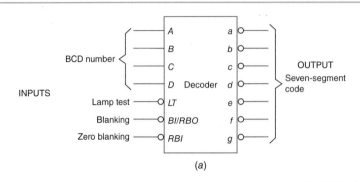

(a)

Decimal or function	INPUTS						BI/BRO	OUTPUTS							Note
	LT	RBI	D	C	B	A		a	b	c	d	e	f	g	
0	H	H	L	L	L	L	H	ON	ON	ON	ON	ON	ON	OFF	
1	H	X	L	L	L	H	H	OFF	ON	ON	OFF	OFF	OFF	OFF	
2	H	X	L	L	H	L	H	ON	ON	OFF	ON	ON	OFF	ON	
3	H	X	L	L	H	H	H	ON	ON	ON	ON	OFF	OFF	ON	
4	H	X	L	H	L	L	H	OFF	ON	ON	OFF	OFF	ON	ON	
5	H	X	L	H	L	H	H	ON	OFF	ON	ON	OFF	ON	ON	
6	H	X	L	H	H	L	H	OFF	OFF	ON	ON	ON	ON	ON	
7	H	X	L	H	H	H	H	ON	ON	ON	OFF	OFF	OFF	OFF	
8	H	X	H	L	L	L	H	ON	ON	ON	ON	ON	ON	ON	1
9	H	X	H	L	L	H	H	ON	ON	ON	OFF	OFF	ON	ON	
10	H	X	H	L	H	L	H	OFF	OFF	OFF	ON	ON	OFF	ON	
11	H	X	H	L	H	H	H	OFF	OFF	ON	ON	OFF	OFF	ON	
12	H	X	H	H	L	L	H	OFF	ON	OFF	OFF	OFF	ON	ON	
13	H	X	H	H	L	H	H	ON	OFF	OFF	ON	OFF	ON	ON	
14	H	X	H	H	H	L	H	OFF	OFF	OFF	ON	ON	ON	ON	
15	H	X	H	H	H	H	H	OFF	OFF	OFF	OFF	OFF	OFF	OFF	
BI	X	X	X	X	X	X	L	OFF	OFF	OFF	OFF	OFF	OFF	OFF	2
RBI	H	L	L	L	L	L	L	OFF	OFF	OFF	OFF	OFF	OFF	OFF	3
LT	L	X	X	X	X	X	H	ON	ON	ON	ON	ON	ON	ON	4

H = HIGH level, L = LOW level, X = Irrelevant
Notes:
1. The blanking input (*BI*) must be open or held at a HIGH logic level when output functions 0 through 15 are desired. The ripple-blanking input (*RBI*) must be open or HIGH if blanking of a decimal zero is not desired.
2. When a LOW logic level is applied directly to the blanking input (*BI*), all segment outputs are OFF regardless of the level of any other input.
3. When ripple-blanking input (*RBI*) and inputs A, B, C, and D are at a LOW level with the lamp test (*LT*) input HIGH, all segment outputs go OFF and the ripple-blanking output (*RBO*) goes to a LOW level (response condition).
4. When the blanking input/ripple-blanking output (*BI/RBO*) is open or held HIGH and a LOW is applied to the lamp test (*LT*) input, all segment outputs are ON.

(b)

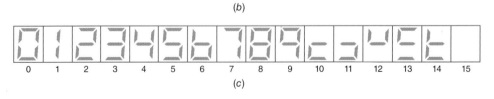

(c)

그림 6–15 (a) 7447A TTL 디코더 IC의 논리기호(Texas Instrument, Inc. 허가) (b) 7447 디코더의 진리표 (c) 7447A 디코더 IC를 이용한 7–세그먼트 디스플레이의 판독 형식

Douglas Engelbart
오늘날 흔히 알려져 있는 컴퓨터 마우스는 1963년 Douglas Engelbart에 의해 만들어졌으며, 디스플레이 시스템의 X-Y 위치 지시계로 불려졌다. Engelbart의 초기 마우스는 하나의 적색 버튼이 있고 구리선이 연결된 나무상자 안에 있는 전자 구슬(electronic marble)이었다. Stanford Research Institute 에서 퇴임한 후에는 5개의 버튼만으로 구성된 키보드를 개발 하기도 했다.

정하면, 그림 6-15(b) 진리표의 2번째 줄의 값과 같은 것이다. 이러한 입력 조합은 7-세그먼트 디스플레이의 세그먼트 b와 c에 불이 켜지게 한다(출력 b와 c는 LOW가 됨). LT와 BI는 그림 6-16에 나와 있지 않지만, 연결이 되어 있지 않을 때는 HIGH 상태로 플로팅("floating")되어 있어 동작하지 않게 된다. 바른 설계 실습은 플로팅 입력을 +5V에 연결하여 HIGH 상태로 만들어 놓도록 하는 것이다.

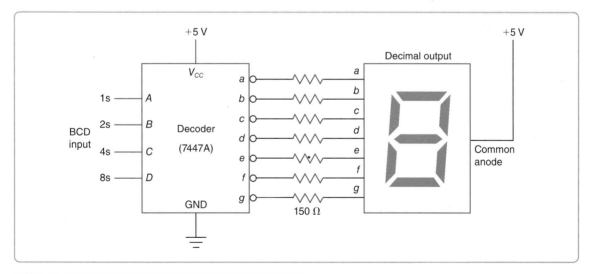

그림 6-16 7447A 디코더와 7-세그먼트 LED 디스플레이의 연결

전자계산기 또는 금전등록기와 같은 많은 응용에서는 선행하는 0(leading

zero)이 아무런 표시없는 공백으로 되는 경우가 필요하다. 그림 6-17은 7447A
디코더/드라이버가 금전등록기의 디스플레이를 동작시키는 사용 예를 보여준다.

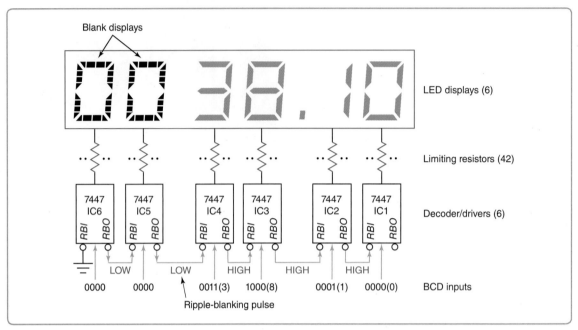

그림 6-17 다중자리 디스플레이의 선행 0(leading 0)을 공백으로 표시하기 위한 7447A 디코더/드라이버의 리플-블랭크 입력
(RBI)의 사용

LED를 구동하는 7447A IC를 이용하여 6자리 디스플레이에서 선행하는 0들
(leading 0s)을 어떻게 아무런 표시없는 공백으로 만드는지를 나타내고 있다.

6개 디코더의 현재 입력들이 그림 6-17의 아래 부분에 횡으로 표시되어 있다.
BCD 입력은 0000 0000 0011 1000 0001 0000(십진수 003810)이다. 왼쪽에 2개
의 0은 표시없는 공백으로 되어있어야 하므로 디스플레이는 38.10으로 읽혀진다.
선행하는 0의 공백 표시는 그림 6-17과 같이 각 디코더 IC의 RBI와 RBO핀을
서로 연결하여 처리한다.

그림 6-17의 왼쪽에서 오른쪽으로 동작되면서, IC6의 RBI 입력이 접지된 것
에 유의한다. 그림 6-15(b)의 7447A 디코더 진리표로부터 RBI가 LOW이고 모
든 BCD 입력이 LOW가 되면, 디스플레이의 모든 세그먼트가 아무런 표시없는
공백이 되거나 또는 꺼지게 된다(off). 또한, RBO가 LOW가 되면 이 LOW 신호
는 IC5의 RBI로 전달된다.

계속해서 그림 6-17의 IC5의 BCD 입력이 0000이고 RBI가 LOW이면, 이 디

스플레이 역시 아무런 표시없는 공백이 된다. IC5의 RBI가 LOW가 되어 IC4의
RBI에게로 전달된다. RBI가 LOW가 될 지라도 BCD 입력이 0011이므로 IC4
는 디스플레이를 공백으로 처리하지 않게 된다. IC4의 RBO는 HIGH인 상태가
되어 IC3으로 전달된다.

그림 6-17의 오른쪽 LED에 관한 질문이 있을 수 있다. IC1의 BCD 입력
은 0000BCD이지만 0이 디스플레이에 나타난다는 것이다. IC1 디스플레이의 0
은 RBI 입력이 활성화되지 않았기 때문에(RBI = HIGH) 아무런 표시없는 공백
이 안 된다. 그림 6-15(b) 진리표 첫 번째 행으로부터 7447A 디코더/드라이버는
RBI가 HIGH가 되면 0을 표시한다는 것을 나타낸다.

확인문제

39. 그림 6-15에서, 7447A 디코더/드라이버 IC는 액티브(active) _____(HIGH, LOW) BCD 입력과 액
티브(active) _____(HIGH, LOW) 출력을 갖는다.

40. 그림 6-15에서, 7447A의 램프-시험(lamp-test), 블랭크(blank), 제로-블랭크(zero-blanking) 입력
은 액티브(active) _____(HIGH, LOW) 입력이다.

41. 7447A의 RBI, RBO 입력은 전자계산기와 금전등록기의 다중자리(multidigit) 디스플레이에서
_____을(를) 표시없는 공백으로 처리하기 위해 사용된다.

42. 그림 6-18의 회로에서, 각 시간주기(t1~t7) 동안 7-세그먼트 디스플레이에서 읽혀지는 것은 무엇인가?

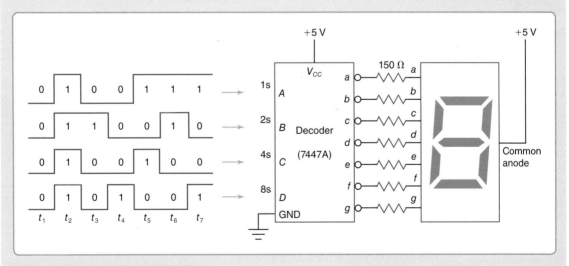

그림 6-18 디코더-LED 디스플레이 회로

43. 그림 6-18의 회로에서, 각 시간주기($t_1 \sim t_7$) 동안 불이 켜지는 7-세그먼트 디스플레이의 세그먼트를 열거하라.

44. 그림 6-18에서, 7447A의 논리기호에서 BI, RBI, LT 입력은 나타나 있지 않다. 이 모두가 연결되지 않은 상태로 되어 있을 때, "플로트(float) HIGH" 상태이며 동작하지 않는다.(참, 거짓)

45. 그림 6-16에서, 7447A 디코더/드라이버 IC는 LED 디스플레이의 세그먼트가 불이 켜졌을 때를 _____ (전류 소스(current source), 전류 싱크(current sinking))가 된다.

46. 그림 6-16에서, 7447A 디코더/드라이버 IC는 _____(공통 애노드(common anode), 공통 캐소드 (common cathode)) 7-세그먼트 LED 디스플레이를 동작시키게 위해 설계된다.

47. 그림 6-15(b)에서, 7447A IC의 램프-시험(LT)핀은 _____(액티브(active)-HIGH, 액티브(active)-LOW) 입력이다.

48. 그림 6-15(b)에서, 7447A IC의 BI와 LT 두 입력 모두가 LOW가 되면, LED 디스플레이의 모든 세그먼트가 _____(OFF, ON)된다.

6.9 액정 디스플레이(LCD: Liquid-Crystal Displays)

디지털멀티미터

　　LED는 실제로 빛을 발생(generates)시키지만, LCD는 단순히 빛을 제어 (controls)하기만 한다. LCD는 매우 낮은 전력소모로 인해 광범위하게 사용되어 왔다. 또한, LCD는 햇빛이 있는 곳이나 또는 밝게 빛이 비치는 곳에서도 사용하기 적합하다. 그림 6-19의 디지털멀티미터(DMM: Digital Multimeter)는 최신의 LCD를 사용한다.

　　또한, LCD는 단순한 7-세그먼트 십진수 표시보다 복잡한 디스플레이에도 적합하다. 그림 6-19의 LCD 디스플레이는 아래쪽의 가로질러 있는 아날로그 눈금자뿐만 아니라 보다 큰 디지털 판독표시를 나타낸다. 실제로, DMM LCD는 몇 가지 다른 기호를 표시하고 있으며, 그림 6-19의 DMM에서 찾아볼 수 있다.

흑백 LCD(Monochrome LCD)

　　일반적인 LCD 장치의 구조가 그림 6-20에 나타나있다. 이 장치는 전계효과 LCD(field effect LCD)라고 하며, 세그먼트에 저주파수(low frequency)인 구

그림 6-19 LCD를 사용하는 디지털멀티미터(DMM)

형파 신호(square-wave signal)를 동력으로 공급할 때, 활성화된 LCD 세그먼트는 검게 나타나는 반면, 화면의 나머지 부분은 빛을 반짝이게 된다. 그림 6-20에서는 세그먼트 e가 활성화되어 있으며, 활성화되지 않은 세그먼트는 거의 보이지 않게 된다.

LCD 동작의 가장 중요한 점은 액정(liquid crystal) 또는 네마틱유체(nematic fluid)이다. 이 네마틱유체는 2개의 유리평판 사이에 있으며 양단, 즉 맨 위에 있는 금속 세그먼트에서부터 금속 뒤판(backplane) 사이에 교류전압이 인가된다. 교류전압의 전계 영향을 받게 되면, 네마틱유체는 다르게 빛을 전달하고 활성화된 세그먼트는 은색의 배경 화면에서 검게 나타난다.

트위스트-네마틱(twisted-nematic) 전계효과 LCD는 그림 6-20의 상단과 하단에 편광필터(polarizing filter)를 사용한다. 뒤판과 세그먼트는 내부적으로 LCD의 접촉 모서리에서 결선되어 있다. 그림 6-20에서는 많은 접촉점에서 단지 두 개만을 나타내고 있다.

LCD 구동(The LCD driving)

그림 6-21에는 LCD상의 십진수 7이 표시되어 있다. 왼쪽에 있는 BCD - 7-세그먼트 디코더는 0111의 BCD 입력을 받아, 디코더의 a, b, c 출력을 구동시

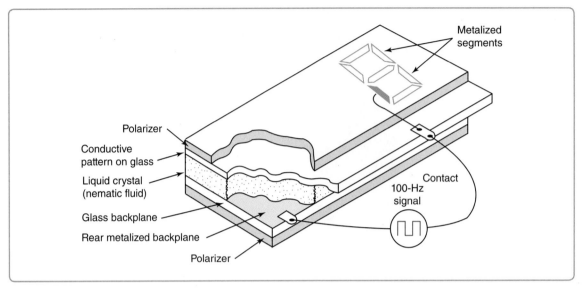

Metalized
segments

Polarizer

Conductive
pattern on glass

Liquid crystal
(nematic fluid)

Glass backplane

Rear metalized backplane

Polarizer

Contact

100-Hz
signal

그림 6-20 자계효과 LCD의 구성

킨다(이 예제에서 a, b, c는 HIGH). 디코더의 나머지 출력은 LOW가 된다(d, e, f, g는 LOW). 100Hz 구형파 입력은 항상 디스플레이의 뒤판에 인가되며, 또한, 이 신호는 LCD를 구동하기 위해 사용되는 각 CMOS XOR 게이트에 인가된다. XOR 게이트가 동작할 때는(a, b, c XOR 게이트가 동작) 반전된 파형을 만들어 낸다. 뒤판과 세그먼트 a, b, c의 180° 위상 반전신호로 인해 LCD의 영역이 검정 색으로 변하게 된다. d, e, f, g의 XOR 게이트들로 부터의 동일위상 신호는 이들 세그먼트를 동작시키지 않아 거의 보이지 않게 된다.

그림 6-21의 LCD 드라이버로 사용된 XOR는 CMOS 소자이다. TTL XOR 게이트는 LCD의 네마틱 유체를 가로질러 생기는 작은 직류 오프셋(dc offset) 전압을 발생시키기 때문에 사용되지 않는다. 네마틱 유체 양단의 직류 전압은 짧은 시간 안에 LCD를 파괴시킬 것이다.

실제 예에서, 그림 6-21에 그려진 디코더와 XOR LCD 디스플레이 드라이버 는 대개 단일 CMOS IC로 패키지화 되어 있다. 100Hz 구형파의 신호 주파수는 중요하지 않으며, 30Hz~200Hz의 범위에서도 동작될 수 있다. 액정 디스플레이 는 낮은 온도에 민감하며, 영하에서의 LCD 디스플레이의 on/off 시간이 느려진 다. 그렇지만 긴 수명시간과 매우 낮은 전력소모는 배터리나 또는 태양전지 동작 으로 이상적이다.

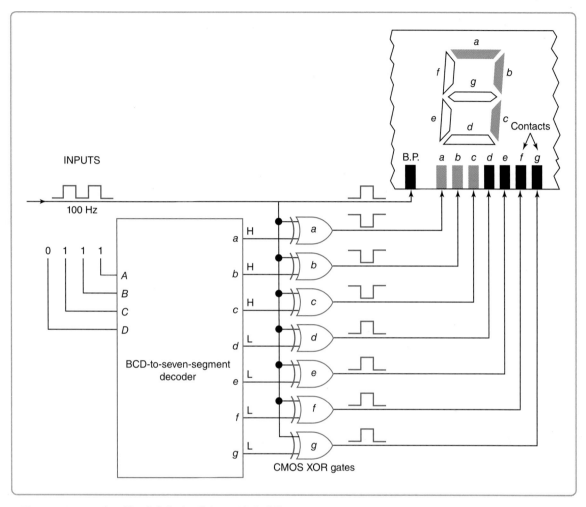

그림 6-21 CMOS 디코더/드라이버 시스템과 LCD와의 배선

상업용 LCD

그림 6-22는 일반적인 두 개의 상업용 흑백 LCD 장치의 예를 설명하고 있다. 두 개의 예 모두가 인쇄회로기판에 납땜될 수 있게 핀을 가지고 있으며, 실험실에서는 이 LCD 디스플레이들이 무납땜 장착보드(solderless mounting board)에 플러그로 접속되어 있을 수 있다. 하지만, 많은 핀들이 부러질 수 있기 때문에 아주 조심스럽게 다뤄야한다. 대부분의 실험실에는 적절한 연결선을 가진 인쇄회로기판에 장착된 LCD를 보유하고 있다.

간단한 2자릿수 7-세그먼트 LCD가 그림 6-22(a)에 그려져 있다. 두 개

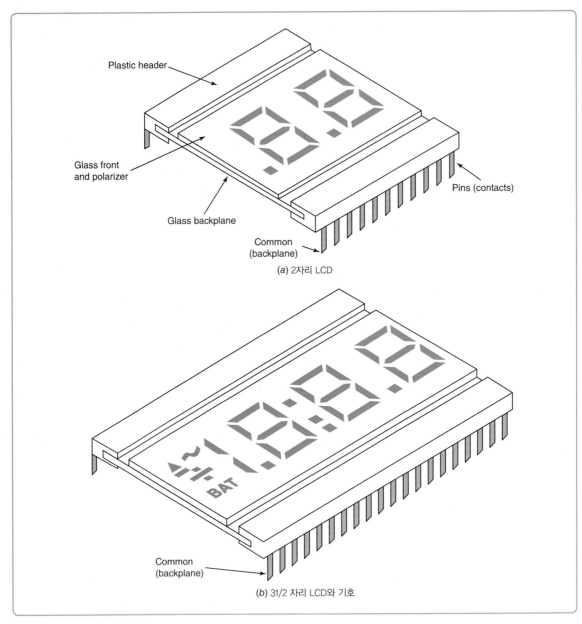

그림 6-22 상업용 LCD

의 유리판을 사용하고 있으며, LCD에 사용되는 얇은 유리 때문에 디스플레이를 떨어뜨리거나 구부리지 않도록 주의가 필요하다. 그림 6-22(a)는 핀이 있는 두 개의 플라스틱 헤더가 뒤판(backplane)의 양쪽에 고정되어 있다. 단지, 공통(common) 또는 뒤판(backplane)의 핀만이 표시된다. 각 세그먼트와 소수점은

336

핀에 연결되어 있다.

또 다른 상업용 흑백 LCD가 그림 6-22(b)에 있다. 이 LCD는 기호를 포함하는 좀 더 복잡한 화면을 가지고 있다. 이 장치는 40핀 패키지로, 모든 세그먼트와 소수점, 기호들은 각각 하나의 핀 번호에 할당된다. 단지 뒤판 또는 공통 핀만이 그림에 표시되어 있는데 실제 핀 번호는 제조사의 데이터시트(data sheet)를 참조하면 된다.

가격이 비싸지 않은 흑백 LCD는 트위스트-네마틱 전계효과 기술(twisted-nematic field-effect technology)을 사용하며, 그림 6-20에 그려진 것처럼 구성되어 있고 동작한다. 간단한 흑백 LCD는 전화기, 전자계산기, 손목시계, 벽(실내)시계에 사용된다. 복잡한 흑백 LCD는 (그림 6-19의 DMM과 같은) 막대그래프, 지도, 파형도, 호수의 바닥 차트(chart), 수심측정기의 어군탐지, 라디오와 GPS 수신기에 사용될 수 있다. 알람시계에서부터 전자책(ebook) 리더기에 이르는 다수의 저비용의 제품은 흑백 LCD를 사용한다.

컬러 LCD

오래된 컬러 TV와 컴퓨터 모니터는 음극선관(CRT: cathode-ray tube) 기술을 사용한다. CRT는 고선명의 밝은 색을 표현하지만, 부피가 크고 무거우며 전력소모가 많아 인기를 잃었다.

컬러 LCD는 흔히 가벼운 배터리를 사용하는 랩탑(laptop)과 타블렛(tablet)컴퓨터에 사용된다. 컬러 LCD는 덩치가 큰 CRT 모니터를 대신하여 컴퓨터 데스크탑용으로 대체되고 있다. 일반적으로 컬러 LCD는 수동 매트릭스 LCD(passive-matrix LCD) 또는 보다 비싼 능동 매트릭스 LCD(AMLCD: active-matrix LCD)로 분류된다. 능동 매트릭스 LCD는 수동 매트릭스 LCD보다 빠르고, 밝으며, 넓은 시야각을 갖고 있다. 그렇지만 능동 매트릭스 LCD가 수동 매트릭스 유형보다 더 비싸다.

그림 6-23에 능동 매트릭스 LCD의 간단한 구조가 그려져 있으며, 흑백 LCD처럼 편광 프리즘을 상단과 하단에 갖고 있다. 또한, 능동 매트릭스 LCD는 흑백 타입의 디스플레이와 같이 아주 유사하게 밀봉된 디스플레이 사이에 네마틱유체(액정: liquid crystal)를 함유하고 있으며, 이 네마틱유체 아래에는 박막 트랜지스터(thin-film transistor)가 있어 각각 독립적으로 ON 또는 OFF 된다. 박막 트랜지스터가 ON 또는 OFF 될 때는, 열렸다 닫혔다 하는 윈도우 블라인드

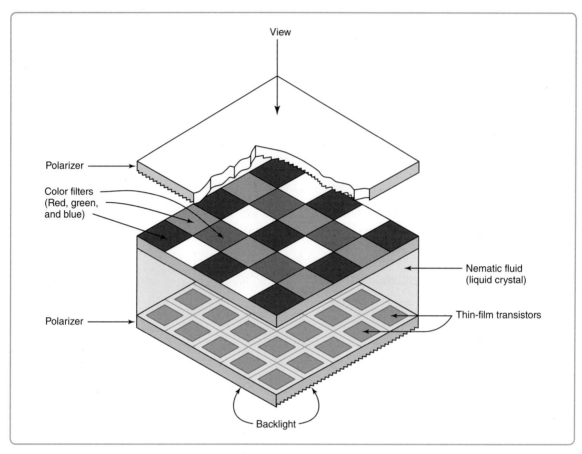

그림 6-23 박막트랜지스터(TFT: Thin Film Transistor) 기술을 이용한 능동 매트릭스 LCD 구조

(window blind)와도 같다. 단순하게 각각의 박막 트랜지스터가 컴퓨터 화면의 하
나의 화소(pixel)라고 생각해 보면, 한 개의 화소는 LCD 모니터상에서 빛을 내거
나 또는 빛을 내지 않는 가장 작은 구성요소인 셈이다. 모니터는 화면에 수백만 개
의 화소를 가진다. 그림 6-23에서의 능동 매트릭스 LCD의 단면은 단지 전체 모
니터 화면의 아주 작은 일부분이다. 빛이 나는 아주 작은 지점에 색을 더하기 위
해서는, 그림 6-23의 디스플레이에 컬러필터를 붙여준다. 적색, 녹색, 청색 컬러
필터가 적절히 혼합되었을 때 모든 색을 만들 수 있다. 컴퓨터 모니터는 능동 매
릭스 LCD 화면에 백라이트가(backlight)가 덧붙여져 있어서 상당히 밝다. 그림
6-23은 단지 박막 트랜지스터(TFT) 기술을 이용한 능동 매트릭스 LCD의 개념
을 나타낸 것으로 이해해야 한다. 실제 장치의 정확한 형상(geometry)과 부품은
달라질 수 있다.

확인문제

49. 전계효과 LCD에서는 _____(검정, 은빛) 배경화면에 _____(검정, 은빛) 자릿수가 표시된다.

50. LCD는 액정을 사용하거나, 또는 교류전압의 자계(magnetic field) 영향으로 인해 다르게 빛을 전달하는 _____유체를 사용한다.

51. LCD에 인가되는 _____(교류(ac), 직류(dc)) 전압은 장치에 손상을 입힌다.

52. LCD 장치는 _____(많은 양, 적당한 양, 매우 작은 양)의 전력을 소모한다.

53. 그림 6-24에서, LCD 디스플레이를 구동하기 위해 사용되는 XOR 게이트는 _____(CMOS, TTL) 소자이다.

54. 그림 6-24에서, 디코더에 0101BCD 입력이 가해지면, 흑백 LCD에 십진수 _____의 출력화면이 표시된다.

55. 그림 6-24에서, 디코더의 BCD 입력이 0101이면, 흑백 LCD의 어떤 세그먼트들이 동작하여 밝은 배경화면에서 어둡게 보이는가?

56. 그림 6-24에서, 디코더의 BCD 입력이 0101이면, XOR 게이트의 출력 a, c, d, f, g는 뒤판(backplane)의 신호로 _____(동위상, 180° 반전)된다.

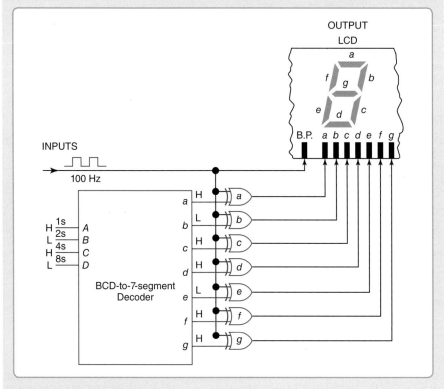

그림 6-24 LCD 디스플레이의 구동

6.10 CMOS를 사용한 LCD 디스플레이 구동

LCD 디코더/드라이버
래치

그림 6–25(a)에는 LCD 디코더/드라이버 시스템의 블록도가 그려져 있으며 입력은 8421 BCD이다. 래치(latch)는 BCD 데이터를 저장하기 위한 임시 메모리다. BCD – 7–세그먼트 디코더는 이전에 학습했던 7447A 디코더와 같이 동

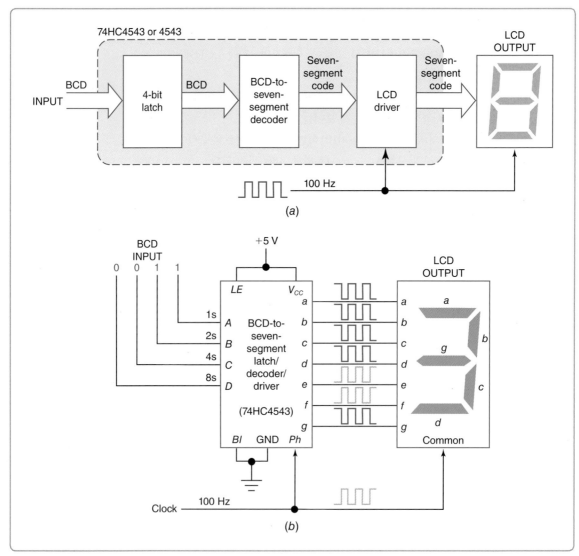

그림 6–25 (a) 디코드와 7–세그먼트 LCD를 디코드하고 구동시키기 위해 사용되는 시스템 블록도 (b) 74HC4543 CMOS IC를 이용한 디코드와 LCD 구동

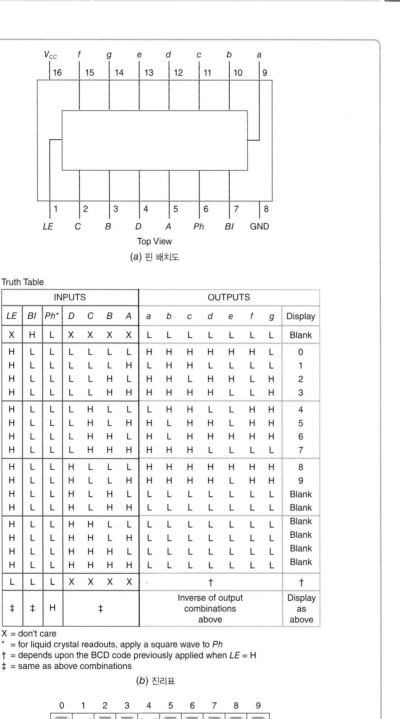

(a) 핀 배치도

Truth Table

INPUTS							OUTPUTS							
LE	BI	Ph*	D	C	B	A	a	b	c	d	e	f	g	Display
X	H	L	X	X	X	X	L	L	L	L	L	L	L	Blank
H	L	L	L	L	L	L	H	H	H	H	H	H	L	0
H	L	L	L	L	L	H	L	H	H	L	L	L	L	1
H	L	L	L	L	H	L	H	H	L	H	H	L	H	2
H	L	L	L	L	H	H	H	H	H	H	L	L	H	3
H	L	L	L	H	L	L	L	H	H	L	L	H	H	4
H	L	L	L	H	L	H	H	L	H	H	L	H	H	5
H	L	L	L	H	H	L	H	L	H	H	H	H	H	6
H	L	L	L	H	H	H	H	H	H	L	L	L	L	7
H	L	L	H	L	L	L	H	H	H	H	H	H	H	8
H	L	L	H	L	L	H	H	H	H	H	L	H	H	9
H	L	L	H	L	H	L	L	L	L	L	L	L	L	Blank
H	L	L	H	L	H	H	L	L	L	L	L	L	L	Blank
H	L	L	H	H	L	L	L	L	L	L	L	L	L	Blank
H	L	L	H	H	L	H	L	L	L	L	L	L	L	Blank
H	L	L	H	H	H	L	L	L	L	L	L	L	L	Blank
H	L	L	H	H	H	H	L	L	L	L	L	L	L	Blank
L	L	L	X	X	X	X	·			†				†
‡	‡	H		‡			Inverse of output combinations above							Display as above

X = don't care
* = for liquid crystal readouts, apply a square wave to Ph
† = depends upon the BCD code previously applied when LE = H
‡ = same as above combinations

(b) 진리표

0 1 2 3 4 5 6 7 8 9

(c) 74HC4543 디코더 IC에 의해 만들어지는 자릿수 형태

그림 6-26 74HC4543 BCD – 7-세그먼트 래치/디코더/드라이버 CMOS IC

341

7-세그먼트 코드

작한다. 그림 6-25(a)의 디코더로부터 나오는 출력은 7-세그먼트 코드라는 점에 유의한다. 디스플레이 장치 앞의 마지막 블록은 LCD 드라이버로 그림 6-21에서처럼 XOR 게이트들로 구성되어 있다. 디스플레이의 드라이버와 (공통)뒤판(backplane)은 100Hz 구형파 신호로 동작시켜야 한다. 실제 실험에서, 래치, 디코더, LCD 드라이버 모두는 단일 CMOS 패키지로 사용 가능하다. 74HC4543과 4543 IC류는 LCD용 BCD – 7-세그먼트 래치/디코더/드라이버로 제조사에 의해 기술되는 패키지들이다.

단일 LCD 드라이버회로의 배선도가 그림 6-25(b)에 있다. 74HC4543 디코더/드라이버 CMOS IC가 사용되며, 8421 BCD 입력은 0011(십진수 3)로 0011BCD는 7-세그먼트 코드로 디코드된다.

분리된 100Hz 클럭이 LCD (공통)뒤판과 74HC4543 IC의 Ph(phase: 위상) 입력으로 공급된다. 이 예제에서 구동 신호가 LCD의 각 세그먼트에 그려져 있다. 위상이 다른(out-of-phase) 신호만이 세그먼트를 동작시킬 수 있다는 점에 유의하고, 위상이 같은(in phase) 신호는(예제에서 e와 f 세그먼트) LCD 세그먼트를 동작시키지 않는다.

74HC4543 BCD – 7-세그먼트 래치/디코더/드라이버 CMOS IC의 핀 배치도가 그림 6-26(a)에 다시 그려져 있으며, 74HC4543 IC의 동작에 관한 자세한 정보가 그림 6-26(b)의 진리표에 나타나있다. 진리표의 출력 부분에 있는 "H"는 세그먼트가 ON을 의미하며, 반면 "L"은 세그먼트가 OFF 임을 나타낸다. 그림 6-26(c)는 디코더에 의해 만들어진 십진수 모양을 보여준다. 특별히, 숫자 6과 9를 살펴보면, 74HC4543 디코더는 이전에 학습했던 7447A TTL 디코더의 6과 9와는 다르다는 것을 알 수 있다. 그림 6-26(c)와 그림 6-15(c)를 비교하여 차이를 알아본다.

┌─────────────────────┐
│ ◀ ▌ **확인문제** │
└─────────────────────┘

57. 그림 6-25(a)에서, 디코더 블록의 역할은 _____코드를 _____코드로 변환하는 것이다.

58. 그림 6-25에서, 드라이버에서 LCD로 가는 모든 구동신호선은 구형파신호를 전달한다.(참, 거짓)

59. 그림 6-27에서, t_1에서 t_5 사이의 각 입력펄스는 LCD에서 어떤 십진수로 읽혀지는가?

60. 그림 6-27에서, 입력펄스 t5에서 위상이 다른 신호를 갖는 구동신호선은 어떤 것인가?

61. 그림 6-25에서, 4543 IC 내부에 있는 LCD 드라이버 블럭은 아마도 _____ (AND, XOR) 게이트 그룹을 갖고 있을 것이다.

62. 그림 6-25에서, 74HC4543 IC 내부의 어떤 블럭이 메모리 형태의 장치인가?

63. 그림 6-25(b)에서, 무엇이 LCD상의 세그먼트 a, b, c, d, g를 동작시키는가?

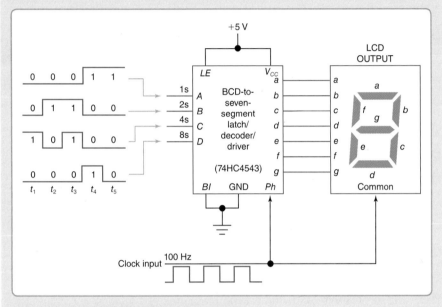

그림 6-27 문제 59와 60을 위한 디코더/LCD 회로

6.11 진공형광 디스플레이

진공형광 디스플레이(VF: vacuum fluorescent displays)는 3극 진공관(triode)의 현시대적인 인척관계에 있다. 3극 진공관의 도식적 기호가 그림 6-28(a)에 그려져 있으며, 3극 진공관의 3개 부분은 플레이트(P: plate), 그리드(G: grid), 캐소드(K: cathode)라고 하며, 캐소드는 필라멘트(filament) 또는 히터(heater)라고도 한다. 플레이트는 애노드(anode)로도 불린다.

캐소드/히터는 산화바륨(barium oxide)과 같은 물질로 코팅한 가는 텅스

진공형광 디스플레이
캐소드
필라멘트
히터

텐(tungsten) 선이다. 캐소드는 열이 발생할 때 전자를 방출한다. 그리드는 스테인레스강 차단막이다. 플레이트는 3극 진공관의 "전자수집기(collector of electrons)"로 생각할 수 있다.

그림 6-28(a)의 3극진공관의 캐소드가 가열되어 캐소드 주변의 진공 속으로 전자들이 "증발(boiled off)"된다고 가정한다. 만약에 그리드(G)가 +전압이 걸렸다고 가정하면, 전자들은 그리드 쪽으로 끌려가게 되며, 만약에 플레이트(P)가 +전압이 걸렸다고 가정하면, 전자들은 차단막과 같은 그리드를 통과하여 플레이트 쪽으로 끌려가게 될 것이다. 결국 3극 진공관은 캐소드에서 애노드로 전기를 전도한다.

3극 진공관은 2가지 방법 중의 하나로 전기 전도를 중지시킬 수 있는데 첫 번째로는, 그리드에 약한 −가 걸리게 만든다(플레이트는 + 유지). 이것은 전자를 반발하게 하여 전자는 그리드를 통과하여 플레이트 쪽으로 통과하지 못하게 된다. 두 번째 방법으로는 그리드를 +로 유지하고 플레이트 전압을 0으로 떨어뜨리게 되면 플레이트는 전자를 끌어당기지 못하게 되어 3극 진공관은 캐소드에서 애노드로 전기를 전도하지 못하게 된다.

그림 6-28(b)의 도식화된 기호는 VF(진공형광) 디스플레이의 한 자릿수를 나타내며, 한 개의 캐소드(K), 한 개의 그리드(G), 7개의 플레이트(P_a에서 P_g까지)가 있다. 각각의 7개의 플레이트는 산화아연 형광(zinc oxide fluorescent)물질로 코팅되어 있다. 플레이트 위의 형광물질과 부딪히는 전자들은 청록색의 빛을 낸다. 그림 6-28(b)에 있는 7개의 플레이트는 보통의 숫자표시의 7-세그먼트를 나타낸다. 모든 장치들은 진공상태의 유리로 밀봉되어 있다.

그림 6-28(c)에는 동작하고 있는 단일 자릿수 7-세그먼트 디스플레이가 있다. 캐소드(히터)는 이 예제에서 직류에 의해 전원을 공급받고 있으며, 그리드(G)에는 +12V가 인가되고 있다. 두 개의 플레이트(P_c와 P_f)는 접지되어 있으며, 나머지 5개의 플레이트 각각에는 +12V가 인가된다. 5개의 플레이트(P_a, P_b, P_d, P_e, P_g)의 +고전압으로 인해 이 플레이트들은 전자들을 끌어당겨 전자가 표면에 부딪쳤을 때 청록색의 빛을 내게 된다.

실제 실험에서 VF 디스플레이 관의 플레이트는 숫자 또는 다른 모양의 세그먼트와 같은 형태이다. 그림 6-29(a)는 캐소드, 그리드, 플레이트의 물리적 배열 모습이며, 이 디스플레이 장치의 플레이트들은 7-세그먼트 형태로 배열되어 있다. 세그먼트 위의 차단막(screen)은 그리드이며, 이 그리드 위에는 캐소드(필라멘트 또는 히터)가 있다. 각 세그먼트, 그리드, 캐소드 도선은 봉인된 유리 진공관의 측

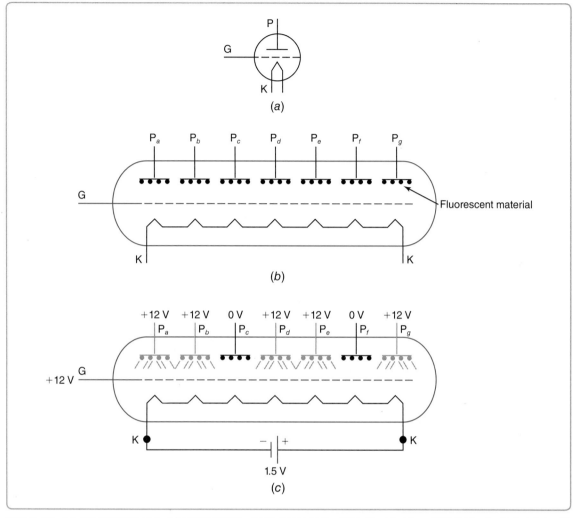

그림 6-28 (a) 3극 진공관의 기호 (b) VF(진공형광) 디스플레이의 단일 자릿수의 기호 (c) VF(진공형광) 디스플레이에서 빛을 내는 플레이트

면으로부터 나와 있다. 그림 6-29(a)의 VF 디스플레이는 장치 위에서 아래쪽으로 바라본 모습입니다. 가는 선의 캐소드와 그리드는 거의 보이지 않으며, 빛이 나는 세그먼트(플레이트)가 그물망(그리드)을 통해 보인다.

상업용 진공형광 디스플레이가 그림 6-29(b)에 있다. 이 VF 디스플레이는 4개의 7-세그먼트 숫자 표시, 콜론, 그리고 10개의 삼각형 모양의 기호를 갖고 있다. 대부분의 VF 디스플레이의 내부의 부품은 봉인된 유리 패키지를 통해 볼 수 있으며, 디스플레이의 수평으로 가로질러 늘어선 캐소드(필라멘트 또는 히터)도 볼 수

캐소드

345

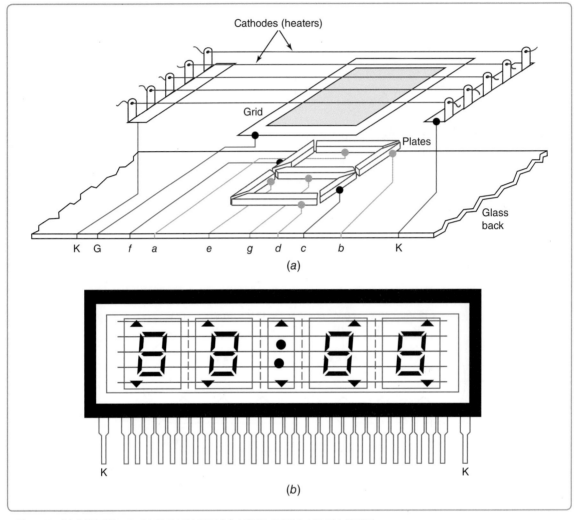

Cathodes (heaters)

Grid

Plates

Glass
back

K G *f* *a* *e* *g* *d* *c* *b* K

(a)

K

K

(b)

그림 6-29 (a) 일반적인 VF 디스플레이의 구조 (b) 상업용 4자릿수 VF 디스플레이

있다. 이 선들은 매우 가늘며 상업용 디스플레이에서는 거의 볼 수가 없다. 다음으로, 5개 구역의 그리드가 표시되어 있으며 5개 그리드 각각은 개별적으로 동작할수 있다. 마지막으로 형광물질이 코팅된 플레이트는 숫자세그먼트, 콜론, 다른 기호를 만들어낸다.

진공형광 디스플레이   진공형광 디스플레이는 오래된 기술에 기초하지만, 최근에는 어느 정도 선호되고 있다. 그 이유는 상대적으로 낮은 전압과 전력으로 동작할 수 있으며, 매우 긴수명과 빠른 응답을 가지고 있기 때문이다. 또한, 다양한 색상(필터를 이용)을 표시하고, 좋은 신뢰성과 낮은 가격을 갖고 있다. 진공형광 디스플레이는 대중적인

4000 시리즈 CMOS 계열 IC와 호환되며, 자동차, VCR, TV, 가전제품, 디지털
시계의 정보표시 장치로 널리 사용된다.

확인문제

64. VF 디스플레이는 동작시 _____색의 빛을 낸다.
65. 그림 6–30에서, 이 VF 디스플레이의 어떤 플레이트가 빛을 내는가?
66. 그림 6–31에서, A, B, C로 이름 붙여진 진공형광 디스플레이의 부품 이름은 무엇인가?
67. 그림 6–31에서, VF 디스플레이의 어떤 세그먼트가 빛을 내며, 어떤 십진수가 켜지는가?

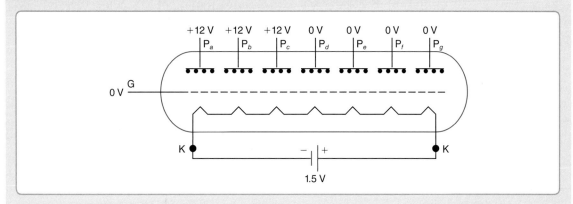

그림 6–30 + 그리드 전압을 인가하지 않은 VF 디스플레이

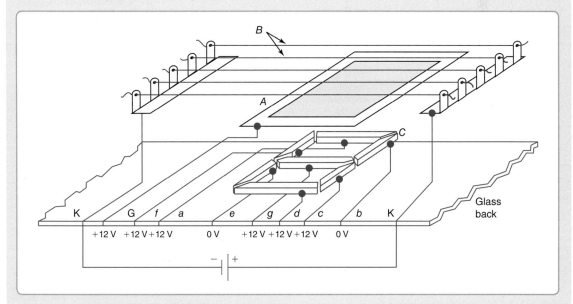

그림 6–31 단일 자릿수 VF 디스플레이 문제

6.12 VF 디스플레이 구동

　VF 디스플레이를 동작시키기 위한 요구 전압은 LED 또는 LCD 장치의 요구 전압보다 약간 높다. 이러한 조건으로 인해 4000 시리즈 CMOS IC와 호환된다. 4000 시리즈 CMOS IC는 18V까지의 전압 상승에도 동작할 수 있다는 점을 기억한다.

　간단한 BCD 디코더/드라이버 회로의 배선도가 그림 6-32에 자세하게 나타나 있다. 이 예제에서는 VF 디스플레이에 1001_{BCD}이 십진수 9로 변환된다. 4511 BCD - 7-세그먼트 래치/디코더/드라이버 CMOS IC가 이 회로에 사용되며, a, b, c, f, g 출력선은 HIGH(+12V)이고, e 출력선은 LOW이다.

　그림 6-32에는 +12V 전원이 직접 그리드에 연결되어 있다. 캐소드(필라멘트 또는 히터) 회로는 히터를 통과하는 전류를 제한하여 안전한 레벨에 이르도록 하는 저항(R_1)을 가지고 있다. 또한, +12V는 4511 디코더/드라이버 CMOS IC의

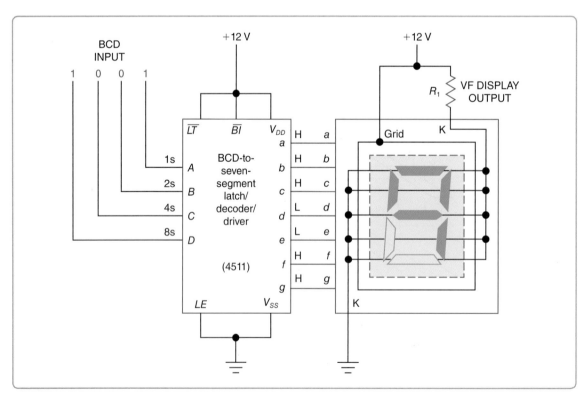

그림 6-32　4511 CMOS IC를 사용한 VF 디스플레이 구동

Truth Table

INPUTS							OUTPUTS							
LE	$\overline{BI}$	$\overline{LT}$	D	C	B	A	a	b	c	d	e	f	g	Display
X	X	0	X	X	X	X	1	1	1	1	1	1	1	8
X	0	1	X	X	X	X	0	0	0	0	0	0	0	
0	1	1	0	0	0	0	1	1	1	1	1	1	0	0
0	1	1	0	0	0	1	0	1	1	0	0	0	0	1
0	1	1	0	0	1	0	1	1	0	1	1	0	1	2
0	1	1	0	0	1	1	1	1	1	1	0	0	1	3
0	1	1	0	1	0	0	0	1	1	0	0	1	1	4
0	1	1	0	1	0	1	1	0	1	1	0	1	1	5
0	1	1	0	1	1	0	0	0	1	1	1	1	1	6
0	1	1	0	1	1	1	1	1	1	0	0	0	0	7
0	1	1	0	0	0	0	1	1	1	1	1	1	1	8
0	1	1	1	0	0	1	1	1	1	0	0	1	1	9
0	1	1	1	0	1	0	0	0	0	0	0	0	0	
0	1	1	1	0	1	1	0	0	0	0	0	0	0	
0	1	1	1	1	0	0	0	0	0	0	0	0	0	
0	1	1	1	1	0	1	0	0	0	0	0	0	0	
0	1	1	1	1	1	0	0	0	0	0	0	0	0	
0	1	1	1	1	1	1	0	0	0	0	0	0	0	
1	1	1	X	X	X	X				*				*

X = Don't care

* Depends upon the BCD code appiled during the 0 to 1 transition of LE.

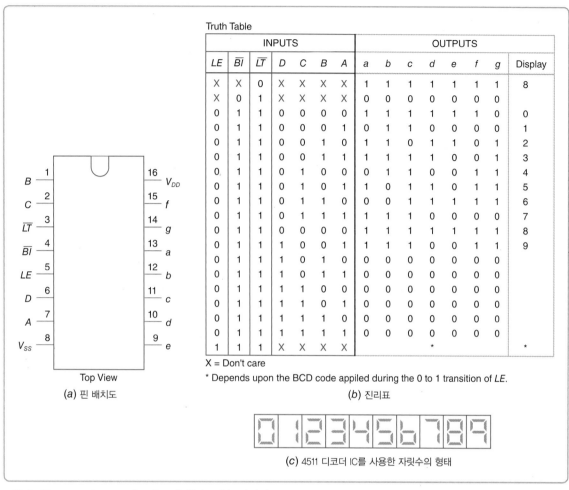

(a) 핀 배치도   (b) 진리표

(c) 4511 디코더 IC를 사용한 자릿수의 형태

그림 6-33 4511 BCD - 7-세그먼트 래치/디코더/드라이버 CMOS IC

전력을 공급하기 위해서도 사용된다. 4511 IC의 전원연결부에 대한 이름에 주목하며, V_{DD} 핀은 +12V에, 반면 V_{SS}는 접지(GND)에 연결된다.

4511 CMOS IC의 핀 배치도, 진리표, 숫자형태가 그림 6-33에 나타나있으며 4511 BCD - 7-세그먼트 래치/디코더/드라이버 IC 핀 배치도는 그림 6-33(a)에 표시되어 있다. 이 그림은 16핀 DIP CMOS IC의 평면도이다. 내부적으로는 4511 IC가 74HC4543 소자처럼 구성되어 있다. 래치, 디코더, 드라이버 부분이 그림 6-25(a) 블럭도의 음영진 영역에 그림으로 나타나있다.

그림 6-33(b)의 진리표가 4511 디코더/드라이버 IC의 7개의 입력을 나타내고 있다. BCD 데이터 입력이 D, C, B, A로 이름 붙여져 있으며, $\overline{LT}$ 입력은 램

프—시험을 의미한다. LOW(진리표의 1행)로 동작될 때, 모든 출력은 HIGH가 되어 디스플레이에 연결된 모든 세그먼트에 불이 켜진다. $\overline{BI}$ 입력은 블랭크 입력을 나타내며, $\overline{BI}$ 가 LOW로 동작될 때, 모든 출력은 LOW가 되어 디스플레이에 연결된 모든 세그먼트가 불이 꺼진 공백이 된다. LE(래치 인에이블: latch enable) 입력은 BCD 입력 데이터가 변하는 동안, 디스플레이에 데이터를 유지시키기 위한 메모리처럼 사용될 수 있다. 만약 LE=0이면, 데이터는 4511 IC를 통과하지만, 만약에 $LE=1$이라면, 데이터 입력(D, C, B, A)에 나타나는 마지막 데이터가 래치되어 화면에 보이게 된다. LE, $\overline{BI}$, $\overline{LT}$ 입력은 그림 6-32의 회로에서 모두 디스에이블(disable) 된다.

다음으로, 그림 6-33의 진리표의 출력 부분에 대해 언급하면, 4511 IC에서 HIGH 또는 1은 액티브(active) 출력으로, 다시 말해 1의 출력은 디스플레이에 연결된 세그먼트에 불을 켠다(on). 그러므로 0 출력은 디스플레이의 세그먼트에 불이 꺼진다는(off) 것을 의미한다.

4511 BCD — 7—세그먼트 디코더 IC에 의해 만들어지는 자릿수의 형태가 그림 6-33(c)에 나타나있다. 특히 십진수 6과 9의 형태에 유의한다.

◀ ▮ 확인문제

68. 그림 6-32에서, +12V 전원공급은 _____(CMOS, TTL) 4511 디코더/드라이버 IC 때문에 사용되며, _____(LCD, VF) 디스플레이는 이 전압에서 적절하게 동작한다.

69. 그림 6-32에서, 이 회로에서 저항 R_1의 사용목적은 무엇인가?

70. 그림 6-34에서, 각 입력펄스(t_1에서 t_4까지) 동안 대한 진공형광 디스플레이에서 읽혀지는 십진수는 무엇인가?

71. 그림 6-34에서, 펄스(t_4) 동안 VF 디스플레이의 7개의 플레이트(세그먼트)에 인가되는 전압은 얼마인가?

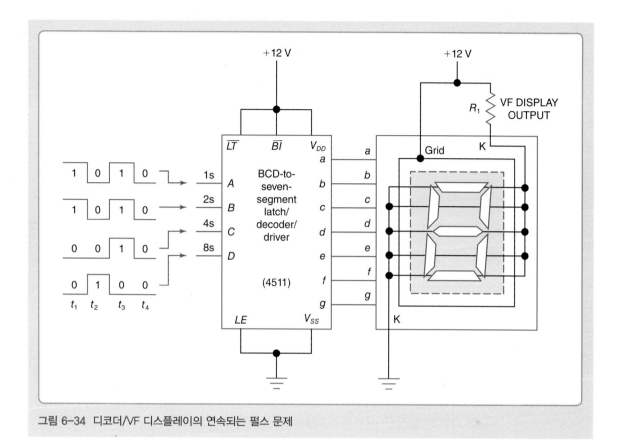

그림 6-34 디코더/VF 디스플레이의 연속되는 펄스 문제

6.13 디코딩 회로의 문제 해결

회로 1

그림 6-35의 BCD - 7-세그먼트 디코더 회로에서 디스플레이의 세그먼트 a
가 불이 켜지지 않는 경우를 고려하면, 기술자(technician)는 우선 회로를 눈으로
점검한다. 그러고나서 IC에 과도한 열이 발생했는지의 징후를 확인한다. 전압계와
논리 프로브로 V_{CC}와 GND 전압을 검사한다. 이 예제에서는 이러한 시험의 결과
가 문제의 원인을 밝혀내지 못하였다.

다음으로, GND에서 7447A IC의 LT 입력까지 임시 점퍼선으로 연결하면 모
든 디스플레이의 세그먼트에 불이 켜지게 하여 십진수 8이 표시된다. 디스플레이

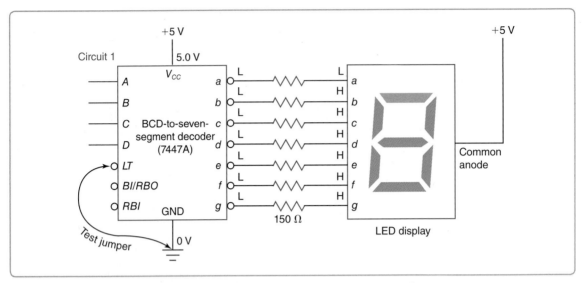

그림 6-35 고장난 디코더/LED 디스플레이 회로의 문제해결

개방회로

의 세그먼트 a는 아직도 켜지지 않았다. 논리 프로브로 7447A 디코더의 출력(a에서 g까지)의 논리계열을 점검한다. 그림 6-35에서, 예상한바와 같이 출력 모두가 L(LOW)이다. 다음으로, 저항 쪽에 있는 디스플레이의 논리계열을 확인한다. LOW인 고장난 신호선을 제외하고 모두가 H(HIGH)이다. 그림 6-35의 LOW와 HIGH 패턴은 아래쪽의 각각의 6개 저항을 거친 전압 강하를 보여준다. 그림 6-35의 최상단 저항의 양 끝단에서의 LOW 값은 7-세그먼트 디스플레이의 a 세그먼트 부분이 **개방회로**(open circuit)임을 의미하고 있다. 디스플레이의 세그먼트 a는 틀림없이 결함이 있다. 전체 7-세그먼트 LED 디스플레이가 교체되며, 교체는 핀 배치도가 동일하고, 공통 애노드 LED 디스플레이어야 한다. 교체 후에 회로가 적절한 동작을 하는지를 확인한다.

회로 2

그림 6-36의 회로는 아무런 표시를 하지 못한다. 성급한 기술자는 먼저 논리 프로브로 V_{CC}와 GND를 점검한다. 그림 6-36에 보인 것처럼 모두가 정상인 것처럼 보인다. LT와 GND 사이의 테스트 점퍼선으로 인해 LED 디스플레이의 모든 세그먼트에 불이 켜져야 한다. 디스플레이의 어떤 세그먼트에도 불이 켜지지 않는다. 논리 프로브는 7447A IC의 모든 출력(a에서 g까지)에서 잘못된 HIGH를 나타낸다. 기술자는 DMM을 가지고 V_{CC}의 전압을 점검한다. 눈금이 4.65V

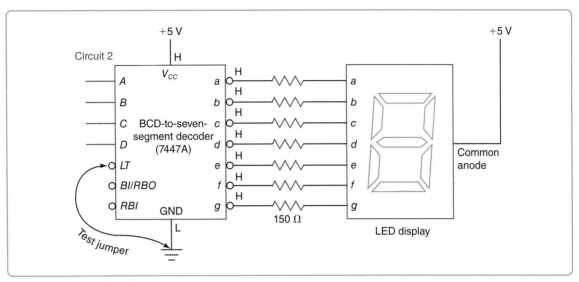

그림 6-36 공백(blank)표시 LED 디스플레이와 고장난 디코더의 문제해결

로, 상당히 낮은 값이다. 기술자가 7447A IC의 표면을 만져보니 매우 뜨겁다. 칩 (7447A)은 내부 단락회로(internal short circuit)이고 교체해야만 한다. 7447A IC가 교체되고, 회로가 적절한 동작을 하는지를 점검한다.

　이 예제에서 기술자는 먼저 자신의 감각을 이용하는 것을 잊었다. DIP IC 회로의 표면을 단순히 만져봄으로써 잘못된 7447A 칩이라 추측할 수 있었다. V_{CC} 핀에서 읽은 HIGH 값은 기술자에게 정확한 상황을 알려줄 수 없었다. 전압은 정상인 5.0V 대신에 실제로 4.65V였으며, 이 경우 전압계 수치는 기술자에게 회로 문제에 대한 실마리를 제공하였다. 단락회로는 전원공급전압을 4.65V로 떨어뜨렸다.

내부 단락회로

확인문제

72. 디지털 논리회로의 문제해결에 있어서 첫 단계는 무엇인가?
73. TTL IC의 내부 _____(개방, 단락)회로는 자주 IC를 지나치게 뜨겁게 하는 원인이 된다.

🔲 요약

1. 많은 코드들이 디지털 장치에 사용된다. 십진수, 2진수, 8진수, 16진수, 8421 BCD, 3-초과, 그레이, ASCII 코드에 익숙해져야 한다.

2. 코드변환은 디지털 전자공학 분야에 필수적이며, 표 6-4는 몇 가지의 코드변환을 하는데 도움을 줄 것이다.

표 6-4

Decimal Number	Binary Number	8421		BCD Codes	Excess-3	Gray code
0	0000		0000		0011	0000
1	0001		0001		0100	0001
2	0010		0010		0101	0011
3	0011		0011		0110	0010
4	0100		0100		0111	0110
5	0101		0101		1000	0111
6	0110		0110		1001	0101
7	0111		0111		1010	0100
8	1000		1000		1011	1100
9	1001		1001		1100	1101
10	1010	0001	0000	0100	0011	1111
11	1011	0001	0001	0100	0100	1110
12	1100	0001	0010	0100	0101	1010
13	1101	0001	0011	0100	0110	1011
14	1110	0001	0100	0100	0111	1001
15	1111	0001	0101	0100	1000	1000
16	10000	0001	0110	0100	1001	11000
17	10001	0001	0111	0100	1010	11010
18	10010	0001	1000	0100	1011	11011
19	10011	0001	1001	0100	1100	11010
20	10100	0010	0000	0101	0011	11110

3. 가장 일반적으로 사용되는 영문숫자 코드는 위한 7비트 ASCII 코드이다. ASCII 코드는 마이크로컴퓨터 키보드와 디스플레이 인터페이스에 광범위하게 사용된다. 확장 ASCII 코드는 8비트를 사용한다.

4. 전자변환장치로 인코더와 디코더가 있다. 복잡한 논리회로가 단일 IC 패키지로 만들어진다. 디코딩은 또한, PLD 또는 마이크로컨트롤러 모듈과 같은 프로그래밍 장치를 이용하여 구현될 수 있다.

5. 7-세그먼트 디스플레이는 숫자를 읽기 위한 매우 일반적인 장치이며, 발광 다이오드(LED), 액정 디스플레이(LCD), 진공형광(VF) 종류도 대중적인 디스플레이다.

6. BCD - 7-세그먼트 디코더/드라이버는 일반적인 디코딩 소자로, BCD 기계어를 십진수로 변환하며, 십진수들은 7-세그먼트, LED, LCD 또는 VF 디스플레이에 표시된다.

🖾 복습문제

6-1 a에서 f까지의 십진수에 대한 2진수를 써라.
    a. 17   b. 31   c. 42   d. 75   e. 150   f. 300

6-2 a에서 f까지의 십진수에 대한 8421 BCD 코드를 써라.
    a. 17   b. 31   c. 150   d. 1632   e. 47,899   f. 103,926

6-3 a에서 f까지의 8421 BCD 코드에 대한 십진수를 써라.
    a. 0010   b. 1111
    c. 0011 0000   d. 0111 0001 0110 0000
    e. 0001 0001 0000 0000 0000   f. 0101 1001 1000 1000 0101

6-4 a에서 d까지의 십진수에 대한 3-초과 코드를 써라.
    a. 7   b. 27   c. 59   d. 318

6-5 3-초과 코드가 일부 산술회로에 사용되는 이유는?

6-6 BCD 코드로 분류되는 두 가지의 코드를 써라.

6-7 a에서 f까지의 십진수에 대한 그레이 코드를 써라.
    a. 1   b. 2   c. 3   d. 4   e. 5   f. 6

6-8 _____(그레이, XS3) 코드는 일반적으로 샤프트의 각 위치의 광학 인코딩과 관계가 있다.

6-9 그레이 코드의 중요한 특성은 카운트를 감소 또는 증가할 때 하나의 자릿수만 변한다는 것이다.(참, 거짓)

6-10 표 6-3에서, 대문자 S에 대한 7비트 ASCII 코드는 _____이다.

6-11 "ASCII" 글자는 _____(을)를 뜻한다.

6-12 표준 ASCII는 숫자, 문자, 구두점, 제어문자들을 표현하기 위해 사용되는 비트 _____(영숫자, BCD) 코드이다.

6-13 코드변환기 또는 전자 코드변환기에 대한 일반적인 이름 두 가지를 써라.

6-14 _____(디코더, 인코더)는 전자계산기 키패드의 십진수 입력을 중앙처리장치 에서 사용하는 BCD 코드로 변환하기 위해 사용되는 전자장치이다.

6-15 _____(디코더, 인코더)는 전자계산기의 중앙처리장치의 BCD를 십진 표시 출력으로 변환하기 위해 사용되는 전자장치이다.

6-16 십진수가 다음과 같이 나타날 때, 7-세그먼트 디스플레이의 어떤 세그먼트에 불 이 켜지는가? 문자 a, b, c, d, e, f, g로 답하라.

a. 0　　　　b. 1　　　　c. 2　　　　d. 3　　　　e. 4
f. 5　　　　g. 6　　　　h. 7　　　　I. 8　　　　j. 9

6-17 사용하게 될 7-세그먼트 디스플레이들은 (대개는 적색) 빛을 내보내며, _____ (LCD, LED)형이다.

6-18 _____(LCD, LED) 7-세그먼트 디스플레이는 저전력의 배터리 동작이 요 구되는 곳에 사용된다.

6-19 _____(LCD, LED) 디스플레이는 밝은 빛에서 읽어야만 하는 장치에서 사 용된다.

6-20 그림 6-37에서, 7447A 디코더의 모든 출력은 _____(HIGH, LOW)이며, 이 회로는 _____(정확한, 잘못된) 것이다.

6-21 전압계와 _____(은)는 그림 6-37 회로의 문제해결에 사용된다.

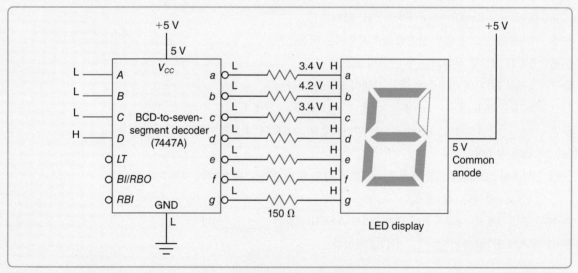

그림 6-37 문제해결 예제. 고장난 디코더/LED 디스플레이 회로의 논리레벨과 전압

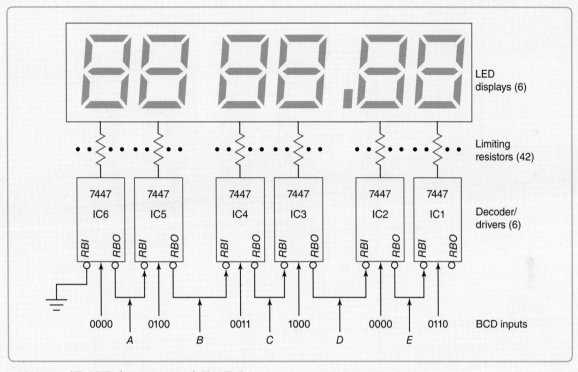

그림 6-38 리플-블랭크(ripple-blanking) 회로 문제

6-22 그림 6-37에서, LED 디스플레이의 세그먼트 b는 _____(개방, 부분적 단락회로)(으)로 나타난다. 디스플레이는 동일한 핀 배치를 갖는 공통 _____LED 디스플레이로 대체되어야 한다.

6-23 그림 6-38 회로와 같이 BCD 입력을 인가했을 때, 6자릿수 디스플레이에서 읽혀지는 값은?

6-24 _____(LCD, LED) 7-세그먼트 디스플레이의 전면과 후면 패널은 유리로 만들어져 있어 거칠게 다루면 깨질 수 있다.

6-25 그림 6-39에서 구동 신호와 함께 LCD는 십진수 _____(을)를 표시하게 되며, 입력은 BCD 숫자로 _____(이)다.

6-26 진공 형광 디스플레이는 12V로 동작할 수 있으며, 이는 _____(CMOS, TTL) IC와 자동차의 전장부품들과 호환된다.

6-27 그림 6-40에서, VF 7-세그먼트 디스플레이는 각 입력펄스에 대해 어떤 값을 읽을 수 있는가?

6-28 그림 6-40에서, t_4 펄스 동안의 VF 디스플레이의 각 7개의 플레이트와 그리드에서의 근사 전압을 작성하라.

357

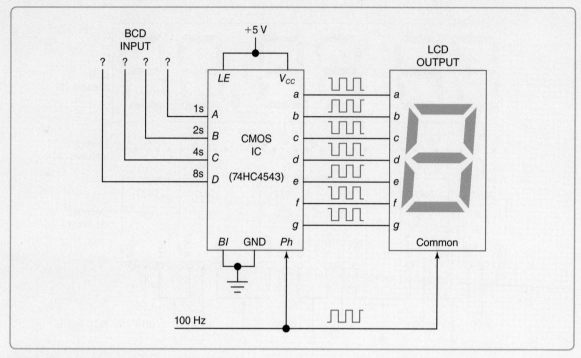

그림 6-39 디코더/LCD 회로 문제

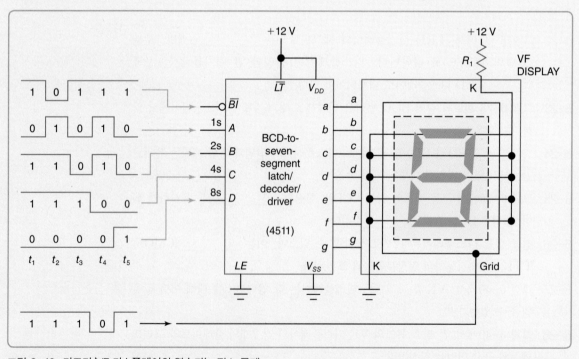

그림 6-40 디코더/VF 디스플레이의 연속되는 펄스 문제

🔌 핵심문제

6-1 다음의 8421 BCD 숫자를 2진수로 변환하라.

    a. 0011 0101   b. 1001 0110   c. 0111 0100

6-2 그레이 코드로 셈을(count) 하는 경우 가장 중요한 특성은 무엇인가?

6-3 그림 6-7에서, 만약 디코더 칩이 4511이고 회로가 12V 전원공급에서 동작한다면, 출력 디스플레이는 아마도 _____(LED, VF) 장치가 된다.

6-4 그림 6-8에서, 두 입력 2와 7이 동시에 동작될 때 74147 10라인(line)-4라인(line) 인코더의 출력은 왜 0111로 읽혀지는가?

6-5 7447A TTL IC의 용도는 무엇이며, 어떤 형태의 7-세그먼트 디스플레이가 호환 가능한가?

6-6 7447A 디코더 TTL IC는 44 개의 게이트를 가지고 있고 _____(조합, 순서) 논리회로로 간주된다. 7447A 디코더는 _____(숫자) active-LOW 입력과 _____(숫자) active-HIGH 입력을 가지며 _____(숫자) active-LOW 출력을 가지고 있다.

6-7 그림 6-38에서, 리플-블랭크 신호선 A에서 E까지에 대하여 각각의 조건 (HIGH 또는 LOW)을 열거하라.

6-8 그림 6-39에서, 74HC4543 CMOS IC의 세 가지 기능을 기술하라.

6-9 회로 시뮬레이션 소프트웨어를 사용하여 (1) 그림 6-41에 그려진 논리회로를 그려라. (2) 논리회로에 대한 진리표를 만들어라. (3) 그레이-2진 디코더인지 또는 2진-그레이 코드 디코더인지를 결정하라.

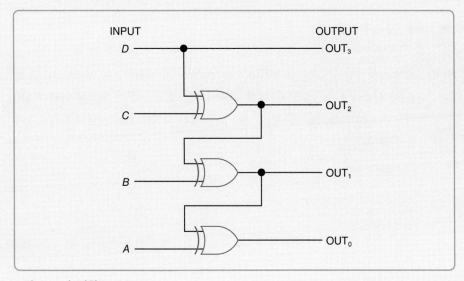

그림 6-41 논리회로

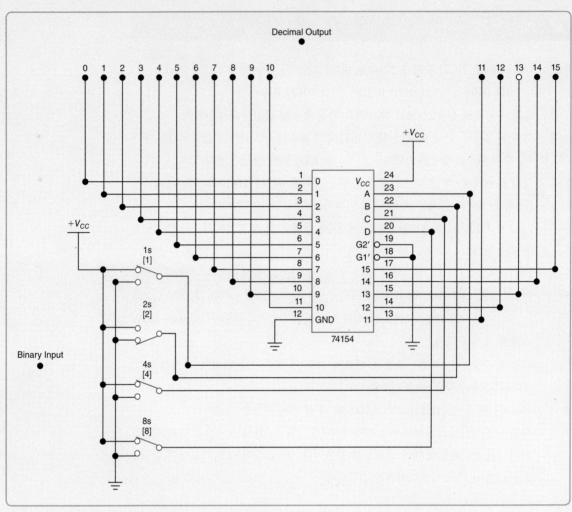

그림 6-42 74154 디코더 UC를 사용한 2진-십진 디코더회로

6-10 회로 시뮬레이션 소프트웨어(Electronics Workbench® 또는 Multism®과 같은)를 사용하여, (a) 그림 6-42에 그려진 2진-십진 디코더 회로를 그려라. (b) 디코더 회로의 동작을 검사하라. (c) 2진-십진 디코더 회로 시뮬레이션의 동작을 설명하라.

Digital Electronics

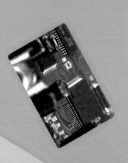

CHAPTER **07**

플립플롭

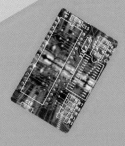

CONTENTS

7.1 R-S 플립플롭

7.2 클럭을 가진 R-S 플립플롭

7.3 D 플립플롭

7.4 J-K 플립플롭

7.5 IC 래치

7.6 플립플롭 트리거

7.7 슈미트 트리거

7.8 IEEE 논리기호

7.9 응용: 래치 인코더-디코더 시스템

7 플립플롭

학습목표

1. R–S 플립플롭의 각각의 입력과 출력 기능에 대해 설명한다. 세트, 리셋, 홀드, 액티브(active) LOW, 그리고 액티브 (active) HIGH를 포함한 플립플롭 용어를 사용하고, 래치의 사용과 작동에 대해 설명한다.

2. 클락 R–S 플립플롭의 파형과 진리표를 해석하고 작동 모드를 설명한다.

3. 7474 D 플립플롭의 작동 모드를 진리표와 함께 분석한다.

4. 토글 모드가 있는 다양한 J–K 플립플롭 IC의 작동을 예측한다.

5. 간단한 시스템에서 7475 4–비트 래치의 사용과 작동을 설명한다.

6. 동기나 비동기 플립플롭을 분류하고 트리거링을 비교한다.

7. 슈미트 트리거 기기의 작동을 설명하고 몇몇 응용 예를 안다.

8. IEEE/ANSI 플립플롭 심벌을 전형적인 형태와 비교한다.

9. 래치 인코더–디코더 시스템의 작동을 분석하고 설명한다.

플립플롭

엔지니어들은 논리회로를 두 그룹으로 분류한다. 이미 AND, OR 그리고 NOT 게이트를 사용하는 조합 논리회로에 대해 알아보았다. 다른 회로 그룹은 순차 논리회로이다. 순차 논리회로는 타이밍과 메모리 기기를 포함하고 있다. 조합 논리회로의 기초적인 블럭은 논리게이트이다. 순차 논리회로에서의 기초적인 블럭은 **플립플롭**(FF)이다. 이 장에서는 플립플롭 회로의 다양한 종류를 알아본다. 이후 플립플롭을 연결할 것이다. 플립플롭은 카운터, 시프트 레지스터 그리고 다양한 메모리 기기를 만들기 위해 연결되어 있다.

7.1 R–S 플립플롭

R–S 플립플롭의 논리기호는 그림 7–1에 나와 있다. R–S 플립플롭이 두 개의 입력, S와 R 라벨이 있다는 것을 알아야 한다. 두 개의 출력은 Q와 $\overline{Q}$ ("not Q" 혹은 "Q not"이라고 함)라고 되어 있다. 플립플롭에서 출력은 항상 반대이거나 상호

보완적이다. 다른 말로는, 만약 출력 Q = 1이라면, $\overline{Q}$ = 0이 된다. 그림 7–1에 나타난 R–S 플립플롭 기호들은 출력을 보통과 상호 보완으로 해 놓았다. R–S 플립플롭 기호 왼쪽의 S와 R 글자는 세트와 리셋 입력에 대응된다. 입력들은 액티브 (active) LOW이다.

R–S 플립플롭은 R–S 래치로도 불린다. "래치"는 임시 저장장치로 쓰인다. 그림 7–1의 R–S 플립플롭에서의 래치는 1비트의 정보를 수용한다.

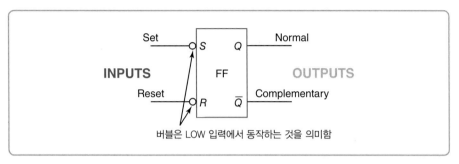

그림 7–1 R–S 플립플롭의 논리기호

표 7–1의 진리표는 R–S 플립플롭의 작동의 세부사항을 다루고 있다. S와 R 입력이 모두 0이라면, 두 출력은 논리 1이 된다. 이는 플립플롭의 불능상태가 되고 동작하지 못한다. 진리표의 두 번째 줄은 입력 S는 0, R은 1이고 출력 Q는 1이다. 이는 세트상태가 된다. 세 번째 줄은 입력 R이 0, S는 1이고 출력 Q는 0으로 리셋 된다. 이는 리셋상태라고 한다. 진리표의 네 번째 줄은 두 개의 입력(R과 S)이 1이 다. 이는 부정 혹은 유휴상태가 되고 Q와 $\overline{Q}$를 이전의 보수상태로 둔다. 이는 상태유지라고 한다.

세트상태
리셋상태

표 7–1에서, 세트를 작동시키기 위해서는(즉, Q가 1이 되는) 논리 0이 필요하 다는 것을 알 수 있다. 또한 리셋 혹은 클리어를 하기 위해서도(즉, Q값을 0으로 클리어) 논리 0이 필요하다. 왜냐하면 논리 0은 플립플롭이 가능 혹은 작동하고, 그림 7–1의 논리기호는 R과 S의 입력에 반전 때문이다. 이러한 반전은 세트와 리 셋이 논리 0에 의해 동작하게 된다는 것을 나타낸다.

표 7-1 R-S 플립플롭의 진리표

Mode of opperation	Inputs		Outputs		Effect on output Q
	S	R	Q	$\bar{Q}$	
Prohibited	0	0	1	1	Prohibited: Do not use
Set	0	1	1	0	For setting Q to 1
Reset	1	0	0	1	For resetting Q to 0
Hold	1	1	Q	$\bar{Q}$	Depends on previous state

액티브(active) LOW

　　R-S 플립플롭은 IC 패키지로 살 수 있다. 혹은 그림 7-2에 나온 것과 같이 논리게이트 회로에 연결되어 있다. 그림 7-2의 NAND 게이트는 R-S 플립플롭을 형성한다. NAND 게이트 R-S 플립플롭은 표 7-1의 진리표와 연관되어 있다. 기술적으로, 그림 7-2의 R-S 플립플롭은 $\overline{R}$-$\overline{S}$ 플립플롭 혹은 $\overline{R}$-$\overline{S}$ 래치라고 할 수 있다. R과 S 위의 오버바는 액티브(active) LOW 입력을 말한다. 이러한 오버바는 몇몇의 공업적 용도로 쓰인다.

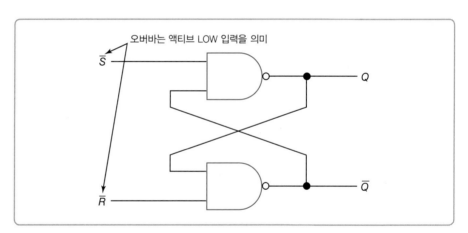

그림 7-2 NAND 게이트를 이용한 R-S 플립플롭 회로

　　타임차트 혹은 파형은 순차 논리회로를 만들어 낸다. 전압 등급과 입력과 출력 사이의 타이밍을 나타내는 도표들은 오실로스코프에서 알아본 것과 비슷하다. 수평은 시간, 수직은 전압이 된다. 그림 7-3은 입력 파형(R, S)과 R-S 플립플롭의 출력 파형(Q, $\overline{Q}$)을 나타내고 있다.

　　도표의 하단에는 표 7-1의 진리표의 줄이 나열되어 있다. Q 파형은 출력의 set와 reset 상태를 보여준다. 논리레벨 (0, 1)은 파형의 우측에 있다. 그림 7-3에 나

타난 형태와 같은 파형 그림은 순차 논리회로를 사용할 때 흔히 사용된다. 이 도표
가 어떤 내용을 전달하는지 알기 위해서 공부해야 한다. 파형 그림은 진리표의 한
종류이다.

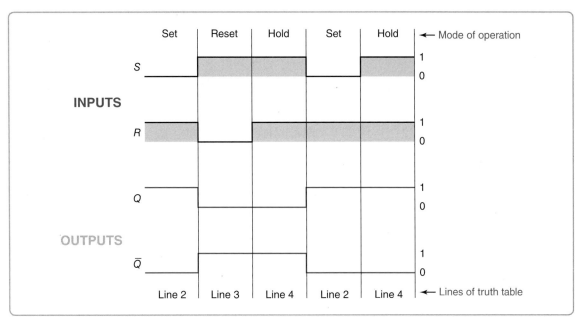

그림 7-3 R-S 플립플롭의 파형 도표

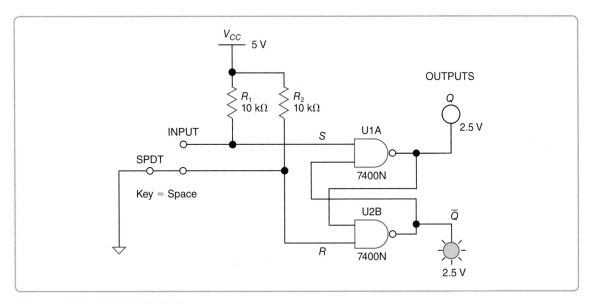

그림 7-4 SPDT 스위치 디바운싱 회로

멀티바이브레이터
R-S 플립플롭

세 종류의 멀티바이브레이터(MV)가 있다. 단안정 멀티바이브레이터(단안정 multivibrator), 무안정 멀티바이브레이터(astable MV) 그리고 쌍안정 멀티바이브레이터(bistable MV)가 있다. R-S 플립플롭은 다양한 쌍안정 멀티바이브레이터 중 하나이다. R-S 플립플롭은 흔히 래치로 알려져 있으며 이는 IC 카탈로그의 아래를 향하고 있다. 래치는 데이터를 저장하는 2진 메모리 소자이다. 래치는 디지털 기기의 출력에 흔히 사용되며 다음 기기가 입력을 받을 준비가 될 때까지 데이터를 저장한다. 래치는 레지스터에 따라 보통 4-비트, 8-비트 혹은 그 이상으로 구분된다. R-S 플립플롭은 스위치 디바운싱에 쓰인다는 사실 역시 기억할 것이다.

그림 7-4는 SPDT 스위치 디바운싱 회로에서의 R-S 플립플롭 응용을 나타내고 있다.

R-S 플립플롭의 상용 버전이 나왔다. 일례로는 74LS279 쿼드 S-R 래치 IC이다. 이는 그림 7-2에서 배웠던 것과 같은 래치를 포함하고 있다. 차후에는 7475/74LS75/74HC75 4비트 래치에 대해 자세히 배울 것이다.

R-S 플립플롭의 논리기호와 진리표에 대해 알았는가? R-S 플립플롭의 네 가지 작동 모드에 대해 알았는가?

확인문제

1. 그림 7-1의 R-S 플립플롭은 active _____(HIGH, LOW) 입력을 갖고 있다.
2. 그림 7-5의 각각의 입력펄스가 나타내는 R-S 플립플롭의 작동 모드를 써라. "set", "reset", "hold", 그리고 "prohibited"를 사용하여 답하라.
3. 그림 7-5의 각각의 펄스가 나타내는 R-S 플립플롭의 보통 출력(Q)에서의 2진 출력을 써라.

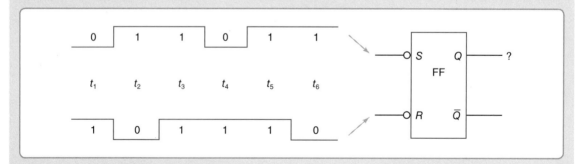

그림 7-5 R-S 플립플롭 펄스-트레인 문제

7.2 클럭을 가진 R-S 플립플롭

클럭을 가진 R-S 플립플롭의 논리 심벌이 그림 7-6에 나와 있다. CLK(클럭에 해당) 라벨이 입력에 하나 더 있는 것을 제외하곤 R-S 플립플롭과 거의 흡사하다.

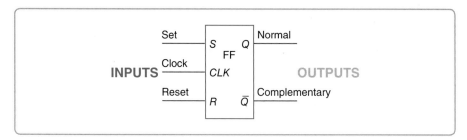

그림 7-6 클럭을 가진 R-S 플립플롭의 논리 심벌

클럭을 가진 R-S 플립플롭의 작동은 그림 7-7에 나와 있다. CLK 입력은 도표의 제일 위에 있다. 클럭펄스(1)은 위치 0의 출력 Q와 입력 S 그리고 R에 아무런 영향도 없다. 플립플롭은 클럭펄스 1에 2개의 안정상태를 갖고 있다. S 포지션을 미리 맞춰놓으면, S(set) 입력이 1로 움직이지만, 출력 Q는 아직 1에 맞춰져 있지 않다. 클럭펄스 2의 상승 모서리는 Q가 1로 갈 수 있게 한다. 펄스 3과 4는 출력 Q에 아무런 영향도 없다. 펄스 3 동안, 플립플롭은 세트모드가 되고, 펄스 4 동안 홀드모드가 된다. 다음 입력 R은 1로 조정된다.

클럭펄스 5의 상승 모서리에서, 출력 Q는 0으로 초기화된다. 플립플롭은 클럭펄스 5와 6에서 리셋모드가 된다. 플립플롭은 클럭펄스 7에서는 홀드모드가 된다. 따라서 보통 출력 Q는 0에 유지된다.

클럭 R-S 플립플롭의 출력이 클럭펄스에서만 변하는 것을 알아야 한다. 플립플롭이 동시에 작동한다고 할 수 있다. 이는 시계의 바늘과 같이 작동한다. 동기 조작은 각각의 단계가 제 순서대로 일어나야 하는 디지털 회로에서는 매우 중요하다.

클럭 R-S 플립플롭의 다른 특성은 세트되거나 리셋되는 것이다. 이는 몇 입력을 바꾸면 유지된다. 이를 메모리 특성이라고 하며, 많은 디지털 회로에서 중요하게 여겨진다. 이러한 특성은 홀드모드에서 분명하게 드러난다. 그림 7-7의 파형

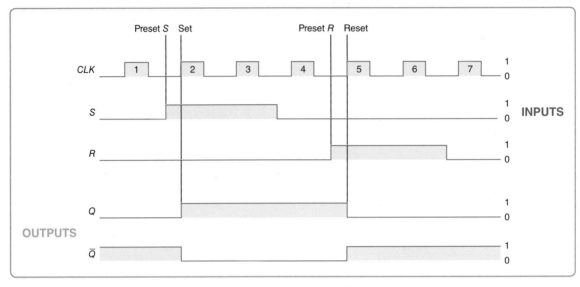

그림 7-7 클럭을 가진 R-S 플립플롭의 파형 도표

도표에서, 이 플립플롭은 클럭펄스가 1, 4, 7일 때 홀드모드가 된다.

액티브(active) HIGH
입력활성

그림 7-8(a)는 클럭 R-S 플립플롭의 진리표를 보여주고 있다. 진리표의 상위 세 줄만이 쓸 수 있으며, 하단은 금지하거나 안 쓰인다. 클럭 R-S 플립플롭의 R과 S 입력은 액티브(active) HIGH 입력활성이다. 이는 R = 0일 때, 입력 S가 HIGH가 되고 출력 Q가 1이 되게 한다.

그림 7-8(a)는 클럭 R-S 플립플롭의 배선 도표를 보여준다. 두 개의 NAND 게이트가 R-S 플립플롭의 입력에 더해져 클럭 형태를 만든 것을 알 수 있다. CLK 입력은 제조사에 따라 C나 E로 표기된다.

플립플롭에 의해 메모리 특성이 실행되는 것을 기억하는 것은 중요한데, 이는 왜 디지털 기술이 근대 전자제품에 널리 쓰이는지 근본적인 이유가 된다. 실제 R-S와 클럭 R-S 플립을 회로 시뮬레이터나 실제 IC를 가지고 플롭 실험을 할 때 대두된다. 플립플롭을 실험실에서 작동시켜봄으로써 작동에 대해 더 잘 이해할 수 있다.

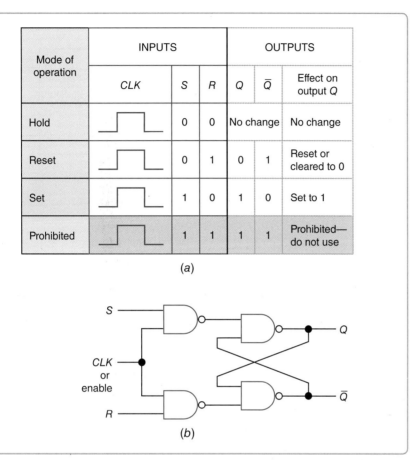

Mode of operation	INPUTS			OUTPUTS		
	CLK	S	R	Q	$\bar{Q}$	Effect on output Q
Hold	⊓	0	0	No change	No change	
Reset	⊓	0	1	0	1	Reset or cleared to 0
Set	⊓	1	0	1	0	Set to 1
Prohibited	⊓	1	1	1	1	Prohibited—do not use

(a)

(b)

그림 7–8 (a) 클럭을 가진 R–S 플립플롭의 진리표 (b) NAND 게이트를 이용한 클럭 R–S 플립플롭의 배선

┃ 🎧 확인문제

4. 그림 7–6에서, 클럭 R–S 플립플롭의 세트와 리셋 입력 (S, R)은 액티브(active) _____(HIGH, LOW) 입력이다.

5. 클럭 R–S 플립플롭이 각각 그림 7–9에 나타난 입력펄스에서 작동하는 모드를 써라. "세트", "리셋", "홀드" 그리고 "금지"를 사용하여 답하라.

6. 그림 7–9의 각 펄스에서 클럭 R–S 플립플롭의 일반 출력(Q)의 2진 출력을 써라.

7. 플립플롭을 세트한다는 것은 일반 출력(Q)을 _____(HIGH, LOW)에 맞추는 것이다.

8. 그림 7–9에서, 클럭 R–S 플립플롭에서 CLK는 일부 제조사에서 _____(encoder, enable)이란 뜻으로 EN이라고 명명했다.

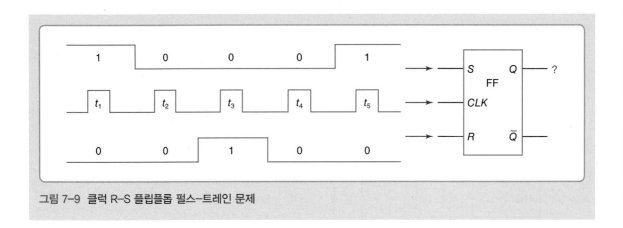

그림 7-9 클럭 R–S 플립플롭 펄스–트레인 문제

7.3 D 플립플롭

D 플립플롭
지연(delay) 플립플롭

　그림 7-10(a)에는 D 플립플롭의 논리기호가 나와 있다. D 플립플롭은 하나의 데이터 입력(D)과 하나의 클럭 입력(CLK)이 있다. 출력은 Q와 $\bar{Q}$로 표기되어 있다. D 플립플롭은 **지연(delay) 플립플롭**이라고도 한다. "지연"은 입력 D에서 데이터나 정보에 일어나는 일을 설명한다. 입력 D에서의 데이터(0 혹은 1)는 출력 Q

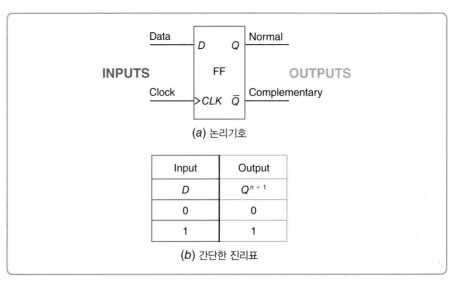

Input	Output
D	Q^{n+1}
0	0
1	1

(a) 논리기호

(b) 간단한 진리표

그림 7-10　D 플립플롭

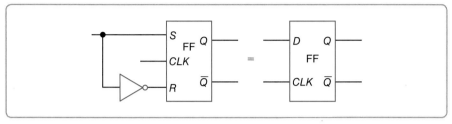

그림 7-11 D 플립플롭 회로도

로의 1클럭펄스당 지연되는 것을 말한다. D 플립플롭의 간단한 진리표는 그림 7-10(b)에 나와 있다. 입력신호 D가 CP에 동기되어 그대로 출력에 전달되는 특성이 있다.

D 플립플롭은 그림 7-11과 같이 클럭형 R-S 플립플롭에 인버터를 더해서 만들 수 있다. 앞으로 보게 될 대부분의 D 플립플롭은 IC를 포함하고 있다. 그림 7-12(a)는 전형적인 상업 D 플립플롭을 보여주고 있다. 그림 7-12(a)의 두 개의 입력 [PS(preset)와 CLR(clear)]은 D 플립플롭에 더해졌다. PS 입력은 논리 0일 때, 출력 Q를 1로 세트한다. CLR 입력은 논리 0일 때, 출력 Q를 0으로 클리어한다. D와 CLK 입력은 그림 7-10과 같이 D 플립플롭에서 그랬던 것처럼 작동한다.

그림 7-12(a)의 IC 기호의 CLK 입력에 더해진 작은 삼각형에 주목한다. 그림 7-12(a)의 7474 IC 회로도 안의 작은 삼각형은 플립플롭은 **에지 트리거 플립플롭**을 의미한다.

동기 작업 중에, 에지 트리거는 클럭펄스가 입력될 때 D입력의 논리 1상태의 입력정보는 클럭펄스가 입력될 때 클럭펄스의 상승 에지에서 플립플롭에서 저장된다. 7474 D 플립플롭으로 IC는 상승 에지 트리거이다.

상업용 7474 TTL D 플립플롭의 더 자세한 진리표는 그림 7-12(b)에 나와 있다. 비동기(동기되지 않은) 입력 (PS와 CLR)은 동기입력을 무시한다는 것을 기억해야 한다. 그림 7-12(b)의 진리표의 첫 세 줄에서 비동기 입력은 D 플립플롭의 통제에 있음을 나타낸다. 동기 입력(D와 CLK)은 진리표의 "X"를 통해 나타낸 것처럼 무관하다. 진리표의 세 번째 줄의 부정상태는 피해야 한다.

두 비동기 입력들이 불능(PS = 1 그리고 CLR = 1)일 때, D 플립플롭은 D와 CLK 입력을 통해 set와 reset될 수 있다. 진리표의 마지막 두 줄은 플립플롭의 입력 D에서 출력 Q로 데이터를 전송하기 위해 클럭펄스를 사용하고 있다. 클럭을

에지 트리거 플립플롭

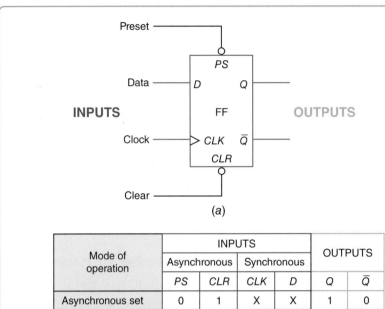

Mode of operation	INPUTS				OUTPUTS	
	Asynchronous		Synchronous			
	PS	CLR	CLK	D	Q	$\overline{Q}$
Asynchronous set	0	1	X	X	1	0
Asynchronous reset	1	0	X	X	0	1
Prohibited	0	0	X	X	1	1
Set	1	1	↑	1	1	0
Reset	1	1	↑	0	0	1

0 = LOW
1 = HIGH
X = Irrelevant
↑ = LOW-to-HIGH transition of clock pulse
(b)

그림 7-12 (a) 상업용 D 플립플롭의 논리기호 (b) 7474 D 플립플롭의 진리표

사용한 단계를 동기조작이라고 한다. 이는 입력 D에서 출력 Q로 데이터 전송하기
위해 클럭펄스의 LOW-to-HIGH 이행을 사용한 플립플롭이란 것에 유의한다.

D 플립플롭   D 플립플롭은 임시 저장 소자에 널리 쓰이는 순차 논리기기를 말한다. D 플립
플롭은 시프트 레지스터와 기억 레지스터를 만들기 위해 연결되어 있다.

D 플립플롭은 TTL과 CMOS IC 형태 모두에서 사용 가능한다. 몇몇 특정
CMOS D 플립플롭은 74HC74, 74AC74, 74FCT374, 74HC273, 74AC273,
4013 그리고 40174가 있다. D 플립플롭은 다른 50개 IC의 설계자들에게도 매우
유명하며 FACT CMOS 논리계열에서도 사용 가능하다.

확인문제

9. 그림 7-13에 나타난 7474 D 플립플롭의 각 입력펄스의 작동모드에 대해 나열하라. "asynchronous set," "asynchronous reset," "prohibited," "set," 그리고 "reset"을 사용하여 답하라.

10. 그림 7-13에 나타난 D 플립플롭의 각 펄스의 보통 출력(Q)에 나오는 2진 출력을 나열하라.

11. 그림 7-12(a)에서, CLK 입력의 "〉"는 D 플립플롭이 에지 트리거링을 사용한다는 것을 의미한다.(참, 거짓)

12. 그림 7-12에서, PS와 CLR 모두 7474 D 플립플롭에 대해 _____(active HIGH, 액티브(active) LOW) 입력이다.

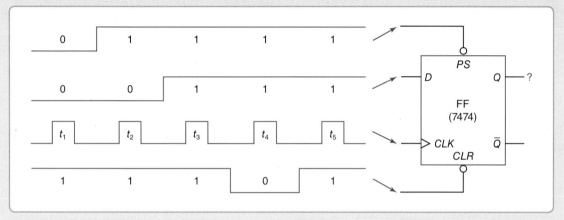

그림 7-13 문제 9와 10에 대한 D 플립플롭 문제

7.4 J-K 플립플롭

J-K 플립플롭은 플립플롭의 다른 모든 종류의 형태를 갖고 있다. J-K 플립플롭의 논리기호는 그림 7-14(a)에 나와 있다. 출력 J와 K는 데이터 입력이다. 입력 CLK는 클럭 입력이다. 출력 Q와 $\overline{Q}$는 플립플롭의 평범한 보완 출력이다. J-K 플립플롭의 진리표는 그림 7-14(b)에 나와 있다. J와 K 입력이 모두 0일 때, 플립플롭은 홀드상태가 된다. 홀드상태에서는, 데이터 입력이 출력에 영향을 주지 않는다. 출력은 마지막 데이터 상태를 "홀드"한다.

진리표의 2번째와 3번째 줄은 Q 출력의 reset과 set 상태를 나타낸다. 4번째 줄은 J-K 플립플롭의 유용한 토글 위치를 나타낸다. 입력 J와 K가 1일 때, 반복

J-K 플립플롭
홀드

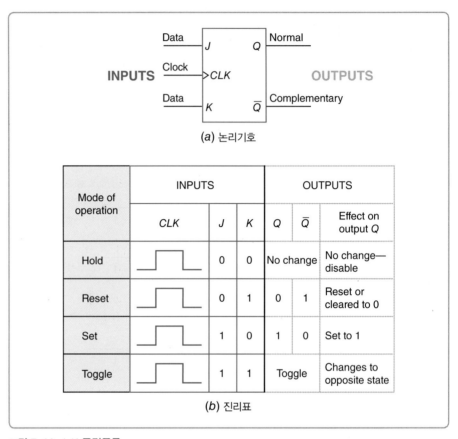

(a) 논리기호

Mode of operation	INPUTS			OUTPUTS		
	CLK	J	K	Q	$\overline{Q}$	Effect on output Q
Hold	⎍	0	0	No change	No change— disable	
Reset	⎍	0	1	0	1	Reset or cleared to 0
Set	⎍	1	0	1	0	Set to 1
Toggle	⎍	1	1	Toggle		Changes to opposite state

(b) 진리표

그림 7-14 J-K 플립플롭

된 클럭펄스가 출력이 off-ON OFF-ON OFF-on 그리고 계속 반복되게 한다. 이 off-on 액션은 토글 스위치와 같고 이를 토글이라고 부른다.

J-K 플립플롭

상업용 7476 TTL J-K 플립플롭은 그림 7-15(a)에 나와 있다. 두 비동기 입력이 추가되었다. 동기 입력은 J와 K 그리고 클럭 입력이다. 관례적으로 보통 (Q)와 보수 $\overline{Q}$ 출력 역시 나와 있다. 상업용 7476 J-K 플립플롭의 자세한 진리표는 그림 7-15(b)에 나와 있다. 비동기 입력을 다시 불러와 동기 입력에 오버라이드한다. 비동기 입력은 진리표의 첫 세 줄에 나와 있다.

그림 7-15(b)의 첫 세 줄의 동기 입력은 무관하다. 따라서 "X"는 J, K, 그리고 CLK 입력의 아래 줄에 오게 된다. 비동기 입력이 동시에 작동되면 금지된 상태가 된다. 금지 상태는 쓸 수 없으며, 피해야 한다.

비동기입력 (PS와 CLR)은 1로 해제할 수 있으며, 동기입력이 실행될 수 있다.

374

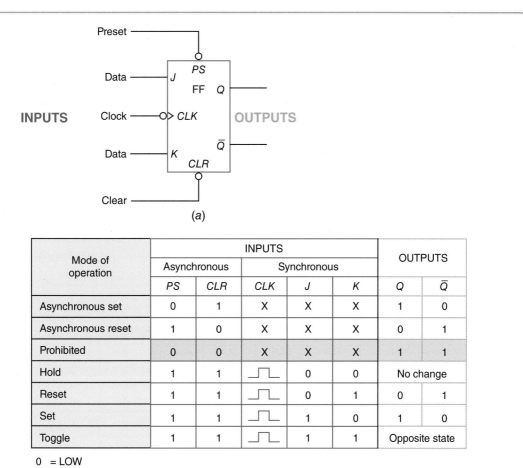

Preset

Data — J　PS

FF Q

INPUTS　Clock — ○> CLK　OUTPUTS

Data — K

$\overline{Q}$

CLR

Clear

(a)

Mode of operation	INPUTS					OUTPUTS	
	Asynchronous		Synchronous				
	PS	CLR	CLK	J	K	Q	$\overline{Q}$
Asynchronous set	0	1	X	X	X	1	0
Asynchronous reset	1	0	X	X	X	0	1
Prohibited	0	0	X	X	X	1	1
Hold	1	1	⊓	0	0	No change	
Reset	1	1	⊓	0	1	0	1
Set	1	1	⊓	1	0	1	0
Toggle	1	1	⊓	1	1	Opposite state	

0　= LOW
1　= HIGH
X　= Irrelevant
⊓ = Positive clock pulse

(b)

그림 7-15 (a) 상업용 J–K 플립플롭의 논리 심벌 (b) 7476 J–K 플립플롭의 진리표

그림 7-15(b)의 진리표의 아래 네 줄은 7476 J–K 플립플롭의 hold, reset, set 그리고 토글 기능을 나타낸다. 7476 J–K 플립플롭은 J와 K 입력에서 Q와 $\overline{Q}$ 출력으로 데이터 전송을 하기 위해 전체 펄스를 사용한다.

두 번째 상업용 J–K 플립플롭은 74LS112 TTL LS J–K 플립플롭이다. 74LS112 J–K 플립플롭의 논리기호는 그림 7–16(a)에 나와 있다. 74LS112 플립플롭은 두 개의 액티브(active) LOW 비동기 입력을 내제하고 있다. 두 개의 데이터 입력은 J와 K이다. 클럭 입력은 블럭에 〉으로 나타나 있다. 이는 74LS112

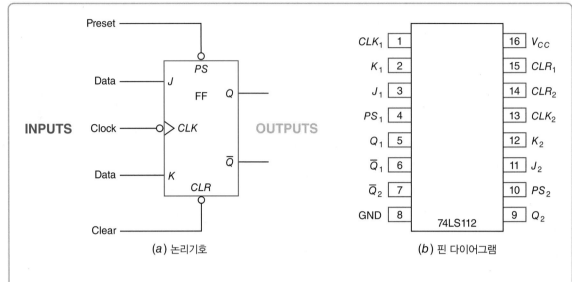

(a) 논리기호

(b) 핀 다이어그램

Mode of operation	INPUTS					OUTPUTS	
	Asynchronous		Synchronous				
	PS	CLR	CLK	J	K	Q	$\overline{Q}$
Asynchronous set	0	1	X	X	X	1	0
Asynchronous reset	1	0	X	X	X	0	1
Prohibited	0	0	X	X	X	1	1
Hold	1	1	↓	0	0	No change	
Reset	1	1	↓	0	1	0	1
Set	1	1	↓	1	0	1	0
Toggle	1	1	↓	1	1	Opposite state	

0 = LOW
1 = HIGH
X = Irrelevant
↓ = HIGH-to-LOW clock transition

(c) 진리표

그림 7-16 74LS112 J-K 플립플롭 IC

플립플롭이 음성 에지 트리거를 사용한다는 것을 의미한다. 다른 말로는, 플립플롭은 입력 클럭펄스의 HIGH-to-LOW 변환시에 작동된다는 것을 말한다.

16핀 DIP pin diagram IC의 핀 다이어그램은 그림 7-16(b)에 나와 있다. 74LS112는 두 개의 J-K 플립플롭과 두 비동기 입력 그리고 보완 출력을 포함하

고 있음을 알아야 한다. 74LS112IC는 다른 IC 패키지에서도 사용 가능하다.

74LS112 J-K 플립플롭의 진리표는 그림 7-16(c)에 나와 있다. 74LS112 플립플롭은 7476과 같은 작동을 한다. 진리표의 첫 세 줄은 비동기 입력이 동기 입력을 오버 라이드 하는 것을 보여준다. 비동기 핀이 액티브(active) LOW 입력임에 유의한다. 마지막 네 줄은 hold, reset, set, 그리고 토글 기능을 나타낸다. CLK 입력은 클럭펄스의 HIGH-to-LOW 변환을 플립플롭에서 트리거한다. 이를 하강 에지 트리거링이라고 한다. 그림 7-16(c)의 진리표의 마지막 줄은 유용한 토글모드이다. 비동기 입력이 불가능해지고 데이터 입력이 모두 high라면, 각 클럭펄스는 출력을 반대 상태로 토글한다.

예를 들어, 반복된 클럭펄스에서 출력 Q는 HIGH, LOW, HIGH, LOW로 가야한다. 이는 카운터와 같은 회로를 만드는 데에 유용한 기능이다.

J-K 플립플롭은 많은 디지털 회로에서 사용된다. J-K 플립플롭을 특히 카운터에서 많이 사용한다. 카운터는 거의 대부분의 디지털 시스템에서 사용된다.

J-K 플립플롭

요약하면, J-K 플립플롭은 "보편적인" 플립플롭이다. 이의 토글 모드는 매우 특별하며 카운터를 설계하는 데에 많이 사용된다. J-K 플립플롭이 토글 모드에서만 사용되면, T 플립플롭이라고 부른다. J-K 플립플롭은 TTL과 CMOS IC 형태 모두에서 사용한다. 보통의 CMOS J-K 플립플롭은 74HC76, 74AC109, 그리고 4027 IC가 있다.

T 플립플롭

┌─────────────────────┐
│ ▌▌ **확인문제** │
└─────────────────────┘

13. 그림 7-17에 나타난 것과 같이 7476 J-K 플립플롭의 각 입력펄스의 모드를 써라. "비동기 세트", "비동기 리셋", "금지", "홀드", "리셋", "세트" 그리고 "토글"을 사용해서 답하라.

14. 그림 7-17에 나타난 것과 같이 J-K 플립플롭의 각 펄스의 출력 Q의 2진 출력을 써라.

15. 그림 7-18에서, J-K 플립플롭은 이 회로에서 _____(reset, set, toggle) 모드이다.

16. 그림 7-18에서, 74LS112 플립플롭은 이 회로에서 클럭펄스의 _____(HIGH-to-LOW, LOW-to-HIGH) 이행을 나타낸다.

17. 그림 7-18에 나타난 것과 같이 J-K 플립플롭의 각 펄스의 2비트 2진 출력을 써라.

18. 그림 7-18에서, 2비트 _____(가산기, 카운터)를 작동하기 위해 회로에 J-K 플립플롭을 사용한다.

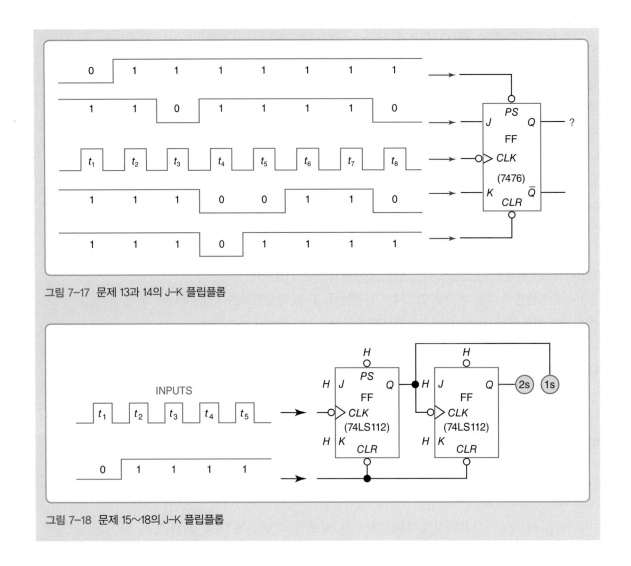

그림 7-17 문제 13과 14의 J-K 플립플롭

그림 7-18 문제 15~18의 J-K 플립플롭

7.5 IC 래치

그림 7-19(a)에 나타난 디지털 시스템의 계통도를 생각해보자. 키보드의 십진수 7을 눌렀다 뗀다. 7은 7-세그먼트 디스플레이에 나타난다. 키보드의 7을 떼면, 7은 디스플레이에서 사라진다. 디코더에 입력되는 7에 대한 BCD 코드를 저장하려면 기억소자가 필요하다는 것을 알 수 있다. 임시 버퍼 메모리를 제공하는 기기

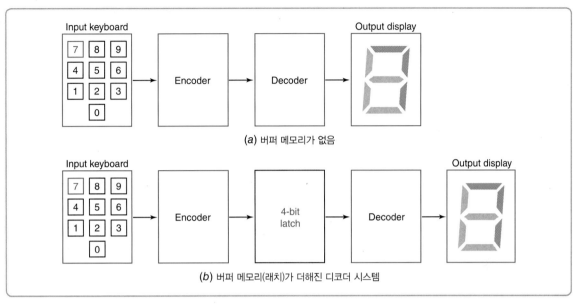

(a) 버퍼 메모리가 없음

(b) 버퍼 메모리(래치)가 더해진 디코더 시스템

그림 7-19 전자 인코더-디코더 시스템

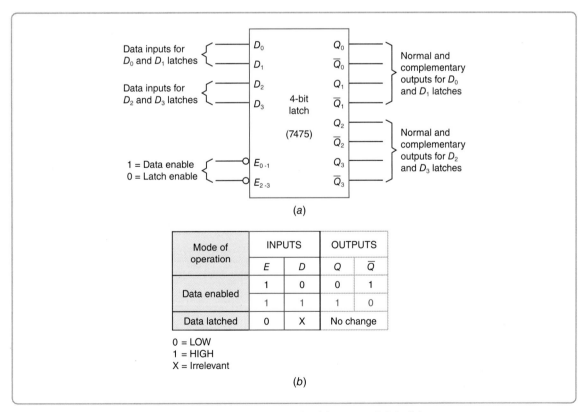

(a)

Mode of operation	INPUTS		OUTPUTS	
	E	D	Q	$\overline{Q}$
Data enabled	1	0	0	1
	1	1	1	0
Data latched	0	X	No change	

0 = LOW
1 = HIGH
X = Irrelevant

(b)

그림 7-20 (a) 상업용 7475 4비트 트랜스페어런트 래치의 논리기호 (b) 7475 D 래치의 진리표

래치

를 래치라고 한다. 4비트 래치는 그림 7-19(b)의 시스템에 적용되어 있다. 이제 키보드의 십진수 7을 누르고 떼도 7-세그먼트 디스플레이는 계속해서 7을 보여주게 된다.

"래치"는 디지털 저장소를 뜻하는 말이다. D 플립플롭은 래치 데이터를 사용하는 좋은 예시이다. 하지만, 다른 종류의 플립플롭 역시 래치 기능을 사용한다.

제조사는 IC 형태의 다양한 래치를 개발해왔다. 7475 TTL 4비트 트랜스페어런트 래치의 논리 도표가 그림 7-20(a)에 나와 있다. 이 개체는 네 개의 D 플립플롭이 하나의 IC 패키지에 있는 구조이다. D_0 데이터 입력과 평범한 Q_0와 보완 $\overline{Q_0}$ 출력은 첫 번째 D 플립플롭을 형성한다. 인에이블 입력(E_{0-1})은 D 플립플롭의 클럭입력과 비슷하다. E_{0-1}가 언에이블일 때, D_0와 D_1의 데이터는 출력으로 전송된다.

7475 래치 IC의 간단한 진리표는 그림 7-20(b)에 나와 있다. 만약 인에이블 입력이 논리 1이라면, 데이터는 분리된 클럭펄스 없이 D 입력에서 Q와 $\overline{Q}$ 출력으로 전송된다. 예를 들어, 만약 $E_{0-1} = 1$이고 $D_1 = 1$이라면, 클럭펄스 없이 Q_1은 1이 되고 $\overline{Q_1}$은 0이 된다. 데이터-인에이블 모드라면, 7475 래치의 각각의 D 입력이 Q 출력으로 나오게 된다.

그림 7-20(b) 진리표의 마지막 줄을 보자. 인에이블 입력이 0으로 떨어지게 되면, 7475 IC는 데이터 래치모드가 된다. Q에 있던 데이터는 D 입력이 변해도 그대로 있게 된다. 데이터가 래치 되었다고 말한다. 7475 IC는 트랜스페어런트 래치라고 하는데, 이는 인에이블 입력이 HIGH일 때, D 입력이 평범하게 출력되기 때문이다. 7475 IC의 D_0와 D_1 플립플롭은 E_{0-1} 인에이블 입력에 의해 제어되고, E_{2-3} 입력은 D_2와 D_3의 플립플롭을 제어한다.

플립플롭의 사용은 데이터를 홀드하거나 래치할 때 쓰인다. 이러한 용도로 쓰일 때에는, 플립플롭이 래치라고 불린다. 플립플롭은 이 밖에도 카운터, 시프트 레지스터, 지연장치 그리고 주파수 분할기 등에 사용된다.

래치는 모든 논리 계통에서 사용 가능하다. 몇몇 특정 CMOS 래치는 4042, 4099, 74HC75 그리고 74HC373 IC가 있다. 래치는 가끔 4511이나 4543 BCD to seven-segment 래치/디코더/드라이버 칩과 같은 곳에 설계되기도 한다.

아날로그 회로의 디지털의 주요한 이점 중의 하나는 사용하기 쉬운 기억소자의 유효성이다. 래치는 디지털 전자에서 쓰이는 근본적인 기억장치이다. 거의 모든 디지털 기기는 래치라고 불리는 간단한 기억소자를 갖고 있다.

확인문제

19. 7475 래치 IC가 데이터 인에이블 모드일 때, _____는 각각의 D 입력을 출력한다.
20. 7475 래치 IC의 인에이블 입력이 _____(HIGH, LOW)일 때, 데이터 래치 모드
    가 된다.
21. 데이터 래치 모드에서, 7475 래치 IC의 D 입력의 값을 바꾸면 _____(각각의 출력
    에 즉시 나타난다, 출력에는 별 변화가 없다).
22. 플립플롭이 임시로 데이터를 홀드하면, 이를 _____라고 부른다.

7.6 플립플롭 트리거

플립플롭을 동기와 비동기로 나누어 보았다. **동기형 플립플롭**은 클럭 입력이 있   동기형 플립플롭
다. 클럭 R-S, D 그리고 J-K 플립플롭이 클럭을 통해 작동한다.

제조사들의 데이터 매뉴얼을 읽어보면, 많은 동기 플립플롭이 에지 트리거 혹은
마스터/슬레이브로 분류된 것을 볼 수 있다. 그림 7-21은 두 개의 에지 트리거 플
립플롭이 토글 위치에 있는 것을 볼 수 있다. 클럭펄스 1에서, 펄스의 상승 에지는
구분된다. 두 번째 파형은 어떻게 상승 에지 트리거 플립플롭이 각각 상승 펄스를
발생시키는지 보여준다. 그림 7-21의 펄스 1에서, 펄스의 하강 에지가 나와 있다.
하단의 파형은 어떻게 하강 에지 트리거 플립플롭이 토글되는지 보여준다. 상태
변화나 토글은 각각의 하강 펄스에 따른다는 것에 유의한다. 특히 하강과 상승 에
지 트리거 플립플롭의 사이의 타이밍 차이를 알아야 한다. 트리거 시간 차이는 몇
몇 응용에서 꽤 중요하게 작용한다.

플립플롭의 트리거 종류가 나타나는 것은 흔한 일이다. 상승 에지 트리거를 가
진 D 플립플롭의 논리기호가 그림 7-22(a)에 나와 있다. 클럭 입력 근처 플립플
롭의 논리기호 옆에 있는 작은 〉에 주목한다. 이 〉 기호는 데이터가 펄스의 면에서
출력으로 전송되는 것을 나타낸다. 하강 에지 트리거를 가진 D 플립플롭의 논리
기호는 7-22(b)에 나와 있다. 클럭 입력에 더해진 도치 표시는 트리거가 클럭펄스
의 하강 면에서 발생한다는 것을 나타낸다. 마지막으로, 보통의 D 래치기호는 그
림 7-22(c)에 나와 있다. 인에이블 입력 옆에 〉 표시가 없는 것을 확인할 수 있다.
이는 개체가 에지 트리거를 생각하지 않는다는 것을 알 수 있다. R-S 플립플롭과

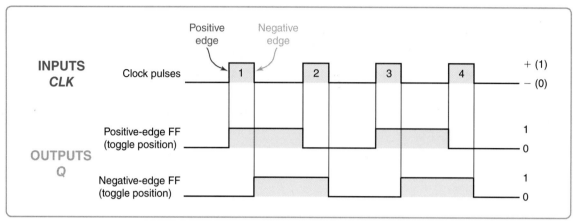

그림 7-21 상승과 하강 에지 트리거 플립플롭의 파형

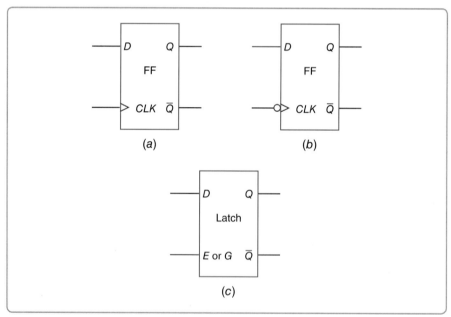

그림 7-22 (a) 상승 에지 트리거 D 플립플롭의 논리기호 (b) 하강 에지 트리거 D 플립플롭의 논리기호 (c) D 래치의 논리기호

같이, D 래치는 비동기를 고려하고 만들어졌다. D 래치의 보통 출력(Q)는 인에이블(E) 입력이 HIGH일 때, 입력(D)을 따른다는 것을 알아야 한다.

인에이블 입력이 LOW가 되면 데이터가 래치된다. 몇몇의 제조사들은 D 래치의 인에이블 입력을 "G"로 표시한다.

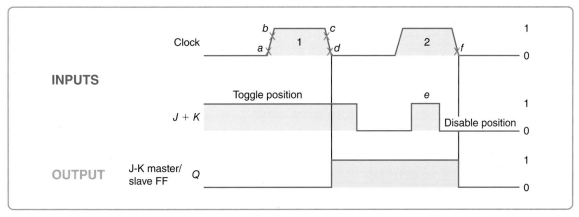

그림 7-23 J-K 마스터/슬레이브 플립플롭의 트리거링

플립플롭 트리거의 다른 종류는 마스터/슬레이브 형태이다. J-K 마스터/슬레이브 플립플롭은 플립플롭을 트리거하기 위해서 전체 펄스를 사용한다. 그림 7-23은 마스터 슬레이브 플립플롭의 트리거를 나타낸다.

펄스 1은 네 위치의 파형을 보여준다. 아래의 순서는 클럭펄스의 각 지점에 따른 마스터/슬레이브 플립플롭의 작동을 나타낸다.

- a 지점: 리딩 에지 - 출력에서 입력을 구분
- b 지점: 리딩 에지 - J와 K 입력에서 정보 입력
- c 지점: 트레일링 에지 - J와 K 입력 해제
- d 지점: 트레일링 에지 - 입력에서 출력으로 정보 전송

마스터/슬레이브 플립플롭의 매우 흥미로운 특성은 그림 7-23의 펄스 2에서 나타낸다. 펄스 2의 시작을 보면 J와 K 입력은 토글 위치로 이동되고 작동하지 않는 것을 볼 수 있다. J-K 마스터/슬레이브 플립플롭은 J와 K의 입력이 토글 위치에 있다는 것을 기억하고 파형 도표의 지점 f에 토글한다. 이 기억 특성은 클럭펄스가 HIGH일 때에만 나타난다.

마스터/슬레이브 트리거는 새로운 에지 트리거 플립플롭이 없이는 쓸모가 없다. 예를 들어, 마스터/슬레이브 7476 플립플롭은 74LS76 기기를 대체할 수 있다. 핀 도표와 기능을 갖고, 새로운 74LS76 IC는 하강 에지 트리거를 사용한다.

마스터/슬레이브 플립플롭
J-K 마스터/슬레이브 플립플롭

23. 상승 에지 트리거 플립플롭은 클럭펄스의 이행을 _____(HIGH-to-LOW, LOW-to-HIGH) 상태로 바꾼다.

24. 하강 에지 트리거 플립플롭은 클럭펄스의 이행을 _____(HIGH-to-LOW, LOW-to-HIGH) 상태로 바꾼다.

25. 플립플롭 논리기호 안의 "〉"은 _____라는 뜻이다.

26. 그림 7-16의 74LS112 J-K 플립플롭은 _____(상승 에지 트리거, 하강 에지 트리거)이다.

27. 그림 7-12의 7474 D 플립플롭은 _____(상승 에지 트리거, 하강 에지 트리거)를 사용한다.

28. J-K 마스터/슬레이브 플립플롭(7476 IC와 같은)은 개체를 트리거하기 위해 전체의 펄스를 사용하는데, 이는 개체가 쓸모없게 되어, 새로운 에지 트리거 플립플롭으로 대체할 수 있다.(참, 거짓)

7.7 슈미트 트리거

슈미트 트리거

디지털 회로는 빠르게 상승하고 하락하는 파형을 선호한다. 그림 7-24의 오른쪽 파형은 좋은 디지털 신호의 예시이다. 사각형 파장의 L-to-H와 H-to-L의 각이 수직이다. 이는 오르고 내려가는 시간이 매우 빠르다는 것을 나타낸다.

그림 7-24의 인버터의 왼쪽은 매우 느린 상승과 하강을 보이다. 이와 같이 형편없는 파장이 카운터, 게이트 혹은 다른 디지털 회로에 들어가게 되면 믿을 수 없는 결과를 초래한다. 이 예시에서 슈미트 트리거 인버터는 입력 신호를 "square up"하며 사용에 용이하게 만든다. 그림 7-24의 슈미트 트리거는 파형을 다시 그려낸다. 이를 신호조정이라고 한다. 슈미트 트리거는 신호조정에 널리 쓰인다.

특정 TTL 인버터의 전압 프로필은 그림 7-25(a)에 나와 있다. 7404 IC의 변경 경계(switching threshold)에 주목한다. 변경 경계는 칩과 칩에 따라 달라지며, 정해지지 않는다. 그림 7-25(a)는 7404 IC는 변경경계가 +1.2V 정도이다. 다른 말로는, 전압이 +1.2V로 상승하면, 출력이 HIGH에서 LOW로 바뀐다. 하지만 전압이 +1.2V 아래로 떨어지면, LOW에서 HIGH가 된다. 대부분의 게이트들은 전압이 상승과 하강에 상관없이 변경 경계를 하나만 갖고 있다.

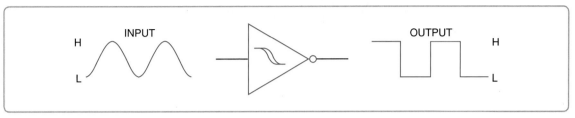

그림 7-24 파형 형성에 사용되는 슈미트 트리거

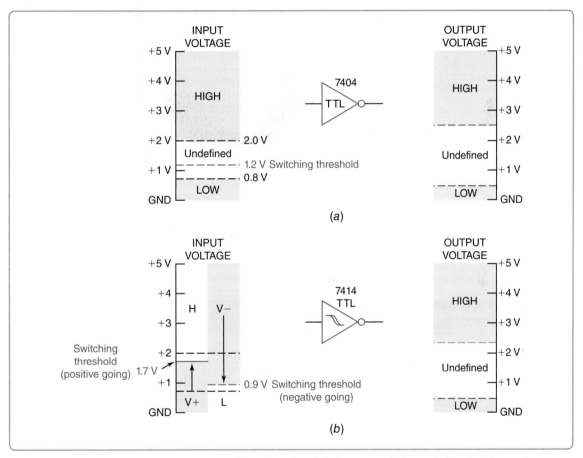

그림 7-25 (a) 변경 경계가 있는 TTL 전압 프로필 (b) 변경 경계를 나타낸 7414 TTL 슈미트 트리거 IC의 전압 프로필

　7414 슈미트 트리거 인버터 TTL IC의 전압 프로필은 그림 7-25(b)에 나와 있다. 변경 경계가 상승(V+)과 하강(V−) 전압에 따라 달라지는 점에 유의한다. 7414 IC의 전압 프로필을 통해 상승 입력전압의 변경 경계가 1.7V인 것을 알 수 있다. 하지만, 하강 입력전압에 대한 변경 경계는 0.9V 정도이다. 변경 경계 사이

히스테리시스

의 차이는 히스테리시스라고 한다. 히스테리시스는 훌륭한 잡음여유를 갖고 있으며 천천히 올라가고 떨어지는 파형을 사각형이 되도록 해준다.

슈미트 트리거는 CMOS에서도 가능하다. 40106, 4093, 74HC14 그리고 74AC14 IC가 포함된다.

쌍안정 멀티바이브레이터(혹은 플립플롭)의 특성 중의 하나는 출력이 HIGH이거나 LOW라는 것이다. 상태가 변경될 때(H에서 L, 혹은 L에서 H), 출력이 불확실한 지역에 있지 않는 한 매우 급격하게 변한다. 이를 슈미트 트리거의 특성 중의 하나인 출력의 "스냅 액션"이라고 한다.

◖│◗ 확인문제

29. _____는(은) 느리게 상승하고 하강하는 파형을 가지게 만들 수 있는 좋은 기기이다.

30. 슈미트 트리거 인버터의 도식 부호를 그려라.

31. 슈미트 트리거는 _____해야 하는데, 이는 상승과 하강 입력에 대한 변경 경계가 다르기 때문이다.

32. 슈미트 트리거는 _____(기억, 신호조정)에 쓰인다.

7.8 IEEE 논리기호

이제까지 배운 플립플롭 논리기호는 전기공업에서 일하는 사람이라면 누구나 알아볼 수 있는 전형적인 것들이다. 제조사의 데이터 매뉴얼에는 보통 전통적인 기호와 새로운 IEEE 표준 논리기호를 함께 싣고 있다.

그림 7-26의 표는 이 장에서 배운 전통적인 플립플롭과 래치 논리기호를 IEEE에 대응하여 보여주고 있다. 모든 IEEE 논리기호는 사각형이고 기호의 바로 위에 IC의 번호를 포함하고 있다. 더 작은 사각형은 패키지 안의 복제 기기의 번호를 적어놓았다. IEEE 기호의 모든 입력은 왼쪽에, 출력은 오른쪽에 있음을 유의한다.

IEEE 7474 D 플립플롭 기호는 네 개의 입력을 "S"("set"), "C1"("상승 에지 트리거 클럭"), 1D("data") 그리고 "R"("reset")로 구분하고 있다. IEEE 7474 기

호에서 S와 R 입력의 삼각형은 액티브(active) LOW 입력임을 나타낸다. 7474
출력은 내부의 구분 마크가 없는 IEEE 기호의 우측에 있다. Q 출력은 액티브
(active) LOW 출력을 나타내는 삼각형이 있다. IEEE 논리기호 내의 마킹은 표
준이고 바깥의 마킹은 제조사에 따라 다르다.

그림 7-26의 7476 듀얼 마스터/슬레이브 J-K 플립플롭의 IEEE 논리기호를

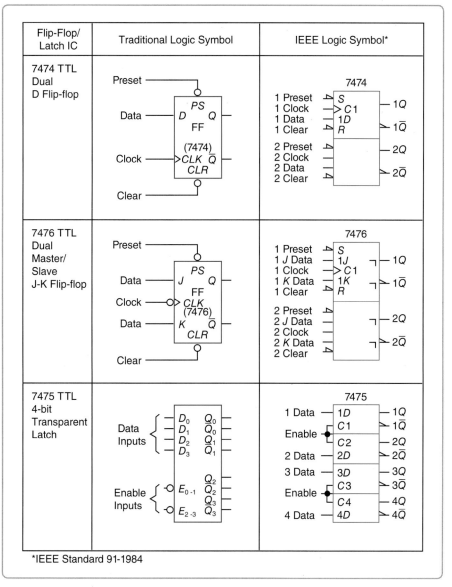

그림 7-26 몇몇 플립플롭의 예전과 IEEE 기호의 비교

고려해보자. 내부 입력은 "S"(set), "1J"(J data), "C1"(Clock), "1K"(K data) 그리고 "R"(reset)으로 구분하고 있다. 기호 위의 "7476"은 특정 TTL IC를 구분하고 있다. Q와 $\overline{Q}$ 출력 근처의 마킹은 펄스 트리거를 위한 특별한 IEEE 기호를 말한다. 7476 IC의 IEEE 논리기호는 각 J-K 플립플롭에 두 개의 액티브(active) LOW 입력(S와 R)과 하나의 액티브(active) LOW 출력($\overline{Q}$)이 있음을 나타낸다. 액티브(active) LOW 입력과 출력은 작은 삼각형으로 나타낸다. 기호는 7476 IC 패키지가 두 개의 동일한 J-K 플립플롭을 포함하고 있다는 것을 나타내기 위해 쓰였다.

7475 4비트 트랜스페어런트 래치에 대한 IEEE 표준 논리기호는 그림 7-26에 나와 있다. 7475 IC 패키지에서 네 개의 D 타입 래치를 나타내는 네 개의 사각형에 유의한다. 네 개의 $\overline{Q}$ 출력은 작은 삼각형으로 나타나 있다.

┃┃┃ 확인문제

33. IEEE 기호의 "C" 마킹은 플립플롭의 제어 입력 혹은 _____(를)을 나타낸다.
34. 플립플롭과 래치의 보완 출력($\overline{Q}$)은 IEEE 기호로 _____기호로 표현된다.
35. 7474와 7476 플립플롭에서 비동기는 active _____입력으로 나타내고 _____(를)을 뜻하는 "R"로 표시한다.

7.9 응용: 래치 인코더-디코더 시스템

다양한 논리게이트, 인코더, 디코더, 플립플롭 그리고 입/출력 장비들에 대해 자세히 알아보았다. 이제 그 지식들을 이러한 구성들이 서로 연결된 간단한 디지털 시스템에 적용시킬 차례이다.

그림 7-27에 래치 인코더-디코더 시스템의 간단한 블럭 도표가 나와 있다. 인코더는 키패드의 8개의 입력 중 하나를 2진 형태로 변환한다. 래치 인에이블 회로는 각각의 키에 따라 양성펄스(래치 인에이블 펄스)를 보낸다. 이 양성 펄스는 인코더의 출력을 3비트 래치의 $\overline{Q}$ 출력으로 송신한다. 이를 통해 보통 2진은 중앙 상위의 세 개의 LED를 통해 볼 수 있다. 3비트 래치는 2진 데이터를 디코더 입력

에 저장해 놓는다. 디코더는 2진 7세그먼트 코드를 통해 LED 디스플레이의 정확한 세그먼트에 불이 들어오게 한다.

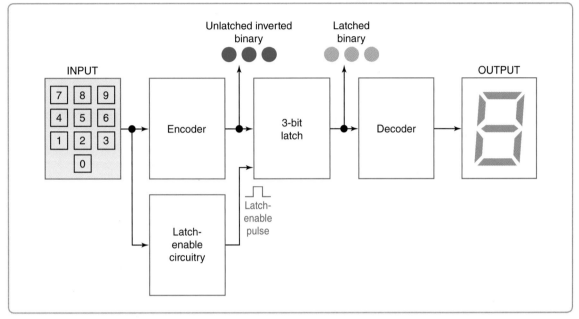

그림 7-27 래치 인코더-디코더 시스템의 계통도

하나의 십진수를 입력하는 것과 7세그먼트 디스플레이에 나타나게 하는 것은 쉬워 보인다. 전자기기는 이 일이 꽤 복잡하지만 많은 게이트가 있는 IC를 이용해 이를 가능하게 하고 있다. 이는 그림 7-28의 IC를 이용해 계산하는 것이다. 게이트 카운터는 총 60부터 90까지이다.

회로도는 그림 7-27의 계통도를 통해 그려졌다. 배웠던 구성은 래치 시스템의 작업 버전에 사용될 것이다.

래치 시스템의 구체적인 회로도는 그림 7-28에 다시 나와 있다. 회로는 Multisim을 이용해 구성되었다. 각각의 특징에 대한 요약은 다음과 같다.

- 입력: 여덟 개의 액티브(active) LOW의 정상적으로 열린 스위치가 있는 키패드
- 인코더: 액티브(active) LOW 입력과 액티브(active) LOW 출력이 있는 74148 8-line-to-3-line priority 인코더이다. 여덟 개의 풀업 저항이 키패드 입력에 의해 여덟 개의 인코더 입력이 HIGH가 LOW가 될 때까지 붙

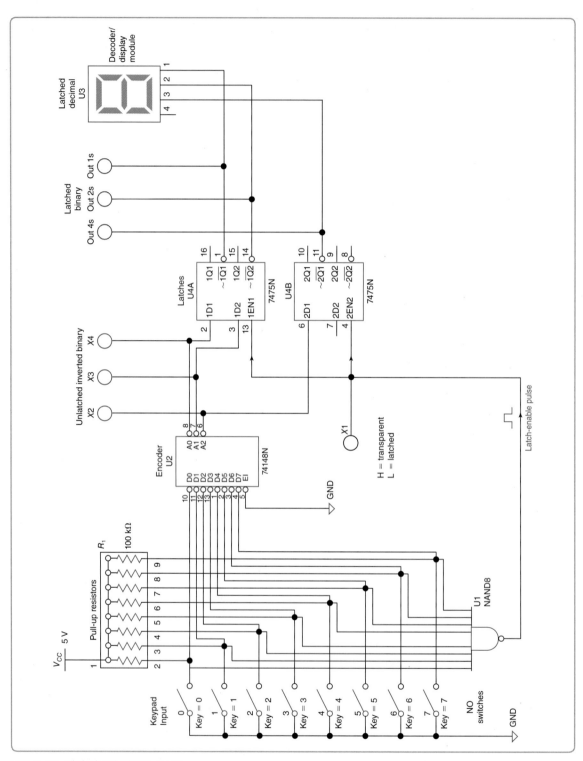

그림 7-28 래치 인코더 디코더 시스템

잡아 둔다.

- 디코더: active high 입력이 디코더/디스플레이 모듈에 내장된 2진 7세그먼트 디스플레이 디코더/드라이버이다.
- 출력: (1) 3비트 언래치 변환 2진 디스플레이 (2) 3비트 래치 2진 디스플레이 (3) 디코더/디스플레이 모듈에 내장된 7세그먼트 LED 디스플레이
- 메모리: active high 입력과 액티브(active) LOW 출력을 가진 7475 4비트 트랜스페어런트 래치이다. 이 회로에서 4개의 래치 중 3개만이 쓰인다. 인에 이블 데이터 래치 입력은 low이다. 입력에서 출력으로 데이터 이동은 EN 입력이 high일 때 이뤄진다. 래치는 high 펄스일 때, 트랜스페어런트이다.
- 래치 인에이블 회로: 8입력 NAND 논리게이트가 high일 때, 하나나 그 이상의 입력이 low가 된다. 모든 입력이 high라면 NAND의 출력이 low가 되고 이는 7475 래치가 트랜스페어런트가 아닌 래치 상태가 된다.

예시: 전원을 켠다. 키패드의 십진수 1을 눌러 인코더 IC의 입력 D1을 작동시킨다. 7418 IC가 2진 110을 변환한다. 110이 7475 4비트 래치 IC의 데이터 입력을 통과한다.

이 예시에서 키패드의 십진수 1을 누르는 것은 8-입력 NAND 게이트의 출력이 high가 되게 한다. 이 high는 7475 IC의 트랜스페어런트 모드를 작동시킨다. 양성 래치 인에이블 펄스는 7475 IC가 잠시 동안 트랜스페어런트가 되고 변환된 2진 110을 보완 출력($\overline{Q}$)으로 전송한다. 이곳에서 참 2진 값은 001이 된다. 입력 스위치 1이 오픈 상태가 되면, 출력은 high가 된다. 8개의 풀업 저항기가 게이트의 출력을 high로 보내면 8입력 NAND 게이트의 모든 입력이 high가 된다. EN 입력이 7475를 low가 되게 하면, 2진 데이터 001은 보완 출력($\overline{Q}$)에서 래치가 되고 디코더/디스플레이 모듈의 입력에 걸린다.

7-세그먼트 디코더는 001 2진을 7-세그먼트 코드로 바꿔주며, 세그먼트 a와 b 모두를 작동시킨다. 이는 LED 디스플레이가 십진수 1을 나타나게 한다.

74148 IC는 우선순위 인코더로 나타낼 수 있다. 우선순위는 만약 둘 혹은 그 이상의 입력이 동시에 작동한다면, 더 높은 값의 입력이 출력이 되는 것을 말한다. 다른 말로는, 74148 인코더의 2와 4 입력이 low가 되면 IC는 011을 만들어내고, 이는 7-세그먼트 디스플레이에서 십진수 4로 읽을 수 있다.

그림 7-28의 래치 인코더-디코더는 실험 회로이다. 이 회로는 이전의 실험들에서 컴포넌트와 디지털 기기들에 쓰인다.

확인문제

36. 그림 7-28에서, 만약 키패드의 모든 스위치가 개방된 상태라면, 8입력 NAND 게이트의 출력은 _____(high, low)가 된다.

37. 그림 7-28에서, 74148 인코더는 액티브(active) LOW 입력과 액티브(active) LOW 출력을 갖고 있다.(참, 거짓)

38. 그림 7-28에서, 만약 입력 키 6을 눌렀다 떼면, 래치 2진은 _____(3비트 2진)이 되고 7-세그먼트 디스플레이는 십진 _____(십진수)(이)가 된다.

39. 그림 7-28에서, 만약 이 회로에서 래치는 임시 _____(메모리, 멀티플렉서)의 형태로 쓰였다.

40. 그림 7-28에서, _____(74148 7475) IC는 변환된 2진을 참 2진으로 변환시킨다.

○ 요약

1. 논리회로는 조합과 순차로 구분할 수 있다. 조합 논리회로는 AND, OR 그리고 NOT 게이트를 쓰고 기억 소자가 없다. 순차 논리회로는 플립플롭을 쓰고 기억 소자가 있다.

2. 플립플롭은 카운터, 레지스터 그리고 기억 소자를 형성하기 위해 함께 배선된다.

Circuit	Logic Symbol	Truth Table	Remarks
R-S flip-flop	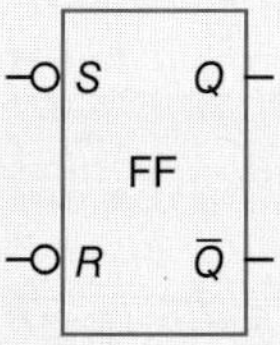 $-\circ S$ Q FF $-\circ R$ $\bar{Q}$	<table><tr><td>S</td><td>R</td><td>Q</td></tr><tr><td>0</td><td>0</td><td>prohibited</td></tr><tr><td>0</td><td>1</td><td>1 set</td></tr><tr><td>1</td><td>0</td><td>0 reset</td></tr><tr><td>1</td><td>1</td><td>hold</td></tr></table>	R-S latch Set-reset flip-flop (asynchronous)
Clocked R-S flip-flop	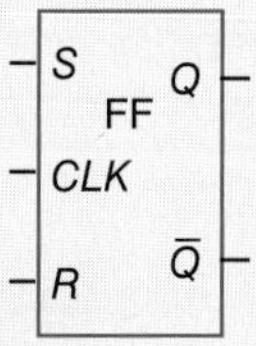 S Q FF CLK R $\bar{Q}$	CLK S R Q ⊓ 0 0 hold ⊓ 0 1 0 reset ⊓ 1 0 1 set ⊓ 1 1 prohibited	(synchronous)
D flip-flop	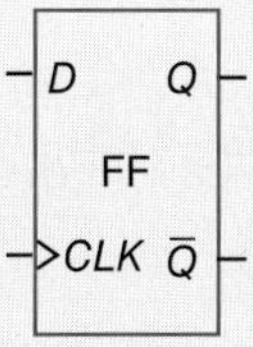 D Q FF $>CLK$ $\bar{Q}$	CLK D Q ↑ 0 0 ↑ 1 1 ↑ = L-to-H transition of clock	Delay flip-flop Data flip-flop (synchronous)
J-K flip-flop	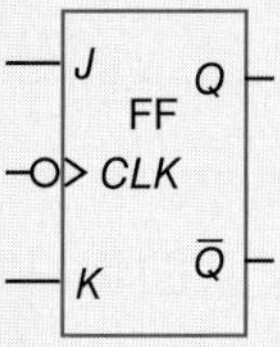 J Q FF $-\circ > CLK$ K $\bar{Q}$	CLK J K Q ↓ 0 0 hold ↓ 0 1 0 reset ↓ 1 0 1 set ↓ 1 1 toggle ↓ = H-to-L transition of clock	Most universal FF (synchronous)

그림 7–29 기본적인 플립플롭의 요약

3. 플립플롭 출력은 반대이거나 상호 보완적이다.

4. 그림 7-29의 표는 몇몇 기초적인 플립플롭을 요약하고 있다.

5. 파형 (타이밍) 도표는 순차적 기기의 기능을 설명한다.

6. 플립플롭은 에지 트리거 혹은 마스터/슬레이브 종류로 구분한다. 플립플롭은 펄스 혹은 에지 트리거 형식이다.

7. 특별한 플립플롭은 래치라고 불리며 대부분의 디지털 회로에 임시 버퍼 메모리로 사용된다.

8. 슈미트 트리거는 신호 조정에 사용되는 특별한 기기이다.

9. 그림 7-26은 전통적인 플립플롭/래치 기호와 새로운 IEEE 논리기호를 비교한다.

복습문제

7-1 논리 _____는 조합 논리회로를 구성하는 기초적인 블럭이다. 순차 회로에서의 기본적인 블럭은 _____(이)라고 부른다.

7-2 플립플롭의 비동기 한 종류와 동기 세 종류를 써라.

7-3 아래의 플립플롭을 전통적인 논리기호로 그려라.

    a. J-K   b. D

    c. Clocked R-S   d. R-S

7-4 아래의 플립플롭의 진리표를 그려라.

    a. J-K (하강 에지 트리거)   b. D(상승 에지 트리거)

    c. Clocked R-S   d. R-S

7-5 만약 J-K 플립플롭의 동기와 비동기 입력이 작동된다면, 어떤 입력이 출력을 조정할 것인가?

7-6 플립플롭이 set 상태라고 말하는 것은 출력 _____(이)가 논리 _____일 때이다.

7-7 플립플롭이 reset 혹은 clear 상태라고 말하는 것은 출력 _____(이)가 논리 일 때이다.

7-8 타이밍이나 파형에서, 수평거리는 _____(을)를 나타내고 수직거리는 _____(을)를 나타낸다.

7-9 그림 7-7에서, 이 파형 도표는 _____플립플롭을 위한 것이다. 이 플립플롭은 에지 트리거이다.

7-10 에지 트리거 플립플롭의 두 가지 종류를 써라.

7-11 "D 플립플롭"에서 "D"는 _____ 혹은 데이터를 나타낸다.

7-12 D 플립플롭은 _____라고 불리는 임시 메모리로 널리 쓰인다.

7-13 만약 플립플롭이 토글 모드에 있다면, 출력이 반복된 클럭펄스에 대해 어떻게 작동할 것인가?
    a. CLK   b. CLR   c. D   d. FF
    e. PS   f. R   g. S

7-14 전통적인 플립플롭 논리기호에서 쓰이는 축약어들을 써라.

7-15 아래의 TTL IC의 구체적인 이름을 써라.

7-16 7474 IC는 _____에지 트리거이다.

7-17 7474 IC의 모드를 써라.

7-18 그림 7-30에 나타낸 7474 J-K 플립플롭의 각 입력펄스의 모드를 써라.

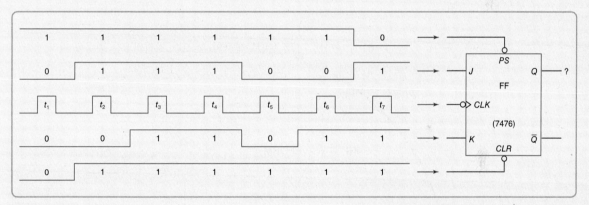

그림 7-30 펄스-트레인 문제

7-19 그림 7-30에 나타낸 J-K 플립플롭의 각 시간 지점의 보통 출력(Q)의 2진 출력을 써라.

7-20 그림 7-31에 나타낸 7475 4비트 래치의 각 시간 지점의 기능을 써라.

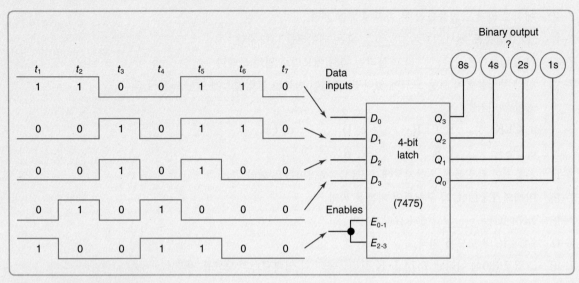

그림 7–31 펄스–트레인 문제

7–21 그림 7–31에 나타낸 7475 4비트 래치의 각 시간 지점의 2진 출력을 써라.

7–22 그림 7–32에서, 논리기호의 오른쪽에 있는 출력 파형은 _____(사인, 사각)
파형일 것이다.

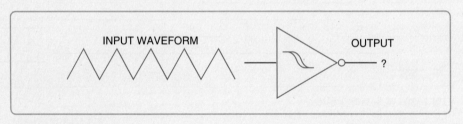

그림 7–32 예제 문제

7–23 그림 7–32의 인버터는 이 회로에서 신호 _____(조정, 멀티플렉서)로 쓰였다.

7–24 그림 7–32의 논리기호는 _____ 인버터 IC이다.

   a. C   b. S   c. R   d. D

   e. J   f. K   g. ㄱ   h. >C

7–25 IEEE 플립플롭/래치 논리기호에서 이 표시들을 찾아 구분하라.

핵심문제

7-1   R-S 플립플롭의 다른 이름 두 개를 써라.

7-2   동기와 비동기 기기의 차이점을 써라.

7-3   D 플립플롭(7474 IC)과 J-K 플립플롭(7476 IC)의 전통적인 그리고 IEEE 논리기호를 그려라.

7-4   그림 7-3에서, 하단에 4줄이 두 번 적혀 있는 것에 유의한다. 입력 R과 S가 둘 다 1일 때, 왜 첫 번째 경우에서 출력 Q = 0이었다가 두 번째 경우에 1이 되는 것인가?

7-5   74LS112 J-K 플립플롭이 어떻게 트리거 되는지 설명하라.

7-6   조합 논리와 순차 논리회로의 근본적인 차이가 무엇인가?

7-7   J-K 플립플롭을 통해 구성할 수 있는 다양한 기기를 써라.

7-8   왜 슈미트 트리거가 천천히 상승하는 입력을 가졌을 때 "square up" 되어야 하는지 써라.

7-9   (1) 그림 7-33의 플립플롭 회로를 그려라. (2) 플립플롭 회로의 작동을 시험하라. (3) 플립플롭의 진리표를 "set," "reset," "hold," 그리고 "prohibited"를 사용하여 만들어라. (4) R-S와 J-K 플립플롭 중 어느 것에 가까운지 써라.

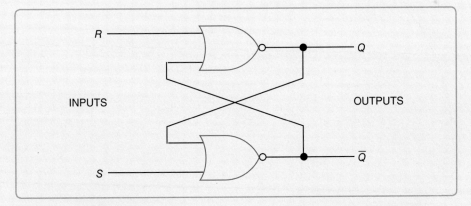

그림 7-33 플립플롭 회로

7-10   (a) 하강 에지 트리거가 있는 J-K 플립플롭을 이용하여 그림 7-34의 회로를 그려라. (b) 회로의 기능을 알아보기 위해 회로를 시험하라. (c) 회로 시뮬레이션을 검사하라.

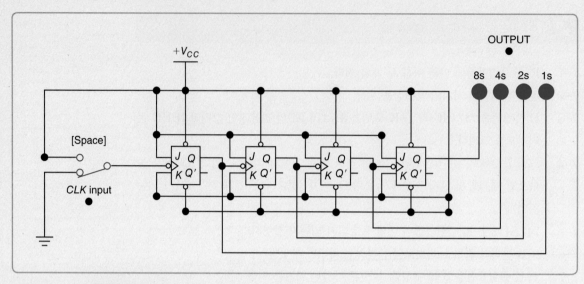

그림 7-34 J-K 플립플롭의 활용을 나타내는 회로

Digital Electronics

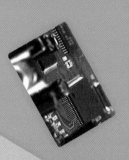

CHAPTER 08

카운터

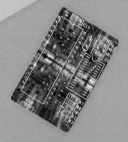

CONTENTS

8.1 리플 카운터

8.2 Mod-10 리플 카운터

8.3 동기식 카운터

8.4 다운(down) 카운터

8.5 자동정지 카운터

8.6 주파수 분주기로서의 카운터

8.7 여러 가지 TTL IC 카운터

8.8 CMOS IC 카운터

8.9 3-디지트 BCD 카운터

8.10 카운터의 실제 사용 예

8.11 전자게임기에서 사용되는 CMOS 카운터

8.12 카운터 응용 실험용 회전속도계

8.13 카운터 문제 해결

CHAPTER

08 카운터

학습목표

1. J-K 플립플롭을 이용하여 리플 카운터를 구성한다.

2. 4비트 리플 카운터를 mod-10(십진) 카운터로 변환한다.

3. 임의의 mod-3에서 mod-8 동기 카운터의 회로 동작을 분석한다.

4. 리플 다운 카운터의 회로 동작을 분석한다.

5. 자기 정지 특징을 갖는 다운 카운터의 동작을 설명한다.

6. 주파수 분주기의 블록도를 그리고, 그 동작을 이해한다.

7. 두 개의 TTL IC(7493 4비트 카운터와 74192 업/다운 십진 카운터)의 데이터시트를 해석한다. TTL 카운터를 이용한 여러 가지 회로의 동작을 특성화한다.

8. 두 개의 CMOS IC(74HC393 4비트 2진 카운터와 4비트 74HC193 2진 업/다운 카운터)의 데이터시트를 해석한다. CMOS 카운터를 이용한 여러 가지 회로의 동작을 요약한다.

9. 4553 3-디지트 BCD 카운터의 특징을 조사한다. 4553 BCD 카운터와 4543 BCD-to-7-세그먼트 디코더/드라이버 IC를 이용하여 다중 디스플레이를 갖는 3-디지트 십진 카운터의 동작을 분석한다.

10. 입력 변환기로 사용된 광센서의 동작을 결정한다. 축 인코더 디스크의 광 부호화를 이용한 카운터 시스템의 지식을 보여준다.

11. 크기 비교기(74HC85 4비트 크기비교기)의 동작을 예견한다.

12. 복잡한 전자식 타코미터의 동작을 분석하고 토론한다. 실험적 타코미터는 홀-효과 스위치 입력, one shot MV 입력, 3-디지트 BCD 카운터(4553 IC), 7-세그먼트 디코더/드라이버(4543 IC), 그리고 3개의 다중화된 7-세그먼트 디스플레이로 특징지어진다.

13. 간단한 리플 카운터 회로의 고장수리를 배운다.

거의 모든 복잡한 디지털 시스템은 다수의 카운터(counter)를 내장하고 있다. 카운터는 클럭펄스를 세어서 수치처리를 하기 위한 디지털 논리회로이다. 카운터에 의해서 카운트된 2진수나 BCD는 디코더를 통해 숫자로 변환하여 인간이 읽을 수 있는 정보를 제공한다. 카운터는 주파수를 나누거나, 어드레싱(addressing), 단위 메모리로서의 역할과 같은 일도 수행한다. 이 장에서는 여러 가지 카운터의 종류와 이들의 사용법에 대해 배운다. 플립플롭은 카운터를 구성하기 위해 여러 가지 형태로 배선된다. 카운터는 광범위하게 여러 용도에 사용되며, IC 제조회사들은 카운터를 TTL, CMOS 등 여러 가지 IC 형태로 만들어 공급하고 있다.

8.1 리플 카운터

그림 8-1에 2진, 십진 카운트 순서에 대해 설명되어 있다. 2진 네 자리를 각각 D, C, B, A라고 하면, 이것을 가지고 0000에서 1111(십진수로는 0~15)까지 카운트가 가능하다. A열을 보면 1의 자리, 즉 LSD(least significant digit)임을 알 수 있다. 그러나 LSD보다는 LSB(least significant bit)라는 용어가 더 일반적으로 쓰인다. D열은 8의 자리이며 이를 MSD(most significant dight)라고 하지만 일반적으로 MSB(most significant bit)라고 한다. 1의 자리가 가장 자주 상태를 바꾸고 있음을 주목하자. 만일 2진수로 0000에서 1111까지의 카운터를 설계하려 한다면 16가지의 다른 출력상태를 갖는 소자가 필요할 것이다. 이러한 카운트 소자를 모듈로(modulo), 줄여서 mod-16 카운터라 쓴다. 카운터의 계수(modulus of a count)란 카운터가 카운트를 시작해서 완전히 한 바퀴를 돌아 카운트를 끝낸

LSD
MSD
MSB

BINARY COUNTING				DECIMAL COUNTING
D	C	B	A	
8s	4s	2s	1s	
0	0	0	0	0
0	0	0	1	1
0	0	1	0	2
0	0	1	1	3
0	1	0	0	4
0	1	0	1	5
0	1	1	0	6
0	1	1	1	7
1	0	0	0	8
1	0	0	1	9
1	0	1	0	10
1	0	1	1	11
1	1	0	0	12
1	1	0	1	13
1	1	1	0	14
1	1	1	1	15

그림 8-1 4비트 전자식 카운터의 순서

다음, 다시 처음상태로 돌아올 때까지의 상태수를 의미한다.

네 개의 J-K 플립플롭을 사용한 mod-16 카운터가 그림 8-2(a)에 그려져 있다. 각 J-K 플립플롭은 자신의 토글 위치 내에 위치해 있다. 이때 J와 K는 모두 1로 세트되어 있어서 클럭에 입력이 들어오면 항상 토글되도록 되어 있다. 이제 출력이 모두 0000으로 클리어되어 있다고 가정하자. 이때 클럭펄스 1이 플립플롭 1(FF 1)의 CLK(clock) 단자에 들어왔다고 하면 FF 1은 즉시 토글되어 표시장치는 0001을 나타낼 것이다. 다시 클럭펄스 2가 들어와 FF 1을 토글시키면 FF 1의 출력은 다시 0으로 되어, 이것은 즉시 FF 2의 클럭으로 인가되므로 FF 2의 출력을 1로 만들 것이다. 그러면 표시장치는 0010으로 바뀌게 된다. 카운트가 계속됨에 따라 각 플립플롭의 출력은 다음 플립플롭의 입력으로 들어가서 그 플립플롭의 출력을 연쇄적으로 토글시키게 된다. 그림 8-1을 다시 관찰하면 1의 자리인 A

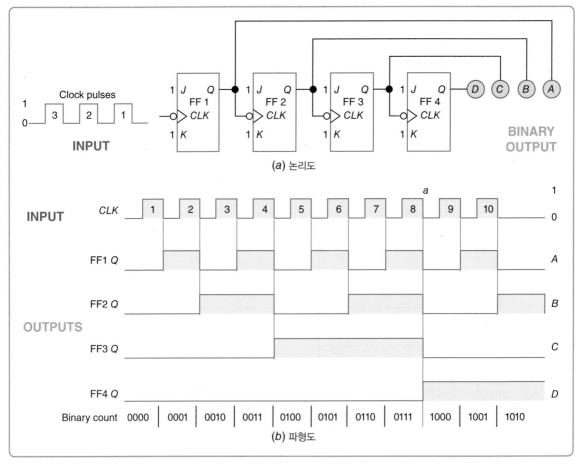

그림 8-2 Mod-16 카운터

열은 매번 토글되고 있음을 알 수 있다. 이것은 그림 8-2(a)의 FF 1이 펄스가 들어올 때마다 토글된다는 것을 의미한다. 그림 8-1의 B열을 보면, FF 1이 두 번 토글할 때 FF 2는 한 번 토글한다는 것을 알 수 있다. 이렇게 하나씩 단수가 올라갈 때마다 그 단의 주기는 이전의 단보다 반으로 줄어듦을 알 수 있다.

그림 8-2(b)에는 mod-16 카운터의 카운트가 십진수의 10(2진수로는 1010)까지만 그려져 있다. CLK 입력이 맨 위에 그려져 있고, 각 플립플롭(FF 1, FF 2, FF 3, FF 4)의 상태가 그 밑에 차례로 그려져 있다. 2진 카운트의 값은 파형도의 맨 밑에 쓰여 있다. 특별히 그려 놓은 수직선을 유의해서 살펴보자. 이 수직선들은 FF 1의 클럭이 트리거될 때만의 상태이다. FF 1은 FF 2를, FF 2는 FF 3을, 그리고 다시 FF 3은 FF 4를 트리거시키고 있음을 알 수 있다. 하나의 플립플롭이 다음 플립플롭에 영향을 미치므로 전체 플립플롭에 영향을 미치려면 약간의 시간이 지체된다. 예를 들면 그림 8-2(b)에서 펄스 8 위의 점 a를 보면 FF 1이 트리거되자 이 값은 0이 되었다. 그러면 이 값이 FF 2를 1에서 0으로 바꾸게 하고, 차례로 FF 3은 1에서 0으로 바뀌게 된다. FF 3의 풀력 Q가 0이 되면, 이것은 FF 4를 0에서 1로 바뀌게 한다. 여기서 상태의 변화가 연쇄적으로 일어남을 알 수 있다. 따라서 이 카운터를 리플 카운터(ripple counter)라 부르게 된 것이다.

리플 카운터

그림 8-2에서 공부한 카운터는 리플 카운터, mod-16 카운터, 4비트 카운터, 또는 비동기식 카운터 등 여러 가지 이름으로 불린다. 이들 이름은 모두 같은 카운터를 가리키지만 카운터의 독특한 동작을 잘 나타내주고 있다. **리플**과 **비동기**(asynchronous)라는 말은 모든 플립플롭이 동시에 트리거되지 않는다는 것을 말해준다. Mod-16이라는 표현은 상태수가 16개라는 뜻이다. 4비트라는 말은 2진 자릿수가 16개라는 뜻이다. 4비트라는 말은 2진 자릿수가 네 개라서 카운터의 출력이 네 개라는 뜻이다.

리플 비동기

확인문제

1. 그림 8-3의 기본 회로는 _____비트 리플 카운터이다.
2. 그림 8-3의 기본 회로는 mod- _____카운터이다.
3. 그림 8-3의 각 J-K 플립플롭은 J와K 입력이 모두 HIGH일 때 _____(유지, 리셋, 세트, 토글)상태이다.
4. 그림 8-3의 6개 입력펄스가 각각 인가된 후의 2진 출력을 열거하라.

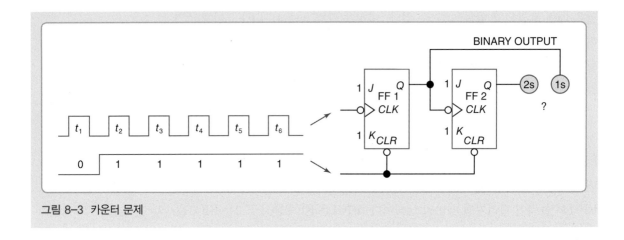

그림 8-3 카운터 문제

8.2 Mod-10 리플 카운터

십진 카운터

    mod-10 카운터의 카운트 순서는 0000에서 10001(십진수로는 0~9)까지이다. 이것은 그림 8-1의 굵은 선까지 카운트함을 의미한다. 이것을 mod-10 카운터라 할 수 있는데 8-4-2-1의 네 개의 위치값을 가진다. 4개의 플립플롭을 리플 카운터처럼 연결하여 그림 8-4와 같이 mod-10 카운터를 만들었다. 이 회로를 살펴보면 1001(9)를 카운트를 만들었다. 이 회로를 살펴보면 1001(9)를 카운트한 뒤에 곧바로 모든 리플 카운터의 플립플롭을 0000(0)으로 클리어할 수 있도록 NAND 게이트를 추가하였다. 그림 8-1에서, 1001에서 다음 카운트를 결정하는 기술적인 방법을 알아보자. 1001(9)의 다음은 1010(10)이다. 그림 8-4에서, 1001(9) 다음에 1010(10)의 순서가 되면 1010에서 두 개(D와 B의 위치)의 1입력이 NAND 게이트에 입력된다. NAND 게이트는 두 개의 입력이 모두 1이 되어 0을 출력한다. 이 NAND 게이트의 출력은 CLR에 연결되어 모든 플립플롭을 클리어하여 출력을 0000으로 만든다. 이렇게 되면 카운터는 가시 0000부터 0001로 시작한다. 즉, 이 NAND게이트는 카운터가 0000_2에서 시작하도록 리셋(reset)시키는 역할을 한다. 이와 같은 방법으로 NAND 게이트를 씀으로 해서 여러 가지 형태의 카운터를 만들 수 있다. 그림 8-4에 mod-10 리플 카운터를 그려 놓았다. 이러한 카운터를 십진 카운터(decade counter)라 부른다.

    리플 카운터는 개개의 플립플롭으로 구성할 수 있다. 그러나 IC 제조회사에서

이들 네 개의 플립플롭을 하나의 IC 안에 꾸며 놓아 시장에 내어 놓고 있다. 어떤
IC는 그림 8-4처럼 리셋용 NAND 게이트를 내장한 것도 있다.

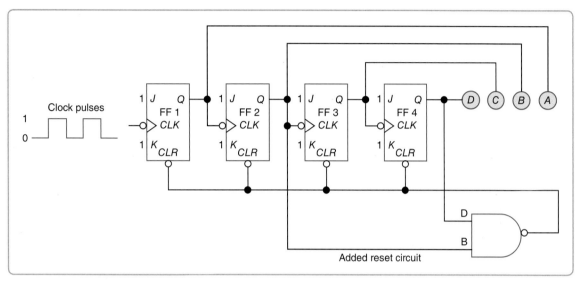

그림 8-4 mod-10 리플 카운터의 논리도

확인문제

5. 그림 8-4는 mod-10 _____(리플, 동기식) 카운터의 논리도이다. 왜냐하면 이 회로가 0부터 9까지 세는 10
가지 상태를 가지고 있기 때문이다. 이 회로는 _____카운터라고도 불린다.

6. 그림 8-5의 회로는 _____(리플, 동기식) mod- _____카운터이다.

7. 그림 8-5에서, 6개의 입력펄스가 차례로 들어온 후의 2진 출력을 보여라.

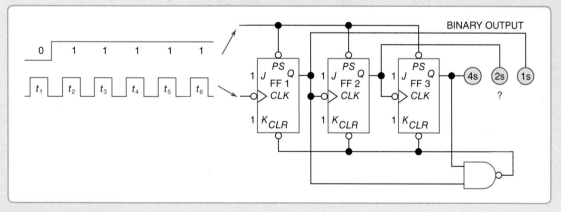

그림 8-5 카운터 문제

8.3 동기식 카운터

동기식 카운터

앞 절에서 배운 리플 카운터는 비동기식 카운터이다. 각 플립플롭은 클럭펄스의 각 단계에서 정확하게 트리거되지 않는다. 그런데 동작주파수가 높아지게 되면 모든 단계의 플립플롭이 동시에 동작해야 할 필요성이 점점 증가한다. 이때에는 비동기식보다 동기식 카운터(synchronous counter)가 필요하다.

동기식 카운터는 그림 8-6(a)와 같다. 이 논리회로는 3비트(mod-8) 카운터이다. 제일 먼저 주의해서 보아야 할 것은 CLK 단자들의 결선이다. 이들은 모두 하나의 선으로 연결되어 있다. 이것을 CLK 단자들이 병렬로 연결되어 있다고 말한

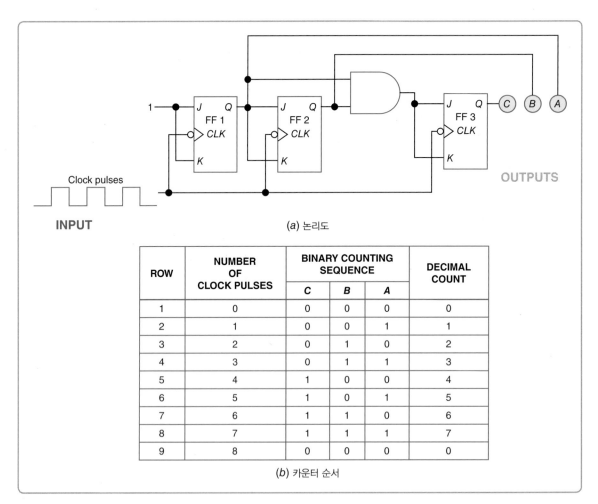

(a) 논리도

ROW	NUMBER OF CLOCK PULSES	BINARY COUNTING SEQUENCE			DECIMAL COUNT
		C	B	A	
1	0	0	0	0	0
2	1	0	0	1	1
3	2	0	1	0	2
4	3	0	1	1	3
5	4	1	0	0	4
6	5	1	0	1	5
7	6	1	1	0	6
8	7	1	1	1	7
9	8	0	0	0	0

(b) 카운터 순서

그림 8-6 3비트 동기식 카운터

다. 그림 8-6(b)에는 이 카운터의 카운트 순서가 나타나 있다. A열은 2진 8-4-2-1 코드의 2진 1의 자리이고 FF 1이 이 열의 동작을 수행한다. B열은 2진 2의 자리인데 FF 2가 이 역할을 맡고 있고, C열은 2진 4의 자리인데 FF 3이 맡고 있다.

지금부터 그림 8-6(a)와 (b)에 나타낸 mod-8의 카운트 순서를 알아보자.

펄스 1-2행

회로 동작: 각 플립플롭이 클럭에 의해 여기된다.

FF 1만이 토글될 수 있다(회로 상에 미리 J와 K 입력이 모두 1이 인가되어 있다).

FF 1은 0에서 1로 바뀐다.

출력 결과: $001(1_{10})$

펄스 2-3행

회로 동작: 각 플립플롭에 모두 펄스 인가

두 개의 플립플롭이 토글(이 둘 모두가 J와 K에 1이 인가되므로)

FF 1과 FF 2 모두 토글

FF 1은 1에서 0으로 변한다.

FF 2는 0에서 1로 변한다.

출력결과: $010(2_{10})$

펄스 3-4행

회로 동작: 각 플립플롭에 모두 펄스 인가

한 개의 플립플롭만 토글

FF 1은 0에서 1로 변한다.

출력 결과: $011(3_{10})$

펄스 4-5행

회로 동작: 각 플립플롭에 모두 펄스 인가

모든 플립플롭이 반대로 토글

FF 1은 1에서 0으로 변한다.

FF 2는 1에서 0으로 변한다.

FF 3은 0에서 1로 변한다.

출력 결과: $100(4_{10})$

펄스 5–6행

    회로 동작: 각 플립플롭에 모두 펄스 인가

                한 개의 플립플롭만 토글

                FF 1은 0에서 1로 변한다.

    출력 결과: $101(5_{10})$

펄스 6–7행

    회로 동작: 각 플립플롭에 모두 펄스 인가

                두 개의 플립플롭이 토글

                FF 1은 1에서 0으로 변한다.

                FF 2는 0에서 1로 변한다.

    출력 결과: $110(6_{10})$

펄스 7–8행

    회로 동작: 각 플립플롭에 모두 펄스 인가

                한 개의 플립플롭만 토글

                FF 1은 0에서 1로 변한다.

    출력 결과: $111(7_{10})$

펄스 8–9행

    회로 동작: 각 플립플롭에 모두 펄스 인가

                모든 플립플롭이 토글

                모든 플립플롭이 1에서 0으로 변한다.

    출력 결과: $000(0_{10})$

이것이 3비트 동기식 카운터(3–bit synchronous counter)의 동작 설명이다. 각각의 J–K 플립플롭은 토글(toggle) 모드와 유지 모드에서만 동작하도록 되어 있음을 유의하라.

동기식 카운터는 가장 많이 사용되는 IC중 하나이다. 이것은 TTL, COMS형이 있다.

(▌ ▐ **확인문제**)

8. 동시에 모든 플립플롭이 트리거되는 카운터를 _____(리플, 동기식) 카운터라 한다.

9. 클럭 입력이 _____(직렬, 병렬)식으로 연결된 카운터를 동기식 카운터라 한다.

10. 그림 8-6(a)를 보면, FF 1은 언제나 _____(유지, 리셋, 세트, 토글) 모드이다.

11. 그림 8-6에서, 클럭펄스 4를 보면 _____(오직 FF 1만 토글, FF 1-FF 2 모두 토글, FF 3만 토글, 모든 플립플롭이 토글) 할 때 카운터 출력은 100이 만들어진다.

12. 그림 8-6에서, AND 게이트의 사용 목적은 4행과 8행의 경우처럼 A와 B가 모두 1일 때 _____(FF 1, FF 2, FF 3)을(를) 토글시키기 위한 것이다.

8.4 다운(down) 카운터

지금까지는 카운트가 작은 수에서 큰 수로 증가하는(0, 1, 2, 3, 4, …) 카운터를 공부하였다. 이러한 카운터를 업 카운터(up counter)라고 한다. 그러나 디지털 시스템에서 거꾸로 감소하는(9, 8, 7, 6, …) 카운트를 해야 할 때가 있다. 큰 자릿수에서 작은 자릿수로 카운트하는 카운터를 다운 카운터(down counter)라고 한다.

다운 카운터

mod-8 비동기식 다운 카운터의 논리도가 그림 8-7(a)에 있다. 그리고 이 카운터의 카운트 순서가 그림 8-7(b)에 있다. 여기서 주목할 것은 그림 8-7(a)의 다운 카운터가 그림 8-2(a)의 업 카운터와 아주 흡사하다는 사실이다. 한 가지 차이점은 FF 1에서 FF 2로 가는 "올림수(carry)"와 FF 2에서 FF 3으로 가는 올림수 뿐이다. 업 카운터는 올림수를 Q로부터 다음 플립플롭의 CLK 입력으로 올려준다. 이에 반해 다운 카운터는 $\overline{Q}$ 값을 다음 플립플롭의 CLK 입력으로 연결한다. 업 카운터는 카운트를 시작하기 위해서 가장 큰 수인 111(십진수 7)에서 출발하도록 하기 위한 프리셋(PS) 제어단자를 가진다. FF 1은 2진 자리값 1(A열)을 카운트하는 역할을 하고, FF 2는 2진 자리값 2(B열), FF 3은 2진 자리값 4(C열)를 각각 카운트하는 역할을 한다.

확인문제

13. 그림 8-7(a)에서, 모든 플립플롭은 이 카운터에서 _____(유지, 리셋, 세트, 토글) 모드에 있다.

14. 그림 8-7(a)에서, J-K 플립플롭을 트리거하기 위한 CLK의 천이는 _____(HIGH-LOW, LOW-HIGH)이다.

15. 그림 8-7에서, 클럭펄스 1에서 카운터의 출력으로서 2진수 110을 나오게 하기 위해서는 _____(오직 FF 1만 토글, FF 1-FF 2 모두 토글, FF 3만 토글, 모든 플립플롭이 토글)하면 된다.

16. 그림 8-8에 나타낸 6개의 입력펄스 각가에 대해 2진 출력을 열거하라.

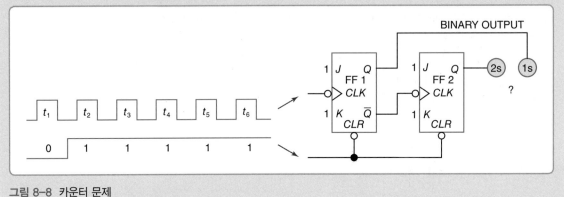

그림 8-8 카운터 문제

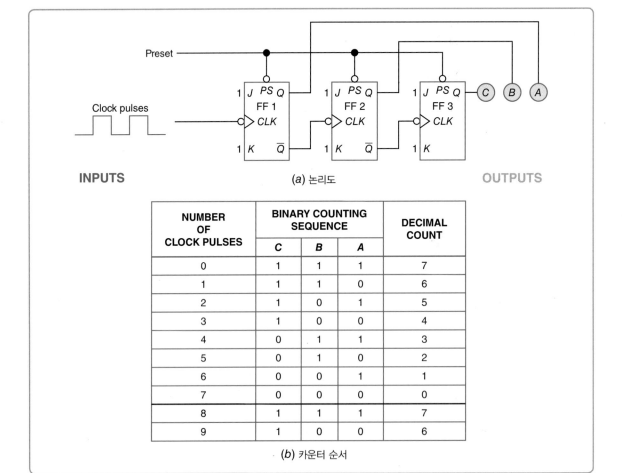

(a) 논리도

INPUTS

OUTPUTS

NUMBER OF CLOCK PULSES	BINARY COUNTING SEQUENCE			DECIMAL COUNT
	C	B	A	
0	1	1	1	7
1	1	1	0	6
2	1	0	1	5
3	1	0	0	4
4	0	1	1	3
5	0	1	0	2
6	0	0	1	1
7	0	0	0	0
8	1	1	1	7
9	1	0	0	6

(b) 카운터 순서

그림 8-7 3비트 리플 다운 카운터

8.5 자동정지 카운터

그림 8-7(a)의 다운 카운터는 순환(recirculate) 카운팅을 한다. 즉, 카운터가 000에 도달했을 때 다시 000, 111, 110, …의 순서로 순환된다. 그러나 어떤 경우에는 카운트 작업이 끝났을 때 카운터를 정지시키고 싶을 때가 있다. 그림 8-8에 이러한 카운터의 예를 나타내었다. 카운트 순서는 그림 8-7(b)에서 보여준다. 그림 8-9에서는 OR 게이트를 추가시켜 카운터의 출력 C, B, A가 000에 도달할 때 플립플롭의 J, K 입력에 논리 0 값을 넣을 수 있도록 하였다. 카운트 번호 111(십진수 7)에서 시작되도록 다시 프리셋 값을 설정하여야 한다(PS = 0).

업 혹은 다운 카운터는 논리게이트나 게이트의 조합회로를 사용하여 임의의 카운트 순서에 도달했을 때 정지시킬 수 있다. 게이트의 출력은 다시 리플 카운터의 첫 번째 플립플롭의 J, K 입력으로 되돌려진다. 이렇게 하기 위해 그림 8-9의 FF 1의 J, K 입력에 논리 0값이 되돌려져 유지상태로 만든다. 이것은 FF 1이 토글되는 것을 막아주고, 이것에 의해 카운트는 000에서 멈춘다.

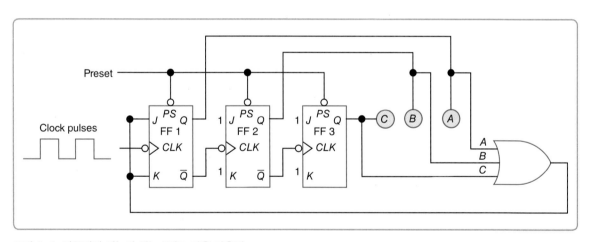

그림 8-9 자동정지 기능이 있는 3비트 다운 카운터

｜｜ 확인문제

17. 그림 8-9를 참조하면, 이 그림은 3비트 자동정지 _____(다운, 업) 카운터이다.
18. 그림 8-9에서, 출력이 000이면 OR 게이트 출력은 _____(HIGH, LOW)이다. 이 출력은 FF 1을 _____(유지, 토글) 모드로 만든다.

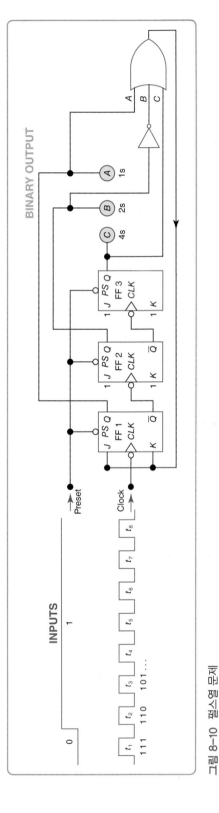

그림 8-10 펄스열 문제

19. 그림 8-9에서, 출력이 111이면 OR 게이트 출력
은 _____(HIGH, LOW)이다. 이 _____출력은 FF
1을 _____(유지, 토글) 모드로 만든다.
20. 그림 8-10은 자동정지 기능을 갖는 3비트 리플 다운 카
운터이다.(참, 거짓)
21. 그림 8-10에서 입력펄스 t_1, t_2 그리고 t_3 후에 출력에
나타나는 3비트 2진 카운트를 나열하라.

8.6 주파수 분주기로서의 카운터

카운터의 재미있는 응용분야 중의 하나가 **주파수 분주**
(frequency division) 분야이다. 주파수 분주기를 사용
하는 간단한 사용 예를 그림 8-11에서 보여준다. 이 장치
는 전자시계의 기본 블록이다. 60Hz의 입력주파수를 전
력선으로부터 공급받아 이것을 직사각형 파형으로 변형
시켜 사용한다. 분주 회로는 이것을 다시 60분주시켜 1초
당 한 개의 펄스(1Hz)를 만든다. 즉, 초를 카운트하는 회
로가 된다.

십진 카운터(decade counter)의 블록도가 그림
8-12(a)에 그려져 있다. 그림 8-12(b)에는 CLK 입력에
들어오는 파형과 함께 Q_D 출력 파형이 그려져 있다. 펄스
가 30번 입력되면 세 개의 펄스가 출력된다. 나눗셈을 통

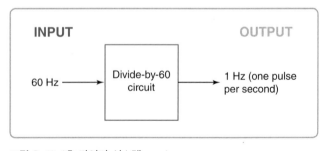

그림 8-11 1초 타이머 시스템

해 $30 \div 3 = 10$임을 확인할 수 있다. 십진 카운터의 출력 Q_D는 10으로 나눈 값(divided-by-10)이 출력된다. 다시 말하면, Q_D에서의 출력은 카운터 입력주파수의 1/10이라는 것이다.

그림 8-11의 십진 카운터와 mod-6 카운터를 직렬로 연결하여 사용한다면 그림 8-11에 필요한 60분주기가 만들어질 것이다. 이러한 장치의 블럭도가 그림 8-13에 그려져 있다. 60Hz 구형파가 6분주되어 들어가서 10Hz가 되어 나온다. 이 10Hz는 다시 10분주가 되어 1Hz가 만들어진다.

지금까지 여러분은 카운터가 전자시계, 자동차시계 등의 여러 가지 디지털 회로에서 주파수 분주기로 사용될 수 있음을 배웠다. 주파수 분주기는 주파수 카운터, 오실로스코프, 텔레비전 등 여러 가지 전자회로에 응용되고 있다.

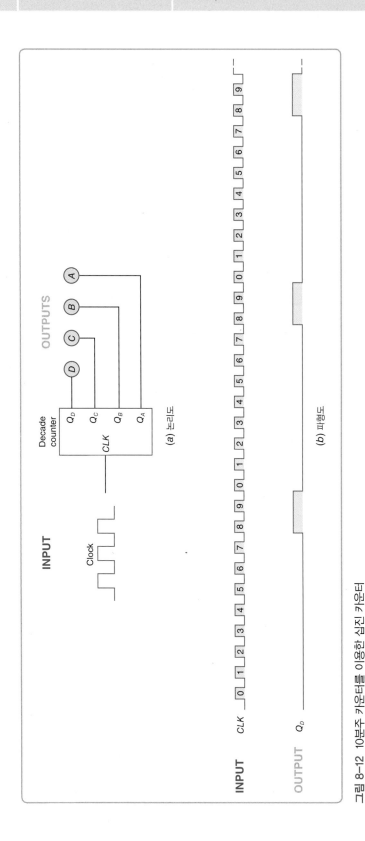

그림 8-12 10분주 카운터를 이용한 십진 카운터

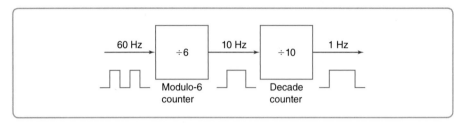

그림 8-13 1초 타이머를 이용한 60 분주회로

확인문제

22. 그림 8-13에서, 만일 입력주파수가 60,000Hz 이상이면, 십진 카운터로부터 출력되는 주파수는 _____Hz이다.
23. 그림 8-12(a)에서, 출력 A는 입력 클럭주파수를 _____번 나누어서 얻는다.

8.7 여러 가지 TTL IC 카운터

   제조업자들이 만든 IC 데이터 매뉴얼들을 보면 수많은 카운터가 수록되어 있다. 이 절에서는 그 중에서도 두 개의 대표적인 TTL IC만을 다룬다.

7493 4비트 카운터

   7493 TTL 4비트 2진 카운터가 그림 8-13에 자세히 나타나 있다. 그림 8-13(a)의 블럭도를 보면 7493 IC에는 리플 카운터로 동작하는 네 개의 J-K 플립플롭이 내장되어 있다. 그림 8-13(a)를 자세히 살펴보면 아래 세 개의 J-K 플립플롭이 내부적으로 미리 3비트 리플 카운터를 구성하도록 배선되어 있음을 알 수 있다. 중요한 것은 꼭대기의 J-K 플립플롭이 자신의 Q_A 출력이 내부적으로 다음 단의 플립플롭에 연결되어 있지 않다는 것이다. 7493 IC를 4비트 리플 카운터(mod-16)로 사용하려면 출력 Q_A를 두 번째 플립플롭의 CLK 입력 B에 외부적으로 연결시켜 주어야 한다. 4비트 리플 카운터로서의 카운트 순서를 가지려면 그림 8-14(c)와 같이 배선하면 된다. 그림 8-14(a)의 각 플립플롭의 J, K 입력을 보면 이들 입력들은 이미 영구적으로 HIGH로 세트되어 플립플롭이 토글 모드로

작동하도록 만들어져 있음을 알 수 있다. 이 IC의 클럭 입력은 모두 하강 트리거 방법을 사용한다.

그림 8-4의 mod-16 리플 카운터를 십진 카운터로 바꾸기 위해서 두 개의 입력을 갖는 NADN 게이트를 사용했던 사실을 다시 생각하자. 그림 8-14(a)를 보면 이러한 두 개의 입력을 갖는 NADN 게이트가 7493 카운터 IC 내에 저장되어 있다. 입력 $R_{0(1)}$과 $R_{0(2)}$는 내부 NAND 게이트의 입력으로 작용한다. 그림 8-13(d)의 리셋/카운트 기능표를 보면 7493 카운터가 $R_{0(1)}$과 $R_{0(2)}$가 모두 HIGH가 될 때 리셋(0000)됨을 알 수 있다. 리셋입력($R_{0(1)}$과 $R_{0(2)}$)이 연결되지 않으면, float HIGH 상태가 되어 7493 IC는 리셋 모드가 되고 카운트는 이루어지지 않음을 주의해야 한다. 그림 8-14(d)의 Note B를 보면, Q_A가 MSB가 되도록 출력 Q_D를 Q_A에 연결함으로써 biquinary 카운터로 만들 수 있다고 되어 있다. biquinary 수체계는 손으로 계산하는 주판이나 sorohan(일본 주판)에 사용되고 있다.

7493 4비트 리플 카운터를 14핀 DIP에 꾸려 넣은 그림이 그림 8-14(b)에 있다. 7493 카운터의 전원(5번 핀) 접지(10번 핀)의 위치가 보통의 IC와는 다르다는 것은 특별히 유념해야 한다. 보통의 IC들은 구석에 이것들이 배치되어 있다.

74192 업/다운 카운터

두 번째 TTL IC 카운터가 그림 8-14에 있다. 이것은 74192 업/다운 십진 카운터이다. 그림 8-15(a)의 IC 카운터에 IC 제조업자가 써놓은 설명을 보자. 74192 카운터가 동기식 카운터이고 또 많은 특징을 가지고 있기 때문에, 이것의 내부구조가 그림 8-15(b)에서 보는 바와 같이 매우 복잡하다. 74192 IC는 16핀 DIP(dual in-line package)나 20핀 SMP(surface mount package)에 꾸려 넣어진 두 가지 형이 있다. 이 두 가지 형태의 IC 핀 배열은 그림 8-14(c)에 나타내었다. 이들 그림 모두는 위에서 본 그림이다. SMP의 1번 핀의 위치가 보통과 다름에 유의하자.

그림 8-15(d)의 파형도를 보면 74192 카운터 IC에서 사용되는 여러 가지 동작순서가 자세히 나타나있다. 유용한 동작순서에는 클리어, 프리셋(load), 상향, 하향 등이 있다. 74192의 CLR 단자는 로드 단자가 active-LOW 입력일 때 active-HIGH가 된다. 74192와 동기식 업/다운 카운터와 비슷한 군에는 74LS192와 74HC192가 있다.

(a) 블럭도

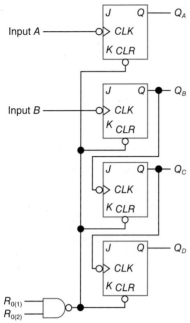

The J and K inputs shown without connection for reference only and are functionally at a high level.

(b) 핀 구성도

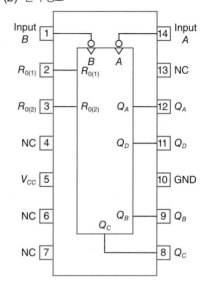

(c) 카운트 순서

COUNT	OUTPUT			
	Q_D	Q_C	Q_B	Q_A
0	L	L	L	L
1	L	L	L	H
2	L	L	H	L
3	L	L	H	H
4	L	H	L	L
5	L	H	L	H
6	L	H	H	L
7	L	H	H	H
8	H	L	L	L
9	H	L	L	H
10	H	L	H	L
11	H	L	H	H
12	H	H	L	L
13	H	H	L	H
14	H	H	H	L
15	H	H	H	H

Output Q_A is connected to input B.

(d) 리셋/카운트 함수표

RESET INPUTS		OUTPUT			
$R_0(1)$	$R_0(2)$	Q_D	Q_C	Q_B	Q_A
H	H	L	L	L	L
L	X	Count			
X	L	Count			

NOTES:
A. Output Q_A is connected to input B for *BCD* count (or binary count).
B. Output Q_D is connected to input A for biquinary count.
C. H = high level, L = low level, X = irrelevant.

그림 8-14　4비트 2진 카운터 IC(7493)

416

(a) 설명

This monolithic circuit is a synchronous reversible (up/down) counter having a complexity of 55 equivalent gates. Synchronous operation is provided by having all flip-flops clocked simultaneously so that the outputs change coincidentally with each other when so instructed by the steering logic. This mode of operation eliminates the output counting spikes which are normally associated with asynchronous (ripple-clock) counters.

The outputs of the four master-slave flip-flops are triggered by a low-to-high-level transition of either count (clock) input. The direction of counting is determined by which count input is pulsed while the other count input is high.

All four counters are fully programmable; that is, each output may be preset to either level by entering the desired data at the data inputs while the load input is low. The output will change to agree with the data inputs independently of the count pulses. This feature allows the counters to be used as modulo-N dividers by simply modifying the count length with the preset inputs.

A clear input has been provided which forces all outputs to the low level when a high level is applied. The clear function is independent of the count and load inputs. The clear, count, and load inputs are buffered to lower the drive requirements. This reduces the number of clock drivers, etc., required for long words.

These counters were designed to be cascaded without the need for external circuitry. Both borrow and carry outputs are available to cascade both the up- and down-counting functions. The borrow output produces a pulse equal to the count-down input when the counter underflows. Similarly, the carry output produces a pulse equal in width to the count-up input when an overflow condition exists. The counters can then be easily cascaded by feeding the borrow and carry outputs to the count-down and count-up inputs respectively of the succeeding counter.

(b) 논리도

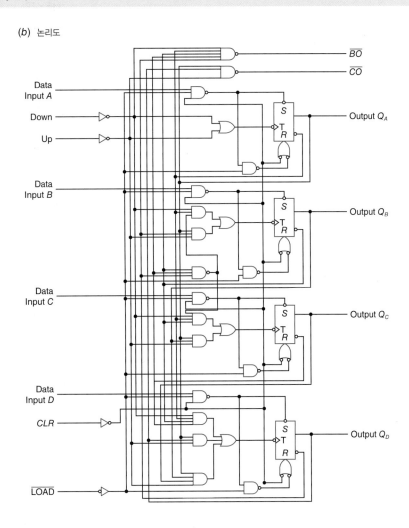

(c) 핀 구성도

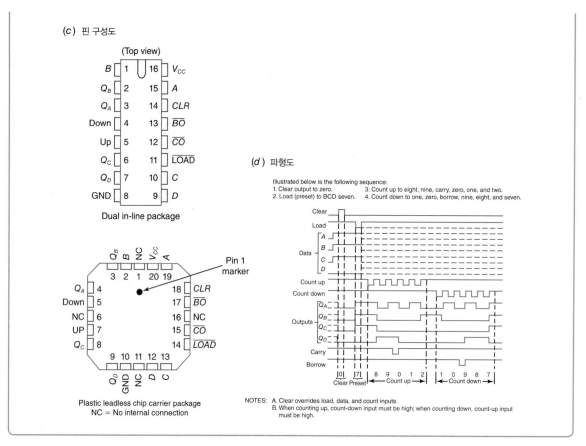

그림 8-15 동기식 십진 업/다운 카운터 IC(74192)

응용분야

여러분들은 이미 이들 IC가 어떤 응용에 쓰일 때 이들이 가지고 있는 고유 특징들이 모두 쓰이지는 않는다는 사실을 알고 있다. 그림 8-16(a)를 보면 7493 IC mod-8 카운터로 사용되고 있음을 알 수 있다. 그런데 그림 8-14로 돌아가 보면 몇몇 입력과 출력단자가 사용되지 않고 있음을 알 수 있다. 그림 8-16(b)에서는 74192 카운터가 십진 하향 카운터로 동작하고 있음을 알 수 있다. 6개의 입력과 두 개의 출력단자는 이 회로에서 쓰이지 않고 있다. 그림 8-16에 나타낸 간략화된 논리도가 그림 8-14(a)나 그림 8-15(b)의 복잡한 도면보다 더 일반적으로 쓰인다.

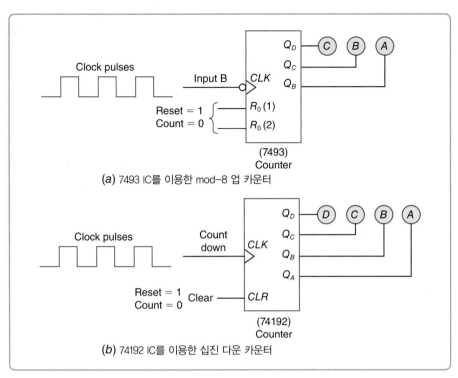

(a) 7493 IC를 이용한 mod-8 업 카운터

(b) 74192 IC를 이용한 십진 다운 카운터

그림 8-16 두 개의 응용

╭─────── 확인문제 ───────╮

24. 그림 8-14를 보면, NAND 게이트의 두 개의 입력(7493 IC의 2, 3번 핀)이 HIGH 일 때, 7493 카운터의 출력은 _____(4비트)이다.

25. 그림 8-14에서, 7493 IC는 _____ 비트 _____(업, 다운) 카운터이다.

26. 그림 8-15에서, 74192(IC) _____(십진, mod-16) 업/다운 _____(리플, 동기 식) 카운터이다.

27. 그림 8-15에서 상향 카운트를 위한 74192의 클럭 입력은 DIP IC 상의 _____이다.

28. 그림 8-15에서 74192 IC는 active _____(HIGH, LOW) 클리어 입력을 갖는다.

29. 그림 8-15에서 74192 IC의 데이터 입력 (D, C, B, A)는 _____(active HIGH carry, active LOW $\overline{LOAD}$) 입력에 따라서 4개의 출력(Q_D, Q_C, Q_B, Q_A)을 프 리셋하는데 사용된다.

30. 그림 8-15에서 74192 IC에 가해지는 두 개의 클럭 입력을 열거하라.

31. 그림 8-15에서 74192 IC에서 borrow와 carry 출력은 여러 개의 카운터 IC가 종 속 연결될 때 사용된다.(참, 거짓)

32. 그림 8-17의 B, C, D점에서의 출력주파수를 열거하라.

33. 그림 8-17에서, 7493 IC는 리플 2분주, 4분주, 그리고 _____분주이다.

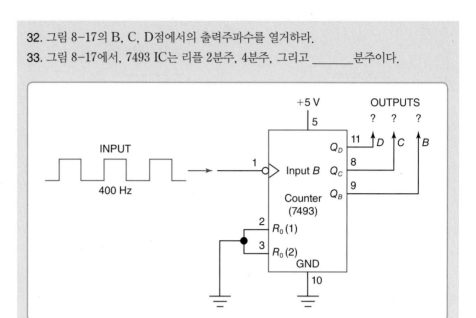

그림 8-17 카운터 문제

8.8 CMOS IC 카운터

CMOS 칩 제조업자들은 IC 형태의 여러 가지 카운터를 제공하고 있다. 이 절에서는 이 중에서 두 가지 형태의 CMOS 카운터를 다룬다.

74HC393 4비트 2진 카운터

그림 8-18에 74HC393 이중 4비트 2진 리플 카운터의 상세 내용을 나타내주고 있다. 이 그림은 74HC393 이중 4비트 2진 리플 카운터를 보여주고 있으며, 논리도와 같이 기능도(function diagram)를 그림 8-18(a)에서 보여주고 있다. IC 하나에 두 개의 4비트 2진 리플 카운터가 들어가 있음을 유의하라. 그림 8-18(b)는 각각의 입력 핀과 출력 핀의 이름과 기능을 설명해주고 있다. 클럭 입력은 CLK가 아니라 $\overline{CP}$로 표기하고 있음을 유의하라. 핀 이름들은 제조업자에 따라 다소 표기법이 다르다. 이러한 이유 때문에 제조업자들의 데이터 시트를 참조하여

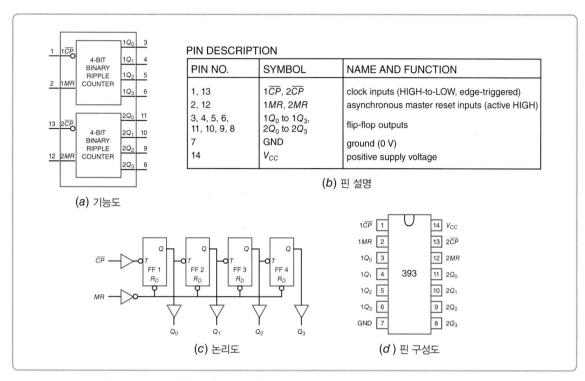

PIN DESCRIPTION

PIN NO.	SYMBOL	NAME AND FUNCTION
1, 13	$1\overline{CP}$, $2\overline{CP}$	clock inputs (HIGH-to-LOW, edge-triggered)
2, 12	$1MR$, $2MR$	asynchronous master reset inputs (active HIGH)
3, 4, 5, 6, 11, 10, 9, 8	$1Q_0$ to $1Q_3$, $2Q_0$ to $2Q_3$	flip-flop outputs
7	GND	ground (0 V)
14	V_{CC}	positive supply voltage

(b) 핀 설명

(a) 기능도

(c) 논리도   (d) 핀 구성도

그림 8-18 CMOS 이중 4비트 2진 카운터 IC(74HC393)

정확한 정보를 얻어야 한다.

74HC393 IC 내부의 4비트 카운터 각각은 네 개의 T 플립플롭으로 구성되어 있다. 하나의 T 플립플롭은 토글 모드로 되어 있는 플립플롭이다. 이러한 모습이 그림 8-18(c)의 논리도에 자세히 그려져 있다. 여기서 MR 입력은 비동기 마스터 리셋 핀임을 유의해야 한다. MR 핀은 active-HIGH 상태는 클럭에 우선하여 각각의 카운터를 0000으로 리셋하게 된다.

74HC393 IC에 대한 핀 구성도가 그림 8-18(d)에 다시 그려져 있는데, 이 DIP 패키지 IC는 위에서 본 그림이다. 카운트 순서는 2진 0000에서 1111까지인데, 10진수로는 0에서 15까지가 된다.

그림 8-18(a)의 기능도와 8-18(c)의 논리도 모두 클럭펄스가 HIGH에서 LOW로 천이가 일어날 때 카운터가 트리거됨을 나타내고 있다. 리플 카운터의 출력(Q_0, Q_1, Q_2, Q_3)은 비동기적이다. 즉, 클럭과 정확히 동기되지 않고 있는 상태이다. 모든 리플 카운터가 그렇듯이 출력들 간에 약간의 지연이 존재한다. 그 이유는 첫 번째 플립플롭이 다음 플립플롭을 트리거하고, 두 번째가 세 번째를 트리거

하고, 이와 같은 방법으로 연쇄적으로 트리거가 일어나기 때문이다. $\overline{CP}$ 클럭 입력에 붙인 (>) 기호는 제조업자에 의해 생략되고 있다. 다시 한 번 언급하면, 레이블링과 논리도 모두의 표기법이 제조업자마다 조금씩 차이가 있다.

74HC193 동기식 4비트 2진 업/다운 카운터

우리가 다룰 두 번째 CMOS IC 카운터는 74HC193 프리셋 동기식 4비트 2진 업/다운 카운터 IC(74HC193 presettable synchronous 4-bit binary up/down counter IC)이다. 74HC193 카운터는 74HC193 IC보다 더 많은 특징을 가지고 있다. 74HC193에 관한 제조업자의 정보가 그림 8-19에 자세히 언급되어 있다.

74HC193 IC의 기능도는 그림 8-19(a)이고, (b)는 핀 배치도이다. 74HC193은 두 개의 클럭 입력(CP_U와 CP_D)을 가지고 있다. 하나는 상향 카운트에 쓰이는 클럭(CP_U)이고, 다른 하나는 하향 카운터에 쓰이는 클럭(CP_D)이다. 그림 8-19(b)는 클럭 입력들이 클럭펄스의 LOW에서 HIGH로 변할 때 상승모서리 트리거가 됨을 나타내고 있다.

74HC193 카운터에 대한 진리표를 그림 8-19(d)에 나타내었다. 왼편에 있는 카운터의 동작 모드를 보면 74HC193 카운터의 여러 기능을 한 번에 알아볼 수 있다. 이 카운터의 동작 모드에는 리셋, 병렬로드, 상향, 하향 등이 있다. 그림 8-19(d)에 나타낸 진리표 또한 어느 핀이 입력 핀이고 어느 핀이 출력 핀인지를 잘 나타내주고 있다.

이들의 전형적인 순서는 그림 8-19(e)에 나타내었다. 파형은 IC의 전형적인 동작이나 타이밍 등을 알아보고자 할 때 유용하다.

응용분야

MR

이 절에서 다룰 CMOS 카운터 IC들에 대한 두 가지 가능한 응용 예를 그림 8-20과 8-21에서 보여준다. 그림 8-20은 74HC193 IC로 구성한 4비트 2진 카운터이다. MR(master reset) 핀은 0 또는 1에 결선을 해두어야만 한다. MR 입력은 active-HIGH 입력이므로 1 값이 들어오면 2진 출력은 0000으로 된다. 리셋 핀(MR)에 논리 0이 들어오면 IC는 2진 0000에서 1111 방향으로 상향 카운트를 시작하게 된다.

74HC193 CMOS IC는 더욱 정교한 카운터이다. 그림 8-21은 2진 001에서

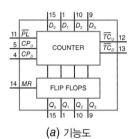

(a) 기능도

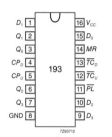

(c) 핀 구성도

PIN DESCRIPTION

PIN NO.	SYMBOL	NAME AND FUNCTION
3, 2, 6, 7	Q_0 to Q_3	flip-flop outputs
4	CP_D	count down clock input*
5	CP_U	count up clock input*
8	GND	ground (0 V)
11	$\overline{PL}$	asynchronous parallel load input (active LOW)
12	$\overline{TC}_U$	terminal count up (carry) output (active LOW)
13	$\overline{TC}_D$	terminal count down (borrow) output (active LOW)
14	MR	asynchronous master reset input (active HIGH)
15, 1, 10, 9	D_0 to D_3	data inputs
16	V_{CC}	positive supply voltage

* LOW-to-HIGH, edge triggered

(b) 핀 설명

OPERATING MODE	INPUTS								OUTPUTS					
	MR	**$\overline{PL}$**	**CP_U**	**CP_D**	**D_0**	**D_1**	**D_2**	**D_3**	**Q_0**	**Q_1**	**Q_2**	**Q_3**	**$\overline{TC}_U$**	**$\overline{TC}_D$**
reset (clear)	H	X	X	L	X	X	X	X	L	L	L	L	H	L
	H	X	X	H	X	X	X	X	L	L	L	L	H	H
parallel load	L	L	X	L	L	L	L	L	L	L	L	L	H	L
	L	L	X	H	L	L	L	L	L	L	L	L	H	H
	L	L	L	X	H	H	H	H	H	H	H	H	L	H
	L	L	H	X	H	H	H	H	H	H	H	H	H	H
count up	L	H	↑	H	X	X	X	X	count up				H*	H
count down	L	H	H	↑	X	X	X	X	count down				H	H†

* $\overline{TC}_U$ = CP_U at terminal count up (HHHH)
† $\overline{TC}_D$ = CP_D at terminal count down (LLLL)

H = HIGH voltage level
L = LOW voltage level
X = don't care
↑ = LOW-to-HIGH clock transition

(d) 진리표

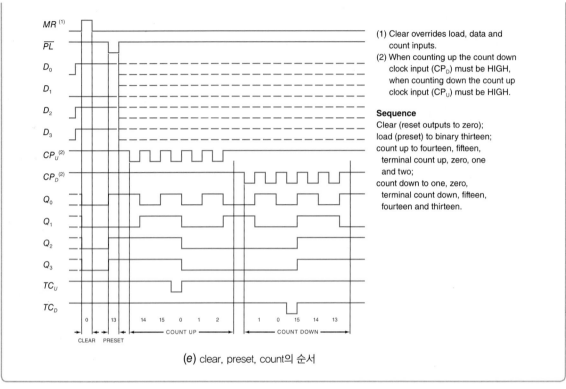

(1) Clear overrides load, data and count inputs.
(2) When counting up the count down clock input (CP_D) must be HIGH, when counting down the count up clock input (CP_U) must be HIGH.

Sequence
Clear (reset outputs to zero); load (preset) to binary thirteen; count up to fourteen, fifteen, terminal count up, zero, one and two; count down to one, zero, terminal count down, fifteen, fourteen and thirteen.

(e) clear, preset, count의 순서

그림 8-19 CMOS 사전 세트 가능한 4비트 동기식 상향/하향 카운터 IC(74HC193)

110(십자수로는 1에서 6)으로 카운트를 시작하는 mod-6 카운터를 보여준다. 이 카운터는 주사위 시뮬레이션 게임회로와 같은 응용에 유용하다. mod-6 카운터에 쓰이고 있는 NAND 게이트의 역할은 비동기 병렬 로드($\overline{PL}$) 입력을 활성화시키는 것인데, 이것은 가장 높은 카운트인 2진수 0110에 도달한 직후에 일어난다. 이 때 카운터에는 0001이 로드되는데, 이 값은 데이터 입력($D_0 \sim D_3$)에 고정적으로 입력되어 있다. 클럭펄스는 상향 카운트 클럭 입력(CP_U)에 들어간다. 하향 카운트 클럭 입력(CP_D)은 +5V에 연결해 두어야 하고, 마스터 리셋(MR) 핀은 접지시켜야 이 단자를 동작 불능 상태로 만들어 카운터가 동작을 시작하도록 한다. 그림 8-21의 mod-6 카운터 회로는 CMOS 74HC193 4비트 상향/하향 카운터 IC의 유연성을 보여주고 있다.

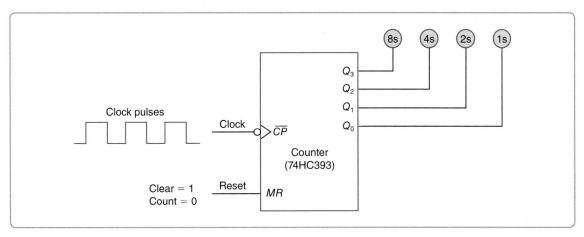

그림 8-20 74HC393 IC로 구성한 4비트 2진 카운터

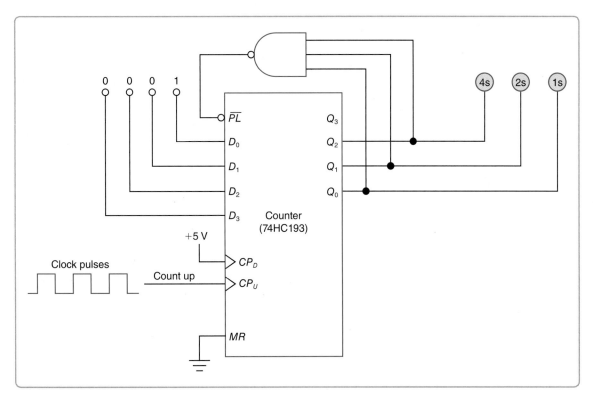

그림 8-21 74HC393 IC로 구성한 mod-6 카운터

전자공학에 대하여

의료용 전자기기

- 과거에는 혈액검사를 위해서는 검사기계가 작은 양을 취급할 수 없었기 때문에 몇 병의 혈액이 필요했다. 새로운 방범이 개발되어 작은 동전 크기의 병 안에 혈액을 채취하고 철사 대신 액체가 담겨 있는 통로를 가진 컴퓨터 칩 내에 전자적으로 혈액을 이동시킨다. 이러한 과정을 위해서는 십억 분의 1리터보다 적은 양의 혈액을 샘플링하면 된다.
- 반흔조직을 유발시키는 신장질환 같은 신체 깊숙이 위치하는 부위의 질병들은 의료진이 촉진과 함께 초음파를 사용할 때 일어날 수 있다. 기관이 자유롭게 움직이지 않는 경우 그 부위에 상처가 날 수 있다.

확인문제

34. 그림 8–18의 74HC393 IC에는 두 개의 _____(4비트 2진, 십진) 카운터가 내장되어 있다.

35. 그림 8–18에서, 74HC393 카운터의 리셋 핀(MR)은 active– _____(HIGH, LOW) 입력이다.

36. 그림 8–18에서, 74HC393 카운터의 클럭 입력은 _____(H에서 L, L에서 H)로 클럭펄스가 천이할 때 트리거된다.

37. 그림 8–20의 회로는 mod– _____(숫자) _____(리플, 동기식) 카운터이다.

38. 그림 8–19의 74HC193 IC는 _____(리플, 동기식) 4비트 상향/하향 카운터 IC이다.

39. 그림 8–19에서, 리셋 핀(MR)은 _____(비동기식, 동기식)이고 74HC193 IC의 모든 다른 입력에 동시에 영향을 준다.

40. 그림 8–19에서, 74HC193의 출력은 _____($D_0 \sim D_3$, $Q_0 \sim Q_3$)으로 명명되어 있다.

41. 그림 8–21에서, 이 카운터 회로의 2진 카운트 순서를 열거하라.

42. 그림 8–21에서, 이 카운터 회로의 3입력 NAND 게이트의 용도를 말하라.

43. 그림 8–18(a)에서, 74HC393 카운터가 모서리 트리거되는데 클럭 입력에 (〉) 기호가 없음에 대해 설명하라.

8.9 3-디지트 BCD 카운터

해가 거듭할수록 더 많은 전자 기능들이 단일 IC에 내장된다. 여기서는 다양한 3-디지트 BCD 카운터 IC들이 소개되고, 몇몇 소자들의 특성에 대해 살펴본다.

먼저 4559(MC14553) CMOS 3-디지트 BCD 카운터를 다루어 보자. 그림 8-22(a)에 4553 IC의 단순한 기능 블럭도가 있다. 4553 IC는 세 개의 종속접속된 십진 카운터를 가지고 있다. 종속접속 카운터란 1의 자리 BCD 카운터가 10의 자리 BCD 카운터를 트리거하여 1001_{BCD}에서 0000_{BCD}가 되도록 하는 것을 말한다. 같은 방법으로, 10의 자리 카운터는 100의 자리 카운터를 트리거하여 1001_{BCD}에서 0000_{BCD}이 되도록 한다. 세 개 카운터로부터의 BCD 출력은 세 개의 4비트 래치에 데이터를 공급한다. BCD 데이터는 디스플레이 멀티플렉서 회로에 전달되어 세 개의 7-세그먼트 디스플레이가 구동된다.

4553 BCD 카운터 IC가 그림 8-22(a)에 자세히 표시되어 있다. 여기서 펄스 (pelse shaper) 회로는 입력펄스를 **구형파**(square wave)로 만든다. 4553에 연결된 CLK(클럭) 입력은 하강모서리(negative-edge) 트리거이다. 디스플레이 멀티플렉서 회로는 세 개의 십진 표시 중 하나가 정확한 BCD 출력을 공급했을 때 동작한다. 멀티플렉싱은 40~80Hz 사이에서 일어난다. 외부 커패시터(C_1)는 IC의 C_{1A}와 C_{1B}핀 사이에 연결될 수 있다. 커패시터 C_1은 보통 0.001μF을 사용한다.

4553 카운터 IC의 입력 DISABLE 클럭, MAS-TER RESET, LATCH ENABLE은 모두 active-HIGH 입력이며, 4비트 BCD 출력($Q_0 \sim Q_3$)은 active-HIGH이다. 디지트 선택(DS_1, DS_2, DS_3) 핀은 active-LOW 출력이다.

그림 8-22(b)에서 몇몇 동작 모드에 대한 4553 3-디지트 BCD 카운터 IC의 진리표를 나타내었다. 이러한 동작 모드는 매우 중요하며, 다른 입력조합들도 가능하다. MR 입력 핀이 HIGH가 되면 출력은 0000 0000 0000_{BCD}으로 리셋된다. MR 모드는 그림 8-21(b)의 진리표에서 첫 번째 줄에 표시되어 있다. 상향 모드는 진리표의 두 번째 줄에 있다. 클럭펄스가 HIGH에서 LOW로 변화하는 동안 BCD는 1을 카운트한다. 그림 8-22(b)에서 1의 자리 카운터는 입력 출력펄스에 의해 트리거됨을 알 수 있다, 10의 자리 카운터는 1의 자리 카운터의 출력으로

구형파

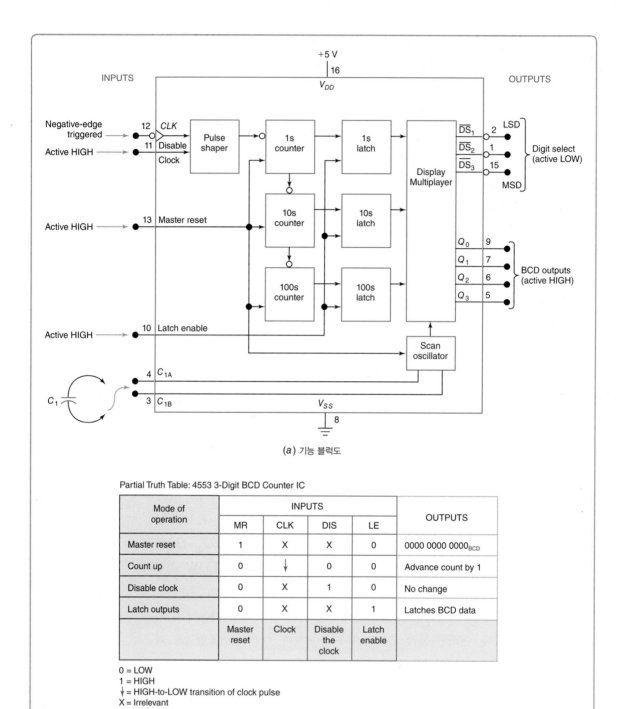

(a) 기능 블럭도

Partial Truth Table: 4553 3-Digit BCD Counter IC

Mode of operation	INPUTS				OUTPUTS
	MR	CLK	DIS	LE	
Master reset	1	X	X	0	0000 0000 0000$_{BCD}$
Count up	0	↓	0	0	Advance count by 1
Disable clock	0	X	1	0	No change
Latch outputs	0	X	X	1	Latches BCD data
	Master reset	Clock	Disable the clock	Latch enable	

0 = LOW
1 = HIGH
↓ = HIGH-to-LOW transition of clock pulse
X = Irrelevant

(b) 진리표

그림 8-22 4553 3-디지트 BCD 카운터

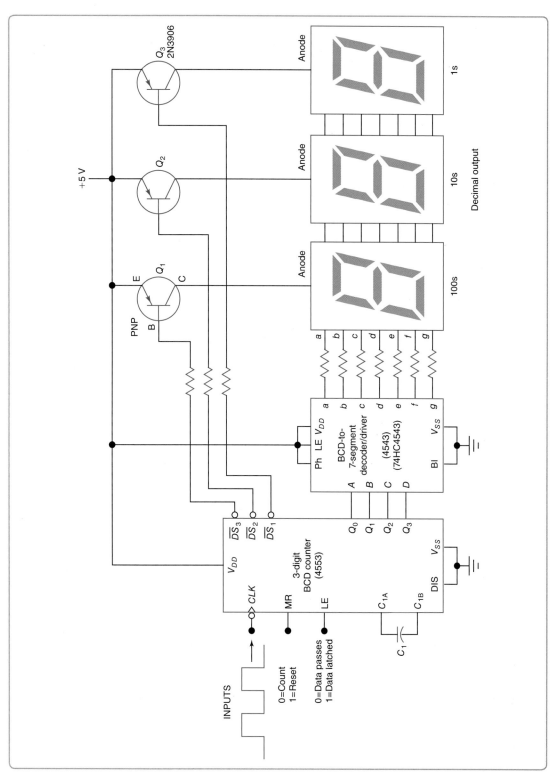

그림 8-23 3-디지트 업 카운터 회로

부터 트리거되고, 100의 자리 카운터는 10의 자리 카운터(종속접속이라 함)의 출력으로부터 트리거된다. 동작의 Disable Clock 모드는 DISABLE 입력 핀이 HIGH로 될 때 일어난다. 입력 클럭펄스들은 1의 자리 카운터에 도착되는 것을 허용하지 않아서 BCD 출력은 변환하지 않는다.

LE

세 개의 BCD 카운터는 메모리의 특성을 가진 12개의 T 플립플롭으로 구성된다. 메모리는 세 개의 4비트 래치(4553 IC)로부터 공급된다. LE(latch enable) 입력이 LOW가 되면 세 개의 래치는 그림 8-22(a)에서와 같이 멀티플렉서의 데이터를 직접 전달한다. 래치가 데이터를 전달했을 때 이것을 투명하다고 한다. LE 입력이 HIGH가 되면 BCD 카운터의 마지막 계수가 디스플레이 멀티플렉서의 입력에 저장된다. 이것은 BCD 카운터가 LE 입력이 활성화될 때라도 카운트를 계속할 수 있다는 것을 이해하는 데 있어서 중요하다. 그러나 BCD 출력은 이미 래치에 저장된 계수값을 표시한다.

응용분야

4553 3-디지트 BCD 카운터 IC의 단순한 응용 예를 그림 8-23에서 보여준다. MR 입력을 활성화시키면 4553 IC는 입력펄스의 개수를 카운트하고 카운트를 축적한다. 디스플레이 멀티플렉서는 하나의 7-세그먼트 디스플레이를 순차적으로 표시한다. 첫 번째로, 4553 IC의 $\overline{DS1}$에서 LOW가 출력되어 1의 자리 LED 디스플레이가 켜진다. 1의 자리 카운터로부터 출력이 4543 디코더에 전송되고 7-세그먼트 코드가 해당되는 1의 자리 세그먼트의 불을 켜지도록 한다. 두 번째로, 4553 IC의 $\overline{DS2}$에서 LOW가 출력되어 10의 자리 LED 디스플레이가 켜진다. 10의 자리 카운터에서 새로운 BCD 출력이 4543 디코더에 전송되고 7-세그먼트 코드가 해당되는 10의 자리 세그먼트의 불을 켜지도록 한다. 세 번째로, 4553 IC의 $\overline{DS3}$에서 LOW가 출력되어 100의 자리 LED 디스플레이가 켜진다. 100의 자리 카운터에서 새로운 BCD 출력이 4543 디코더에 전송되고 7-세그먼트 코드가 해당되는 100의 자리 세그먼트의 불을 켜지도록 한다. 4553 IC 내부의 멀티플렉서 부분은 고속으로 연속하여 변화하지만 사람의 눈에는 7-세그먼트 디스플레이가 연속하여 켜져 있는 것처럼 보인다.

확인문제

44. 4553 IC는 펄스 정형기, 세 개의 BCD _____(가산기, 카운터), 세 개의 4비트 래치, 스캔 오실레이터, 그리고 디스플레이 _____(멀티플렉서, 시프터)를 포함하고 있다.

45. 4553 IC MR핀은 활성화되었을 때 모든 카운터의 출력을 _____(0으로 리셋, 1로 세트)하는 _____(active-HIGH, active-LOW) 입력이다.

46. 4553 IC에서, 1의 자리 카운터에 입력되는 CLK는 클럭펄스의 _____(H에서 L, L에서 H) 사이에서 트리거된다.

47. 4553 IC의 모든 BCD 카운터는 _____(하강모서리, 상승모서리)에서 트리거되어 카운터를 증가시킨다.

48. 4553 IC의 LE(latch enable)핀은 _____(active-high, active-low) 입력이다.

49. 래치를 통과한 세 개 카운터의 데이터는 LE 입력이 _____(HIGH, LOW)일 때 마치 투명한 것처럼 보인다.

50. 4553 IC의 DIS(disable clock)핀은 LE(latch enable) 입력과 같은 것이다.(참, 거짓)

51. LE 입력이 HIGH로 활성화되었을 때, BCD 카운터의 새치 데이터는 래치의 출력에서 고정되어 있지만, BCD 카운터는 입력펄스가 들어올 때마다 계속하여 카운터를 증가시킨다.(참, 거짓)

52. 그림 8-23에서, 커패시터 C_1의 목적은 _____(입력과 출력을 결합, 멀티플렉서의 스캔주파수를 세트)하는 것이다.

53. 그림 8-23에서, _____(4000, 4543) IC는 BCD 입력을 7-세그먼트 코드로 디코딩하여 세그먼트 LED의 불을 켜지도록 한다.

54. 그림 8-23에서, _____(4543, 4553) IC는 디코더에 BCD 데이터가 입력되었을 때 디스플레이를 켤 수 있도록 하는 디스플레이 멀티플렉서를 내장하고 있다.

55. 그림 8-23의 4553 카운터가 7-세그먼트 디스플에어에 카운트할 수 있는 범위는 최저 _____에서 최고 _____까지다.

8.10 카운터의 실제 사용 예

 지금까지 논의한 바에 따르면, 만일 데이터를 입력하고 그 결과를 출력하지 못한다면 디지털 회로의 처리능력은 별로 쓸모가 없어진다. 그림 8-24(a)의 블럭도는 이러한 관점에서 본 시스템을 잘 요약하여 보여준다. 디지털 처리 분야에는 조합논리와 순서논리가 있음을 알고 있다. 한편으로, 두 기기 간의 접속을 위한 인코더와 디코더 등을 알아보았다. 또한 LED, 7-세그먼트 LED, LCD, VF 디스플레이, 백열전구, 부저, 릴레이, 직류모터, 스텝모터, 서보모터 등 여러 가지 출력장치들을 공부하였다. 입력장치에 대해서는 비안정 또는 단안정 방식의 클로과 스위피, 홀효과 센서, 펄스폭 변조기 등 극소수에 대해서만 다루어왔다. 이 절에서는 몇 개의 새로운 입력장치에 대해 추가로 학습할 것이다.

광 인코딩

이 시스템에 대해서 공부할 블록도가 그림 8-24(b)에 있다. 입력장치로서는 광 인코딩(optical encoding) 방법을 사용하여 카운터를 시험할 것이며, 이 EO의 출력장치로서는 7-세그먼트 디스플레이를 사용할 것이다. 광결합 인터럽트 모듈은 적외선빔이 인터럽트될 때를 그때그때 알아내서 이 신호를 파형 정형기에 입력시켜 카운터의 실시한 후 카운터값을 기억장치에 저장시킨다. 마지막으로, BCD 카운터가 이 값을 디코딩한 다음 고정된 방해 모듈에서 보내진 샤프트 인코더 디스크 내의 슬롯 개수를 표시해준다.

광결합 인터럽트 모듈

광결합 인터럽트 모듈(opto-coupled interrupter module) 또는 광센서(optical sensor)는 적외선 방출 다이오드와 이것의 타깃 포토트랜지스터와 한 조

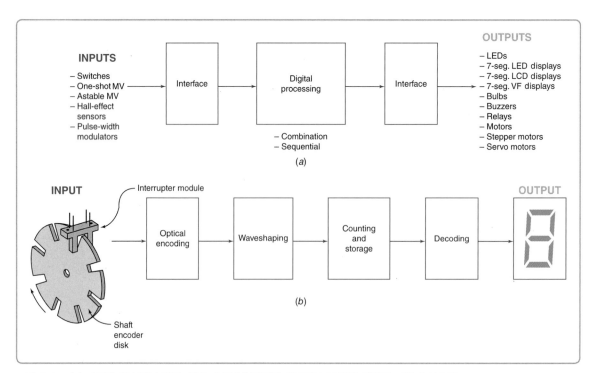

그림 8-24 (a) 디지털 시스템의 입력, 처리, 출력 (b) 광결합 인터럽트 모듈을 이용한 카운터 시스템

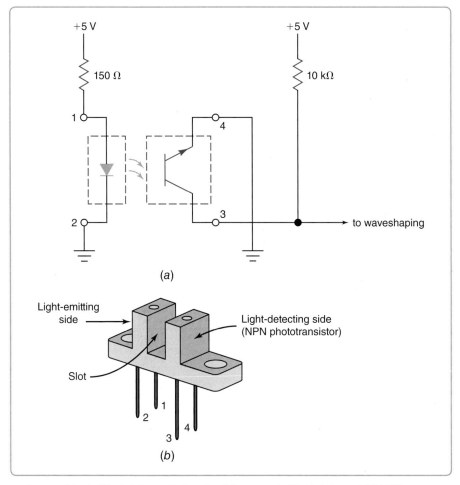

그림 8-25 (a) 광결합 인터럽트 모듈의 구성도 (b) H21A1 광결합 인터럽트 모듈(슬롯형)

를 이루어 함께 하나의 부품으로 조립되어 있다. 회로도상의 기호가 그림 8-25(a)
에 다시 표시되어 있다. 만일 전류의 흐름이 적외선 다이오드의 이미터(E) 방향으
로 있다면, NPN 포토트랜지스터가 모듈의 검출기(D)를 작동시킨다. 만일 LED
로부터의 빛이 차단된다면, 모듈의 검출기 상의 포토트랜지스터는 작동을 멈춘다
(꺼진다). H21A1(ECG3100) 광결합 인터럽트 모듈이 그림 8-25(b)에 그려져 있
다. H21A1 인터럽트 모듈의 핀 1과 2가 이미터 쪽이거나 적외선 방출 다이오드
에 대한 것임을 유의하자. 인터럽트 모듈의 이미터 쪽의 회로도가 그림 8-24(a)에
자세히 그려져 있다. H21A1의 핀 3, 4는 검출기 쪽이거나 NPN 포토트랜지스
터에 할당되어 있다. 이 모듈의 검출기 쪽 회로가 그림 8-25(b)에 그려져 있는데

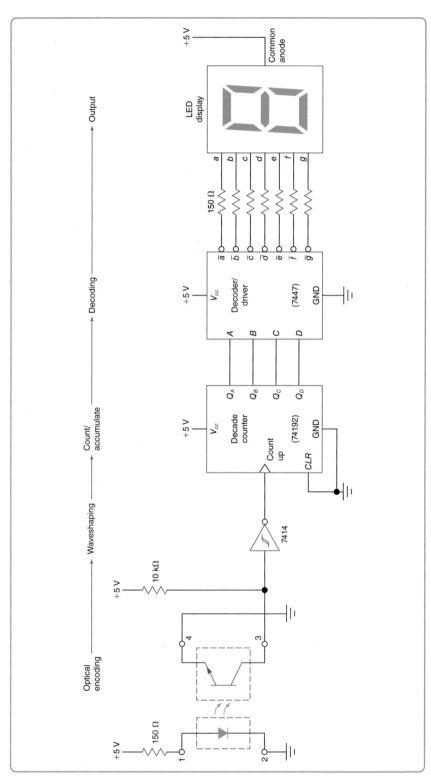

그림 8-26 광 인코더를 이용한 카운터 시스템

10kΩ 저항으로 풀업되어 있다. 이때 인터럽트 모듈의 검출기 신호는 파형 정형기로 전달된다.

광결합 인터럽트 모듈로부터 입력되는 펄스 개수를 카운트하는 간단한 시스템 회로가 그림 8-26에 상세히 그려져 있다. 불투명한 물체로부터 빛이 차단될 때 포토트랜지스터는 동작하지 않고 꺼져 있고, 7414 슈미트 트리거 인버터의 입력은 10kΩ으로 풀업되어 있다. 인버터의 출력은 HIGH에서 LOW로 된다. 불투명 물체가 제거되면 적외선 빛이 슬롯을 통과하게 되어 포토트랜지스터의 베이스에 투사된다. 그러면 포토트랜지스터가 동작하여 인버터의 3번 핀 전압이 HIGH에서 LOW로 된다. 이때 파형 정형기의 출력은 LOW에서 HIGH로 되며, 이것이 74192의 카운트를 하나 위로 카운트하도록 트리거시키는 역할을 한다. 7447 IC는 BCD 입력을 7-세그먼트 코드로 디코드 시키고, 그 값에 상응한 LED 디스플레이의 해당 세그먼트를 발광시키게 된다.

요약하면, 그림 8-24(b)의 광 인코더/카운터 시스템은 인터럽트 모듈의 슬롯에 빛이 한번 통과할 때마다 카운터가 하나씩 증가한다. 광결합된 인터럽트 모듈은 적외선을 이용하기 때문에 주변의 가시광선에 의해 오작동을 하지 않게 된다. 적

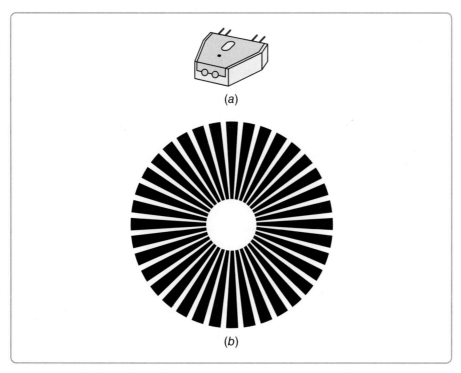

그림 8-27 (a) 반사형 광 인코더 (b) 반사형 광 인코더에 사용되는 샤프트 인코더

외선 다이오드는 포트트랜지스터가 검출을 위한 알맞은 파장의 빛에 대해서만 작동한다는 사실을 주목하라.

**광센서
슬롯형 모듈
반사형 센서**

광센서에 대한 두 개의 일반형에는 **슬롯형 모듈**과 **반사형 센서**(reflective-type sensor)가 있다. 통상적인 반사형 광센서의 모양이 그림 8-27(a)에 나타나 있다. 여기를 보면 앞에 두 개의 구멍이 있음을 알 수 있다. 하나는 적외선 방출 다이오드이고, 다른 하나는 광센서의 수신부이다. 이 반사형 광센서는 그림 8-27(b)에서 보여주는 것처럼 디스크와 같은 모양을 한 목표물에 정밀하게 맞추어져 있다. 흰색 부분은 빛을 반사하여 출력 포토 트랜지스터를 작동시키고, 반대로 검은 띠 부분은 빛을 흡수하여 포토 트랜스지스터의 작동을 금지시킨다.

▐ ▌ 확인문제

56. 그림 8-24(b)에서, _____(디코더, 인터럽트 모듈)은 회로 내에서 광 인코딩을 수행하는 장치이다.

57. 그림 8-25(a)에서, 가로채기 모듈의 이미터 쪽 다이오드는 _____(적외선, 자외선)을 방출한다.

58. 그림 8-25(a)에서, 인터럽트 모듈의 감지기 쪽 _____(포트트랜지스터, 게르마늄 트랜지스터)는 적외선에 민감하다. 그리고 백색의 실내광으로는 트리거되지 않는다.

59. 그림 8-24(b)에서, 시스템에 사용된 광센서는 _____(반사형, 슬롯형)으로 분류된다.

60. 그림 8-26에서, 슈미트 트리거 인버터가 _____(H에서 L, L에서 H)로 될 때 디스플레이의 카운트가 하나 증가한다.

61. 그림 8-24(b)에서, 인코더 디스크 열림이 막 인터럽트 모듈을(로) _____(떠날 때, 들어올 때) 디스플레이의 카운터가 하나 증가한다.

62. 그림 8-26에서, 74192 IC는 이 회로에서 _____(십진, mod-16) 카운터로서 동작한다. 그리고 또 _____(카운트를 디코딩, 카운트를 임시로 저장)하는 역할을 수행한다.

8.11 전자게임기에서 사용되는 CMOS 카운터

이 절에서는 전자게임기에 사용되는 CMOS 카운터의 특징을 배울 것이다. 이 게임은 추측한 수를 알알 맞히는 고전적인 게임이다. 이 게임의 컴퓨터 버전을 보

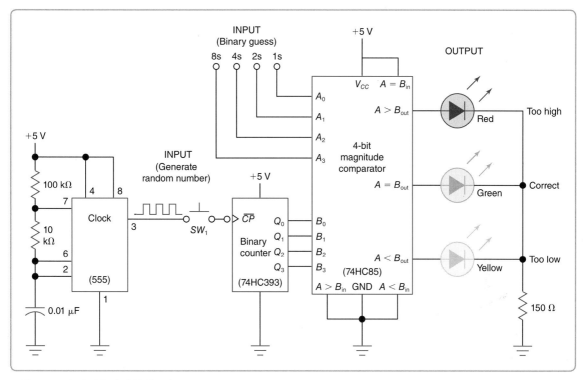

그림 8-28 숫자 맞추기 게임 회로

면, 우선 난수가 발생되고 플레이어는 미지의 수를 추측하게 된다. 이때 컴퓨터는 맞음, 너무 큼, 너무 작음 중 하나를 대답한다. 플레이어는 이것을 토대로 다시 추측하고, 이와 같은 작업을 반복하여 마침내 미지수를 맞추게 되는 것이다. 이때 추측 횟수가 가장 낮은 플레이어가 승리자가 된다.

이 게임을 구현한 간단한 전자회로도가 그림 8-28에 있다. 게임을 시작하기 위해 맨 처음 누름 스위치(SW_1)를 누른다. 이 조작으로 약 1kHz 신호가 2진 카운터의 클럭 입력으로 들어가게 된다. 누름 버튼이 해제되면 임의의 2진수(0000에서 1111)가 74HC85 4비트 크기비교기의 A입력으로 인가된다. 플레이어가 추측한 수는 비교기 IC의 B입력에 인가된다. 만일 B입력의 임의의 수와 플레이어의 추측기가 맞으면 $A = B_{out}$ 출력이 HIGH로 되고 녹색 LED에 붕이 들어온다. 이 불빛은 추측수가 맞았다는 것을 의미한다. 올바른 추측수가 검출된 다음에는 새로운 임의의 수가 SW_1을 누름에 의해서 발생하게 된다.

만일 플레이어의 추측수(A 입력수)가 임의의 수(B 입력수)보다 작은 수라면, 비교기는 $A < B_{out}$ 출력을 HIGH로 만들고 노란색 LED에 불이 들어오게 된다.

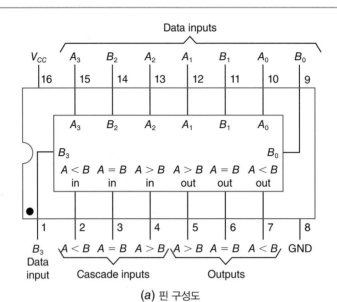

(a) 핀 구성도

Truth Table—74HC85 Magnitude Comparator IC

COMPARING INPUTS				CASCADING INPUTS			OUTPUTS		
A_3, B_3	A_2, B_2	A_1, B_1	A_0, B_0	$A > B$	$A < B$	$A = B$	$A > B$	$A < B$	$A = B$
$A_3 > B_3$	X	X	X	X	X	X	H	L	L
$A_3 < B_3$	X	X	X	X	X	X	L	H	L
$A_3 = B_3$	$A_2 > B_2$	X	X	X	X	X	H	L	L
$A_3 = B_3$	$A_2 < B_2$	X	X	X	X	X	L	H	L
$A_3 = B_3$	$A_2 = B_2$	$A_1 > B_1$	X	X	X	X	H	L	L
$A_3 = B_3$	$A_2 = B_2$	$A_1 < B_1$	X	X	X	X	L	H	L
$A_3 = B_3$	$A_2 = B_2$	$A_1 = B_1$	$A_0 > B_0$	X	X	X	H	L	L
$A_3 = B_3$	$A_2 = B_2$	$A_1 = B_1$	$A_0 < B_0$	X	X	X	L	H	L
$A_3 = B_3$	$A_2 = B_2$	$A_1 = B_1$	$A_0 = B_0$	H	L	L	H	L	L
$A_3 = B_3$	$A_2 = B_2$	$A_1 = B_1$	$A_0 = B_0$	L	H	L	L	H	L
$A_3 = B_3$	$A_2 = B_2$	$A_1 = B_1$	$A_0 = B_0$	X	X	H	L	L	H
$A_3 = B_3$	$A_2 = B_2$	$A_1 = B_1$	$A_0 = B_0$	H	H	L	L	L	L
$A_3 = B_3$	$A_2 = B_2$	$A_1 = B_1$	$A_0 = B_0$	L	L	L	H	H	L

(b) 진리표

그림 8-29 CMOS 크기비교기 IC(74HC85)

이것은 추측수가 너무 작아서 플레이어는 이보다는 터 큰 어떤 수를 입력하여 다시 게임을 시작해야 한다는 것을 의미한다.

마지막으로, 만일 플레이어의 추측수(A 입력수)가 임의의 수(B 입력수)보다 너

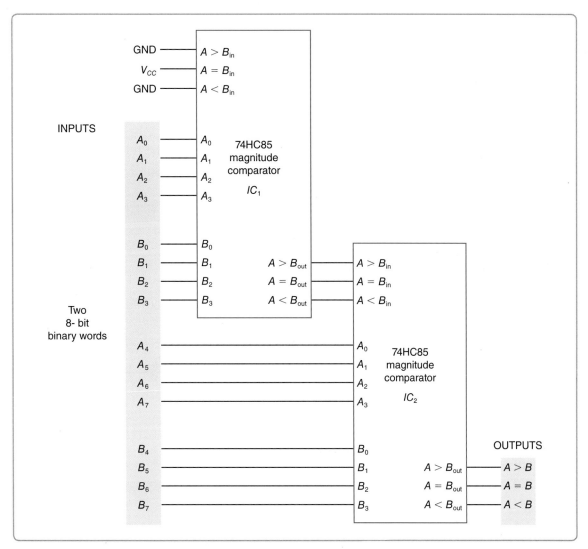

그림 8-30 크기비교기의 종속접속

무 크다면, 비교기의 출력은 $A{<}B_{out}$ 출력을 HIGH로 만들 것이다. 이것은 추측
수가 너무 커서 게임을 다시 해야 한다는 것을 의미한다.

　그림 8-29는 74HC85 4비트 크기비교기 IC의 자세한 동작을 기술하고 있다.
그림 8-29(a)는 핀 배치도를 나타내고 있는데, 이것은 DIP 74HC85 CMOS
IC의 위에서 본 그림이다. 이 비교기의 진리표는 그림 8-29(b)에 묘사되어
있다.

　74HC85 비교기는 세 개의 외부 입력을 사용하여 일렬로 연속된 비교기를 구성

할 수 있다. 이러한 예가 그림 8-30에 있다. 이 회로는 두 개의 8비트 2진 워드 A_7 A_6 A_5 A_4 A_3 A_2 A_1 A_0와 B_7 B_6 B_5 B_4 B_3 B_2 B_1 B_0의 크기를 비교한다. IC_2의 출력은 세 가지 응답 중 하나이다($A>B$, $A=B$, $A<B$).

확인문제

63. 그림 8-28의 숫자 맞추기 게임기에서, 2진 카운터가 1001을 가지고 있고 플레이어가 1011을 추측했다고 하면, _____(색) LED가 켜지면서 추측이 _____(맞다, 너무 크다, 너무 작다)라고 알려줄 것이다.

64. 그림 8-28에서, 추측하기 전에 임의의 수는 어떻게 발생시키는가?

65. 그림 8-28에서, 555 타이머는 _____(비안정, 단안정) 멀티바이브레이터로 작동한다.

66. 그림 8-31에서, 시간 $t_1 \sim t_6$까지 각각에 대해 발광하는 출력 LED의 색을 열거하라.

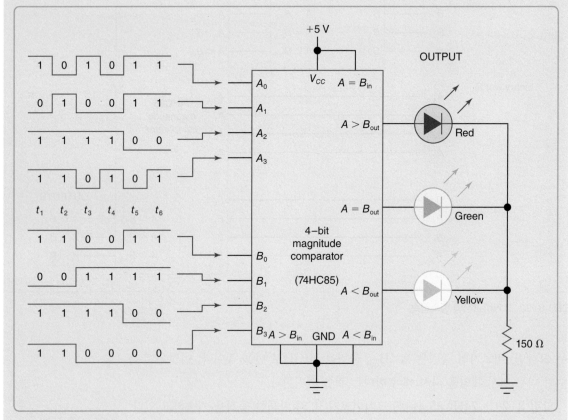

그림 8-31 비교기 문제

8.12 카운터 응용 실험용 회전속도계

이 절에서는 측정된 회전수(rpm)로 샤프트의 각속도(angular velocity)를 나타내는 실험용 회전속도계 회로를 설계한다.

이 실험용 회전속도계의 첫 번째 개념이 그림 8–32(a)에 나타나 있다. 4–디지

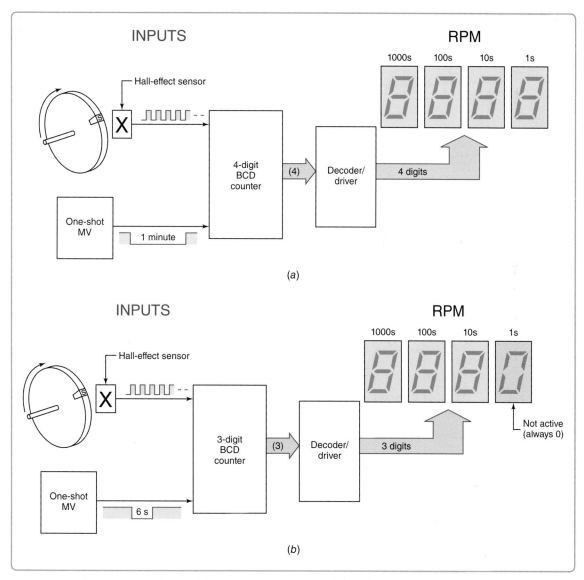

그림 8–32 (a) 실험용 회전속도계의 첫 번째 개념 (b) 실험용 회전속도계의 두 번째 개념

트 BCD 카운터가 이 시스템의 핵심부분이다. 이 회로의 아이디어는 홀–효과 센서로부터 얻은 입력펄스를 카운트하고 주어진 시간(예를 들어 1분) 동안 카운트를

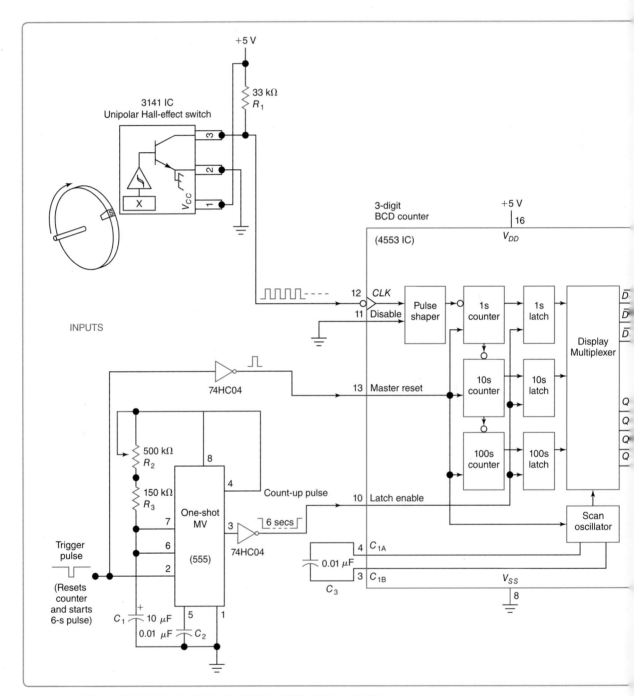

그림 8–33 카운터, 래치된 출력, 디스플레이 멀티플렉싱 실험용 회전속도계 회로

누적하는 것이다. 카운터는 동작을 시작하여 1분 동안 카운트를 하고 나서 꺼진다.

4-디지트 BCD 카운터에 기억된 카운트는 디코딩되어 7-세그먼트 디스플레이에

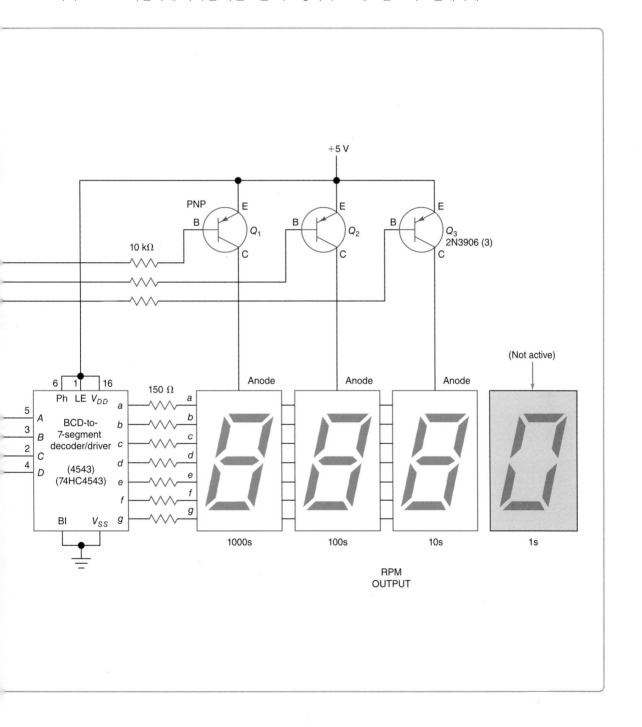

샤프트의 회전속도가 표시된다.

실험용 회전속도계의 두 번째 개념이 그림 8-32(b)에 나타나 있다. 여기서는 3-디지트 BCD 카운터가 이 시스템의 핵심부분이다. 이 회로의 아이디어는 홀-효과 센서로부터 얻은 입력펄스를 1/10분(6초) 동안 카운트하는 것이다. 이것은 실제 회전수에 10배를 한 것과 같다. 1000, 100, 10의 자리 7-세그먼트 디스플레이에는 BCD 카운터에 마지막으로 누적된 카운트가 표시된다. 이때 1의 자리는 항상 0으로 간주한다. 예를 들어 속도계에 대한 입력이 1256rpm이라면 7-세그먼트 디스플레이에는 125가 표시되고, 1의 자리는 0으로 이해한다. 따라서 1250rpm이 되는 것이다. 처음의 회전속도계는 1분 동안 카운트를 해야 했지만, 그림 8-32(b)에 있는 두 번째 회전속도계는 단지 6초이다. 그림 8-31(b)의 회전속도계의 속도 측정 범위는 0에서 9990rpm까지 10rpm 간격으로 측정할 수 있다.

두 번째 개념을 기초로 하여 구성한 회전속도계의 개략도는 그림 8-33에 나타내었다.

회전속도계의 입력장치는 샤프트의 회전속도를 감지할 수 있는 홀-효과 스위치(3141 IC)이다. 33kΩ의 풀업저항(R_1)은 3141 IC의 출력에 연결된다. 홀-효과 스위치에서 생성되는 펄스는 BCD 카운터에 카운트되고 축적된다. 3-디지트 BCD 카운터는 0000 0000 0000$_{BCD}$부터 1001 1001 1001$_{BCD}$(0에서 999)까지 카운트할 수 있다.

트리거 펄스

그림 8-33의 왼쪽에 있는 두 번째 입력은 **트리거 펄스**(trigger pulse)라고 한다. 짧은 부(-)의 펄스가 들어오면 MR(master reset)을 동작시켜 카운터를 0000 0000 0000$_{BCD}$으로 클리어한다. 두 번째로, 트리거 펄스는 one shot 멀티바이브레이터로 구성된 555 IC를 동작시킨다. 트리거되면 one shot 멀티바이브레이터는 74HC04 인버터에 의해 방전된 6초의 펄스를 발생한다. 카운트 펄스의 길이는 500kΩ의 전위차계(R_2)를 이용하여 정밀하게 조절한다. 6초의 카운트 펄스가 4553카운터 IC의 LE(latch enable)입력에 공급된다. LE 입력이 LOW가 되면 래치로 하여금 세 개의 BCD 카운터의 출력을 멀티플렉서에 계속해서 카운트가 상승한다. 6초 카운트 펄스의 끝에서 LE 입력은 HIGH로 활성화되고, BCD카운터에 축적된 마지막 데이터가 디스플레이 멀티플렉서의 입력에 래치된다.

그림 8-33에 있는 4553 IC의 디스플레이 멀티플렉서 부분은 고속으로 순서를

반복하면서 세 개의 7−세그먼트 디스플레이의 불을 켠다. 불이 켜지는 자세한 순서는 다음과 같다.

1000자리 표시 먼저 디스플레이 멀티플렉서가 PNP트랜지스터 Q_1을 동작시키면 1000자리 7−세그먼트 디스플레이의 애노드에 +5V를 인가한다. 이때 디스플레이 멀티플렉서는 디코딩하기 위한 1000자리 디스플레이에 대한 세그먼트 정보를 4543 IC에 보낸다. 4543 IC는 모든 LED 디스플레이의 세그먼트를 디스플레이 구동 트랜지스터 Q_1이 동작될 때 1000자리 데이터를 구동한다.

100자리 표시 두 번째로, 디스플레이 멀티플렉서가 PNP 트랜지스터 Q_2를 동작시키면 100자리 7−세그먼트 디스플레이의 애노드에 +5V를 인가한다. 이때 디스플레이 멀티플렉서는 디코딩하기 위한 100자리 디스플레이에 대한 세그먼트 정보를 4543 IC에 보낸다. 4543 IC는 모든 LED 디스플레이의 세그먼트를 디스플레이 구동 트랜지스터 Q_2가 동작될 때 100자리 데이터를 구동한다.

10자리 표시 세 번째로, 디스플레이 멀티플렉서는 PNP 트랜지스터 Q_3을 동작시키면 10자리 7−세그먼트 디스플레이의 애노드에 +5V 를 인가한다. 이때 디스플레이 멀티플렉서는 디코딩하기 위한 10자리 디스플레이에 대한 세그먼트 정보를 4543 IC 에 보낸다. 4543 IC는 모든 LED 디스플레이의 세그먼트를 디스플레이 구동 트랜지스터 Q_3이 동작될 때 10자리 데이터를 구동한다.

그림 8−33의 디스플레이 멀티플렉싱은 너무 빠르게 진행되어 디스플레이가 ON/OFF하는 것을 사람의 눈으로 감지할 수은 없을 것이다. 디스플레이 멀티플렉싱 주파수는 외부 커패시터 C_3에 의해 정해진다. 이 회로에서 주파수는 약 70Hz로 정해져 있다. 이것은 7−세그먼트 디스플레이가 1초 동안에 70번 ON과 OFF를 하지만 항상 켜져 있는 것처럼 보인다. 이 예에서 입력 샤프트의 회전속도가 1250rpm이라고 가정하자. 그림 8−33의 회전속도계는 외부 트리거 펄스에 의해 카운터는 000_{10}으로 클리어되고, one shot 멀티바이브레이터는 6초 시간 주기의 카운터 펄스 125개를 CLK 입력에 공급하고, BCD 카운터에 0001 0010 0101_{BCD}로 축척된다. LE 입력은 HIGH로 되고 4553 IC 디스플레이 멀티플렉서의 입력에 0001 0010 0101_{BCD}(125)로 래치된다. 7−세그먼트 디스플레이는 125를 표시하고, 1의 자리는 0으로 가정하므로 이것은 1250rpm으로 해석된다.

확인문제

67. 회전하는 샤프트의 각속도를 rpm 단위로 측정하는 기기를 _____(회전속도계, Vu-meter)라고 한다.

68. 그림 8-33에서, 샤프트의 회전을 디지털 펄스로 변환하는 인터페이스 회로를 _____(홀-효과 스위치, 광 인코더)라고 한다.

69. 그림 8-33에서, 4553 IC는 3-디지트 BCD 카운터의 _____(CLK, MR) 입력에 공급되는 펄스의 수를 카운트 하여 샤프트의 회전수를 기록한다.

70. 그림 8-33에서, 음(-)의 펄스가 들어오면 카운터를 _____(000_{10}으로 리셋, 11110으로 세트)한다. 그리고 one shot 멀티바이브레이터로 구성되어 있는 ____(555, 4543) IC를 동작시켜 6초의 펄스를 발생하다.

71. 그림 8-33에서, 입력 샤프트가 2350rpm의 일정한 회전속도라면, 4553 IC의 BCD 카운터에 축척된 펄스의 수는 얼마인가?

72. 그림 8-33에서, 6초 카운트 펄스 후에 LE 입력이 HIGH가 되어 _____(동작, 정지)되고, 축척된 카운트는 4553 IC의 _____(디스플레이 멀티플렉서, 펄스 정형기)에 대한 입력에서 고정된다.

73. 그림 8-33에서, 4553 IC의 _____(카운터, 디스플레이 멀티플렉서) 부분은 빠른 회전순서에서 7-세그먼트 디스플레이의 불이 켜지도록 한다.

74. 그림 8-33에서, 세 개의 PNP 트랜지스터(Q_1, Q_2, Q_3)는 디스플레이 멀티플렉싱을 하는 동안에 _____(디지트, 세그먼트) 드라이버로 표현할 수 있다.

75. 그림 8-33에서, 4553 IC의 디스플레이 멀티플렉싱의 주파수를 정하는 외부 소자는 _____이다.

76. 그림 8-33에서, _____(4543, 4553) IC는 LED 디스플레이의 세그먼트를 디코딩하고 구동한다.

8.13 카운터 문제 해결

그림 8-34(a)에 나타낸 고장난 2비트 리플 카운터의 문제해결에 관해서 논의를 한다. 편의상 그림 8-34(b)에 74HC76IC의 핀 구성도를 그려 두었다. 그림 8-34(a)와 (b)에 표시해 둔 모든 입출력 단자를 보면 모두 같지 않음을 알 수 있다. 예를 들면 논리도 상의 비동기 프리셋이 PS로 표기되어 있는데, 같은 입력에 대한 표기가 다른 제조회사의 핀 구성도에는 PR로 표기되어 있다. 이와 같이 핀

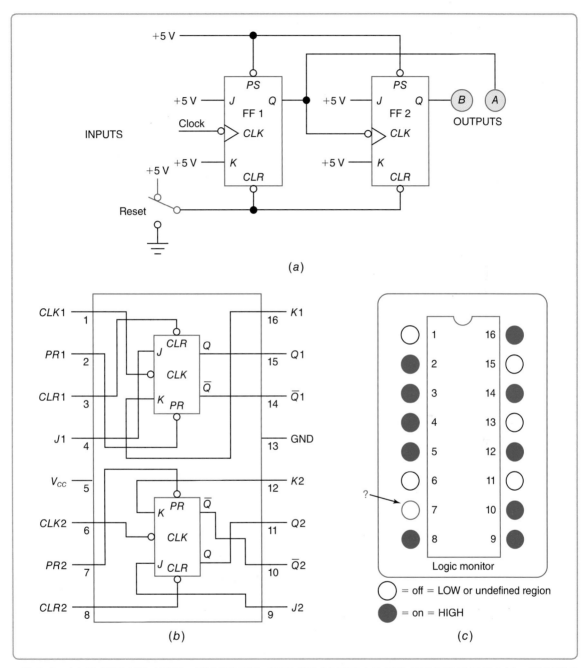

그림 8-34 (a) 문제해결 예를 이용한 고장난 2진 리플 카운터 회로 (b) 7476 J-K 플립-플롭 IC의 핀 구성도 (c) 고장난 2비트 카운터를 순간적으로 리셋한 후의 논리 모니터 상태

표기는 제조회사에 따라 약간씩 다르게 표시될 수 있으나 그 기능은 같다는 사실
을 알아야 한다.

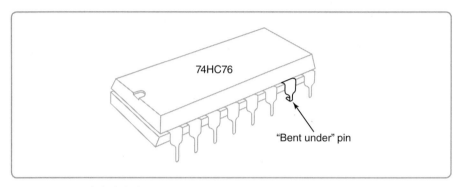

74HC76

"Bent under" pin

그림 8-35 구부러진 입력 핀

그림 8-34(a)에서, 고장난 2비트 카운터 회로가 그림 왼편의 리셋 스위치에 의해 00으로 클리어 될 수 있음이 발견되었다. IC는 올바른 온도에서 동작하고 있는 듯하며, 고장을 수리하는 기사는 어떤 고장의 징후도 볼 수 없다.

디지털 논리 펄서를 이용하여 FF 1의 CLK 입력에 펄스를 가하였다. 핀 구성도를 보니 디지털 펄서의 팁은 74HC76 IC의 1번 핀에 가져다 대야 함을 알았다. 반복적으로 단일 펄스를 가해보니 카운트 순서가 00(reset), 01, 10, 11, 10, 11, 10, 11...과 같이 됨을 알았다. FF 2의 Q 출력은 "HIGH로 고정"되어 있는 것 같다. 그러나 비동기 클리어(CLR) 또는 리셋 스위치는 이 값을 LOW로 구동시킬 수 있다.

이제 그림 8-34(a)의 회로 전원을 차단하였다. T시 논리 모니터를 사용하여 74HC76 IC의 핀 위에 꽂았다, 그러고 나서 다시 전원을 인가하였다. 리셋 스위치를 동작시켰을 때의 결과는 그림 8-34(c)에서 보여주고 있다. 예상했던 결과가 논리 모니터에 나왔는지를 비교해본다. 이때 반드시 그림 8-34(b)에 그려놓은 핀 구성도를 참조해야 제조회사에 따른 표기 혼란을 피할 수 있다. 핀 하나하나의 논리레벨을 관찰해보니 7번 핀 상의 LOW 또는 미정의 레벨이 조금 의심이 든다. 이것은 비동기 프리셋(PS 또는 PR) 입력인데 그림 8-34(a)의 논리도에 따르면 HIGH이어야만 된다. 만일 이 값이 LOW이거나 미정의 레벨이라면, 이는 FF 2의 Q 출력값이 "HIGH로 고정"되는 조건이 될 수도 있다.

논리 프로브를 사용하여 74HC76 IC의 7번 핀을 점검한다. 논리 프로브의 LED들은 모드 꺼진 상태를 지시하고 있다. 이것은 LOW 값도 아니고 HIGH값도 아닌 논리레벨임을 의미한다. 7번 핀은 LOW와 HIGH의 중간 레벨인 미정의 영역임이 밝혀졌다. 이 IC는 이 값을 어떤 때는 LOW로 인식하고 있고, 또 어떤

때에는 HIGH로 인식하고 있음에 틀림없다.

즉시 IC를 제거해 보니 7번 핀이 구부러져 있어서 접속이 이루어지고 있지 않고 있었다. 그래서 이 값이 정의되지 않은 상태였던 것이다. 이 상태의 그림이 그림 8-35에 그려져 있다. 이러한 종류의 고장은 IC가 소켓에 부착되어 있는 상태에서는 발견하기 매우 어렵다.

이 예에서 보여주는 것처럼 문제해결에는 여러 가지의 도구가 사용됨을 알았다. 첫째, 논리도와 이것이 어떻게 동작하는가에 대해 이해하는 것이 가장 중요함을 알았다. 둘째, 제조회사의 핀 구성도가 사용되었다. 셋째, 디지털 논리 펄서가 사용되었다. 넷째, 논리 모니터 장치가 74HC76 IC의 각 핀의 논리레벨을 점검하는 데 사용되었다. 다섯째, 논리 프로브가 의심 가는 핀을 점검하는 데 사용되었다. 마지막으로, 문제해결을 하고 있는 기사의 회로지식과 관찰력 등이 문제해결에 동원되었다. 그러나 그 중에서도 기사가 가지고 있는 회로지식이나 관찰력이 가장 중요한 문제해결 도구라는 것은 자명한 사실이다. 논리 펄서, 논리 프로브, 논리 모니터, DMM, 논리분석기, IC 검사기, 오실로스코프와 같은 기기는 이러한 지식을 바탕으로 단지 이들을 확인하는 도구일 뿐임을 명심해야 한다.

핀의 구부러짐으로 인해 발생한 입력의 float 현상에 대한 문제해결 예는 회로를 구성할 때 자주 발생하는 문제이다. 모든 입력이 규정된 논리레벨로 되어 있는가를 확인하는 일은 매우 좋은 훈련의 하나가 된다. 이러한 작업은 TTL뿐만 아니라 CMOS 회로에서도 잘 적용된다.

확인문제

77. 그림 8-34에서, J-K 플립플롭의 J, K 입력인 4, 9, 12, 16번 핀의 레벨은 모두 _____(HIGH, LOW)가 되어야 한다.

78. 그림 8-34에서, 플립플롭의 _____입력인 3, 8번 핀은 리셋 스위치의 논리상태를 따라야 한다.

79. 그림 8-34에서, 플립플롭의 _____입력인 2, 7번 핀은 이 회로에서 _____ (HIGH, LOW)가 되어야 한다.

80. 그림 8-34에서, 이 회로의 고장지점은 _____번 핀이다. 이곳은 HIGH 상태가 아니고 오히려 _____이었다.

🔲 요약

1. 플립플롭을 이용하여 2진 카운터를 구성할 수 있다.

2. 카운터는 비동기식 또는 동기식 모드로 동작된다. 비동기식 카운터는 리플 카운터라고 불리기도 하는데, 동기식 카운터 설계보다 간단한 이점이 있다.

3. 카운터의 mod라고 하는 것은 카운터 주기마다 얼마나 많은 상태가 존재하는가를 말해준다. 예를 들어 mod-5 카운터는 000, 001, 010, 011, 100(1, 2, 3, 4: 십진수)을 카운트한다.

4. 4비트 2진 카운터는 네 자리 수의 값을 가지며 0000에서 1111(0~15: 십진수) 사이를 카운트한다.

5. 게이트는 카운터에 어떤 기능을 부여하기 위해 추가될 수 있다. 또 어느 특정한 순서에서 정지하도록 설계할 수 있다. 카운터의 MOD는 바꾸어 줄 수 있다.

6. 카운터는 상향 또는 하향으로 계수할 수 있도록 설계할 수 있다. 또 이 두 가지 모드는 하나의 카운터 내에 내장되어 있다.

7. 카운터는 주파수 분주기에도 쓰인다. 또한 일련의 순서를 카운터하거나 임시로 데이터를 저장하는 데 쓰인다.

8. IC 제조회사는 여러 가지 모드의 카운터를 내장한 제품들을 출시하고 있다. 또한 이들에 대한 상세한 기술 데이터를 발간한다. 이 장에서는 몇 가지 TTL과 CMOS로 된 카운터에 대해서 공부하였다.

9. 제조회사에 따라 같은 제품이라 하더라도 핀 번호 순서, 논리기호 등이 서로 다 FMS 경우가 흔히 있다.

10. 광센서와 같은 변환기가 샤프트 인코딩과 같은 분야에서 실제 상황을 카운트하기 위해 사용되기도 한다. 광 인코더는 슬롯형과 반사형이 사용되며, 두 가지 모두 적외선 다이오드에서 감지하는 방식으로 되어 있다.

11. 크기비교는 두 개의 2진수를 비교하는데, 두 수가 A=B, A<B, A>B인지를 알아낸다. 이 비교기 IC는 더 큰 2진수를 서로 비교하기 위해 직렬로 확장 연결하여 사용할 수 있다.

12. 십진 카운터는 0(0000)부터 9(1001)까지 카운트 한다. 십진 카운터를 BCD 카운터라고도 한다.

13. 디지털 IC를 제조하는 최근의 경향은 하나의 칩에 많은 기능을 탑재하는 것이다. 예를 들어 4553 3-디지트 BCD 카운터 IC는 세 개의 BCD 카운터와 파형 정형회로, 12개의 래치 디스플레이 멀티플렉싱을 내장하고 있다.

14. 홀-효과 스위치 같은 변환기는 샤프트가 주어진 시간에 분당 몇 번을 회전했는지 카운트할 수 있도록 감지하는 데 사용된다. 이러한 샤프트의 회전수를 측정하는 장치를 회전속도계(tachometer)라고 한다.

15. 고장수리에는 무엇보다 기술자의 회로에 대한 지식과 뛰어난 관찰력이 아주 중요한 도구이다. 논리 프로브, 전압계, DMM, 논리 모니터, 디지털 펄서, 논리분석기, IC 시험기, 오실로스코프 등의 도구들은 수리기사가 고장수리를 할 때 회로의 관찰기 보조적으로 사용될 수 있다.

복습문제

8-1 mod-8 리플 업 카운터의 논리기호도를 그려라. 이때 세 개의 J-K 플립플롭을 사용하라. CLK 입력의 펄스 파형과 C, B, A라고 명명된 세 개의 출력지시기를 보여라(이때 C가 MSB이다).

8-2 그림 8-1을 참조하여 문제 8-1 mod-8 카운터의 2진 및 십진 카운트 순서를 보여주는 표를 그려라.

8-3 문제 8-1의 mod-8 카운터의 FF 1, FF 2, FF 3의 출력과 8개의 CLK 펄스를 그림8-2(b)와 같은 모양으로 파형도를 그려라. 이 회로는 하강모서리 트리거 플립플롭이라고 가정한다.

8-4 _____(동기, 비동기)식 카운터는 더 복잡한 회로이다.

8-5 동기식 카운터는 _____(병렬, 직렬) 방식으로 연결권 CLK 입력들을 갖는다.

8-6 4비트 리플 다운 카운터에 대한 논리기호도를 그려라. 이때 mod-16 카운터를 위해 네 개의 J-K 플립플롭을 사용하라. CLK 펄스와 PS 입력, 네 개의 출력지시기 D, C, B, A를 보여라.

8-7 문제 8-6에서, 리플 다운 카운터가 재순환하는 형이라면 0011, 0010, 0001다음의 세 가지 카운트 항은 무엇인가?

8-8 문제 8-6의 4비트 카운터에서, 1111부터 카운트를 시작하여 0000에서 정지하는 카운터를 설계하라. 자동정지를 위해 4입력 OR 게이트를 사용한다.

8-9 그림 8-13과 같은 블럭도를 그려라. 이것은 어떻게 두 개의 카운터를 사용하여 100Hz의 입력을 받아 1Hz를 만드는가를 보여줄 것이다. 그림에 나타낸 각각의 부품들에 대해 이름을 붙여라.

8-10 그림 8-14를 참조하여 7493 IC에 대한 다음 a에서 f까지의 질문에 답하라.

a. 이 카운터의 최대 카운트 길이는 얼마인가?

b. 이것은 _____(리플, 동기식) 카운터이다.

c. 7493이 카운트 모드에 있을 리셋 입력조건은 무엇인가?

d. 이것은 _____(업, 다운) 카운터이다.

e. 7493 IC는 _____개의 플립플롭을 내장하고 있다.

f. 7493 IC 내의 NAND 게이트의 목적은 무엇인가?

8-11 그림 8-15를 참조하여 74192 카운터에 대한 다음 a에서 f까지의 질문에 답하라.

a. 이 카운터의 최대 카운트 길이는 무엇인가?

b. 이것은 _____(리플, 동기식) 카운터이다.

c. 논리 _____(0, 1)이 카운터를 0000으로 클리어시키기 위해 필요하다.

d. 이것은 _____(업, 다운, 업/다운) 카운터이다.

e. 74192 IC를 1001로 하기 위해서는 어떻게 프리셋해야 하는가?

f. 카운트를 하향으로 하기 위해서는 어떻게 해야 하는가?

8-12 7493을 이용하여 4비트 리플 카운터를 그림 8-16(a)의 형식으로 설계하라(그림 8-14 참조).

8-13 그림 8-36에서, 74192 카운터는 펄스 t_1 동안 _____(클리어, 카운트 업, 로드)모드에 있다.

8-14 그림 8-36에 나타낸 8개의 입력펄스가 각각 들어온 이후 74192 카운터 IC의 2진 출력을 열거하라. 타이밍은 t_1에서 시작하여 t_8에서 끝난다.

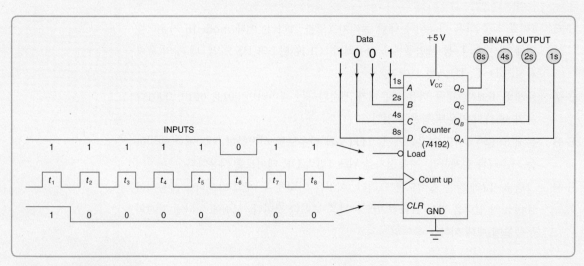

그림 8-36 카운터 펄스열 문제

8-15 그림 8-18을 참조하여 74HC393 IC 카운터에 대하여 다음 a에서 e까지의 질문에 답하라.

    a. 이것은 _____(리플, 동기)식 카운터이다.

    b. 이것은 _____(업, 다운, 업/다운) 카운터이다.

    c. MR 핀은 _____(비동기, 동기)식 active- _____(HIGH, LOW) 입력인데 출력을 클리어시킨다.

    d. 각 카운터는 네 개의 _____(R-S, T) 플립플롭을 내장하고 있다.

    e. 이것은 _____(CMOS, TTL) 카운터이다.

8-16 그림 8-19를 참조하여 74HC193 IC에 대한 다음 a에서 d까지의 질문에 답하라.

    a. MR 핀이 _____(HIGH, LOW)로 활성화될 때 모든 출력은 _____ (0, 1)(으)로 리셋된다.

    b. 이것은 _____(리플, 동기식) 카운터이다.

    c. 데이터 입력(D_0에서 D_3)으로부터 들어오는 병렬 입력은 다음 조건일 때 모두 출력(Q_0에서Q_3)으로 나간다. 이때는 _____입력이 LOW로 활성화될 때이다.

    d. 클럭 신호가 CP_u핀에 인가되면 CP_D핀은 _____(+5V, GND)로 결선되어야 한다.

8-17 그림 8-37을 보고 74HC193 카운터의 타이밍 펄스 $t_1 \sim t_8$ 기간 동안의 동작 모드를 열거하라(대답은 병렬 로드, 카운트업, 카운트다운 중 하나로 답하라).

8-18 그림 8-37을 보고 74HC193 카운터 IC의 타이밍 펄스 $t_1 \sim t_8$ 기간 동안의 2진 출력을 열거하라.

8-19 그림 8-22에서, 4553 카운터 IC의 CLK 입력은 입력펄스가 _____(HIGH에서 LOW로, LOW에서 HIGH로) 변할 때 트리거된다.

8-20 그림 8-22에서, 어느 입력에 따라 4553 카운터 IC가 active-HIGH 또는 active-LOW로 되는가?

    a. DISABLE 입력   b. MR 입력   c. LE 입력

8-21 그림 8-22에서, 어느 출력에 따라 4553 카운터 IC가 active-HIGH 또는 active-LOW로 되는가?

    a. DS_1 출력   b. DS_2 출력

    c. DS_3 출력   d. BCD 출력

8-22 그림 8-23에서, 4553 Ic에 대한 MR 입력이 HIGH가 되면 카운터의 내용에는 어떤 변화가 일어나는가?

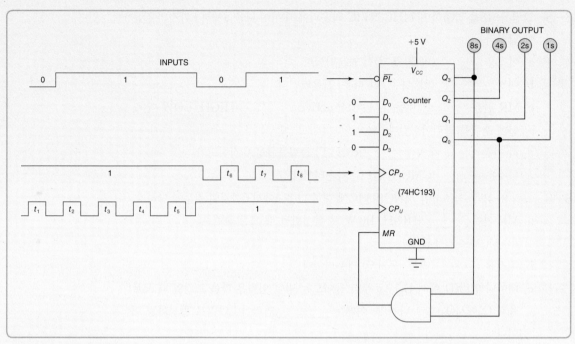

그림 8-37 카운터 펄스열 문제

8-23 그림 8-23에서, 외부 커패시터 C1은 4553IC의 _____(카운터, 스캔 오실레이터와 디스플레이 멀티플렉서) 부분과 결합한다.

8-24 그림 8-23에서, LE 입력이 LOW일 때 4553 IC의 12개 래치를 _____(래치, 투명)(이)라고 말한다.

8-25 그림 8-23에서, 4553 IC는 세그먼트 드라이브와 밀접하게 결합되어 있고, 세 개의 PNP 트랜지스터는 디스플레이 드라이브와 결합되어 있다.(참, 거짓)

8-26 그림 8-24(b)의 그림을 참조하여 샤프트 인코더 디스크를 열어 광 감지를 하여 파형 정형기로 보내는 회로는 ____(이)다.

8-27 그림 8-24(b)의 회로에서, 샤프트 인코더 디스크 상단에 있는 광 인코더는 _____(반사형, 슬롯형)이다.

8-28 그림 8-25(b)에서, H21A1 인터럽터 모듈은 광센서의 이미터 쪽에 _____(이)가 있고, 검출기 쪽에 포토트랜지스터가 있다.

8-29 그림 8-26를 보면, 이 회로의 파형 정형을 하는 부품은 _____(7414, 74192) IC이다.

8-30 그림 8-26에서, 십진 카운트를 하는 부품은 _____(7447, 74192) IC이다.

8-31 그림 8-26에서, 7447 IC는 디코더 드라이버인데 BCD 데이터를 _____코드로 변환시켜 디스플레이를 구동시키는 IC이다.

454

8-32 그림 8-27(b)를 보면, 검고 하얀 줄무늬가 있는 디스크는 _____(반사형, 슬롯형) 광센서에 사용된 인코더 디스크일 것이다.

8-33 그림 8-30을 보면, 두 개의 74HC85 크기비교기 IIC는 _____(연결, 분할)되었다고 말하는데 이렇게 구성이 되면 두 개의 _____비트 2진수를 비교할 수 있다.

8-34 그림 8-38을 보고, 타이밍 t_1에서 t_6 각각에 대해 빛을 내는 출력 LED의 색을 열거하라.

8-35 회전속도계는 샤프트의 회전속도를 rpm 단위로 측정하는 장치이다.(참, 거짓)

8-36 그림 8-33에서, 입력 샤프트의 회전은 4553 카운터 IC의 CLK 입력에 공급된 네 개의 펄스로 변환된다.(참, 거짓)

8-37 그림 8-33에서, 부(−)의 입력 트리거 펄스가 입력되면 발생하는 두 가지는 무엇인가?

8-38 그림 8-3에서, one shot MV의 출력이 6초 동안 LOW로 되면 4553 IC는 _____(입력펄스를 카운트한다, 카운트의 출력을 고정한다).

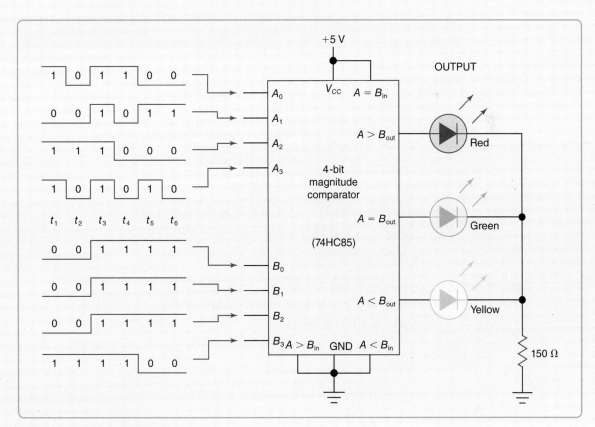

그림 8-38 크기비교기 펄스열 문제

8-39 그림 8-33에서, 4553IC의 _____(디스플레이 멀티플렉서, 래치) 부분은 빠른 회전 순서에서 7-세그먼트 디스플레이의 불이 켜지도록 한다.

8-40 그림 8-33에서, 4543 디코더/드라이버 IC를 세그먼트 드라이버라고 부른다면 세 개의 PNP 트랜지스터(Q_1, Q_2, Q_3)는 _____(디스플레이, 스캐너) 드라이버로 표현할 수 있다.

8-41 그림 8-33에서, 외부 커패시터 C1의 목적은 4553 카운터 IC의 내부회로를 접지(GND)와 분리하기 위한 것이다.(참, 거짓)

8-42 그림 8-33에서, 4553 카운터 IC의 DS 출력 중 하나만 주어진 시간 동안 _____(HIGH, LOW)가 되어 디스플레이의 불을 켠다.

8-43 그림 8-33에서 _____(CLK, LE) 입력이 HIGH로 될 때, BCD 카운터에 저장된 데이터는 카운터가 펄스 카운트를 계산하는 동안 디스플레이 멀티플렉서에 입력으로써 동결된다.

8-44 디지털 _____(IC 테스터, 펄서)는 회로에 신호를 공급하는 장치이다.

핵심문제

8-1 내부에 토글 모드를 가지고 있어서 카운터를 구성하기 쉬운 플립플롭에는 무엇이 있는가?

8-2 mod-5 리플 상향 카운터의 논리기호도를 그려라. 이때 세 개의 J-K 플립플롭과 두 개의 입력을 갖는 NAND 게이트 하나를 사용하라. CLK 입력펄스를 보이고, C, B, A(C 지시기가 MSB이다)라고 명명된 출력지시기의 상태를 보여라.

8-3 7493 IC를 사용하여 mod-10 카운터의 논리도를 그려라.

8-4 7493IC를 사용하여 8분주기의 논리도를 그려라. 이 IC의 어느 핀이 8분주기의 출력인지 보여라.

8-5 그림 8-36을 참조하여 입력펄스 $t_1 \sim t_8$ 기간 동안의 작동 모드를 열거하라.

8-6 그림 8-18을 참조하여, 왜 MR 입력(1MR, 2MR)이 비동기식으로 작동한다고 추론할 수 있는지를 말하라.

8-7 그림 8-19를 참조하여 74HC193 IC가 무슨 동작 모드 때문에 PS라 호칭되는가?

8-8 그림 8-37에서, 이 카운터의 계수가 얼마인지 말하고 카운터 순서를 열거하라.

8-9 2입력 AND 게이트와 74HC193 IC를 사용하여 십진 상향 카운터(십진수 0~9)를 설계하라

8-10 _____(비동기, 동기)식 카운터에서는 이 카운터의 모든 출력이 같은 시각에 새로운 상태로 바뀐다.

8-11 비동기식 카운터의 다른 명칭은 무엇인가?

8-12 6분주기의 용도는 주로 무엇인가?

8-13 그림 8-26에서, 카운터와 디스플레이는 인버터의 출력이 _____(H에서 L로, L에서 H로) 될 때마다 하나씩 증가할 것이다.

8-14 그림 8-26을 보면, 카운터와 디스플레이의 값은 적외선이 슬롯에서 _____ (빛이 있다가 없게 될 때마다, 빛이 없다가 있게 될 때마다) 하나씩 증가한다.

8-15 그림 8-24(b)와 8-27(b)의 샤프트 인코더 디스크를 비교하라. 어느 디스크가 더 정밀도가 높을 것인가?

8-16 그림 8-22(a)에서 4553 IC에 있는 세 개의 BCD 카운터를 구성하려면 몇 개의 T 플립플롭이 필요한가?

8-17 그림 8-22(a)와 4553 IC에서, 세 개의 BCD 카운터로부터 데이터를 래치하려면 몇 개의 래치가 필요한가?

8-18 그림 8-33에서, 카운트 펄스의 시간폭을 조절하는 방법을 설명하라.

8-19 그림 8-33에서, 샤프트와 각각의 회전에 대해 홀-효과 스위치로부터 몇 개의 펄스가 방출되는가?

8-20 그림 8-33에서, 1의 자리 디스플레이가 동작하지 않고 0으로 취급되는 이유를 설명하라.

Digital Electronics

CHAPTER **09**

시프트 레지스터

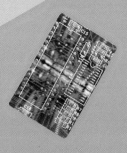

CONTENTS

9.1 직렬 로드 시프트 레지스터

9.2 병렬 로드 시프트 레지스터

9.3 범용 시프트 레지스터

9.4 74194 IC 시프트 레지스터의 사용

9.5 8비트 CMOS 시프트 레지스터

9.6 시프트 레지스터의 이용 – 디지털 룰렛

9.7 간단한 시프트 레지스터의 문제 해결

CHAPTER

09

시프트 레지스터

1. 오른쪽 시프트, 왼쪽 시프트, 병렬 로드 및 직렬 로드 등과 같은 시프트 레지스터의 동작을 정의한다. D 플립플롭을 이용하여 직렬 로드 시프트 레지스터의 회로도를 그린다.

2. 비동기 클리어, 오른쪽 시프트 및 병렬 로드 등과 같은 동작 모드를 포함하여 병렬 로드 시프트 레지스터의 동작을 이해한다. 반순환 특징을 갖는 4비트 시프트 레지스터의 동작을 예측한다.

3. TTL 74194 4비트 양방향 범용 시프트 레지스터 IC의 여러 가지 동작 모드를 해석한다. .

4. 여러 가지 동작 모드(클리어, 병렬 로드, 오른쪽 시프트, 왼쪽 시프트 및 금지)로 사용되는 74194 시프트 레지스터의 동작을 예측한다.

5. CMOS 74HC164 8비트 직렬 로드 시프트 레지스터의 동작을 해석한다.

6. 간단한 시스템(디지털 룰렛 게임)의 동작을 학습한다. 다음과 같은 부시스템들의 동작을 분석한다. (a) 전압제어 발진기를 갖는 클럭 입력 (b) 간단한 오디오 증폭기를 갖는 오디오 출력 (c) 링 카운터로 배선된 74HC164 시프트 레지스터로 구동되는 8개의 LED를 갖는 LED 출력 (d) 한 개의 HIGH로 링 카운터를 자동 클리어하고 로드하는 전압 초기화 회로

7. 오류가 있는 4비트 직렬 로드 시프트 레지스터 회로의 문제를 해결한다.

레지스터는 메모리 셀의 집합이지만 단일 소자로 취급된다. 예를 들어 8비트 레지스터는 1바이트의 데이터를 저장할 수 있다. 레지스터는 단순히 정보를 다음에 사용하기 위해 저장하는 데 사용될 수 있으며, 시프트 레지스터처럼 동작하도록 설계할 수 있다. 시프트 레지스터는 저장된 데이터를 우측 또는 좌측으로 이동시킨다.

래치
버퍼 레지스터

데이터를 저장하는 데 사용되는 레지스터를 래치(latch)라고 한다. 이전 장에서 우리는 이미 몇 가지 래치를 사용해 본적이 이으며, 이것은 보통 D 플립플롭을 이용하여 구성하였다. 버퍼 레지스터(buffer register)는 전송되기를 기다리는 데이터를 유지하고 있는 특별한 용도의 저장장치이다.

시프트 레지스터의 전형적인 예를 계산기 내부에서 찾을 수 있다. 키보드 상의 각 숫자를 누르면 디스플레이에 숫자가 좌측으로 시프트된다. 즉, 숫자 268을 넣기 위해서는 우선, 키보드 상의 2를 누르면 2가 디스플레이의 가장 우측에 나타난다. 다음에, 키보드 상의 6을 누르면 6이 가장 우측에 나타나도록 2가 한 칸 좌측

으로 시프트되고, 디스플레이에 26이 나타난다. 마지막으로, 키보드 상의 8을 누르면 268이 디스플레이에 나타난다. 이 예는 시프트 레지스터의 중요한 두 가지 특성을 보여준다. (1) 이것은 임시 메모리이기 때문에 디스플레이의 숫자를 기억하고, (2) 키보드 상의 새로운 숫자를 누를 때마다 디스플레이의 숫자가 좌측으로 시프트된다. 이러한 메모리와 시프팅 특성이 대부분의 전자 시스템에서 시프트 레

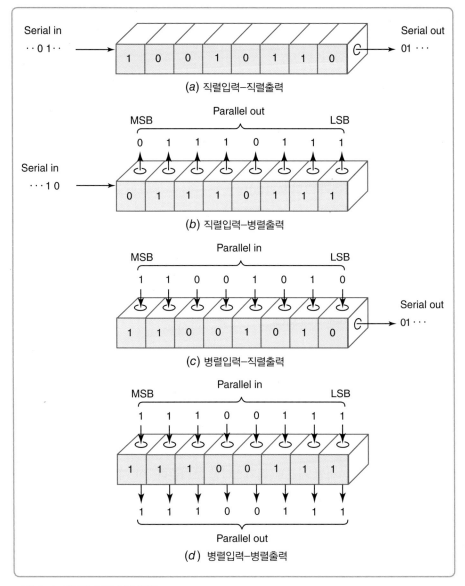

그림 9-1 시프트 레지스터 특징

지스터를 가장 유용한 것으로 만들었다. 이 장에서는 시프트 레지스터를 소개하고 이들의 동작을 설명한다.

시프트 레지스터

시프트 레지스터(shift register)는 플립플롭들을 서로 결선하여 구성한다. 7장과 8장에서 플립플롭이 메모리 특성을 갖는다는 것을 언급하였다. 이러한 메모리 특성은 시프트 레지스터에서 유용하게 사용된다. 개개의 게이트나 플립플롭을 사용하여 시프트 레지스터를 결선하는 대신에 IC 형태의 시프트 레지스터를 구입할 수 있다. 대규모 디지털 장치(마이크로컨트롤러, 마이크로프로세서)에서, 레지스터는 값싼 설계로 통합되어진다.

시프트 레지스터의 특성을 설명하는 한 가지 방법은 저장장치로 어떻게 데이터가 로드되고 그로부터 어떻게 읽혀지는가를 이용하는 것이다. 네 종류의 시프트 레지스터를 그림 9-2에 나타내었다. 그림 9-2의 각 저장장치는 8비트 레지스터이다. 레지스터는 다음과 같이 분류되었다.

1. 직렬입력-직렬출력(그림 9-1(a))
2. 직렬입력-병렬출력(그림 9-1(b))
3. 병렬입력-직렬출력(그림 9-1(c))
4. 병렬입력-병렬출력(그림 9-1(d))

그림 9-1은 각 레지스터 형태의 기초적인 개념을 보여준다. 이러한 분류는 제작자의 인쇄물에서 자주 사용된다.

9.1 직렬 로드 시프트 레지스터

4비트 시프트 레지스터

그림 9-2에서 기본적인 시프트 레지스터를 보여준다. 이 시프트 레지스터는 네 개의 D 플립플롭으로 구성되었다. 이 레지스터는 데이터를 저장할 수 있는 네 개(A, B, C, D)의 공간이 있으므로 4비트 시프트 레지스터(4bit shift register)라 한다.

표 9-1과 그림 9-2를 이용해서 이 시프트 레지스터를 조작해보자. 먼저 CLR 입력을 0으로 하여 모든 출력(A, B, C, D)을 0000으로 클리어한다(표 9-1의 1행).

출력은 클럭 신호를 기다리는 동안에 0000으로 유지한다. CLK에 펄스가 인가되면, FF A의 D 플립플롭의 입력이 1이 출력 Q에 전달되기 때문에 출력은 1000(표 9-1, 3행)이 된다. 계속해서 D 입력에 1을 인가한다(표 9-1의 클럭펄스 4~8). 0이 시프트되며 나타나는 것을 볼 수 있을 것이다(표 9-1 의 6~10행). 표 9-1의 클럭펄스 9에서 1을 입력한다. 10번째 펄스에서 데이터 입력을 0으로 바꾼다. 펄스 9에서 13까지 1이 우측으로 시프트된다. 15행에서 1이 우측으로 시프트되어 마지막 시프트 레지스터로 나가며 없어진다.

D플립플롭이 지연 플립플롭이라고 불리는 것을 기억하자. 즉, 한 클럭펄스가 지연된 후에 D의 데이터 입력으로부터 데이터가 출력 Q에 전달되는 것이다.

D플립플롭

그림 9-2의 회로도는 **직렬 로드 시프트 레지스터**(serial load shift register)로 여겨질 수 있다. "직렬 로드"라는 문구는 레지스터로 한 번에 한 개의 데이터만 인가될 수 있는 데서 나왔다. 예를 들어 0111을 레지스터에 입력하기 위해서는 표 9-1의 3행에서 6행까지의 과정을 거쳐야만 한다.

직렬 로드 시프트 레지스터

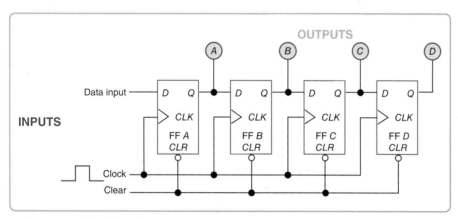

그림 9-2 D 플립플롭을 이용한 4-비트 직렬 로드 시프트 레지스터

직렬 로드 시프트 레지스터에 직렬로 0111을 입력하는 데 4단계가 걸렸다. 직렬 로드 시프트 레지스터에 0001을 입력하기 위해서는 표 9-1의 11행에서 14행까지에서 보여주는 바와 같이 4단계가 필요하다. 그림 9-2의 분류에 따라서 이것은 직렬입력-병렬출력 레지스터이다. 그러나 만약 데이터를 D 플립플롭에서만 얻는다면, 이것은 직렬입력-직렬출력 레지스터가 된다.

표 9-1 4비트 병렬 시프트 레지스터의 동작

Line Number	Inputs		Clock Pulse Number	Output			
	Clear	Data		FF *A*	FF *B*	FF *C*	FF *D*
				A	*B*	*C*	*C*
1	0	0	0	0	0	0	0
2	1	1	0	0	0	0	0
3	1	1	1	1	0	0	0
4	1	1	2	1	1	0	0
5	1	1	3	1	1	1	0
6	1	0	4	0	1	1	1
7	1	0	5	0	0	1	1
8	1	0	6	0	0	0	1
9	1	0	7	0	0	0	0
10	1	0	8	0	0	0	0
11	1	1	9	1	0	0	0
12	1	0	10	0	1	0	0
13	1	0	11	0	0	1	0
14	1	0	12	0	0	0	1
15	1	0	13	0	0	0	0

그림 9-2의 시프트 레지스터는 한 개의 D 플립플롭을 추가함으로써 5비트 시프트 레지스터가 될 수 있다. 일반적으로 시프트 레지스터는 4, 5 그리고 8비트 크기가 유용하다. 시프트 레지스터는 또한 다른 플립플롭을 이용해서 만들 수 있다. J-K 플립플롭과 클럭이 있는 R-S 플립플롭들을 시프트 레지스터를 만드는 데 사용할 수 있다.

확인문제

1. 그림 9-3에 나타낸 구성은 우측 시프트 _____(병렬, 직렬) 로드 시프트 레지스터이다.
2. 그림 9-3의 레지스터에 t_1부터 6개의 클럭펄스가 인가된 후의 내용을 기술하라(A = 좌측 비트, C = 우측 비트).
3. 그림 9-3의 직렬 로드 시프트 레지스터에 _____(3비트 그룹, 단일 비트)(이)가 각 클럭펄스에서 로드된다.
4. 그림 9-3의 시프트 레지스터의 클리어 입력(CLR)은 active- _____(HIGH, LOW)이다.
5. 그림 9-3의 CLK 입력은 반드시 _____(HIGH, LOW)이고, 레지스터의 시프트를 트리거하기 위한 클럭펄스는 _____(H에서 L, L에서 H)이어야 한다.

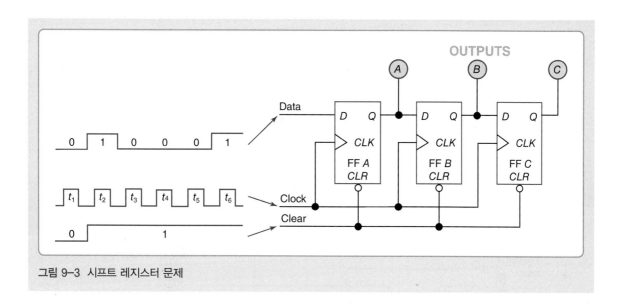

그림 9-3 시프트 레지스터 문제

9.2 병렬 로드 시프트 레지스터

앞 절에서 공부한 직렬 로드 시프트 레지스터는 한 번에 오직 한 개의 정보 비트만이 입력되고, 우측 시프트가 발생하면 우측의 데이터 출력을 잃게 되는 두 가지 단점을 갖는다. 그림 9-5(A)는 한번에 4비트가 병렬 로드되는 시스템을 나타낸다. 이들 입력은 그림 9-5의 데이터 입력 A, B, C, D이다. 이 시스템은 출력 데이터를 다시 입력에 넣어 데이터를 잃지 않도록 하는 재순환(recirculating) 특징을 갖도록 구성할 수도 있다.

그림 9-4(b)는 4비트 병렬 로드 재순환 시프트 레지스터(4-bit parallel load recirculating shift register)의 결선도를 나타낸다. 이 시프트 레지스터는 네 개의 J-K 플립플롭을 사용한다. 재순환 선들은 FF D의 출력 Q와 $\overline{Q}$로부터 FF A의 입력 J와 K에 이른다. 이들 귀환 선들은 보통 잃어버릴 FF D의 출력 데이터를 시프트 레지스터를 통해 재순환하도록 한다. CLR 입력이 논리 0으로 인에이블되면 출력은 0000으로 클리어된다. 병렬 로드 데이터 입력 A, B, C, D는 어떤 출력단(A, B, C, D)이라도 1로 세트할 수 있도록 플립플롭의 프리셋(PS) 입력에 연결되어있다. 만약 병렬 로드 데이터 입력에 연결된 스위치들이 일시적으로 0으

4비트 병렬 로드 재순환 시프트 레지스터 프리셋

465

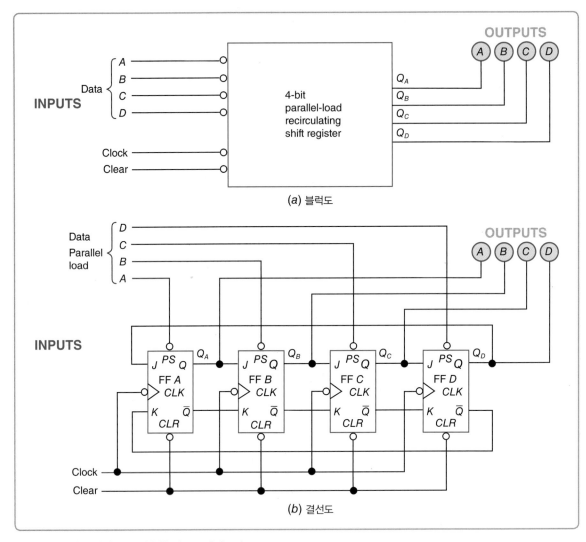

(a) 블럭도

(b) 결선도

그림 9-4 4비트 병렬 로드 재순환 시프트 레지스터

로 바뀌면, 출력은 논리 1로 프리셋된다. J-K 플립플롭 CLK로 입력되는 클럭은 데이터를 우측으로 시프트되도록 한다. FF D의 데이터는 FF A로 재순환된다.

표 9-2는 병렬 로드 시프트 레지스터의 동작을 이해하는 데 도움을 줄 것이다. 전원을 넣을 때, 출력은 1행과 임의의 조합일 것이라고 가정한다. 2행은 CLR 입력을 이용해서 레지스터가 클리어됨을 보여준다. 3행은 병렬 로드 데이터 스위치를 이용해서 0100이 레지스터에 로드되어 들어가는 것을 보여준다.

4~8행까지는 5개의 클럭펄스($t_1 \sim t_5$)와 함께 데이터가 우측으로 시프트되는 것

표 9-2 4비트 병렬 로드 재순환 시프트 레지스터의 동작

Mode of operatin	Line number	Intputs						Outputs			
		clear	Parallel load				Clock pulse	FF A	FF B	FF C	FF D
			A	B	C	D		A	B	C	D
Power up	1	1	1	1	1	1		(Random outputs)			
Clear (asynchronous)	2	0	1	1	1	1		0	0	0	0
Parallel load (asynchronous)	3	1	1	0	1	1		0	1	0	0
Shift right	4	1	1	1	1	1	t_1	0	0	1	0
Shift right	5	1	1	1	1	1	t_2	0	0	0	1
Shift right	6	1	1	1	1	1	t_3	1	0	0	0
Shift right	7	1	1	1	1	1	t_4	0	1	0	0
Shift right	8	1	1	1	1	1	t_5	0	0	1	0
Clear (asynchronous)	9	0	1	1	1	1		0	0	0	0
Parallel load (asynchronous)	10	1	1	0	0	1		0	1	1	0
Shift right	11	1	1	1	1	1	t_6	0	0	1	1
Shift right	12	1	1	1	1	1	t_7	1	0	0	1
Shift right	13	1	1	1	1	1	t_8	1	1	0	0
Shift right	14	1	1	1	1	1	t_9	0	1	1	0
Shift right	15	1	1	1	1	1	t_{10}	0	0	1	1

을 보여준다. 5행과 6행을 보자. 1이 레지스터의 우측 끝(FF D)으로부터 좌측 끝 (FF A)의 레지스터로 재순환되어 입력된다. 이것을 1이 재순환된다고 말한다.

병렬입력-병렬출력

9행은 CLR 입력에 의해 레지스터가 다시 클리어됨을 보여준다. 그리고 10행에서는 새로운 정보(0110)가 데이터 입력으로 로드된다. 11행에서 15행까지는 클럭펄스에 의해 레지스터가 다섯 번 시프트되는 것을 나타낸다. 레지스터의 원래 데이터가 네 개의 클럭펄스에 의해 되돌아오는 것에 주목하자(표 9-2의 11행과 15행 또는 4행과 8행을 비교하라). 그림9-4의 레지스터는 **병렬입력-병렬출력**하는 저장장치로 분류될 수 있다.

그림 9-4(b)의 시프트 레지스터의 재순환 특성은 두 개의 재순환 선의 연결을 끊음으로 중단시킬 수 있다. 그러면 레지스터는 하나의 병렬입력-병렬출력 레지

병렬입력-직렬출력

스터이다. 그러나 만약 FF D의 출력만을 고려한다면, 이 레지스터는 병렬입력-직렬출력 저장장치이다.

확인문제

6. 그림 9-5의 장치는 우측 시프트 _____(직렬, 병렬) 로드 재순환 시프트 레지스터이다.

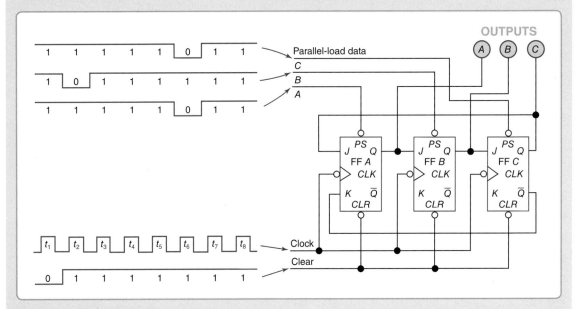

그림 9-5 시프트 레지스터 문제

7. 그림 9-5에서 8개의 클럭펄스 각각에 대한 시프트 레지스터의 동작 모드를 기술하라. "클리어", "병렬 로드", "우측 시프트"와 같은 문구를 이용하라.

8. 그림 9-5의 레지스터에 대해 각각의 8개의 클럭펄스 이후의 내용을 기술하라(A = 좌측비트, C = 우측비트).

9. 그림 9-5에서, 이것은 _____(비재순환, 재순환) 3비트 시프트 레지스터이다.

10. 그림 9-5에서, 이 시프트 레지스터의 병렬 로드 입력들은 _____(동기, 비동기)이다.

11. 표 9-2의 어떤 두 행에서 레지스터가 클리어 모드인가?

12. 표 9-2의 어떤 두 행에서 레지스터가 병렬 로드 모드인가?

9.3 범용 시프트 레지스터

데이터 설명서를 다시 볼 때, 제조회사에서 많은 시프트 레지스터를 IC 형태로 만드는 것을 볼 수 있을 것이다. 이 절에서는 그러한 IC 시프트 레지스터인 74194 4비트 양방향 범용 시프트 레지스터(74194 4-bit bidirectional universal shift register)를 공부하게 된다.

범용 시프트 레지스터

74194 IC는 매우 융통성 있고 지금까지 보아왔던 대부분의 IC 패키지의 특성을 가지고 있다. 74194 IC 레지스터는 좌측 시프트 또는 우측 시프트가 가능하다. 여러 4비트 74194 IC 레지스터들은 8비트나 더 큰 시프트 레지스터를 구성할 수 있도록 직렬로 연결이 가능하다. 그리고 이 레지스터는 데이터를 재순환할 수 있도록 만들 수 있다. 이 시프트 레지스터가 무엇을 할 수 있는지에 대한 좋은 개요로서 그림 9-6(a)의 74194 시프트 레지스터의 설정을 할 수 있다.

74194 레지스터의 논리도는 그림 9-6(b)에 다시 나타내었다. 이것은 4비트 레지스터이기 때문에, 회로는 네 개의 플립플롭을 포함한다. 다른 게이트 회로부는 이 범용 시프트 레지스터의 많은 특성들을 위해 필요하다.

그림 9-6(c)의 핀 구성은 각 입출력의 레벨을 결정하는 데 도움을 줄 것이다. 물론, 핀 구성도는 실제 74194 IC 레지스터의 클리어, 로드, 우측 시프트, 좌측 시프트, 그리고 금지 모드의 동작을 나타내기 때문에 어떻게 74194 IC 레지스터가 동작하는가를 정확히 결정하는데 매우 유용하다. 74194 범용 시프트 레지스터를 이용함에 따라서 진리표와 파형을 매우 유심히 보게 되는 상황을 겪게 될 것이다.

확인문제

13. 74194 범용 시프트 레지스터에 IC에 대한 5가지 동작 모드를 써라.
14. 그림 9-6에서, 만약 74194의 모든 제어입력 모드(S_0, S_1)가 1(high)이면, 이장치는 _____ 모드이다.
15. 그림 9-6에서, 만약 74194의 모든 제어입력 모드(S_0, S_1)가 1(low)이면, 이 장치는 _____ 모드이다.
16. 그림 9-6에서, 74194 IC 상의 우측 시프트는 S_0이 _____(HIGH, LOW), S_1이 _____(HIGH, LOW), 클럭펄스가 _____에서 _____(으)로 갈 때 수행된다.

This bidirectional shift register is designed to incorporate virtually all of the features a system designer may want in a shift register. The circuit contains 45 equivalent gates and features parallel inputs, parallel outputs, right-shift serial inputs, operating-mode-control inputs, and a direct overriding clear line. The register has distinct modes of operating, namely:

  Parallel (broadside) load
  Shift right (in the direction Q_A toward Q_D)
  Shift left (in the direction Q_D toward Q_A)
  Inhibit clock (do nothing)

Synchronous parallel loading is accomplished by applying the four bits of data and taking both mode control inputs, S_0 and S_1, high. The data are loaded into the associated flip-flops and appear at the outputs after the positive transition of the clock input. During loading, serial data flow is inhibited.

Shift right is accomplished synchronously with the rising edge of the clock pulse when S_0 is high and S_1 is low. Serial data for this mode are entered at the shift-right data input. When S_0 is low and S_1 is high, data shifts left synchronously and new data are entered at the shift-left serial input.

Clocking of the flip-flop is inhibited when both mode control inputs are low. The mode of the S54194/N74194 should be changed only while the clock input is high.

(a) 구성

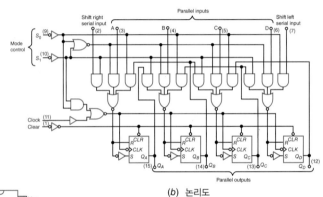

(b) 논리도

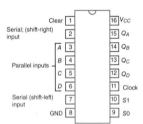

(c) 핀 배치도

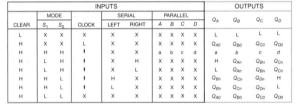

	INPUTS										OUTPUTS			
	MODE			SERIAL		PARALLEL								
CLEAR	S_1	S_0	CLOCK	LEFT	RIGHT	A	B	C	D	Q_A	Q_B	Q_C	Q_D
L	X	X	X	X	X	X	X	X	X	L	L	L	L
H	X	X	L	X	X	X	X	X	X	Q_{A0}	Q_{B0}	Q_{C0}	Q_{D0}
H	H	H	↑	X	X	a	b	c	d	a	b	c	d
H	L	H	↑	X	H	X	X	X	X	H	Q_{An}	Q_{Bn}	Q_{Cn}
H	L	H	↑	X	L	X	X	X	X	L	Q_{An}	Q_{Bn}	Q_{Cn}
H	H	L	↑	H	X	X	X	X	X	Q_{Bn}	Q_{Cn}	Q_{Dn}	H
H	H	L	↑	L	X	X	X	X	X	Q_{Bn}	Q_{Cn}	Q_{Dn}	L
H	L	L	X	X	X	X	X	X	X	Q_{A0}	Q_{B0}	Q_{C0}	Q_{D0}

(d) 함수(진리)표

H = high level (steady state)
L = low level (steady state)
X = irrelevant (any input, including transitions)
↑ = transition from low to high level
a,b,c,d, = the level of steady state input at inputs A,B,C, or
  D, respectively
Q_{A0}, Q_{B0}, Q_{C0}, Q_{D0} = the level of Q_A, Q_B, Q_C, Q_D,
  respectively, before the indicated steady state
  input conditions were established
Q_{An}, Q_{Bn}, Q_{Cn}, Q_{Dn} = the level of Q_A, Q_B, Q_C, Q_D, respectively
  before the most recent ↑ transition of the clock

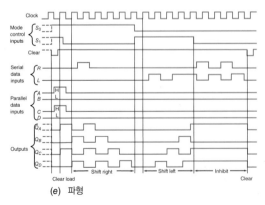

(e) 파형

그림 9–6   4비트 TTL 범용 시프트 레지스터(74194)

9.4 74194 IC 시프트 레지스터의 사용

이 절에서는 74194 범용 시프트 레지스터를 여러 용도로 사용해볼 것이다. 그림 9-7(a) 와 (b)는 74194 IC가 직렬 로드 레지스터로 사용된 것을 보여준다. 그림 9-7(a)는 **직렬 로드 우측 시프트 레지스터**(serial load shift-right register)이다. 이 레지스터는 그림 9-2의 직렬 시프트 레지스터와 동일하게 동작한다. 표 9-1은 이 새로운 레지스터의 기능표로도 사용할 수 있다. 그림 9-7(a)의 제어입력 모드(mode control input) (S_0, S_1)는 74194 IC가 우측 시프트 모드로 동작하도록 지정되어 있다. 우측으로 시프트한다는 것을 제조회사에 의해 결정되는데, 여기서는 Q_A에서 Q_D로 시프트되는 것을 의미한다. 그림 9-8(a)의 레지스터에서 데이터는 우측으로 시프트되고, Q_D를 빠져나감으로써 데이터는 소멸된다.

그림 9-7(b)의 74194 IC는 제어입력 모드를 변화시켜 좌측으로 시프트되도록 하였다. 이 레지스터는 $D(Q_D)$로 데이터가 들어가고 각 클럭펄스에 의해 $A(Q_A)$ 쪽으로 시프트된다. 이 레지스터는 **직렬 로드 좌측 시프트 레지스터**(serial load shift-left register)이다.

그림 9-8의 74194 IC는 **병렬 로드 좌/우측 시프트 레지스터**(parallel load shift-right/left register)로 결선되었다. 하나의 클럭펄스와 함께 병렬 로드 입력으로부터 데이터가 A, B, C, D로 출력된다. 그림에서 보여주는 바와 같이 제어 모드(S_0, S_1)들이 1로 세트되었을 때 로딩이 일어난다. 그리고 나서 제어 모드들은 세 개의 동작 중 한 개로 바뀔 수 있다(우측 시프트, 좌측 시프트, 혹은 금지). 우측 시프트와 좌측 시프트 직렬입력들은 우측 시프트와 좌측 시프트 직렬입력들은 우측 시프트와 좌측 시프트 동작모드에서 레지스터에 0을 넣어주기 위해 0으로 연결되었다. 제어모드가 금지$(S_0 = 0, S_1 = 0)$에 있을 때, 데이터는 우측이나 좌측으로 시프트되지 않고 레지스터 내부에 머물러있다. 74194 IC를 사용할 때 제어입력 모드들이 전체 레지스터의 동작을 제어하기 때문에 이들을 반드시 기억해야한다. CLR 입력은 0으로 인에이블될 때 레지스터를 0000으로 클리어한다. CLR 입력은 모든 다른 입력보다 우선한다.

그림 9-9에 두 개의 시프트 레지스터가 8비트 병렬 로드 우측 시프트 레지스터(8-bit parallel load shift-right/left register)를 구성하기 위해서 연결되었다. CLR 입력은 출력을 0000 0000으로 클리어한다. A부터 H까지의 병렬 로드 입력

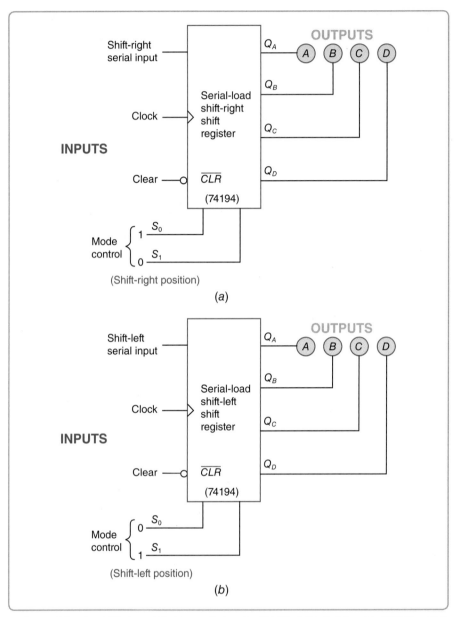

그림 9-7 (a) 4비트 직렬 로드 우측 시프트 레지스터로 결선된 74194 IC (b) 4비트 직렬 로드 좌측 시프트 레지스터로 결선된 74194 IC

은 모든 8비트 전체의 데이터를 한 개의 클럭펄스(제어 모드 : $S_0 = 0$, $S_1 = 1$)로 동작한다. 우측 시프트 위치($S_0 = 1$, $S_1 = 0$)의 제어 모드와 함께, 레지스터는 각 클럭펄스에 대해 우측으로 시프트된다. 출력 H(레지스터 2의 Q_D 출력)로부

472

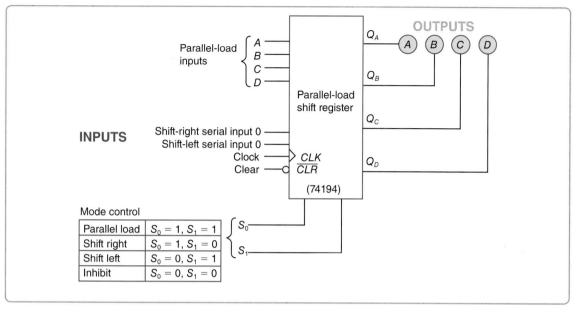

그림 9-8 병렬 로드 좌/우측 시프트 레지스터로 결선된 74194 IC

터 레지스터 1의 우측 시프트 직렬입력으로 재순환 선이 연결되어 있음을 주목하자. 일반적으로 소실될 출력 H의 데이터가 레지스터의 A 위치로 재순환되었다. 두 입력 S_0와 S_1이 0에 있을 때 시프트 레지스터의 데이터 시프팅이 금지된다. 이상의 설명과 같이 74194 IC 4비트 양방향 범용시프트 레지스터는 매우 유용하다. 이 절의 회로들은 74194 IC가 어떻게 사용될 수 있는가에 대한 예이다. 모든 시프트 레지스터는 플립플롭으로서의 그것들의 기본 메모리 특성을 이용함을 기억하자. 시프트 레지스터는 종종 임시 메모리로서 사용된다. 또한 직렬 데이터를 병렬 데이터로 변환하거나 병렬 데이터를 직렬 데이터로 변환하는 데에도 이용될 수 있다. 그리고 시프트 레지스터는 정보지연(지연선들)을 위해 사용될 수도 있다. 또한 몇몇 산술회로로도 사용된다. 마이크로프로세서나 마이크로프로세서 기반의 시스템은 이 장에서 사용한 것들과 비슷한 레지스터를 광범위하게 사용하도록 만든다. 74194 IC의 부류로는 74S194, 74LS194A, 74F194 그리고 74HC194 IC 등이 있다.

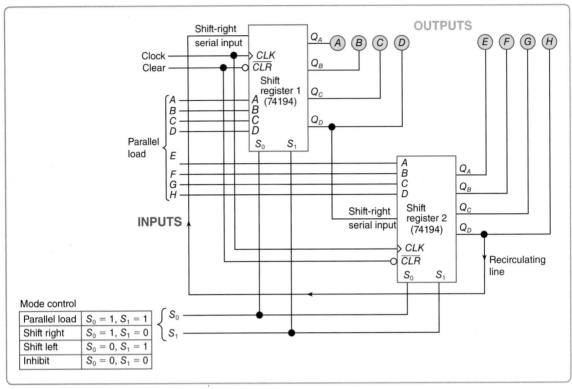

그림 9-9 8비트 병렬 로드 우측 시프트 레지스터로 결선된 두 개의 74194 IC

확인문제

17. 74194 IC는 두 제어입력 모드 (S_0, S_1)이 _____(HIGH, LOW)이면 병렬 로드 입력이다. 병렬 로드 입력의 4비트 데이터는 _____(개수)의 클럭펄스가 CLK 입력에 인가되면 로드된다.

18. 만약 74194 IC의 제어입력 모드 (S_0, S_1)이 모두 LOW이면, 시프트 레지스터는 _____모드이다.

19. 74194 IC가 우측 시프트가 되도록, 제어 모드는 S_0 = _____이고 S_1 = _____ 이며, 직렬 데이터는 입력으로 들어간다.

20. 그림 9-8에서, 만약 S_0 = 1, S_1 = 1, 좌측 시프트 직렬 입력 = 1, 그리고 클리어 입력 = 0이면, 출력은 _____이다.

21. 그림 9-6에서, 74194 IC는 클럭펄스가 _____(H에서 L, L에서 H)로 천이될 때 트리거된다.

22. 그림 9-6에서, active-_____(클리어, 좌측 시프트 직렬) 입력은 모든 다른 입력 보다 우선하고 74194 IC 레지스터의 출력을 0000으로 리셋시킨다.

23. 그림 9-6에서, _____(좌측 시프트, 우측 시프트)는 74194 IC의 Q_D에서 Q_A로 데이터를 시프트하여 출력함을 의미한다.

9.5 8비트 CMOS 시프트 레지스터

이 절에서는 제조회사로부터 사용 가능한 많은 CMOS 시프트 레지스터 중 한 개의 동작을 세부적으로 다룬다. 74HC164 8비트 **직렬입력-병렬출력** 시프트 레지스터(74HC164 8-bit serial in-parallel out shift register)의 기술적 정보를 그림 9-10에 나타내었다.

74HC164 CMOS IC는 전체 직렬 데이터를 갖는 8비트 모서리 트리거 레지스터이다. 병렬출력은 내부의 각 D 플립플롭으로부터 이용 가능하다. 그림 9-10(a)의 세부적인 논리도는 병렬 데이터 출력($Q_0 \sim Q_7$)을 갖는 8개의 D 플립플롭의 사용을 보여준다.

그림 9-10에 특징이 나타난 74HC164 IC는 직렬입력을 갖는 것으로 설명된다. 데이터는 두 개의 입력(D_{sa}와 D_{sh}) 중 하나를 통해 직렬로 들어간다.

그림 9-10(a)에서, 데이터 입력 D_{sa}와 D_{sb}는 서로 AND 되어 있음을 관찰하라. 데이터 입력은 하나의 입력으로 만들기 위해 서로 묶거나 혹은 데이터 전체에 대해 다르게 사용하도록 HIGH에 묶을 수도 있다.

74HC164 IC의 주 리셋입력(MR)은 그림 9-10(a)의 좌측 하단에서 보여준다. 이것은 active-LOW 입력이다. 그림 9-10(b)의 진리표는 MR 입력이 다른 모든 입력보다 우선적이며, 활성화되면 모든 플립플롭을 0으로 클리어시킴을 보여준다.

74HC164 IC는 각 클럭펄스(CP)가 LOW에서 HIGH로 천이될 때 데이터를 한 곳에서 우측으로 시프트한다. 또한 클럭펄스는 AND 된 데이터 입력(D_{sa}와 D_{sh})으로부터 출력 FF 1의 Q_0(그림 9-10(a)를 참조)으로 들어간다. 참고로, 74HC164 시프트 레지스터 IC의 핀 구성도를 그림 9-11(c)에 그려 놓았다. 그림 9-10(d)의 표는 이 CMOS IC의 각 핀에 대한 기능을 설명한 것이다.

직렬입력-병렬출력

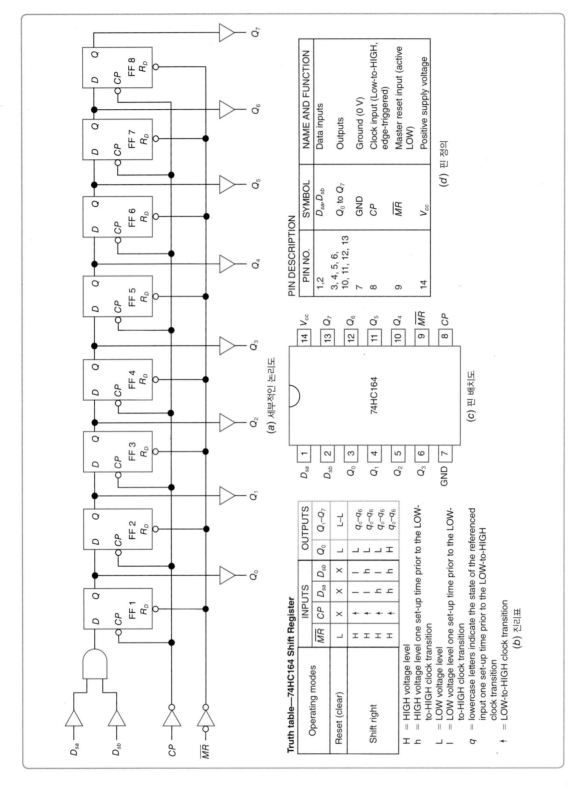

Truth table—74HC164 Shift Register

Operating modes	INPUTS				OUTPUTS	
	$\overline{MR}$	CP	D_{sa}	D_{sb}	Q_0	$Q_1–Q_7$
Reset (clear)	L	X	X	X	L	L–L
Shift right	H	↑	l	l	L	$q_0–q_6$
	H	↑	l	h	L	$q_0–q_6$
	H	↑	h	l	L	$q_0–q_6$
	H	↑	h	h	H	$q_0–q_6$

H = HIGH voltage level
h = HIGH voltage level one set-up time prior to the LOW-
   to-HIGH clock transition
L = LOW voltage level
l = LOW voltage level one set-up time prior to the LOW-
   to-HIGH clock transition
q = lowercase letters indicate the state of the referenced
   input one set-up time prior to the LOW-to-HIGH
   clock transition
↑ = LOW-to-HIGH clock transition

(b) 진리표

(a) 세부적인 논리도

PIN DESCRIPTION

PIN NO.	SYMBOL	NAME AND FUNCTION
1,2	D_{sa}, D_{sb}	Data inputs
3, 4, 5, 6,
10, 11, 12, 13	Q_0 to Q_7	Outputs
7	GND	Ground (0 V)
8	CP	Clock input (Low-to-HIGH, edge-triggered)
9	$\overline{MR}$	Master reset input (active LOW)
14	V_{cc}	Positive supply voltage

(d) 핀 정의

1	D_{sa}
2	D_{sb}
3	Q_0
4	Q_1
5	Q_2
6	Q_3
7	GND

74HC164

14	V_{cc}
13	Q_7
12	Q_6
11	Q_5
10	Q_4
9	$\overline{MR}$
8	CP

(c) 핀 배치도

그림 9–10 8비트 CMOS 직렬입력-병렬출력 시프트 레지스터(74HC164)

전자공학에 대하여

시각 장애자를 위한 장치

Microvision사는 2002년 NOMAD™Personal Display System을 개발하였다. 이 시스템은 머리에 쓰는 고성능 디스플레이로 사용자에게 이미지와 정보를 직접 "눈"으로 보여준다. 이 디스플레이는 모자처럼 쓰고 있으면서 손을 사용하지 않고 그림이나 도표, 사용법, 유지보수 기록, 움직이는 기록, 움직이는 지도, 매뉴얼 등을 볼 수 있다. 이 디스플레이는 공장, 항공, 의료, 군사 등에 응용할 수 있으며, 작업자는 서있기도 힘든 작업공간에서 정보를 꺼내볼 수 있고 긴급한 정보를 보면서 작업할 수도 있다.

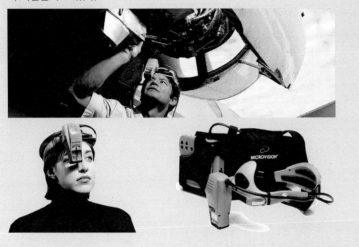

확인문제

24. 74HC164 IC의 MR 핀은 active _____(HIGH, LOW) 입력이다.
25. 74HC164 IC의 클럭 입력은 클럭펄스의 _____(H에서 L, L에서 H)로의 천이에 응답한다.
26. 그림 9–11에서, 각 클럭펄스(t_1, t_6)에 대한 시프트 레지스터의 동작 모드를 기술하라.
27. 그림 9–11에서, 6개의 클럭펄스가 각각 입력된 후의 8비트 출력(좌측 Q_0부터 우측 Q_7)을 기술하라.
28. 74HC164는 _____(CMOS, TTL) 시프트 레지스터 IC이다.
29. 74HC164는 _____(4비트, 8비트) _____(병렬 로드, 직렬 로드) 시프트 레지스터 IC이다.
30. 74HC164에서, 직렬 데이터 입력(D_{sa}와 D_{sb})은 직렬 데이터 입력으로부터 칩 내부에서 서로 _____ (AND, OR)되었다.

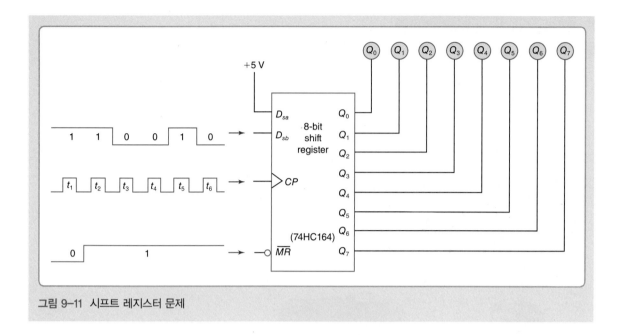

그림 9-11 시프트 레지스터 문제

9.6 시프트 레지스터의 이용 – 디지털 룰렛

룰렛 휠(roulette wheel)은 게임쇼는 물론 카지노 등에 사용되어 모든 연령층의 사람들에게 굉장한 인기를 누리고 있다. 이 절에서 기계적인 룰렛 휠의 전자적 버전에 대해 살펴보자. 디지털 룰렛은 많은 학생들에게 매우 인기 있는 프로젝트이다.

링 카운터

디지털 룰렛 휠의 블록도가 그림 9-12에 그려져 있다. 이 간단한 룰렛 휠 설계에서는 오직 8개의 숫자 마커를 사용한다. 이 룰렛에서 숫자 마커는 LED이다. 한 번에 단지 한 개의 LED(숫자 마커)만이 점등되어야만 한다. 링 카운터는 한 번에 한 개씩 순차적으로 LED를 점등시킬 수 있는 회로이다. 링 카운터는 몇 가지 부가적인 회로가 추가된 단순한 시프트 레지스터이다.

전원을 인가하면, 그림 9-12의 시프트 레지스터는 모두 0으로 클리어되어야 한다. 블록도에서 시스템 ON/OFF용 스위치는 나타내지 않았음을 주의하라. 두 번째로, "휠 돌리기" 스위치가 눌렸을 때 하나의 HIGH가 표시 전등 LED 0 상의 위치 0에 로드되어야 한다. 전압 제어 발진기(VCO)는 점차적으로 감소하다가 결

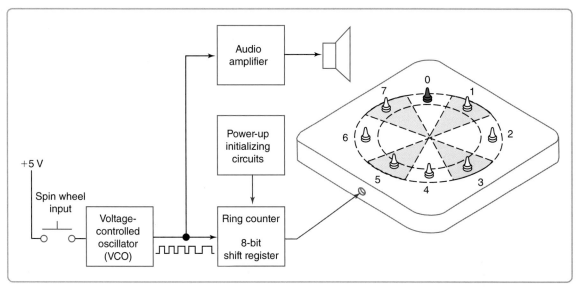

그림 9-12 단순화된 전자적 디지털 룰렛 휠의 블럭도

국 멈추는 클럭펄스열을 출력한다. 클럭펄스는 곧바로 링 카운터(시프트 레지스터)와 디지털 룰렛 게임의 오디오 증폭기부로 향한다. 링 카운터로 들어가는 각 클럭펄스는 룰렛 휠 주변의 점등을 한 칸 시프트시킨다. 점등순서는 VCO의 출력 클럭펄스가 멈추기 전까지는 0, 1, 2, 3, 4, 5, 6, 7, 0, 1의 순서가 되어야 한다. 클럭펄스가 멈추면, 하나의 LED가 룰렛 휠의 임의의 위치에서 점등이 유지되고 있어야 한다.

그림 9-12의 VCO는 또한 오디오 증폭기로 클럭펄스를 보낸다. 각 클럭펄스는 룰렛 휠을 톡톡 치는 듯한 소리를 내기 위해 증폭된다. 주파수는 단계적으로 감소하다가 정지하는데, 이는 기계적 바퀴가 멈추는 것으로 간주하라.

디지털 룰렛 게임의 링 카운터 블럭도를 그림 9-13(a)에 세부적으로 나타내었다. 링 카운터는 전에 공부한 74HC164 8비트 직렬 입력-병렬출력 시프트 레지스터를 사용했음을 주목하자. 전원이 인가되면 회로의 power-up 초기화 블럭이 모든 출력을 0으로 클리어한다(모든 LED가 소등). "휠 돌리기" 입력 스위치가 눌러지면, 첫 펄스에 한 개의 HIGH가 시프트 레지스터에 로드된다. 이러한 상황은 그림 9-13(a)에 나타내었다. 클럭은 이어서 한 개의 불빛이 표시장치를 지나며 움직이도록 뛴다. 이러한 상황은 그림 9-13(b)에 나타내었다. 각 클럭의 L에서 H로의 천이마다 74HC164 8비트 레지스터의 하나의 HIGH가 우측으로 한 자리 시프트됨을 주목하라. HIGH가 출력 Q_7(그림 9-13(b)에서 8개의 클럭펄스 후)에 이르렀을 때, 재순환(귀환) 선(recirculating line)은 왼쪽의 LED(출력 Q_0)로 HIGH
를 전달하기 위해 데이터를 뒤로 돌린다. 그림 9-13(b)의 예제에서 스위치는 12

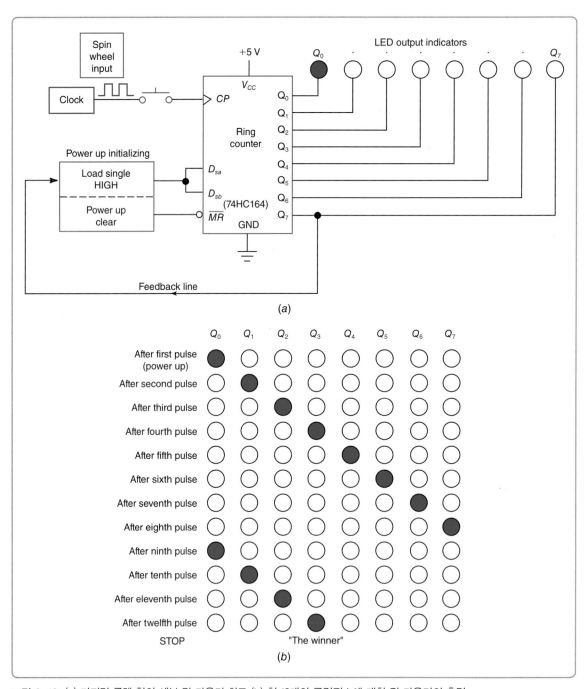

그림 9-13 (a) 디지털 룰렛 힐의 세부 링 카운터 회로 (b) 첫 12개의 클럭펄스에 대한 링 카운터의 출력

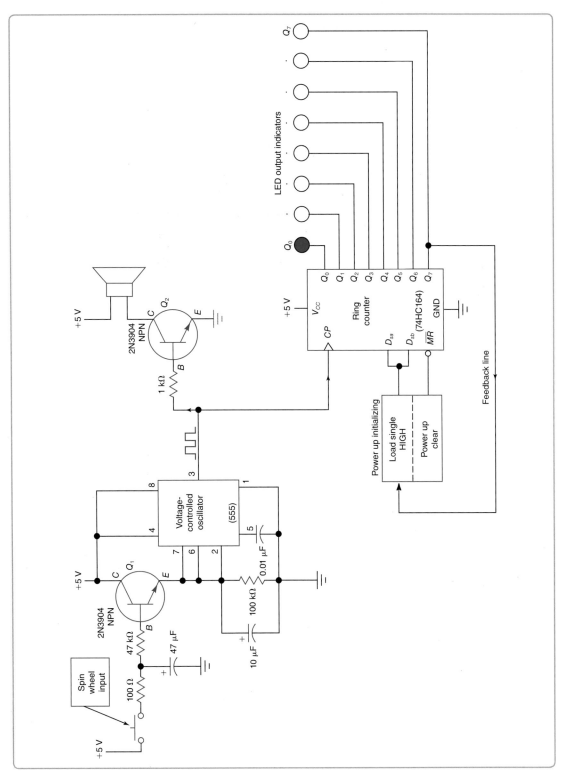

그림 9-14 디지털 룰렛 휠이 자세한 전압제어 발진기 회로

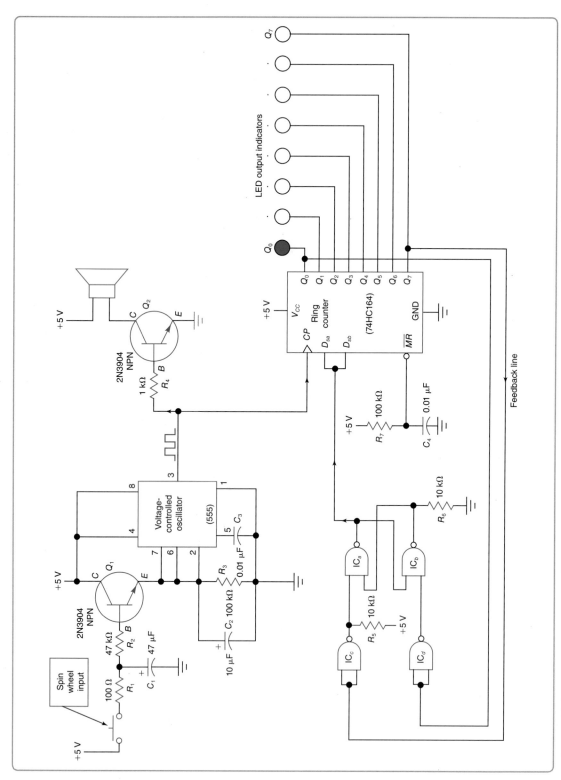

그림 9-15 안전한 디지털 룰렛 휠. Power-up 초기화 회로가 포함됨

번째 펄스 후에 열린다. 이는 불빛을 Q_3에서 정지시킨다. 이것이 이번 회전에 있어서 룰렛 휠의 "승리의 수"이다.

그림 9-13(a)에서, 74HC164 8비트 시프트 레지스터 IC는 링 카운터로 결선되었다. 그 회로는 링 카운터로 만들기 위한 두 가지의 특성을 갖는다. 첫째로, 마지막 플립플롭(Q_7)에서 첫 플립플롭(Q_0)으로 귀환(feedback)을 갖는다. 둘째로, 1자리와 0자리의 주어진 패턴이 로드되고 클럭펄스가 시프트 레지스터의 입력 CP에 도달하는 동안 재순환된다. 이 경우 하나의 1이 시프트 레지스터에 로드되어 들어가고 재순환된다.

귀환

요약하면, 그림 9-13(a)는 매우 간단한 전자 룰렛 휠이다. 회전바퀴 입력을 누르면 불빛이 LED를 통해 순환된다. 스위치가 열리면 시프팅은 멈춘다.

덧붙여서, 그림 9-13의 간단한 디지털 룰렛 회로는 클럭을 추가함으로써 누름버튼이 눌러진 후에 계속해서 동작하도록 바꿀 수 있다. 소리 역시 보다 실제적으로 나타나도록 추가할 수 있다. 그림 9-14는 디지털 룰렛 휠에 두 가지 특성 모두를 추가하였다.

그림 9-14에서 다용도의 555 타이머 IC가 VCO로서 결선되었다. 휠 돌리기 스위치를 누르면 트랜지스터 Q_1이 ON된다. 555 타이머는 자유구동(free-running) MV처럼 동작한다. 이 VCO로부터의 구형파 출력은 링 카운터의 클럭 입력(CP)과 오디오 증폭기 모두를 구동한다. VCO로부터의 펄스는 스피커를 두드리며 트랜지스터 Q_2를 ON OFF시킨다.

회전바퀴 입력 스위치가 열리면 47μF 커패시터가 트랜지스터 Q_1의 베이스(B)에 잠시 동안 양으로 충전값을 유지한다. 이는 커패시터가 방전되기 전까지 그 트랜지스터를 몇 초 동안 ON으로 유지시킨다. 47μF 커패시터가 방전하면, Q_1의 베이스 전압이 낮아지고 트랜지스터의 저항(이미터에서 컬렉터까지)이 증가한다. 이것이 발진주파수를 낮게 하며, 불빛의 시프팅을 점차 늦어지게 한다. 스피커로부터의 두드리는 주파수도 역시 낮아진다. 이것은 기계적인 룰렛 휠을 흉내낸 것이다.

다시 살펴보면, 그림 9-14의 power-up 초기화 회로 블록은 처음에 시프트 레지스터를 초기화해야 하며, 그 후에는 하나의 출력만을 HIGH로 세트시켜야 한다. 이와 같은 두 회로는 그림 9-15의 디지털 룰렛 휠에 추가되었다.

자동 클리어 회로(automatic clear circuit)가 그림 9-15의 룰렛 휠에 추가되었다. 이것은 저항 커패시터(R_7과 C_4)의 조합으로 구성된다. 전원이 인가되면, 꼭

자동 클리어 회로

대기의 $0.01\mu F$ 커패시터 전압이 LOW에서 R_7을 통해 빠르게 HIGH로 증가한다. 74HC164 레지스터의 주 리셋($\overline{MR}$) 입력이 시프트 레지스터의 출력이 00000000 으로 클리어될 정도로만 LOW로 유지된다. 이 단계에서 모든 LED가 꺼진다.

링 카운터에 하나의 1을 로드시키는 회로는 네 개의 NAND 게이트와 두 개의 저항(R_5와 R_6)으로 구성된다. 이 NAND 게이트들은 R−S 래치와 같이 결선되었 다. 두 저항(R_5와 R_6)은 전원이 처음 인가되었을 때 NAND 게이트(IC_a)의 출력 을 강제로 HIGH로 만든다. 이 HIGH는 링 카운터의 데이터 입력(D_{sa}와 D_{sb})에 인가된다. 클럭의 첫 L에서 H로의 천이에서 데이터 입력의 HIGH가 74HC164 IC의 출력 Q_0으로 전달된다. 즉시 이 HIGH가 IC_d의 입력으로 귀환되고, 이제 데 이터 입력(D_{sa}와 D_{sb})에 LOW가 나타나도록 하기 위해서 래치를 리셋시킨다. 오 직 한 개의 HIGH가 링 카운터로 로드되어 들어간다. 반복되는 클럭펄스가 링 카 운터의 Q_7이 HIGH로 되기 전까지 표시장치로 HIGH(불빛)를 움직이게 한다. 이 HIGH는 링 카운터의 데이터 입력에 1이 나타나도록 세팅하기 위해서 IC_c의 입력 으로 귀환된다. 하나의 HIGH가 Q_0으로 재순환되었다.

❙❙❙ 확인문제

31. 그림 9−15에서, 소자 R_4와 Q_2는 디지털 룰렛 휠 회로의 _____블럭을 형성 한다.
32. 그림 9−15에서, 74HC164 8비트 시프트 레지스터는 이 회로에서 _____(으)로 결 선되었다.
33. 그림 9−15에서, 전원이 처음 인가되었을 때 74HC164 IC의 모든 출력을 0으로 리 셋시키는 것은 어떤 소자인가?
34. 그림 9−15에서, 클럭펄스는 _____(으)로 결선된 555 타이머 IC의 출력으로 링 카 운터에 입력된다.
35. 그림 9−15에서, 네 개의 NAND 게이트는 _____회로로 결선된 링 카운터에 한 개의 1을 로딩하기 위해 사용되었다.

9.7 간단한 시프트 레지스터의 문제 해결

그림 9−16에 그려진 오류가 있는 직렬 로드 우측 시프트 레지스터를 고려하자.

네 개의 D 플립플롭(두 개의 7474 IC)은 4비트 레지스터의 모양을 만들기 위해
서로 결선되었다.

명확한 기계적 문제와 온도문제를 검사한 후에, 학생 혹은 기술자는 문제를 파
악하기 위해 다음의 과정을 따른다.

1. 동작: 클리어 입력을 0에서 다시 1로 한다.
   결과: 출력지시기 = 0000(불이 켜지지 않는다)
   결론: 클리어 기능은 정상적으로 동작한다.
2. 동작: 데이터 입력 = 1
   논리 펄스기로부터 플립플롭의 CLK에 하나의 펄스를 넣는다.
   결과: 출력지시기 = 1000
   결론: FF A는 정상적으로 1을 로딩함
3. 동작: 데이터 입력 = 1
   논리 펄스기로부터 플립플롭의 CLK에 하나의 펄스를 넣는다.
   결과: 출력지시기 = 1100
   결론: FF A와 FF B는 정상적으로 1을 로딩함
4. 동작: 데이터 입력 = 1

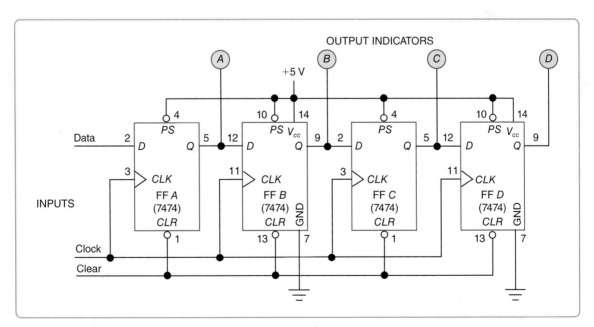

그림 9-16 문제해결 예로 사용된 오류가 있는 4비트 직렬 로드 우측 시프트 레지스터

논리 펄스기로부터 플립플롭의 CLK에 하나의 펄스를 넣는다.

결과: 출력지시기 = 1100

결론: FF A, FF B, FF C는 정상적으로 1을 로딩함

5. 동작: 데이터 입력 = 1

논리 펄스기로부터 플립플롭의 CLK에 하나의 펄스기를 넣는다.

결과: 출력지시기 = 1100

결론: HIGH를 로드하지 못하므로 FF D의 내부의 문제로 의심함

6. 동작: FF D로의 입력 D에서 D=1인지 논리를 검출함

결과: FF D의 D = 1

결론: FF D의 D에서의 HIGH 데이터는 정확함을 확인

7. 동작: 논리 펄스기로부터 하나의 펄스를 FF D의 CLK(11번 핀)에 가함

결과: 출력지시기 = 1100을 유지

결론: 클럭펄스에 따라 데이터가 FF D의 D에서 Q로 전달되지 않음

8. 동작: FF D의 출력 Q(9번 핀)의 논리를 검출함

결과: 논리검출기에 HIGH나 LOW 지시기의 불이 들어오지 않음

결론: FF D의 출력 Q(9번 핀)가 HIGH나 LOW 사이의 중간단계에 있음. 아마도 7474 IC의 두 번째 FF D에 오류가 있음

9. 동작: 7474 IC(FF C와 FF D)를 제거한 후 새로운 7474IC로 교체함

10. 동작: 단계1부터 회로를 다시 검사함

결과: 모든 플립플롭이 1과 0을 로드함

결론: 시프트 레지스터 회로가 이제 정상적으로 동작함

검사순서에 따라서, FF D의 출력이 HIGH와 LOW 사이의 정의되지 않은 영역에 있는 동안 LOW에 붙어 있는 것처럼 보였다. 이 사실은 단계 1에서의 결론에 오류가 있었음을 말해준다. 이러한 오류는 두 번째 7474 IC 자체 내의 회로가 개방되었기 때문일 것이다. 논리 검출기와 디지털 논리 펄스기는 기술자의 관찰을 도와주며, 어떻게 회로가 동작하는가에 대한 기술자의 지식은 오류지점을 찾는 데 도움을 준다.

잉여회로

가끔 기술자는 적절한 논리레벨을 정확하게 확신하지 못한다. 잉여회로 (redundant circuit)(회로가 여러 번 중복된 경우)를 갖는 회로에서, 기술자는 FF A와 FF B로 돌아가서 이들의 표시와 FF C와 FF D의 그것들을 비교할 수 있다. 디지털 회로는 더 많은 잉여회로를 갖고, 그때 이러한 기술이 문제해결에 도움을 준다.

확인문제

36. 그림 9-16에서, 이 회로에서 관찰된 문제를 설명하라.

37. 그림 9-16에서, 이 회로에서 무엇이 문제인가?

38. 그림 9-16에서, 어떻게 오류를 해결할 수 있는가?

39. 이 시프트 레지스터 회로에서, 어떤 검사장비가 문제해결을 위해 사용될 수 있는가?

🔲 요약

1. 플립플롭 같은 메모리 셀의 그룹을 하나의 단위로 하여 레지스터라고 한다. 이 레지스터는 버퍼 레지스터, 시프트 레지스터, 래치라는 이름으로 사용되기도 한다.

2. 플립플롭은 시프트 레지스터 형태로 구성하기 위해 서로 결선한다.

3. 시프트 레지스터는 저장 및 시프트 특성을 모두 갖는다.

4. 직렬 로드 시프트 레지스터는 클럭펄스마다 단 1비트의 데이터가 전송되도록 허용한다.

5. 병렬 로드 시프트 레지스터는 한 번(한 클럭펄스)에 모든 데이터 비트가 전송되도록 허용한다.

6. 재순환 레지스터는 출력 데이터를 입력으로 되먹임시켜 입력한다.

7. 시프트 레지스터는 우측 혹은 좌측으로 시프트 하도록 설계할 수 있다.

8. 제조회사들은 여러 종류의 적용 가능한 범용 시프트 레지스터를 생산한다.

9. 시프트 레지스터는 데이터를 임시로 기억하거나 시프트 시키는 데 사용된다. 또 디지털 전자 시스템에서 다른 용도로 쓰이기도 한다.

10. 링 카운터는 (1) 재순환 선을 갖고, (2) 클럭장치에 따라 계속 반복되는 0과 1의 패턴을 가지고 로드하는 시프트 레지스터이다.

🔲 복습문제

9-1 5비트 직렬 로드 우측 시프트 레지스터의 논리기호도를 그려라. 5개의 D 플립플롭을 사용하라. 입력 데이터, CLK 그리고 CLR을 표시하라. 출력 A, B, C, D, E를 표시하라. 회로는 그림 9-2의 하나와 유사할 것이다.

9-2 문제 9-1에서 그린 5비트 레지스터를 어떠한 방법으로 00000으로 클리어할 것인가를 설명하라.

9-3 문제 9-1에서 그린 5비트 레지스터를 클리어한 뒤에 어떻게 10000을 넣을(로드할) 수 있을지 설명하라.

9-4 문제 9-1에서 그린 5비트 레지스터를 클리어한 뒤에 어떻게 00111을 넣을(로드할) 수 있을지 설명하라.

9-5 문제 9-1에서 그린 레지스터를 참조하라. b부터 e에 나타낸 각 클럭펄스 후의 레지스터의 내용을 기술하라(데이터 입력 = 0으로 가정).

a. 원래의 출력 = 01001(A = 0, B = 1, C = 0, D = 0, E = 1)

b. 첫 번째 클럭펄스 후 =

c. 두 번째 클럭펄스 후 =

d. 세 번째 클럭펄스 후 =

e. 네 번째 클럭펄스 후 =

9-6 그림 9-8에서, 74194 IC를 이용한 병렬 로드 레지스터는 병렬 데이터 입력으로부터 데이터를 로드하기 위해 _____(없음, 1, 3, 4)개의 클럭펄스를 필요로 한다.

9-7 _____(직렬, 병렬) 로드 시프트 레지스터가 결선하기에 간단하다.

9-8 _____(직렬, 병렬) 로드 시프트 레지스터가 로드하기에 쉽다.

9-9 문제 a부터 I를 위해 그림 9-6의 74194 IC 시프트 레지스터를 참조하라.

a. 이 레지스터는 얼마나 많은 비트의 정보를 유지할 수 있는가?

b. 이 레지스터에 대한 네 가지 동작 모드를 기술하라.

c. 제어입력 모드 (S_0, S_1)의 목적은 무엇인가?

d. 이 레지스터의 _____입력은 모든 다른 입력에 우선한다.

e. 이 시프트 레지스터에 사용된 플립플롭은 어떤 종류이며 몇 개가 사용되었는가?

f. 레지스터는 클럭펄스의 _____(상승, 하강)모서리에서 시프트시킨다.

g. 동작의 금지 모드는 무엇을 뜻하는가?

h. 정의에 따라서, 좌측 시프트는 데이터를 _____에서 _____로 시프트시킨다(글자를 이용하라).

i. 이 레지스터는 _____(직렬로, 병렬로, 직렬 혹은 병렬로) 로드될 수 있다.

9-10 그림 9-17에서, 8개의 각 클럭펄스 동안의 74194 시프트 레지스터의 동작 모드를 기술하라. "클리어", "금지", "우측 시프트", "좌측 시프트", "병렬 로드"를 이용하여 답하라.

9-11 74HC164 시프트 레지스터에 대한 문제 a에서 f에 대해 그림 9-10을 참조하라.

a. 이 레지스터는 얼마나 많은 비트의 정보를 저장 할 수 있는가?

b. 이 시프트 레지스터는 _____(CMOS, TTL) IC이다.

c. 이것은 _____(병렬, 직렬) 로드 시프트 레지스터이다.

d. 주 리셋은 active- _____(HIGH, LOW) 입력이다.

e. 레지스터는 클럭펄스의 _____(H에서 L, L에서 H)의 천이에서 데이터를 시프트한다.

f. FF 1로 데이터를 로딩하기 위해 레지스터는 서로 _____(AND, OR)된 두 개의 데이터 입력을 갖는다.

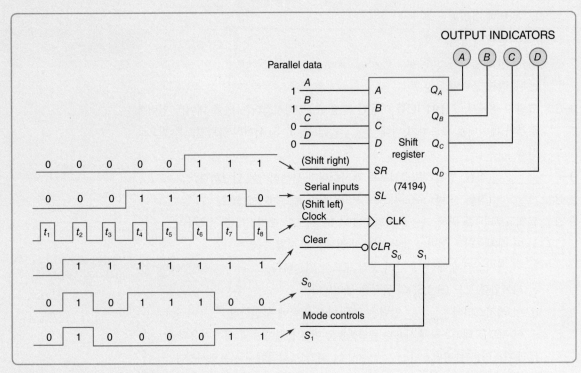

그림 9-17 시프트 레지스터 문제

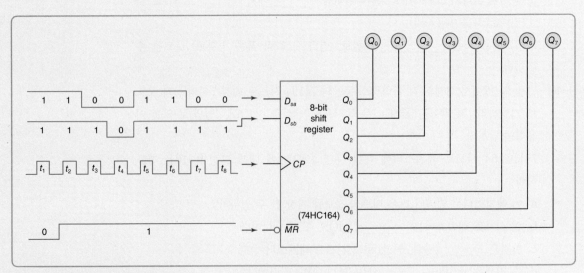

그림 9-18 시프트 레지스터의 문제

9-12 그림 9-18에서, 8개의 각 클럭펄스(Q_0 = 좌측 비트, Q_7 = 우측 비트) 동안의
레지스터의 내용을 기술하라.

9-13 그림 9-12에서, 디지털 룰렛 회로에서 클럭펄스를 생성하는 장치를 _____(이)라 부른다.

9-14 그림 9-13(a)에서, 74HC164 시프트 레지스터는 이 회로에서 _____(으)로 결선되었다.

9-15 그림 9-15에서, VCO의 주파수는 꼭대기의 커패시터 _____(C_1, C_2, C_4)의 전압이 감소함에 따라 낮아진다.

9-16 그림 9-15에서, 저항 R_7과 커패시터 C_4의 목적은 무엇인가?

9-17 그림 9-15에서, 저항 R_5와 R_6은 전원이 처음 인가되면 IC_a의 출력을 _____(HIGH, LOW)로 만든다.

9-18 그림 9-15에서, 만약 링 카운터의 Q_0만이 HIGH라면, R-S 래치는 IC_a의 출력을 _____(HIGH, LOW)로 만든다.

핵심문제

9-1 그림 9-4(b)의 시프트 레지스터는 병렬 데이터 입력으로부터 데이터를 로드하기 위해 _____(없음, 1.4)개의 클럭펄스를 필요로 한다.

9-2 그림 9-4(b)의 시프트 레지스터는 병렬 데이터 입력을 이용하여 단지 _____(0, 1)만을 로드할 수 있다.

9-3 디지털 시스템에서 사용되는 여러 시프트 레지스터를 기술하라.

9-4 그림 9-17의 레지스터에서, 각 8개의 클럭펄스 이후의 내용을 기술하라(A=좌측 비트, D=우측 비트).

9-5 그림 9-12의 VCO로부터 출력의 일반적인 특성을 설명하라.

9-6 그림 9-4에서, 데이터 1101을 4비트 병렬 로드 시프트 레지스터로 로딩할 때 따라야 할 순서를 설명하라(힌트: 비동기 병렬입력들이 동작하기 전에 레지스터를 0000으로 클리어해야 한다).

9-7 그림 9-8에서, 74194 시프트 레지스터를 사용할 때 데이터의 병렬 로드는 _____(비동기, 동기) 동작이다.

9-8 링 카운터는 _____(시프트 레지스터, VCO)의 종류로 분류된다.

9-9 VCO, 오디오 증폭기, power-up 초기화 회로, 그리고 링 카운터 블록을 갖는 16비트 전자 룰렛 휠의 블록도를 그려라. 이는 그림 9-12의 8비트 전자 룰렛 휠과 유사하게 보이는 것이 있을 것이다.

9-10 Electronics Workbench 또는 Multisim의 회로 시뮬레이션 소프트웨어를 사용하여 (1) 문제 9-20에서 설계한 8비트 시프트 레지스터를 그려라. (2) 시프트 레지스터의 동작을 시험하고, (3) 회로를 저장하고 설계한 것을 보여라.

9-11 Electronics Workbench 또는 Multisim의 회로 시뮬레이션 소프트웨어를 사용하여 (1) 그림 9-19에서 설계한 8비트 시프트 레지스터에 재순환선을 추가하라(힌트: 재순환선과 데이터 입력을 OR하라). (2) 재순환 특성을 갖는 시프트 레지스터의 동작을 시험하고, (3) 회로를 저장하고 설계한 것을 보여라.

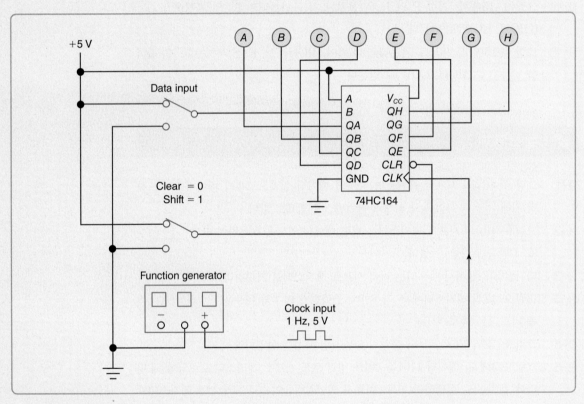

그림 9-19 EWB 회로 문제

Digital Electronics

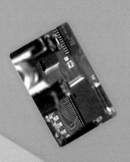

CHAPTER **10**

산술 논리회로

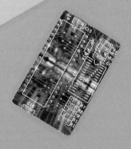

CONTENTS

10.1 2진 덧셈

10.2 반가산기

10.3 전가산기(Full Adder)

10.4 3-비트 가산기

10.5 2진 뺄셈

10.6 병렬 감산기

10.7 IC 가산기

10.8 2진수 곱셈(Binary Multiplication)

10.9 2진 곱셈기

10.10 2의 보수 표기법과 덧셈과 뺄셈

10.11 2의 보수 가산기/감산기

10.12 전가산기의 문제 해결

CHAPTER

10 산술 논리회로

사람들이 상상하는 일들이 컴퓨터와 현재의 계산기에 의해 이루어지고 있다. 이는 컴퓨터가 놀라운 속도로 정확하게 산술연산을 처리하기 때문이다. 이 장에서는 덧셈과 뺄셈을 할 수 있는 논리회로를 다룬다(물론, 2진수의 덧셈과 뺄셈이다). 덧셈기와 뺄셈기는 일반적인 논리게이트의 연결로 이루어진다. 기본적인 덧셈기와 뺄셈기 회로는 조합 논리회로나 보통 데이터를 저장하는 여러 가지 래치나 레지스터와 함께 사용된다.

산술연산　　컴퓨터의 중앙처리장치(CPU)에서, 산술연산은 산술 논리 장치(ALU)라고 불리는 곳에서 처리된다. CPU 내의 이 장치는 보통 덧셈, 뺄셈, 곱셈, 나눗셈, 보수, 비교, 이동, 회전, 증가, 감소가 수행되고 AND, OR, XOR와 같은 논리 동작이 실행한다. 예전의 많은 마이크로프로세서와 여러 가지 현대의 마이크로컨트롤

러(주로 제어 목적으로 사용되는 축소된 마이크로프로세서)는 그들의 명령어 집합에서 곱셈과 나눗셈을 하지 못한다.

10.1 2진 덧셈

1010110과 같은 2진수에서 가장 왼쪽에 있는 비트를 MSB라 하고 가장 오른쪽에 있는 비트를 LSB라 한다. 또한 2진수에서 주어진 자리 값은 1의 자리, 2의 자리, 4의 자리, 8의 자리, 16의 자리, 32의 자리, 64의 자리, 128의 자리라 한다.

초등학교 때 덧셈과 뺄셈표를 배웠다. 이것은 매우 많은 조합이 있기 때문에 십진수 시스템에서 어려운 일이다. 본 절에서는 2진수 덧셈을 다룬다. 2진수는 0과 1 두 수자만 기지기 때문에 2진 덧셈표는 간단하다.

그림 10-1(a)는 2진 덧셈표를 보여주고 있다. 십진수 덧셈처럼 처음 세 문제는 쉽다. 다음 문제는 1+1이다. 십진수에서는 2가 된다. 2진수에서 2는 10으로 쓴다. 그러므로 2진수에서 1+1=0이고 다음 상위 자리로 올림수(carry) 1이 발생한다.

그림 10-1(b)는 2진수 덧셈에 대한 몇 가지 예를 보이고 있다. 이 문제는 2진수 덧셈 문제를 이해하고 있는지 검사하기 위해 십진수 덧셈도 보여 주고 있다.

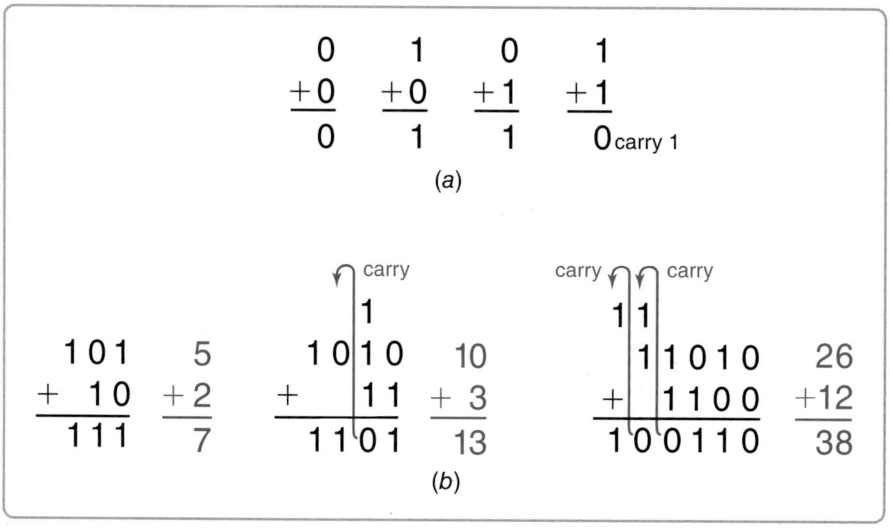

올림수

그림 10-1 (a) 2진 덧셈표 (b) 간단한 2진 덧셈 문제

첫 번째 문제는 2진수 101과 10을 더하는 것이며 결과는 111(십진수7)이 된다. 이 문제는 그림 10-1(a)의 덧셈표를 사용하면 간단하다. 그림 10-1(b)에서 두 번째 문제는 2진수 1010과 11를 더하는 문제이다. 여기서 그림에서 보여 주는 것처럼 1=1=0이고 2의 자리에서 4의 자리로 올림수가 더해짐을 알아야 한다. 문제의 답은 1101(십진수 13)이다. 그림 10-1(b)의 세 번째 문제에서 2진수 11010은 1100과 더해진다. 그림에서처럼 2번의 올림수가 있고 결과 값은 100110(십진수 38)이다.

그림 10-2(a)에서 또 다른 덧셈문제를 보여 주고 있다. 이 결과 값은 두 번째 줄의 2진수 연산 1+1+1을 제외하고는 간단하다. 1+1+1은 십진수로 3이며 2진수로 11이다. 이와 같은 상황은 2진 덧셈표의 첫 번째 예제에서는 언급하기 않았다. 그림 10-2를 자세히 보면 1+1+1의 상황은 1의 자리를 제외하고 어떤 자리에서도 발생할 수 있다. 그래서 그림 10-1(a)에 있는 2진 덧셈표는 단지 첫 번째 줄에서만 나타나고 있다. 그림 10-2(b)에서 새로운 간단한 덧셈표에 1+1+1의 경우를 더하였다. 그러면 그림 10-2(b)의 추가된 표는 1의 자리를 제외하고 모든 자리(2의 자리, 4의 자리, 8의 자리, 16의 자리 등)에 적용된다.

디지털 기구에서 우수한 기술자가 되기 위해서는 2진 덧셈에 능통해야 한다. 여러 가지 실재적인 문제가 첫 테스트에서 주어진다. 2진 산술연산을 하는 계산기를 가지고 정답을 검사할 수 있다.

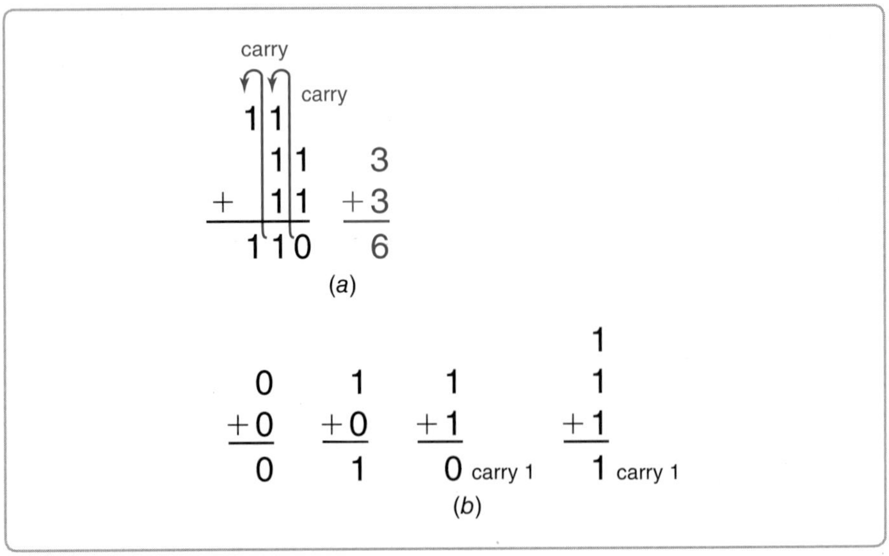

그림 10-2 (a) 간단한 2진 덧셈 문제 (b) 간략한 덧셈표

1. 2진수 1010+0100의 합은 무엇인가? (십진 덧셈을 사용하여 답을 검사하라.)

2. 2진수 1010+0111의 합은 무엇인가?

3. 2진수 1111+1001의 합은 무엇인가?

4. 2진수 10011+0111의 합은 무엇인가?

5. 2진수 0110 0100+011 0010의 합은 무엇인가? (십진 덧셈을 사용하여 답을 검사하라.)

6. 2진수 1010 0111+0011 0011의 합은 무엇인가? (십진 덧셈을 사용하여 답을 검사하라.)

7. 2진수 0111 1111+0111 1111의 합은 무엇인가? (십진 덧셈을 사용하여 답을 검사하라.)

10.2 반가산기

그림 10-1(a)에서 덧셈표는 진리표로 생각할 수 있다. 더해지는 수들은 표의 입력 쪽에 놓인다. 그림 10-3(a)에서, A와 B 입력 칸이 있다. 진리표는 합과 올림수(carry)를 나타내기 위해 두 개의 출력 칸이 필요하다. 합을 나타내는 칸은 합의 기호 Σ로 표시한다. 올림수를 나타내는 칸은 C_O로 표시한다. C_O는 올림수 출력(carry output) 또는 올림수 발생(carry out)을 나타낸다. 그림 10-3(b)는 진리표대로 수행되는 블럭도를 보이고 있다. 이 회로를 **반가산기 회로(half-adder circuit)**라 한다. 반가산기 회로는 두 개의 입력(A, B)과 두 개의 출력(Σ, C_O)을 가진다.

그림 10-3(a)에서 반가산기 진리표를 주의 깊게 보자. C_O 출력을 나타내는 부울식은 무엇인가? 부울식은 $A \cdot B = C_O$이다. 출력 C_O를 얻기 위해서는 하나의 2-입력 AND 게이트가 필요하다.

이제, 그림 10-3(a)에서 반가산기의 합(Σ) 출력을 나타내는 부울식은 무엇인가? 부울식은 $\overline{A} \cdot B + A \cdot \overline{B} = \Sigma$이다. 합은 두 개의 AND 게이트, 두 개의 NOT 게이트, 하나의 OR 게이트로 수행할 수 있다. 이것을 주의 깊게 살펴보면 XOR 게이트의 식과 같음을 알 수 있다. 그래서 간단히 표현된 부울식은

반가산기 회로

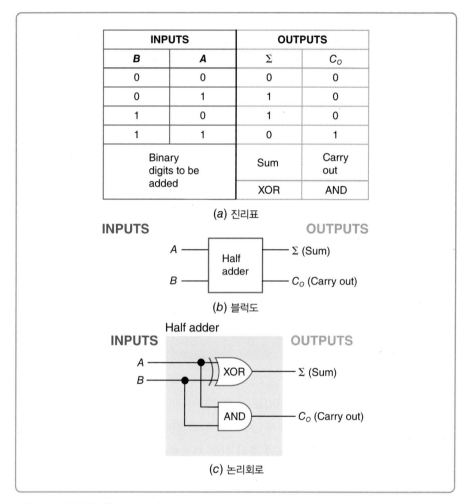

INPUTS		OUTPUTS	
B	**A**	Σ	C_O
0	0	0	0
0	1	1	0
1	0	1	0
1	1	0	1
Binary digits to be added		Sum	Carry out
		XOR	AND

(a) 진리표

(b) 블럭도

Half adder

(c) 논리회로

그림 10-3 반가산기(Half adder)

$A \oplus B = \Sigma$이다. 즉, 합 출력을 얻기 위해 한 개의 2-입력 XOR 게이트가 필요함을 알 수 있다.

그림 10-3(c)에서 하나의 2-입력 AND와 하나의 2-입력 XOR 게이트를 사용한 반가산기 논리회로를 보여 주고 있다. 반가산기 회로는 2진 덧셈 문제에서 단지 LSB(1의 자리)만을 더한다. 전가산기라고 불리는 회로는 2진 덧셈에서 2의 자리, 4의 자리, 8의 자리, 16의 자리, 그리고 더 높은 자리를 위해 전가산기(full adder)라 불리는 회로를 사용해야 한다.

⌒ ⌐ **확인문제**

8. 반가산기의 블럭도를 그려라. 입력은 A, B로, 출력은 Σ, C_O로 표시하라.

9. 반가산기의 진리표를 작성하라. 2-입력은 A, B로, 2-출력은 Σ, C_O로 표시하라.

10. 반가산기는 2진 덧셈 문제에서 단지 _____(1, 2, 4, 8)의 자리를 더하는데 사용된다.

11. 그림 10-4에서 각 입력펄스($t_1 \sim t_4$)에 대해 반가산기 회로의 두 출력 합(Σ)과 올림수(C_O)를 구하라.

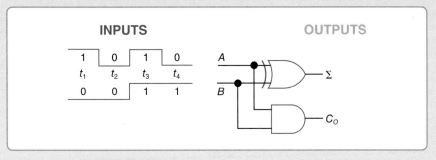

그림 10-4 반가산기 펄스열 문제

10.3 전가산기(Full Adder)

그림 10-2(b)는 1+1+1 상황을 가진 2진 덧셈표의 간략화된 형태이다. 그림 10-5(a)에 있는 진리표는 A, B, C_{in}(carry in)에 대한 모든 가능한 조합을 보이고 있다. 이 표는 전가산기 진리표이다. 전가산기는 1의 자리를 제외하고 모든 자리에서 사용된다. 전가산기는 추가로 올림수 입력을 가질 때에 사용해야 한다. 그림 10-5(b)에 전가산기의 블록도가 나타나 있다. 전가산기는 세 개(C_{in}, A, B)의 입력을 갖는다. 이 세 개의 입력은 합(Σ)과 올림수(C_O)를 얻기 위해 더해져야 한다.

그림 10-5(c)에 두 개의 반가산기와 하나의 OR 게이트를 사용하여 전가산기 조합 논리를 만드는 가장 쉬운 방법의 하나를 보이고 있다. 이것을 표현하는 논리식은 $A \oplus B \oplus C = \Sigma$이다. 올림수 출력에 대한 논리식은 $A \cdot B + C_{in} \cdot (A \oplus B) = C_O$이다. 그림 10-6(a)에 있는 논리회로는 전가산기이다. 이 회로는 그림 10-5(c)에서 보여준 2개의 반가산기 사용한 블럭도를 기초

전가산기

INPUTS			OUTPUTS	
C_{in}	B	A	Σ	C_O
0	0	0	0	0
0	0	1	1	0
0	1	0	1	0
0	1	1	0	1
1	0	0	1	0
1	0	1	0	1
1	1	0	0	1
1	1	1	1	1
Carry + B + A			Sum	Carry out

(a) 진리표

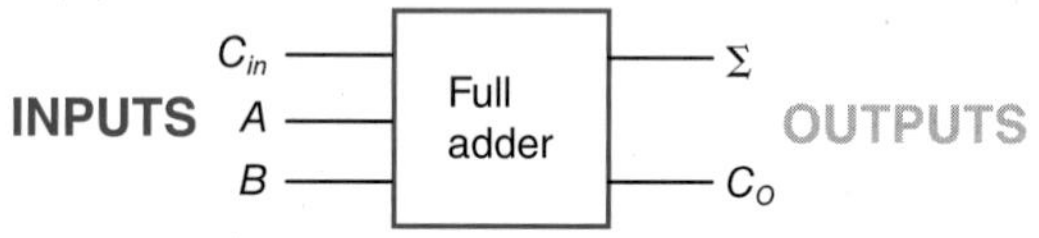

(b) 블럭도

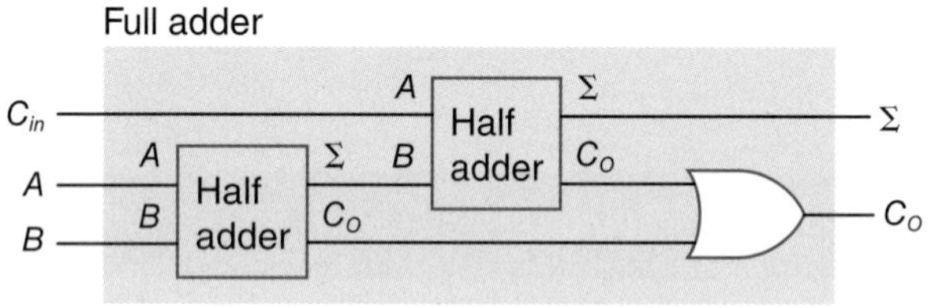

(c) 반가산기와 OR 게이트로 구성된 논리도

그림 10-5 전가산기

로 하고 있다. 이 논리도는 전선으로 연결하기에 더 쉬운 논리회로이다. 그림 10-6(c)에 두 개의 XOR 게이트와 세 개의 NAND 게이트를 포함하고 있고 쾌 쉽게 전선을 연결하여 회로를 만들 수 있다. 그림 10-6(b)에 있는 회로는 AND와 OR 게이트가 NAND 게이트로 대체된 것을 제외하고는 정확히 그림 10-6(a)에 있는 회로와 같다.

반가산기와 전가산기는 함께 사용된다. 그림 10-2(a)에 있는 문제를 풀기 위해 1의 자리를 위한 하나의 반가산기와 2의 자리와 4의 자리를 위한 2개의 전가산기가 필요하다. 반가산기와 전가산기는 오히려 간단한 조합 논리회로이다. 그러나 더 긴 숫자(보다 많은 2진 자리)를 더하기 위해서는 이 회로들이 많이 필요하다.

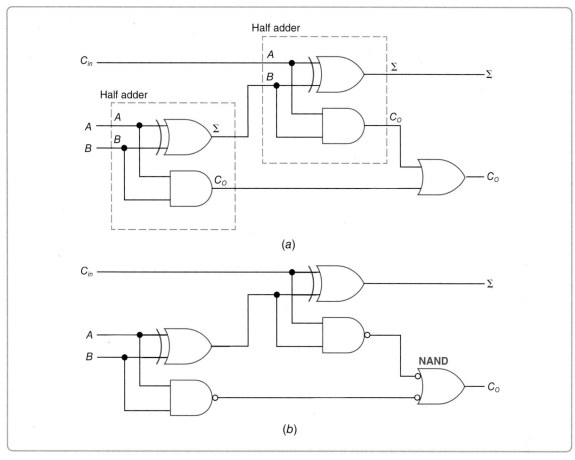

그림 10-6 전가산기 (a) 논리도, (b) XOR와 NAND 게이트를 사용한 논리도

반가산기 및 전가산기와 비슷한 많은 회로가 마이크로프로세서의 **산술-논리 장치**(ALU: arithmetic-logic unit)의 일부이다. 이 회로들은 마이크로컴퓨터 시스템에서 8비트, 16비트, 32비트, 64비트 2진수를 더하기 위해 사용된다. 또한 마이크로프로세서의 ALU는 같은 반가산기와 전가산기 회로를 사용하여 뺄셈을 할 수 있다.

산술-논리 장치

🎧 **확인문제**

12. 전가산기의 블럭도를 그려라. 입력은 A, B, C_{in}으로 나타내고 출력은 Σ와 C_O로 나타내라.
13. 전가산기의 진리표를 작성하라.
14. 가산기 회로는 마이크로프로세서의 _____ 부분에서 널리 사용된다.

15. _____(반가산기, 전가산기) 회로는 2진 덧셈 문제에서 2의 자리, 4의 자리, 8의 자리 그리고 그 이상의 자리 비트를 위해 사용된다.

16. 그림 10-7을 참조하여 각 입력펄스 동안($t_1 \sim t_8$) 전가산기 회로의 합(Σ)과 올림수 발생(C_O) 단자의 출력을 구하라.

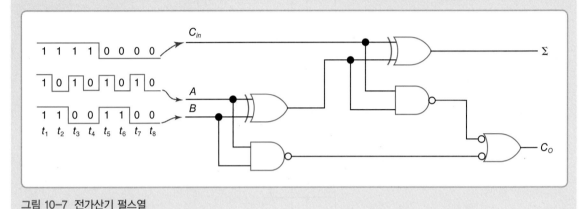

그림 10-7 전가산기 펄스열

10.4 3-비트 가산기

반가산기나 전가산기는 한 번에 여러 2진 디지트(비트)를 더하는 가산기를 만들기 위해 결합된다. 그림 10-8에서 보이는 시스템은 두 개의 3-비트 수를 더한다. 더해지는 수를 $A_2A_1A_0$와 $B_2B_1B_0$로 나타냈다. 1의 자리 수는 반가산기인 1의 자리 가산기로 입력된다. 2의 자리 가산가의 입력에는 반가산기에서 발생된 올림수와 문제에 있는 새로운 비트 A_1와 B_1이 입력된다. 4의 자리 가산기는 A_2와 B_2와 2의 자리 가산기에서 발생된 올림수를 더한다. 전체 합은 아래 오른쪽에서 2진수로 나타난다. 또한 출력은 합에서 111를 넘는 2진수를 표시하기 위해 8의 자리를 갖는다. 4의 자리 가산기 출력(C_O)은 합의 8의 자리를 나타내는 지시기에 연결된다.

병렬 가산기

3-비트 2진 가산기는 손으로 더하고 올림수를 처리하는 것과 같이 구성된다. 그림 10-8의 전자 가산기는 손으로 같은 문제를 푸는 것보다 훨씬 더 빠르다. 여러 비트를 더하는 가산기는 1의 자리를 위해서는 반가산기를 사용하고 그 외 자리를 더하기 위해서는 전가산기를 사용한다. 이와 같은 형태의 가산기를 **병렬 가산기**(parallel adder)라 한다.

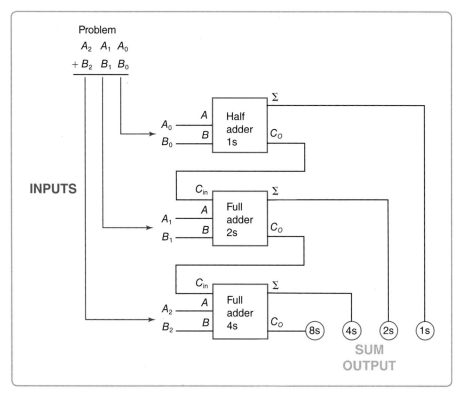

그림 10-8 3-비트 병렬 가산기

병렬 가산기에서, 모든 비트는 동시에 입력에 인가된다. 합은 거의 동시에 출력에 나타난다. 그림 10-8에서 보여 주는 병렬 가산기는 조합 논리회로이며 입력과 출력의 데이터를 저장하기 위해 여러 개의 레지스터가 필요하다.

확인문제

17. 그림 10-8에 있는 장치는 1의 자리를 더하기 위해 _____를 사용하며 2의 자리 이상의 자리를 더하기 위하 _____를 사용한다.

18. 병렬 가산기는 _____(조합, 순차) 논리회로이다.

19. 그림 10-8에서 3-비트 2진 가산기 입력이 110_2과 111_2이면 출력지시계는 2진수로 합 _____을 보여 준다.

20. 그림 10-8에서 3-비트 2진 가산기 입력이 010_2과 110_2이면 출력지시계는 2진수로 합 _____을 보여 준다.

21. 그림 10-8에서 3-비트 2진 가산기 입력이 111_2과 111_2이면 출력지시계는 2진수로 합 _____을 보여 준다.

22. 그림 10-8에서 1의 자리 반가산기 블럭을 대신하는 논리도(XOR와 AND 게이트) 를 그려라.
23. 그림 10-8에서 2의 자리와 4의 자리 전가산기 블럭을 대신하는 논리도(XOR와 NAND 게이트)를 그려라. 입력은 A, B, C_{in}으로 나타내고 출력은 Σ와 C_O로 나타 내라.

10.5 2진 뺄셈

빌림수

가산기와 감산기는 매우 유사함을 알 것이다. 반감산기와 전감산기는 반가산기 와 전가산기처럼 사용된다. 그림 10-9(a)에 2진 뺄셈표를 보이고 있다. 그림 10-9(b)에 진리표를 보이고 있다. 입력 측에서는 A에서 B를 빼서 출력 D_i (difference)를 얻는다. 두 번째 줄처럼 B가 A보다 크면 B_O(borrow out)로 표 시된 칸에 나타나는 빌림수(borrow)가 생긴다.

그림 10-9(c)에 반감산기 블럭도가 나타나 있다. 입력 A와 B는 블럭도의 왼쪽 에 있으며 출력 D_i와 B_O은 오른쪽에 있다. 그림 10-9(b)에 있는 진리표를 보면 반가산기의 부울식을 결정할 수 있다. D_i의 식은 $A \oplus B = D_i$이다. 이것은 반감 산기와 같다(그림 10-3(a) 참조). B_O의 부울식은 $\overline{A} \cdot B = B_O$이다. 논리도에서 이 두 식을 결합하면 그림 10-9(d)와 같은 논리회로를 얻는다. 이것이 반감산기 논리회로이며 그림 10-4의 반감산기와 거의 비슷함을 알 수 있다.

여러 자리를 갖는 2진수 뺄셈연산을 할 때 상위 자리로부터 빌림을 고려해야 한 다. 그림 10-10(a)에 있는 뺄셈을 고려해 보자. 그림에서처럼 차와 빌림수를 기억 해야 한다. 주의 깊게 뺄셈 문제를 살펴보고 손으로 2진 뺄셈을 할 수 있는지 검사 하자(다음 확인문제에서 검사할 수 있다).

그림 10-10(b)에서 2진 뺄셈에서 가능한 모든 조합을 고려한 진리표를 보여 주 고 있다. 예를 들어, 진리표의 5번째 줄은 그림 10-10(a)의 1의 자리 경우이다. 2 의 자리는 진리표의 3번째 줄이며 4의 자리는 진리표의 6번째 줄이고 8의 자리는 진리표의 3번째 줄이고 16의 자리는 진리표의 2번째 줄이며 32의 자리는 진리표 의 6번째 줄이다.

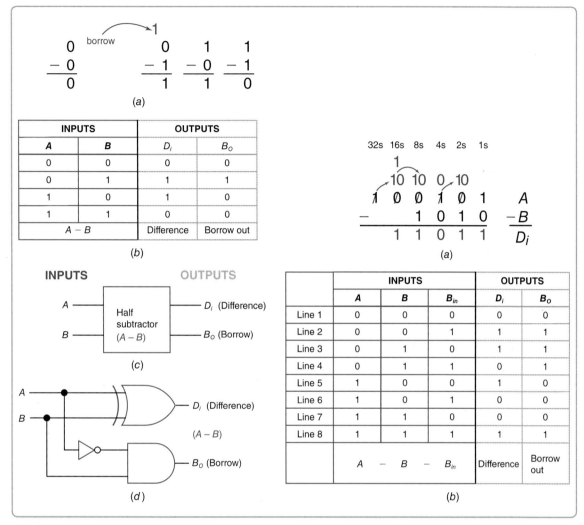

그림 10-9 (a) 2진 뺄셈표 (b) 반감산기 진리표
(c) 반감산기 블럭도 (d) 반감산기 논리도

그림 10-10 (a) 간단한 2진 뺄셈 문제 (b) 전감산기 진리표

그림 10-11(a)에 전감산기의 블럭도를 보이고 있다. 입력 A, B, B_{in}은 왼쪽에 나타나며 출력 D_i와 B_O은 오른쪽에 나타난다.

전가산기처럼, 전감산기도 두 개의 반감산기와 OR 게이트로 구성할 수 있다. 그림 10-11(b)는 전감산기를 얻기 위해 어떻게 반감산기가 되는지 보여주고 있다. 그림 10-11(c)는 전가산기의 논리도를 보여 주고 있다. 이 회로는 그림 10-10(b)에 있는 진리표에 나타나 것처럼 전감산기로 동작한다. B_O를 구하는 AND-OR 회로는 원한다면 세 개의 NAND 게이트로 바꿀 수 있다. 이 회로는

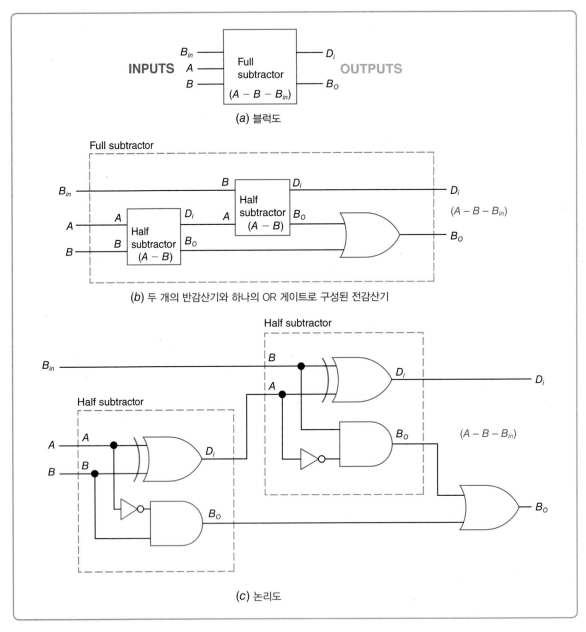

(a) 블럭도

(b) 두 개의 반감산기와 하나의 OR 게이트로 구성된 전감산기

(c) 논리도

그림 10-11 전감산기

그림 10-6(b)에 있는 전가산기 회로와 비슷하다.

506

┃ ┃ 확인문제

24. 2진 뺄셈 문제를 계산하라(십진 뺄셈을 사용하여 검사하라).

    a.   11   b.   100   c.   111
$$\begin{array}{r}11\\-10\\\hline\end{array}\qquad\begin{array}{r}100\\-10\\\hline\end{array}\qquad\begin{array}{r}111\\-111\\\hline\end{array}$$

    d.   1010   e.   10010   f.   1000
$$\begin{array}{r}1010\\-101\\\hline\end{array}\qquad\begin{array}{r}10010\\-11\\\hline\end{array}\qquad\begin{array}{r}1000\\-01\\\hline\end{array}$$

25. 2진 뺄셈 문제를 계산하라(십진 뺄셈을 사용하여 검사하라).

    a.
$$\begin{array}{r}1010\ 1010_2\\-0101\ 0110_2\\\hline\end{array}\qquad\begin{array}{r}170_{10}\\-86_{10}\\\hline\end{array}$$

    b.
$$\begin{array}{r}1111\ 1100_2\\-0100\ 0101_2\\\hline\end{array}\qquad\begin{array}{r}252_{10}\\-69_{10}\\\hline\end{array}$$

    c.
$$\begin{array}{r}1100\ 0111_2\\-0000\ 1111_2\\\hline\end{array}\qquad\begin{array}{r}199_{10}\\-15_{10}\\\hline\end{array}$$

    d.
$$\begin{array}{r}1010\ 0001_2\\-0101\ 0011_2\\\hline\end{array}\qquad\begin{array}{r}161_{10}\\-83_{10}\\\hline\end{array}$$

26. 반감산기의 블록도를 그려라. 입력은 A, B로 나타내고 출력은 D_i와 B_O로 나타내라.

27. 반감산기의 진리표를 작성하라.

28. 전감산기의 블록도를 그려라. 입력은 A, B, B_{in}으로 나타내고 출력은 D_i와 B_O로 나타내라.

29. 전감산기의 진리표를 작성하라.

10.6 병렬 감산기

    반감산기와 전감산기는 병렬 감산기로 동작하기 위해 서로 연결된다. 이미 병렬 가산기로 연결된 가산기를 보았다. 병렬 가산기의 예가 그림 10-8이 있는 3-비트 가산기이다. 병렬 감산기도 비슷한 방법으로 연결된다. 그림 10-8에 있는 가산기는 동시에 모든 숫자가 가산기로 인가되기 때문에 병렬 가산기라 할 수 있다.

    그림 10-12는 하나의 반감산기와 세 개의 전감산기를 연결한 그림이다. 이것은 2진수 $A_3A_2A_1A_0$로부터 2진수 $B_3B_2B_1B_0$를 뺄 수 있는 4-비트 병렬 감산기이다. 그림 10-12에서 가장 위의 감산기(반감산기)는 LSB(1의 자리)를 계산한다. 1의 자리 감산기의 출력 B_O은 2의 자리 감산기의 입력 B_{in}에 연결되어 있다. 각 감산기의 B_O 출력은 다음 MSB의 빌림수 입력에 연결되어 있다. 이 빌림수 선은 앞에서 언급했던 빌림수이다.

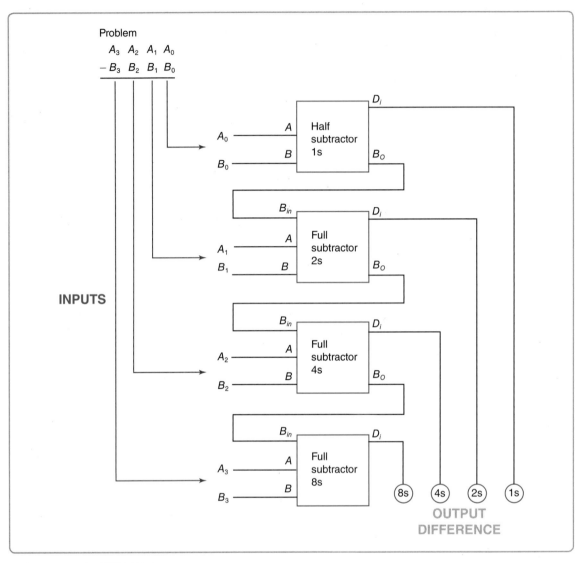

Problem

A_3 A_2 A_1 A_0

$- B_3$ B_2 B_1 B_0

INPUTS

A_0 — A | Half subtractor 1s | D_i
B_0 — B | | B_O

B_{in} | | D_i
A_1 — A | Full subtractor 2s |
B_1 — B | | B_O

B_{in} | | D_i
A_2 — A | Full subtractor 4s |
B_2 — B | | B_O

B_{in} | | D_i
A_3 — A | Full subtractor 8s |
B_3 — B |

(8s) (4s) (2s) (1s)

OUTPUT
DIFFERENCE

그림 10-12 4-비트 병렬 감산기

전자공학에 대하여

정보 저장장치   정보 저장장치는 더 작고 더 빨라지고 있다. 오늘날, 연구자는 분자 단위로 데이터를 전송하고, 저장하고, 복구하는 방법을 찾기 위해 실리콘의 한계를 계속 넘어서고 있다. 전자를 갖는 분자 시스템의 첫 번째 단계는 하나의 분자를 자화하는 것이다.

확인문제

30. 그림 10–12는 4–비트 _____(병렬 가산기, 병렬 감산기, 직렬 가산기, 직렬 감산기) 회로의 블럭도이다.
31. 그림 10–12에서 B_O와 B_{in} 사이에 무슨 목적으로 선을 연결하였는가?

10.7 IC 가산기

IC 제조사들은 여러 가지 가산기를 공급한다. 하나의 기본적인 산술 IC가 TTL 7483 4–비트 2진 전가산기이다. 7483 IC 가산기의 블럭도가 그림 10–13에 보여주고 있다. 7483 IC의 8개 입력으로 2진수를 입력하면서 두 개의 4–비트 2진수($A_3A_2A_1A_0$와 $B_3B_2B_1B_0$)의 덧셈 문제를 보여 주고 있다. 여기서 문제와 IC에서 첨자를 사용하는 방법이 서로 다르다는 것을 주의하라. 두 개의 4–비트 수를 더하기 위해 C_O 입력은 0으로 하였다. 어떤 제조사에서는 C_O 입력을 C_{in} 입력으로 표시한다. 덧셈 결과는 출력에 연결된 출력 지시자로 보여주고 있다. C_4 출력은 16자리 출력에 연결되어 있다. 어떤 제조사는 C_4 출력을 C_O 출력으로 표시한다. 이 2진 가산기는 2진수 1111과 1111을 더했을 때 결과인 11110(십진수 30)만큼 높은 합을 표시할 수 있다.

그림 10–14에서 7483 가산기 IC의 내부구조를 보이고 있다. 7483 IC는 메모리 능력이 없는 조합 논리회로이다. 그림 10–14에 있는 블럭도에서 괄호 안의 번호는 DIP 7483 IC에서 사용되는 핀 번호를 보여 주고 있다. 예를 들어, 데이터 입력 A_1은 DIP 형태의 7483 IC에서 핀 번호 10이다. 그림 10–14의 논리회로가 복잡하다는 것을 알 수 있다.

7483 가산기는 IC1의 출력 C_4(올림수 출력)를 다음 7483 IC(IC2)의 C_O(올림수 입력)에 직렬로 연결할 수 있다. 그림 10–15에 두 개의 7483 가산기를 직렬로 연결한 것을 보이고 있다. 이 회로는 8–비트 2진 가산기이다. 이 회로는 9–비트의 2진 덧셈결과를 얻을 수 있는 8–비트 두 2진수 $A_7A_6A_5A_4A_3A_2A_1A_0$와 $B_7B_6B_5B_4B_3B_2B_1B_0$를 더할 수 있다. 8–비트 2진 가산기는 111111110_2인 ($1FE_{16}$ 또는 510_{10}) 9–비트 합을 처리할 수 있다. 예를 들면, 입력이 00011100_2

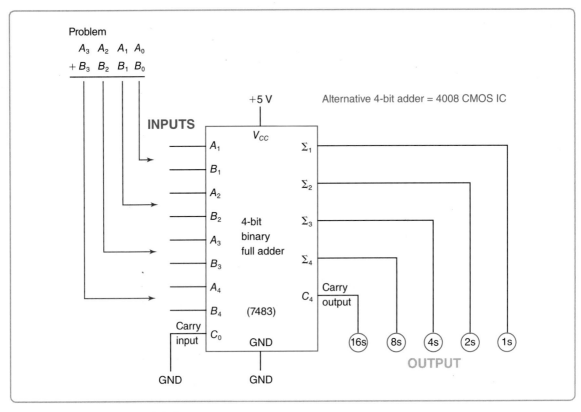

그림 10-13 7483 4-비트 2진 가산기 IC

과 11100011_2이면 출력은 11111111_2(16진수에서는 1C+E3=FF이다)이 된다.

7483와 같은 4-비트 가산기에는 74LS83, 74C83, 4008 IC가 있다. 핀 구조는 다르나 7483IC와 같은 기능을 하는 4-비트 가산기로는 74283, 74LS283, 74S283, 74F283, 74HC283 등이 있다.

보다 복잡한 산술연산 칩으로는 74LS181 IC가 있다. 74LS181과 74LS381는 산술논리장치/함수발생기라고 불린다. 이 장치는 간단한 마이크로프로세서나 마이크로컨트롤러에서 ALU의 많은 일을 수행한다. 이 기능들에는 덧셈, 뺄셈, 이동, 크기, 비교, XOR, AND, NAND, OR, NOR, 다른 논리 동작 등이 있다. 74LS181와 같은 기능을 하며 CMOS 기술이 적용된 IC는 74HC181, MC14581이 있다.

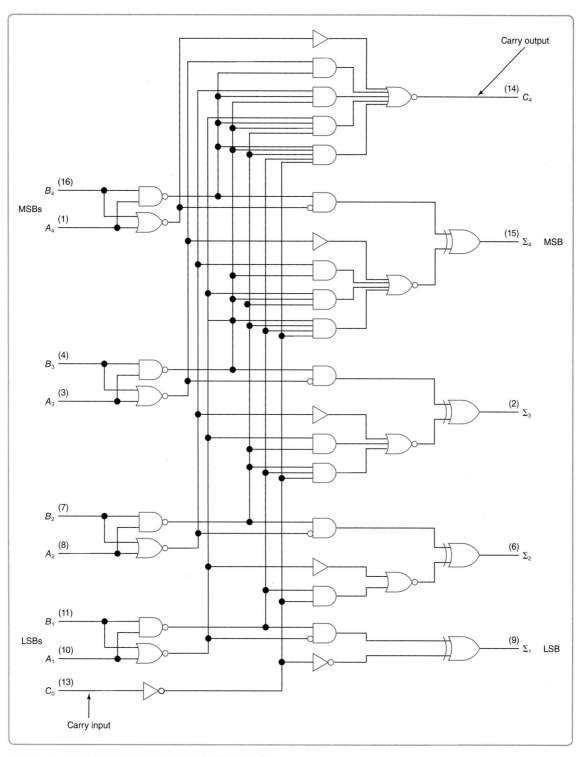

그림 10-14 7483 4-비트 2진 가산기 IC의 자세한 논리회로

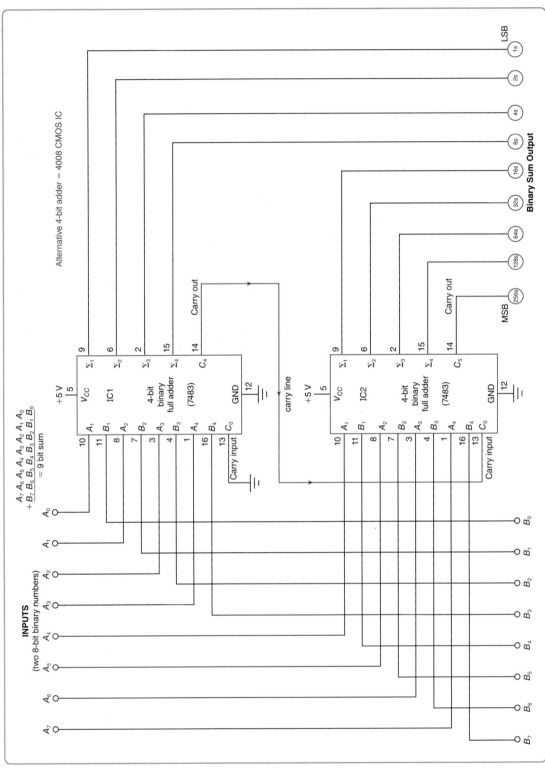

그림 10-15 8-비트 2진 가산기 회로를 만들기 위한 두 개의 7483 가산기 직렬연결

확인문제

32. 7483 IC 4-비트 2진 _____이다.

33. 8-비트 병렬 2진 가산기를 만들기 위해 두 개의 7483 IC를 _____로 연결할 수 있다.

34. 7483 IC와 같은 가산기는 래치와 같이 칩에 내장된 메모리를 가지고 있지 않으며 _____(조합, 순차) 논리 창치로 분류된다.

35. _____(74LS32, 74LS181)은 마이크로프로세서나 마이크로컨트롤러의 ALU처럼 많은 동작(덧셈, 뺄셈, 이동, 비교, AND, OR, 등)을 수행할 수 있는 보다 복잡한 IC이다.

36. 그림 10-13에서, 2진수 입력이 1100_2와 1001_2이면 2진수 출력은 _____이다.

37. 그림 10-14에서, 7483 가산기 IC는 조합 논리회로와 순차 논리회로를 포함한다.(참, 거짓)

38. 그림 10-15에서, 2진수 입력이 $1100\ 1100_2$와 $0001\ 1111_2$이면 2진수 출력은 _____이다.

39. 그림 10-15에서, 2진수 입력이 $1111\ 1111_2$와 $1111\ 1111_2$이면 2진수 출력은 _____이다.

40. 그림 10-15에서, 이 회로는 _____(BCD, 2진수)를 더한다.

10.8 2진수 곱셈(Binary Multiplication)

초등학교에서 곱셈하는 방법을 배웠다. 그림 10-16(a)와 같은 곱셈 문제를 푸는 것을 배웠다. 위의 수를 피승수(multiplicand) 아래 수를 승수(multiplier)라 부른다고 배웠다. 이 문제의 해를 곱(product)이라고 부른다. 7×4의 곱은 그림 10-16(a)에서 보여 주는 것처럼 28이다.

그림 10-16(b)는 곱셈이 단지 덧셈의 반복임을 보이고 있다. 문제 7×4＝28은 승수가 4이기 때문에 피승수(7)를 네 번 더하는 것으로 표현할 수 있다.

54×14을 계산한다면 반복 덧셈 시스템은 복작해지고 오랜 시간이 걸린다. 756이라는 곱을 얻기 위해 피승수(54)가 14번 더해져야만 한다. 대부분 그림 10-17(a)에서 보여 주는 방법으로 54×14를 계산한다. 54×14인 곱셈 문제를 풀기 위해 처음에 피승수(54)에 4를 곱한다. 그림 10-17(b)에서 처음 부분 곱(216)의

피승수
승수
곱

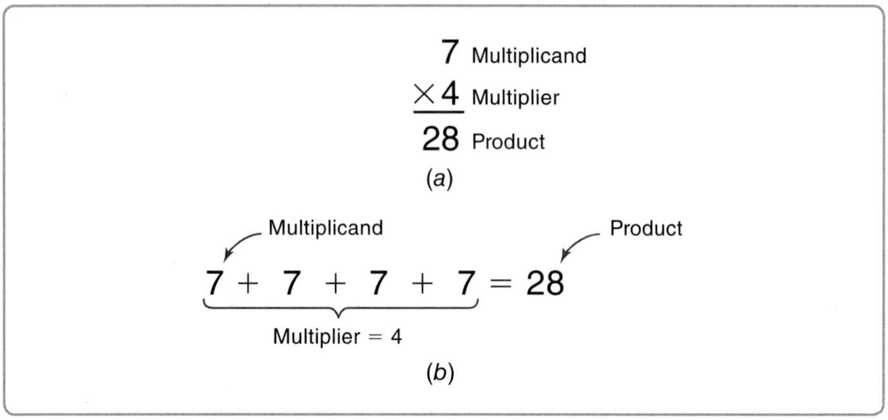

그림 10-16 (a) 십진 곱셈 문제 (b) 반복된 덧셈 방법을 사용한 곱셈

결과를 보이고 있다. 다음, 피승수에 1을 곱한다. 실제로는 그림 10-17(c)에서 보여 주는 것처럼, 피승수는 승수의 10배가 곱해진다. 두 번째 부분 곱은 540이다. 그 다음, 첫 번째 부분 곱(216)과 두 번째 부분 곱(540)이 최종 곱(756)을 얻기 위해 더해진다. 보통 그림 10-17(a)에서처럼 두 번째 부분 곱에서 0은 생략된다.

2진 곱셈

그림 10-17의 문제에서 처리과정을 아는 것이 중요하다. 처음에 피승수와 승수의 LSD와 곱하여 첫 번째 부분 곱을 얻는다. 두 번째 부분 곱은 피승수에 승수의 MSD를 곱함으로써 계산된다. 그리고 두 부분 곱을 더하여 최종 곱을 얻는다. 이와 같은 처리 과정이 2진 곱셈(binary multiplication)에서 사용된다.

2진 곱셈은 십진 곱셈과 매우 유사하다. 2진 체계는 단지 두 가지 수(1과 1)만을 가지기 때문에 간단한 곱셈 규칙을 갖는다. 그림 10-18(a)는 2진 곱셈에 대한 규칙을 보여 주고 있다. 2진수 곱셈은 십진수 곱셈처럼 하면 된다. 그림 10-18(b)는 2진수 111에 2진수 101이 곱해지는 문제를 자세히 다루고 있다. 첫 번째, 피승수(111)에 승수의 1의 자리 비트가 곱하여진다. 그 결과 그림 10-18(b)에서 보여 주는 것처럼 첫 번째 부분 곱(partial product) 111을 얻는다. 다음, 피승수(111)에 승수의 2의 자리 비트가 곱하여진다. 그 결과 두 번째 부분 곱(0000)을 얻는다. 그림 10-18(b)에서 두 번째 부분 곱 0000의 LSB은 생략됨을 주의하자. 세 번째, 피승수(111)에 승수의 4의 자리 비트가 곱하여진다. 그 결과 1의 자리와 2의 자리가 빈 공백인 111로 그림 10-18(c)에서 보여 주는 것처럼, 세 번째 부분 곱(11100)을 얻는다. 최종적으로 첫 번째, 두 번째, 세 번째 부분 곱이 더해져서 2진수의 곱 100011을 얻는다. 그림 10-18(b)의 왼쪽에 십진수에서 같은 곱셈문제를

```
      54  Multiplicand
   × 14   Multiplier
    216
     54
    756  Product
        (a)
```

Rules for binary multiplication

```
    0      0      1      1
  ×0     ×1     ×0     ×1
    0      0      0      1
              (a)
```

```
      54
   × 14
    216  First partial product
        (b)
```

Decimal	Binary
7	1 1 1 Multiplicand
×5	× 1 0 1 Multiplier
35	1 1 1 First partial product
	0 0 0 Second partial product
	1 1 1 Third partial product
	1 0 0 0 1 1 Product

```
      54
   × 10
    216  First partial product
    540  Second partial product
        (c)
```

(b)

그림 10-17 (a) 십진 곱셈 문제
　　　　　 (b) 첫 번째 부분 곱 계산
　　　　　 (c) 두 번째 부분 곱 계산

그림 10-18 (a) 2진 곱셈 규칙
　　　　　 (b) 곱셈 문제 예

Decimal	Binary
2 7	1 1 0 1 1 Multiplicand
× 1 2	× 1 1 0 0 Multiplier
5 4	1 1 0 1 1 0 0 Third partial product
2 7	1 1 0 1 1 Fourth partial product
3 2 4	1 0 1 0 0 0 1 0 0 Product

그림 10-19 곱셈 문제 예

보여 주고 있다. 2진 곱 100011은 십진 곱 35와 같다.

　그림 10-19에서 또 다른 2진 곱셈 문제를 보여주고 있다. 2진수 11011에 1100
이 곱하여지는 문제로 왼쪽에 십진수 형태로, 오른쪽에는 2진수 형태로 계산을 보
여주고 있다. 십진수 계산에서처럼, 2진수의 승수에서 0인 1의 자리와 2의 자리는

부분 곱에 그대로 써진다. 2진 곱은 101000100이며 십진수로 324이다.

다음 질문에 답함으로써 2진 곱셈 문제를 해결하는데 경험을 쌓을 수 있다.

▮ ▮ 확인문제

41. 2진수 111×10의 곱을 구하라.
42. 2진수 1101×101의 곱을 구하라.
43. 1100×1110의 곱을 구하라.
44. 다음 곱셈 문제를 풀어라.

$$
\begin{array}{llllll}
\text{a.} & 1111_2 & 15_{10} & \text{b.} & 1100_2 & 12_{10} & \text{c.} & 1011_2 & 11_{10} \\
& \times 1001_2 & \times 9_{10} & & \times 10002 & \times 8_{10} & & \times 1011_2 & \times 11_{10}
\end{array}
$$

10.9 2진 곱셈기

감소 계수기

그림 10-6(b)에서 설명한 것처럼 반복된 덧셈에 의해 수들을 곱할 수 있다. 피승수(7)를 4번 더하여 곱 28을 얻을 수 있다. 그림 10-20에 반복된 덧셈을 수행하는 회로의 블럭도를 보이고 있다. 피승수가 위에 있는 레지스터에 저장되어 있다. 예제에서, 피승수는 십진수로 7이며 2진수로 111이다. 승수는 그림 10-20의 왼쪽에 있는 감소 계수기(down counter)에 저장되어 있다. 예제에서, 승수는 십진수로 4, 2진수로 100이다. 아래에 있는 곱 레지스터는 곱을 저장한다.

그림 10-21에 있는 동작에서 반복 덧셈 기술을 보여 주고 있다. 이 표는 피승수(2진수 111)가 어떻게 승수(2진수 100)에 곱해지는지를 보여 주고 있다. 곱 레지스터는 00000으로 설정되어 있다. 첫 번째 하향 카운트 후, 부분 곱 00111(십진수 7)이 곱 레지스터에 나타난다. 두 번째 하향 카운트 후, 부분 곱 01110(십진수 14)이 곱 레지스터에 나타난다. 세 번째 하향 카운트 후, 부분 곱 10101(십진수 21)이 곱 레지스터에 나타난다. 네 번째 하향 카운트 후, 최종 곱 11100(십진수 28)이 곱 레지스터에 나타나서 곱셈 문제(7×4)가 완료된다. 그림 10-20의 회로는 총합 28을 얻기 위해 7이 네 번 더해진다.

이와 같은 회로는 큰 수가 곱하여질 때 반복 덧셈을 수행하는데 많은 시간이 걸리기 때문에 널리 사용되지 않는다. 디지털 전자회로에서 곱셈을 하는 보다 실제

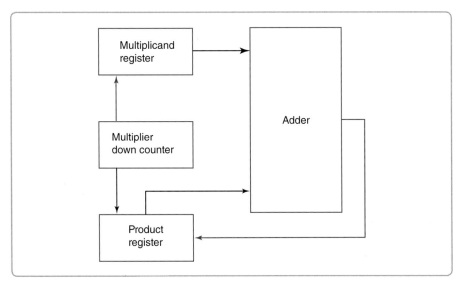

그림 10-20 반복 덧셈 형식 곱셈기의 블럭도

적인 방법은 더하기-이동 방법(add and shift method)이다(또는 이동-더하기 방법(shift-and-add method)이라고도 부른다). 그림 10-22는 2진 곱셈 문제를 보이고 있다. 이 문제에서 2진수 111에 101이 곱해진다(십진수로 7×5). 이와 같이 손으로 하는 절차는 5번째 줄을 제외하고 일반적인 방법이다. 5번째 줄은 디지털 회로에서 곱셈이 어떻게 수행되는지를 보여주기 위해 추가된 것이다. 보다 자세히 2진 곱셈을 관찰하면 다음과 같은 세 가지 중요한 사실을 알 수 있다.

1. 승수가 0이면 부분 곱은 항상 000이고 승수가 1이면 부분 곱은 피승수와 같다.
2. 승수가 피승수의 비트 수 이하를 갖는다고 하면 곱 레지스터는 피승수 비트 수의 두 배가 필요하다.
3. 더해질 때 첫 번째 부분 곱은 오른쪽으로 한 자리 이동(두 번째 부분 곱과 비교하여)한다.

그림 10-22의 예제 문제를 보면 각 특징을 알 수 있다.

손으로 쓰는 곱셈의 중요한 특징이 주어진다. 2진 곱셈 회로는 이 특징들을 사용하여 설계할 수 있다. 그림 10-23(a)는 2진 곱셈을 하는 회로를 보여 주고 있다. 피승수(111)가 그림에서 왼쪽 위에 있는 레지스터에 저장된다. 누산기(accumulator) 레지스터는 0000으로 설정된다. 승수는 그림에서 오른쪽 아래에

	2진수저장	1 하향 카운트 후	2 하향 카운트 후	3 하향 카운트 후	4 하향 카운트 후
피승수 레지스터	111	111	111	111	111
승수 카운터	100	011	010	001	000
곱 레지스터	00000	00111	01110	10101	11100
	저장				정지

그림 10-21 반복 덧셈 회로를 사용한 2진수 111과 100의 곱셈

Line 1	**111**	Multiplicand
Line 2	**× 101**	Multiplier
Line 3	**111**	First partial product
Line 4	**000**	Second partial product
Line 5	**0111**	Temporary product (line 3 + line 4)
Line 6	**111**	Third partial product
Line 7	**100011**	Product

그림 10-22 2진곱셈 문제

있는 레지스터에 저장된다. 앞으로 누산기와 승수는 함께 고려해야 한다. 그래서 두 레지스터가 음영으로 연결되어 있음을 볼 수 있다.

곱셈을 하는 보다 자세한 절차를 알아보기 위해 그림 10-23(a)에 있는 회로를 사용한다. 그림 10-23(b)에 있는 블럭은 더하기-이동 방법을 사용하여 2진수 111에 101이 어떻게 곱하여지는지를 단계별로 보이고 있다. 2진수 111이 피승수 레지스터에 저장된다. 그림 10-23(b)의 단계 A에서 누산기와 승수 레지스터에 값이 저장된다. 단계 B는 제어 선에 1이 나타날 때 누산기의 0000과 피승수 레지스터 111이 더해짐을 보여 준다. 이것은 그림 10-22의 곱셈문제에서 3번째 줄과 비교할 수 있다. 단계 C에서, 누산기와 승수 레지스터가 오른쪽으로 한자리 이동한다. 승수의 LSB(1)은 오른쪽으로 이동되어 밖으로 나가 잃어버린다. 단계 D

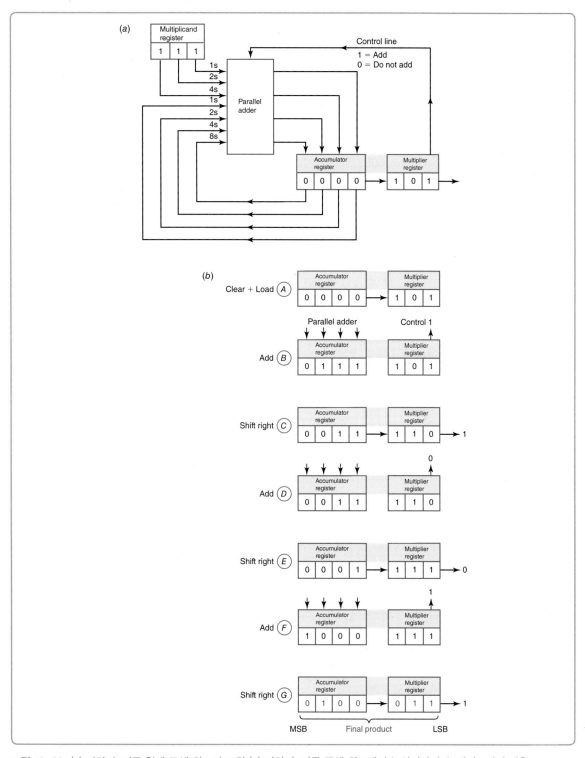

그림 10-23 (a) 더하기-이동 형태 곱셈 회로의 그림 (b) 더하기-이동 곱셈 회로에서 누산기와 승수 레지스터의 내용

는 또 다른 더하기 단계를 설명한다. 이 시간에 제어 선에 0이 공급된다. 제어선의 0은 덧셈을 하지 않는 것을 의미한다. 레지스터 내용은 전과 같은 값으로 남아 있다. 단계 D는 그림 10-22의 4번째와 5번째 줄과 비교된다. 단계 E는 레지스터 내용이 오른쪽으로 한 자리 이동하는 것을 보이고 있다. 이 시간에 승수의 2의 자리 비트는 레지스터 내용이 오른쪽으로 이동됨에 따라 잃어버린다. 단계 F는 승수의 4의 자리 비트(1)가 더하기를 하도록 덧셈기에 명령을 주는 것을 보이고 있다. 누산기 내용(0001)과 피승수(111)가 더해진다. 그 덧셈 결과(1000)가 누산기 레지스터로 다시 저장된다. 이 단계는 그림 10-22의 5번째 줄에서 7번째 줄까지와 비교할 수 있다. 단계 G는 더하기-이동 곱셈 마지막 단계이다. 이것은 두 레지스터가 오른쪽으로 한번 이동한 것을 보이고 있다. 승수의 4의 자리 비트는 레지스터의 오른쪽 밖으로 나가 잃어 버렸다. 마지막 곱 100011이 두 레지스터를 가로질러 나타난다. 2진수 111에 101을 곱하면 그 결과로 곱 100011이 된다(십진수로 $7 \times 5 = 35$). 곱셈 회로에 의해 계산된 마지막 곱은 손으로 계산한 그림 10-22의 7번째 줄에서 가진 결과와 같다.

단지 두 가지 형태의 곱셈기 회로에 대해 설명하였다. 첫 번째 회로는 그 곱을 얻기 위해 반복된 덧셈을 사용하였다. 그 시스템은 그림 10-22에서 보여 준다. 두 번째 회로는 곱셈을 위해 더하기 이동 방법(add and shift method of multiplying)을 사용하였다. 그림 10-23에서 더하기-이동 시스템을 보여 주고 있다.

많은 컴퓨터에서 더하기-이동 방법과 같은 절차는 기계에 프로그램될 수 있다. 연구적으로 연결된 회로 대신에 그림 10-23(b)에서 보여 주는 절차를 따라 간단히 컴퓨터를 프로그램하거나 구성할 수 있다. 그래서 곱셈을 하기 위해 소프트웨어(프로그램)를 사용한다. 이와 같은 소프트웨어의 사용은 컴퓨터의 CPU에서 필요한 전자회로의 양을 줄인다.

오래된 인텔 8080/8085과 모토롤라 6800, 6502/65C02과 같은 간단한 8-비트 마이크로프로세서(microprocessor)는 곱셈을 하기 위해 ALU에 회로를 가지고 있지 않다. 이들 프로세서에서 2진 곱셈을 수행하기 위해 프로그래머는 숫자를 곱하기 위해 프로그램(명령어 목록)을 작성해야 한다. 곱셈을 하기 위해 이들 마이크로프로세서 기반 기계에서 더하기-이동 방법이나 반복 덧셈 방법을 프로그램으로 이용할 수 있다. 대부분 진보된 마이크로프로세서는 곱하기 명령어가 있다. 어떤 좀 더 비싼 마이크로컨트롤러도 곱셈 명령어를 가지고 있다.

45. 그림 10-20에 있는 회로는 2진 곱셈의 어떤 방법을 사용하는가?
46. 디지털 회로에서 많이 사용되는 곱셈 기법은 _____ 방법이다.
47. 그림 10-23에 있는 회로는 2진 곱셈의 어떤 방법을 사용하는가?
48. 모든 마이크로컨트롤러는 곱셈 명령어를 가지고 있다.(참, 거짓)
49. 그림 10-23의 병렬 가산기는 메모리 특성을 가지지 않는 _____(조합, 순차) 논리 장치로 분류된다.
50. 그림 10-23에서 이 시스템에 있는 어떤 세 개의 장치가 순차 논리 장치로 분류되는가?

10.10 2의 보수 표기법과 덧셈과 뺄셈

수를 표시하는 2의 보수 방법은 마이크로프로세서에서 널리 사용된다. 지금까지, 모든 수는 양수라고 가정하였다. 그러나 마이크로프로세서는 양수와 음수 모두를 처리해야 한다. 2의 보수 표현(2s complement representations)을 사용하여 크기뿐만 아니라 부호도 표시할 수 있다.

2의 보수 표현

4-비트 2의 보수

간단히 4-비트 프로세서를 고려한다. 이것은 4비트가 한 그룹으로 전달되고 처리됨을 의미한다. MSB는 수의 부호 비트이다. 그림 10-24(a)에 잘 나타나 있다. 부호 비트 0은 양수를 의미하며 부호 비트 1은 음수를 의미한다.

그림 10-24(b)에 있는 표는 7에서 −8까지 4-비트로 양수와 음수를 나타내는 2의 보수 표현을 보여 주고 있다. 그림 10-24(b)에서 양의 2의 보수의 MSB는 0이다. 모든 음수(−1에서 −8)는 1로 시작된다. 양수를 나타내는 2의 보수 표현은 2진수와 같음을 알아 두자. 그러므로 +7(십진수)＝0111(2의 보수)＝0111(2진수)이다.

음수를 나타내는 2의 보수 표현은 그 수의 1의 보수에 1을 더함으로써 얻어진다. 그림 10-25(a)에서 이 과정의 예를 보이고 있다. 음의 십진수 −4는 다음과 같은 방법으로 2의 보수 형태로 바꿀 수 있다.

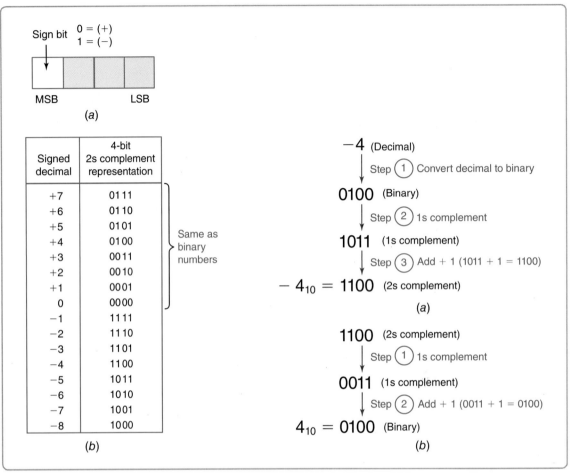

그림 10-24 (a) 4-비트 레지스터의 MSB는 부호 비트이다.
(b) 양수와 음수의 2의 보수 표현

그림 10-25 (a) 부호달린 십진수의 2의 보수 형태로의 변환
(b) 2의 보수 형태로부터 2진수로의 변환

1. 십진수를 2진수로 바꾼다. 예를 들어, -4_{10}은 0100_2이다.

2. 모든 1은 0으로 바꾸고 모든 0은 1로 바꿈으로써 2진수를 1의 보수로 바꾼다.
   예를 들어, 0100_2를 1011(1의 보수)로 바꾼다.

3. 보통의 2진 덧셈을 사용하여 1의 보수에 1을 더한다. 예를 들어, 1011+1
   =1100이다. 답(1100)이 2의 보수표현이 된다. 그러므로 -4_{10}=1100(2의
   보수)이다.

이 답은 그림 10-24(b)의 표를 참조하여 검증할 수 있다.

2의 보수 형태에서 2진수로 변환하기 위해서 그림 10-25(b)에서 보여 주는 절
차를 따르면 된다. 이 예에서, 2의 보수(1100)는 같은 2진수로 변환된다. 그리고

그것과 같은 십진수는 2진수로부터 얻을 수 있다.

1. 모든 1은 0으로, 모든 0은 1로 바꿈으로써 2의 보수 수에 대한 1의 보수를 만든다. 예를 들어, 1100을 0011로 변환한다.
2. 일반적인 2진 덧셈을 사용하여 1의 보수에 1을 더한다. 이 예에서 0011+1 =0100이다. 답(이 예에서 0100)이 2진수가 된다. 그러므로 $0100_2 = 4_{10}$이다.

2의 보수 숫자(1100)의 MSB가 1이기 때문에 이 수는 음수이다. 따라서 2의 보수 1100은 -4_{10}과 같다.

2의 보수 덧셈

2의 보수 표기법은 부호 달린 숫자를 쉽게 더하거나 뺄 수 있기 때문에 널리 사

2의 보수 표기법

$$
\begin{array}{r}
(+4) \\
+(+3) \\
\hline
+7_{10}
\end{array}
\qquad
\begin{array}{r}
0100 \\
+\ 0011 \\
\hline
0111
\end{array}
\text{ (2s complement SUM)}
$$

(a)

$$
\begin{array}{r}
(-1) \\
+(-2) \\
\hline
-3_{10}
\end{array}
\qquad
\begin{array}{r}
1111 \\
+\ 1110 \\
\hline
1\,1101
\end{array}
\text{ (2s complement SUM)}
$$

Discard

(b)

$$
\begin{array}{r}
(+1) \\
+(-3) \\
\hline
-2_{10}
\end{array}
\qquad
\begin{array}{r}
0001 \\
+\ 1101 \\
\hline
1110
\end{array}
\text{ (2s complement SUM)}
$$

(c)

$$
\begin{array}{r}
(+5) \\
+(-4) \\
\hline
+1_{10}
\end{array}
\qquad
\begin{array}{r}
0101 \\
+\ 1100 \\
\hline
10001
\end{array}
\text{ (2s complement SUM)}
$$

Discard

(d)

그림 10-26 4-비트 보수 숫자를 사용한 네 가지 부호 달린 덧셈 문제

용된다. 그림 10-26에서 2의 보수 숫자를 더하는 네 가지 예를 보이고 있다. 그림 10-26(a)에서는 두 개의 양수가 더해진다. 이 예에서 2의 보수 덧셈은 단지 2진수를 더하는 것과 같다. 그림 10-26(b)에서는 두 개의 음수(-1_{10}과 -2_{10})을 더하는 것을 보여주고 있다. -1과 -2를 표현자는 2의 보수 숫자는 1111과 1110으로 주어진다. MSB(4-비트 레지스터로부터의 오버플로어)는 무시되고 2의 보수 합 1101, 십진수로 -3만 남는다. 그림 10-26에 있는 (c)와 (d)를 살펴보면 2의 보수 표현을 사용하여 부호 달린 숫자를 더하는 절차를 이해할 수 있다.

2의 보수 뺄셈

2의 보수 표기법은 부호 달린 숫자의 뺄셈에도 유용하게 쓰인다. 네 개의 뺄셈 문제가 그림 10-27에서 보여 주고 있다. 첫 번째 문제는 $(+7)-(+3)=+4_{10}$이다.

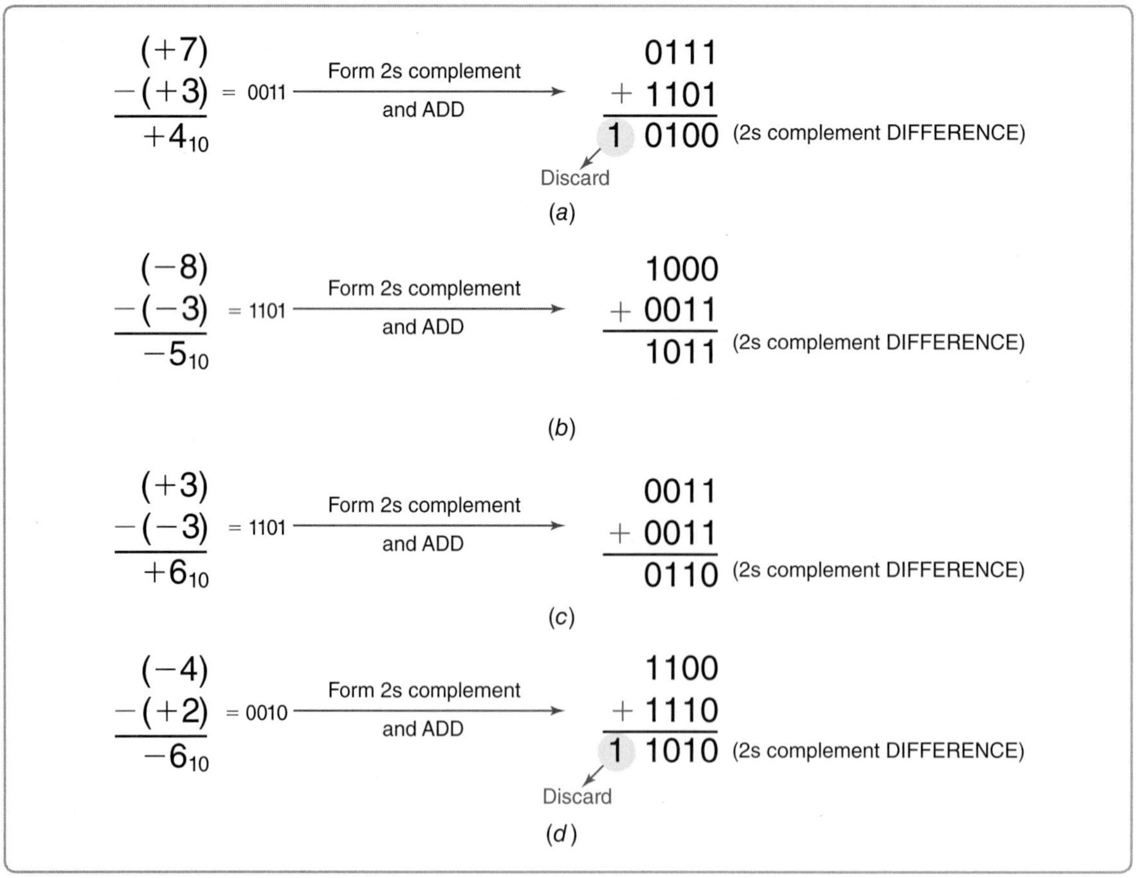

그림 10-27 4-비트 2의 보수 숫자를 사용한 네 가지 부호 달린 뺄셈 문제

감수를(이 경우 +3) 그것의 2진수 형태로 변환한다. 다음, 이것의 2의 보수를 만들며 1101이다. 그리고 0111에 1101을 더한다. 그러면 1 0100을 얻는다. MSB(4-비트 레지스터로 부터의 오버플로어)는 무시되고 차 0100(+4$_{10}$)만 남는다. 가산기가 뺄셈을 위해 사용되었음에 주목하자. 이것은 감수를 2의 보수로 변환하고 더함으로써 행해졌다. 다섯 번째 2진 자리인 올림수나 오버플로어는 무시된다.

그림 10-27(b)와 (c)와 (d)에서 가산기를 사용한 2의 보수 뺄셈 문제를 잘 살펴보면 나머지 뺄셈 문제도 이 절차를 따르고 있음을 알 수 있다.

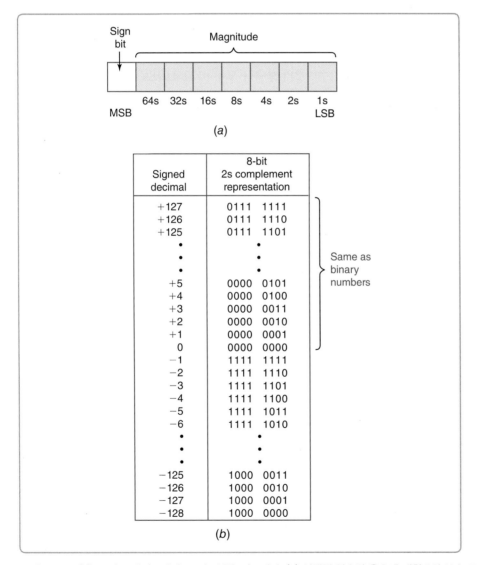

(a)

Signed decimal	8-bit 2s complement representation	
+127	0111	1111
+126	0111	1110
+125	0111	1101
.	.	
.	.	
.	.	
+5	0000	0101
+4	0000	0100
+3	0000	0011
+2	0000	0010
+1	0000	0001
0	0000	0000
−1	1111	1111
−2	1111	1110
−3	1111	1101
−4	1111	1100
−5	1111	1011
−6	1111	1010
.	.	
.	.	
.	.	
−125	1000	0011
−126	1000	0010
−127	1000	0001
−128	1000	0000

Same as binary numbers

(b)

그림 10-28　(a) 8-비트 레지스터의 NSB는 부호 비트이다. (b) 선택된 양수와 음수에 대한 2의 보수 표현

8-비트 2의 보수

단지 4-비트 2의 보수 표현이 앞의 예제에서 사용되었다. 대부분의 마이크로프로세서와 마이크로컨트롤러는 8-비트, 16-비트, 32-비트, 64-비트를 한 그룹으로 사용한다. 2진수의 4-비트 2의 보수 방법을 사용한 절차를 8-비트, 16-비트, 32-비트, 64-비트 표현에 적용할 수 있다.

어떤 수의 8-비트 2의 보수에서, MSB는 그림 10-28(a)에서 설명되는 것처럼 부호 비트이다. 이것은 표현하고자 하는 수의 부호와 크기를 나타낼 수 있다. 그림 10-28(b)에서 양수와 음수에 때한 어떤 8-비트 2의 보수 표현을 보여주고 있다. 8-비트 2의 보수에 대한 수의 범위는 -128에서 $+127$까지이다. 그림 10-28(b)에 있는 표의 위쪽 반은 십진수 0부터 127(양수)은 2진수와 같은 2의 보수를 갖는다. 예로써, $+125$는 2진수나 2의 보수나 모두 0111 1101로 표현된다.

음의 십진수(-1에서 -128까지)를 8-비트 2의 보수로 변환하는 것은 앞의 그림 10-25(a)에서 보여준 것과 같은 과정에 의해 이루어진다. 아래 예제에서 3단계 과정을 따라하자.

1. 십진수 -126을 그것과 같은 2진수로 변환하라.

   예제 : $126_{10} = 01111110_2$

2. 2진수를 1의 보수로 변환하라.

   예제 : $01111110_2 = 1000\ 0001$(1의 보수)

3. 1의 보수에 1을 더하여 2의 보수를 얻어라.

   예제 : $1000\ 0001$(1의 보수) $+ 1 = 1000\ 0010$(2의 보수),

   결과 : $-126_{10} = 1000\ 0010$(2의 보수)

다음, 음수의 2의 보수 표현을 그것과 같은 십진수로 변환하자. 이 예제에서 세 단계 과정을 따라하자.

1. 2의 보수를 그것의 1의 보수 형태로 변환하라.

   예제 : $1001\ 1100$(2의 보수) $= 0110\ 0011$(1의 보수)

2. 2진수를 얻기 위해 1의 보수에 1을 더하라.

   예제 : $0110\ 0011$(1의 보수) $+1 = 0110\ 0100_2$

3. 2진수를 그것과 같은 십진수로 변환하라.

   예제 : $0110\ 0100_2 = (64+32+4 = 100) = 100_{10}$

   결과 : $1001\ 1100$(2의 보수) $= -100_{10}$

$$
\begin{array}{r}
(+60) \\
+ (+20) \\
\hline
+80_{10}
\end{array}
\qquad
\begin{array}{r}
0011\ 1100 \\
+ \quad 0001\ 0100 \\
\hline
0101\ 0000
\end{array}
\text{(2s complement SUM)}
$$

$$
\begin{array}{r}
(-50) \\
+ (-30) \\
\hline
-80_{10}
\end{array}
\qquad
\begin{array}{r}
1100\ 1110 \\
+ \quad 1110\ 0010 \\
\hline
1\ \ 1011\ 0000
\end{array}
\text{(2s complement SUM)}
$$

Discard

$$
\begin{array}{r}
(+30) \\
+ (-90) \\
\hline
-60_{10}
\end{array}
\qquad
\begin{array}{r}
0001\ 1110 \\
+ \quad 1010\ 0110 \\
\hline
1100\ 0100
\end{array}
\text{(2s complement SUM)}
$$

$$
\begin{array}{r}
(+90) \\
+ (-80) \\
\hline
+10_{10}
\end{array}
\qquad
\begin{array}{r}
0101\ 1010 \\
+ \quad 1011\ 0000 \\
\hline
1\ \ 0000\ 1010
\end{array}
\text{(2s complement SUM)}
$$

Discard

(a)

$$
\begin{array}{r}
(+65) \\
- (+35) \\
\hline
+30_{10}
\end{array}
= 0010\ 0011
$$
Form 2s complement and ADD →
$$
\begin{array}{r}
0100\ 0001 \\
+ 1101\ 1101 \\
\hline
1\ \ 0001\ 1110
\end{array}
\text{(2s complement DIFFERENCE)}
$$

Discard

$$
\begin{array}{r}
(-78) \\
- (-35) \\
\hline
-43_{10}
\end{array}
= 1101\ 1101
$$
Form 2s complement and ADD →
$$
\begin{array}{r}
1011\ 0010 \\
+ 0010\ 0011 \\
\hline
1101\ 0101
\end{array}
\text{(2s complement DIFFERENCE)}
$$

$$
\begin{array}{r}
(+40) \\
- (-21) \\
\hline
+61_{10}
\end{array}
= 1110\ 1011
$$
Form 2s complement and ADD →
$$
\begin{array}{r}
0010\ 1000 \\
+ 0001\ 0101 \\
\hline
0011\ 1101
\end{array}
\text{(2s complement DIFFERENCE)}
$$

$$
\begin{array}{r}
(-45) \\
- (+22) \\
\hline
-67_{10}
\end{array}
= 0001\ 0110
$$
Form 2s complement and ADD →
$$
\begin{array}{r}
1101\ 0011 \\
+ 1110\ 1010 \\
\hline
1\ \ 1011\ 1101
\end{array}
\text{(2s complement DIFFERENCE)}
$$

Discard

(b)

그림 10-29 (a) 8-비트 2진 보수 숫자를 사용한 부호가 있는 네 가지 예제 덧셈 문제 (b) 8-비트 2진 보수 숫자를 사용한 부호가 있는 네 가지 예제 뺄셈 문제

앞의 예제에서, 음의 십진수를 그것의 2의 보수로 변환하였다. 그리고 후에 2의 보수를 음의 십진수로 변환하였다. 이 변환은 많은 시간이 걸리고 오류가 나기 쉽기 때문에 부록 B에 2의 보수 숫자 변환표를 포함시켰다. 부록 B는 십진수 −1에서 −128까지의 2의 보수를 포함한다.

그림 10-29(a)에서 여러 가지 8-비트 2의 보수 덧셈 문제 풀이를 보여 주고 있다. 오버플로(8비트 초과)가 발생할 때 이것들은 무시됨을 기억하자. 합은 2의 보수로 표시되지만 양수의 합은 2의 보수와 2진수가 같음을 기억하자. 덧셈 절차를 이해하기를 원하면 이 덧셈 문제를 복습하라. 뒤에 실전 문제가 주어진다.

그림 10-29(b)에서는 여러 가지 8-비트 2의 보수 뺄셈 문제 풀이가 주어지고 있다. 오버플로(8비트 초과)가 발생할 때 이것들은 무시됨을 기억하자. 감수가 피감수에 더해지기 전에 2의 보수로 변환됨을 주목하라. 차는 2의 보수로 표시되지만 양수에 대해 2의 보수와 2진수가 같음을 기억하자. 뺄셈 절차를 이해하기를 원하면 이 덧셈 문제를 복습하라. 뒤에 실전 문제가 주어진다.

지금까지 내용을 요약하면, 2의 보수 표기법은 어떤 수의 부호와 크기를 모두 나타내기 때문에 사용된다. 양수에서는 2의 보수와 2진수가 같음을 기억하자. 또한 2의 보수 숫자는 부호 달린 숫자를 더하거나 뺄 때 가산기와 함께 사용된다. 본 교재의 다음 부분에서는 2의 보수 표기법을 사용하여 만든 가산기/감산기 시스템을 설명할 것이다.

확인문제

51. 마이크로프로세서가 야수와 음수를 처리할 때 _____표현이 사용될 수 있다.
52. 4-비트 2의 보수 숫자 0111은 2진수로 나타내면 _____이고 십진수로 나타내면 _____이다.
53. 4-비트 2의 보수 숫자 1111은 십진수에서 _____로 표현된다.
54. 2의 보수 표현에서, MSB는 _____비트이다. MSB가 0이면 그 숫자는 _____(음수, 양수)이고, 반면 MSB가 1이면 그 숫자는 _____(음수, 양수)이다.
55. 십진수 −6은 4-비트 2의 보수로 나타내면 _____와 같다.
56. 십진수 +5은 4-비트 2의 보수로 나타내면 _____와 같다.
57. 4-비트 2의 보수 숫자 1110와 1100의 합을 계산하라. 2의 보수와 십진수로 답하라.
58. 4-비트 2의 보수 숫자 0110와 1101의 합을 계산하라. 2의 보수와 십진수로 답하라.
59. 십진수 90은 2진수로 나타내면 _____이며 8-비트 2의 보수로 나타내면 _____이다.
60. 십진수 −90을 8-비트 2의 보수로 나타내면 _____이다.

60. 십진수 -90을 8-비트 2의 보수로 나타내면 _____이다.
61. 0111 1111(2의 보수)와 1111 0000(2의 보수)을 더하면 8-비트 2의 보수로 _____이고 십진수로 나타내면 _____이다.
62. 1000 0000(2의 보수) and 0000 1111(2의 보수)을 더하면 8-비트 2의 보수로 ____이고 십진수로 나타내면 _____이다.
63. 1110 0000(2의 보수)로부터 0001 0000(2의 보수)을 빼면 8-비트 2의 보수로 _____이고 십진수로 나타내면 _____이다.
64. 0011 0000(2의 보수)로부터 1111 1111(2의 보수)을 빼면 8-비트 2의 보수로 _____이고 십진수로 나타내면 _____이다.

10.11 2의 보수 가산기/감산기

그림 10-30에 2의 보수 4-비트 가산기/감산기 시스템이 그려져 있다. 두 개의 4-비트 숫자를 다루기 위해 네 개의 전가산기를 사용함을 주목하라. XOR 게이트는 각 장치의 동작 모드를 제어하기 위해 각 전가산기의 B 입력에 추가되었다. 모드 제어가 0이면, 이 시스템은 2의 보수 숫자 $A_3A_2A_1A_0$와 $B_3B_2B_1B_0$를 더한다. 합은 오른쪽 아래의 출력지시계에서 2의 보수 표기법으로 나타난다. XOR 게이트의 입력 A가 LOW이면 B 데이터는 반전없이 게이트를 통해 그대로 나타난다. XOR 게이트 입력 B_0에 HIGH가 인가되면 게이트 출력 Y에 HIGH가 나타난다. 맨 위에 있는 1의 자리 전가산기 입력 C_{in}은 모드 제어가 더하기 위치에 있는 동안 0을 유지한다. 덧셈 모드에서, 2의 보수 가산기는 8의 자리 전가산기의 올림수 출력(C_O)이 무시되는 것을 제외하고는 2진 가산기처럼 동작한다. 그림 10-30에서, 8의 자리 전가산기의 출력 C_O는 연결되지 않고 남아있다.

모드 제어 입력이 논리 1이면 이 장치는 2의 보수 숫자를 감산한다. 이것은 XOR 게이트가 입력 B에 있는 데이터를 반전시킴으로써 발생한다. 또한 1의 자리의 전가산기의 입력 C_{in}이 HIGH을 받는다. XOR 게이트의 반전과 1의 자리 전가산기 입력 C_{in}에 1을 더하는 것의 조합은 보수를 구하고 1을 더하는 것과 같다. 이것은 감수(그림 10-30에서 수 B)의 2의 보수를 얻는 것과 비교할 수 있다.

그림 10-30에 있는 시스템은 단지 2의 보수 숫자를 사용함을 기억하자. 그림

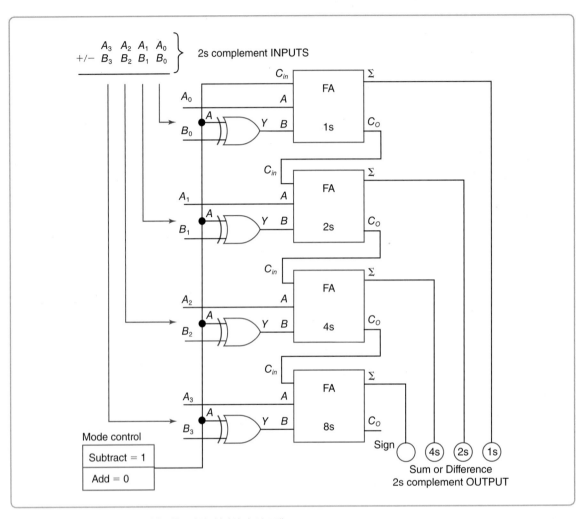

그림 10-30   2의 보수 숫자를 사용하는 가산기/감산기 시스템

10-30에 있는 4-비트 가산기/감산기는 더 큰 2의 보수 숫자를 다르기 위해 8, 16, 32, 64 비트로 확장할 수 있다.

┃ ┃┃ 확인문제

65. 그림 10-30에 있는 시스템에서 더하거나 빼는 숫자들은 _____(2진수, BCD, 1의 보수, 2의 보수) 형태로 있어야 한다.

66. 그림 10-30에 있는 시스템에서 합이나 차는 _____(2진수, BCD, 1의 보수, 2의 보수) 형태로 나타난다.

67. 그림 10-30에 있는 시스템은 _____(부호 달린, 단지 부호 없는) 숫자를 더하거나 뺄 수 있다.

68. 그림 10-30에 있는 시스템이 0011(2의 보수)와 1100(2의 보수)을 더하면 출력은 _____이다. 이것은 십진수 _____에 대한 2의 보수 표현이다.

69. 그림 10-30에 있는 시스템이 0101(2의 보수)에서 0010(2의 보수)을 빼면 출력은 _____이다. 이것은 십진수 _____에 대한 2의 보수 표현이다.

70. 그림 10-30에 있는 시스템이 1010(2의 보수)와 0100(2의 보수)을 더하면 출력은 _____이다. 이것은 십진수 _____에 대한 2의 보수 표현이다.

71. 그림 10-30에 있는 시스템이 1001(2의 보수)에서 1110(2의 보수)을 빼면 출력은 _____이다. 이것은 십진수 _____에 대한 2의 보수 표현이다.

10.12 전가산기의 문제 해결

그림 10-31(a)에 불완전한 전가산기가 그려져 있다. 학생이나 기술자는 먼저 시각적으로 회로를 검사한다. 문제가 발견되지 않는다.

전가산기는 조합 논리회로이다. 편의를 위해 그림 10-31(b)에 정상적인 출력을 갖는 진리표가 나타나 있다. 학생이나 기술자는 전가산기 입력에 신호를 인가하고 논리 프로브를 사용하여 출력(Σ와 C_O)을 검사한다. 실제로 논리 프로브 출력은 그림 10-31(b)에 있는 진리표의 오른쪽 줄과 같이 나타난다. H는 HIGH 논리 수준을 표시하고 L은 LOW 논리 수준을 표시한다. 진리표 C_O줄의 6번과 7번 줄에서 두 개의 오류가 나타났다. 오류를 그림 10-31(b)에 표시했다. 불완전한 전가산기의 진리표는 Σ 줄에는 문제가 없음을 나타내고 있다. 그림 10-31(a)에서 Σ 회로는 1과 2로 표시된 두 개의 XOR 게이트를 가지고 있다. 이것은 이들 게이트가 정확히 동작하고 있음을 나타낸다.

문제해결사는 OR게이트나 두 개의 AND 게이트에 문제가 있음을 예측할 수 있다. 진리표의 아래 줄은 아래에 있는 AND 게이트와 OR 게이트 동작을 알게 한다. 보다 위에 있는 AND 게이트(라벨 4)에 문제가 있을 수 있다. 기술자는 진리표의 6번 줄과 같이 입력($C_{in}=1$, B=0, A=1)을 인가한다. 4로 표시된 AND 게이트의 핀1과 핀은 둘 다 1이어야 한다. 논리 프로브로 친 1과 핀을 측정했을 때 게이트 4의 두 입력은 HIGH로 나타났다. 그런데 AND 게이트 4의 출력 3을 검

전가산기

531

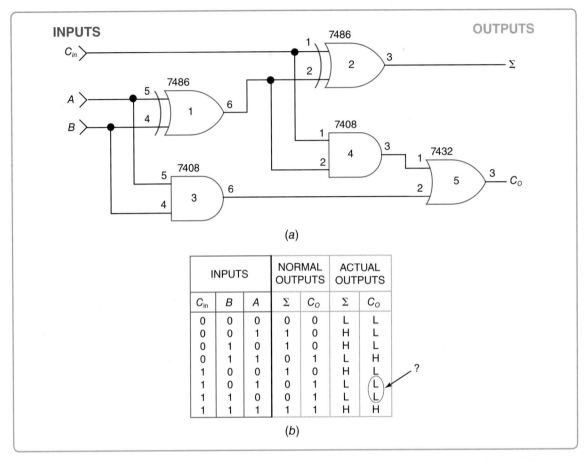

그림 10-30 (a) 문제해결을 위해 사용된 결함이 있는 전가산기 회로 (b) 정상적이고 실제 출력을 갖는 전가산기 진리표

사하면 LOW로 나타난다. 이것은 게이트 4의 출력이 LOW로 고정되어 있음을 나타낸다.

기술자는 GND로 단락된 회로가 있는지 주의 깊게 7408 IC와 주변 회로 보드를 첨사한다. 그러나 아무것도 발견하지 못한다. 게이트 4는 LOW로 고정된 출력을 갖는다고 가정할 수 있고 7408 IC를 다른 7408 IC로 교체한다. 7408 IC로 교체한 후, 문제해결사는 전가산기 회로가 정확히 동작하는지 검사한다. 그 결과 회로는 정상적인 진리표대로 동작한다. 진리표는 문제해결을 위해 학생과 기술자를 돕는다. 이런 표는 정상적인 회로가 어떻게 동작해야 하는지를 나타낸다. 진리표는 회로에 대한 기술자의 지식의 일부가 된다. 정상적인 회로 동작에 대한 지식은 문제해결을 위해 중요하다.

요약하면, 성공적인 문제해결을 위해 6가지 힌트가 있다.

1. 회로의 정상 동작을 알아야 한다.

2. IC의 표면에 열이 있는 검사한다.

3. 과열로 인해 연결이 끊겼거나 신호를 관찰한다.

4. 과열로 인해 냄새가 나는지 확인한다.

5. 전원과 IC 전원을 검사한다.

6. 회로를 통해 논리 경로를 추적하고 결함이 있는 회로는 격리한다.

확인문제

72. 그림 10-31에서, _____(조합, 순차) 논리회로에서 결함은 회로의 _____(올림수 출력, 합) 부분에서 있는 것 같다.

73. 그림 10-31에서, 회로에 있는 결함은 게이트 _____(숫자)에 있다. 출력이 _____(HIGH, LOW)로 고정되어 있다.

74. 정상적인 회로 동작에 대한 지식은 문제해결에 중요하다.(참, 거짓)

75. 성공적인 문제해결을 위한 여러 가지 힌트를 나열하라.

◻ 요약

1. 가산기과 감산기와 같은 산술 회로는 논리게이트로 구성된 조합 논리회로이다.

2. 기본적인 덧셈 회로를 반가산기라고 부른다. 두 개의 반가산기와 하나의 OR 게이트로 전가산기를 구성할 수 있다.

3. 기본적인 뺄셈 회로를 반감산기라고 부른다. 두 개의 반감산기와 하나의 OR 게이트로 전감산기를 구성할 수 있다.

4. 가산기는 병렬 가산기를 구성하기 위해 함께 연결될 수 있다.

5. 4-비트 병렬 가산기는 한 번에 두 개의 4-비트 2진수를 더한다. 이 가산기는 하나의 반가산기(1의 자리)와 세 개의 전가산기를 포함한다.

6. 제조사들은 여러 가지 산술연산 IC를 생산한다.

7. 가산기/감산기는 계산기 CPU에 보통 포함되어 있다.

8. 디지털 회로에 의해 수행되는 2진 곱셈은 반복된 덧셈 기법이나 더하기-이동 기법을 사용할 수 있다.

9. 마이크로프로세서는 부호 있는 수를 다룰 때는 2의 보수 표기법을 사용할 수 있다. 가산기는 2의 보수 숫자를 이용하여 덧셈과 뺄셈을 수행할 수 있다.

10. 회로의 정상적인 동작을 정의하고 있는 진리표는 조합 논리회로의 문제를 해결하는 데 매우 유용하다.

◫ 복습문제

10-1 a에서 h까지 2진 덧셈 문제를 풀어라(풀이 과정을 써라).

    a. 101 + 011 =   b. 110 + 101 =

    c. 111 + 111 =   d. 1000 + 0011 =

    e. 1000 + 1000 =   f. 1001 + 0111 =

    g. 1010 + 0101 =   h. 1100 + 0101 =

10-2 반가산기의 블럭도를 그려라(두 개의 입력과 두 개의 출력 표시).

10-3 전가산기의 블럭도를 그려라(세 개의 입력과 두 개의 출력 표시).

10-4 a에서 h까지 2진 뺄셈 문제를 풀어라(풀이 과정을 써라).

    a. 1100 - 0010 =   b. 1101 - 1010 =

    c. 1110 - 0011 =   d. 1111 - 0110 =

    e. 10000 - 0011 =   f. 1000 - 0101 =

    g. 10010 - 1011 =   h. 1001 - 0010 =

10-5 반감산기의 블럭도를 그려라(두 개의 입력과 두 개의 출력 표시).

10-6 전감산기의 블럭도를 그려라(세 개의 입력과 두 개의 출력 표시).

10-7 2-비트 병렬 간산기의 블럭도를 그려라(하나의 반가산기와 하나의 전가산기 사용).

10-8 (1) 그림 10-6(a)와 같은 전가산기 회로를 구성하고 (2) 그 회로를 검사하고 (3) 회로와 결과를 보여주기 위해 회로 시뮬레이션 소프트웨어를 사용하다.

10-9 a에서 h까지 2진 곱셈 문제를 풀어라(풀이 과정을 써라). 십진 곱셈을 사용하여 답을 검사하라.

    a. $101 \times 011 =$ b. $111 \times 011 =$

    c. $1000 \times 101 =$ d. $1001 \times 010 =$

    e. $1010 \times 011 =$ f. $110 \times 111 =$

    g. $1100 \times 1000 =$ h. $1010 \times 1001 =$

10-10 디지털 전자회로를 가지고 2진 곱셈을 하는 두 가지 방법을 나열하라.

10-11 부호 있는 십진수를 4-비트 2의 보수 형태로 변환하라.

    a. $+1 =$ b. $+7 =$

    c. $-1 =$ d. $-7 =$

10-12 4-비트 2의 보수 숫자를 부호 있는 십진수로 변환하라.

    a. $0101 =$ b. $0011 =$

    c. $1110 =$ d. $1000 =$

10-13 8-비트 2의 보수 숫자를 부호 있는 십진수로 변환하라.

    a. $0111\ 0000$ b. $1111\ 1111$

    c. $1000\ 0001$ d. $1100\ 0001$

10-14 부호 있는 십진수를 8-비트 2의 보수 형태로 변환하라.

    a. $+50$ b. -32

    c. -50 d. -96

10-15 다음 4-비트 2의 보수 숫자를 더하라. 각 합을 4-비트 2의 보수 숫자로 나타내라. 또한 각 합을 부호 있는 십진수로 나타내라.

    a. $0110 + 0001 =$ b. $1101 + 1011 =$

    c. $0001 + 1100 =$ d. $0100 + 1110 =$

10-16 다음 4-비트 2의 보수 숫자에 대해 뺄셈을 하라. 각 차를 4-비트 2의 보수 숫자로 나타내라. 또한 각 차를 부호 있는 십진수로 나타내라.

    a. $0110 - 0010 =$ b. $1001 - 1110 =$

    c. $0010 - 1101 =$ d. $1101 - 0001 =$

10-17 다음 84-비트 2의 보수 숫자를 더하라. 각 합을 4-비트 2의 보수 숫자로 나타내라. 또한 각 합을 부호 있는 십진수로 나타내라.

    a. 0001 0101 + 0000 1111 =

    b. 1111 0000 + 1111 1000 =

    c. 0000 1111 + 1111 1100 =

    d. 1101 1111 + 0000 0011 =

10-18 다음 8-비트 2의 보수 숫자에 대해 뺄셈을 하라. 각 차를 4-비트 2의 보수 숫자로 나타내라. 또한 각 차를 부호 있는 십진수로 나타내라.

    a. 0111 0000 − 0001 1111 =

    b. 1100 1111 − 1111 0000 =

    c. 0001 1100 − 1110 1111 =

    d. 1111 1100 − 0000 0010 =

10-19 표 10-1에서 결함이 있는 반가산기 회로의 문제는 _____(C_O, 합) 출력에 있으며 _____(고정된 HIGH, 고정된 LOW)로 된 듯하다.

10-20 표 10-1에서 결함이 있는 반가산기 회로의 수정을 시도하는데 있어 좋은 _____(AND 게이트 IC, XOR 게이트 IC)로 바꾸고 정확한 동작을 하는지 회로를 검사한다.

표 10-1 결함이 있는 반가산기 회로에 대한 논리 프로브 결과

입력		출력	
B	A	합	C_O
L	L	L	H
L	H	H	H
H	L	H	H
H	H	L	H

핵심문제

10-1 XOR, AND, OR 게이트를 사용하여 2-비트 병렬 가산기의 회로도를 그려라.

10-2 XOR, NOT, NAND 게이트를 사용하여 전감산기 회로도를 그려라. 그림 10-11을 참조하라.

10-3 두 개의 7483 4-비트 가산기 IC를 사용하여 8-비트 2진 가산기 논리도를 그려라.

10-4 부호 있는 +127을 8-비트 2의 보수 형태로 변환하라. MSB가 0이면 그 수는 양수임을 기억하라.

10-5 부호 있는 −25를 8-비트 2의 보수 형태로 변환하라. MSB가 1이면 그 수는 음수임을 기억하라.

10-6 2의 보수는 _____수를 표현할 수 있기 때문에 디지털 시스템(마이크로프로세서와 같은)에서 널리 사용된다.

10-7 2진수를 2의 보수 형태로 어떻게 변환하는지를 설명하라.

10-8 2진수의 음수는 그 수의 _____(2의 보수, 9의 보수)이다.

10-9 2의 보수 표기법에서 십진수 0은 왜 양수로 표현하는가?

10-10 회로 시뮬레이션 소프트웨어를 사용하여 다음을 수행하라.

(1) 가산기 IC를 사용하여 4-비트 2진 가산기를 구성하라(그림 10-13 참조)

(2) 여러 가지 4-비트 2진수를 더하여 회로를 검사하라.

(3) 회로와 결과를 보여 주어라. 7483 TTL IC 대신 4008 CMOS 4-비트 가산기로 대체할 수 있다.

10-11 회로 시뮬레이션 소프트웨어를 사용하여 다음을 수행하라.

(1) 2의 보수 숫자를 사용하여 가산기/감산기 시스템을 구성하라(그림 10-30 참조)

(2) 2의 보수 숫자를 더하고 빼서 회로를 검사하라(예제로 그림 10-26과 10-27을 참조하라).

(3) 회로와 결과를 보여 주어라.

CHAPTER 11 컴퓨터 메모리는 CD에 수록되어 있습니다.

Digital Electronics

CHAPTER **12**

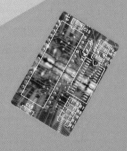

간단한
디지털 시스템

CONTENTS

12.1 시스템 요소

12.2 디지털 시스템의 IC 분류

12.3 디지털 게임

12.4 디지털시계

12.5 LSI 디지털시계

12.6 주파수 카운터

12.7 실험용 주파수 카운터

12.8 경보 기능을 가진 LCD 타이머

12.9 간단한 거리 감지

12.10 JTAG/Boundary Scan

CHAPTER 12 간단한 디지털 시스템

학습목표

1. 대부분의 디지털 시스템을 구성하는 6가지 요소에 대해 알아본다. 입력, 출력, 저장, 관리, 처리, 전송에 관해 BS2 마이크로컨트롤러 모듈의 부품을 분류한다.
2. 디지털 IC(SSI, MSI, LSI, VLSI, ULSI)의 집적도의 5가지 규모를 각각 설명한다.
3. 두 개의 디지털 주사위 게임 회로의 동작을 분석한다.
4. 디지털시계 시스템의 구조를 그려본다. 디지털시계의 블럭도를 분석해 본다. 디지털시계의 여러 부분의 동작을 설명하는데 카운터와 슈미트 트리거에 대한 지식을 사용한다.
5. 주파수 분주기 회로와 디스플레이 멀티플렉싱을 포함하는 LSI 디지털시계 시스템의 동작을 분석해 본다.
6. 디지털 주파수 카운터 시스템의 작동을 분석한다. LED 디스플레이, 제어회로, 파형회로를 위한 x 분할회로, 카운터, 디코더/드라이버의 동작을 예측한다.
7. 실험적인 주파수 카운터 시스템의 세부 회로도를 분석해 본다.
8. LCD 타이머 회로의 동작에 대해 알아본다. 타임 베이스 회로/시계, 다운 카운터, 크기 비교기, LCD 래치/디코더/드라이버의 동작을 예측해 본다.
9. 거리센서에 사용되는 기술을 분석해 본다. 적외선 및 초음파 거리센서의 동작 유형을 요약해 본다. 디지털 거리센서를 테스트해 본다. 이전 수업시간에 사용하였던 부품을 사용하는 자동 종이 타올 자판기와 같은 비접촉 거리센서의 동작에 대해 상상하고, 발명하고, 스케치하고 그리고 예측해 본다.
10. JTAG에서 사용되는 용어에 대한 선택된 질문에 답해 본다.

부시스템

매일 사용하고 있는 계산기, 알람시계, 디지털 손목시계, 휴대전화, MP3 플레이어, 컴퓨터와 같은 많은 장치들을 디지털 시스템이라고 한다. 계산기, 디지털시계 그리고 컴퓨터 등은 **부시스템**(subsystems)의 조합으로 만들어진다. 전형적인 부시스템에는 카운터, RAM, ROM, 인코더, 디코더, 시계, 디스플레이 디코더/드라이버 등이 포함된다. 이미 이러한 부시스템들을 많이 사용해 왔다. 이 장에서는 여러 가지의 디지털 시스템들이 어떻게 데이터를 전송하고, 적절한 시스템 작동을 위해 어떻게 테스트 되는지를 다루게 될 것이다. 디지털 시스템들은 디지털 부시스템의 적절한 조합으로 만들어진다.

12.1 시스템 요소

대부분의 기계적, 화학적, 유체역학적, 전기적 시스템들은 공통의 특정한 기능 처리
을 가지고 있다. 시스템들은 생산, 동력 또는 정보에 대한 입력과 출력을 가지고
있다. 또한 시스템은 생산, 동력 또는 정보에 대해 동작하기도 한다. 이것을 **처리**
(processing)라고 부른다. 모든 시스템은 제어(control) 함수에 의해 구성되고,
그것들의 동작 또한 제어(control) 함수에 의해 규제된다. 전송(transmission)함
수는 생산, 동력, 정보를 전달한다. 좀 더 복잡한 시스템들은 저장 함수 또한 포함
한다. 그림 12-1은 시스템의 전체적인 구성도를 나타낸다. 자세히 살펴보면, 이
도표는 그것이 수송, 액체, 학교 또는 전자 등 어떠한 시스템에도 적용할 수 있다.
장치에서 장치에로의 전송은 컬러 라인과 화살표로 표시되어 있다. 데이터 또는
전송되는 모든 것이 항상 한쪽 방향으로만 움직인다는 사실을 주목하라. 제어장치
가 시스템으로부터 귀환을 받을 뿐만 아니라 시스템의 작동을 지시한다는 사실을
보여주기 위해 제어선에 양방향 화살표를 사용하는 것이 일반적이다.

디지털 시스템은 보통 숫자나 부호로 디지털 데이터를 전송한다. 그림 12-1에
서 보여진 일반적인 시스템은 이 장에서 다룰 여러 가지의 디지털 시스템을 설명
하는데 도움이 될 것이다.

BASIC Stamp 2 Module

BASIC Stamp 2(BS2) 마이크로컨트롤러 모듈은 사용해 왔던 디지털 시스템
이다. 그림 12-2(a)는 24핀 듀얼 인라인 패키지(DIP) 형태에서의 BS2 모듈을 나

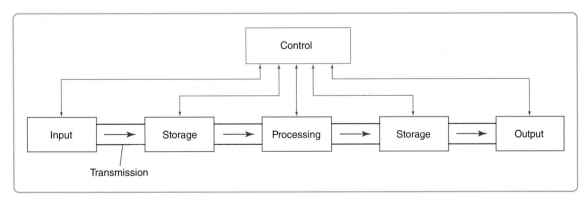

그림 12-1 시스템의 요소

타낸다. 여러 개의 전자 장치들이 24핀 DIP의 상단에 탑재되어 있다. 가장 큰 IC 는 주문형 PIC16C57 마이크로컨트롤러인데, 그것은 SOIC 표면장착 28핀 IC에 포 함되어 있다. U2로 표시된 IC는 8핀이며 다운로드된 프로그램을 저장할 수 있는 2-KB EEPROM이 있는 SOIC이다. 다른 표면 장착 부품들은 5V 레귤레이터,

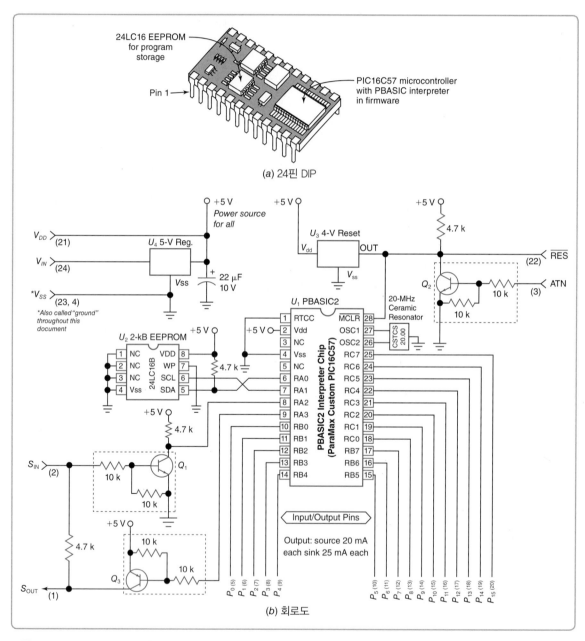

(a) 24핀 DIP

(b) 회로도

그림 12-2 BASIC Stamp 2 모듈

리셋 회로, 20MHz의 세라믹 공진기, 그리고 직렬 입력/출력 회로를 포함한다.

BS2 모듈의 자세한 회로도는 그림 12-2(b)에 그려져 있다. 이것은 입력/출력 포트($P_0 \sim P_{15}$), 직렬 통신 포트($RA_0 \sim RA_3$), 전원 연결 V_{DD}, V_{SS}(접지) 그리고 V_{in}에 대한 자세한 내용과 함께 위에서 언급된 구성요소를 보여준다.

그림 12-2(b)에서 보여준 BS2 모듈의 부품들을 입력, 저장, 처리, 출력 또는 제어로 분류할 수 있을까? BS2 모듈은 프로그램 가능 장치이기 때문에 단지 부분적으로만 분류할 수 있다.

확인문제

1. 시스템의 _____ 부분으로부터 모든 다른 부분으로 가는 양방향 경로가 있다.
2. 마이크로컴퓨터의 키보드는 시스템에서 어느 부분으로 분류되는가?
3. 디지털 시스템은 _____를 전송한다.
4. 그림 12-2에 있는 시스템에서 24LC16 EEPROM은 _____(처리, 저장) 장치로 분류된다.
5. 그림 12-2에서 마이크로컨트롤러(주문형 PIC16C57 칩)은 대부분의 응용에서 저장, 처리, 제어, 입력 그리고 출력을 포함하는 많은 기능을 가지고 있다.(참, 거짓)
6. 그림 12-2(a)에서 24-핀 DIP BS2 모듈의 핀 1과 2는 호스트 컴퓨터(PC)와 데이터를 송수신하기 위한 직렬 전송에 사용된다.(참, 거짓)
7. 그림 12-2(b)에서 PIC16C57 마이크로컨트롤러의 클럭 주파수를 설정하는 구성요소는 _____이다.
8. 그림 12-2(b)에서 $\overline{MCLR}$ 핀(핀 28)은 BS2 모듈의 리셋핀($\overline{RES}$)에 연결된 _____(입력, 출력)이다.
9. 그림 12-2(b)에서 범용의 입력/출력 포트는 다운로드된 PBASIC 프로그램의 지시에 따라 입력 또는 출력이 된다.(참, 거짓)
10. 그림 12-2에서 BS2 마이크로컨트롤러 모듈에 연결되는 전원을 나열하라.
11. 그림 12-2(b)에서 마이크로컨트롤러 사용자에 의해 다운로드된 프로그램들은 EEPROM에 저장되는 반면 PBASIC 인터프리터는 PIC16C57 마이크로컨트롤러의 _____(펌웨어, RAM)에 포함된다.
12. 그림 12-2(b)에서 EEPROM과 마이크로컨트롤러 칩 사이의 통신은 _____(8비트 병렬, 직렬) 데이터 전송의 형태로 나타난다.

12.2 디지털 시스템의 IC 분류

모든 디지털 시스템들이 개별적인 AND 게이트, OR 게이트, 인버터로부터 연결될 수 있다는 사실을 살펴보았다. 또한 제조업체들이 하나의 IC(카운터, 레지스터 등)로 부시스템(subsystem)을 생산한다는 사실도 살펴보았다. 오늘날에는 한 발 더 나아가 몇몇 IC로 전체적인 디지털 시스템을 포함하기도 한다.

SSI

가장 간단한 디지털 집적회로는 SSI(small-scale integration)로 분류된다. SSI에는 12개 미만의 게이트나 유사한 복잡성을 가진 회로의 복잡도을 갖는다. 또한 SSI는 지금까지 사용해 왔던 논리게이트와 플립플립 IC를 포함하기도 한다.

MSI

MSI(Medium-scale integration)은 12-99 게이트의 복잡성을 가지고 있다. MSI로 분류되는 IC는 작은 부시스템 그룹에 속하는 것으로 가산기, 레지스터, 비교기, 코드 변환기, 카운터, 데이터 선택기/멀티플렉서 및 소규모 RAM 등을 전형적인 예로 들 수 있다. 지금까지 연구하고 사용해 온 대부분의 IC는 SSI나 MSI이다.

LSI

LSI(large-scale integration)는 100-9999 게이트의 복잡성을 가진다. 주요 부시스템 또는 간단한 디지털 시스템은 하나의 칩에 집적된다. LSI 칩의 예로는 디지털시계, 계산기, 마이크로컨트롤러, ROM, RAM, PROM, EPROM, 어떤 플래시 메모리 등이다.

VLSI

VLSI(very large-scale integration)는 10,000~99,000 게이트의 복잡성을 갖는다. VLSI IC는 보통 하나의 칩에 디지털 시스템이 있다. 용어 "칩"은 한 IC에 모든 전자회로를 포함하는 단일 실리콘 다이(아마 1/4-인치의 사각형 또는 그 이상)를 칭한다. 피냐 IC의 예는 큰 메모리와 진보된 마이크로프로세서 등이다.

ULSI

ULSI(ultra-large-scale integration)는 회로 복잡성에서 더 높은 수준으로 단일 칩에 100,000 게이트 이상을 포함한다. 여러 제조사는 SSI, MSI, LSI, VLSI, ULSI를 다르게 정의하기도 한다.

1960년대에는, 디지털 IC 군은 SSI와 MSI 기술을 사용하여 발전하여 왔다. 1906년 후반에는, LSI 가술 많은 특화된 IC로 발전하였다. 더 높은 집적도를 갖는 LSI는 단일 칩 시계, 계산기, 메모리를 포함한다. 계산기 칩의 발달 후, 컴퓨터 구조가 마이크로프로세서라고 불리는 단일 칩으로 설계되었다. 마이크로프로세서는 컴퓨터 시스템의 CPU를 구성한다. CPU 설계와 칩 제조 기술의 향상은 10억 개의 트랜지스터를 포함하는 가장 최근 세대의 마이크로프로세서를 생산하도록 하였다.

1980년대에는, 제조사들은 컴퓨터 시스템의 분리된 몇 개의 부분(CPU, RAM, ROM, 입력/출력)을 저렴한 단일 칩으로 결합시켰다. 이와 같은 "단일 칩 상의 작은 컴퓨터"는 주로 제어 목적으로 사용되었고 범용 컴퓨터에서는 사용되지 않았다. 단일 칩 상의 이와 같은 저렴한 컴퓨터를 일반적으로 마이크로컨트롤러라고 칭한다. 그림 12-2에 있는 BS2 마이크로컨트롤러 모듈이 이런 장치의 특성을 갖는다.

│ │ 확인문제

13. MSI는 _____ 게이트를 가지는 IC이다.
14. VLSI는 _____ 이상의 게이트를 가지는 IC이다.
15. SSI와 MSI 기술을 사용한 디지털 IC 군(TTL과 같은)은 _____(1940, 1960)년대에 발달하였다.
16. _____(가산기 IC, 마이크로컨트롤러 IC)는 단일 칩 상의 디지털 시스템이라고 말할 수 있다.
17. 현대 범용 컴퓨터의 CPU를 구성하는 ULSI 장치는 무엇인가?

12.3 디지털 게임

전자공학은 반세기 이상 동안 인기 있는 취미로 되어 왔다. 많은 전자에 취미가 있는 사람들이 좋아하는 것이 전자 게임을 구성하는 것이다. 또한 전자 게임과 장난감은 고등학교와 기술학교와 대학에서 전자를 공부한 학생들에게 매우 인기가 있다.

전자 게임은 간단한 전용 게임 기구, 컴퓨터, 아케이드, TV 게임으로 분류할 수 있다. 간단한 전용 게임 기구 유형은 보통 대부분 학생이나 취미가 있는 사람들이 구성한다. 본 절에서는 SSI와 MSI 디지털 IC를 사용하는 여러 가지 간단한 디지털 전자 게임에 대해 다룬다. 간단한 디지털 시스템의 예들이 있다.

간단한 주사위 게임

그림 12-3에 간단한 디지털 주사위 게임의 블럭도가 그려져 있다. 누름 버튼을 눌렀을 때 클럭으로부터 신호가 카운터로 보내진다. 카운터는 1, 2, 3, 4, 5, 6, 1, 2, 3 등의 순서로 카운트되도록 연결되어 있다. 카운터의 2진 출력이 디코더 블럭에 의해 7-세그먼트 코드로 변환된다. 디코더 블럭은 또한 7-세그먼트 LED 표시장치 드라이버를 포함하고 있다. 이 회로에서 출력 장치는 LED 표시장치이다. 누름 버튼 스위치가 열리면 카운터는 1에서 6 사이의 임의의 수에서 멈춘다. 이것은 한 개의 주사위 역할을 한다. 카운터에 저장된 2진수는 디코드되고 표시장치에 십진수로 보인다. 이 회로 두 개를 사용하면 두 개의 주사위 역할을 할 수 있다.

그림 12-4에 디지털 주사위 게임 회로도가 자세히 나타나 있다. 입력 스위치를 누르면 카운터는 2진수 001, 010, 011, 100, 101, 110, 001, 010, 011 순으로 계수를 한다. 스위치를 놓으면 마지막 2진수가 74192 카운터의 플립플롭에 저장된다. 이것은 7447 IC에 의해 디코드되고 7-세그먼트 LED 표시장치에 나타난다.

555 타이머 IC는 비안정 멀티바이브레이터 역할을 하며 600Hz의 구형파 신호를 발생한다.

74192 IC는 mod-6(1~6) 업 카운터 역할을 한다. 3-입력 NAND 게이트는 계수값이 2진수 111에 도달하면 동작한다. NAND 게이트의 LOW 신호는 카운터 값을 2진수 001로 초기화한다. 이것은 카운터의 세 출력(Q_A, Q_B, Q_C) 모두는 카운터에 0001이 저장되는 동안 극히 짧은 시간 동안(마이크로초 이하) HIGH로 있게 된다. 그러므로 임시 계수값인 2진수 111은 LED 표시장치에 7로 결코 나타나지 않는다.

7447 BCD-to-seven-segment 디코더 칩은 2진수 입력(A, B, C)을 7-세그먼트 코드로 변환한다. 7447 IC는 액티브(active) LOW 출력(a~g)을 가지고

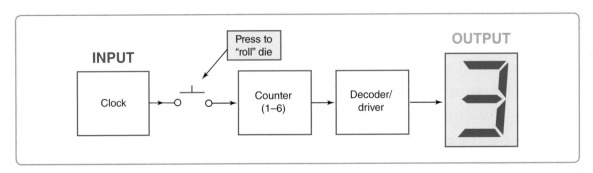

그림 12-3 디지털 주사위 게임의 간단한 블럭도

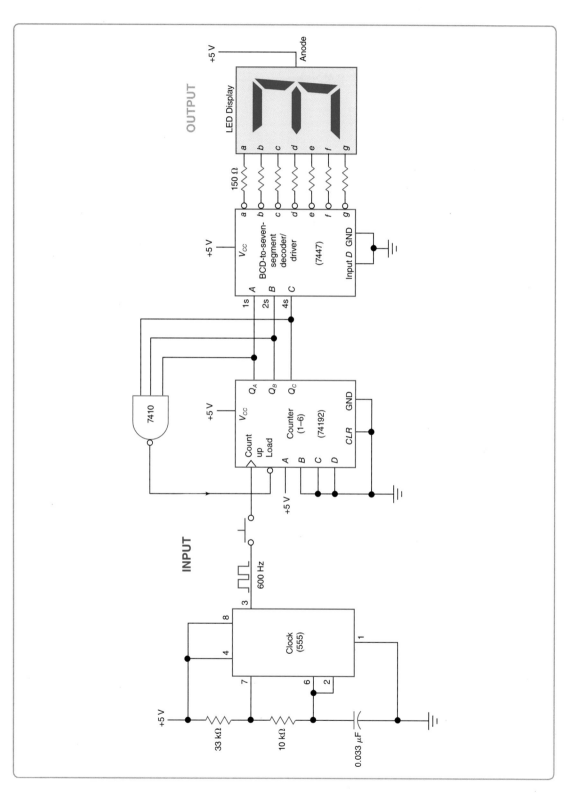

그림 12-4 디지털 주사위 게임의 간단한 블록도

LED 세그먼트를 구동한다. 7개의 150Ω 저항은 안전한 수준으로 LED를 통해 전류가 흐르도록 전류를 제한한다. 그림 12-4에서 사용된 7-세그먼트 LED 표시기는 애노드 공통 유형이다.

다른 주사위 게임

그림 12-4에 있는 디지털 주사위 게임은 현실감 없는 7-세그먼트 표시기를 가지는 TTL IC를 사용하였다. 그림 12-5와 그림 12-6에서 보여 주는 회로로 보다 현실감 있는 주사위 게임을 구현할 수 있다.

그림 12-5(a)에 두 번째 디지털 주사위 게임의 블럭도가 그려져 있다. 이 장치는 출력 장치를 개개의 LED를 사용하였다. 그림 12-5(a)에서 누름 버튼이 눌리면 블럭은 구형파 신호를 발생한다. 이 신호는 6, 5, 4, 3, 2, 1, 6, 5, 4 순으로 계수하는 다운 카운터를 동작시킨다. 논리 블럭은 적절한 LED를 켜서 여러 가지 십진 계수값을 나타낸다. 그림 12-5(b)에 각각 가능한 십진수 출력에 대한 LED 패턴이 그려져 있다.

그림 12-6에 두 번째 디지털 주사위 게임의 회로도가 자세히 나타나 있다. 이

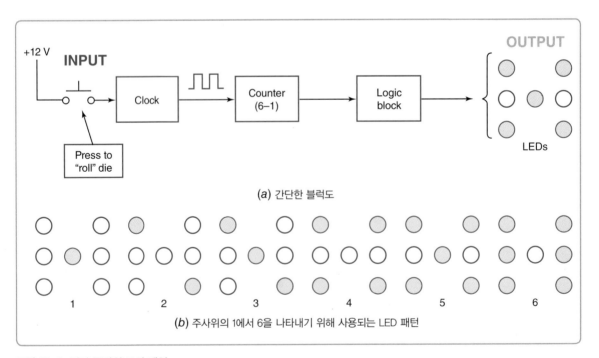

(a) 간단한 블럭도

(b) 주사위의 1에서 6을 나타내기 위해 사용되는 LED 패턴

그림 12-5 전자 주사위 모의 게임

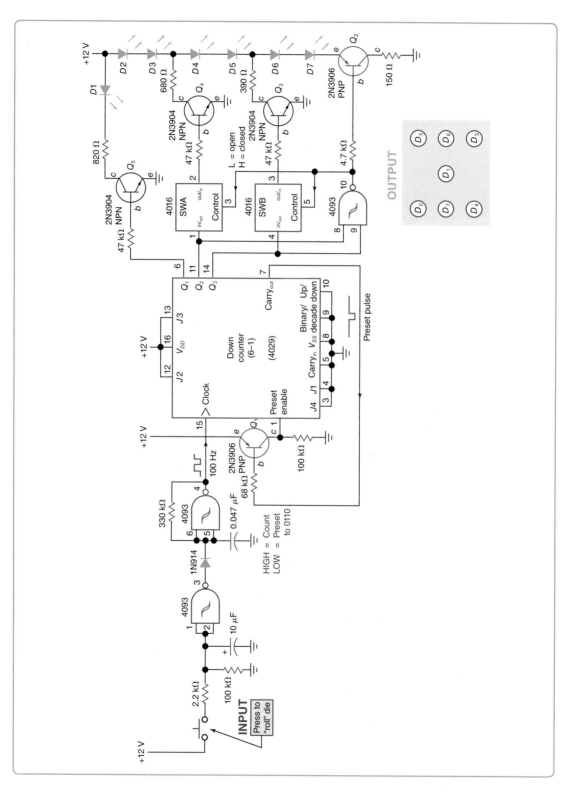

그림 12-6 전자 주사위 모의 게임 회로도(Courtesy of Graymark, Inc)

회로는 4000 시리즈 CMOS와 12V dc 전원을 사용하는 특징을 가지고 있다. 왼쪽의 누름 버튼 스위치는 입력장치이고 오른쪽의 LED($D1 \sim D7$)는 출력장치이다. 물리적으로, 그림 12-6의 오른쪽 아래에서 보여주는 것처럼 LED는 배치된다.

"주사위 굴리기" 스위치가 닫히면 그림 12-6의 왼쪽에 있는 두 개의 NAND 슈미트 트리거 게이트는 100Hz 구형파 신호를 발생한다. 두 개의 NAND 게이트와 연관된 저항과 커패시터는 안정한 멀티바이브레이터를 구성한다. 100Hz 신호는 4029 presettable binary/decade up/down 카운터의 클럭 입력으로 들어간다. 이 회로에서 4029 IC는 2진수 110, 101, 100, 011, 010, 001, 110, 101, 100 순으로 추력을 발생하는 다운 카운터로 동작한다.

그림 12-6에서 다운 카운터가 2진수 001에 도달하였을 때의 상황을 고려해 보자. 다음 클럭펄스의 상승 에지(LOW-to-HIGH 이동)에서, 4029 IC의 올림수 출력(핀 7)은 LOW로 떨어진다. 이 신호는 트랜지스터 Q_1로 입력되어 트랜지스터 Q_1을 ON시킨다. 이것은 4029 카운터의 preset enable 입력이 HIGH가 되도록 한다. preset enable 입력이 HIGH가 되면 입력 $J4$, $J3$, $J2$, $J1$("jam inputs")에 있는 데이터가 카운터의 플립플롭으로 저장된다. 이 예에서는, 2진수 0110이 프리셋 펄스로 인해 저장된다. 플립플롭에 데이터가 저장되면 올림수 출력 핀은 HIGH로 되돌아가고 트랜지스터 Q_1은 OFF된다.

그림 12-6의 오른쪽에 있는 주사위 게임의 마지막 부분에는 많은 부품이 포함되어 있다. 그림 12-7에 있는 표는 이 주사위 게임에서 복잡한 논리와 출력 부분을 설명하여 준다.

그림 12-7이 있는 표의 입력 부분은 4029 카운터 출력을 나타내는 논리레벨이다. 표의 첫 줄은 카운터의 4의 자리, 2의 자리, 1의 자리의 플립플롭에 저장된 2진수 110(HHL)이다. 표의 중간 줄은 적당한 LED를 켜는 부품 목록을 보이고 있다.

그림 12-7에 있는 표의 첫 번째 줄을 고려해 보자. NAND 게이트의 출력은 LOW가 되고 PNP 트랜지스터 Q_2는 ON된다. 트랜지스터는 도통하고 그림 12-6의 오른쪽에 있는 여섯 개의 LED($D2 \sim D7$)는 켜진다. 이것은 주사위의 6을 나타낸다.

그림 12-7에 있는 표의 두 번째 줄을 고려해 보자. 2진수 데이터는 101(HLH)이다. 1의 자리 줄(핀 6)이 HIGH이면 트랜지스터 Q_5는 ON이 된다. 트랜지스터

입력			출력		
4의 자리 (핀 14)	2의 자리 (핀 11)	1의 자리 (핀 6)	동작하는 부품	켜지는 LED	십진수
H	H	L	NAND 출력 LOW 트랜지스터 Q_2 ON	$D2$, $D3$, $D4$, $D5$, $D6$, $D7$	6
H	L	H	트랜지스터 Q_5 ON 양방향 스위치 SWB 닫힘 트랜지스터 Q_3 ON	$D1$, $D2$, $D3$, $D4$, $D5$	5
H	L	L	양방향 스위치 SWB 닫힘 트랜지스터 Q_3 ON	$D2$, $D3$, $D4$, $D5$	4
L	H	H	트랜지스터 Q_5 ON 양방향 스위치 SWA 닫힘 트랜지스터 Q_4 ON	$D1$, $D2$, $D3$	3
L	H	L	양방향 스위치 SWA 닫힘 트랜지스터 Q_4 ON	$D2$, $D3$	2
L	L	H	트랜지스터 Q_5 ON	$D1$	1

그림 12-7 전자 주사위 모의 게임에 대한 논리와 출력 부분 설명

Q_5는 도통되고 LED D1은 켜진다. NAND 게이트의 출력은 HIGH이며, 이것은 두 개의 양방향 스위치(4016)가 닫힘 조건(입력/출력으로부터 출력/입력으로 낮은 임피던스)이 되도록 한다. 양방향 스위치는 2의 자리와 4의 자리의 신호를 트랜지스터 Q_4와 Q_3의 베이스로 보내어 트랜지스터 Q_3이 HIGH 신호에 의해 ON 에어 도통한다. 그러면 LED $D2$, $D3$, $D4$, $D5$가 켜진다. 이 다섯 개의 LED($D1$ ~ $D5$)가 켜지면 십진수 5를 나타낸다.

이 CMOS 디지털 주사위 게임의 논리와 출력 부분에 대한 동작을 알기 위해 그림 12-7에 있는 표의 나머지 부분도 살펴볼 수 있다. 그림 12-6에 있는 4016 IC는 제조사에서 4개의 양방향 스위치(quad bilateral switch)라고 기술하였다. 이것은 전자적으로 동작하는 SPST 스위치이다. 4016 양방향 스위치의 제어 입력이 HIGH이면 스위치는 "닫힘" 또는 "ON" 위치에 있게 된다. 닫힘 위치에서 입력/출력 단자에서 출력/입력 단자 사이의 내부 저항은 매우 낮다(보통 400Ω). 양방향 스위치의 제어 입력이 LOW이면 스위치는 "열림" 또는 "OFF" 위치에 있게 된다. 4016IC는 제어가 LOW일 때 열린 스위치처럼 동작한다. 게이트와는 달리 양방향 스위치는 어느 방향으로도 데이터를 보낼 수 있다. 이 스위치는 dc 또는 ac

신호도 통과시킬 수 있다. 또한 양방향 스위치를 전송 게이트(transmission gate)
라고도 부른다.

◀ | ▶ 확인문제

18. 그림 12-4에서 555 타이머는 이 디지털 시스템에서 _____멀티바이브레이터를 구성한다.

19. 그림 12-4에서 74192 IC가 110에서 111까지 값을 증사시킬 때 카운터로 _____(2진수)를 곧바로 저장하면서 NAND 게이트의 출력은 _____(HIGH, LOW)이 된다.

20. 그림 12-4에서 입력 스위치가 해제되었을 때 7-세그먼트 LED 표시기에 나타날 수 있는 가능한 숫자를 나열하라.

21. 그림 12-6에서 _____(4016, 4029, 4093) IC에 있는 두 게이트는 이 디지털 주사위 게임 회로에서 비안정 멀티바이브레이터를 구성한다.

22. 그림 12-6에 있는 회로에서 4029 IC가 계수하는 일련의 2진수를 나열하라.

23. 그림 12-6에서 카운터의 출력이 001일 때 단지 트랜지스터 _____만이 ON되어 도통하기 때문에 $D1$만 켜진다.

24. 그림 12-6에서 카운터의 출력이 010일 때, LED _____이 켜진다. 이것은 양방향 스위치 SWA가 _____(닫힘, 열림) 상태에 있고 LED D_2와 D_3의 캐소드가 접지와 연결되면서 트랜지스터 _____가 ON되기 때문이다.

25. _____은 SPST 스위치처럼 동작하고 dc와 ac 신호를 흐르게 할 수 있는 CMOS에서 이용할 수 있는 IC 장치이다.

26. 그림 12-4에서 74192 IC는 6에서 1까지 계수하는 mod-7 다운 카운터로 구성되어 있다.(참, 거짓)

27. 그림 12-6에서 짧은 LOW 프리셋(rpeset) 펄스는 PNP 트랜지스터 Q_2를 (OFF, ON)시키는데 이는 4029 카운터 IC에 _____(1000, 0110)를 저장하는 프리셋 인에이블 입력에 짧은 _____(HIGH, LOW) 펄스를 발생시킨다.

28. 그림 12-6에서 4029 IC가 계수값 출력으로 001을 가지면 단지 트랜지스터 _____ (Q_2, Q_5)이 도통되고 단지 LED D1만 켜진다.

12.4 디지털시계

앞에서 디지털 전자시계를 소개했고 여러 가지 카운터가 디지털시계 시스템의 핵심임을 알았다. 그림 12-8(a)에 디지털시계 시스템의 간단한 블럭도를 보이고 있다.

어떤 시계는 시계의 입력으로 또는 표준 주파수로 60Hz의 전원 주파수를 사용한다. 이 주파수는 시계의 주파수 분주기에 의해 초, 분, 시로 나누어진다. 초당 하나, 분당 하나, 시당 하나의 펄스를 계수하고 시계의 계수 누산기(count accumulator)에 저장한다. 계수 누산기에 저장된 내용(초, 분, 시)는 디코드되고 출력 부분인 시간 표시기(time display)에서 보여 진다. 디지털시계는 한 시스템의 대표적인 구성요소이다. 입력은 60Hz 교류이며 처리는 주파수 분배기, 계수 누산기, 디코더에서 발생된다. 저장은 계수 누산기에서 발생된다. 제어 부분은 그림 12-8(a)에서 보여 주는 것처럼 시간 설정(time-set) 제어로 설명된다. 출력 부분은 디지털 시간 표시기가 된다.

누산기

모든 디지털 시스템은 논리게이트, 플립플롭, 부시스템으로 구성된다. 그림 12-8(b)에 있는 블럭도는 부시스템이 시, 분, 초로 시간을 표시하기 위해 어떻게 구성되는지를 보여 주고 있다. 이것은 디지털시계에 대한 보다 자세한 블럭도이다. 아직도 입력은 60Hz이다. 60Hz은 변압기의 낮은 전압인 이차 코일에서 나온다. 60Hz은 첫 번째 주파수 분배기에 의해 60으로 나누어진다. 첫 번째 60분주 회로의 출력은 초당 1펄스이다. 초당 1펄스는 업카운터로 입력되고 00에서 59까지 계수하다가 다시 00이 된다. 그림 12-8(b)의 오른쪽 위에서 보여주는 것처럼 초 카운터는 디코드되고 두 개의 7-세그먼트 LED 표시기에 표시된다.

디지털 시스템

그림 12-8(b)의 중간이 있는 주파수 분배기 회로를 고려해 보자. 이 60분주 회로의 입력은 초당 1펄스가 들어오고 출력은 분당 1펄스를 내보낸다. 분당 1펄스 출력은 0에서 59까지 계수하는 분 계수기로 전달된다. 이 업카운터는 00에서 59까지 분을 계수하며 다시 00으로 된다. 분 계수 누산기의 출력은 디코드되고 그림 12-8(b)의 위쪽 중앙에 있는 두 개의 7-세그먼트 LED에 표시된다.

이제 그림 12-8(b)의 오른쪽에 있는 60분주 회로를 고려해 보자. 이 주파수 분배기의 입력은 분당 1펄스로 들어오며 이 회로의 출력은 시당 1펄스를 내보낸다. 시당 1펄스 출력은 왼쪽에 있는 시 카운터로 전송된다. 이 시 계수 누산기는 0에서 23까지 시를 계수한다. 시 계수 누산가의 출력은 디코드 되고 그림 12-8(b)의 왼쪽 위부분에 있는 두 개의 7-세그먼트 LED로 전송된다. 이것은 24시 디지털시계임을 알았을 것이다. 0~23 카운터를 1~12 카운터로 바꿈으로써 12시 시계로 쉽게 변경할 수 있다.

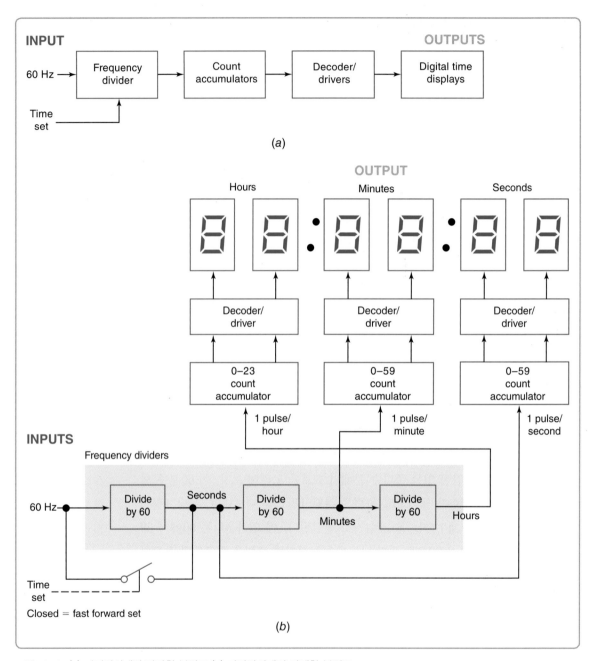

INPUT

| Frequency divider | → | Count accumulators | → | Decoder/ drivers | → | Digital time displays |

OUTPUTS

60 Hz →

Time set

(a)

OUTPUT

Hours　　　　Minutes　　　　Seconds

Decoder/ driver　　　Decoder/ driver　　　Decoder/ driver

0−23 count accumulator　　　0−59 count accumulator　　　0−59 count accumulator

1 pulse/ hour　　1 pulse/ minute　　1 pulse/ second

INPUTS

Frequency dividers

60 Hz　Divide by 60　Seconds　Divide by 60　Minutes　Divide by 60　Hours

Time set

Closed = fast forward set

(b)

그림 12-8　(a) 디지털시계의 간단한 블럭도 (b) 디지털시계의 자세한 블럭도

시간을 설정할 때, 그림 12-8(b)에서 보여 주는 것처럼 시간−설정 제어가 디지털시계에 추가되어 있다. 스위치가 닫히면(논리게이트가 사용될 수 있다) 표시기는 빠른 속도로 증가하는 숫자가 나타나서 빨리 시간을 설정할 수 있다. 이 스위치

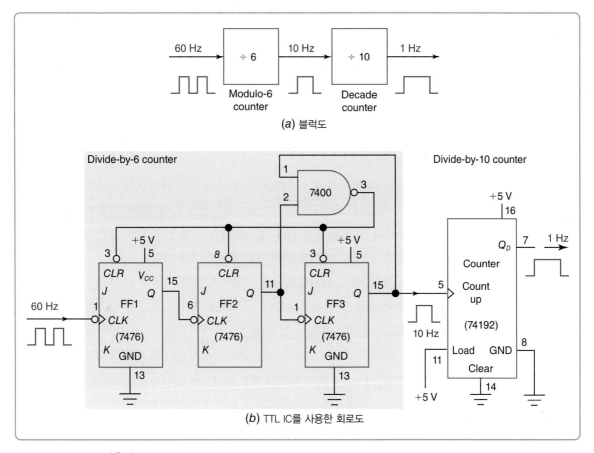

그림 12-9 60분주 카운터

는 보통 때 시계가 60번 계수하도록 하는 60분주 주파수 분배기를 거치지 않게 한
다. 더 빠른 전방향 설정(fast-forward set)은 첫 번째와 두 번째 60분주 회로를
거치지 않도록 사용할 수 있다. 이 기술은 디지털시계에서 공통으로 사용된다.

그림 12-8(b)에서 60분주 주파수 분주기의 내부는 어떻게 구성되는가? 8장에
서 카운터가 주파수를 분주하기 위해 사용됨을 알았다. 그림 12-9(a)는 60분주 주
파수 분주기의 구성을 나타내는 블럭도이다. 6분주 카운터의 신호가 10분주 카운
터를 전달됨을 주목하라. 이 전체 장치는 들어오는 주파수를 60으로 나눈다. 이 예
제에서, 60Hz 입력은 출력에서 1Hz로 감소된다.

그림 12-9(b)에서 60분주 카운터 회로에 대한 자세한 회로도를 보여 주고 있
다. 세 개의 J-K 플립플롭과 NAND 게이트는 6분주 카운터로 동작하고 74192
십진 카운터는 10분주기로 동작한다. 왼쪽에서 60Hz가 들어가면 주파수는 74192

카운터의 출력 Q_D에서 1Hz로 감소될 것이다.

그림 12-8(b)에서 초와 분 계수 누산기도 또한 카운터이다. 0~59 카운터는 0~5 카운터가 직렬로 연결된 십진 카운터이다. 십진 카운터는 표시기의 1의 자리에 나타난다. mod-6 카운터는 표시기의 10의 자리에 나타난다. 이와 같은 방법으로 시 계수 누산기도 0~2 카운터와 직렬로 연결된 십진 카운터이다. 십진 카운터는 시 표시기(hours display)의 1의 자리에 나타난다. mod-3 카운터는 시 표시기의 10의 자리에 나타난다.

많은 실용 디지털시계에서 출력은 단지 시와 분만 나타낸다. 대부분의 디지털시계는 비싸지 않은 IC를 사용한다. LSI 시계 칩은 단일 IC에 내장된 주파수 분주기, 계수 누산기, 디코더를 가진다. 좀 더 비싼 시계 칩은 12시 또는 24시 출력, 달력, 알람 제어, 라디오 제어와 같은 다른 특징을 갖는다.

그림 12-10(a)에서 디지털시계를 구성하기 위해 사용된 추가된 특징을 보여주고 있다. 파형 회로가 디지털시계의 블록도에 추가되었다. 주파수 분주기 회로를 구성하는 IC 카운터는 사인파 입력에서 동작하지 않는다. 사인파(그림 12-10(a)의 왼쪽에 있음)는 느린 상승 시간을 갖으므로 카운터를 적절히 동작시키지 못한다. 사인파 입력은 구형파로 변환되어야 한다. 파형 회로는 사인파를 구형파로 바꾼다. 구형파는 주파수 분주기 회로를 적절히 동작시킨다.

상업용 LSI 시계 칩은 IC에 내장된 파형 회로를 가지고 있다. 실험실에서는 7장에서와 같이 슈미트 트리거 인버터 IC를 사용하여 사인파를 구형파로 만들 수

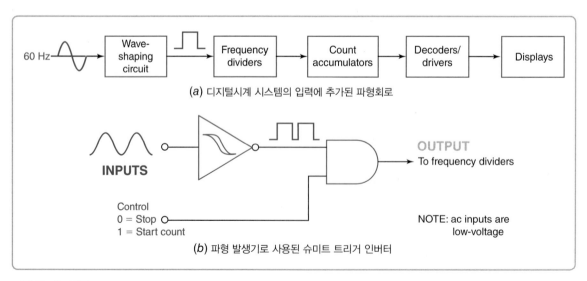

(a) 디지털시계 시스템의 입력에 추가된 파형회로

(b) 파형 발생기로 사용된 슈미트 트리거 인버터

그림 12-10 파형

있다. 그림 12-10(b)에서 간단한 파형 회로를 보여 주고 있다. 이 회로는 TTL 7414 슈미트 트리거 인버터 IC를 사용하여 사인파를 구형파로 변환한다. 또한 그림 12-10(b)에 있는 회로는 시작/정지 제어 기능을 포함한다. 제어 입력이 HIGH이면 슈미트 트리거 인버터의 구형파가 AND 게이트를 통해 지나간다. 제어 입력이 LOW이면 구형파가 AND 게이트를 통과하지 못하여 카운터는 멈춘다.

카운터가 주파수를 분배하는데 어떻게 사용되는 지에 대한 실제적인 지식을 갖기를 원한다. 카운터 부시스템은 디지털시계에서 두 가지 일을 하기 위해 사용된다. 첫 번째 일은 주파수를 분주하는 것이고 두 번째 일은 입력펄스를 증가하는 방향으로 계수하여 저장하는 것이다.

확인문제

29. 그림 12-8(a)에서 카운터는 디지털시계의 _____와 _____에서 사용된다.

30. 그림 12-10에서 사인파로 시계를 동작시켰을 때 _____회로가 시계에 추가되어야 한다.

31. 그림 12-10(b)에 있는 회로에서 슈미트 트리거 인버터의 역할은 무엇인가?

32. 그림 12-10(b)에 있는 회로에서 AND 게이트의 역할은 무엇인가?

33. 그림 12-8에서 초 0-59 계수 누산기는 _____(카운터, 이동 레지스터) IC를 사용하여 구성할 수 있다.

34. 그림 12-8에서 60분주 주파수 분주기는 단지 십진 카운터를 사용하여 구성할 수 있다.(참, 거짓)

35. 그림 12-8에서 "계수 누산기"라는 블럭은 내장 카운터가 임시 메모리 장치로서 역할을 한다고 볼 수 있다.(참, 거짓)

12.5 LSI 디지털시계

LSI 시계 칩은 현대 디지털시계의 핵심을 구성 구성한다. 디지털시계는 단일 MOS(monolithic MOS) IC로 만들어진다. 때때로 MOS LSI 칩은 18, 24, 28, 40핀 DIP IC로 만들어진다. 또는 MOS LSI 칩은 시계 모듈의 PCB 위해 직접 실장된다. 작은 실리콘 다이는 에폭시 코팅에서 밀봉된다. 그림 12-11에서 두 가지 패킹 방법에 대한 예를 보이고 있다. 그림 12-11(a)에 24핀 DIP로 패키지된

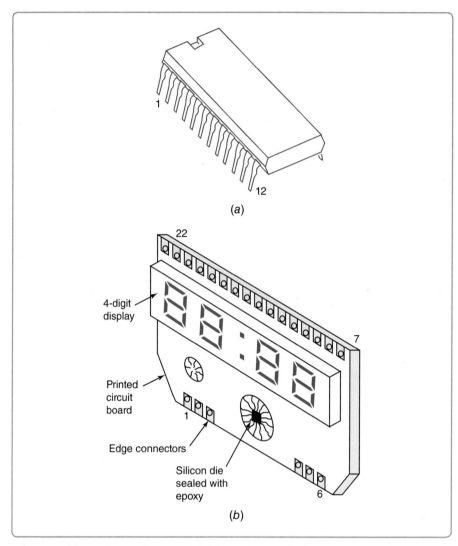

그림 12-11 (a) 24-핀 DIP 유형 LSI 시계 칩 (b) MOS/LSI 다이(die)를 포함하는 전형적인 시계 모듈

다이

MOS LSI 시계 IC을 보여주고 있다. DIP IC의 핀 1은 보통의 방법으로 구분된다(핀 1은 표시로부터 반시계 방향이다). 그림 12-10(b)에서는 시계 모듈을 보이고 있다. 클럭 모듈이 실장되어 있는 PCB는 가장자리에 22개의 컨넥터가 있으며 번호가 매겨져 있다. 4자리 LED 표시기는 모든 배선이 완료되어 PCB에 장착되어 있다. 어떤 시계 모듈은 개별 부품이며 시계가 보드에 장착된다. 그림 12-11(b)에 있는 시계 모듈은 PCB에 장착되는 작은 실리콘 칩 또는 다이(die)이다. 이것은 보호 엑포시 코팅으로 밀봉되어 있다.

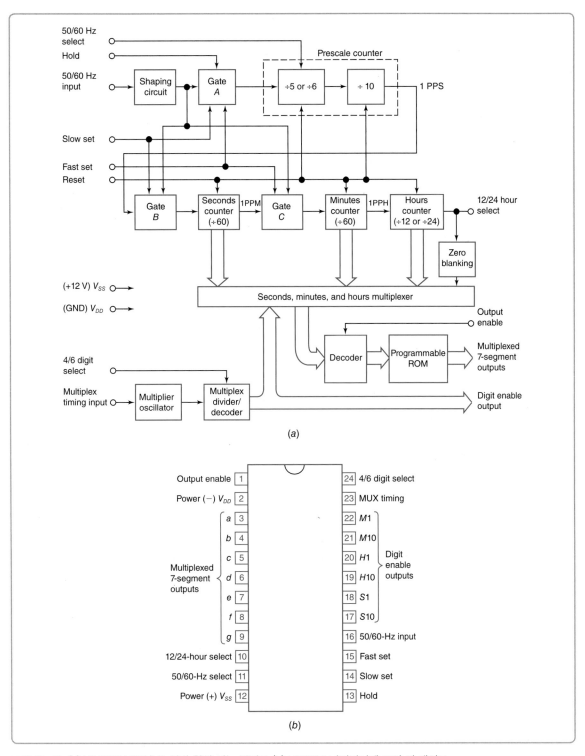

그림 12-12 (a) MM5314 MOS/LSI 시계 칩의 기능 블럭도 (b) MM5314 디지털시계 IC의 핀 배치도

그림 12-12(d)에서 National Semiconductor 사의 MM5314 MOS LSI 시계 IC의 블럭도를 보여 주고 있다.

그림 12-12(b)에서는 핀 배치도를 보여 주고 있다. 다음에 MM5314 디지털시계 IC의 기능을 설명할 때 그림 12-12(a)와 (b)를 참조하라.

50Hz 또는 60Hz 입력(핀 16)

교류나 정류된 ac가 이 입력에 인가된다. 파형 회로는 구형파를 만든다. 파형 회로는 시간을 계수하는 일련의 카운터를 구동한다.

50Hz 또는 60Hz 선택 입력(핀 11)

이 입력은 1Hz 또는 초당 1펄스를 얻기 위해 프리스케일 카운터(prescale counter)를 50이나 60으로 나누도록 프로그램한다. 이 입력에 V_{DD}(GND)를 연결하면 카운터는 60Hz로 동작한다. 50/60Hz 선택 입력 핀에 아무것도 연결하지 않으면 시계는 50Hz로 동작한다.

시간 설정 입력(핀 13, 14, 15)

카운터 체인

정지 입력뿐만 아니라 저속 또는 고속 설정 입력이 이 시계 IC에서 제공된다. 이 입력들은 V_{DD}(GND)가 연결될 때 동작한다. 전형적으로 평상시에 열려있는 누름 버튼 스위치가 이들 핀과 V_{DD}를 연결한다. 카운터 체인(counter chain)에서 세 개의 게이트가 시간을 설정하기 위해 사용된다. 저속 설정을 위하여, 프리스케일 카운터를 거치지 않는다. 고속 설정을 위해서는 프리스케일 카운터와 두 번째 카운터를 거치지 않는다. 정지 입력은 프리스케일 카운터로 게이트 A를 통하여 지나가는 어떤 신호를 금지시킨다. 이것은 카운터를 멈추게 하고 출력 표시기에 더 이상 시간이 증가하지 않는다.

12-시 또는 24-시 선택 입력(핀 10)

이 입력은 시 카운터를 12 또는 24로 나누도록 지시하기 위해 사용된다. 12시간제 표시 유형을 선택하기 위해서는 이 입력을 V_{DD}(GND)에 연결한다. 핀 10에 아무것도 연결하지 않으면 24시간제가 선택된다.

출력 MUX 동작(핀 3 ~ 9와 17 ~ 22)

초, 분, 시 카운터는 연속적으로 하루의 시간을 갖는다. 각 카운터의 출력은 시간 데이터를 순차적으로 접근하기 위해 다중화 된다. 즉, 매우 짧은 시간에 단지 한 개의 표시 숫자만이 ON되고 그 다음에 두 번째 숫자만이 ON되고 그 다음 세 번째 숫자, 네 번째 숫자가 ON된다. 6개의 숫자를 표시하기 위해 48핀(각 8핀× 6=48)을 사용하는 대신 13개의 출력 핀만이 필요하다. 이 13개의 출력은 다중화 된 7-세그먼트 출력(핀 3~9)과 표시 활성화 출력(핀 17~22)으로 구성된다.

MUX는 멀티플렉서 분주기/디코더(multiplex divider/decoder)에 의해 선택되며 멀티플렉서 발진기(multiplex oscillator)에 의해 구동된다. 발진기는 다중화 기능의 주파수를 설정하기 위해 외부 부품(저항, 커패시터)을 사용한다.

4개 또는 6개 표시 숫자를 선택하는 입력은 MUX가 연속적으로 6개의 표시기를 ON하거나 4개의 표시기를 ON함에 따라 제어할 수 있다. 0 제거(zero-blanking) 회로는 시간의 10의 자리를 표시하는 표시기에 0이 나타나지 않도록 0을 숨겨준다. 또한 MUX의 주소는 숫자 표시기를 활성화하는 출력(핀 17~22)이 된다. MUX 출력은 디코더에 입력되며 디코더 출력은 PROM의 주소로 사용된다. 마지막으로 PROM은 7-세그먼트 출력 코드를 생성한다. 표시기는 연속적으로 초부터 시까지 표시한다.

분주기/디코더
발진기

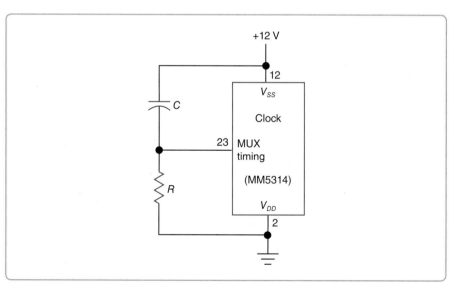

그림 12-13 MM5314 시계 IC에서 멀티플렉스 발진가의 주파수를 설정하기 위해 사용되는 외부 저항과 커패시터의 배치

멀티플렉스 타이밍 입력(핀 23)

MM5314 시계 IC에 저항과 커패시터를 추가하여 이완 발진기(relaxation oscillator)를 구성할 수 있다. 그림 12-13에서 보여 주는 것처럼 외부의 저항과 커패시터를 MUX 타이밍 입력에 연결한다. 일반적인 저항과 커패시터 값은 470Ω과 0.01μF이다.

4/6-디지트 선택 입력(핀 24)

4/6-디지트 선택 입력은 MUX를 제어한다. 이 입력에 아무것도 연결되지 않으면 시계의 출력 데이터는 4자리만 표시된다. 이 핀에 V_{DD}(GND)을 연결하면 6자리가 표시된다.

출력 인에이블 입력(핀 1)

이 핀에 아무것도 연결하지 않으면 7-세그먼트 출력이 인에이블 되고 V_{DD} (GND)을 연결하면 표시기가 동작하지 않는다.

전원 입력(핀 2, 12)

시계 IC를 동작시키기 위해 dc 11~19V 전원을 공급한다. 양의 전원을 V_{SS}(핀 12)에 연결하고 음의 전원을 V_{DD}(핀 2)에 연결한다.

확인문제

36. 디지털시계 LSI 칩은 _____(bipolar, MOS) 기술을 사용하여 만들어진다.
37. 그림 12-12에서 MM5314의 핀 16에 GND가 연결되면 시계 IC _____Hz로 동작한다.
38. 그림 12-12에서 MM5314 IC의 저속 설정 입력에 GND가 연결되면 _____카운터는 거치지 않고 통과한다.
39. 그림 12-12에서 MM5314 MOS/LSI 시계 칩은 _____V 전원을 요구한다.
40. MM5314 시계 칩은 7-세그먼트 표시장치를 _____(직접 구동한다, 다중화한다).
41. 12V의 양의 전원은 MM5314 시계 칩의 _____(V_{DD}, V_{SS}) 핀에 연결한다.
42. MM5314 시계 칩은 60Hz 구형파을 얻기 위해 _____(내부적으로, 외부적으로) 파형 회로를 가지고 있다.
43. MM5314 시계 칩은 MUX 타이밍 핀에 연결되는 외부 _____(크리스털, 저항과 커패시터)가 필요하다.

12.6 주파수 카운터

　기술자와 공학자가 사용하는 장비 중의 하나가 주파수 카운터이다. 디지털 주파수 카운터는 회로에서 주파수를 십진수로 보여 준다. 카운터는 초당 수 사이클 (Hz)의 낮은 주파수부터 수천 MHz의 매우 높은 주파수를 측정할 수 있다. 디지털시계처럼 주파수 카운터는 십진 카운터이다.

　그림 12-14(a)에서 보여 주는 디지털시계의 블록도를 다시 살펴보자. 알고 있는 주파수가 시계에 있는 카운터의 의해 적당히 나누어졌다. 카운터의 출력은 디코드되고 표시장치에 시간이 표시되었다. 그림 12-14(b)는 주파수 카운터에 있는 카운터 회로를 보여 주고 있다. 주파수 카운터 회로에는 디지털시계처럼 알고 있는 주파수 대신 모르는 주파수가 인가된다. 그림 12-14(b)에 있는 주파수 카운터의 카운터 회로는 또한 시작/정지 제어 기능을 가지고 있다.

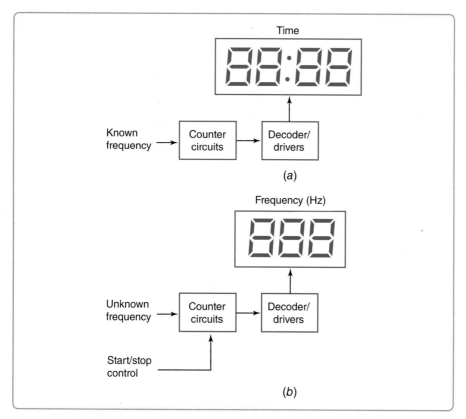

그림 12-14 (a) 디지털시계의 간단한 블럭도 (b) 디지털 주파수 카운터의 간단한 블럭도

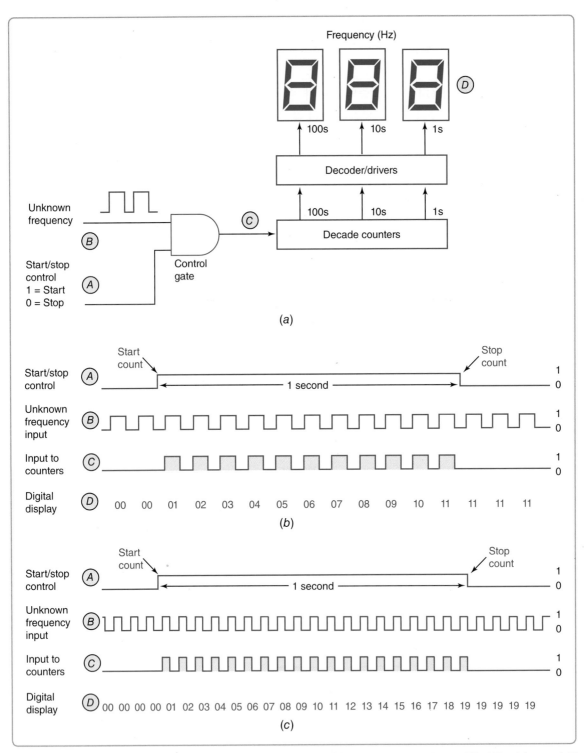

그림 12-15 (a) 시작/정지 제어가 있는 디지털 주파수 카운터의 블럭도 (b) 11Hz의 임의의 주파수를 위한 파형도 (c) 19Hz의 임의의 주파수를 위한 파형도

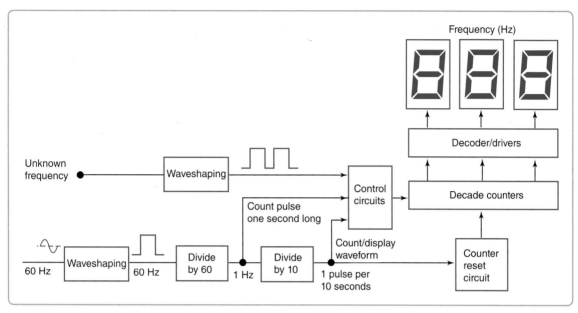

그림 12-16 디지털 주파수 회로에 대한 보다 자세한 블록도

주파수 카운터는 그림 12-15(a)와 같이 다시 그릴 수 있다. 회로에 AND 게이트가 추가되었음을 주목하자. AND 게이트는 십진 카운터의 입력을 제어한다. 시작/정지 제어 입력이 논리 1이면 임의의 주파수 펄스가 AND 게이트를 통하여 지나가서 십진 카운터로 인가된다. 시작/정지 제어가 논리 0이 될 때까지 카운터는 값이 증가하는 방향으로 계수한다. 논리 0은 제어 게이트를 OFF 시키고 카운터로 펄스가 인가되지 못하게 한다.

그림 12-15(b)는 주파수 카운터에서 일어나는 보다 정확한 타이밍도이다. A는 논리 0에서 정확히 1초 동안 1이 되는 시작/정지 제어 신호를 보여 주고 있다. 시작/정지 제어는 다시 0으로 되돌아온다. B는 임의의 주파수 입력으로부터 나오는 연속적인 펄스를 보여주고 있다. 임의의 주파수와 시작/정지 제어는 그림 12-15(a)에서 보여주는 것처럼 함께 AND된다. 그림 12-15(b)에 있는 C는 AND 게이트를 통과한 펄스를 보여주고 있다. 이 펄스는 업 카운터를 트리거한다. D는 표시장치에 나타나는 계수값을 보이고 있다. 표시장치는 00으로 클리어되어 시작함을 주목하자. 표시장치는 1초 동안 11까지 카운트 하였다. 그림 12-15(b)에서 임의의 주파수B는 11Hz(11펄스/s)임을 알 수 있다.

그림 12-15(c)에서는 약간 더 높은 주파수가 주파수 카운터로 인가되었다. 다시 A는 0에서 시작하는 시작/정지 제어를 보여 준다. 그리고 정확히 1초 동안 논

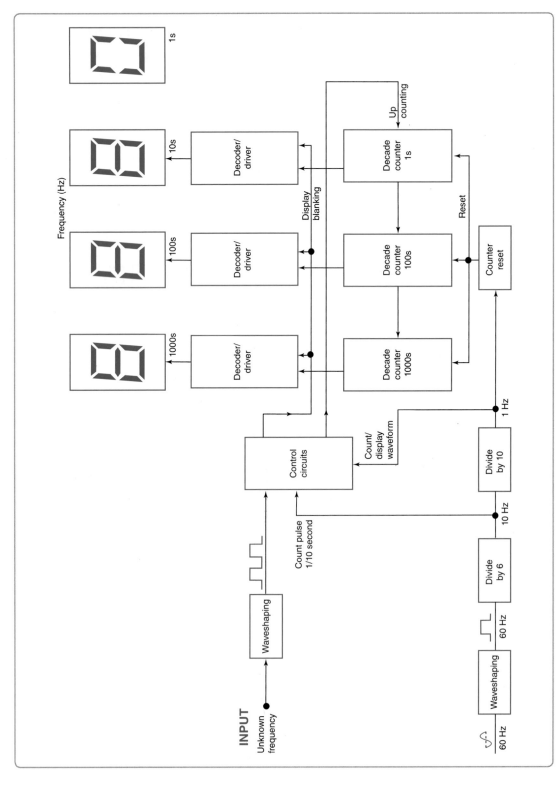

그림 12-17 10Hz에서 9990Hz까지 주파수 범위를 갖는 실용적인 디지털 주파수 카운터의 자세한 블록도

리 1로 바뀐다. 그런 다음 다시 논리 0으로 되돌아온다. 그림 12-15(c)의 B는 더 높은 주파수 펄스를 보여 준다. 이 펄스는 디지털 주파수 카운터로 측정해야 하는 임의의 주파수이다. C는 1초 계수 주기 동안 십진 카운터를 트리거하는 펄스를 보여주고 있다. 십진 카운터는 D에서 보여주는 것처럼 19까지 계수하였다. 그림 12-15(c)에 있는 임의의 주파수는 19Hz로 측정되었다.

임의의 주파수가 870Hz이면 카운터는 1초 계수 주기 동안 000에서 870까지 계수한다. 잠시 표시장치에 870이 표시되었다가 카운터는 000으로 되고 다시 주파수를 계수한다. 이와 같은 리셋-계수-표시 순서(reset-count-display sequence)가 되풀이하여 반복된다.

시작/정지 제어 펄스(카운트 펄스)는 매우 정확해야 됨을 주목하자. 그림 12-16는 카운트 펄스(count pulse)가 전원의 60Hz처럼 정확히 알고 있는 주파수를 사용하여 어떻게 발생할 수 있는지를 보여주고 있다. 60Hz 사인파가 파형회로에 의해 구형파로 변환될 수 있다. 60Hz 구형파는 주파수를 60으로 나누는 카운터를 트리거한다. 그 출력은 길이가 1초인 펄스이다. 이 카운트 펄스는 HIGH일 때 제어 회로를 동작시켜서 임의의 주파수가 카운터를 트리거하도록 허용한다. 임의의 주파수는 1초 동안 카운터에 인가된다.

주파수 카운터는 리셋-계수-표시 순서를 진행함을 기억하자. 지금까지 이 순서의 계수부분만을 보아 왔다. 카운터 릴셋 회로(counter reset circuit)는 계수하기 전에 현재 카운터를 000으로 클리어하는 게이트 회로이다. 다음 1초 계수 펄스는 카운터가 증가하는 방향으로 계수하도록 한다. 계수 펄스가 끝나면 임의의 주파수가 Hz 단위로 7-세그먼트 표시장치에 표시된다. 잠시 동안 주파수는 표시장치에 표시되었다가 사라진다. 이렇게 하기 위해 10분주 카운터는 제어 회로에 펄스를 보내고 9초 동안 표시 값이 유지된다.

주파수 카운터
카운터 릴셋 회로

주파수 카운터 동작을 요약하면 다음과 같다. (1) 카운터를 000으로 리셋한다. (2) 1조 동안 계수한다. (3) 계수 없이 9초 동안 임의의 주파수를 표시한다. 이 주파수 카운터에서 리셋-계수-표시 순서는 매 10초마다 반복된다.

그림 12-16에 있는 주파수 카운터는 1Hz에서 999Hz까지 측정한다. 60분주기, 10분주기 그리고 3개의 십진 카운터를 사용함으로 이름이 주파수 카운터이다. 실제로 디지털 주파수 카운터는 주어진 시간동안 펄스를 계수한다.

그림 12-16에 있는 카운터의 하나의 제약점은 측정할 수 있는 최대 주파수 999Hz이라는 점이다. 두 가지 방법으로 카운터의 최대 주파수를 늘릴 수 있다. 첫

번째 방법은 카운터–디코더–표시장치를 하나 이상 추가하는 것이다. 한 개의 카운터–디코더–표시장치를 추가함으로써 그림 12–16에 있는 주파수 카운터의 범위를 최대 9999Hz까지 확장할 수 있다.

주파수 범위를 증가시키는 두 번째 방법은 1초 대신 10초 동안 카운트하는 것이다. 그림 12–17에서 이 아이디어를 설명하고 있다. 앞의 회로에서 60분주기 대신 6분주기를 사용한다. 이것은 0.1초 길이의 카운트 펄스를 만든다. 이 카운트 펄스는 1초 동안 계수한 펄스의 1/10이므로 10초 동안 계수한 것과 같다. 단지 3개의 LED 표시기를 사용한다. 그림 12–17에서 1초 표시기는 단지 0만을 표시하며 3게의 LED 표시기의 오른쪽에 추가된다. 이 주파수 카운터의 범위는 10Hz에서 9990Hz까지이다.

그림 12–17에 있는 회로에서 십진 카운터는 0.1초 동안 계수하고 0.9초 동안 LED에 표시한다. 그리고 카운터는 000으로 리셋된다. 계수–표시–리셋 절차가 반복된다. 그림 12–17에 있는 회로는 또다른 하나의 특징을 갖는다. 계수하는 시간동안 표시장치는 꺼져 있다. 임의의 주파수가 표시장치에 표시될 때 다시 켜진다. 이 주파수 카운터의 동자 순서는 리셋, 계수(표시장치 꺼짐), 주파수 표시 순이다. 이 순서는 장비가 사용되는 동안 매 초마다 한 번씩 반복된다.

확인문제

44. 그림 12–15에서 이 디지털 주파수 카운터는 _____초 동안 AND 게이트를 통과한 펄스의 수를 계수한다.
45. 그림 12–15에서 AND 게이트 입력 시작/정지 제어가 LOW이면 출력 C의 신호는 _____(HIGH, LOW, 구형파)이다.
46. 그림 12–16에서 파형 블럭은 TTL _____(XOR 게이트, 슈미트 트리거 인버터)를 사용하여 구현한다.
47. 그림 12–16에서 60분주기 블럭은 _____(카운터, 이동 레지스터) 사용하여 구현한다.
48. 그림 12–17에서 이 주파수 카운터에서 카운트 펄스는 _____초 펄스이다.
49. 그림 12–17에서 임의의 주파수 입력 파형은 카운터의 제어 회로로 인가되기 전에 _____회로에 의해 변환된다.
50. 그림 12–17에서 십진 카운터는 증가하는 방향으로 계수하고 표시를 위한 계수값을 _____하는 두 가지 기능을 가지고 있다.

12.7 실험용 주파수 카운터

이 절에서는 앞에서 이미 사용했던 부품들을 사용하여 설계된 실험용 주파수 카운터에 대해 다룬다. 이 실험용 도구는 상업용 장치만큼 정확하거나 안정하지 못하다. 최대 주파수는 9990Hz로 제한되며 입력은 정확한 파형이 아닐 수 있다. 이 원시적인 somewhat primitive의 회로도가 그림 12-18에 자세히 나타나 있다.

이 실험용 주파수 카운터를 설명하는 목적은 다음과 같다.

1. 디지털 부시스템과 시스템을 구성하기 위해 SSI와 MSI 칩이 어떻게 사용되는지를 보여주기 위함이다.
2. 주파수 카운터의 설계와 동작의 개념을 보여주기 위함이다.

그림 12-17은 주파수 카운터의 블럭도이다. 회로도에 있는 대부분의 부품은 블럭도에서 같은 위치에 놓여 있다.

그림 12-18의 왼쪽 아래에서 60Hz 사인파는 구현파로 변환된다. 60Hz 신호는 저전압 전원 변압기의 2차 단자로부터 들어온다. **파형변환**(waveshaping)은 7414 슈미트-트리거 인버터에 의해 수행된다. 6분주 카운터(divide-by-6 counter)는 적절히 동작하기 위해 구형파 입력을 필요로 한다.

6분주 카운터는 아래 7414 인버터의 오른쪽에 있다. mod-6 카운터는 세 개의 플립플롭(FF1, FF2, and FF3)과 한 개의 NAND 게이트 구성된다. 6분주 카운터로 인가되는 주파수는 60Hz이고 카운터의 출력(FF3의 Q) 주파수는 10Hz이다. 주파수 10Hz는 십진 또는 10분주 카운터인 7493 IC로 인가된다.

그림 12-18은 7493 카운터의 4개 출력이 NOR(OR 게이트와 인버터) 연산된다. 4-입력 NOR 게이트는 1Hz 신호를 발생한다. 이 1Hz 신호를 계수/표시 파형(count/display waveform)이라고 부른다. 계수/표시 파형은 정확히 0.1초 동안 HIGH이고 0.9초 동안 LOW이다. 계수/표시 파형은 7400 제어 게이트로 전달된다. 계수/표시 파형이 0.1초 동안 HIGH일 때 임의의 주파수가 NAND 게이트를 통해 10의 자리 카운터의 클럭 입력으로 전달되게 한다. 계수/표시 파형이 0.9초 동안 LOW일 때 임의의 주파수는 NAND 제어 게이트를 통과하지 못하고 차단된다. 0.9초 동안 7-세그먼트 LED 표시장치로부터 주파수를 읽을 수 있다.

주파수 카운터는 리셋-계수-표시 순서(reset-count-display sequence)로

파형변환

주파수 카운터

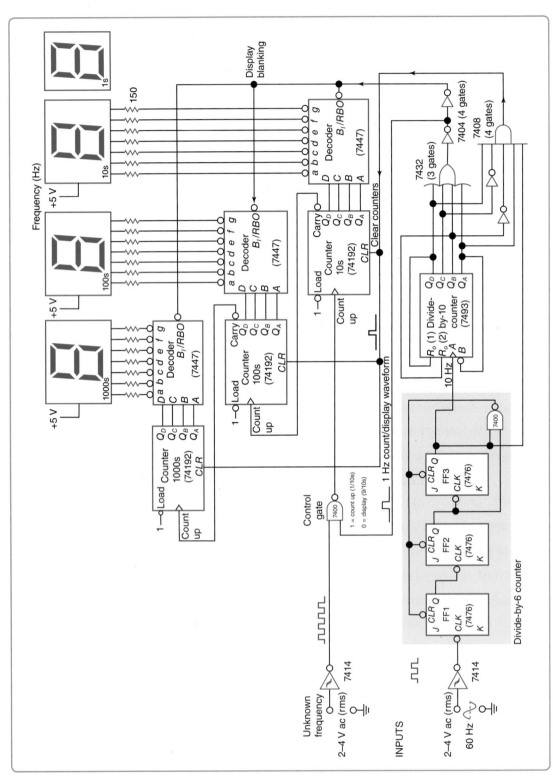

그림 12-18 실험용 디지털 주파수 카운터 배선도

동작한다. 리셋 펄스는 그림 12-18의 오른쪽 아래에 있는 5-입력 AND 게이트에서 발생된다. 이 펄스는 10의 자리, 100의 자리, 1000의 자리 카운터를 0으로 클리어 한다. 리셋(또는 카운터 클리어 펄스)은 계수를 시작하기 전에 발생되는 매우 짧은 양의 펄스이다.

리셋-계수-표시 순서에서 다음 단계는 계수(count) 또는 샘플링 시간(sampling time)이다. 계수/표시 파형이 HIGH일 때 제어 게이트는 인에이블 되고 임의의 주파수는 NAND 게이트를 통하여 10의 자리 카운터의 클럭 입력으로 전달된다. 이 샘플링 시간 동안 각 펄스는 10의 자리 카운터를 증가시킨다. 10의 자리 카운터가 9에서 10으로 될 때 100의 자리 카운터로 올림수가 발생된다. 0.1초 후에 계수/표시 파형은 LOW로 변한다. 이것은 샘플링 시간이 끝났음을 나타낸다. 임의의 주파수는 10의 자리를 증가시키는 주파수임을 주목하자.

리셋-계수-표시 순서의 마지막 단계는 표시 시간(display time)이다. 계수/표시 파형이 LOW로 될 때 제어 게이트는 비활성화(disable) 된다. 이 시간동안 LED로부터 주파수를 읽을 수 있다. 그림 12-18에서 Hz 단위로 주파수를 읽기 위해 1의 자리 표시기가 세 개의 표시기 오른쪽에 추가되어 0으로 나타남을 주목하자.

리셋-계수-표시 순서의 계수 시간 동안 표시장치에는 아무 것도 나타나지 않는다(표시제거: display blanking). 표시장치는 표시시간동안 안정적으로 읽을 수 있도록 켜져 있다. 표시제어 파형은 계수/표시 파형 라인을 OFF하는 7404 인버터에 의해 생성되는 0.1초 음의 펄스이다. 이 펄스는 계수 시간인 0.1초 동안 세 개의 표시기에 아무것도 나타나지 않게 한다(blanking). 블랭킹(blanking)은 표시장치가 점멸되도록 한다. 이 문제는 디코더의 입력 데이터를 래치를 사용하여 저장함으로서 해결할 수 있다.

블랭킹

대부분의 상업용 주파수 카운터는 그림 12-18에 있는 주파수 카운터처럼 동작한다. 보통 상업용 카운터는 KHz와 MHz까지 측정할 수 있다. 실험용 주파수 카운터는 약 3V~8V 입력 신호가 필요하다. 보통 상업용 카운터는 약한 신호를 적당한 수준으로 증폭하기 위해 첫 파형변환회로 전에 **증폭회로**를 갖는다. 또한 제너 다이오드를 사용하여 과전압 보호 기능을 제공한다. 표시가 나타나지 않는 것을 없애기 위해 상업용 카운터는 카운터의 내용을 저장하고 표시하기 위해 약간 다른 방법을 사용한다. 알고 있는 주파수로 60Hz의 전원 주파수를 사용한다. 보통 상업용 주파수 카운터는 알고 있는 주파수를 생성하기 위해 정확한 고주파수 크리스

증폭회로
크리스털 발진기

털 발진기를 사용한다.

상업용 주파수 카운터의 중요한 규격으로는 주파수 범위, 입력 감도, 입력 임피던스, 입력 보호, 정확도, 측정 간격, 표시 시간 등이다.

▌▌ 확인문제

51. 그림 12-18에서, FF1, FF2, FF3, NAND 게이트는 _____ 카운터를 구성한다.

52. 그림 12-18에서, 주파수 카운터의 계수 시간은 _____ 초이고 표시시간은 _____ 초이다.

53. 그림 12-18에서, 주파수 카운터의 샘플링 시간은 _____(계수, 표시) 시간이라고 부른다.

54. 그림 12-18에서, 5-입력 AND 게이트는 카운터 클리어 또는 _____ 펄스를 발생시킨다. 이 펄스는 _____(음, 양) 펄스이다.

55. 그림 12-18에서, 표시 블랭킹 펄스는 _____(계수, 표시) 시간 동안 발생된다. 이 펄스는 _____(음, 양) 펄스이다.

56. 그림 12-18에서, 7414 IC는 _____ 인버터라고 불린다. 7414 인버터는 이 회로에서 _____ 변환을 위해 사용된다.

57. 그림 12-18에서, 카운터로 인가되는 임의의 주파수의 각 펄스는 _____(1, 10, 100)Hz로 주파수를 증가시킨다.

58. 그림 12-18에서, 실험용 카운터의 주파수 범위는 _____Hz에서 _____Hz까지이다.

59. 그림 12-18에서, 실험용 주파수 카운터의 측정 간격(gate interval)은 0.1초이며 표시시간은 _____ 초이다.

60. 그림 12-18에서, 실험용 카운터로 인가되는 알고 있는 주파수는 _____Hz이다.

61. 그림 12-18에서, _____(7447 디코더 IC, 74192 카운터 IC)는 표시시간 동안 계수된 최댓값을 유지하기 위한 임시 메모리 장치 기능을 한다.

12.8 경보 기능을 가진 LCD 타이머

대부분의 전자레인지와 전자오븐은 적어도 하나의 알람 기능이 있는 타이머를 가지고 있다. 오래된 가전제품은 기계식 타이머를 사용하였으나 현대의 전자레인지는 디지털 회로를 사용한 전자식 타이머를 가지고 있다. 그림 12-19(a)에 타이

머 시스템의 개념이 그려져 있다. 이 시스템에서, 키패드는 입력장치이고 디지털
표시기와 경보 부저는 출력 장치이다. 그림 12-19(b)에는 데이터를 처리하고 저
장하는 디지털 회로 블럭이 있다.

그림 12-19(b)에서 보다 자세한 디지털 타이머의 블럭도를 보이고 있다. 디지
털 회로 블럭이 시간-기반 시계(time-base clock), 자동정지 하향 카운터(self-
stopping down counter), 래치/디코더/드라이버(latch/decoder/driver), 크
기비교기(magnitude comparator) 등 4개의 블럭으로 나누어 졌다. 입력 제어
(input controls) 블럭은 하향 카운터에 저장되는 시간을 미리 설정한다. 시간 기

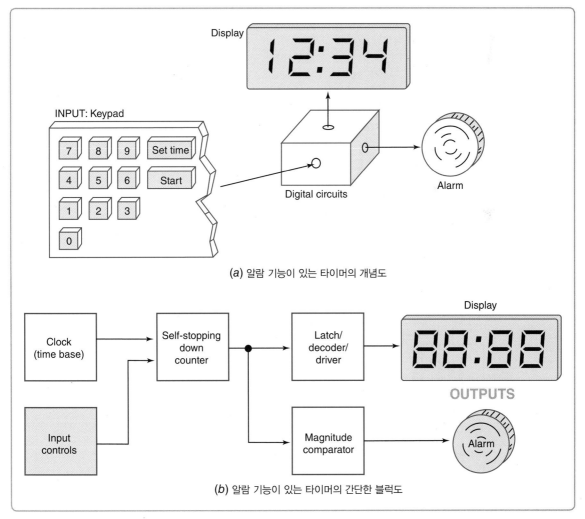

(a) 알람 기능이 있는 타이머의 개념도

(b) 알람 기능이 있는 타이머의 간단한 블럭도

그림 12-19 디지털 타이머 시스템

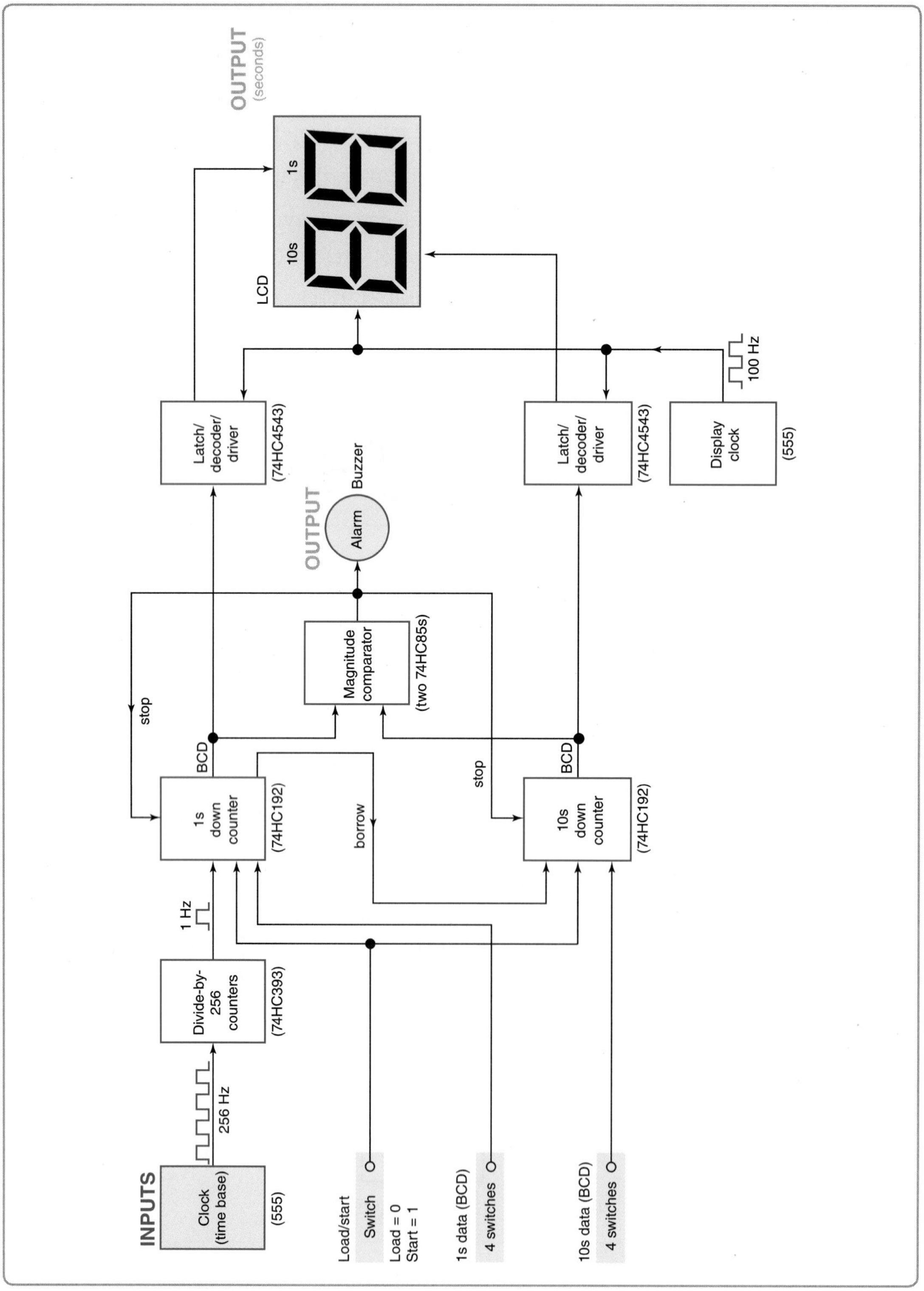

그림 12-20 경보 기능을 갖는 실험용 LCD 타이머의 자세한 블록도

반(time base) 시계는 알고 있는 주파수를 생성하는 비안정 멀티바이브레이터이 다. 이 경우에, 신호는 1Hz 구형파이다. 전체 타이머의 정확도는 시간 기반 시계의 정확도에 의존한다. 시작 입력 제어가 활성화되면 하향 카운터가 동작한다. 각각의 수는 래치/디코더/드라이버에 의해 저장되고 표시되고 표시장치를 구동한다.

비안정 멀티바이브레 이터

그림 12-19는 타이머의 기본적인 구성도를 설명하고 있다. 다음, 설계자는 이 시스템을 구현하기 위해 입력, 출력, 처리에 대해 어떤 기술을 사용할지를 결정해 야한다.

그림 12-20는 디지털 전자 타이머 시스템에 대한 보다 자세한 블록도를 보이고 있다. 설계자는 저전력 CMOS IC로 구동하는 2자리 LCD를 사용하기로 결정하 였고 입력은 간단하게하기 위해 논리 스위치를 사용하고 시간 간격은 1초로 정하 였다. 각 블록은 MSI 디지털 IC 또는 입력/출력 장치에 해당한다. 그림 12-20에 있는 상세화된 블록도로부터 결선도를 결정할 수 있다.

그림 12-20의 블록도는 실험실에서 구성할 수 있는 알람 기능이 있는 실험용 LCD 타이머이다. 이 타이머는 다음과 같이 동작된다.

1. 적재/시작(load/start) 제어를 0으로 설정한다(적재 모드).
2. 위의 4개 스위치를 사용하여 BCD 수를 설정하여 1의 자리 카운터에 적재 한다.
3. 아래의 4개 스위치를 사용하여 BCD 수를 설정하여 10의 자리 카운터에 적 재한다.
4. 이제 두 자리 수가 LCD에 표시된다.
5. 적재-시작 제어를 1로 한다(하향 카운터 시작 모드).

타이머는 초단위로 하향 계수를 시작할 것이다. LCD는 경보를 알리기 전에 남 아 있는 시간을 보여 준다. 두 카운터가 0이 되었을 때 LCD는 00을 보여 주고 경 보가 울릴 것이다. 마지막 단계는 경보를 끄기 위해 회로의 전원을 차단하는 것이 다. 그림 12-21에서 실험용 LCD 타이머 회로에 대한 배선도를 보여 주고 있다. 각 IC는 그림 12-20에 있는 블록도에 배치되어 있는 것처럼 배선도에서도 상대적 으로 같은 위해에 배치되어 있다.

그림 12-20과 그림 12-21에 있는 LCD 타이머 회로의 자세한 동작은 다음과 같다.

시간 기반 클럭

시간 기반 클럭(time-base clock)은 비안정 멀티바이브레이터로 배선된 555 타이머 IC이다. 이것은 256Hz 구형파를 발생하도록 설계되었다. 이 실험용 타이머에 있는 시간 기반 시계는 매우 정확하거나 안정하지 않다. 저항 R_1 값을 조정하여 주파수를 맞출 수 있다. 보통 R_1의 값은 약 20kΩ이다.

시간 기반의 두 번째 부품은 256분주 카운터 블럭(divide-by-256-counter block)이다. 이 블럭의 기능은 1Hz 신호를 출력하는 것이다. 256분주 카운터 블럭은 실제로 두 개의 4-비트 카운터를 함께 연결한 것이다. 그림 12-22는 4-비트의 16분주 카운터 2개를 배선한 것을 보여주고 있다. $\overline{CP}$ 입력은 클럭 입력이며 단지 Q_D 출력만 사용함을 주목하자. 첫 번째 16분주 카운터는 256Hz를 16Hz로 주파수를 분주한다(256/16=16Hz). 두 번째 카운터는 원하는 1Hz로 주파수를 분주한다(16/16=1Hz).

자동정지 하향 카운터

두 개의 십진 카운터 74HC192는 8장에서 자세히 설명한 74192 TTL IC와 같은 기능을 하는 74HCXXX 시리즈이다. 74HC192 카운터의 적재 입력이 LOW가 되면 데이터 입력(A, B, C, D)이 있는 데이터가 곧바로 카운터의 플립플롭으로 전달된다. 그리고 카운터의 출력(Q_A, Q_B, Q_C, Q_D)에 나타난다. 적재된 데이터는 BCD(binary-coded decimal) 유형이다. 적재/시작 제어가 HIGH로 되면 1Hz 신호는 1의 자리 카운터를 동작시킨다. 클럭펄스의 상승 에지마다 계수는 1씩 감소한다. 1의 자리 카운터가 0에서 9로 될 때 1의 자리 카운터의 빌림수(borrow out) 출력은 LOW에서 HIGH로 된다. 이것은 10의 자리 카운터를 감소시킨다. 두 개의 74HC192 카운터의 CLR 입력에 카운터 정지선(counter stop line)이 연결되어 있기 때문에 하향 카운터는 실제로 자동 정지 하향 카운터로 배선되어 있다. 카운터 정지선이 HIGH로 될 때 두 카운터는 0000에서 멈춘다.

8-비트 크기 비교기

그림 12-21에서 8-비트 크기 비교기(8-bit-magnitude comparator)를 구성하기 위해 74HC85 4-비트 비교기를 직렬로 연결한 것을 보이고 있다. 이 회로의 목적은 카운터의 출력이 $0000\ 0000_{BCD}$이 되었는지 감지하는 것이다. 두 카운터가 0이 되었을 때 8-비트 구기 비교기의 출력($A = B_{out}$)은 HIGH가 된다. 이

출력은 두 가지 목적에 사용된다. 첫 번째, 두 개의 4HC192 카운터가 0000에서 멈추게 한다. 두 번째, 비교기의 출력이 HIGH이면 트랜지스터 Q_1을 ON시킨다. 이것은 트랜지스터를 통하여 전류가 흐르게 되어 부저가 울린다. 부저와 병렬로 연결된 다이오드는 부저에 의해 발생되는 과도전압을 억제한다.

디코더/드라이버

타이머 회로에 사용된 두 개의 74HC4543 IC는 세 가지 목적으로 사용된다. 그림 12-23에 74HC4543 IC의 기능을 요약하였다. 타이머 회로(그림 12-21)에서 래치 디저블(LD : latch disable) 입력은 HIGH로 고정되어 있어 래치는 비활성화된다. BCD 데이터는 래치를 통해 BCD입력을 7-세그먼트 코드로 바꾸어 주는 디코더로 인가된다. 마지막으로, 74HC4543 칩에 있는 드라이버 회로는 LCD의 정확한 세그먼트에 전원을 보강해 준다.

그림 12-21의 오른쪽 아래에 있는 표시기 클럭(display clock)은 100Hz 구형파를 발생한다. 이 신호는 LCD의 공통(뒤판) 단자와 74HC4543 IC의 Ph 입력에 인가된다. 74HC4543 칩에 있는 LCD 드라이버는 활성화된 LCD 세그먼트에 반전된 또는 180° 위상 변화된 신호를 보낸다. 활성화되지 않은 세그먼트는 74HC4543 IC에 있는 LCD 드라이버로부터 같은 위상의 구형파 신호를 받는다.

◀▮ 확인문제

62. 그림 12-21에서, 전체 타이머의 정확도는 _____클럭에 의해 발생된 주파수에 의존한다.

63. 그림 12-21에서, 타이머에 있는 카운터로 적재되는 초기 값은 _____(BCD, 2진수, 십진수) 형태로 들어가야 한다.

64. 그림 12-21의 타이머 회로에서 출력 장치로 고려해야 하는 두 개의 부품은 무엇인가?

65. 그림 12-21에서, 계수가 0에 도달하였을 때 8-비트 크기 비교기의 출력($A=B_{out}$)은 _____(HIGH, LOW)이다. 이것은 카운터 정지선을 _____(HIGH, LOW)로 가게 하여 카운터를 정지시킨다. 또한 이것은 전기가 흐르도록 트랜지스터를 _____(off, on)하여 부저를 울린다.

66. 그림 12-21에서, 74HC4543 IC의 드라이버는 활성화된 LCD 세그먼트에 _____(위상이 같은, 위상이 반전된) 구형파 신호를 보낸다.

67. 그림 12-21에서, 표시기 클럭은 100Hz 구형파 신호를 두 개의 74HC4543 IC의 입력과 LCD의 _____단자에 보낸다.

68. 그림 12-21의 타이머 회로는 _____(1분, 1초, 0.1초) 단위로 조정된다.

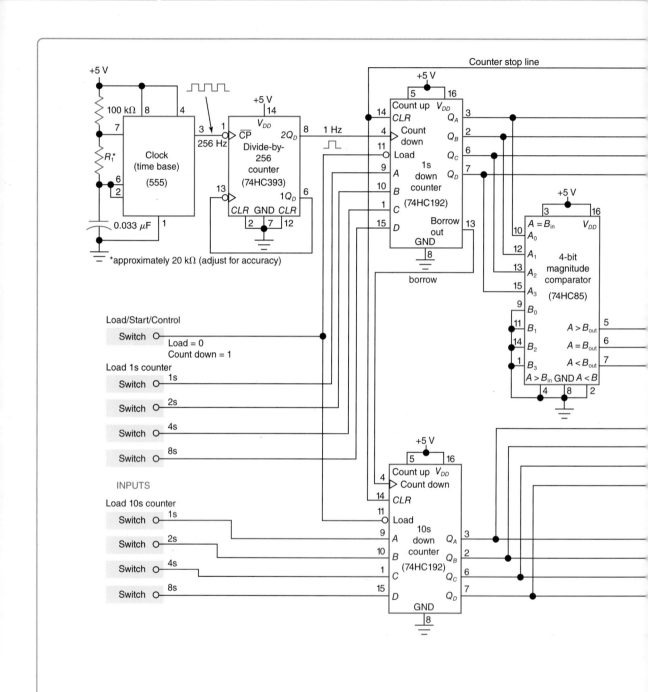

그림 12-21 경보 기능을 갖는 실험용 LCD 타이머의 배선도

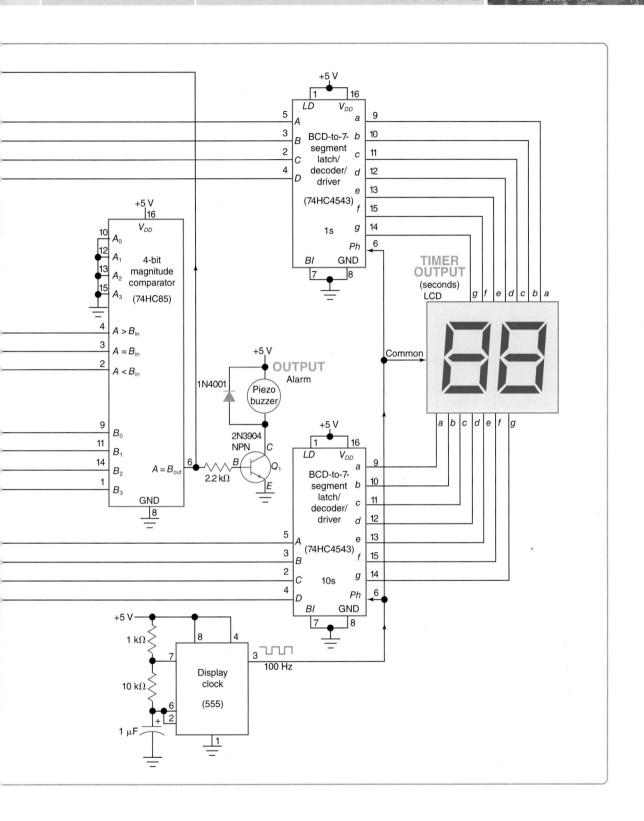

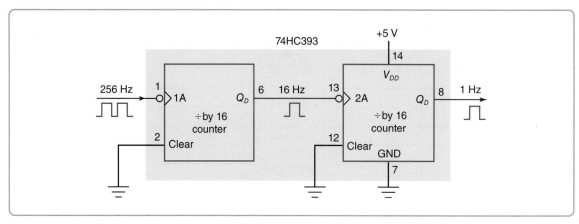

그림 12-22 두 개의 16분주 카운터를 사용한 256분주 블럭 배선

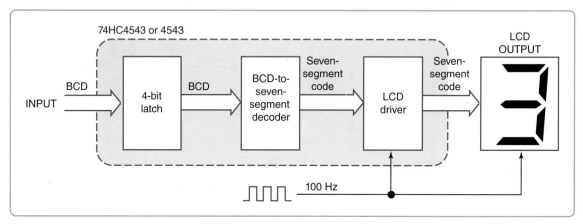

그림 12-23 래치, 디코더, 드라이버를 포함하는 74HC4543 IC의 내부 구조

12.9 간단한 거리 감지

소나

전자 거리센서는 장치에서 사용된 기술에 의해 분류될 수 있다. 다섯 가지 공통된 거리 감지 기술은 (1) 적외선, (2) 초음파, (3) 좁은 레이저 광선, (4) 소나 (sonar: sound navigation and ranging), (5) 레이더(radar: radio detection and ranging)이다.

적외선과 초음파 기술은 간단한 저가 거리센서에 사용된다.

적외선 거리센서

적외선 거리센서는 그림 12-24에 그려진 방법 중의 하나를 사용하여 물체까지의 거리를 측정할 수 있다. 그림 12-24(a)의 외쪽에서 보여주는 방법은 목표물 표면에서 반사되는 적외선을 내보내는 IR LED로 부터의 펄스를 사용한다. 반사된 빛은 IR 감지기(포토 트랜지스터)의 렌즈로 들어온다. 렌즈는 IR 포토 트랜지스터의 베이스로 IR 빛을 비춘다. IR 빛이 많을수록 트랜지스터는 더 잘 전류를 흐르게 하지만 빛이 적으면 에미터-콜렉터 전류가 적게 흐른다. 포트 트랜지스터의 콜렉터에 추가된 풀업 저항을 가지고 에미터-콜렉터 저항의 변화를 출력전압의 변화로 바꾼다.

그림 12-24(B)의 오른쪽에서 보여주는 방법은 목표물 표면에서 반사되는 적외선의 펄스를 보내는 IR LED를 사용한다. 반사된 빛은 특별한 IR 감지기의 렌즈로 들어간다. 센서에 부딪친 빛은 신호 처리기로 보내어진다. DIP 거리센서 장치내의 신호 처리기는 목표물(반사된 표면)까지의 거리를 계산하는 삼각측정법(triangulation method)을 이용한다. 그림 12-24(b)의 그림처럼, 적외선 빔과 수직 사이의 각도가 작으면 작을수록 목표물까지의 거리는 더 커진다. 같은 방법으로 적외선 빔과 수직 사이의 각도가 클수록 목표물까지의 거리는 더 짧다. 신호 처리기에 연결된 특별한 IR 감지기는 출력을 생성한다. 거리 측정 센서의 모델에 따라 출력 신호는 아날로그이거나 디지털이 될 수 있다.

초음파 거리센서

그림 12-25에 그려진 초음파 거리센서는 다량의 음 에너지(sound energy)를 발산한다. 초음파는 목표물에 반사되어 되돌아와 초음파 수신기를 활성화시킨다. 초음파가 목표 물체 도착해서 수신기로 되돌아올 때까지 걸리는 시간이 제어 장치(보통 마이크로컨트롤러)에 전달된다. 제어 장치는 거리를 계산하고 정보를 출력한다(운영자나 기계에).

그림 12-25에서 초음파 거리센서의 동작에 대한 보다 자세한 내용을 설명하고 있다. 초음파 거리센서는 마이크로컨트롤러의 제어를 받는다.

센서로부터 목표물까지의 거리를 측정하는 순서는 다음과 같다.

1. 마이크로컨트롤러는 송신기에 짧은 트리거 펄스를 출력한다.
2. 초음파 송신기는 다량의 음 에너지를 방출한다.

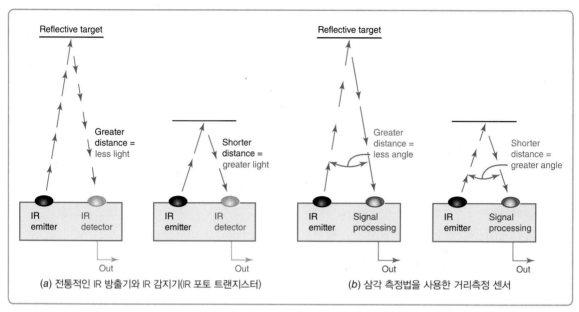

(a) 전통적인 IR 방출기와 IR 감지기(IR 포토 트랜지스터)　　(b) 삼각 측정법을 사용한 거리측정 센서

그림 12-24 IR 거리센서 동작

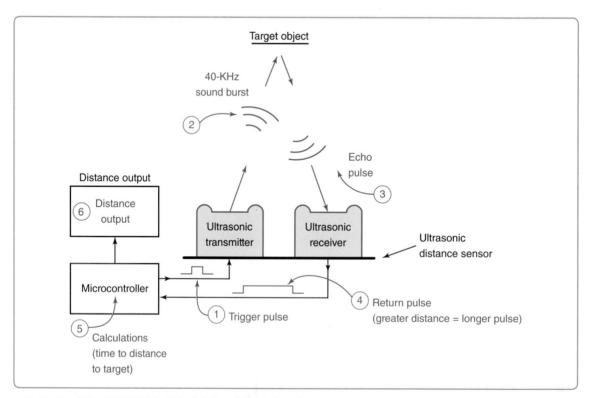

그림 12-25 마이크로컨트롤러에 의해 제어되는 거리센서의 동작

3. 초음파는 목표물에서 반사되어 초음파 수신기로 되돌아온다.

4. 초음파 수신기는 송신기로부터 떠난 음이 목표물에 반사되어 수신기로 되돌아올 때까지 걸린 시간을 나타내기 위해 펄스를 발생한다. 센서와 목표물까지의 거리가 클수록 이 펄스의 지속시간도 더 커진다. 음은 센서에서 목표물까지 거리의 두 배를 이동한 것이다.

5. 마이크로컨트롤러는 공기에서 음의 속도(약 1100ft/s)와 같은 상수들을 이용하여 센서에서 목표물까지 거리를 계산한다. 계산할 때, 음은 센서에서 목표물까지 거리의 두 배를 이동했다는 사실을 반영한다.

6. 마이크로컨트롤러는 적절한 거리 출력을 발생한다(표시장치에 또는 로봇과 같은 기계의 행동을 제어하기 위해 사용된다).

Parallax의 BASIC Stamp 2 모듈은 거리를 측정하기 위해 초음파 거리센서를 사용할 수 있다. 보통 마이크로컨트롤러와 사용되는 장치는 Parallax의 PING™ 초음파 거리센서이다.

거리센서 검사

그림 12-24에 적외선 거리센서를 사용한 두 가지 기술에 대해 요약하였다. 첫 번째 기술은 전통적인 방법이다(송신기로써 IR LED와 수신기로서 포토 트랜지스터). 두 번째 센서는 삼각 측정법을 사용한다. 테스트되는 IR 거리센서는 그림 12-24(b)에 있는 장치와 같이 동작하는 새로운 형태일 것이다.

적외선 거리센서

그림 12-26에 그려진 간단한 테스트 회로는 Pololu 사의 센서 1134의 동작을 자세히 보여 주고 있다. 이 장치는 Pololu carrier with sharp GP2Y0D8I0Z0F digital distance sensor 10cm로 기술된다. 이 센서는 2cm와 10cm(0.8인치와 4인치) 사이의 물체를 감지한다. 이 센서는 단지 디지털 출력(HIGH 또는 LOW)을 갖기 때문에 감지 범위에 있는 물체를 감지하고 정확한 거리를 계산하기 위해서는 사용할 수 없다. 이것은 이동 로봇에 사용됨으로써 빔 차단 센서(break-beam sensor), 비접촉 범퍼, 장애물에 유용하며 또한 센서 앞을 지나가는 물체를 계수하는 카운터로 유용하다.

Polou 거리센서 모듈이 그림 12-26에서 실제 외형(도형이 아님)으로 보여주고 있다. 감지범위 내에서 물체를 감지하지 못하면 거리센서의 출력은 HIGH이다. 센서의 범위(2~10 cm) 안에서 물체가 감지되면 출력 핀은 LOW로 된다. 그림 12-26에 있는 테스트 회로는 NPN 트랜지스터를 구동하기 위해 74HC04 인

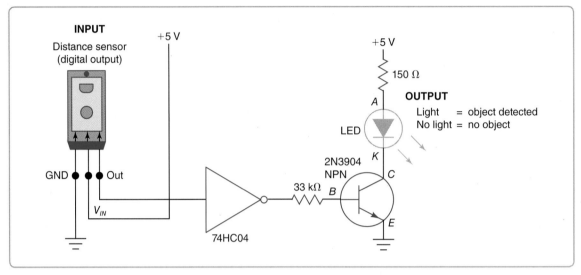

그림 12-26 Pololu 1134 디지털 거리센서의 테스트 회로

버터를 사용한다. 인버터의 출력이 LOW일 때 트랜지스터는 OFF이고 LED는 켜지지 않는다. 물체가 감지되면 거리센서의 출력이 LOW가 되고 인버터로 인가 된다. 인버터의 출력은 HIGH가 되어 트랜지스터가 ON되고 LED가 켜진다.

거리센서를 갖는 비접촉 동작

많은 공용 욕실에서 사용되는 자동 종이수건 분배기처럼 동작하는 장치를 생각해 보자. 거리센서를 사용하여 짧은 시간동안 전기 모터나 스테퍼 모터를 동작시키는 간단한 시스템을 생각할 수 있는가? 상상한 것을 발명할 수 있는가? 블럭도 형태로 아이디어를 스케치하는 것은 상상한 시스템을 명확하게 하는데 도움을 줄 것이다. 시스템의 몇 가지 요구사항을 각 블럭 아래에 나열할 수 있다. 경험하였던 부품으로 제한하라(교과서나 실험 매뉴얼에서).

그림 12-27(a)에 있는 스케치는 생각했던 간단한 시스템을 보여준다. 각 블럭 아래에 있는 간단한 메모는 시스템을 구성하기 위해 필요한 자세한 것들을 정의할 때 도움이 된다. 블럭 아래의 유용한 메모의 몇 가지는 다음과 같다.

1. 감지기: 디지털 출력을 갖는 거리센서, 짧은 감지 범위
2. 2~4초 동안 계속되는 트리거 타이밍 회로. OFF. 다음 트리거 기다림. 타이밍 회로에 필용한 클럭 입력. 타이밍 회로의 가장 쉬운 해법은 555 타이머인

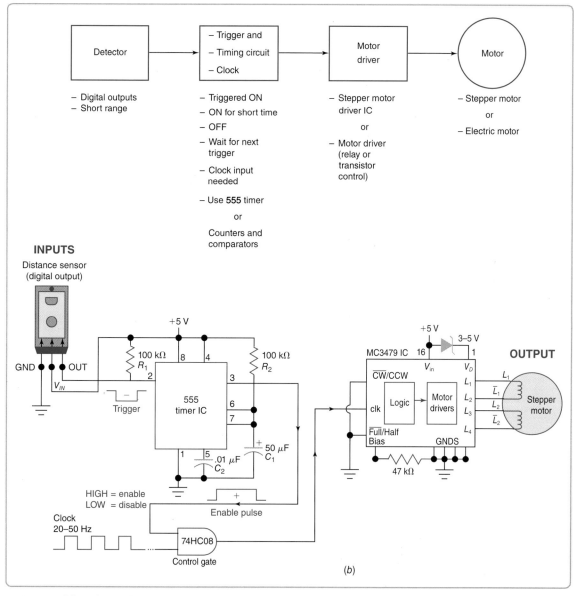

그림 12-27 (a) 스테퍼 모터의 비접촉 시간 동작을 위한 아이디어 스케치 (b) 스테퍼 모터의 비접촉 동작을 위한 거리센서 사용

듯함

3. 모터 드라이버: 출력 유형 결정(전기 모터 또는 스테퍼 모터). 스테퍼 모터
   선택

4. 모터: 스태퍼 또는 전기 모터. 스테퍼 모터 선택

그림 12-27(b)에서 스테퍼 모터의 비접촉 동작을 위해 디지털 거리센서를 사용한 회로의 개략도를 보여주고 있다. 이 회로는 많은 공용 욕실에 있는 비접촉 종이 수건 분배기의 동작을 모의실험한다.

그림 12-27(b)에서 사용한 디지털 거리센서는 그림 12-26에서 사용했던 Pololu 1134 장치이다. 거리센서는 그 범위(2~10cm)에서 물체가 감지될 때 LOW를 출력한다. 555 타이머 IC의 입력(핀 2)에 LOW 트리거 펄스가 인가되면 출력(핀 3)은 몇 초 동안 HIGH로 된다. 제어 게이트(AND 게이트)의 위쪽 입력이 HIGH이면 20Hz~50Hz 클럭펄스를 통과시켜 MC3479 스테퍼 모터 제어기의 클럭 입력으로 인가한다. MC3479 IC의 clk 입력에 클럭펄스가 인가되는 한 스테퍼 모터는 시계방향으로 회전한다. 스테퍼 모터는 분배기의 기계적인 부분을 관장하여 종이 수건이 나오도록 한다. 555 타이머 IC 회로는 약 2~4초 후에 LOW가 되어 제어 게이트가 동작하지 못하도록 설계되었다. 스테퍼 모터의 회전은 클럭 주파수를 증가시키면 증가시킬 수 있다. 또한 이 회전은 타이머 회로의 커패시터 C_1 값을 바꿈으로써 조정할 수 있다. C_1 값을 감소시키면 555 타이머 IC의 출력(핀 3)이 HIGH로 있는 시간을 감소시킨다.

그림 12-28에서 자동 종이 수건 분배기의 또 다른 해법을 자세히 보여주고 있

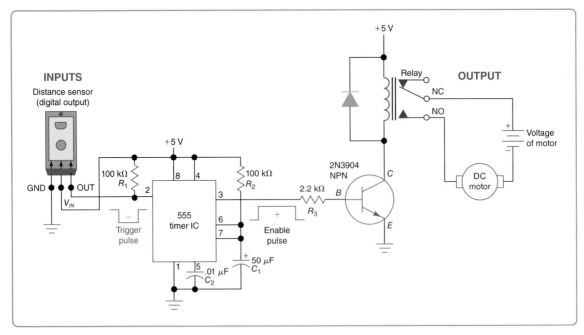

그림 12-28 dc 모터의 비접촉 동작을 위한 거리센서의 사용

다. 이와 같이 간단한 해법에서, 거리센서는 그림 12-27에서 사용했던 555 타이머 회로를 트리거 시킨다. 거리센서가 손을 흔드는 것처럼 물체를 감지하면 음 펄스를 생성하고 555 타이머 IC를 트리거 시킨다. 타이머는 2~4초의 양 펄스를 발생시켜 NPN 트랜지스터를 ON시킨다. 트랜지스터는 릴레이의 코일을 통해 도통되고 릴레이의 NO접점은 닫히게 되어 DC 모터가 회전한다. 약 2~4초 지연 후에, 555 타이머 IC의 출력(핀 3)은 LOW로 되돌아간다. 이것은 NPN 트랜지스터를 OFF시키고 릴레이 코일에 더 이상 전류가 흐르지 않게 된다. 따라서 릴레이 NO 접점은 열리게 되고 dc 모터는 회전을 멈춘다.

이 회로에서 사용된 거리센서는 그림 12-27(b)에서 사용한 거리센서와 같은 것이다. 이 센서는 범위(2~10cm) 내에서 물체가 감지되면 출력을 발생한다. Pololu 1134 센서 모듈은 디지털 출력(감지=LOW, 감지 않음=HIGH)을 갖는다. 모터 회전 시간은 타이머 회로에 있는 커패시터 C_1 값을 바꿈으로써 조정할 수 있다. C_1 값을 감소시키면 모터 회전 시간이 감소될 것이다.

확인문제

69. 5가지 공통 거리센서 기술은 레이더, 소나, Y-모듈, 초음파, 블루레이를 포함한다.(참, 거짓)

70. 그림 12-24(a)에서, IR 에미터는 적외선 다이오드를 사용하는 반면 IR 감지기는 IR _____(포토트랜지스터, 링 카운터)을 사용한다.

71. 그림 12-24(b)에서, 이 거리 측정 센서는 반사 목표물까지의 거리를 계산하기 위해 (9의 보수, 삼각측정)법을 사용한다.

72. 그림 12-24(b)에서, 특별한 IR 감지기의 출력은 아날로그나 디지털 출력 신호를 발생시키는 _____(복조기, 신호 처리) 회로로 인가된다.

73. 그림 12-25에서, 초음파 거리센서는 제어장치를 사용한다. 제어 장치는 보통 _____ (랩탑 컴퓨터, 마이크로컨트롤러)이다.

74. 그림 12-25에서, 초음파 센서를 사용한 거리 측정은 초음파 수신기로 되돌아오는 음의 양을 사용하여 하게 된다.(참, 거짓)

75. 그림 12-26에서, Pololu 1134 거리센서의 감지 범위는 최대 약 _____(4, 36)인치이고 출력은 _____(아날로그, 디지털)이다.

76. 그림 12-26에서, 거리센서가 감지 범위 내에 있는 물체를 감지하였을 때 출력은 (HIGH, LOW)이고 인버터의 출력은 _____(HIGH, LOW)이며 트랜지스터는 ON되고 LED는 _____(켜진다, 켜지지 않는다).

77. 그림 12-27(b)에서, 거리센서의 음 트리거 펄스는 555 타이머 IC의 출력(핀 3)을 _____(HIGH, LOW)가 되게 하고 타이머 출력은 NAD 제어 게이트를 활성화한다.

12.10 JTAG/Boundary Scan

제조 공장이나 현장에서 만들어진 디지털 시스템과 부시스템이 적절히 동작하는지를 테스트할 수 있다는 것은 중요하다. 반도체 제조사들은 IC에 포함되는 디지털 회로의 복잡성을 계속 증가시키고 있다. 많은 IC는 단일 칩에 완전한 디지털 시스템을 포함하고 있다. 표면실장 기술이나 다층 PCB와 같은 기술은 PCB 위에 있는 부품의 수를 증가시키고 크기를 줄이고 있다. 이러한 소형화는 시스템과 부시스템 동작을 테스트하기 위한 접근점을 손실을 초래한다.

JTAG

1980년 중반에, JTAG(Joint Test Action Group)는 PCB에서의 테스트 접근점의 손실 문제를 해결하는 방법을 개발하였다. 개발된 방법은 테스트 능력과 집적회로에 테스트 접근점을 추가하는 새로운 테스트 구조였다. 후에 IEEE(Institute for Electrical and Electronic Engineers)는 이 방법을 Standard 1149.1 Test Access Port and Boundary-Scan Architecture로 형식화하였다. boundary-scan 구조는 보통 boundary scan 또는 JTAG이라고 칭한다. JTAG은 이 시스템을 개발한 그룹(Joint Test Action Group)을 지칭한다. 이제 어떤 IC와 PCB는 그것들에 내장된 추가된 테스트 부시스템을 가지고 있다. 그림 12-29는 단순화된 JTAG를 따르는 IC를 보여 주고 있다. 주요 JTAG 요소를 노란색, 분홍색, 빨간색으로 보여주고 있다. 그림에서 검정색 선은 IC의 기본 입력과 출력선을 설명한다. 그림 12-29의 아래쪽에 있는 빨간색 선은 칩의 테스트 접근 포드(TAP: test access port)이다. 4개의 빨간색 실선은 TDI(test data input), TDO(test data output), TMS(test mode select), TCK(test clock)이며, 칩의 테스트 접근을 위해 표준 4-선 직렬 인터페이스를 제공한다. 빨간색 점선은 test reset(TRST) 입력을 나타내며 이것은 5번째 선으로 선택적이며 테스트 접근 포트를 리셋한다. boundary-scan에서 요구되는 다른 요소는 명령어 레지스터, 통과 레지스터, TAP 제어기, 하나 이상의 테스트 데이터 레지스터이다. JTAG를 따르는 IC는 하나 이상의 테스트 데이터 레지스터를 가질 수 있다. 그러나 테스트 데이터 레지스터중 하나는 boundary-scan 레지스터이어야 한다. boundary-scan 레지스터는 일련의 boundary-scan 셀(BSCs)로 구성된다. 그림 12-29에 있는 10개의 노란색 정사각형은 이 예제 IC에서 boundary-scan 레지스터를 구성하는 boundary-scan 셀를 나타낸다. 그림 12-29의 오른쪽에서 확대한 boundary-scan 셀을 보여주고 있다. boundary-scan 셀은 2개의 2-입력 멀티플렉서와 2개의 플립플롭으로 간단히 구성할 수 있음을 주목하자. 칩의 TAP 제어기는 boundary-scan 셀에 있는 멀티플렉서와 플립플롭을 제어한다.

그림 12-29의 왼쪽에서 보여주고 있는 TAP 제어기와 명령어 레지스터는

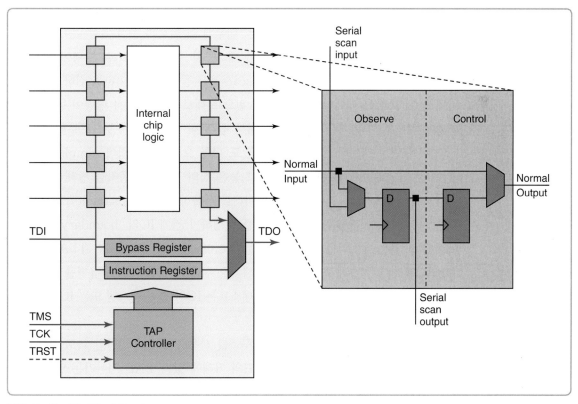

그림 12-29 JTAG를 따르는 IC

boundary-scan 구조에서 제어 영역을 구성한다. TCK의 클럭 입력의 상승 에지 동안 읽는 TMS 입력 핀에 있는 직렬 데이터는 많은 가능한 상태 중 하나로 TAP 제어기를 설정한다. TAP 제어기의 상태는 (1) boundary-scan 테스트 시스템이 리셋될지, (2) 명령어 레지스터에 있는 명령어에 의해 지정된 테스트가 수행되고 있는지, (3) TDI 입력 핀에 있는 직렬 데이터가 TDO 출력 핀을 통해 이동된 명령어 레지스터에 있는 전 명령어와 함께 명령어 레지스터로 이동되는지, (4) TDI 입력 핀에 있는 직렬 데이터가 테스트 데이터 레지스터의 하나를 통하여 이동하고 그 레지스터의 전 데이터가 TDO 출력 핀을 통해 이동했는지를 결정한다. 명령어 레지스터에 통과 명령어가 적재되고 TAP 제어기가 테스트 수행 상태에 있다면 TDI 입력 핀에 있는 데이터는 1-비트 통과 레지스터를 통해 지나간다. 1-비트 통과 레지스터는 많은 JTAG IC를 포함하는 회로 보드에서 한 칩이 테스트 수행 부분이 아니면 그 칩을 통해 다른 IC로부터 데이터 이동 경로를 짧게 한다. 이것은 PCB에 있는 시스템과 부시스템의 테스트를 상당히 빨리 할 수 있게 한다.

JTAG를 따르는 IC는 또 다른 요구되는 2개의 명령어를 또한 구현해야만 한다. extest (external test) 명령어는 내부의 칩 회로의 손실 위험 없이 테스트되는 칩의 요소와 외부와 연결된 부분을 테스트할 수 있다. extest 명령어가 수행될 때 칩의 입력 핀에 있는 boundary-scan 셀은 들어오는 데이터를 취하고 출력 핀에 있는 BSC는 데이터를 칩의 출력 핀으로 내보낸다. extest 명령어 동안 TAP 제어기는 IC의 손상을 막기 위해 내부 칩 로직에 도달하는 것으로부터 칩의 입력 핀에 있는 데이터를 막을 수 있다. 또 다른 요구되는 명령어 sample/preload 는 두 가지 기능을 갖는다. 첫 번째 기능은 칩의 정상적인 동작을 방해하는 것 없이 내부 칩 로직으로 입출력되는 데이터를 샘플하는 것이다. sample/preload 명령어의 두 번째 기능은 다른 테스트를 수행하기 전에 IC의 boundary-scan 셀로 알고 있는 데이터를 미리 적재하는 것이다. 반도체 제조사들은 JTAG를 따르는 IC에서 명령어 레지스터에 의해 해석될 수 있는 다른 테스트 유형을 내장할 수 있다. 제조사에 의해 지정되는 추가 테스트는 IC의 전체 시스템 또는 IC의 지정된 부시스템을 테스트할 수 있다.

그림 12-30은 boundary-scan 구조를 사용하여 만든 간단한 회로 보드를 보여준다. 그림 12-30에 있는 회로보드의 아래에 있는 TAP 제어기는 일반적으로 컴퓨터에 연결된다. 컴퓨터로부터 테스트 데이터는 UART를 통해 아마 병렬로

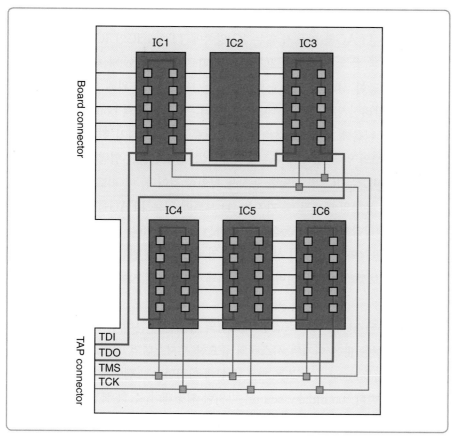

그림 12-30　6개의 IC를 갖는 간소화된 PCB. 5개의 IC는 boundary-scan 구조를 사용한 JTAG를 따르는 IC이다.

적재될 수 있고 직렬로 TAP로 보내진다. TDO(test-data output)로부터 출력되는 직렬 데이터는 병렬 데이터로 변환되고 컴퓨터로 보내진다. 이 회로보드에 있는 모든 디지털 부시스템은 컴퓨터에 의해 자동 테스트 수행을 이용하여 테스트될 수 있다. 이 테스팅은 회로보드의 전통적인 테스팅보다 더 빠르고 더 정확하고 덜 비싸다.

　그림 12-30에서, IC1, IC3~IC6에 있는 노란색 정사각형은 그림 12-29에서 보여 준 단일 IC에서 설명한 것과 같은 칩에 내장된 boundary-scan 셀(BSC)을 나타낸다. boundary-scan 셀은 각 IC의 입력과 출력에서 값을 제어하거나 관찰하기 위해 사용할 수 있다. 직렬 테스트 데이터는 클럭 입력 TCK의 상승 에지에서 테스트 데이터 입력(TDI)을 통해 이동된다. 직렬 출력은 클럭펄스의 하강 에지에서 테스트 데이터 출력(TDO)에서 관찰된다.

TDO

이 회로보드는 5개의 JTAG IC와 JTAG를 따르지 않는 하나의 IC를 가짐을 주목하자. JTAG를 따르지 않는 IC 양쪽에 JTAG IC인 IC1과 IC3을 배치한 것은 적절한 동작에 대해 IC2(JTAG를 따르지 않는 IC)가 테스트 되는 것을 허용한다. 적당한 시스템 동작에 대해 IC2를 테스트하기 위해 테스트 벡터(test vectors)로 알려진 일련의 입력 테스트 데이터는 IC1의 출력 boundary-scan 셀로 적재된다. 다음에 IC1과 IC3은 extest 명령어를 수행하기 위해 지시되고 IC2의 출력은 IC3의 입력 BSC에서 관찰된다. IC3에서 관찰된 입력과 IC2의 예상되는 출력과의 비교는 IC2의 적당한 동작을 확인할 것이다. 이 회로보드에서 수행될 수 있는 다른 유형의 테스트 몇 가지는 (1) 보드에 있는 JTAG를 따르는 IC(IC1, IC3~IC6)의 각각의 적당한 동작을 확인하는 것 (2) IC5와 IC6 사이의 상호연결뿐만 아니라 IC4와 I5 사이의 상호연결을 검사는 것 (3) 전체 시스템이 보드 단자로부터 오는 보통의 시스템 입력에 대해 어떻게 동작하는지를 관찰하는 것을 포함한다.

요약하면, 테스팅은 어떤 복잡한 시스템의 중요한 부분이다. PCB에서 테스트 접근점의 손실은 많은 디지털 시스템의 중요한 부시스템의 boundary scan을 만들었다. boundary scan 구조는 빠르고 쉽게 디지털 시스템에서 문제를 테스트하고 수정하게 한다. boundary scan은 디지털 시스템이 좀 더 복잡하게 되고 크기가 작아지기 때문에 테스트가 점점 어려워짐에 따라 보다 널리 사용되는 것 같다.

확인문제

81. boundary-scan 테스팅은 이 방법을 개발한 원래 그룹의 이름을 참조하여 _____ (4글자)로 알려져 있다.
82. boundary-scan 테스트 절차 동안에 사용되는 일련의 테스트 값은 _____(인수, 테스트 벡터)라고 불린다.
83. boundary-scan 기술 용어에서 상호연결(interconnections)에 대한 별명은 _____ (ICs, nets)이다.
84. JTAG을 따르는 PCB의 입출력 단자의 테스트 접근점은 두문자어 _____(3자)를 사용한다.
85. JTAG은 boundary-scan 기술 현장에서 _____을 위한 두문자어이다.
86. JTAG을 따르는 PCB는 화학 증기와 습기에 견딜 수 있도록 특별한 광택제에 담겨진다.(참, 거짓)
87. JTAG을 따르는 PCB는 디지털 IC가 _____(덜 복잡하고, 더 복잡하고) _____ (크기가 더 커짐, 크기가 더 작아짐)에 따라 보다 중요하게 되었다.

88. 그림 12-30에서, IC1, IC3~IC6에 대한 작은 노란색 정사각형은 _____(boundary-scan cells, carbon-zinc cells)라고 불린다.

89. JTAG를 따르는 IC와 JTAG를 따르지 않는 IC 둘 다를 포함하고 있는 PCB에서, boundary-scan을 사용한 적당한 동작에 대해 JTAG를 따르지 않는 IC를 테스트할 수 있다.(참, 거짓)

요약

1. 정확히 연결된 디지털 부시스템의 조립은 디지털 시스템을 구성한다.

2. 디지털 시스템은 입력, 전송, 저장, 처리, 제어, 출력과 같은 6개의 공통 요소를 가진다.

3. 제조사는 소규모 집적, 중규모 집적, 대규모 집적, 극대규모 집적, 초극대규모 집적으로 분류되는 IC를 생산한다.

4. 전자 게임은 인기 있는 구성 프로젝트이다. 많은 경우 주사위 던지기와 같이 게임을 모의 실험할 수 있다.

5. 디지털시계와 주파수 카운터는 2개가 비슷한 관계가 이는 디지털 시스템이다. 둘 다 카운터 사용을 확장하여 만든다.

6. 많은 LSI 디지털시계를 이용할 수 있다. 대부분의 시계 IC는 동작하는 디지털시계를 만들기 위해 다른 부품이 필요하다.

7. 멀티플렉싱은 보통 7-세그먼트 LED 표시장치의 구동 방법으로 사용된다.

8. 모든 디지털 시스템은 기본적으로 AND 게이트, OR 게이트, 인버터를 사용하여 구성한다.

9. 주파수 카운터는 주어진 시간간격 동안 입력펄스를 적확히 계수하고 디지털 형태로 표시하는 도구이다.

10. 블럭도는 디지털 시스템의 구조를 이해할 수 있게 한다. 대부분의 자세한 블럭도는 시스템을 칩 수준으로 나누어 나타낸다.

11. IEEE Standard 1149.1 Test Access Port and Boundary-Scan Architecture(보통 JTAG이나 boundary scan으로 알려짐) 복잡하고 소형화되고 고밀도인 IC와 PCB에서 내장된 테스팅과 접근점을 위한 표준을 기술한다.

12. 거리센서는 적외선, 초음파, 레이저, 소나, 레이더를 포함하는 여러 가지 기술을 사용한다. 거리센서는 기술, 가격, 인터페이싱의 용이성, 범위에 의해 선택된다.

13. 거리센서의 출력은 아날로그이거나 디지털이다. 아날로그 출력을 갖는 센서는 필용한 계산을 하고 유용한 출력을 얻기 위해 보통 마이크로컨트롤러와 같은 제어장치에 연결된다.

복습문제

12-1 대부분의 디지털 시스템을 구성하는 6가지 요소를 나열하라.

12-2 IC에서 사용될 다음 문자들이 나타내는 것은 무엇인가?
   a. IC   b. SSI
   c. MSI   d. LSI
   e. VLSI   f. ULSI

12-3 보통 "chip"이란 용어는 디지털 전자에서 _____(IC, 플라스틱 조각)을 의미한다.

12-4 _____(컴퓨터, 디지털 손목시계)는 보통 단일 LSI IC를 이용한다.

12-5 그림 12-4에서, 누름 버튼이 _____(닫혔을, 열렸을) 때 표시는 멈출 것이고 1에서 _____(숫자) 중 임의의 수가 나타나 하나의 주사위 던지기를 모의할 수 있다.

12-6 그림 12-4에서, 이 회로는 _____(CMOS, TTL) IC를 사용한다.

12-7 그림 12-4에서, 7-세그먼트 LED 표시기에 "1"이 보이면 7447 IC의 출력 _____(문자)은 _____(HIGH, LOW)에서 활성화된다.

12-8 그림 12-4에서, 74192IC가 110에서 111로 상향 계수를 시도할 때 NAND 게이트는 적재 입력이 _____(HIGH, LOW)가 되게 한다. 이것은 곧 카운터의 플립플롭으로 _____(2진수)를 적재한다.

12-9 그림 12-6에서, 두 개의 _____트리거 NAND 게이트와 저항과 커패시터의 결합은 이 디지털 주사위 게임의 클럭 부분을 구성한다.

12-10 그림 12-6에서, 4029 IC의 핀 10을 GND에 연결하면 이 IC는 _____(하향, 상향) 카운터로 동작한다.

12-11 그림 12-6에서, 카운터의 출력이 110(HHL)일 때 LED는 _____가 켜진다. 이것은 NAND 게이트의 출력이 _____(HIGH, LOW)가 되게 하고 트랜지스터 Q2를 _____(on, off)되게 한다.

12-12 양방향 스위치를 _____게이트라고도 부른다.

12-13 디지털시계는 _____(카운터, 이동 레지스터) 부시스템을 사용하여 만들 수 있다.

12-14 알고 있는 주파수는 디지털 _____(시계, 주파수 카운터) 시스템의 주 입력이다.

12-15 카운터는 디지털시계 시스템에서 상향 카운트와 _____(데이터 이동, 데이터 저장)을 위해 사용된다.

12-16 National Semiconductor MM5314 시계 칩은 출력 표시장치를 _____(직접, 멀티플렉싱하여) 구동한다.

12-17 그림 12-12(a)에 있는 다중화 발진기의 주파수는 _____(정확한 IC 핀과 외부 커패시터와 저항을 연결함으로써, 바꿀 수 없고 공장에서) 설정된다.

12-18 디지털 주파수 카운터에서 카운터는 상향 카운트와 _____(하향 카운트, 주파수 분주)을 위해 사용된다.

12-19 그림 12-18에서, 3개의 J-K 플립플롭(FF1, FF2, FF3)과 NAND 게이트는 _____(하향 카운터, 주파수 분주기)의 기능을 한다.

12-20 그림 12-18에서, 7408 AND 게이트는 카운터를 _____(클리어 하기, 정지 시키기) 위해 사용된다.

12-21 그림 12-18에서, 주파수 카운터는 최저 _____에서 최고 _____Hz까지의 주파수를 측정할 수 있다.

12-22 그림 12-18에 있는 주파수 카운터에서 파형정형 회로로 어떤 IC가 사용되었는가?

12-23 그림 12-18에서, 카운트/디스플레이 파형이 _____(HIGH, LOW)로 될 때 미지의 주파수는 0.1초 동안 제어 게이트를 통해 전달된다.

12-24 그림 12-18에서, 카운트/디스플레이 파형이 _____인 동안 표시장치는 꺼져 있다.

12-25 그림 12-21에서, LCD 타이머의 시간-기반 클럭 회로를 구성하기 위해 사용되는 2개의 IC를 나열하라.

12-26 그림 12-21에서, 타이머의 계수값이 00에 도달하였음을 감지하는 IC를 나열하라.

12-27 그림 12-21에서, 타이머의 계수값이 00에 도달하였을 때 크기 비교기의 출력은 _____(HIGH, LOW)가 된다. 이 출력은 트랜지스터 Q_1을 ON하고 경보를 울리고 _____선을 동작시킨다.

12-28 그림 12-21에서, LCD가 88을 표시할 때 표시장치의 드라이버 74HC4543의 모든 출력 신호는 표시장치 클럭의 출력 신호와 _____(위상이 같다, 위상이 180° 반전된다).

12-29 그림 12-21에서, 전체 타이머의 정확도는 _____ 클럭의 정확도에 의존한다.

12-30 그림 12-29(b)에서, 상업용 타이머는 최대 정확도를 보장하기 위해 시간-기반 클럭에 대해 _____제어 발진기(비안정 MV)를 사용한다.

12-31 그림 12-21에서, 74HC4543 IC는 _____(디코더, 드라이버, 래치)를 갖는다.

12-32 5가지 공통 거리 센싱 기술을 나열하라.

12-33 그림 12-24(a)에서, IR 에미터는 적외선 다이오드이며 IR 감지기는 IR 포토트랜지스터를 사용한다.(참, 거짓)

12-34 그림 12-24(b)에서, 이 거리 측정 센서는 반사 목표물까지의 거리를 계산하기 위해 삼각 측정법을 사용한다.(참, 거짓)

12-35 그림 12-25에서, 이 초음파 거리센서 회로의 동작에서 트리거 펄스 이후의 동작 순서를 나열하라.

12-36 그림 12-26에서, 디지털 거리센서가 물채를 감지하였을 때 센서의 출력은 _____(HIGH, LOW)로 되고 인버터의 출력은 _____(HIGH, LOW)로 되며 트랜지스터가 ON되고 LED 켜진다.

12-37 그림 12-27(b)에서, 555 타이머 IC의 입력(핀 2)으로 인가되는 음 트리거 펄스는 그것이 활성화되었을 때 _____에 의해 생성된다.

12-38 그림 12-27(b)에서, 양의 인에이블 펄스는 MC3479 트라이버 IC로 인가되는 클럭펄스를 허용하는 AND 제어 게이트를 _____(멈추게 한다, 동작시킨다). MC3479 driver IC는 스테퍼 모터를 _____(반시계, 시계) 방향으로 회전시킨다.

12-39 그림 12-28에서, 디지털 거리센서에서부터 시작해서 몇 초 동안 DC 모터 회전하기 위한 이벤트를 나열하라.

12-40 보통 JTAG는 디지털 전자 현장에서 _____(boundary scan, joule thermal agent)로도 불린다.

12-41 소형화된 복잡한 PCB를 위한 자동검사와 검사 접근점을 포함하는 테스팅 구조는 IEEE _____(Standard 1149.1, Standard 2000)에서 알 수 있으며 때때로 JTAG라고도 불린다.

12-42 Boundary-scan 기술은 제조된 후의 어떤 복잡한 PCB에 추가될 수 있는 2차 시장 품목이다.(참, 거짓)

12-43 JTAG를 다르는 IC는 칩에 내장된 boundary-scan cells를 가지고 있다.(참, 거짓)

12-44 JTAGsms boundary-scan 기술 현장에서 _____에 대한 두문자어이다.

핵심문제

12-1 디지털 시스템에서 고려되어야 하는 적어도 5개의 공통 부품을 나열하라.

12-2 디지털 시스템을 구성하는 부시스템을 적어도 4개 나열하라.

12-3 그림 12-8에서 보여주는 실험용 주파수 카운터는 그것이 도구의 실제 부품이 아닐 때 왜 포함되는가?

12-4 그림 12-19에 있는 디지털시계의 개념 버전과 그림 12-21에 있는 동작되는 실험용 타이머 사이의 차이점들은 무엇인가?

12-5 그림 12-6에서 보여주는 디지털 주사위 게임은 그림 12-4에 있는 간단한 버전 보다 왜 더 많이 사용되는가?

12-6 그림 12-6에서, 프리셋 펄스 선이 _____(HIGH, LOW)가 될 때 PNP 트랜지스터 Q_1은 ON되고 4029 카운터의 프리셋 인에이블 입력은 _____(HIGH, LOW)로 활성화된다.

12-7 그림 12-6에서, 카운터의 출력이 100(HLL)일 때 LED _____은 켜진다. 양방향 스위치는 제어 입력이 _____(HIGH, LOW)이기 때문에 닫힌다. 단지 트랜지스터 _____(Q_3, Q_4)은 ON되어 LED D_5를 GND와 연결시킨다.

12-8 그림 12-27(b)에서 디지털 거린 센서가 시작되면서 수초 동안 스테퍼 모터가 회전할 때까지 필요한 동작을 나열하여라.

12-9 Parallax의 BASIC Stamp 2 모듈은 초음파 거리센서를 동작시키기 위해 사용된다.(참, 거짓)

12-10 새로운 자동차에서 주차 센서가 어떻게 동작하는지 설명하라(인터넷을 검색하거나 사용자 면담 방법을 사용하라).

12-11 새로운 자동차에서 사각지대 모니터링 시스템(blind-spot monitoring systems)가 어떻게 동작하는지 설명하라(인터넷을 검색하거나 사용자 면담 방법을 사용하라).

CHAPTER 13 컴퓨터 시스템, CHAPTER 14 아날로그 장치와의 연결, 부록은 CD에 수록되어 있습니다.

찾아보기

ㄱ

가변(variable) 저항 22
가중값(weightings of the place values) 307
가중치(weight) 58
개방스위치(open switch) 87
개방 컬렉터(OC) 버퍼 257
개방회로(open circuit) 29, 352
거리 감지 기술 580
고밀도 집적회로(LSI) 235
고전압 CMOS 인버터 257
고체 회로 계전기(솔리드 스테이트 릴레이) 262
곱(product) 513
곱의 합(SOP) 154
공정기술 115
공통 애노드(common-anode) 323
공통 캐소드(common-cathode) 323
광결합 인터럽트 모듈(opto-coupled interrupter
        module) 432
광센서(optical sensor) 432, 436
광 아이솔레이터 262, 264
광 인코딩(optical encoding) 432
광 커플러 262
광 트랜지스터 264
구동전류(drive current) 87
구형파(square wave) 427
그레이 디코더 325
그레이 코드(Gray code) 54, 310
그리드(G: grid) 343
금속산화물 반도체(MOS: metal oxide
        semiconductor) 109
기가바이트(gigabyte) 71
기계어(machine language) 319
기본 게이트 105

ㄴ

내부 단락회로(internal short circuit) 353
내부 펄스폭 268
네마틱유체(nematic fluid) 333
노이즈 24, 262

논리게이트(logic gate) 78, 82
논리계열(logic family) 113
논리기호(logic symbol) 79
논리레벨 224
논리 스위치(logic switch) 30
논리적 OR 83
논리 컨버터 179
논리 프로브(logic probe) 122
논리함수(logic function) 78, 81
누산기(accumulator) 레지스터 517
누산기(count accumulator) 553
능동 매트릭스 LCD(AMLCD: active-matrix LCD)
        337
니블(Nibble) 71, 72

ㄷ

다운 카운터(down counter) 409
다이(die) 558
다중자릿수(multidigit) LED 디스플레이 319
단극성 스테퍼 모터 270
단안정 멀티바이브레이터(one shot multivibrator)
        30, 34, 366
단일펄스 30
단일펄스 클럭(single pulse clock) 31
대규모 집적회로(LSI: large scale integrated
        circuits) 117
대체 기호(alternative symbol) 133
더블워드(double word) 71
더하기-이동 방법(add and shift method) 517
데이터 선택기 185
동기식 업/다운 카운터 415
동기식 카운터(synchronous counter) 406
동기형 플립플롭 381
드라이브 능력 229
드모르간 정리(DeMorgan's theorem) 108, 201,
        202
디바운스(debouncing) 회로 33
디바운싱 회로 241
디스에이블(disabled) 129

디지털 논리계열 24
디지털 룰렛 회로 483
디지털멀티미터(DMM: Digital Multimeter) 19, 332
디지털 시스템 540, 553
디지털 신호 17
디지털 회로 16, 21
디코더(7447 IC) 63
디코더(decoder) 61, 305, 324
디코드(decode) 62, 305
디코딩 304

ㄹ

래치(latch) 29, 340, 380, 460
래치/디코더/드라이버(latch/decoder/driver) 573
래치 인코더-디코더 시스템 388
래치회로 30
레이더(radar: radio detection and ranging) 580
레지스터 460
룰렛 휠(roulette wheel) 478
리셋상태 363
리플 403
리플-블랭크 입력(RBI: ripple-blanking input) 327
리플-블랭크 출력(RBO: ripple blanking output)
        327
리플 카운터(ripple counter) 403
릴레이 259, 262
릴레이 코일 259
링 카운터 478

ㅁ

마스터/슬레이브 381
마스터/슬레이브 플립플롭 383
멀티바이브레이터(MV) 366
멀티바이브레이터(MV: multivibrator) 회로 30
메가바이트(megabyte) 71
모노스테이블 멀티바이브레이터(monostable
        multivibrator) 30
모듈로(modulo) 401
모리스 카르노(Maurice Karnaugh) 167
모터의 유지 토크(detent torque) 270
무납땜 장착보드(solderless mounting board) 335
무안정 멀티바이브레이터(astable MV) 366

ㅂ

바이트(byte) 71

박막 트랜지스터(thin-film transistor) 337
반가산기 회로(half-adder circuit) 497
반사형 센서(reflective-type sensor) 436
반전(invert) 85, 86
반전버블(invert bubble) 90
버블(bubble) 317
버스시스템(bus system 87, 88
버퍼 레지스터(buffer register) 460
범용 시프트 레지스터(74194 4-bit bidirectional
        universal shift register) 469
병렬 가산기(parallel adder) 502
병렬 감산기 507
병렬 로드 좌/우측 시프트 레지스터(parallel load
        shift-right/left register) 471
병렬입력-병렬출력 462, 467
보수화(complement) 85, 86
부속계열(subfamily) 113
부시스템(subsystems) 540
부울식(Boolean expression 80
부정 86
분주기/디코더(multiplex divider/decoder) 561
불 대수학 166
불 대수 함수 153
불 대수 함수식 156, 165, 202
브레드보드(breadboard) 111
블랭킹(blanking) 571
블랭크 입력(BI: blanking input) 327
비동기(asynchronous) 403
비반전 버퍼/드라이버(non-inverting buffer/driver)
        87
비반전 인버터 버퍼/드라이버(3-상태 출력) 88
비안정 멀티바이브레이터(astable multivibrator) 30
비트(bit) 71
빌림수(borrow) 504

ㅅ

산술-논리 장치(ALU: arithmetic-logic unit) 501
산술연산 494
삼각측정법 581
상보 대칭 회로 금속산화물 반도체(CMOS) 236
상보형 금속 산화물 반도체(complementary metal
        oxide semiconductor) 116
상승 에지 트리거 플립플롭 381
상시 폐로(NC: normally closed) 132
상용등급(commercial grade) 113

서보 266
서보 루프 266
세트모드 367
세트상태 363
소나(sonar: sound navigation and ranging) 580
솔레노이드 261, 262
솔리드 스테이트 계전기(고체 회로 계전기) 264
솔리드 스테이트 릴레이 265
수동 매트릭스 LCD(passive-matrix LCD) 337
순환(recirculate) 카운팅 411
슈미트 트리거 241, 281, 384
슈미트 트리거 인버터 241
스냅액션(snap-action) 푸시버튼 스위치 35
스위치 디바운싱 회로 33, 241, 242
스위치 인터페이스 회로 241
스테퍼 모터 266, 268, 270, 272
슬롯형 모듈 436
승수(multiplier) 513
시간-기반 시계(time-base clock) 573
시변저항 268
시프트 레지스터(shift register) 460, 462
실장기판(mounting board) 117
심벌 152
십진수(decimal) 54
십진 카운터(decade counter) 404, 412
십진 하향 카운터 418
쌍안정 멀티바이브레이터(bistable multivibrator) 30
쌍안정 멀티바이브레이터(bistable MV) 366
써지전압 262

○

아날로그 신호 17
아날로그 회로 16, 21
아스키 코드(ASCII code) 54
아이솔레이션 265
아포스트로피(apostrophe) 85
안티퓨즈 FPGA 190
암호화(encrypt) 62, 305
애노드(anode) 323, 343
액정(liquid crystal) 333
액티브(active) HIGH(active HIGH) 입력 130, 132
액티브(active) HIGH 입력활성 368
액티브(active) LOW(active-LOW) 87, 132, 364
양극성 스테퍼 모터 272

어드레싱(addressing) 400
에지 트리거 381
에지 트리거 플립플롭 371, 381
연료측정 계기판(전류계) 23
열 발생 234
영문숫자 코드(alphanumeric code) 316
오실로스코프(oscilloscope) 43
올림수(carry) 409, 495
올림수 발생(carry out) 497
올림수 출력(carry output) 497
외부 펄스폭 268
유니버셜 게이트 100
음극선관(CRT: cathode-ray tube) 337
음 에너지(sound energy) 581
이동-더하기 방법(shift-and-add method) 517
인버터 86, 88
인버터(7404 IC) 63
인버터(NOT 회로) 85
인버트 버블(invert bubble) 87
인쇄회로기판(PCB: printed circuit board) 110
인에이블(enable) 129
인코더(74147 IC) 63
인코더(encoder) 61, 63, 305
인코드(encode) 62
인코딩 304
인터페이스 259
인터페이싱 222, 257
인터페이싱 회로 261
입력/출력 545
잉여회로(redundant circuit) 486

ㅈ

자기보수화(self complement) 308
자기유지 토크(holding toque) 270
자동정지 하향 카운터(self-stopping down counter) 573
자동 클리어 회로(automatic clear circuit) 483
자릿값(place value) 56
자릿수(digit) 308
잡음 265
잡음여유 227
잡음여유도 227
저전압 CMOS 226
저전압 TTL IC 257
저출력 Schottky TTL(LS-TTL) 230

적외선 580
적외선 거리센서 583
적외선 발광 다이오드 265
적외선 방출 다이오드 432
전가산기(full adder) 498, 499, 531
전계효과 LCD(field effect LCD) 332
전기기계 릴레이 262
전기 회로 시뮬레이터 179
전달지연 229, 234
전력소비 115, 234
전력손실 229, 234
전류소모 247
전류원 247
전송(transmission) 541
전압 스파이크 265
전압 제어 발진기(VCO) 478
전위차계 268
절연게이트 전계효과 트랜지스터들(IGFETs:
    insulated–gate field–effect transistors) 110
접점 바운스 28
정상 폐쇄(NC) 259
정전용량 242
제어 입력(control input) 87
제어 펄스의 폭 266
제한 저항기 245
조지 불 167
조합 논리회로 152, 156, 325
좁은 레이저 광선 580
종속성 표기(dependency notation) 126
주석문(remark statement) 136
주파수 400
주파수 분주(frequency division) 412
주파수 카운터(frequency counter) 130
중앙처리장치(CPU) 22, 494
증폭회로 571
지속시간(time duration) 46, 266
지연(delay) 플립플롭 370
지연시간 242
직렬 로드 시프트 레지스터(serial load shift
    register) 463
직렬 로드 우측 시프트 레지스터(serial load shift–
    right register) 471, 484
직렬 로드 좌측 시프트 레지스터(serial load shift–
    left register) 471
직렬입력–병렬출력 462

직렬입력–직렬출력 462
진공형광 디스플레이(VF: vacuum fluorescent
    displays) 343, 346
진리표(truth table) 152

ㅊ

처리(processing) 541
초고밀도 집적회로(VLSI) 235
초음파 580
초음파 송신기 581
최대 유효 자릿수(MSD: most significant digit) 70
최대항 154, 155, 202
최대항식 156
최소 유효 자릿수(LSD: Least Significant Digit) 68
최소항 154, 180, 202
최소항식 156
출력지시계(output indicator) 37

ㅋ

카르노 도표 166, 171
카르노 맵 169
카운터(counter) 400
카운터의 계수(modulus of a count) 401
카운터 체인(counter chain) 560
캐소드(cathode) 321, 343
컨트롤 시퀀스 274
컴퓨터 시뮬레이션 166
코드변환기 324
콰인–맥클러스키 방법 167
쿼드–워드(quad–word) 71
크기비교기(magnitude comparator) 573
크리스털 발진기 571
클램프 다이오드 259
킬로바이트(kilobyte) 71

ㅌ

토글 기능 375
톱니 감지 IC 283
톱니 센서 283
트리거 전압(trigger voltage) 34
트리거 펄스(trigger pulse) 444
트위스트–네마틱(twisted–nematic) 전계효과 LCD
    333
트위스트–네마틱 전계효과 기술(twisted–nematic
    field–effect technology) 337

ㅍ

파워 트랜지스터 264
팬 입력 229
팬 출력 229
펄스폭 변조(PWM) 267, 268
포함적(inclusive) OR 함수 83
풀다운 저항(pull- down resistor) 132, 241
풀다운 저항기 239
풀업 241
풀업 저항기 239
프리러닝 멀티바이브레이터(free running
        multivibrator) 30
프리러닝 클럭(free runnung clock) 32
프리셋(PS) 465
플레이트(P: plate) 343
플로트(float) 23
플로팅(floating) 출력 42
플립플롭(flip–flop) 29, 34, 362
피승수(multiplicand) 513
피에조 버저 258, 264
필라멘트(filament) 343

ㅎ

하강 에지 트리거 플립플롭 381
하이임피던스 상태(high–impedance state: high–Z
        state) 87
함수발생기(function generator) 43
합의 곱(POS) 154
허비 서보 모터 266, 268
혼합된 회로 21
홀드 373
홀드모드 367
홀 센서 277
홀 전압 277
홀 효과 277
홀 효과 센서 277
회로 시뮬레이션 소프트웨어 179
회전각 위치(angular position) 312
회전속도계 441
흑백 LCD(Monochrome LCD) 332
히터(heater) 343

A

ABEL software from Lattice Semiconductor Corp.
        191

ACT 114
A/D 변환기(analog to digital converter) 22
ALS 114, 234
ALS–TTL(advanced low–power Schottky) 255
AND–OR 방식 180
AND 게이트 79
AND 회로 79
ANSI 126
AS 114
ASCII 코드 314

B

Baudot 316
BCD–2진 변환기 325
BCD–7–세그먼트 디코더/드라이버(BCD to seven–
        segment decoder/driver) 324
BCD(binary coded decimal) 54
BCD 변환기 325
BCD 코드 306
BJT(bipolar junction transistor) 109
borrow out 504
boundary scan 588

C

CCW 288
CMOS 74HC193 4비트 상향/하향 카운터 IC 424
CMOS(comple) 40
CMOS IC 245
CMOS–to–TTL 255, 256
CMOS 게이트 255
CMOS 기기 245
CMOS 논리계열 44, 224
CMOS 버퍼 247
CMOS 상보형(Complementary) 금속산화물 반도체
        109
CMOS와 TTL을 LED로 인터페이싱하는 과정 246
CMOS 인버터 255, 259
CMOS 인버터의 출력 245
CMOS 카운터 436
CPLD for complex programmable logic device,
        Inc. 190
CPU 544, 545
CUPL software from Logical Devices 191
CW 288

D

DIP 74HC85 CMOS IC 439
DIP(dual in-line package) 110
D 플립플롭 370, 372, 463

E

E2CMOS 199
EBCDIC(extended binary-coded decimal
       interchange code) 316
EEPROM 325
ELPD for electrically programmable devices 190
exclusive OR 게이트 95
extest(external test) 590

F

FACT(Fairchild Advanced CMOS Technology)
       117, 119
FACT 시리즈 255
FCT 114
FPGA for field-programmable gate arrays 190
FPL for fuse-programmable logic 190

G

GAL for generic array logic 190

H

H21A1(ECG3100) 광결합 인터럽트 모듈 433
HC 114, 119
HCT 114
hold 375
Hollerith 316

I

IEEE(Institute for Electrical and Electronic
       Engineers) 126, 588
IEEE 기호 126
IEEE 논리기호 386
IEEE 표준기호 126
IEEE 표준 논리기호 386
IFL for integrated fuse logic 190
IR LED 581
IR 감지기(포토 트랜지스터) 581

J

J-K 마스터/슬레이브 플립플롭 383

J-K 플립플롭 373, 377
JTAG(Joint Test Action Group) 588

L

LCD 36, 332
LCD 디코더/드라이버 340
LED(Light-Emitting Diod) 36, 321
LED 지시기 245
LED 지시등 245
LE(래치 인에이블: latch enable) 350, 430
LSB(least significant bit 306
LSD(least significant digit) 70, 401
LSI(large-scale integration) 544
LS-TTL 255
LVC 121

M

MC3479 드라이버 IC 273
MC3479 스테퍼 모터 드라이버 274
mod-6 카운터 회로 424
mod-16 리플 카운터 415
mod-16 카운터 402
MOS IC 235
MSB(most significant bit) 401
MSD(most significant dight) 401
MSI(Medium-scale integration) 544
MUX 561

N

NAND-NAND 논리회로 177
NAND 게이트 89, 103
NC 위치 261
NMOS(n channel MOS) 235, 255
NOT 게이트 88
NOT 회로 85
NPN 트랜지스터 248, 256

O

OBD 277
one shot 멀티바이브레이터 34
one shot 회로 34
OR 게이트 83
OR 함수 83
OR 회로 83

P

PAL10H8　197
PAL12H10　192
PAL for programmable array logic　190
PC 병렬 포트 출력　265
PEEL for programmable electrically erasable logic
　　190
PLA for programmable logic arrays　190
PLD(programmable logic device)　190, 325
PMOS IC　255
PMOS(p channel MOS)　235
PNP　248
PN-접합 다이오드　321
Pololu 1134　586
Pololu 1134 센서　587
Pololu 1134 센서 모듈　587
POS　156
PWM 펄스 발생기　288

R

RAM　545
reset　375
ROM　545
R-S 플립플롭　362, 363, 366, 367

S

set　375
SMT(surface mount technology) 패키지　111
SOP　156
SOP 불 대수 함수식　180
SPDT　28
SRAM FPGA　190
SSI(small-scale integration)　544

T

TDO(test-data output)　591
test reset(TRST)　589
TTL 7483 4-비트 2진 전가산기　509
TTL-to-CMOS　255, 256
TTL(transistor transistor logic)　27, 109, 255
TTL 기기　256
TTL 논리계열　223
TTL 레벨신호　265
TTL 버퍼　257
TTL 인버터　256

TTL 전압레벨　27
T 플립플롭　377, 421

U

ULSI(ultra-large-scale integration)　544

V

VFD 디스플레이　36
VLSI(very large-scale integration)　544
volt-ohm-millimeter　18

X

XNOR(exclusive NOR) 함수　97, 99
XNOR 게이트　97, 99
XOR(exclusive OR) 함수　95
XOR 게이트　95

+5V(positive 5V)　80
= advanced low-power Schottky TTL logic　114
= advanced Schottky TTL logic　114
= CMOS logic　114
= FACT Fairchild Advanced CMOS Technology
　　logic　114
= FAST Fairchild Advanced Schottky TTL logic
　　114
= high-speed CMOS logic　114
= high-speed TTL logic　114
= low-power TTL logic　114

0 제거(zero-blanking) 회로　561
1워드　71
2-4라인 디코더　325
2극성 스테퍼 모터　270
2-비트 쿼드러춰 코드　312
2-비트 쿼드러춰 코드 출력　314
2의 보수(2s complement number)　54
2의 보수 4-비트 가산기/감산기　529
2의 보수 뺄셈　525
2의 보수 표기법　523
2의 보수 표현(2s complement representations)
　　521
2-입력 AND 게이트　102
2-입력 OR 게이트　103
2진 곱셈(binary multiplication)　514
2진 소수점(binary point)　57

2진수(binary) 54
2진수 변환 60
2진숫자(binary digit) 71
2진 코드(bianry code) 58
3극 진공관 343
3-변수 카르노 맵 169
3-비트 2진 가산기 502
3비트(mod-8) 카운터 406
3-비트 수 502
3-상태 버퍼(three-state buffer) 87
3-상태 버퍼/드라이버 88
3-입력 AND 게이트 102
3-입력 OR 게이트 103
3-초과 325
3-초과 코드 308, 309
4-16라인 디코더 325
4-변수 카르노 도표 171
4-변수 카르노 맵 175
4-비트 그레이 코드 313
4비트 리플 카운터(mod-16) 414
4비트 병렬 로드 재순환 시프트 레지스터(4-bit parallel load recirculating shift register) 465
4비트 시프트 레지스터(4bit shift register) 462
4-비트 프로세서 521
4-입력 AND 게이트 102
4-입력 OR 게이트 103
5-변수 카르노 맵 175
7-세그먼트(7-segment) LED 63
7-세그먼트 LED 디스플레이 323
7-세그먼트 디스플레이(seven-segment display) 319
7-세그먼트 디코더/드라이버(7-segment decoder/driver) 323
7-세그먼트 코드 342
8-3 라인 우선순위 인코더 325
8-비트 2의 보수 526
8-비트 2의 보수 덧셈 문제 528
8-비트 2의 보수 뺄셈 문제 528
8비트 병렬 로드 우측 시프트 레지스터(8-bit parallel load shift-right/left register) 471
8진수(octal number) 54, 68
8진수 체계(octal number system) 68
10라인-4라인 우선순위 인코더(10-line to 4-line priority encoder) 316, 317
10진-8진 인코더 325

16-위치 로터리 인코더(rotary encoder) 312
16진수(hexadecimal) 54
74AC00 255
74ACQ00 255
74ACT00 255
74ACTQ00 256
74ALVC(advanced low voltage CMOS) 121
74AVC(advanced very low voltage CMOS) 121
74FCT00 255
74FCTA00 256
74HC00 255
74HC85 4비트 크기비교기 IC 439
74HC85 비교기 439
74HC164 8비트 레지스터 479
74HC164 8비트 직렬입력-병렬출력 시프트 레지스터(74HC164 8-bit serial in-parallel out shift register) 475
74HC164 CMOS IC 475
74HC193 CMOS IC 422
74HC193 카운터 422
74HC193 프리셋 동기식 4비트 2진 업/다운 카운터 IC(74HC193 presettable synchronous 4-bit binary up/down counter IC) 422
74HC393 이중 4비트 2진 리플 카운터 420
74HCT00 255
74HCT34 255
74LS112 J-K 플립플롭 375
74LVC(low voltage CMOS) 121
555 타이머(timer) IC 32, 242
3132 홀-효과 스위치 281
3144 IC 281
4049 CMOS 버퍼 257
4050 버퍼 255
4081 CMOS IC 117
4543 디코더 430
4553 3-디지트 BCD 카운터 430
4553 BCD 카운터 427
4559(MC14553) CMOS 3-디지트 BCD 카운터 427
5804 IC 274
7404 인버터(inverter) IC 63
7447 IC 63
7476 TTL J-K 플립플롭 374
7483 IC 가산기 509
7493 TTL 4비트 2진 카운터 414

8421 BCD 325
8421 BCD(8421 binary-coded decimal) 코드 306
8421 BCD 코드 306, 324
8421 코드 309
74121 one shot 멀티바이브레이터 IC 34
74147 IC 63, 317

74147 우선순위 인코더 317
74147 인코더 IC 63
74192 카운터 418
74194 레지스터 469
74194 범용 시프트 레지스터 469
74194 시프트 레지스터 469

역자 약력

강창수(cskang@yuhan.ac.kr)
유한대학교 전자정보과 교수

성홍석(hsseong@bc.ac.kr)
부천대학교 전자과 교수

고재원(jwkho@yuhan.ac.kr)
유한대학교 컴퓨터제어과 교수

허용민(ymhur@dsc.ac.kr)
동서울대학교 디지털전자과 교수

김동식(blue@inhatc.ac.kr)
인하공업전문대학 컴퓨터시스템과 교수

역자와의 협의에 의해
인지를 생략합니다.

디지털공학

강창수 · 고재원 · 김동식 · 성홍석 · 허용민 옮김

초 판 발 행 : 2014. 2. 12
제 1 판 5 쇄 : 2019. 9. 11
발 행 인 : 김 승 기
발 행 처 : (주)생능출판사
신 고 번 호 : 제406-2005-000002호
신 고 일 자 : 2005. 1. 21
I S B N : 978-89-7050-797-2(93000)

10881
경기도 파주시 광인사길 143
대표전화 : (031)955-0761, FAX : (031)955-0768
홈페이지 : http://www.booksr.co.kr

* 파본 및 잘못된 책은 바꾸어 드립니다.

정가 29,000원